湖北博物馆年鉴

YEARBOOK OF MUSEUMS

2010 HUBEI

湖北省博物馆协会 编

湖北长江出版集团
湖北人民出版社

鄂新登字 01 号
图书在版编目(CIP)数据

湖北博物馆年鉴 2010/湖北省博物馆协会编.
武汉:湖北人民出版社,2011. 12

ISBN 978-7-216-06988-5

Ⅰ. 湖…
Ⅱ. 湖…
Ⅲ. 博物馆—湖北省—2010—年鉴
Ⅳ. G269.276.3-54

中国版本图书馆 CIP 数据核字(2011)第 217992 号

湖北博物馆年鉴 2010　　湖北省博物馆协会 编

出版发行:湖北长江出版集团
湖北人民出版社

地址:武汉市雄楚大道 268 号
邮编:430070

印刷:武汉中远印务有限公司
经销:湖北省新华书店
开本:787 毫米×1092 毫米 1/16
印张:31.5
字数:689 千字
插页:12
版次:2011 年 12 月第 1 版
印次:2011 年 12 月第 1 次印刷
书号:ISBN 978-7-216-06988-5
定价:298.00 元

本社网址:http://www.hbpp.com.cn

湖北博物馆年鉴·2010

Hubei Provincial Museum

编辑委员会

湖北博物馆年鉴·2010

Hubei Provincial Museum

编辑部

主　　编　吴宏堂

副 主 编　万全文

撰 稿 人　（按姓氏笔画为序）

王　亮　王智华　方　芬

刘志深　刘国斌　孙建辉

杨在辉　吴　越　何建萍

沈远跃　宋永平　陈　斌

陈小燕　陈金玉　郑爱平

赵　冬　胡　狄　袁　磊

聂志林　曹　琴　龚德亮

谭华梅　翟信斌

编　　辑　严　威　胡　百

年鉴组稿人　王　亮

2010年10月30日，湖北省博物馆协会成立大会代表在武汉梨园宾馆前合影。

前排左起依次为：沈远跃、刘庆平、雷 鸣、邢 光、吴宏堂、张春雨、杜建国、董 琦、胡美洲、邓 宏、包东波、梁华平、王明钦

湖北省博物馆

辛亥革命武昌起义纪念馆

湖北明代藩王博物馆

武汉博物馆

武汉革命博物馆

中国地质大学逸夫博物馆

黄石市博物馆

襄阳市博物馆

荆州博物馆

宜昌博物馆

临街实景

十堰市博物馆

孝感市博物馆

荆门市博物馆

鄂州市博物馆

黄冈市博物馆

咸宁市博物馆

随州博物馆

恩施土家族苗族自治州博物馆

仙桃博物馆

天门市博物馆

潜江市博物馆

神农架自然博物馆

序一

博物馆是爱国主义教育的重要阵地，是传播先进文化、愉悦群众身心的精神家园，是广大青少年接受教育的第二课堂，是对外文化交流的重要窗口，是学术研究和科普教育的重要平台。一座博物馆就是一部物化的发展史，人们通过文物与祖先对话，穿越时空，俯瞰历史。

新中国成立后特别是改革开放以来，我省博物馆事业空前发展，成就斐然，初步形成了以省直博物馆为龙头，以地市级博物馆为骨干，以行业博物馆和县级博物馆为基础，以民办博物馆为补充的门类齐全、特色鲜明、分布广泛的博物馆体系和发展新格局，为传承中华文明，弘扬荆楚文化，普及科学知识，发展先进文化，构建和谐社会，做出了积极贡献。2007年11月，湖北省博物馆率先在中西部地区向社会免费开放，一石激起千层浪，引起了社会的广泛关注，受到了人民群众的热烈欢迎。目前，全省向社会免费开放的博物馆、纪念馆共84家，免费开放至今共接待观众3500多万人次。博物馆加快了融入社会的步伐，文化辐射力和社会关注度空前提高，公共文化服务能力和社会效益显著增强。

在十七届六中全会吹响建设文化强国的号角之时，我省博物馆事业也沐浴在文化大发展大繁荣的春风之中，处于前所未有的快速发展时期，每天发生在我省博物馆行业内的大事小情，犹如散落在前进道路上的簇簇星火，昭然可见。将这些有意义的事情全面、系统、准确地记录下来，编为年鉴，是十分有意义的。由湖北省博物馆协会主编的《湖北博物馆年鉴2010》是我省博物馆界的第一本年鉴，它以科学的体例、丰富的内容、准确的表述，真实记录了2010年我省博物馆事业成长变化的轨迹，客观反映了2010年我省博物馆行业的发展历程，基本上做到了“大事不漏，小事不凑”，值得嘉许。

《湖北博物馆年鉴2010》作为记录我省博物馆行业发展的重要参考资料，随着我省博物馆事业的不断发展，其记录历史、汇总信息、知古鉴今、资政教化的重要作用必将逐步得以显现。衷心期盼湖北省博物馆协会能在今后的工作中再接再厉,将《湖北博物馆年鉴》的编纂持续下去,更细心、更精心地做好编纂工作,力争把《湖北博物馆年鉴》办成全国文物博物馆领域的年鉴精品,为推动我省博物馆事业和文化大发展大繁荣做出积极的贡献。

是以为序。

湖北省文化厅厅长

2011年11月28日

序二

新中国成立后特别是改革开放以来，我省博物馆事业有了长足的发展，进入了历史上最好的发展时期。目前，全省有各级、各类博物馆145所，其中文化、文物系统博物馆118所，行业与高校博物馆等12所，民办博物馆15所。形成了以湖北省博物馆等省直博物馆为龙头，以武汉、荆州等市级博物馆为骨干，以县市级博物馆为基础，以民办博物馆为补充的门类齐全、特色鲜明、分布广泛的博物馆体系和发展新格局。

文化是民族的血脉，是人民的精神家园。在当今世界经济高速发展，社会日新月异的时代，文化建设被提到了前所未有的高度。党的十七届六中全会提出要大力发展公益性文化事业，保障人民基本文化权益。2010年，全省博物馆、纪念馆接待观众参观人数超过800万人次，博物馆服务社会、服务人民群众的功能得到进一步加强，博物馆的文化辐射力和社会关注度得到进一步提升。

《年鉴》提供的是系统性、连贯性的信息，资料来源准确、权威，具有资治、存史的作用。由湖北省博物馆协会主编的《湖北博物馆年鉴2010》，经过一年多的酝酿筹备、资料搜集、编辑加工整理，现与读者见面了。虽是第一次出版，但专家学者及工作人员却不畏艰难、勇于探索开拓，最终使年鉴百余万字成书付梓。

《湖北博物馆年鉴2010》按级别分类，应属行业的年鉴。它以“全省博物馆事业发展”这条主线，辅之以博物馆建设、藏品保护、陈列展览、宣传教育、博物馆、纪念馆免费开放工作等，基本上做到了“大事不漏，小事不凑”。在形式上又体现了规范和简洁的风格，在语言上，浅显易懂、言简意赅，没有空泛的议论，做到言之有物。

这本记录2010年度全省博物馆状况年鉴的出版，有望成为省内文博行业具有一定权威性的参考资料，其作用将会逐渐显现出来。希望同志们在今后的年鉴编辑工作中再接再厉，精益求精，编好每一本的年鉴，为我省的博物馆事业发展做出积极贡献。

省文化厅副厅长、省文物局局长 沈海宁

2011年11月26日

目录

历史回顾

博物馆巡礼

省直

武汉

黄　石

襄　阳

荆 州

宜 昌

十 堰

孝 感

荆 门

鄂 州

黄 冈

咸宁

随州

恩施

仙桃

天门

潜江

神农架

大事记

附　录

历史回顾

在湖北省博物馆协会成立大会上的讲话

中国国家博物馆副馆长
中国博物馆协会副理事长　董　琦

2010年10月30日

同志们：

在国际博协第22届大会召开前夕，我们高兴地看到了湖北省博物馆协会的成立，中国博物馆行业组织的序列里又增加了一个新的成员。首先，我代表中国博物馆协会，对湖北省博物馆协会的成立表示热烈的祝贺！向湖北省的广大文博工作者致以亲切的慰问！向长期关心、支持博物馆工作，积极推进博物馆行业组织建设的湖北省委、省政府、省文化厅有关领导致以崇高的敬意！

湖北是楚文化的发源地，长江流域的文物大省，有各类不可移动文物点15000处，县级以上文物保护单位3000余处，省级重点文物保护单位457处，有全国重点文物保护单位52处，更有武当山古建筑群、钟祥明显陵等一批联合国命名的世界文化遗产，以及武汉、荆州、襄阳、随州、钟祥等多座国务院命名的国家历史文化名城。特殊的自然环境，重要的地理位置，深厚的历史文化，多彩的民俗风情，为湖北博物馆事业提供了良好的发展基础。近年来，伴随着社会主义文化的大发展、大繁荣，湖北的博物馆事业实现了快速发展，截至2008年底，全省已拥有各类博物馆、纪念馆131座，位居全国前列。除了数量和规模方面的优势外，湖北博物馆的质量和水平也一直为人称道，2007年，湖北省博物馆在全国省级博物馆中率先实现免费开放，并以良好的环境、精细的管理、优质的服务获得了全国博物馆同行和广大观众的一致认可；2008年，在国家文物局组织的首次国家一级博物馆评估中，湖北共有湖北省博物馆、武汉市博物馆和荆州博物馆三家博物馆荣膺国家一级博物馆；近两年来，在中国博物馆协会组织的“全国博物馆陈列展览十大精品评选”、“全国博物馆宣传讲解大赛”等全国性大型活动中，湖北博物馆同行也都取得了令人翘首的优异成绩。

抚今追昔，光辉的成绩已经成为了过去；展望未来，我们又来到了一个新的起点。今天，我们高兴地看到了湖北省博物馆协会的成立。当前，伴随着我国社会主义市场经济不断发展，文化体制改革不断深入，政府职能转变不断推进的崭新形势，我国博物馆赖以生存和发展的经济基础、体制环境和社会条件发生了深刻变化。特别是全国博物馆免费开放试点工作开展以来，博物馆的社会职能与责任显著增强，博物馆与公众的互动性逐步提升，博物馆服务社会、融入社会的步伐明显加快，博物馆行业组织的建设与发展正面临着一个前所未有的好时机。前不久，在党和国家的亲切关怀下，中国博物馆协会刚刚更名为中国博物馆协会。湖北省博物馆协会作为中国博物馆协会更名后成立的第一个省级博物馆行业组织，也是全国范围内的第一个省级博物馆协会，肩负着推动湖北博物馆事业发展，促进全国博物馆行业组织建设的重要使命和任务。借此机会，我想对协会今后的工作提出几点希望。

一是衷心希望刚刚成立的湖北省博物馆协会能够积极做好政策咨询，推动湖北博物馆事业的健康发展。要按照现代博物馆行业组织的职能和任务严格要求自己，切实加强全省博物馆领域重大问题的调查研究，积极参与有关发展规划的研究制订，提出行业发展政策等方面的建议，协助行政管理部门研究制订并完善相关法规、业务规范和质量标准，促进国家可持续发展战略在文博部门的贯彻落实。

二是衷心希望刚刚成立的湖北省博物馆协会能够认真搞好技术指导，促进湖北博物馆事业的科学发展。要切实肩负起博物馆行业组织所应当承担的行业服务职能，进一步转变思想观念，创新工作思路和工作方式方法，面向全省文博行业积极组织开展多种形式的业务技术交流、学术研讨活动，不断推进湖北博物馆界新技术、新标准的研究开发和推广应用，逐步提高行业建设的科技含量，促进技术进步，为博物馆事业发展提供坚实有效的技术支撑。

三是衷心希望刚刚成立的湖北省博物馆协会能够不断强化人员培训，促进湖北博物馆事业的可持续发展。要根据博物馆行业的特点和湖北博物馆工作的有关实际情况，配合文物行政部门和中国博物馆协会组织好文物、博物馆领域的各种人员培训活动，帮助各级、各类博物馆的管理人员、业务人员和技术保障人员了解掌握相关技术知识，努力提高从业人员的工作能力和业务水平，提高湖北省博物馆工作者队伍的整体水平。

四是衷心希望刚刚成立的湖北省博物馆协会能够切实加强自身建设，成为全国博物馆行业组织建设的典范。湖北省博物馆协会作为自律性组织，要依照法律、法规和章程，坚持民主集中制，完善决策程序，建立并完善会议管理、财务管理、考核奖惩等各项制度，不断增强协会的影响力、吸引力和凝聚力，保证协会正常运转，推动行业改革发展。

我相信，在以吴宏堂同志为理事长的第一届理事会的领导下，湖北省博物馆协会一定能够充分发挥自身的特色和优势，积极在政府、博物馆和社会之间建立起沟通、协调的纽带和桥梁，更好地为文物行政部门、博物馆行业和社会公众服务，为推动湖北博物馆事业又好又快发展，促进社会主义文化大发展、大繁荣作出应有的贡献。

同志们、朋友们，2010年将是中国博物馆事业历史性的一年，在今年的11月以“博物馆致力于社会和谐”为主题的国际博协大会将在上海召开，我们盛情邀请并热忱欢迎湖北博物馆界的同行能够与国内外博物馆同仁一起欢聚上海，参加国际博协2010年大会，共同推进全世界博物馆界的合作交流。

谢谢大家！

在湖北省博物馆协会成立大会上的致辞

湖北省文化厅厅长　杜建国

（2010年10月30日）

尊敬的董琦馆长，春雨副理事长，同志们：

大家上午好！

今天，我们在这里隆重召开湖北省博物馆协会成立大会。我谨代表湖北省文化厅、湖北省文物局，对各位领导和同志们的光临表示热烈的欢迎！向大家长期给予湖北文化文物事业的支持表示诚挚的谢意！

博物馆是爱国主义教育的重要阵地，是传播先进文化的精神家园，是对外文化交流的重要窗口，是学术研究和科普教育的重要平台，是传承、研究、鉴赏历史文化遗产的重要场所。湖北是楚文化的发祥地，文物资源十分丰富，具有发展博物馆事业得天独厚的有利条件。近年来，在国家文物局和湖北省委、省政府的重视与支持下，在中国博物馆协会的关心与指导下，在全省博物馆工作者的共同努力下，全省博物馆事业取得了长足发展，步入了历史上最好的发展机遇期。目前，全省拥有各级各类博物馆、纪念馆133所，数量位居全国前列。以湖北省博物馆等省直博物馆为龙头，以武汉、荆州等主要地市级博物馆为骨干，以特色县市级博物馆和行业民办博物馆为补充的博物馆布局体系基本形成。全省博物馆积极贯彻落实“三贴近”，扎实稳步推进免费开放，硬件设施明显改善，覆盖范围逐步扩大，服务水平不断提高，展览交流更加活跃，博物馆社会影响力与关注度空前提升。一大批博物馆成为所在城市的标志性建筑，博物馆观众量与结构层次也呈现可喜的变化。据统计，2009年全省观众总量达840余万人次。博物馆在丰富人民群众精神文化生活，增强群众特别是青少年民族认同感、荣誉感，宣传湖北文化，展示湖北特色，促进经济社会全面可持续发展等方面发挥了重要作用。

为了适应时代发展的要求，巩固和扩大我省博物馆事业国际国内的影响力，加强行业组织建设，有效实现政府职能转变，在各方大力支持下，经过不懈努力，湖北省博物馆协会今天就要诞生了。协会的成立，让湖北所有的博物馆和博物馆人拥有了一个属于自己的“家”。这个“家”对于联系和团结广大博物馆会员单位，开展博物馆馆际间交流与合作，联系和整合社会力量，提升博物馆整体发展水平，促进湖北博物馆事业又好又快发展具有十分重要的意义。

在此，我对协会今后的工作提出三点希望：

一、立足新起点，充分认清博物馆事业的新形势。随着社会主义文化事业的发展与繁荣，文化体制改革的不断深入，博物馆免费开放的稳步推进，博物馆事业步入了又好又快的发展时期。博物馆的社会职能与公众责任正在逐步增强，融入社会、服务社会的步伐明显加快，在公共文化服务体系中的地位和保障人民群众基本文化权益中的作用越来越重要、越来越突出。在这样良好有利的大背景下，作为全省性博物馆行业组织，湖北省博物馆协会应当自觉立足新起点，认清新形势，增强责任感和使命感，为湖北博物馆事业的发展再上一个新台阶贡献力量。

二、把握新机遇，不断强化博物馆协会的全面建设。积极转变政府职能，大力发展社会组织，是现阶段我国行政体制改革的大方向。由管微观向管宏观转变，由办文化向管文化转变是文化体制改革的重要内容。湖北省文化厅、文物局作为行业主管部门，将按照中央建设服务型政府和深化文化体制改革的原则要求，进一步转变博物馆管理职能，按照政事分开的原则，将更多业务性、事物性工作交给社会来办，交由协会等行业社团来承担。社团组织、行业协会大有可为。博物馆协会要抓住机遇，学习国际国内先进的博物馆管理经验与做法，积极应对，有所作为，为政府主管部门当好参谋和助手。

三、拓展新思路，努力提升博物馆协会的工作水平。要切实发挥博物馆和博物馆工作者之“家”的功能作用，紧密团结全省博物馆工作者，解放思想，开拓创新，注重实际，突出特色，建立健全科学有效的管理体制，制订实施系统完善的业务规划，策划开展广泛深入的交流合作，为广大会员单位搭建友好平台，为社会力量参与博物馆事业创造渠道，积极探索博物馆行业合作共赢的长效机制，切实发挥协会的服务、协调、咨询等各项应有的职能，集思广益，凝聚智慧，进一步巩固我省博物馆工作的成绩与优势，努力开创全省博物馆事业新局面。

湖北省博物馆协会的建立只是一个开端，我衷心希望社会各界对这个协会给予更多的关注与支持。湖北省文化厅将一如既往，在各方面给予更多的关心与必要的支持。我相信，在十七届五中全会精神引领下，在中国博物馆协会的指导下，在今天上午即将产生的协会第一届领导班子的带领下，在继承和发扬优良传统的基础上，通过积极扎实的工作，湖北省博物馆协会必将成为推动我省博物馆事业发展进程中的一支重要力量，我省博物馆事业必将迎来更为灿烂的明天！

最后，预祝本次大会取得圆满成功！

谢谢大家！

提高认识，加强领导，深入推进全省博物馆免费开放及中等城市博物馆建设工作

省文化厅副厅长、省文物局局长　沈海宁

（2008年12月8日）

同志们：

在举国上下深入贯彻落实党的十七大精神、推动社会主义文化大发展大繁荣的新形势下，在隆重纪念和庆祝曾侯乙编钟出土三十周年、随州市博物馆新馆开馆之际，我们在曾侯乙编钟的出土地——随州，召开全省博物馆免费开放暨第二次中等城市博物馆建设工作座谈会，研究部署如何深入推进全省博物馆免费开放工作和中等城市博物馆建设工作，具有十分重要的意义。

2007年11月6日，湖北省博物馆率先在全国中部地区对社会免费开放，为全国博物馆全面、顺利推行免费开放进行了有益的尝试和积累了宝贵的经验，得到中央有关领导、国家文物局以及社会各界的充分肯定和高度评价。今年初，中宣部、财政部、文化部、国家文物局联合下发《关于全国博物馆、纪念馆免费开放的通知》（中宣发[2008]2号），要求今明两年全国公共博物馆逐步实行免费开放，并将我省列为首批省市县三级博物馆全部免费开放的7个试点省份之一。在省委、省政府的高度重视和省财政的大力支持下，全省64家博物馆在时间紧、任务重、要求高的情况下，组织完成了免费开放的各项前期准备工作，继省博物馆之后对社会顺利实施了免费开放，社会反响良好。博物馆免费开放实施后，博物馆人气急剧上升，出现了令人惊喜的变化，为全面提升我省公益文化服务水平提供了良好的契机，也为增强博物馆所在城市的影响力、吸引力、凝聚力和竞争力提供了契机，尤其是对于区域政治经济文化中心的中等城市来说，博物馆的文化品牌、城市名片的地位和价值更加凸显。反过来说，博物馆免费开放的新形势，对中等城市博物馆的建设也提出了新的更高的要求。

下面，我就新形势下深入推进博物馆免费开放和中等城市博物馆建设工作讲几点意见，供同志们参考。

一、博物馆免费开放工作

（一）统一思想，提高认识，保障免费开放工作顺利实施

党的十七大报告指出：“要坚持社会主义先进文化前进方向，兴起社会主义文化建设新高潮，激发全民族文化创造活力，提高国家文化软实力，使人民基本文化权益得到更好保障，使社会文化生活更加丰富多彩，使人民精神风貌更加昂扬向上。”博物馆是人类文明记忆、传承、展示、创新的

重要窗口和阵地，是公共文化服务体系的重要组成部分。实行免费开放，吸引更多的公众走进博物馆，不仅是博物馆自身社会责任的体现，也是目前国际博物馆界的发展趋势，更是构建公共文化服务体系，保障人民群众基本文化权益，促进文化大发展大繁荣的重要举措。博物馆向社会免费开放，将有利于进一步发挥其传播先进文化、加强社会主义核心价值体系建设的重要作用，有利于进一步推进公共文化资源的社会共享，宣传推广悠久灿烂的传统文化，有利于进一步发挥其社会教育功能和实现其公益性文化机构的社会价值，丰富广大人民群众的精神文化生活。因此，博物馆实行免费开放，具有重大的社会意义和现实意义。

湖北是全国文物大省之一，文物资源丰富，博物馆数量众多，文物藏品特色鲜明。2007—2008年省博物馆等64家博物馆对社会免费开放后，引起较大的社会反响，产生了广泛的社会效益。这充分说明博物馆免费开放符合广大人民群众的热切期盼，有利于实现和保障人民群众基本文化权益。同时，免费开放也为博物馆提供了新的发展机遇。

目前，全省64家博物馆免费开放的实施，在免费开放的组织宣传、服务管理、安全防范等各方面积累了很多好的经验，可以说，我省的博物馆免费开放工作已经有了良好的基础，走在了全国的前列。希望各地进一步统一思想，提高认识，从促进本地区经济社会发展、推进和谐文化建设的高度，紧紧抓住博物馆免费开放的大好机遇，将博物馆免费开放工作列入重要议事日程，纳入发展规划，加强组织领导，对各单位实施情况进行督促检查和考评，对开放中出现的问题和困难及时沟通、协调并予以解决，要逐步建立起博物馆免费开放的保障机制，确保2009年免费开放工作继续顺利实施，真正把这项社会工程办成实实在在的文化惠民工程。

（二）改善安全与管理，提高展示服务水平，切实发挥博物馆社会效益

免费开放为博物馆的科学发展提供了新的机遇，同时也对博物馆的管理、服务以及安全等提出了新的要求。各博物馆要积极行动起来，要充分利用2008年以来已免费开放博物馆摸索和积累的经验，针对免费开放后观众数量和结构的重大变化，按照寓管理于服务的方针，积极改革传统管理模式，健全服务制度，强化人员培训，规范服务行为；要改善文物安全保护和服务设施条件，制订突发事件的应急预案，完善应急处理机制；要科学测算博物馆的接待能力，加强人流疏导，防止人流高峰时段因观众过于集中造成的安全隐患和参观效果下降，杜绝观众和文物安全事故的发生；要利用各种媒体向社会公示免费开放的有关政策措施、服务项目、开放时间、文明参观须知等内容，方便公众了解和监督，引导观众文明参观，保证免费开放后的安全、规范、有序，不断提高博物馆运行和服务的水平。

免费开放后，各博物馆要加强学习研究，以“三贴近”作为不懈的追求，准确把握免费开放后观众及其精神文化需求呈现出的多层次、多元化的特点，在展示传播的内容和形式上积极探索和大胆创新，使博物馆成为科学文化的教育和传播中心，成为公众流连忘返的文化园地。将专业性、学术性和知识性、趣味性、观赏性有机结合，不断创造新的文化样式，通过题材、品种、风格和载体的极大丰富，使陈列展览更具吸引力、感染力，打造公众喜闻乐见的文化品牌。要加强馆际资源整合，精心举办各种专题展览、巡回展览，以吸引观众走进博物馆，使博物馆的展示服务工作更加贴近

实际、贴近生活、贴近群众。要充分发挥博物馆社会教育功能，在建设好主阵地的同时，不断拓展服务领域、方式和手段，因地制宜，面向社会，积极推进博物馆进校园、进社区、进农村和建设数字博物馆等工作，提供更加人性化的服务设施和服务项目，不断提升博物馆的感染力和辐射力，更好地满足基层群众的精神文化需求，力争取得良好的社会效益。

(三)加强监督管理，确保免费开放落到实处

在各级党委、政府的领导下，各级文物行政部门要指导、督促各博物馆做好免费开放工作，并定期对实施情况进行督促检查和考评，发挥行业管理作用，逐步建立政府主导、法律规范、社会参与的博物馆管理体系，建立以展示教育、开放服务为核心的质量评价体系和政府、社会、媒体、公众代表相结合的监督体系。

各级文物行政主管部门要与本级财政部门密切配合，加强协作，切实把免费开放工作做实、做细、做好，确保博物馆免费开放正常、高效运转。要落实好补助经费，使各博物馆顺利实现免费开放，并在基础设施、展示陈列、服务水平、接待能力等各方面得到全面提升。要指导博物馆认真做好各项工作，积极推进全省具备开放条件的博物馆2009年实施免费开放，为公众提供更多、更好的公共文化产品和服务。

为进一步做好全省博物馆免费开放工作，11月15—20日，省文物局与省财政厅联合在《湖北日报》、《楚天都市报》、《长江日报》等省内主要媒体详细公布全省免费开放博物馆名录、免费开放工作要求及举报电话，欢迎广大群众和社会各界监督。11月24日，省文物局向全省印发了《省文物局关于进一步加强领导扎实推进全省博物馆免费开放工作的通知》(鄂文物综[2008]162号)，对做好免费开放工作提出了具体要求。今后，省文物局、省财政厅将对各博物馆免费开放工作要求是否落实、资金使用管理是否规范进一步加强指导和监督检查。同时，制订相关奖惩制度，对免费开放工作做得好的博物馆将给予奖励，对于认识不到位、措施不得力及要求不落实，甚至出现事故的博物馆进行相应的处理。

二、中等城市博物馆建设工作

(一)以科学发展观为指导，提高认识，进一步增强中等城市博物馆建设的责任感、紧迫感

城市是人类文明发展到一定程度出现的产物。人们要了解一座城市，一般从这个城市的博物馆开始。博物馆作为一座城市的灵魂，也是城市综合竞争力的体现，更是推动城市实现可持续发展的力量。国家文物局局长单霁翔在《从功能城市走向文化城市》一文中指出："城市文化是建设和谐城市的重要基础，是城市竞争力的核心内容，是城市创新发展的强大动力，影响并决定着城市发展的前景和方向。"现代社会也逐渐形成共识，将具有特色鲜明、个性突出、健康高尚、活力创新的城市文化特点的博物馆视为一座美好城市的标志。

中等城市作为一个地区的政治经济文化中心，需要一个集中展示本地区文物历史资源的平台和阵地，以宣传、展示该地区的灿烂文化，辐射和影响周边所辖县市，并进而带动其共同发展。近年来，我省的博物馆特别是中等城市博物馆建设发展态势良好。省博物馆、省艺术博物馆、十堰市博物馆、武当博物馆和随州市博物馆新馆相继竣工并对外开放，黄石市博物馆、襄樊市博物馆新馆将于本月中旬对外开放，鄂州市博物馆(三国吴都博物馆)新馆项目已经开工建设，咸宁市博物馆、荆门市博物馆新

馆建设正在进一步完善规划。但毋庸置疑，与湖北丰厚的文化底蕴和资源相比，与人民群众的精神文化需求相比，我省的中等城市博物馆建设还存在着建设进度缓慢、财政投入不够、社会功能不健全等诸多问题，严重地影响和制约了博物馆事业的健康发展。

盛世兴文，藏文于馆。在全国省级博物馆改造与建设热潮基本结束，中等城市博物馆建设的新一轮热潮到来之时，在全省构建实施武汉城市圈、鄂西生态文化旅游圈的重大战略到来之时，我们应该紧紧抓住博物馆事业发展的大好契机，以科学发展观为指导，提高思想认识，进一步增强博物馆建设的紧迫感、责任感，通过几年扎实有效的工作，力争全省中等城市博物馆的状况有一个大的改观，使博物馆的建设与社会的发展相协调，以满足人民群众的学习、欣赏、休闲等各方面的需要。

（二）积极工作，争取地方党委政府对博物馆建设的大力支持

博物馆是社会公益文化事业的重要组成部分，其建设与发展离不开政府的主导与扶持。特别在我国的现行政治经济体制下，中等城市的国有博物馆的建设资金主要依靠地方财政投入，博物馆事业要获得大的发展，必须要积极争取地方党委政府的高度重视与大力支持。

几十年来，在各级党委政府的重视和文博工作者的积极努力下，全省中等城市先后都建立了博物馆，其中大多数具备了一定的馆舍基础设备设施、展览展示与社会服务、业务人员队伍等条件。特别是近几年，随着我国经济的高速发展和社会的全面进步，各级党委和政府越来越重视文化遗产保护事业，博物馆建设积极性越来越高。在各级党委政府的支持下，省文物局加强了博物馆事业发展的规划、管理、指导，积极推进博物馆基础设施建设，全省博物馆建设呈现出逐步加强的发展势头，取得了前所未有的进展。

希望全省中等城市文博工作者积极努力，按照我国博物馆发展“以政府兴办为主体，以国有博物馆为主导”的总体思路，进一步争取地方党委政府对博物馆建设的大力支持，充分利用当前国家大力增加对文化事业发展投入的契机，解决好本地博物馆的建设问题。

（三）抓住免费开放和评估定级的契机，加强管理，进一步完善中等城市博物馆的社会服务功能

中等城市作为一个地区的政治经济文化中心，无论是政治经济影响力，还是文化文物资源，以及观众群的来源与层次，都为博物馆的建设和发展提供了得天独厚的条件。但是，从目前我省中等城市博物馆的情况来看，尽管先后都建立了博物馆，但是，由于种种原因，很多博物馆还存在基础设施差、展览面积狭小、展览缺乏震撼力、服务水平偏低等问题，博物馆社会服务功能呈现缺失和弱化。如有些博物馆陈列展览面孔常年不变，缺乏精品意识，有些博物馆馆舍陈旧，展厅条件简陋，缺乏基本的办展条件，基本不举办展览或开展什么业务活动，成为名不副实的“挂牌博物馆”，严重影响了博物馆在社会公众中的形象。

文化部《博物馆管理办法》指出“博物馆是向公众开放的非营利性社会服务机构”。社会服务是博物馆工作的中心环节之一，是衡量博物馆核心业务能力的重要标尺。加强博物馆社会服务工作，是充分发挥博物馆业务功能的重要保证。免费开放实施后，更多的民众走进博物馆，博物馆引起了社会的高度关注，对博物馆做好社会服务提出了更高的要求。

博物馆评估定级是2008年度国家文物

局重点工作之一，其宗旨是为加强和规范博物馆行业管理，推动博物馆增强创新能力，提升博物馆的展示陈列、社会服务和科学研究水平。目前，全省已有省博物馆、荆州博物馆、武汉市博物馆等3家被评为一级博物馆，二、三级博物馆评估定级初评工作也已全部完成，并上报国家文物局待审批公布。希望全省中等城市博物馆抓住免费开放和评估定级的契机，加强管理，完善社会服务功能，以评估定级工作为载体，打造博物馆事业发展的新平台。

三、2008年工作总结和2009年工作思路

时近年终岁尾，为使大家进一步理清思路，谋划好2009年工作，利用此次会议机会我就全省2008年工作和2009年工作思路做一简要的阐述：

（一）关于2008年工作

1. 夯实基础，扎实推进，文物保护工作取得新成效

认真开展第五批湖北省文物保护单位的推荐公布及中国历史文化名镇名村的申报工作，进一步巩固我省文物资源大省地位。2008年3月27日，省政府以鄂政发[2008]16号文公布第五批湖北省文物保护单位368处，至此，我省省级文物保护单位已达825处；完成了对我省申报历史文化名镇名村9镇7村的初审工作，并上报建设部、国家文物局。

全省第三次文物普查田野调查工作全面展开并取得初步成效。截至11月底，全省调查登记不可移动文物6476处，其中新发现2445处，复查4031处，另掌握不可移动文物线索2000余条；落实全省文物普查省级配套经费1100万元，召开了湖北省第三次全国文物普查领导小组扩大会议，第三次全国文物普查领导小组组长、副省长张岱梨出席会议并作了重要讲话。

2. 弘扬民族文化，服务人民群众，博物馆建设及免费开放取得新突破

继去年十堰市博物馆新馆建成开放后，今年武当山博物馆、随州市博物馆新馆陆续建成开放，黄石市博物馆、襄阳市博物馆新馆也将于本月中旬建成开放。博物馆免费开放工作进一步深入。我省成为全国首批全省博物馆免费开放的省份之一，落实了中央补助我省64个博物馆、纪念馆免费开放补助经费6430万元，其中门票及运行增量补助经费2764万元，奖励经费3666万元。目前，门票及运行增量补助经费已下拨，全省64家博物馆、纪念馆已全部实施对外免费开放。国家文物局考察调研了省博物馆、辛亥革命博物馆、武汉市博物馆、荆州博物馆、潜江市博物馆等9个博物馆免费开放工作情况，并组织召开部分博物馆、纪念馆免费开放工作座谈会，系统总结了各地博物馆免费开放工作经验。为进一步提升博物馆展览展示水平，各博物馆结合自身特点，积极推出系列临时陈列展览，取得了良好的社会效果。省博物馆举办“馆藏近现代书画展”、“浑厚华滋——黄宾虹书画作品展”、“七彩霓裳——云贵高原民族服饰展”、“保卫大武汉”、“台湾鸿禧美术馆藏品系列展”等13个临时展览，一年来观众达130余万人次；武汉市博物馆举办了“楚都文物精华展”、“雪域明珠——藏传佛教文化艺术展”、“国宝重光——明代楚藩王家族墓出土文物特展”、“民国政要手迹展”等10个展览，接待观众40余万人次；湖北省博物馆、荆州博物馆、武汉市博物馆被授予国家一级博物馆称号。

“文物调查及数据库管理系统建设”试点项目工作继续深入开展。向国家文物局数据中心完成全省馆藏一级文物信息报送工作，（其中文字数据2514条，数码照片1.4万余张，数据总量18.21G）。我省现有一级

文物底数彻底摸清，一级文物总量已达2514件（套），比2005年增加348件（套），并全部纳入省文物信息中心机房实施信息化动态管理；全国文物调查及数据库管理系统建设项目领导小组办公室对我省项目工作进展情况给予了高度评价，该办公室在印发的2008年第2期《工作简报》全面通报湖北、陕西两省项目工作进展时特别指出，“湖北项目一级文物信息统计报送工作非常细致”，“对文物登记管理工作有很好的示范作用”，充分肯定了我省“文物调查及数据库管理系统建设”项目的建设成果。

3. 合理安排，突出重点，文物维修保护与考古发掘取得新收获

认真做好文物保护基础性工作。出台《湖北省文物保护工程勘察设计资质管理办法（试行）》、《湖北省文物保护工程施工资质管理办法（试行）》；认真做好荆州纪南城、京山屈家岭等大遗址保护规划和相关方案编制；督促指导相关部门按国家文物局批准方案，对盘龙城、龙湾遗址实施田野考古和保护性展示工作；熊家冢车马坑发掘保护工作稳步推进，投资300多万元修建车马坑保护大棚，目前已清理出43辆马车；《熊家冢墓地保护规划》经我局组织初审后已上报国家文物局；投资9000多万元的荆州城至熊家冢墓地专用公路建设已经开工。

认真落实领导批示，积极做好相关项目的文物保护工作。根据省委罗书记指示，对明显陵祾恩门及双龙引壁保护工作进行现场勘察并提出保护意见。按照省委、省政府领导批示精神，配合国家文物局专家调研组对我省乡土建筑保护工作进行调研并将调研结果上报省委、省政府。乡土建筑文物保护已初见成效，以乡土建筑复建为载体的明藩王博物馆已完成绿化、围墙等配套工作。按照李鸿忠省长、张岱梨副省长的批示，组织专业人员对汉口积庆里前日军慰安所旧址进行调查并提出保护意见上报省政府。

4. 三峡和南水北调文物保护工作取得重要进展

南水北调工程湖北库区抢救性考古发掘工作进展顺利。共实施发掘项目58处，累计完成勘探面积434.5万平方米，发掘面积15.5万平方米；出土陶、瓷、铜、玉、骨、石等不同时代、不同质地的文物17200余件。其中郧县辽瓦店子遗址被评为2007年度全国十大考古新发现。

顺利通过三峡工程四期蓄水清库文物保护工程验收工作，确保不影响工程175米蓄水试运行总体建设规划。国家文物局专家组通过现场检查秭归、巴东等地面文物复建工作及屈原祠仿古新建工地，充分肯定了我省三峡工程文物保护所取得的成绩。目前，我省三峡库区41处地面文物搬迁保护项目已全面完成，屈原祠仿古新建工程已完成主体工程及部分装饰装修工程，明年内可实现全面竣工。

5. 依法行政，加强管理，进一步推动全省文物保护工作有序发展

迎接国家文物局文物进出境审核机构资质核查组检查。经国家文物局对全国现有的17个国家文物出境鉴定站进行重新审定，“国家文物进出境审核湖北管理处”获得国家文物局授予的文物进出境审核资质，是全国具有文物进出境审核资质的14个机构之一。积极配合公安、工商、海关等部门严厉打击各种文物犯罪活动，及时查处破坏文物的行为。为武汉海关、鄂州、汉川、丹江口、武穴、郧县等公安部门鉴定涉嫌走私、涉案文物16次，共鉴定文物及艺术品422件（套），其中三级以上文物13件（套），一般文物102件（套）；为武汉洪山公安分局鉴定王柏明涉嫌文物诈骗案所涉及书画作品共93件。审核武汉中信拍卖公司申报拍

卖的书画作品153件(套)。

(二)2009年工作思路

1.加强文物法制,积极开展文物执法督察,进一步推进全省文物工作发展

继续贯彻落实《文物保护法》和《湖北省实施〈中华人民共和国文物保护法〉办法》。加大文物行政执法力度,组织对违法案件的行政执法督察,配合公安、海关及有关部门严厉打击各种文物犯罪活动,及时查处破坏文物的行为。加强文物市场管理,加强对文物出入境的监管,组织开展对内、外销文物、文物及艺术品拍卖标的、涉案文物、出国(境)展览交流文物的鉴定审核工作;强化对文物拍卖工作的管理,加强对文物拍卖企业的监管。

2.认真总结博物馆免费开放经验,深入开展博物馆评估定级工作,做好"文物调查及数据库管理系统建设"试点项目文物信息采集工作

在2008年我省首批免费开放64家博物馆、纪念馆基础上,进一步总结已免费开放博物馆的工作经验,增加具备条件的博物馆向社会免费开放,积极开展博物馆免费开放调研工作;加强对已免费开放博物馆的检查监督,加大博物馆免费开放资金的监管力度;召开全省县级博物馆展览展示研讨会,进一步做好县级博物馆的展览提升工作;举办两期全省讲解员培训班,通过系统培训,进一步提高我省讲解员队伍素质;以2008年博物馆评估为基础,对已定级的二、三级博物馆进一步细分,评定甲乙等级;全省博物馆加强自身管理,加强软硬件建设,积极参与博物馆评估定级工作;完成全省馆藏珍贵文物信息采集录入工作,摸清全省馆藏珍贵文物家底,扎实做好文物信息中心机房珍贵文物信息的动态管理与利用;鼓励和支持有条件的文物收藏单位开展一般文物的信息采集录入工作;组织召开项目工作经验及成果总结会议。

3.继续抓好第三次全国文物普查田野调查阶段工作,认真做好全国重点文物保护单位申报、规划编制和维修工作

继续组织做好第三次全国文物普查田野调查阶段工作,加大检查督导,争取6月30日前完成90%工作任务,年底前,完成全省田野调查任务。按照国家文物局部署,做好第七批全国重点文物保护单位申报相关工作。指导好武当山玉虚宫、七里坪革命旧址、唐崖土司城等全国重点文物保护单位保护规划的编制工作。配合鄂西生态文化旅游圈建设,加大对襄阳王府绿影壁、荆州城墙、显陵大碑楼等重点文物保护单位的维修保护。

4.提高考古发掘质量和水平,做好工程建设中的文物抢救,继续推进大遗址保护展示工作

做好基本建设中的文物保护工作,积极应对国家近两年将投入5万亿拉动内需,即将出现的基本建设大潮,发挥组织、协调与指导作用,做好武汉至宜昌高速铁路工程、大(庆)广(州)南高速公路湖北段工程、渝利铁路湖北段工程等大型基本建设中文物保护工作。积极推进盘龙城遗址宫殿基址和李家嘴二号墓的展示、城墙覆土等工作;继续推进潜江龙湾遗址古河道的疏浚和台基覆土加固工作;完成石家河遗址总体规划省内评审及向国家文物局报批工作,启动石家河遗址实施方案的编制工作;争取完成楚纪南故城遗址保护规划和屈家岭遗址保护规划编制工作。

5.加强安防设施建设,加大检查和整改力度,确保全省文物安全

认真贯彻落实国家文物局和省政府关于文物保护工作的精神,督促指导全省文物部门进一步加大文物安全基础建设,切实加强文物安全检查和安全隐患整改;会

同相关部门认真检查、督促、指导省直各文博单位重要节假日及重大活动期间文物安全保护工作。组织对部分市、县重点文物保护单位和文博单位进行文物安全检查，督促相关文博单位认真进行文物安全隐患整改，切实加强文物安全保护工作。督促指导文博单位认真做好馆藏文物的征集工作和武当山古建筑群、荆州市八岭山古墓群等文物保护单位的安防、消防系统施工工作。

6.加强管理和制度建设，抓好三峡、南水北调工程的文物保护工作

重点抓好屈原祠仿古新建工程竣工验收工作，争取打造成为三峡库区文物保护的亮点工程。召开三峡工程湖北库区文物保护学术研讨暨总结表彰大会。对十余年的三峡文物保护工作做全面总结，宣传文物保护和大型工程实现"两利"原则及文物保护规范管理的成功经验；省人事厅、省移民局、省文化厅联合对在三峡文物保护工作做出杰出贡献的先进单位和个人进行表彰。完成三峡文物保护项目资料的档案整理，完善并实现所有三峡文物保护资料数字化管理。

继续开展南水北调工程湖北库区地下考古发掘工作。完成国务院南水北调办批复的文物保护工作任务，至2009年底争取完成南水北调工程湖北库区考古发掘总工作量的70%。开展地面文物复建项目规划、测绘、设计工作。开展南水北调中线配套工程引江济汉兴隆枢纽工程重点文物保护项目的考古发掘工作。积极争取国家有关部门对世界文化遗产武当山遇真宫文物保护方案的最终确定，抓紧开展相关文物保护工作。

同志们，近年来，我省文化文物事业取得了长足发展，当前正在努力向建设文化强省的宏伟目标迈进。我们有理由相信，通过这次会议的召开，在全省文物博物馆工作者的共同努力下，紧紧抓住博物馆免费开放的契机，深入推进全省博物馆免费开放工作和中等城市博物馆建设工作，我省文物博物馆事业必将迎来又一个发展的春天，全省各级博物馆将更加充分地向广大观众展示湖北悠久的历史和灿烂的文化，成为促进社会主义文化大发展大繁荣的重要力量，我省中等城市博物馆事业一定会有新的发展，博物馆工作一定会上一个新的台阶！

谢谢大家！

2008年12月8日

以科学发展观为指导
全面提升我省县市级博物馆陈列展览水平

省文化厅副厅长、省文物局局长　沈海宁

（2010年5月14日）

同志们：上午好！

五月的枝江，景色优美，繁花似锦。今天我们在这里召开全省县市级博物馆陈列展览工作座谈会，来自全省近50个县市级博物馆馆长和部分县市级文化(物)局局长参加会议，交流博物馆工作，特别是陈列展览和服务工作经验，共谋博物馆事业发展大计。这是我省今年文物博物馆系统一个很重要的专题会议。这次会议，得到了枝江市委、市政府的大力支持，枝江市文化局与博物馆的同志为会议的准备做了大量工作。在此，我代表省文物局向枝江市的领导和同志们表示衷心感谢，同时向在座的各位同志并通过你们向多年来在为推进博物馆事业发展，默默在基层奉献的博物馆的同志们表示诚挚的敬意和衷心的感谢！

改革开放以来，在省委、省政府的正确领导下，通过全省广大文物工作者的努力，我省博物馆事业得到了快速发展，取得了多方面的显著成就：以省博物馆和武汉、十堰、随州、黄石、武当山等为代表的一批博物馆新馆相继建成对外开放，以馆藏文物调查数据库项目建设为重点的文物藏品保护管理等基础性工作得到进一步加强，博物馆陈列展览与服务工作水平不断提高，一批内容丰富、特色鲜明、形式新颖的博物馆展览深受观众喜爱和好评。特别是2008年作为全国第一批试点省份，我省文化文物部门归口管理的64家博物馆、纪念馆向社会免费开放后，引来观众如潮，全省博物馆、纪念馆2008年共接待观众达830余万人次。博物馆为传承历史文明、传播先进文化、构建和谐社会发挥了重要作用。

但是，随着社会和经济的快速发展，我省博物馆，特别是县市级博物馆事业的现状，与建设文化强省及大众对博物馆的文化需求之间，存在着较大的差距。尤其是县市级博物馆在发展中存在着许多问题，如发展状况不平衡，数量较多但质量不高，博物馆建设结构不够合理，定位不够明确，特色不够鲜明，人才缺乏，经费不足，管理水平不高等等，其中最为突出的也是当前亟待解决的问题，就是陈列展览水平普遍较低，内容陈旧，形式单一，缺少特色，无法适应博物馆免费开放的新形势和满足广大人民群众日益增长的文化需求。

因此，我想就县市级博物馆陈列展览工作谈几点意见，供大家参考。

一、以科学发展观为指导，进一步提高

对做好县市级博物馆陈列展览工作的认识

博物馆是陈列、展示、宣传人类文化和自然遗存的重要场所，是国民教育体系的重要组成部分。博物馆向社会免费开放，是实践党的十七大关于社会主义文化大发展大繁荣的具体行动，是加强社会主义核心价值体系建设的有效手段，也是满足人民群众日益增长的精神文化需求，保障人民群众文化权益，实现文化遗产保护成果由人民共享的重要举措。做好陈列展示和社会服务，是博物馆工作的根本任务。因此，针对我省县市级博物馆普遍存在的展陈设施落后、内容陈旧、手法简单、科技含量低、宣传不够、服务功能不完善等问题，各级文化(物)行政主管部门和博物馆要统一思想，提高认识，以科学发展观为指导，认真学习和总结国内外优秀博物馆展览工作的经验，提出符合我省实际、符合博物馆自身发展规律的对策和措施，加强和改进县市级博物馆陈列展览工作，充分发挥县市级博物馆在全面建设小康社会、繁荣社会主义先进文化中的重要作用。

二、充分利用馆藏文物和地方文化资源，提高陈列展览水平

陈列是博物馆实现其社会功能的主要方式，是博物馆进行社会教育、传播信息、提供审美欣赏和为科学研究提供参考服务的重要手段。提高博物馆陈列展览水平，要充分利用馆藏文物资源和社会资源，要发挥各馆自身优势，突出地方历史文化特色。必须以强化服务功能为原则，大力推进县市级博物馆展示与服务核心能力的建设，创新内容、创新手段，努力提升陈列展览的文化和科技含量，进一步加强陈列内容设计和展陈手段的研究，增强展览的趣味性和观赏性，突出观众互动参与的重要性，一切围绕着服务于观众做好文章。

博物馆陈列展览工作，主要由内容设计和形式设计两部分构成。提高博物馆陈列展示水平，首先要从展览的内容选题和设计入手，没有好的陈列展览选题，没有对陈列展览内容的深入研究，是不可能办出高水平、有特色的展览的。要在展览选题确定以后，认真编写陈列大纲和陈列方案。

博物馆陈列形式设计又称艺术设计，是体现博物馆陈列展览水平的重要方面。随着社会经济发展和人民群众对精神文化产品欣赏水平的提高，作为艺术创作活动的形式设计对博物馆展览来说越来越重要。陈列艺术形式设计的准确性、鲜明性和生动性可以使展览的内容更丰富、更生动的体现出来，使陈列展览更具有吸引力和感染力。

与此同时，作为县市级博物馆，我们还要十分注重展览形式的多样化，要加强各博物馆之间展览的交流与协作，举办各种形式的展览，如举办临时展览、巡回展览，送展下乡、进社区，进学校等等。这样才能吸引更多观众，提高博物馆的人气，扩大博物馆的社会影响。

三、强化社会服务意识，努力实现博物馆工作“三贴近”

博物馆的陈列展览主要是为广大观众服务的，要达到向观众传播信息的目的，就必须最大限度地与观众的认知结构相吻合。不论陈列内容的学术层次多高，展品的内涵何等精深复杂，其展示内容都应为广大观众所接受，并产生兴趣与共鸣；陈列语言的表达也应该由浅入深、通俗易懂，能够使观众看明白。如果我们办出的展览不能满足社会公众工作、生活、学习的现实需要，不能引起他们的认同和共鸣，他们是不会走进博物馆的。

要解决这个问题，就必须强化社会服务

意识，不断地对办展思路和陈列模式进行创新和探索。首先要在陈列选题上广泛听取群众意见，拉近与社会生活、群众的心理距离。其次，要在展示手法上下功夫。无论什么性质的博物馆，其陈列展览所承担的任务就是传播、普及该专业领域的知识。社会公众没有必要也不可能对考古、历史和其他自然科学等专业知识进行专门的学习和研究。因此，应在诠释和展示上创新，想方设法让一般观众对陈列展览的内容能够理解，使他们感到参观有味道，有所得。第三，陈列展览要常换常新。从理论上讲，我们制作再精美的展览也不可能永葆活力，所以，博物馆要有不断变化的陈列展览，就是基本陈列也不能十年八年不动，要不断营造阶段性的热点，要有新的亮点吸引观众。

除了上述几点之外，要做好博物馆工作，博物馆工作者的精神状态和工作方法至关重要。我想借此机会提几点要求，与大家共勉。一是要克难奋进，增强拼搏精神。很多县市级博物馆工作条件艰苦，事业经费不足。在这样困难的条件下，博物馆工作者一定要有拼搏精神，把心思放在事业上，认真办实事，由小及大，聚沙成塔，只要有这样一种顽强拼搏的劲头，有一股不达目的不回头的韧劲，全省博物馆事业就一定会有更大的繁荣和发展。二是要加强改革创新和人才培养，进一步抓好博物馆的队伍建设。各县市博物馆要通过改革来实现内部管理体制和运行机制的创新，增强队伍活力，同时强化“人才兴馆”的思想，加大专业人才培训和培养力度。三是加强基础工作和制度建设，努力提高博物馆的各项业务工作水平，通过不断的完善和改进，努力提升博物馆整体的发展水平，实现博物馆社会作用的有效发挥，促进博物馆的全面、协调、可持续的发展。

同志们，我省的博物馆事业正处在历史最好的发展时期。我们一定要抢抓机遇，大力推进博物馆事业的发展。我们相信，通过这次会议的召开，在全省博物馆工作者的共同努力下，在未来两到三年时间内，我省县市级博物馆事业一定会有新的发展，博物馆陈列展览工作一定会上一个新的台阶。让我们积极行动起来，齐心协力，勤奋工作，努力开创我省博物馆事业的新局面。

谢谢大家！

努力提高博物馆讲解服务水平 扎实做好博物馆免费开放工作

——在全省博物馆讲解员培训班上的讲话

省文化厅副厅长、省文物局局长　沈海宁

（2009年3月23日）

同志们：

在深入贯彻党的十七大会议精神，以科学发展观为指导，推动我省文物博物馆事业持续健康发展的新形势下，全省博物馆讲解员培训班今天开学了。在此，我代表省文物局对这次培训班的开办表示热烈的祝贺，向来自全省各地博物馆讲解工作岗位上的同志们表示亲切的问候！

博物馆讲解工作是博物馆社会教育工作的重要组成部分，在博物馆全部工作中占据着很重要的地位。加强博物馆讲解员队伍建设，不断提高讲解员综合业务素质和讲解水平，对于充分发挥博物馆社会教育功能，发展博物馆事业，具有重要意义。省文物局十分重视这次全省博物馆讲解员培训工作，在2008年底就列入了今年的工作计划，进行了认真研究。下面，我想就博物馆讲解工作和这次培训班的学习，讲几点意见。

一、要进一步提高对博物馆讲解工作的认识，不断增强事业心和责任感。同志们知道，博物馆是一个国家、一个民族、一座城市的灵魂和文明标志，是其重要的文化设施和公益性机构。我国博物馆作为建设中国特色社会主义先进文化的重要组成部分，担负着弘扬民族文化、提高全民思想道德和科学文化素质、凝聚民族力量、振奋民族精神、为社会经济发展提供精神动力和智力支持的神圣使命。博物馆正是通过自己的收藏、研究、展示，传播历史文化信息和科技艺术知识。因此，社会教育是博物馆主要的社会职能之一，是博物馆同社会各界和青少年观众沟通的主要桥梁和纽带。事实说明，一座博物馆，有没有社会宣传教育工作和讲解人员是大不一样的。只有通过准确生动的讲解，才能激活展品，才能激活展品背后的人物和发生的重大历史事件，才能激活观众对展品的思考和想象力。所以，我们应该高度重视博物馆讲解工作。不但领导要高度重视，讲解员自身也要充分认识自己工作的重要性，不断增强事业心和责任感。

二、要加强学习，牢固树立服务意识，认真做好博物馆讲解工作。博物馆讲解工作是一项专业性很强的工作，不是什么人都可以胜任的。一个优秀的讲解员，不但应该具备较高的普通话水平以及较强的语言表达能力，还要求有较高的综合素质。因此，从事讲解员工作，要不断加强学习，既要学好专业知识，练好过硬本领，还要博览群书，提高综合素质，这是我们做好博物馆讲解工作的需要，是新时期、新形势的要求。特别是博物馆实行免费开放以后，提高博物馆讲解工作水平和服务质量，是摆在我们面前的一项重要任务。我们要深入学习贯彻党的十七大会议精神，以人为本，自觉地树立服务意识，努力做到“贴近实际、贴近群众、贴近生活”，用丰富生动的语言，讲解陈列展示内容，感染每一个观众。

三、要专心致志，抓住这次学习的机会，提高自己的专业知识和讲解水平。同志们来自全省各地的博物馆，工作都很忙，参加一次专业学习不容易，大家要十分珍惜这一学习机会，通过这次学习培训，努力提高自己的业务素质和专业水平。我们这次学习的内容很集中，就是围绕博物馆讲解工作这个专题进行学习培训。学习了解博物馆讲解基础知识，包括讲解形式、讲解技巧以及讲解语言艺术等等。这次培训还有一个特点，就是理论与实际密切结合，老师们除了讲理论，还将有针对性地作讲解辅导，同时，要安排大家到省博物馆参观、观摩，请优秀讲解员作现场讲解。另外，这次培训班让我省这么多的讲解员同行，有机会相聚一起也很不易，同志们要利用培训的间隙时间多进行些交流，相互学习，共同提高。总之，同志们要充分认识做好博物馆讲解工作的重要意义，加强学习，努力工作，为促进我省文物博物馆事业再上新的台阶，为发展先进文化、构建和谐社会作出新的贡献。

祝同志们学习期间生活愉快、学习进步！

谢谢大家！

在湖北省博物馆协会成立大会上的讲话

湖北省博物馆协会筹备组负责人　吴宏堂

（2010年10月30日）

各位领导、各位代表、各位朋友：

在全国上下认真学习党的的十七届五中全会精神，展望“十二五”美好蓝图，国际博物馆协会第22届大会暨25届全体会议即将在中国上海召开之际，隆重召开湖北省博物馆协会成立大会，中国国家博物馆副馆长、中国博物馆协会副理事长董琦同志，中国博物馆协会副理事长兼司库张春雨同志，湖北省文化厅党组书记、厅长杜建国同志，湖北省文物局副局长邢光同志，湖北省民政厅民间组织管理局局长邓宏同志等在百忙中亲临会议并作重要讲话，国家文物局以及相关单位也分别发来贺电表示祝贺，这充分体现了国家文物局、中国博物馆协会、省文化厅党组和省民政厅等有关部门领导对湖北省博物馆协会的高度重视、关心和大力支持，也是对我们的极大鼓舞和鞭策。在此，我代表湖北省博物馆协会筹备组对各位领导、全体代表及新闻界朋友表示热烈的欢迎和衷心的感谢！成立湖北省博物馆协会是我省文博界期盼已久的一件大事，必将对促进湖北省博物馆事业又好又快发展起到积极的推动作用。下面，我就筹备成立湖北省博物馆协会的背景、意义以及基本工作思路讲几点意见，供大家参考。

一、成立湖北省博物馆协会的背景情况

伴随着社会主义文化大发展、大繁荣，中国博物馆事业已经进入了一个前所未有的快速发展时期，一批规模宏大、功能齐全、设施先进的大、中型博物馆相继建成，全国博物馆数量已接近3000座；一批条件成熟的博物馆、纪念馆实行了免费开放，免费开放的博物馆、纪念馆共有1444座，免费接待观众8.2亿人次，平均每座博物馆观众人数比免费开放前增长了50%，社会各界对博物馆事业的关注程度也日益提高，特别是以“博物馆致力于社会和谐”为主题的国际博协第22届大会即将在上海的召开，更是为中国博物馆事业的建设发展与国际博协的合作交流开启一个新的局面。

湖北作为一个文物大省，文物资源丰富，博物馆工作也取得了辉煌的成就。随着省博物馆和武汉、十堰、随州、黄石、武当山等为代表的一批博物馆新馆的相继建成对外开放，以馆藏文物调查数据库项目建设为重点的文物藏品保护管理现代化水平显著提高：以突出陈列展览特色为抓手的博物馆精品陈列不断涌现；继荆州博物馆与武汉博物馆分别获得“全国十大精品陈列”之后，湖北省博物馆的曾侯乙编钟展获全国最佳服务奖与最佳材料奖，武当山博

物馆获全国最佳制作奖。以提高服务质量为突破口的服务方式的创新，使博物馆在服务人民群众、服务经济建设中的作用得到了更充分的发挥。特别是湖北省博物馆率先在全国中部地区对社会免费开放，为全国博物馆全面、顺利推行免费开放进行了有益的尝试并积累了宝贵的经验，得到中央有关领导、国家文物局以及社会各界的充分肯定和高度评价，为传承历史文明、传播先进文化、构建和谐社会发挥了重要作用。

在看到湖北省博物馆事业取得巨大成绩的同时，我们也应该清醒地认识到，随着博物馆数量的不断增长，我省博物馆行业也存在着建馆质量良莠不齐、专业人才供不应求、学科体系有待完善、标准规范亟待健全等问题。面对这种情况，湖北省广大博物馆和博物馆工作者迫切需要一个能够联络行业成员，推动行业自律，服务行业发展，扩大行业影响的省级博物馆行业组织。今年年初，湖北省文化厅、文物局主要领导根据本人的建议，同意筹备成立湖北省博物馆协会，并明确指示由我和全文同志负责协会的筹备工作，协会秘书处设在湖北省博物馆。几个月来，我们在发起单位的确定、文件的编制、会员的发展、机构的设置、人选的推荐、协会的报批等方面做了大量而卓有成效的工作。

过去，湖北省博物馆协会在胡美洲会长的领导下，为湖北省博物馆事业做了很多积极而有益的工作，并留下了许多宝贵经验与教训。其中，最大的教训是因种种原因，恢复湖北省博物馆协会已经不再可能。因此，我们只好根据《社会团体登记管理条例》等有关法律法规，于今年4月14日，重新以省文物局名义向省民政厅递交了《省博物馆、辛亥革命武昌起义纪念馆、武汉博物馆关于申请成立湖北省博物馆协会的请示》（鄂博文字[2010]16号）。9月2日，省文化厅在《关于同意筹备湖北省博物馆协会的函》（鄂文化函[2010]142号）中明确同意承担协会业务主管单位的职责。10月10日，筹备组在武昌召开了协会的筹备工作会议。来自全省各市州和直管市博物馆的代表参加了会议，会议讨论了协会《章程》（草案），酝酿了协会第一届理事会、常务理事会及领导成员的候选人名单，研究了协会成立大会的会议方案等。会后，筹备组将拟通过的协会《章程》（草案），协会第一届理事会、常务理事会以及领导成员候选人名单和成立大会会议方案报请省文化厅党组审议通过。10月15日，省民政厅在《社会团体准予筹备决定书》（鄂民社筹[2010]30号）中批复同意筹备湖北省博物馆协会。会后，我们将按民政厅的要求，申请成立登记。

二、成立湖北省博物馆协会意义重大

博物馆作为重要的文化资源，一直是区域文化竞争力的重要源泉，也是推动湖北由文化资源大省向文化强省跨越的重要保障。在社会主义文化大发展、大繁荣和中部崛起战略全面实施的背景下，成立湖北省博物馆协会，对于广泛联系和整合博物馆资源、联系和整合社会力量，推动湖北博物馆事业的快速发展，提升湖北文化建设工作水平都具有重要的意义。这种重要意义主要体现在以下三个方面：

（一）有利于更好的贯彻落实科学发展观，促进全省博物馆事业的科学发展。

博物馆是社会主义文化事业的重要组成部分，爱国主义教育的重要场所，是传播先进文化、愉悦群众身心，保障人民群众享受基本文化权益的重要阵地，在加强人民群众爱国主义教育、革命传统教育、历史文化教育，提高公民素质，促进社会和谐等方面具有独特优势。然而由于体制原因，全省博物馆资源仍然处于分散管理、条块分割的状态，难以形成事业发展的合力。特别是免费开放后，我省博物馆更是难以满足人民群众日益增长的文化需求，因此，在全省范围内建立一个统一的博物馆协会，不仅有利于按照科学发展观的要求，积极探索建立政府主导、法律规范、社会参与的新兴博物馆管理体系，理顺博物馆管理机关、博物馆行业组织和博物馆之间的权责关系；有利于通过博物馆行业组织的发展，逐步健全行业内的自我管理和行业自律机制，争取社会力量支持参与博物馆事业建设，实现博物馆发展模式由封闭型向开放型转变，而且也有利于制订各种统一的行业标准、行业规范、行业纪律，协调博物馆、文物管理部门和各级政府之间的关系，化解各种消极因素，破解各种发展难题，促进全省博物馆事业科学发展。

（二）有利于更好的贯彻落实“百花齐放、百家争鸣”的方针，促进全省博物馆事业的健康发展。

从总的情况看，全省虽然已逐步形成了以省直博物馆为龙头，以重点市、州博物馆为骨干，以特色县级博物馆为基础，以行业和民营博物馆为补充的博物馆体系，但大多数博物馆依然是专业人员不足，专业结构不合理，学术水平不高，与博物馆应有的社会地位不相称。成立湖北省博物馆协会，在人才培养方面，有利于针对我省博物馆数量大、门类多、分布广、人才少的特点，充分发挥协会的桥梁纽带作用，为各级、各类博物馆多渠道、多途径、多形式培训博物馆各类人才牵线搭桥；在学术上，有利于根据“百花齐放、百家争鸣”的方针，为不同性质、不同规模、不同类型、不同级别、不同身份的博物馆人员，开展学术研讨、学术交流，搭建平台，促进全省博物馆学研究水平提高，促进全省博物馆事业的健康发展。

（三）有利于更好的贯彻落实为人民服务、为经济服务的宗旨，促进全省博物馆事业的和谐发展。

2009年11月9日，李长春同志在视察河南博物院时指出：要充分发挥博物馆的公共文化服务功能，让更多的人走进博物馆，通过参观展览，鉴赏祖先创造出的灿烂文化，提高综合素质。随着博物馆免费开放的不断深入，博物馆的公共文化服务功能日益彰显，社会关注程度不断提升，融入社会的步伐不断加快。在体系性发展格局下，湖北省博物馆协会的成立，有利于协调各博物馆在落实为人民服务，为经济服务的宗旨，维护广大人民群众的基本文化权益和博物馆会员单位的正当利益，促进行业健康有序发展方面，发挥其他职能部门无法替代的作用。协会作为桥梁和中介，有利于搭建博物馆和政府对话沟通的互动平台，及时向政府和有关部门反映各会员单位的意见和建议，促使各博物馆在响应政府导向、服务社会和公众、实现自身发展三方面形成一种良性循环的发展格局，不断推动区域文化产业和社会文化经济发展，使博物馆事业的发展成果最大限度地回报社会，惠及民众，从而促进全省博物馆事业的和谐发展。

三、湖北省博物馆协会的基本工作思路

湖北省博物馆协会的成立，是湖北博物馆行业组织发展历程中的一个重要里程碑，将会开启湖北博物馆事业发展的全新篇章。作为第一届协会的筹备者，我们一定要通过不断创新，积极探索新形势下博物馆协会发展规律，拓宽工作思路，拓展服务功能，提高服务水平，提升服务质量。下面，我想针对协会成立以后的工作谈三点设想。

（一）基本指导思想与目标。湖北省博

物馆协会的基本指导是始终坚持马列主义、毛泽东思想和“三个代表”的重要思想，认真贯彻落实科学发展观和“百花齐放、百家争鸣”的“双百”方针，尊重知识，尊重人才，满腔热情地提供行业服务，真心实意地反映行业诉求，自觉严格地抓好行业自律，突出服务性、开放性、创新性，一年打基础，两年见成效，三年上台阶，力争把湖北省博物馆协会办成全省优秀的社会团体。

（二）基本工作原则。湖北省博物馆协会的基本工作原则一是要始终坚持服务的原则。要明确服务宗旨，主动为人民群众服务，为社会服务，为各级政府部门服务。通过博物馆陈列展览“十大精品”推荐评选，促进各博物馆陈列展览内容、形式和传播手段的不断创新，提高展览的吸引力、表现力和震撼力；通过举办讲解员比赛，志愿者工作评选等活动，不断提升社会教育与文化服务水平；通过举办各种学术交流活动，促进全省博物馆学理论水平的提升。二是要始终坚持创新的原则。创新是一个民族进步的灵魂，是国家兴旺发达的不竭动力。唯有创新，博物馆协会工作才能与时代同步；与人民同心，才能发展好博物馆文化的软实力。三是依法办会的原则。严格遵守党和国家有关社团管理的一系列法律、法规与政策，严格自律，为繁荣博物馆事业，促进社会和谐，只帮忙，不添乱。

（三）下一步工作重心。湖北省博物馆协会下一步的工作重心一是努力把握好为博物馆搭建平台的切入点。积极为广大博物馆工作者搭建跨地区跨行业的专业化交流平台，让全省博物馆界同仁经常在一起交流学术观点，交流思想认识，交流工作体会，交流发展思路，从而进一步促进全省博物馆事业的发展与繁荣。二是努力把握好促进馆际交流合作的侧重点。加强博物馆之间的相互交流，促进资源共享，形成协作机制。积极创新条件，拓宽博物馆工作领域范围，延伸博物馆的文化服务职能，推动博物馆行业的共同发展。三是努力把握好切实服务社会和惠及百姓工作的落脚点。坚持以人为本，贴近实际、贴近生活、贴近群众。不断转变服务观念，充实服务内容，完善服务设施，改进服务方式，把博物馆的服务功能与突出特色品牌战略作为直接服务社会与群众的大事抓紧抓好。四是要努力把握好湖北省博物馆协会的创新点。现在行业协会的管理运营有很多值得我们学习和借鉴的经验，但借鉴不是照抄照搬，要根据省情和博物馆行业的实际，创新运行机制，确保高效运转。

各位领导、各位来宾、各位代表，同志们：接天莲叶无穷碧，映日荷花别样红。改革开放以来中国博物馆事业的快速发展，为博物馆协会的发展提供了广阔的视野和空间；“十一五”时期湖北省文化建设的重大成果，为博物馆协会的发展积蓄了深厚的基础和潜力。在这样一个承上启下的重要时期，作为一名博物馆协会的工作者，我们决心在省委省政府，国家文物局，省文化厅、省文物局的领导以及中国博物馆协会的大力支持下，在各位常务理事、理事，以及广大会员的密切配合下，努力把湖北省博物馆协会建设成一个全省有权威、全国有影响的优秀博物馆行业组织，为促进博物馆文化的发展与繁荣作出新的贡献。

谢谢大家！

湖北博物馆事业五十年

湖北省文物局 雷 鸣

1953年3月，湖北省人民政府批准成立湖北省博物馆（筹备处），配备工作人员11人。这是湖北省成立的第一个博物馆，可以说是湖北博物馆事业的开端。本文即自此起，简略记述湖北全省博物馆事业五十年。

一、从无到有 调整提高

中华人民共和国成立之前，湖北省没有专门的文物博物馆机构。民国时期，只有一个很小的科学实验馆，收藏有少量的自然标本和仪器，也未对外展览开放。1949年秋，中国人民解放军代表韩克华、郭力文和爱国知识分子李振凡奉命接管旧省立科学实验馆，改名湖北省人民科学馆。

1953年，我国经济建设第一个五年计划开始实施，包括博物馆事业在内的各项文化事业，随着社会主义革命和经济建设的新的进程得到发展。这一年，全国一些省开始酝酿成立省级博物馆。1953年3月16日，湖北省人民政府决定撤销省人民科学馆，批准成立湖北省博物馆（筹备处），配备工作人员11人。1953年至1957年，省博物馆开展了一系列业务工作，如接收中南土改展览会拨交的文物资料800余件、中南行政委员会移交的文物图片资料3051件、武汉军区转交文物384件、收藏家晏石卿等捐献的文物字画图书一批，派工作组到一部分市县调查征集文物资料，多次在武昌举办“湖北革命文物展览”、“湖北出土文物展览”、“湖北自然环境与矿产资源展览”、“历代书画作品展”等，有的展览还到黄石、沙市、宜昌等市巡回展出。与此同时，配合省文物管理委员会开展了一些文物普查和考古调查发掘工作。

1954年，中南地质局配合地质调查勘探和研究工作，筹备成立了湖北武汉地区的第一所自然科学类博物馆——地质博物馆。该馆1956年正式开馆，同年冬改由湖北省地质局领导，后定名为湖北省地质博物馆。

1956年，党中央发出“向科学进军”的号召，并要求加强图书馆、档案馆、博物馆工作。1956年5月和1957年4月，全国博物馆工作会议和全国纪念性博物馆工作座谈会的先后召开，推动了博物馆事业的发展。1958年前后，湖北相继成立博物馆、纪念馆27所，加上省博物馆和地质博物馆，全省共有博物馆29所。其中，较有特色和影响的博物馆、纪念馆有上述两馆和荆州专区历史博物馆、黄石市博物馆、沙市博物馆及浠水、红安、洪湖等县博物馆，武汉地区还有“二七”纪念馆、中央农民运动讲习所旧址纪念馆等。这些博物馆、纪念馆结合各自的特点征集文物，举办陈列展览，在社会主义革命和建设事业中发挥了积极作用。

1958年"大跃进"中,博物馆事业有了一定发展,但在指导思想上一度受到急躁冒进,过分夸大主观意志的影响,曾经提出"县县有博物馆,社社有展览室"的口号,忽视博物馆的基本性质和职能,片面强调博物馆为中心工作服务,使博物馆的基础工作有所削弱。

1962年,国家精简机构,湖北全省有19所博物馆、纪念馆被撤销,仅保留湖北省博物馆、"二七"纪念馆、中央农民运动讲习所旧址纪念馆、荆州专区历史博物馆、襄阳专区文物陈列馆、沙市博物馆、红安县革命博物馆、蒲圻县博物馆、隆中诸葛草庐纪念馆等9所,工作人员由原来的137人减至104人。全省博物馆事业在调整中提高,在对博物馆进行机构精简的同时,在业务方面抓了藏品管理的基础工作和陈列展览工作。1963年后,随着国民经济的好转,一些博物馆机构又得到恢复,各项业务工作得到开展。

二、文革十年　曲折历程

文化大革命中,博物馆事业同其他事业一样受到严重破坏,许多专业人员被审查、批判或下放劳动,大多数博物馆被迫关闭、撤销或改作他用,许多文物图书被封存、遭毁坏。如洪湖县革命博物馆因有关老一辈革命家被打倒而被迫关闭,钟祥县博物馆文物陈列被封存,浠水县博物馆被撤销后改建成学大庆、学大寨、教育革命展览馆,荆州专区历史博物馆被划归江陵县管理并改名为江陵县农业展览馆等等。当时个人迷信盛行,纪念馆建设受到左的影响,违背了实事求是的原则,如在武汉建立毛泽东视察武汉大学的"九一二"纪念馆、视察武汉钢铁公司的"九一三"纪念馆、视察武汉重型机床厂的"九一五"纪念馆和横渡长江的"七一六"纪念艇等。有的地方对其他在世的领导人旧居或工作过的地方也搞了纪念布置。在"打倒一切"的口号下,砸了刘少奇任湖北省总工会秘书长的中华全国总工会暨湖北省总工会旧址纪念馆,东湖屈原纪念馆屈原塑像被毁,一大批藏品被洗劫一空。

十年动乱中,特别是文革前期,博物馆事业遭受到严重破坏,但文物博物馆工作者没有被困难与挫折压倒,他们坚守岗位,有的人甚至冒着被挨斗的危险挺身而出保护文物,尽可能举办陈列展览。在文物博物馆工作者的努力和社会各界的支持下,博物馆事业所受到的损失被降到最低限度。特别是在文革后期,由于周恩来等中央领导人重申国家制定的文物法令,强调加强文物保护工作,我省文物博物馆事业和全国一样有所恢复。文物抢救发掘工作取得一批重要成果,如黄陂盘龙城、江陵纪南城、黄石铜绿山古矿冶遗址,江陵望山楚墓和凤凰山168号汉墓,云梦秦墓等发掘成果。省博物馆、荆州博物馆等单位利用大量珍贵的出土文物,举办了一系列出土文物陈列展览。1973年,全省举办文物培训班两期,培训专业干部30余人,并在武汉、红安、洪湖、阳新、大悟等市县建立了文物教育点。武昌毛泽东旧居纪念馆在"文革"期间着手筹建和恢复开放,同时在鄂东南老苏区阳新县龙港和湘鄂西老苏区监利县周老咀分别建立了革命历史纪念馆。

1975年4月,国家文物局在我省红安召开部分省、市、自治区革命文物工作座谈会,交流革命文物工作经验。1976年10月,国家文物局又在我省武汉、阳新召开全国革命文物工作座谈会,全国各地200多名代表参加会议。我省文物博物馆工作者向与会领导和代表汇报、介绍了我省革命博物馆、纪念馆工作情况。会议总结了全国一个时期以来革命文物工作的经验,强调各级党组织都要重视革命文物工作。这次会议对我省文物博物馆事业的恢复起到了促进作用，“对嗣后全国革命博物馆、革命纪念馆工作的开展，影响是深远的”（吕济民主编:《当代中国的博物馆事业》)。

三、全面恢复　蓬勃发展

文革结束之后，湖北博物馆事业得到全面恢复，原有的一批博物馆、纪念馆重新对外开放，被改名的荆州地区博物馆和浠水县博物馆重新恢复原名。有的文物博物馆机构经过调整正式命名为博物馆，如黄冈地区文史馆和襄阳地区文化博物馆分别定名为黄冈地区博物馆和襄阳地区博物馆。同时，新建立了一批博物馆和名人纪念馆，如1976年建立的孝感地区博物馆、阳新县博物馆和1978年建立的鄂州市博物馆、大悟县博物馆、秭归县屈原纪念馆等等。

党的十一届三中全会，纠正了“左倾”错误，通过拨乱反正，恢复了党的实事求是的作风，为革命纪念馆事业的发展指明了方向。针对个人崇拜的问题，中共中央指示“少宣传个人”。湖北革命纪念馆经过调整，剔除了很少历史价值的“视察”纪念馆，同时，建立了一批新的纪念馆，如在武汉1978年建立的“八七”会议旧址纪念馆，1979年建立的八路军武汉办事处旧址纪念馆，在洪湖和红安还分别建立有湘鄂西苏区烈士纪念馆和七里坪革命纪念馆。

特别值得一提的是1981年在武昌建立的辛亥革命武昌起义纪念馆。这是依托首批全国重点文物保护单位辛亥革命武昌起义军政府建立的纪念馆。1981年10月10日，在隆重纪念辛亥革命70周年之际，该馆正式对外开放。这个纪念馆以武昌起义军政府旧址复原陈列和史迹陈列来反映辛亥革命武昌起义的历史事迹，开馆后深受观众欢迎，在海内外产生了较大影响。

在20世纪80年代，湖北博物馆建设速度加快，从数量上来讲，是历史上增长速度最快的时期，大多数没有博物馆的县市陆续创造条件建立了博物馆。在红安县先后建立有老一辈无产阶级革命家董必武、李先念纪念馆，各地还新建了一批历代名人如王昭君、李白、陆羽、李时珍、杨守敬、李四光等纪念馆。此外，自然科技类博物馆如武汉地质大学地质博物馆和黄石大冶铜绿山古矿冶遗址博物馆，以及中南民族学院民族学博物馆，也是在这一时期建立的。到1990年底，全省有博物馆、纪念馆85个，馆舍总面积达到9.77万平方米。

进入20世纪90年代以后，特别是最近几年来，湖北博物馆事业与时俱进，得到稳步发展，全省不断加大博物馆基础设施建设力度，十分重视提升博物馆建设层次，注重结构调整，重视博物馆宣传工作，强调馆藏文物保护管理工作，提高博物馆陈列展览水平和服务质量。

这一时期，博物馆事业建设资金投入明显增多，尤其是在基础设施建设方面，近几年来出现了前所未有的景象：赤壁、宜都、武穴等一批县市级博物馆新馆先后落成，投资7300多万元、建筑面积1.78万平方米的武汉市博物馆新馆于2001年在汉口建成开放，随州、黄冈、宜城、安陆等市博物馆新馆正在建设或筹备建设之中。2001年10月，在辛亥革命90周年之际，中央和省财政均投入较多资金对辛亥革命武昌起义纪念馆馆舍进行维修和周边环境整治，使该馆面貌焕然一新。省博物馆继第一期工程编钟音乐馆竣工于2000年对外开放后，大馆扩建工程得到从中央到地方各级政府的高度重视与大力支持。2002年11月，省博物馆扩建工程正式动工，总投资2.3亿元，建筑面积达3.8万平方米。

近十年来，湖北全省博物馆进行了结构调整，在社会历史类博物馆比例偏大的情况下，注意自然科技类、艺术类、民族民俗类和专门博物馆的建设与发展，建立了一批较有特色的博物馆，如长江博物馆、武汉蓝光艺术博物馆、荆州城墙博物馆、汉正街博物馆、宜昌车溪农家博物馆等等，并指导有关科技馆和美术馆在做好展览工作的同时，注重藏品收集与研究工作。

武汉是我省博物馆最为集中的地区，现有博物馆、纪念馆30余座。近几年来博物馆事业又上了一个新台阶。如原来的武汉市博物馆为适应新形势的需要一分为三，分别建立了历史、革命两馆和国民政府旧址纪念馆，还成立了中山舰博物馆、黄陂盘龙城遗址博物馆(筹)、詹天佑纪念馆等。辛亥革命武昌起义纪念馆随着事业的发展对原有的工作思路进行合理调整，对事业发展的目标提出了新的要求，2002年，该馆经省政府有关部门批准，加挂了“辛亥革命博物馆”牌子，进一步扩大了业务工作面和社会影响。

全省十分注重博物馆宣传工作，特别是近几年来，在每年的“5·18国际博物馆日”，利用各种媒体，采取各种方法，开展了大规模的宣传活动，提升了全省博物馆整体形象，取得了良好的社会效果。

文革结束之后和最近几年来，湖北又有不少新的重要考古发现，如随州战国曾侯乙墓、荆门包山战国墓、枣阳九连墩战国墓、钟祥明代梁庄王墓等等。这些墓中出土的大量文物为博物馆举办陈列展览奠定了重要的物质基础。全省博物馆不但文物征集工作做出了新的成绩，举办的陈列展览数量逐年增多，质量有了新的提高，对外文化交流、文物出国展览活动日益频繁，社会效益和经济效益不断扩大。此外，全省博物馆藏品保护管理设施设备条件有了较大的改善，管理工作进一步得到加强，文物博物馆科研工作也取得新的进展。

四、五十年事业　成绩显著

截至2002年年底，湖北全省有各类博物馆、纪念馆121所，数量居全国前列，并形成全省博物馆布局的五大系列：以湖北省博物馆和荆州、荆门博物馆为代表的楚文化特色博物馆；以辛亥革命博物馆和红安、洪湖革命博物馆及二七纪念馆为代表的革命历史博物馆、纪念馆；以湖北省地质博物馆和黄石大冶古矿冶遗址博物馆为代表的自然科技博物馆；以恩施州博物馆和中南民族学院民族学博物馆为代表的民族与民族学博物馆；以屈原、李时珍、闻一多纪念馆和以毛泽东、董必武、李先念纪念馆为代表的历史文化名人和老一辈无产阶级革命家纪念馆。全省博物馆馆舍建筑面积19.9万平方米，其中陈列展览建筑面积6.9万平方米，库房面积2.3万平方米。

据统计，全省博物馆收藏各类文物和自然标本共115万余件，与1990年的48万余件藏品相比，增加了一倍多，是1956年4.3万件藏品的近27倍。这些藏品一部分来源于征集，更多的则来自于考古发掘所获。类别齐全，各代均有精品，可谓纵不断线，横不缺项。在115万余件藏品中，三级以上文物共171251件，其中，一级文物3791件，国宝级文物19件。在古代文物方面，数量最多、最为珍贵的是两周和秦汉时期的文物，其中楚及其相关文物极具特色。最著名的文物藏品是曾侯乙编钟及同时出土的青铜器、青铜兵器越王勾践剑与吴王夫差矛、漆木器彩绘木雕动物小座屏和虎座鸟架鼓、战国丝织品、战国秦汉竹简等等。在近现代文物方面，最具特色的则是辛亥革命文物和党所领导下的新民主主义革命时期的文物。全省各博物馆、纪念馆藏品已形成各自的特色。

全省各级各类博物馆根据各自的条件

与特点，采取基本陈列、专题陈列、临时展览和流动展览相结合的方法，举办了一系列陈列展览。有历史文物、革命文物陈列展览，还有自然科技与民族民俗文物陈列展览及重大历史事件与名人纪念展览等。其中，不少陈列展览如“江汉平原楚汉文明展”、“曾侯乙墓出土文物展”、“湖北楚汉漆木器展览”、“辛亥革命武昌起义史迹陈列”、“武汉古代史陈列”、“‘八七’会议旧址复原陈列”、“红安革命斗争史陈列”、“杨守敬纪念展览”、“闻一多生平事迹展览”等，在内容与形式方面均具较高水平，且极富湖北地方特色，受到观众好评，荆州博物馆举办的“江汉平原楚汉文明展”曾获得1998—1999年度全国博物馆十大精品陈列奖。一些博物馆除了在本地举办各种陈列展览外，还多次精选珍品、组织专题展览赴北京和世界各地20余个国家和地区展出。据不完全统计，五十年来，全省共举办陈列展览1982个，接待观众3440余万人次；其中，2002年举办陈列展览222个，接待观众295万余人次。

全省博物馆科研工作一直受到重视，并取得了丰硕的成果。如对早期人类活动奥秘和中国文明的起源及其发展的探讨；楚文化的特征与渊源、楚都的地望与年代、楚墓的分区、分类与分期的研究，楚墓综合研究与楚文物专题研究；还有对其他各代文物、历史及博物馆学的研究等等。据统计，五十年来，全省博物馆系统共出版考古报告、专著近百部，发表各类学术论文1200余篇。此外，在馆藏文物复制、复原与科学保护研究方面，也取得了重要成果，有的成果还获得国家和省级奖。

全省普遍重视文物博物馆专业队伍建设，经常开展对干部的专业知识教育和业务培训工作。全省各级举办文物考古、文物修复保护、博物馆藏品管理、陈列展览讲解等培训班31期，培训人员700多人次；派出参加全国有关院校、培训班学习的专业人员有近200人次。20世纪70年代中期武汉大学设置考古专业、80年代中期湖北省艺术学校设置文博专业，为湖北乃至全国文物博物馆事业的发展，培养了一批人才。到2002年底，在全省1867名工作人员中，具有大专以上文化程度的人员有534人，具有高、中级职称的专业人员分别为133人和488人。与过去相比，全省文物博物馆干部队伍的业务素质有了很大提高。

湖北博物馆事业五十年来，取得了很大的成绩。进入新世纪以后，全省博物馆事业更是景象万千。今后一个时期，湖北博物馆工作将贯彻党的十六大精神，围绕全面建设小康社会的宏伟目标，抓住重点做好工作：一是要坚持深化改革和实施体制创新，加强博物馆法制建设和依法管理；二是进一步调整博物馆结构，改善博物馆地区分布和品类布局，建设一批重点市州博物馆，鼓励全社会参与兴办博物馆，逐步建立一批具有鲜明特色的专题博物馆，努力建成具有湖北地方特色的博物馆体系；三是进一步完善博物馆功能，加强博物馆藏品保护管理和科研工作，努力提高陈列展览水平和服务质量，以适应经济、社会发展，满足人民群众精神文化生活的需要。

湖北地处祖国腹地，自然资源丰富，历史文化璀璨，历代名人众多，又具有光荣的革命传统，是全国知名的文化、文物大省之一，博物馆事业大有可为。湖北博物馆工作者有信心做好工作，开创湖北博物馆事业繁荣发展的新局面。

忆三十年辉煌历程，促进湖北博物馆事业可持续发展

雷　鸣　张晓云

（入选“湖北省纪念改革开放三十周年理论研讨会论文集）

第一部分　改革开放三十年来湖北博物馆事业发展回顾

从1978至2008年，中国的改革开放事业走过了三十年的光辉历程。这三十年，是中国共产党带领中国人民勇于实践、开拓进取、取得辉煌成就的三十年，是中国经济社会全面发展、城乡人民生活得到最大改善的三十年，是中华民族迎来伟大复兴、中国的国际影响力不断增强的三十年。在这一波澜壮阔的重大历史进程中，随着文革时代留下的痛苦和压抑的逝去，随着国民经济建设的繁荣发展，我国的博物馆事业迎来了历史上最为辉煌的发展时期，博物馆更加贴近实际、贴近生活、贴近群众，与人们的精神生活休戚相关，成为其精神生活的重要组成部分，越来越受到世人的关注。

湖北是楚文化的发祥地，全国知名的文化文物大省之一。新中国成立后，湖北博物馆事业从无到有，经历了曲折的发展历程。“十年动乱”期间，博物馆事业同其他事业一样受到严重破坏，许多陈列展览被拆除，藏品被肆意破坏，专业人员被审查、批判或下放劳动，大多数博物馆被迫关闭、撤销或改作他用，博物馆事业遭到严重破坏。文革结束后，党的十一届三中全会，纠正了左倾错误，通过拨乱反正，恢复了党的实事求是的作风，为博物馆事业的发展指明了方向。三十年来，沐浴着改革开放的春风，湖北博物馆事业与时俱进，不断加大博物馆建设力度，博物馆展览展示、宣传服务、保护管理水平，发生了日新月异的变化，得到了全面恢复和蓬勃发展。

一、拨乱反正，博物馆基础设施建设得到全面恢复和蓬勃发展，初步形成博物馆特色布局和体系

1978年，经历十年文革的浩劫后，剔除了很少历史价值的“视察”纪念馆，将全省原有的一批博物馆、纪念馆进行调整重新对外开放，同时，根据发展需要新建立了一批博物馆和纪念馆。如经过恢复重新命名的荆州地区博物馆、浠水县博物馆、黄冈地区博物馆、襄阳地区博物馆，如1978年建立的鄂州市博物馆、大悟县博物馆、秭归县屈原纪念馆、“八七”会议旧址纪念馆，1979年建立的八路军武汉办事处旧址纪念馆、洪湖湘鄂西苏区烈士纪念馆、红安七里坪革

命纪念馆。还有1981年在隆重纪念辛亥革命70周年之际，依托首批全国重点文物保护单位辛亥革命武昌起义军政府旧址建立的辛亥革命武昌起义纪念馆，等等。

20世纪80年代后期，博物馆建设数量增长速度大大加快。大多数没有博物馆的县市陆续创造条件建立了博物馆。红安县先后建立老一辈无产阶级革命家董必武、李先念纪念馆，各地还新建了一批历代名人如王昭君、李白、陆羽、李时珍、杨守敬、李四光等纪念馆。此外，自然科技类博物馆如武汉地质大学地质博物馆和黄石大冶铜绿山古矿冶遗址博物馆，以及中南民族学院民族学博物馆，也在这一时期建立。到1990年底，全省有博物馆、纪念馆85个，馆舍总面积达到9.77万平方米。

20世纪90年代后，伴随着全国博物馆建设高潮，湖北博物馆事业建设资金投入也明显增多，出现了前所未有的景象。全省博物馆建设进行了结构性调整，在社会历史类博物馆比例偏大的情况下，注意自然科技类、艺术类、民族民俗类和专门博物馆的建设与发展，建立了一批较有特色的博物馆，如长江博物馆、武汉蓝光艺术博物馆、荆州城墙博物馆、汉正街博物馆、宜昌车溪农家博物馆等，并指导有关科技馆和美术馆在做好展览工作的同时，注重藏品收集与研究工作。

武汉是我省博物馆最为集中的地区，现有博物馆、纪念馆30余所。近几年来博物馆事业又上了一个新台阶。如原来的武汉市博物馆为适应新形势的需要一分为三，分别建立了历史、革命两馆和国民政府旧址纪念馆，还成立了中山舰博物馆、黄陂盘龙城遗址博物馆（筹）、詹天佑纪念馆等。辛亥革命武昌起义纪念馆随着事业的发展对原有的工作思路进行合理调整，对事业发展的目标提出了新的要求，2001年辛亥革命90周年之际，辛亥革命武昌起义纪念馆馆舍维修和环境整治工程完工，该馆面貌焕然一新。2002年，该馆经省政府有关部门批准，加挂了“辛亥革命博物馆”牌子，进一步扩大了业务工作面和社会影响。2001年，投资7300多万元、建筑面积1.78万平方米的武汉市博物馆新馆在汉口建成开放。2005—2007年，总投资2.3亿元的湖北省博物馆楚文化馆、综合陈列馆先后建成并对外开放。

与此同时，全省重点特色县级博物馆新馆建设呈现出强劲发展势头，取得了前所未有的进展。2001—2008年，赤壁、宜都、麻城、红安、大冶、石首、武当山等一批重点特色县级博物馆新馆落成并对外开放。

全省中等城市博物馆建设力度进一步加大。2007年，十堰市博物馆暨湖北省南水北调博物馆、中共五大会址纪念馆落成并对外开放。目前，黄石市博物馆、随州市博物馆基建工程完成进入布展阶段。鄂州市博物馆、黄冈市博物馆新馆建设项目于2006、2007年先后立项。

目前，湖北全省有各类博物馆、纪念馆131所，数量居全国前列，并形成全省博物馆布局的五大系列：以湖北省博物馆和荆州、荆门博物馆为代表的楚文化特色博物馆；以辛亥革命博物馆和红安、洪湖革命博物馆及二七纪念馆为代表的革命历史博物馆、纪念馆；以湖北省地质博物馆和黄石大冶古矿冶遗址博物馆为代表的自然科技博物馆；以恩施州博物馆和中南民族大学民族学博物馆为代表的民族与民族学博物馆；以屈原、李时珍、闻一多纪念馆和以毛泽东、董必武、李先念纪念馆为代表的历史文化名人和老一辈无产阶级革命家纪念馆。全省以省直博物馆为龙头，以重点市、州博物馆为骨干，以特色县级博物馆为补充的博物馆体系逐步形成。

二、积极开展馆藏文物数据库建设项目,夯实文物基础,提高文物保护工作科技含量

改革开放以来,邓小平提出的“科学技术是第一生产力”的精辟论断,为科学技术的发展指明了方向。文物的有效保护,必须充分发挥科技的引领和支撑作用。

对文物藏品实施科技保护,是全面落实科学发展观,落实中央关于加强文化遗产保护的一系列重要指示,推进文化遗产保护事业的科学、和谐发展的重要方面。只有不断夯实文物基础工作,做好文物藏品技术保护,不断排除安全隐患,才能为文物事业全面科学发展提供保障。通过实施文物藏品科技保护项目,将使大量文物藏品得到有效的保护,为博物馆举办陈列展览、研究利用、文物信息资源的社会服务奠定良好基础,最终促进文物博物馆事业可持续健康发展。

全省博物馆科研工作一直受到重视,并取得了丰硕的成果,文物科技水平在全国一直处于领先地位。从1973年起,省博物馆开始研究乙二醛脱水法,对古代饱水漆木器进行脱水、加固、定型。1989年,这项技术获全国科技进步奖,并广泛运用到国内大量漆木器保护中。2005年,出土漆木器保护国家文物局重点科研基地在湖北省博物馆挂牌成立。这是我国文物系统内首家挂牌的行业科研基地。2005年8月,以科研基地业务力量为主要骨干承担的“生物技术在文物保护领域的应用研究——出土丝织物加固处理”科研项目,获国家文物局“2005年度文物保护科学和技术创新奖”一等奖。

2004年,武汉市博物馆被国家文物局确定为“博物馆文物保存环境达标试点工程项目”的南方试点,2007年该项目顺利通过国家验收。2007年,为做好漆木竹器等木质文物保护科技成果推广应用、文物科技保护人才培养工作,全国文物行业首家科技成果推广应用机构——“湖北省文物科技成果推广应用中心”在武汉正式成立。同年,由湖北省文物局批准,湖北省博物馆、荆州文物保护中心、湖北省文物总店为可移动文物修复一级资质,武汉市博物馆、襄阳市博物馆、鄂州市博物馆为可移动文物修复二级资质。

为摸清文物家底,提高文物保护、管理水平,2005年5月,国家文物局、财政部确定湖北为全国第二批“文物调查及数据库管理系统建设”项目试点省份。该项目采用计算机技术手段复制文物信息,对于摸清文物家底、改善工作条件、更新文物保护观念、提高管理水平,具有重要的意义。作为继山西、河南、辽宁、甘肃四省后承上启下的第二批项目试点省份,自项目启动以来,按照国家文物局、财政部的统一部署和要求,湖北省积极部署,精心组织,在学习第一批试点四省先进工作经验的基础上,进一步加强人才队伍培养、业务监督与指导、项目规范制度建设、基础信息设备建设,全省“文物调查及数据库管理系统建设”项目扎实稳步推进,为该项目在全国推广起到了良好的示范作用。科技在湖北博物馆事业发展中的引领和支撑作用日益凸现。

据初步统计,目前,除湖北省博物馆、荆州市博物馆等个别文物量极大的文博单位还在持续进行文物信息采集外,全省17个市州中黄冈、孝感、咸宁、随州、恩施、荆门、襄阳、鄂州、十堰、宜昌、黄石、仙桃、潜江、天门、神农架等14个市州,以及省直、武汉、荆州绝大部分文博单位已基本完成馆藏文物信息采集任务,所有已采集信息已进入省文物局省级文物信息中心机房进行审核及动态管理。今年7月中旬,全省一级文物

信息已报送国家文物局数据中心。全省馆藏文物数据库动态管理系统逐步建立。

三、不断提高博物馆展示宣传能力，扎实做好免费开放，在科学利用文物藏品为社会服务中促进博物馆的可持续发展

改革开放后，社会的精神生活与快速增长的物质生活一样，从单调贫乏中复苏，迸发出极大的渴望和需求。为满足广大人民群众日益增长的精神文化需求，全省各级各类博物馆根据各自的条件与特点，采取基本陈列、专题陈列、临时展览和流动展览相结合的方法，举办了一系列陈列展览。有历史文物、革命文物陈列展览，还有自然科技与民族民俗文物陈列展览及重大历史事件与名人纪念展览等。其中，不少陈列展览如“江汉平原楚汉文明展”、“曾侯乙墓出土文物展”、“湖北楚汉漆木器展览”、“辛亥革命武昌起义史迹陈列”、“武汉古代史陈列”、“八七会议旧址复原陈列”、“红安革命斗争史陈列”、“杨守敬纪念展览”、“闻一多生平事迹展览”等，在内容与形式方面均具较高水平，且极富湖北地方特色，受到观众好评。荆州市博物馆、武汉市博物馆举办的“江汉平原楚汉文明展”、“武汉古代地方历史展”曾先后获得1999、2002年全国博物馆十大精品陈列奖。一些博物馆除了在本地举办各种陈列展览外，还多次精选珍品、组织专题展览赴北京和世界各地20余个国家和地区展出。据不完全统计，三十年来，全省共举办陈列展览1500余个，接待观众2400余万人次。

全省十分注重博物馆宣传工作，特别是近几年来，每年的“5·18国际博物馆日”、“文化遗产日”，利用各种媒体，采取各种方法，开展了大规模的宣传活动，提升了全省博物馆整体形象，取得了良好的社会效果。

2007年11月，根据中共中央政治局常委李长春同志指示精神，湖北省博物馆向社会实行免费开放。免费开放以来，在国内外引起了广泛影响，得到了广大人民群众的热烈欢迎。社会各界一致认为，湖北省博物馆在全国中西部省级博物馆中，率先向社会公众免费开放，是湖北贯彻落实党的十七大关于“坚持把发展公益性文化事业作为保障人民基本文化权益的主要途径”精神的具体行动，是文化惠民的重要举措，它极大地丰富了社会公众的文化生活，满足了人民群众的精神文化需求，使更多的人民群众走进博物馆，实现了公共文化资源人民群众共享。免费开放实施后，中央领导同志做出批示，湖北的做法很好，在全国产生了很大影响，要很好地总结经验，以利在全国推广。文化部、国家文物局对此也给予了充分肯定和高度评价，认为湖北省博物馆为全国博物馆全面、顺利推行免费开放进行了有益的尝试和积累了宝贵经验。

第二部分　湖北博物馆事业发展中存在的问题

在肯定成绩的同时，我们应该清醒地认识到，改革开放三十年来，伴随着经济社会的发展，物质生活不断改善，人民群众的精神文化需求不断增长，文化素养、文化品位不断提高，对博物馆的要求与期望也越来越高。特别是2007年实施免费开放后，出现了一些亟待解决的新情况、新问题，对博物馆工作提出了新的挑战。博物馆工作的艰巨性和复杂性与日俱增。在此形势下，全省很多博物馆存在的基础设施老化、经费投入不足、人才队伍青黄不接、展览展示水平不高等问题越发显得突出，亟须解决。主要体现在：

一、社会博物馆意识尚待培养

什么是"博物馆意识"？有专家认为是公众了解博物馆的功能和价值，利用博物馆资源对公众进行教育。比如外国一些儿童在父母、学校和社会的灌输下，从小就把博物馆看成是神圣的场所，把博物馆当作活的知识的来源地，到博物馆被视为一种享受。他们休息日常去参观博物馆，静静地观看展览，专注地听讲解，就像在上一堂课。相比之下，湖北经过几十年尤其是改革开放以来的建设，虽然在数量和规模上取得了一些成就，拥有了丰富的博物馆资源，但是社会公众的"博物馆意识"极为欠缺，对博物馆的认识还存在一定的偏差，"博物馆意识"尚待培养。

二、资金投入不足、投资渠道单一

改革开放三十年，是博物馆建设与城市建设并行发展的时期，很多博物馆成为城市的标志性建筑。但不可否认，由于经费投入不足，特别是对博物馆展览和服务方面的经费投入严重不足，缺乏后续更新长效性资金投入机制，目前，全省很多博物馆，特别是县级小型博物馆的展示环境简陋，展示设备老化，有的甚至不具备文物展示的基本条件，成为有名无实的"挂牌馆"，博物馆的业务功能没有得到有效的发挥。一些县市重视博物馆的馆舍形象建设，但是忽视对展览内容、陈列环境和服务设施的投入，导致陈列展览更新周期过长，展示手段单一，科技含量不高，缺乏吸引力、感染力。同时，全省博物馆经费投入渠道过于单一，国有博物馆基本依靠政府财政拨款，要建立起政府主导、社会参与的博物馆多元化投入和筹资方式，仍将是目前乃至今后很长时期内湖北博物馆事业发展中需要解决的重要问题。

三、博物馆人员队伍素质亟待提高

21世纪是人才竞争的时代，面临着飞速发展的现代科学技术的挑战，越来越多地需要采用现代科学技术手段加强文物保护，需要培养不同门类的掌握现代科学技术的专门人才。三十年来，全省普遍重视博物馆专业队伍建设，经常开展对干部的专业知识教育和业务培训工作，为湖北乃至全国文物博物馆事业的发展，培养了一批人才，在各地博物馆建设中发挥了不可或缺的作用，逐步成为各地博物馆的领导或业务骨干。尽管全省文物博物馆干部队伍的业务素质有了很大提高，但专业人才匮乏，人才队伍青黄不接的问题仍很突出。博物馆行业要在新的世纪发展，人才队伍的建设与培养是加强和提高文物研究、保护、管理水平的必要手段和重要途径。它同社会的前进、博物馆事业的发展有本质上的联系，并受其发展规律的制约，起着至关重要的作用。

四、博物馆事业可持续发展规律的理论研究有待加强

博物馆学是一门专业性很强的学科，它的研究对于摸清博物馆事业发展的特点和规律，推动博物馆事业的发展具有极强的指导意义。近年来，全国博物馆学研究不断深入，特别是对于博物馆如何适应当代社会不断发展变化的新环境，免费开放后如何更好地为当代社会服务，如何融入社会发展的实践中去，如何拓展新的服务功能等等这些当代博物馆所必须研究的问题，进行了积极的探讨。湖北作为一个拥有130余座博物馆的文物大省，与博物馆事业发达的陕西、北京、上海等省市相比，全省博物馆学的研究显得十分薄弱。现有的研究范围仍局限于博物馆基本史料，局限于某

一类具体的业务职能，局限于介绍性和通论性的著述，研究面较窄，问题往往纠缠在较低的概念层次，而缺乏对全省博物馆事业宏观、整体的把握和论述，而这恰恰是湖北博物馆事业在未来数十年要实现可持续发展最有价值的课题。

第三部分　下一步湖北博物馆事业可持续发展的工作思路

博物馆事业的发展是社会国民经济文化事业发展的重要组成部分，是国际核心竞争力中的软实力建设。博物馆事业要实现可持续发展，必须服从和服务于国民经济的整体发展。博物馆事业可持续发展的特点归纳起来，应该包括资源的合理使用以满足社会群众的文化需求、文物的妥善保护以不危害子孙后代利用文物的权利、科学管理以促进博物事业健康、持久地进步，等等。

三十年来，湖北博物馆事业取得了很大的成绩。尤其进入新世纪以后，全省博物馆事业更是景象万千。今后一个时期，湖北博物馆事业发展将以党的十七大精神为指引，紧紧围绕全面建设小康社会的宏伟目标，努力建设健康、稳定的湖北博物馆事业新的发展体系。重点做好如下工作：

一是要坚持深化改革和实施体制创新，加强博物馆法制建设和依法管理，为博物馆事业发展注入新的活力；开展全省博物馆评估定级工作，加强和规范博物馆行业管理，加强资源整合，增强各级政府投入与管理责任，增强博物馆的活力和创新能力。

二是按照“布局合理、类型丰富、特色鲜明、主题突出”的思路，进一步调整博物馆结构，加强省级和地市级、文物资源丰富县级、行业专题类博物馆的规划建设，改善博物馆地区分布和品类布局，鼓励全社会参与兴办博物馆，拓宽资金渠道，逐步建立一批具有鲜明特色的专题博物馆，努力建成具有湖北地方特色的博物馆体系。

三是进一步完善博物馆功能，加强博物馆藏品保护管理和科研工作，努力提高陈列展览水平和服务质量，与旅游和谐结合，以适应经济、社会发展，满足人民群众精神文化生活的需要；继续实施博物馆展览展示提升项目，依托文物藏品，加大陈列展示科技含量，增强展览的互动性、观赏性；积极做好免费开放，坚持以人为本，准确把握免费开放后观众特点，加强管理，强化服务，通过不断引进精品临展，常变常新，并推出各类满足社会需求的文化产品；鼓励各类行业博物馆实行免费或特殊人群低票价政策，吸引更多公众走进博物馆。

了解一个地方的过去和现在是从博物馆开始的，一座博物馆就是一部物化的发展史。人们通过文物展品与历史对话，穿过时空的阻隔，俯瞰历史的风风雨雨。博物馆作为收藏历史的场所，三十年改革开放博物馆事业的发展进程也将被历史收藏。三十年耕耘，三十年收获。湖北博物馆事业已经拥有一个值得自豪的过去，其发展方兴未艾。如今，博物馆事业机遇与挑战并存，危机和生机共在，湖北博物馆工作者任重而道远。党的十七大描绘了发展中国特色社会主义的美好蓝图，我们要紧紧围绕中央的战略部署，准确把握文化遗产事业发展面临的形势，解放思想、实事求是、与时俱进，勇于变革、勇于创新，永不僵化、永不停滞，继续谱写湖北博物馆事业新的篇章。

湖北省博物馆协会成立贺信

湖北省文物局：

欣闻湖北省博物馆协会成立，谨致以热烈祝贺！

湖北是楚文化的发祥地，自然资源丰富，历史文化璀璨。近年来，全省博物馆事业蓬勃发展，社会影响力不断增强，公共服务能力显著提高，为丰富人民群众精神文化生活，提高全民思想道德素质，促进社会全面可持续发展发挥了重要作用。

紧密契合当前湖北博物馆事业发展的新形势、新特点，立足湖北博物馆事业的新起点、新要求，成立湖北省博物馆协会，是贯彻落实党的十七大关于推动社会主义文化大发展大繁荣的精神，促进博物馆行业发展的具体举措。

希望协会成立以后，充分发挥行业优势，做好协调与服务，不断创新，促进交流，积极参与博物馆事业发展的各项工作，为上级业务主管部门做好参谋与助手，为广大会员单位和博物馆工作者们服务，为促进全省博物馆事业更加深入发展做出积极贡献！

国家文物局办公室

2010 年 10 月 28 日

社会团体准予筹备决定书

鄂民社筹[2010]30号

湖北省博物馆、武汉博物馆、辛亥革命武昌起义纪念馆：

你们于2010年10月14日向我厅提交的关于筹备成立湖北省博物馆协会的申请及有关材料收悉。经审查，符合法律规定的条件，现根据《中华人民共和国行政许可法》和《社会团体登记管理条例》的有关规定，决定同意你们筹备“湖北省博物馆协会”，并批准成立筹备组。

筹备组应在本决定下发之日起6个月内刻制筹备组印章，发展会员，召开会员大会（会员代表大会），通过章程和会费标准，选举产生执行机构、负责人和拟任法定代表人。召开会员大会或会员代表大会以前，应提前5天将会议准备情况向我厅和业务主管单位报告。完成上述活动后再向我厅申请成立登记。

筹备组除开展上述活动外，不得开展其他活动。如在规定时间内未完成筹备工作，筹备资格自动取消。

湖北省民政厅

2010年10月15日

博物馆巡礼

省直

湖北省博物馆

Hubei Provincial Museum

馆　　长　包东波

地　　址　武汉市武昌区东湖路160号

邮　　编　430077

电　　话　027-86783171

参观预约　027-86794127/86780432

传　　真　027-86781239

网　　址　www.hbww.org

类　　型　中央地方共建的国家级综合性博物馆

隶属关系　湖北省文化厅

创建时间　1953年

开放时间　9:00—17:00(周一闭馆)

交通状况　公交14、402、411、552、578、605、701、709、810路省博物馆站下车即到

面　　积　占地面积82000平方米

布　局　湖北省博物馆位于武汉市武昌东湖之滨。馆区内绿荫掩映，综合陈列馆、楚文化馆、临展馆等高台基、宽屋檐、大坡面屋顶的仿古建筑三足鼎立，围绕在以“鱼沼飞梁”为中心的广场周围，构成一个硕大无朋的“品”字形建构。在综合陈列馆内设有游客中心、编钟演奏厅、多功能报告厅、视听室、咖啡屋、书店、商品部等服务设施。

建筑特点　湖北省博物馆总体布局高度体现了古代楚国建筑的中轴对称、“一台一殿”、“多台成组”、“多组成群”的高台建筑布局格式。整个建筑风格突出了多层宽屋檐、大坡式屋顶等楚式建筑特点。建筑外墙为浅灰色花岗石装饰，屋面采用深蓝灰色琉璃瓦铺装。室外环境按景观式、园林式的特点进行布局，通过雕塑小品、休息庭院、园林绿化、配套的综合服务设施等形式，营造出与博物馆主体建筑和谐配套和浓郁的历史文化氛围，给观众提供了一个休闲、舒适、幽雅、公园式的室外游览空间。

历史沿革　湖北省博物馆的前身是建国之初成立的湖北省人民科学馆。1949年5月22日，武汉市军管会接收原省立科学实验馆，并改称“湖北省人民科学馆”。1953年3月16日经省人民政府批准，在原人民科学馆的基础上，成立湖北省博物馆(筹备处)，并与湖北省文物管理委员会合署办公。1956年湖北省人民政府决定在武昌水果湖新建湖北省工农业展览馆(简称省农展馆)，该馆建成以后，三分之一作为省博物馆的展厅和办公室。1959年春天，省人民政府拨款22万元人民币，决定省博物馆在东湖风景区现址内建一栋新的陈列展览楼，用于陈列与以收藏和整理日益增加的文物及标本。1960年秋落成，董必武同志亲笔自为新楼题写了馆名："湖北省博物馆"。

1981年，武昌辛亥革命纪念馆从省博物馆分离，1989年湖北省文物考古研究所自湖北省博物馆分离，成为隶属于湖北省文化厅的独立法人单位。湖北省文物考古研究所具备国家文物局认可的考古发掘团体领队资格，在湖北省文化厅、湖北省（文物局）的领导下，主要担负湖北省境内的文物保护、考古发掘、文物建筑保护设计维修等项工作，承担配合大、中型基本建设的文物保护与考古调查、勘探、发掘任务，组织编写考古报告，开展科学研究。

2002年湖北省博物馆与湖北省文物考古研究所合并。

2007年湖北省博物馆被评定为国家一级博物馆。

2009年湖北省博物馆被评定为首批全国中央与地方共建的8家国家级重点博物馆之一。

概　况

湖北省博物馆位于风景秀丽的东湖之滨，占地82000平方米。筹建于1953年，是湖北省唯一的省级综合性博物馆，也是全省最重要的文物收藏、研究和展示机构，2009年被评定为首批中央与地方共建的国家级重点博物馆。

湖北省博物馆有由一组楚风浓郁的建筑群组成。馆区内综合陈列馆、楚文化馆、特展馆等建筑三足鼎立，其总体布局高度体现了古代楚国建筑的中轴对称、"一台一殿"、"多台成组"、"多组成群"的高台建筑布局格式。全馆展览面积达到12000余平方米。

具有两大品牌即中央地方共建的国家级重点博物馆、国家文物局饱水漆木器保护基地。

现有馆藏文物26万余件，馆藏文物主要有三大特色即青铜器、漆木器和简牍。其中，国家馆藏一级文物千余件（套）、国宝级文物16件（套）。

有四件镇馆之宝，即世界上最庞大的青铜乐器曾侯乙编钟、中国冷兵器时代的翘楚之作越王勾践剑、元青花四爱图梅瓶和郧县人头骨化石。

1999年1月编钟馆建成开放，占地面积3350平方米，建筑面积5717平方米，展厅面积2000平方米。该馆现为我馆临时展馆，先后举办了"七彩霓裳"、"保卫大武汉"等20余个临时展览。

2005年12月楚文化馆正式开馆，占地面积3350平方米，建筑面积4711平方米，展览面积2880平方米。楚文化馆有基本陈列"楚文化展"，集中地展出湖北地区出土的楚文物精华，力求全面展示楚文化的辉煌。展品中有越王勾践剑、吴王夫差矛，还有复原的2002年在湖北枣阳九连墩发掘的楚国车马坑中的部分车马。

2007年11月综合陈列馆正式对外开放，占地面积9600平方米，建筑面积24008平方米，展览面积8000平方米。举办有展览11个，包括"曾侯乙墓出土文物展"、"战国秦汉漆器"、"书写历史"等，较全面地反映了湖北省博物馆馆藏特色。

湖北省博物馆自2007年11月起免费开放，年均接待国内外观众达140万人次，社会效益显著。

目前，博物馆三期扩建工程在湖北省委、省政府的大力支持下开始启动，湖北省博物馆将建成集文物征集、保护、展览、社会教育、文化休闲为一体的综合性博物馆。

一、博物馆管理

湖北省博物馆隶属于湖北省文化厅，是社会公益性质的全民文化事业单位。经费来源主要为地方财政拨款与中央财政拨款相结合。湖北省博物馆与湖北省文物考古研究所一套班子合署办公。内设办公室、人事部、计财部、后勤部、保卫部、老干办、陈列部、社教部、市场部、文保部、保管部、信息中心、基建办、史前考古部、历史时期考古部、科技考古部、考古协调部等17个部门。

二、免费开放工作进展情况

2007年11月，为落实中央领导提出的要坚持把发展公益性文化事业作为保障人民基本文化权益的主要途径，保证人民群众的公共文化鉴赏权，满足群众的精神文化需求的指示，湖北省博物馆在我国中西部地区率先实行向社会永久性免费开放，受到社会各界的普遍欢迎。与此同时，湖北省博物馆在完善安全设施、提高服务水准、完善服务功能等方面做了大量工作，保证了免费开放的顺利实施。截至目前，免费开放后观众量年均140多万人次。2009年，湖北省博物馆成为中央与地方共建的八家国家级重点博物馆之一。2010年底，湖北省博物馆被评定为“全省对外开放先进单位”。

为了应对免费开放后的新形势，湖北省博物馆在免费开放之初采取了一系列的应对措施。

1.统一思想认识

馆领导认真地思考和研究免费开放后出现的新问题，并为此多次召开了中层干部会和职工大会，通过各种方式，使博物馆全体员工认识到博物馆是公共文化服务体系的重要组成部分，免费开放是落实党的十七大“坚持把发展公益性文化事业作为保障人民基本文化权益的主要途径”的具体行动。

2.提高管理水平

（1）根据测算结果，控制参观人数

在免费开放的筹备期间，通过科学测算，确定每日最佳接待量为5000人。近年来，根据参观群体的变化，及时调整了人数控制措施，增加双休及节假日期间的观众参观额度，确保满足观众参观需要。

（2）完善规章制度，细化工作指标

为适应免费开放的新形势，制订了一系列新的规定和办法，包括制定《免费开放须知》、《展区工作流程》、《保安岗巡查制度》、《展区巡查制度》等，完善了《突发事件应急预案》，修订了《保安服务守则》、《保洁服务细则》。增加了相关岗位数量，并对岗位职责和管理范围做出了明确的界定。

3.推出经典导览线路，为不同观众提供多层次的差异化服务

针对观众需求的差异，博物馆精心设计几条导览线路，其中最受大家欢迎的就是“四大镇馆之宝”导览线路，这条线路以湖北省博物馆最著名的四件藏品--“郧县人头盖骨”、“曾侯乙编钟”、“越王勾践剑”和“元青花四爱梅瓶”为核心，相对集中地表现了湖北省博物馆文物资源的特色。

4.增设服务设施

免费开放后，观众数量大大增加，为了给观众提供休息的机会，并减少观众携带物品参观的不便，博物馆在每个楼层的回廊都增设了休息坐椅，在大厅设置了物品免费寄存箱；针对观众群的变化，还将卫生间进行了改造；另外，还开辟了母婴护理室、急救室、残障人士服务区，以应对特殊情况。

5.实施社会化管理

为了向观众提供优质服务，必须保证博物馆正常良好地运行，因此需要对基础设

施、技术设备、馆内环境等进行维护和保养，这些工作门类多、专业性强，靠博物馆自身力量很难完成。湖北省博物馆借鉴了其他单位的管理经验，将保安、保洁工作通过招标交给专业保安公司、保洁公司，有关工作人员由公司管理，博物馆对其工作质量予以评价并提出意见；之后，湖北省博物馆又陆续通过招标将绿化、视频监控、门系统、消防系统、电梯设备等的维护保养工作交给相应的专业公司。馆方把握三个关键点，一是认真对各专业公司的实力和资质进行比较和筛选；二是严格按规定履行政府采购和财政直接拨付等程序；三是通过订立详细的合同确定服务内容和质量要求，明确双方的责任、权利和义务。

三、陈列展览

基本陈列方面，该馆在主体部分的综合陈列楼举办"曾侯乙墓"、"郧县人"、"屈家岭"、"战国秦汉简牍"、"秦汉漆器艺术"、"梁庄王墓"等11个展览。这些基本陈列在展览内容设计上，充分发挥馆藏的优势并考虑不同年龄、不同知识结构观众的心理特点和接受能力。每个展览都配备了多媒体设备，设置观众参与互动项目，视听室还循环播放与各展览有关的影像资料。其中，"曾侯乙墓"作为湖北省博物馆最具代表性的基本陈列，全面的反映了曾侯乙时期的礼乐文化。陈列分青铜器、兵器、车马器、竹简、漆木器、金玉器和乐器八大部分，共展出最具代表性的文物360件。其中，有造型奇妙、工艺精湛、纹饰华美的青铜鹿角立鹤、联禁大壶、尊盘、鉴缶，迄今仍然锋利的多戈戟和首次出土的殳，重达2156克的金盏。尤其曾侯乙编钟，更是无价之宝。其音域宽广，音色优美，可以演奏中外各种乐曲，被誉为世界音乐史上的一大奇迹。

楚文化馆作为湖北省博物馆展馆的另一翼，有固定陈列"楚文化展"。楚文化作为先秦时期的一个区域文化，独具一格、自成一体、博大精深，是构成先秦华夏文明的重要组成部分。该展览分为八个部分，集中地展出湖北地区出土的楚文物精华，力求全面展示楚文化的辉煌。展品中有越王勾践剑、吴王夫差矛，还有复原的2002年在湖北枣阳九连墩发掘的楚国车马坑中的部分车马。

湖北省博物馆一直把爱国主义教育作为办馆宗旨之一，并做出了不懈努力。建馆至免费开放前，已举办各种展览300余个，其中重要展览有"湖北出土文物"、"湖北革命文物"、"馆藏珍品展"、"董必武纪念展"、"周恩来百年诞辰展"等。每年接待数以十万计的学生和各阶层民众，同时也不定期举办流动展览，到县区和学校巡回展出，取得了良好的社会效果。

自2007年11月免费开放后，为吸引观众多次走进博物馆，感受到更多来自异地、异域的文化风情，湖北省博物馆在临展引进上加大了工作力度，该馆已举办"天津博物馆馆藏文物精品展"、"七彩霓裳——云贵高原民族服饰展"、"丰子恺书画作品展"、"荆楚英华——全省文物精品联展"、"南张北溥——台北历史博物馆馆藏张大千、溥心畬绘画精品展"、"意大利乌菲齐博物馆馆藏珍品展"、"巴洛克绘画展"等40多个展览，加强了与国内外及港澳台地区的文化交流，为观众提供多元化的文化大餐。

在文化交流方面，湖北省博物馆先后在美国、法国、澳大利亚、日本、新加坡等国家及台湾、香港地区举办了一系列展览，包括"曾侯乙墓特别展"（日本）、"中国周代艺术品展"（卢森堡）、"龙凤共舞展"（美国）等。这些外展的成功举办为展示湖北文化形象做出了重要贡献。

作为展览的延伸，编钟乐团在国内外享

有盛誉，自成立以来，先后应邀出访了日本、新加坡、美国、德国、英国、法国、荷兰、卢森堡等国家和中国香港、台湾地区，与日本NHK国家电视台合作制作音乐节目。曾经参加建国35周年国庆大典、97香港回归庆典、2010年上海世博会、2011年第26届东京国际音乐节等演出，并与亚洲青年交响乐团、美国波士顿交响乐团、苏格兰交响乐团、纽约交响乐团以及台湾的国乐团等世界著名乐团合作演出，受到广泛赞誉。

四、宣传工作

湖北省博物馆一直非常重视宣传工作，致力于扩大影响，塑造博物馆公益性文化机构的形象。一是主动跟电视台等媒体合作，配合大型展览进行宣传；二是根据电视台的节目计划积极配合。自免费开放以来，新制作的各种反映湖北省博物馆风采和藏品的电视专题片主要有：凤凰卫视《文化大观园—曾侯乙墓》、新华社《两会节目—湖北省博物馆》、中央电视台《访谈节目—越王勾践剑》等。三是与在汉各家媒体建立密切关系，及时传递博物馆的最新讯息和意图，努力营造讨论博物馆文化及相关主题的空间。

五、藏品征集、管理和保护

湖北省博物馆藏品主要通过考古发掘、征集、调拨等途径取得，以考古发掘的出土文物为主。器类主要有陶、瓷器，青铜器，漆木器，简牍、兵器、古乐器、金玉器，古代字画，古钱币等。该馆收藏的文物既富地方特色，又具有时代特征，基本反映了湖北地区古代文化的面貌。一部分器物在中国古代文化发展史上具有举足轻重的地位。该馆现有馆藏文物26万余件，其中，国家一级文物千余件(套)、国宝级文物16件(套)。

青铜器、漆木器、简牍为该馆馆藏特色，1978年出土于湖北随州的曾侯乙编钟堪称中国音乐文物的代表之作，是双音钟的典范。曾侯乙编钟共65件，分三层八组悬挂在曲尺形的铜、木结构钟架上。全套编钟音域跨五个半八度，十二个半音，每钟双音，可以旋宫转调。曾侯乙编钟的钟及钟架、挂钩上共有3755字的铭文，内容为编号、记事、标音以及记录诸如音名、阶名、八度组、各国律名对应关系等方面的乐律理论。1965年12月出土于湖北望山一号楚墓的越王勾践剑通长55.6厘米，剑格宽5厘米，剑身上满饰黑色的菱形暗纹，剑格的一面由绿松石镶嵌组成美丽的图案，而另一面则镶嵌着蓝色琉璃，整个装饰显得华贵、典雅。靠近剑格处有两行错金鸟篆铭文，内容为："越王鸠浅自乍用剑"，越王勾践剑的工艺之精美首屈一指，无与伦比。

馆藏其他代表性藏品还有彩漆透雕小座屏、联禁对壶、郧县人头盖骨化石、元青花四爱图梅瓶等。

藏品保护方面，建有6000平方米的现代化的文物库房，配备了相应的文物保护设施设备，严格按照《藏品管理办法》的各项规定进行管埋。建有完善的藏品数据库管理系统；藏品的保管工作做到制度健全，账目清楚、鉴定确切、编目详明；设有专门的文保部对藏品器物进行保护；馆内设立安全保卫部，中心控制室实行24小时监控。重点要害部位均安装技术安防设备和综合报警监控系统设施，完善了各项安全保卫制度。

六、考古发掘

湖北省博物馆自成立之初就设有考古部门，1989年考古部分离，单独成立湖北省文物考古研究所。2002年湖北省博物馆、湖北省文物考古研究所重新合并。馆所现有专业考古研究人员70人，具备领队资格的有十余人。主要考古发掘项目有：曾侯乙墓、包山楚墓、九连墩战国楚墓等。

七、科学研究

湖北省博物馆编制105人。副高以上人员25人，其中正高8人。湖北省博物馆设有文物保护研究中心，是从事文物保护科学技术研究与实践的专业机构，同时也是国家文物局重点科研基地“出土木漆器保护国家文物局重点科研基地”的依托单位。中心下设：漆木竹器保护实验室（漆木竹器的脱色、脱水、加固）、微生物研究实验室（利用生物技术对文物进行保护）、遗址原址保护研究室、综合化学实验室、漆木竹器文物修复室、青铜器保护修复室、综合修复室。科研设施设备齐全，中心现有科研设备包括：不锈钢恒温设备、冷冻升华设备、微电脑恒温恒湿箱、红外线干燥箱、恒温冷冻摇床、高速离心机、超净工作台、可见光光度计、紫外线可见分光光度计、液相色谱仪、红外水分测定仪、数字式黏度计、数码显微镜、体视显微镜、微颗粒测定仪、自动测色色差仪、低浓度溶解氧分析仪、SONY三维显微摄影仪、显微摄像系统、扫描电镜、木材含水量测定仪、各型天平及基本的办公设备。

建馆几十年来，积极参与国内外学术活动，并在科研工作中取得累累硕果。首创“乙二醛脱水加固定型古代饱水漆木器”技术，1988年获文化部科技进步一等奖，1989年获国家科技进步三等奖。“曾侯乙编钟复制研究”、“战国曾侯乙编磬复原研究”等项目分别获文化部科技进步一等奖及三等奖。双音磬的研制获国家发明三等奖，“采用加温矫形工艺修复古代青铜器”获1992年度湖北省科技进步奖二等奖，“湖北大冶铜绿山古铜矿遗址原地保护与合理采矿方案的研究”获1993年度湖北省科技进步奖一等奖，“中山舰防腐保护涂料的研制”获2002年度湖北省科技进步奖三等奖。“采用PEG（聚乙二醇）复合液脱水加固定型出土饱水木构件”，2005度获湖北省科技进步三等奖。有学术刊物《江汉考古》（季刊），从1980年创刊以来，及时向海内外报道了湖北境内考古发现的新材料及最新研究成果，为学术研究提供了重要资料，成为全国人文社会科学核心期刊。同时编辑出版《湖北省考古学会论文选集》（一）、（二）、（三）共三辑以及三峡考古报告集。已出版《郧县人》、《宜都城背溪》、《盘龙城》、《曾侯乙墓》、《铄石镂金——长江流域出土青铜器研究》、《包山楚墓》、《云梦睡虎地秦墓》、《江陵九店东周墓》、《江陵望山沙冢楚墓》、《肖家屋脊》、《铜绿山古矿冶遗址》、《柳林溪》、《庙坪》，《赤壁土城》等考古报告及学术专著。在湖北省文化艺术科研成果评奖中《秭归庙坪》获一等奖，《铄石镂金——长江流域出土青铜器研究》获二等奖。

八、文化产品开发

文化产品作为特殊的纪念品，是博物馆服务社会的重要内容，是实现博物馆社会价值的途径之一和必要手段。近年来，为了适应免费开放的新形势，满足不同层次观众“把博物馆记忆带回家”的愿望，我馆以科学发展观为指导，积极贯彻落实博物馆免费开放及“三贴近”工作要求，通过进一步调整思路，依托丰富的馆藏资源，加大投入，加强开发，采取有效措施，本着艺术性、观赏性、实用性及贴近大众生活为理念的思路，精心设计出质量上乘、品类多样、雅俗共赏的文物复仿制品和其他衍生文化产品，打造了一批蕴涵湖北省博物馆文化特色的代表性商品，先后开发出青铜器、漆器、瓷器、玉器、丝绸、文具、图书、音像制品、生活用具等八大类600多个品种的博物馆特色商品。让观众参观博物馆陈列展览的展品后，买走与博物馆陈列展览相关的文化产品，使观众加深对博物馆的理解和记忆，与人共享文化遗产信息，从而延伸博物馆陈列展览的生命。

辛亥革命武昌起义纪念馆

Memorial Hall of the 1911 Revolution and Wuchang Uprising

馆　　长　梁华平
地　　址　湖北省武汉市武昌区武珞路1号
邮政编码　430060
电　　话　办公室:027-88875306
预约参观:027-88875305
传　　真　027-88875306
网　　址　www.1911museum.com
电子信箱　master@1911museum.com
隶属关系　湖北省文化厅、湖北省文物局
性　　质　国有
建筑类型　近代建筑(全国重点文物保护单位)
建筑面积　10000平方米
展厅面积　5000平方米
占地面积　20000平方米

馆址环境　位于湖北省武汉市武昌阅马场,西邻黄鹤楼,北依蛇山,南面首义广场。

历史沿革　辛亥革命武昌起义纪念馆是依托中华民国军政府鄂军都督府旧址成立的专题性博物馆，于1980年开始筹建，1981年10月正式开馆。初与湖北省博物馆合署办公,1985年1月,经省委、省政府批准,辛亥革命武昌起义纪念馆正式分设,直属湖北省文化厅。国家名誉主席宋庆龄题写馆名，是中宣部首批命名的全国百家爱国主义教育示范基地和团中央命名的全国青少年教育基地。

开放时间　9:00—17:00,周一闭馆。

服务设施　游客服务中心、纪念品商店、触摸屏导览、物品寄存、放映厅

交通情况　401、402、413旅游线路;1、4路电车,61、411、503、519、556、561、590、608、703、715、728等33条公交线,阅马场站下车即到。

概　况

辛亥革命武昌起义纪念馆是依托中华民国军政府鄂军都督府旧址（即武昌起义军政府旧址）建立的专题性博物馆。位于湖北省武汉市武昌阅马场,占地20000平方米,建筑面积约10000平方米。

整个旧址由主楼、东西配楼、议员公所、前后花园、院门、门房及围墙等建筑组成,自成院落，是一处典型的砖木结构的中西合璧庭院式建筑群。因旧址红墙红瓦，武汉人称之为红楼。

纪念馆原为湖北咨议局局址。1909年,为配合清政府预备立宪的步调，湖北当局动工兴建湖北咨议局，为方便议员起居休息,又在咨议局后修建议员公所,1910年同时竣工。1911年10月10日，武昌起义爆发。次日,起义士兵占据咨议局,推举黎元洪出任军政府都督，宣告废除清朝宣统年号,建立中华民国军政府鄂军都督府,由此诞生中国历史上第一个民主共和政权，开

启了中国民主共和的大门。

1912年，孙中山先生辞去临时大总统职务后，首途武汉，凭吊战场，安抚流离，访问鄂军都督府，表达对武汉军民的深厚感情。1926年10月，北伐军攻克武昌，以此作为国民党湖北省党部办公地，后湖北省参议院驻此办公。1949年后，中共湖北省省委、省政协、中共湖北省委统战部相继在此办公。1961年，武昌起义军政府旧址被国务院公布为首批全国重点文物保护单位。1981年，依托旧址成立辛亥革命武昌起义纪念馆。并已先后被命名为“全国青少年教育基地”、“全国百个爱国主义教育示范基地”、“中国侨联爱国主义教育基地”。

经过二十多年的建设和发展，现已逐步成为辛亥革命的纪念中心、文物资料保护收藏中心、陈列展览宣传教育中心和科学研究中心。

一、展览陈列

辛亥革命武昌起义纪念馆自建馆以来曾多次改造陈列，但一直保留有两个基本陈列，即“鄂军都督府旧址复原陈列”和“辛亥革命武昌起义史迹陈列”。前者依托都督府旧址，在其一二层2500平方米的空间内，布置有鄂军都督府初期的各个机构，以及会议场所，真实再现中国历史上第一个共和政权诞生地的历史风貌；后者布置于旧址院内西配楼，占地1200平方米，以近400件展品，包括文物真迹、历史图片、美术作品以及图表、模型和场景等，全景式地展现了辛亥革命武昌起义的历史。

为满足不同观众的文化需求，纪念馆还积极举办和引进精品展览，丰富展览内容。自建馆以来，共举办、合办“孙中山先生生平事迹展”、“黄兴先生生平事迹展览”、“沈汉生辛亥文物珍藏展”、“在孙中山的旗帜下——孙中山与武昌首义图片展”、“馆藏珍贵文物展”等专题展览40多个。同时注重与海外的交流和合作。1997年，“孙中山与武昌首义展”赴台展出；2010年4月，湖北（武汉）台湾周期间，“辛亥百年颂中山——孙中山与湖北特展”赴台展出；2010年6月29日至7月7日，与台北孙中山纪念馆联合举办“孙中山与台湾展”；2010年12月11日至19日，与武汉大学、日本亚洲和平贡献中心联合举办“孙中山与梅屋庄吉展”。

二、文物征集、保管和保护工作

辛亥革命武昌起义纪念馆藏品主要通过购买、接受辛亥革命志士后裔和学者捐赠、武汉海关移交截获的走私文物等合法方式取得，以纸质品文物为主，还有纺织品、象牙角质、竹木漆器、陶瓷玻璃、金属、石器玉器、砖瓦等类别。收藏文物和历史照片近万件，其中尤以“辛亥名人字画”、“共和纪念瓷器”和“近代名人家谱”各成序列，颇具特色。

藏品存放于专用文物库房，专人保管，制定有严格的文物出入库制度。技术上对藏品进行分类保管，配备有防潮除湿、安防消防设施。保护方法以传统技术为主，珍贵文物已实现信息数字化。

三、学术研究

辛亥革命武昌起义纪念馆一直注重学术研究。作为为纪念近代重大历史事件而建立的面向大众的专题性博物馆，其研究内容以辛亥革命历史、文物以及博物馆的服务与管理为重点。其研究特色表现为四个并重，即工作与研究并重、文物与文献并重、研究与普及并重、历史及相关文物和博物馆学研究并重。

为了更好地提高纪念馆科研水平，建馆伊始，纪念馆就聘请了国际知名的辛亥革命史专家章开沅教授任名誉馆长，并先后聘请了辛亥革命史专家刘望龄、吴剑杰和严昌洪三位教授任客座研究员。他们不仅是纪念馆业务建设的智囊和顾问，还起到了培养纪念馆专业干部的导师作用。在他们的指导和培养下，经过二十余年来的工作实践，纪念馆的专业人才也是科研人才逐渐成长和成熟起来，纪念馆现有50名员工中，具备专业技术职称者有43名，其中中级职称者17名，副高级职称者7名，正高级职称者5名。

据不完全统计，截至2010年，纪念馆专业人员发表的学术论文达百余篇，出版的专著有20余种。代表性的论文已结集《辛亥革命研究及其它》出版，重要的书籍则有《武昌起义档案资料选编》(三卷本)、《武昌起义军政府旧址》、《湖北军政府文献资料汇编》、《辛亥首义》(剧本)、《辛亥革命史地图集》、《黄兴画册》、《峭谷诗稿》、《孙中山先生的足迹》、《辛亥革命人物像传》、《这也是一座"红楼"》、《武昌首义》(画册)、《辛亥革命首义红楼》、《辛亥革命大写真》(上、下卷)等。论文和书籍有多种获得各级、各种学术奖励，最有影响的是《辛亥革命大写真》于2002年获第13届中国图书奖。

纪念馆设置有藏书5000余册的图书资料室。并在1993年与辛亥革命史研究会、武昌辛亥革命研究中心联合创办了《辛亥革命研究动态》，至2010年已出刊69期。其办刊宗旨是为辛亥文史研究者、教学工作者和广大文史爱好者服务。以报导国外辛亥革命文史研究的最新进展和最新信息为主，同时也发表部分专题研究成果。

同时，纪念馆还积极与海内外进行学术交流、承办各类学术活动。1991年，王兴科以《试论武昌首义的地利》论文，参加纪念辛亥革命80周年国际学术讨论会，梁华平以《论亡清的历史契机》论文，参加纪念辛亥革命80周年青年学术讨论会。1994年10月，承办全国第六届孙中山、宋庆龄纪念地联谊暨学术讨论会。2001年，赴台参加台北孙中山纪念馆举办的"海峡两岸孙中山纪念地学术交流联谊会"。2002年9月，承办第15次孙中山、宋庆龄纪念地联席会议，包括来自台北孙中山纪念馆的共70余名代表与会。2006年9月，以5篇论文参加纪念辛亥革命95周年国际学术讨论会。2010年11月，赴马来西亚参加由孙中山槟城基地纪念馆举办的第22次孙中山、宋庆龄纪念地联席会议。

四、社教和开放工作

依托博物馆开展爱国主义教育活动是博物馆的重要职能。辛亥革命武昌起义纪念馆充分发挥辛亥首义历史文化资源的优势，着力挖掘和弘扬以"敢为天下先"的创新精神和"位卑未敢忘忧国"的爱国主义精神为核心的首义精神，使纪念馆成为全国知名的爱国主义教育基地。二十多年来，纪念馆先后与华中师范大学历史文化学院、阅马场小学、武汉十四中、黄鹤楼街西厂口社区等52所学校和单位建立长期共建、合作互助关系。并与华中科技大学、华中师范大学、武汉理工大学等多所院校长期合作，培训义务讲解员，建立了一支稳定的义务讲解员队伍，更好地为观众服务。

近年来，纪念馆还与媒体联合，以小学生为重点，开展小记者采访活动；在中、小学生中开展"首义寻踪"巡游活动；开展"送展入校"、"送展入(社)区"的活动；开展普通话推广活动，都取得了良好的社会效益。

2008年，在湖北省文物局的统一部署下，纪念馆开始实施免费开放。为了做好免费开放工作，纪念馆成立了以馆长为首的免费开放筹备工作专班，制定了免费开放工作的具体实施方案，涉及开放流程、观众管理、部门协调、应急预案以及投诉处理等方面，确保了免费开放工作的顺利进行。2008年接待观众总量3余万人次、2009年接待观众总量25余万人次、2010年接待观众总量37余万人次。

纪念馆还积极进行数字建设，传播辛亥文化。2004年，建立了自己的专题网站，为大众提供纪念馆的工作动态以及辛亥革命有关的成果，并与华中师范大学合办辛亥革命数字博物馆，已有阶段性成果。

五、馆舍建设、维修和设施改造

在旧址维修方面，经国家文物局批准，纪念馆对武昌起义军政府旧址共进行了多次维修。1982年，清理地下室积土，更换腐朽木檩、瓦条、破瓦，解决室内受潮，漏雨问题。1984年，打开地下通风口，防潮处理，维修窗楣并漆饰。布置强电线路，主楼四周砌雨沟，修补墙体等。1990年，粉刷主楼内墙，安装主楼报警设备，改建东西配房等。1997年至1998年，自筹资金75万元，对旧址东西两侧平房进行了加层改造。2000年至2002年，为有效保护文物和隆重纪念辛亥革命90周年，由国家文物局拨款180万元，对武昌起义军政府旧址主楼和议员公所南楼东段进行了维修。

在安防、消防设施方面，1998年国家文物局拨款10万元，2000年拨款15万元，2001年拨款30万元，2002年拨款30万元，纪念馆先后对消防、安防设施进行了添建、改造和提高，现有72平方米的安防、消防中央监控室一间，视频监控点位43个，红外对射监控装置2组。

六、机构设置和行政管理工作

辛亥革命武昌起义纪念馆是国家全额拨款的公益性事业单位，隶属湖北省文化厅、文物局。在馆长办公会下，设人力资源部、行政办公室、安全保卫部、财务部、文物保管与展览部、社会教育部、展室管理部、旅游管理部八个部门对全馆进行管理。

行政管理方面，先后制定了《办公室工作人员职责》、《关于职工考勤及奖惩办法的规定》、《辛亥革命武昌起义纪念馆工作规则》、《辛亥革命武昌起义纪念馆关于加强基建项目和设备购置管理工作的规定》、《印章管理制度》等一系列规章制度。

财务方面，先后制定了《财务管理制度》、《会计岗位责任制》、《报销制度》、《会计档案管理办法》、《固定资产管理办法》、《免费开放专项资金管理办法》等一系列规章制度。

安全保卫方面，制定了《辛亥革命武昌起义纪念馆保卫科工作职能》、《防火防盗安全守则》、《辛亥革命武昌起义纪念馆安全制度》、《监控室值班制度》、《保卫值班人员职责》等一系列规章制度。

社教、开放方面，制定了《辛亥革命武昌起义纪念馆讲解工作管理办法》、《关于加强义务讲解员管理的有关办法》、《辛亥革命武昌起义纪念馆免费开放工作实施方案》、《免费参观须知》、《免费开放工作流程》、《免费开放安全保卫工作应急方案》、《免费开放讲解服务管理方法》、《展室管理部工作守则》、《纪念馆寄存规章》等一系列规章制度。

文物保管方面，制定了《文物库房出入规则》、《库藏文物资料管理办法》等一系列规章制度。

在认真执行这些规章制度，保障纪念馆各项工作顺利开展的同时，纪念馆在领导班子的带领下还积极加强思想政治学习和党风廉政建设，每月坚持开展一次政治理论学习，把理论学习和实际工作相结合；深入开展民主评议政风行风活动，加强基层党组织作风建设；开展形式多样的培训，全面提升职工的综合素质和业务水平；定期组织群众性文化体育活动，丰富干部职工

生活，为业务工作的顺利开展和职工队伍的稳定团结提供了有力的政治保障和组织保障。

湖北省明代藩王博物馆

Hubei Museum of King Fan in Ming Dynasty

馆　　长　沈远跃

地　　址　武汉市黄陂区木兰乡雨霖村

邮政编码　430061

电　　话　027-88879303-8500(办公室)

传　　真　027-88879303-8501

类　　型　古代建筑及明代藩王历史文化专题博物馆

隶　　属　湖北省文物局(湖北省文化厅古建筑保护中心)

建筑性质　古代建筑(湖北省重点文物保护单位)

占地面积　107000平方米

建筑面积　12022平方米

展厅面积　8000平方米

馆址环境　湖北明代藩王博物馆位于武汉市黄陂区木兰乡境内的木兰湖旅游度假区，与荆楚名岳木兰山毗邻，距武汉市区60公里，有高速公路相通，这里山青水美，人杰地灵，是观光旅游、休闲度假的湖北省4A级旅游度假区，被人们誉为荆楚明珠、武汉市的后花园。

交通状况　南起武汉市、北达大悟的107国道紧临木兰乡西侧过境，距武汉市区60公里。有23公里为全封闭式高速公路武汉至黄陂区的318国道，多条省级干线公路通往黄陂城关到木兰湖风景区。

开放时间　每日9:00—16:00开馆(周一闭馆)

服务设施　接待处、停车场、物品寄存、讲解、休息处。

历史沿革　2002年12月，湖北省文物局成立“古民居园”建设筹备处；2004年9月16日，湖北省文物局将湖北明清古民居风俗园建设选址确定在武汉市黄陂区木兰湖风景区；2005年9月21日，经湖北省文化厅同意，将“湖北明清古建筑风俗园”更名为“湖北明清古民居建筑博物馆”并由时任省委常委、宣传部长的张昌尔主持了建设奠基。2007年6月8日，湖北省文化厅古民居抢救保护中心报省文化厅同意，在“湖北明清古民居建筑博物馆”加挂了“湖北明代藩王博物馆”的牌子。2008年2月，湖北明代藩王博物馆正试建成，6月正式开馆免费对外开放。

概　况

湖北明代藩王博物馆隶属于湖北省文化厅古民居抢救保护中心，自博物馆筹建以来，在湖北省文化厅和湖北省文物局的关心支持下，湖北明代藩王博物馆的建设取得了长足的进步。在保护湖北省古代建筑和研究湖北明代藩王历史文化的同时，湖北明代藩王博物馆利用搬迁的古建筑作为展厅，是我省文物保护和合理利用相结合的典范，展馆建筑已成为木兰湖景区人民群众共享改革开放文化成果的亮点工程。

博物馆建设

湖北明代藩王博物馆的展馆建设，是依照《文物保护法》“保护为主、抢救第一、合理利用、加强管理”的文物工作方针，借鉴外省和三峡工程库区地面文物建筑集中搬迁复建保护方式的经验，将湖北省境内分散于民间而具有重要的历史、科学、艺术价值，原生态及周边环境已遭破坏而缺乏保护手段的古民居文物建筑及其构件经过规划论证，实行集中搬迁复建，并配套建设相关设施，形成一个以保护湖北明清古民居遗产为依托，以传承湖北民俗文化为特征；以展存明代藩王历史文物和历史资料为主题，将遗产保护与休闲体验相结合的专题性博物馆。

湖北明代藩王博物馆，以搬迁名人故宅、富商豪宅、百姓民居、宗祠会馆等古民居建筑至木兰湖风景区复建，对搬迁的古民居建筑全部按照原生态的建造理念进行复原设计，实行永久保护。这些抢救性保护的古民居建筑完整、主次分明、布局严谨，在建筑艺术、建筑美学上达到了极为完美的境界，均为古建筑艺术精品，展馆建筑本身就是文物，具有丰富的历史文化内涵，它将为武汉市及周边地区的中外旅游者提供一个文物遗产教育和文化休闲的特色场所，同时，也探索一条文物保护与利用相结合、使文物保护工作走可持续发展的道路。

湖北明代藩王博物馆已搬迁复建12栋古建筑，这些搬迁复建的明清建筑，既展示了明代建筑文化的历史内涵和民俗文化信息，又承载着明代藩王历史文化信息，同时也展示了明清两代建筑的科技水平和人文风貌，将其作为明藩王博物馆的展厅使用，既解决了明代藩王博物馆的布展场所，又使搬迁保护的古建筑得到了合理利用，使明代藩王博物馆的建设和古建筑的保护相互补充，相得益彰。

展览与社教工作

湖北明代藩王博物馆集中展示、研究湖北区域明代藩王历史文化轨迹及灿烂文化瑰宝的专题博物馆，馆区内以抢救性搬迁复建的古建筑作为展厅及库房使用，并规划建设相应景点对外开放，主要职能是：通过收藏、展示文物实物、图片及现代科技手段向人们展示湖北明代藩王历史文化最真实的一面。通过对明藩王历史的挖掘、保护、研究，以及对明代社会政治、经济、文化发展的展示，弘扬优秀的传统地域文化，使具有历史、艺术和科学价值的历史文化遗产（包含非物质文化遗产）得到充分的保护和利用，使之与全省的文物保护事业互为促进、共同发展。湖北明代藩王博物馆的建成及对外免费开放，已成为人民群众共享改革开放文化成果的亮点。

湖北明代藩王博物馆还是爱国主义教育基地之一。发挥博物馆功能，将有着独特文化内涵的古建筑及明代藩王历史文化介绍给广大观众，特别是青少年观众。通过了解古代建筑文化而增强爱国主义思想、科学文化知识和历史文化渊源，是博物馆社教工作追求的目标。自建馆以来，馆领导班子做了大量工作，加强精神文明窗口意识的宣传教育，采取走出去宣传请进来参观的方法，加大对外宣传力度，丰富展览内容，完善服务设施，提高服务质量，打造特色展览活动内容，吸引更多的观众到博物馆参观，更好地为建设和谐文明社会服务。

博物馆有固定展览2个，共举办了临时展览1项。博物馆做好免费对外开放和日常讲解接待工作，自开馆以来共接待观众80余万人次。

博物馆自免费开放以来，相继开展了“雨林古建筑群展览”、“湖北明代藩王历史文化专题展”、“湖北青少年文化教育素质教育展”,并印刷了图文并茂的简易小册子赠送给参观人员。尤其是引进的黄陂区教育局举办的“湖北青少年素质教育”专题展,该展览通过奇石、火具、货币的实物,再现人类早期历史。为青少年提供社会实践教育的课堂,受到社会各界的好评,取得了良好的效果。

安全保卫工作

博物馆的安全工作“责任重于泰山”,馆领导对安全工作十分重视,为了确保安全,提高服务质量,给人民群众提供安全、优美、和谐的馆区环境,不断从人力、物力、财力等方面做了大量工作,

博物馆在中心保卫科下建立了10人保安队,按湖北省公安厅、湖北省文物局的要求,在黄陂区公安分局的支持下,博物馆与黄陂区公安分局木兰派出所共同组建“湖北明代藩王博物馆警务室”于2010年7月挂牌工作。并建立健全了木兰湖公共场所《博物馆突发事件应急预案》、博物馆《消防安防管理制度》、值班《岗位五不准》、带班《干部巡查制度》、《讲解员规范》、《保安管理制度》、《保洁员规范》、《员工宿舍管理规定》等等,使馆区安全工作和管理做到有章可循并照章办事。

博物馆管理工作

博物馆实行中心主任领导下的分工负责制,

财务工作按照国家有关法律、法规制度和博物馆财务管理制度进行管理,认真执行年度预决算。

其他管理、研究、宣传、教育等工作按博物馆日常管理工作的需要有序进行。

思想政治工作

党支部联系博物馆实际开展思想政治工作,认真组织干部职工学习和贯彻党的十七届四中、五中全会精神。在党员中开展了“学习十七届四中全会精神体会文章”征文活动,在党员和职工中进行了学习五中全会精神专题辅导,积极开展创先争优活动。党支部制定了创先争优活动方案,成立了创先争优活动领导小组,召开了开展活动的动员大会,先后办宣传报一期,活动工作简报一期,创先争优活动的良好氛围已在我中心形成。党支部理论学习组年度集中学习四次,组织党员、干部学习胡锦涛同志在“十七届中央纪委五次会议上的讲话”、“在政治局第二十二次集中学习时的重要讲话”、《毛泽东、邓小平、江泽民论科学发展》、《廉政准则》、《中国共产党章程》等内容。

博物馆工会、共青团、妇女组织根据各自特点,结合实际情况,组织开展的工作和活动有:职工重大疾病、女职工生产探视,重大节日慰问职工,职工生日祝贺等制度;全国各地历次发生严重自然旱灾,职工自觉向灾区捐款捐物;每到国际博物馆日和世界文化遗产日,全体职工开展有关博物馆的知识宣传等。通过开展各种活动,促进了职工团队意识、大局意识的提高,促进了博物馆职工凝聚力的增强。

武　汉

武汉市分述篇

1953年至2010年，在党和政府的领导下，武汉市博物馆、纪念馆建设取得了长足进步。各类博物馆、纪念馆的数量与种类，展览的档次与形式，人员的结构与层次、观众的人数与规模都发生了可喜的变化，为促进社会主义精神文明建设，繁荣社会主义文化，丰富人民群众的文化生活作出了突出贡献。

概　况

目前，武汉市博物馆、纪念馆分为市（区）直属博物馆、纪念馆和社会博物馆、纪念馆两大类，其中市（区）直属博物馆、纪念馆单位共有14家，分别是：武汉博物馆、武汉革命博物馆（由武昌农民运动讲习所旧址纪念馆、中国共产党第五次全国代表大会会址纪念馆、武昌毛泽东旧居、陈潭秋烈士纪念馆、武昌起义门旧址管理所组成）、八七会议会址纪念馆、八路军武汉办事处旧址纪念馆（由八路军武汉办事处旧址纪念馆、汉口新四军军部旧址纪念馆、京汉铁路总工会旧址管理所组成）、武汉国民政府旧址纪念馆、詹天佑故居管理所、武汉市晴川阁管理处（武汉大禹文化博物馆）、武汉市盘龙城遗址博物馆（筹）、武汉市中山舰博物馆、辛亥革命博物馆（筹）、黄陂区博物馆、新洲区博物馆、蔡甸区博物馆、江夏区博物馆。有一定规模的社会博物馆有12家。分别是：武汉二七纪念馆、湖北省地质博物馆、武钢博物馆、中南民族大学民族学博物馆、中国地质大学逸夫博物馆、湖北大学博物馆、张之洞与汉阳铁厂博物馆、武汉白求恩纪念馆、湖北警察史博物馆、湖北钱币博物馆、武汉蓝光艺术博物馆、湖北佳和当代艺术博物馆。

1979—2001年市直属博物馆、纪念馆隶属于武汉市文物管理办公室，2001年11月武汉市文物管理办公室并于武汉市文化局（挂武汉市文物管理办公室牌子），2009年改为武汉市文化局加挂武汉市文物局牌子，实行两块牌子，一套班子的管理模式，负责全市博物馆、纪念馆的发展规划、陈列展览、藏品研究及保护、展示宣传及社会服务等。

10家市直属博物馆、纪念馆中有5处（詹天佑故居、武昌农民运动讲习所旧址及毛泽东旧居、盘龙城遗址、国民政府旧址、八七会议会址）被列为全国重点文物保护单位；有3处获国家文物局评估定级，其中武汉博物馆为国家一级博物馆和ISO9000质量体系认证合格单位、武汉革命博物馆为国家二级博物馆、八路军武汉办事处旧址纪念馆为国家三级博物馆；有2处（武昌农民运动讲习所旧址、八七会议会址）被中宣部授予“全国百家爱国主义教育示范基地”称号；有2处（武汉博物馆、武汉革命博物馆）被评定为国家AAAA级旅游景点，1处（晴川阁管理处）被评定为国家AAA级旅游景点；其他相关博物馆、纪念馆分别被湖北省委、省政府和武汉市委、市政府命名为“爱国主义教育基地”，成为人民群众特别是广大青少年了解历史，陶冶情操的重要阵地和校外课堂。

社会博物馆分属于中央在汉单位、省属单位、在汉高校、私营公司和个人，大多在改革开放以后陆续开馆，多为科普类和纪念类博物馆，其中湖北省地质博物馆为国家二级博物馆、武汉二七纪念馆为国家三级博物馆。

【博物馆管理】 武汉市直属博物馆、纪念馆10家属于国家全额拨款的事业单位，各单位大都按照科学合理的原则建立了相关的内部机构，一般分为办公室、陈列部、宣教部、保管部、保卫部、财务部等部门。同时各单位还按照人员优化、结构合理的原则不断提高内部人员的学历层次和职称层次，强化年龄结构的合理搭配，做到老中青结合。目前市直属博物馆、纪念馆10家单位在职职工246人，其中高级职称25人，中级职称44人，其中具有本科及以上学历的30余人。8家社会博物馆、纪念馆在职职工约为119人，其中高级职称20余人，中级职称20多人，其中具有本科及以上学历的20余人。

2008年，武汉市文物商店合并于武汉市博物馆，同时更名为武汉博物馆，加挂武汉市文物交流中心的牌子，为一套班子，两块牌子。

【免费开放工作进展情况】 武汉市（区）直属博物馆、纪念馆于2005年开始实施对未成年人免费开放；2006年实施对70岁以上的老年人、现役军人、残疾人及弱势群体免费开放；2007年贯彻执行武汉市人民政府为市民做十件实事的指示，市直属10家博物馆、纪念馆全部实现对社会免费开放，同时社会博物馆开始对未成年人免费开放。随着免费开放的各项基础性工作力度的加强，全市博物馆、纪念馆陈列展览、藏品管理、科学研究、社会教育、安全保卫等各方面工作也有显著提升，博物馆、纪念馆的社会影响力大大增强。博物馆、纪念馆免费开放已成为全市文化惠民的品牌工程，产生了良好的社会效益，让更多的公众走进博物馆、纪念馆，加快了博物馆、纪念馆融进社会的步伐，博物馆、纪念馆事业呈现蓬勃发展的良好局面。

据统计，五十余年来，全市直属博物馆、纪念馆接待观众总量达4045.8万人次。改革开放以来，党和国家领导人邓小平、方毅、王首道、张爱萍、李铁映、吴官正、习近平、李长春、薄熙来、俞正声以及海内外知名人士多次莅临参观指导。

【陈列展览】 武汉地区的博物馆、纪念馆陈列展览从无到有，从小到大，无论展览的数量、质量、层次、形式还是参观的人数都发生了可喜的变化。各馆充分运用文物资源优势，配合党和政府的中心工作，积极举办和引进各类展览，将基本陈列、临时展览、流动展览与引进展览相结合，多功能、多渠道、多形式的广泛开展社会宣传教育活动，使人们在参观中受到教育，陶冶情操，了解过去，认识现在，展望未来，激发了人民群众的爱国主义热情。

据统计，全市直属10家博物馆、纪念馆举办各类基本（专题）陈列展览和临时展览、赴外展览、引进展览、国外馆际交流展等548个。其中基本（专题）陈列展览48个，临时展览437个、赴外展览14个、引进展览45个、国外馆际交流展4个。

基本(专题)陈列展览有影响的,如武汉博物馆的“武汉古代历史”(被国家文物局评为第五届“全国十大陈列精品”)、武汉革命博物馆的“中国共产党反腐倡廉历程展”(全国第一个主题鲜明、内容丰富、形式新颖、高科技元素众多的全面反映中国共产党反腐倡廉历史的展览,填补了我国博物馆、纪念馆反腐倡廉专题陈列的空白)。

引进展览有影响的有武汉博物馆的“19世纪俄罗斯现实主义绘画展”和“戴高乐生平展”等。

赴外展览有影响的有武汉博物馆的“中国武汉文物展”(在日本),“武汉历史文化遗产展”(在冰岛),武汉国民政府旧址纪念馆的“追寻伟人足迹—武汉青少年摄影书画”(在台北),武汉市中山舰博物馆的“中山舰出水文物展”(在港台)等。

【展示宣传和社会服务】 展示宣传和社会服务是博物馆、纪念馆社会教育功能的一种重要体现。全市各博物馆、纪念馆自开馆以来,坚持把“以人为本”的服务理念贯穿于各个环节,从环境建设、服务规范等方面入手,不断提升开放品质和品位,尽显人文关怀,凸显了爱国主义教育基地与娱乐休闲的特色。据统计,武汉市直属博物馆、纪念馆自开放以来共举办形式多样、丰富多彩的社会活动988个,既搭建了博物馆融入社会的平台,更提升了博物馆在社会发展中的地位和影响力。有特色、有影响的活动如:

一、专题纪念类:武汉市直属博物馆、纪念馆举行的“5·18国际博物馆日”和“中国文化遗产日”和免费文物藏品鉴定等纪念活动;八路军武汉办事处旧址、八七会议会址等革命类纪念馆在重大节日、纪念日等,组织机关、团体、部队、学校和企事业单位举行的入队、入团、入党、新兵入伍和成人宣誓仪式以及诗歌朗诵会、歌咏会、演讲比赛等活动。

二、知识竞赛类:武汉博物馆组织的“再现千年沧桑共创魅力江城”武汉历史陈列(湖山杯)知识竞赛、“了解家乡人文历史,共建校外教育基地”、“武汉历史、民俗风情”知识擂台赛、法语讲解“秦兵马俑历史知识”竞赛;武汉革命博物馆组织的“六一”参观有奖知识问答活动。

三、拍摄专题节目类:武汉博物馆与武汉电视台、湖北电视台、中央电视台合作拍摄《欢乐时光——走进武汉博物馆》、《相约成功》、《快乐森林》、《凤纹青铜方罍》、《重塑精神家园》等多部专题节目,这些节目均在馆内实地拍摄,节目播出后,受广大市民热捧。

四、独具特色的夏令营类:武汉革命博物馆与“红星教育基地”举办红色旅游夏令营;与韶山毛泽东纪念馆共同组织“韶山之旅”夏令营,与中华爱国工程联合会主办全国第八届“火炬引导我前行”夏令营活动等。

五、其他类:市直属博物馆、纪念馆分别举办的“国旗下的讲话”、“英烈凭吊周”、情景再现话剧表演——“八七会议”、首届武汉“的士节”、“武汉地方历史”展览推介会等。

【藏品征集、管理和保护】 至2006年底,武汉市10家直属博物馆、纪念馆共有藏品64207件,其中一级文物126件,二级文物492件,三级文物16667件,一般文物51280件。文物来源的主要渠道是社会征集、考古发掘移交,公安、工商、海关等执法部门缉私移交,社会各行各业及名家的捐赠、捐献,艺术品拍卖,私人收藏收购、废品收购站的拣选等。藏品种类有:青铜器、瓷器、玉器、漆木器、书画及杂项等。而革命博物馆、纪念馆文物藏品主要为书刊报纸文件、照片、生活用品和少量武器装备。

藏品保护方面，2004年，武汉博物馆被国家文物局确定为“文物保存环境达标试点项目”南方试点单位后，对文物库房恒温恒湿设备、书画库房整体进行了改造，建立了文物日常养护技术室，按文物不同的类别设定了两种不同的温湿度标准，使文物库房的温湿度和微环境基本达到了《博物馆藏品保存环境标准试行规范》的要求。2007年，按照国家、省文物局对馆藏文物信息数据库建设工作的要求，武汉市直属博物馆、纪念馆启动馆藏文物信息数据库建设工作，对三级以上馆藏文物信息数据进行了采录、拍照、合成及审核，2009年全面完成64207件馆藏文物信息数据库的工作。同时各馆加强文物库房的各项安全管理制度建设，保证馆藏文物安全达100%。

【博物馆建设】 武汉市直属博物馆、纪念馆，自1963年4月，第一家“武昌农民运动讲习所旧址纪念馆”成立并对外开放，相继成立并开放的还有毛泽东旧居、八七会议会址纪念馆等13家博物馆、纪念馆。1985年1月和1989年3月，江夏区博物馆(原武昌县博物馆)和蔡甸区博物馆(原汉阳县博物馆)分别成立并对外开放后；2004年和2005年，新洲区博物馆和黄陂区博物馆先后成立并对外开放。

继2007—2009年汉口新四军军部旧址纪念馆、中国共产党第五次全国代表大会会址纪念馆建成并对外开放后，2010年全市博物馆建设呈现良好势头。为配合2011年中国共产党建党90周年和辛亥百年庆典活动，武汉市正在进行筹建及布展工作的博物馆、纪念馆有：武汉市中山舰博物馆、辛亥革命博物馆、江汉关博物馆、张之洞与汉阳铁厂博物馆(新馆)、硚口近代工业博物馆等等。

【博物馆文化产业】 博物馆文化产品是博物馆服务社会的重要内容。武汉市各博物馆、纪念馆严格按照文物法规及制定的各项管理制度，合理利用文物资源，增强博物馆的活力，大力开发展览衍生品，充分发掘博物馆文化产品的市场潜力。武汉博物馆文物交流中心研发20余种旅游纪念品；武汉市中山舰博物馆注册72类“中山舰”牌商标，85种展览配套文化产品。极大地满足了游客和收藏爱好者的需求；同时也成为武汉市进行国际文化交流的重要礼品。

【人才培养】 “人是一切资源的核心”，人才队伍建设是博物馆事业发展的重要基础。2001年以来，全市文博单位把人才队伍的建设当做一项长期的、艰巨的、系统的基础工作，重点对业务人员进行全方位、多层次的培训，以增强服务意识，规范服务行为，提高服务能力，以造就一批思想好、作风硬、业务精、管理强的复合型人才，推动博物馆事业可持续健康发展。

2007年7月和2009年8月，武汉市文化(文物)局先后举办了两期全市博物馆、纪念馆保管员培训班，聘请博物馆保管专家授课，参加培训学习的专业人员40多人。2009年举办全市博物馆、纪念馆讲解员培训班，聘请资深的国家级社会教育与表演艺术专家鄢继烈和李晋峰授课，参加培训学习的专业人员56人。通过培训学习实践迅速成长起来一批优秀的讲解员，使博物馆社会教育服务工作的水平得到了很大的提高。

2001年以来，武汉市各博物馆、纪念馆在全国及省博物馆讲解大赛和导游大赛中取得优异成绩：

2001年全国博物馆“延安杯”讲解员大赛，武汉代表队获团体二等奖(参赛队员：八路军武汉办事处旧址纪念馆的付少谨，武汉博物馆的邓琰、裴少菲，武汉革命博物馆的袁亚妮)；付少谨获个人三等奖；邓琰、裴少菲、袁亚妮获个人优秀奖；

2004年全国博物馆讲解员“雷锋杯”讲

解比赛获团体一等奖（武汉市参加比赛的队员有:武汉博物馆的邓琰、武汉革命博物馆的袁亚妮、蔡子丽）。袁亚妮获个人二等奖,蔡子丽获个人三等奖;

2006年在国家旅游局主办的“沙家浜杯”全国红色旅游讲解员导游员比赛中武汉革命博物馆的袁亚妮获优秀奖;

2009年在“帅府杯”全国讲解员大赛中,武汉革命博物馆的蔡子丽获优秀奖;

2010年9月,在湖北省讲解员大赛中,武汉文博代表队(参赛队员:(武汉革命博物馆蔡子丽、武汉博物馆文婷彤、张瑾媛、八路军武汉办事处旧址纪念馆荆菁）获得团体一等奖和最佳组织奖；武汉行业代表队(参赛队员:中南民族大学民族学博物馆周炯、王晶、徐伟平、武汉禁毒教育基地童妮娜)获得团体二等奖;蔡子丽、文婷彤、周炯获个人一等奖;张瑾媛、荆菁、童妮娜获个人二等奖;王晶、徐伟平获个人三等奖。

【博物馆研究】 博物馆既是文物标本的主要收藏机构和社会教育机构，也是科学研究机构。博物馆的各项业务活动，都应该在科学研究的基础上进行。博物馆事业要发展,博物馆工作质量要提高,都必须进行科学研究。武汉市直属博物馆、纪念馆自开馆以来,尤其是改革开放以后,积极开展科研工作，取得了可喜成果。初步统计,武汉市直属博物馆、纪念馆公开发表史学、考古学、博物馆学、建筑学及其他学科的论文、专著及文献资料研究、工作研究等方面的作品1258余篇(部)。1980—2000年间组织编撰的著作和专业工具书10部,图册5本,内部发行的资料集、文集和图册5本,个人编撰的专著、专业工具书和其他书籍30余部。

其中比较有影响的有《武汉文物丛书》(《武汉市馆藏文物精粹》、《武汉市不可移动文物精华》、《武汉市出土文物精选》)、《图说武汉城市史》、《新武汉史记》、《武昌农民运动讲习所人物传略》、《陈潭秋》、《中共五大历史资料汇编》、《丰碑——纪念八七会议70周年文集》、《从八七会议到中共五大论文集》、《纪念武汉抗战暨中山舰遇难60周年国际学术研讨会论文集》、《晴川阁诗文钞简注》、《晴川阁》、《玉饰》、《带你走进博物馆——八路军武汉办事处旧址纪念馆》、《保卫大武汉图册》。《武汉通史》(图像卷)、《盘龙城文物精品图册》、《武汉城市圈文物精品图录》、《长江流域的忠烈英雄》、《追寻武汉城市的源头》、《〈武汉古代历史陈列〉的艺术设计特色》、《木兰文化新论》、《试论木兰文化的创造与创新》等多部专著和论文。

武汉博物馆

Wuhan Museum

馆　　长 刘庆平

地　　址 中国湖北武汉市汉口青年路373号

邮政编码 430023

电　　话 总机:027-85601377　85872318　65650603

办公室:027-85625587

参观预约和咨询:027-85601720　65650689

传　　真 027-85625587

电子邮箱 wedmaster@whmuseum.com.cn

网　　址 www.whmuseum.com.cn

隶属关系　武汉市文化局

性　　质　国有

建筑性质　现代建筑

建筑面积　总建筑面积17834平方米

展厅面积　6000平方米

占地面积　20000平方米

馆址环境　位于武汉市江汉区繁华地段汉口青年路373号，紧邻汉口火车站，距武汉天河机场25公里。

历史沿革　初名武汉市博物馆，1984年7月始筹建，1986年11月正式建制。原馆办公地在武昌农民运动讲习所旧址纪念馆，建馆之初由李家煜、陈道明任筹建处副主任，二人后任副馆长，分管考古和行政工作；武汉市博物馆正式建制后，隶属于武汉市文物管理办公室。2000年底武汉市博物馆新馆落成，刘庆平出任新馆馆长。新馆于2001年10月1日对外开放。建成的新馆填补了武汉市未有博物馆大楼历史的空白。2001年11月武汉市文物管理办公室撤销，并入武汉市文化局。2010年经武汉市人民政府批准，武汉市博物馆与武汉市文物商店合并，更名为“武汉博物馆（武汉市文物交流中心）”。实行两块牌子、一套领导班子的管理模式。刘庆平任馆长和交流中心主任。

开放时间　9：00—17：00（周五闭馆展厅维护）

服务设施　停车场、歇息亭、旅游文化纪念品服务部、语音导览、触摸屏文物介绍、休息茶座、书店、投影厅、多功能厅、物品寄存、无障碍通道等。

交通状态　公交线路乘38、10、79、411、536、542、603到武汉博物馆站下即可；周边附近公交512、584、、605、741、715、719、724等均可到馆。地铁站亦在建设中。

概　况

大浪淘沙，岁月留痕。历代先民以其勤劳和智慧，为我们留下了丰富的物质文明和璀璨的精神宝库，而传承这一文明史的是被人们称之为“记忆历史”的博物馆。

武汉博物馆属地志类综合性博物馆，是收藏珍贵历史文物，举办陈列展览，凸显国有文物交流的主渠道作用，打造地区文化品牌，进行科学研究的文化事业单位。武汉博物馆被列为武汉市文化基础设施的重点项目，得到武汉市委、市政府、市人大、市政协以及社会各界的大力支持。2000年，在武汉800多万人民的殷切期盼中，一座集东方文化神韵和现代化功能于一体的大型博物馆在汉口青年路拔地而起，它结束了武汉市未有固定馆址的历史。武汉博物馆的建成标志着武汉市文博事业迈上一个新的台阶。

一、陈展、科研工作

武汉博物馆倡导“以人为本，为民服务”的办馆宗旨，以优质的展览和服务形式接待社会各界观众。2001年武汉博物馆推出了一期展览“历代文物珍藏”、“古代陶瓷艺术”、“明清书画艺术”三个艺术专题陈列。2002年推出了二期展览“武汉古代历史”、“武汉近现代历史”基本陈列；“武汉古代历史”陈列整合了地方文献典籍、出土文物、最新科研成果，突显了最新展示理念和技术，被国家文物局评为第五届“全国十大陈列精品”。武汉博物馆自1986年建馆以来，先后举办了“全市文物普查成果展”、“武汉市查获走私文物特展”、“中山舰出水文物首展”、“三代领导人外交礼品展”、“‘十大国宝’高仿精品展”、“大型恐龙科普展”、“秦始皇兵马俑国宝文物特展”、“戴高乐生平展”、“多彩的波尔多——城市文化遗产展”、

"神舟航天飞船暨青少年科技发明成果展"、"武汉市廉政文化作品展"、"'8+1'武汉城市圈文物精品展"、"十九世纪下半叶俄罗斯现实主义绘画展"、"美国克拉克探险队穿越晋、陕、甘、宁"遗照原址——对位摄影"展"、"第十届环太平洋国家艺术巡展"、"晷运时成——古代钟表展"、"已有丹青约——法书名画珍品展"、"翰墨集珍——民间国宝书画珍品展"、"丹青锦绣——武汉博物馆馆藏书画特展"、"首届当代中国工艺美术大师景泰蓝获奖珍品展"、"草原古韵 塞外风情——内蒙古包头岩画唐卡文物精品展"、"金玉满堂——南京市博物馆馆藏金银玉器特展"等400余个临时展和交流展。

重点反映武汉城市史的"武汉古代历史"、"武汉近现代历史"基本陈列展，展示面积约3000平方米，展出文物近千件，场景复原、历史人物造型、陈列辅助艺术品50余个；生动再现了武汉浓墨重彩的宏大历史画卷。在"江汉曙光"、"商风楚韵"两部分中，观众能看到武汉地区旧、新石器时代先民生产、生活的场景，重点展出了武昌放鹰台遗址、新洲阳逻香炉山遗址出土的一批石、陶器。展厅中运用现代高科技展示手段，努力营造悠远、原始的景象。特别是对商代盘龙城、楚人开拓江汉，爱国诗人屈原在武汉的足迹进行艺术再现，颇有创新。走进"军事要津"、"水陆双城"、"九省通衢"展厅，陈列的数百件珍贵文物多是首次展出，其中不乏精品。浏览该厅，观众能系统了解武汉地区在封建社会各历史时期的发展演绎进程。武汉因其特殊地位，在汉末动乱中成为重要的军事要津，武汉地区出土了一批青铜器、玉器、陶器、瓷器、漆器等，其中最具代表性的如黄陂区出土的青瓷坞堡，是三国时期经济、文化、军事生活的缩影。到了隋唐宋元时期，武汉由重要军镇演变成繁荣的都市；从考古发掘的资料表明，隋唐墓葬相当丰富，且文物之精美在南方地区首屈一指，陈列展览充分表现出武汉地区经济发展的繁荣景象。到了明代成化年间(1465-1487)，汉水改道，汉口渐兴，形成三镇鼎立格局，"九省通衢"初显端倪。步入清代，汉口镇一跃成为华中腹地最为繁华的商埠，为四大名镇之首(汉口镇、佛山镇、朱仙镇、景德镇)。进入近代，武汉被世人誉为"东方芝加哥"。

为再现武汉的悠远历史，武汉博物馆科研人员在尊重史实、占有和充分研究史料的基础上，结合博物馆行业特征，以完美的陈展形式，艺术地展现真实的历史。走进展厅，观众将观赏到商代盘龙城考古发掘现场和复原的宫殿模型。具有重要科研价值的三国吴墓按1：1进行了复原，制作精良，让人仿佛身临其境，遥生感叹。宋代武昌王麻(今江夏区)湖泗窑址的场景复原，采集了湖泗窑考古现场出土的瓷片和制瓷坯模，复原的窑炉是真实材料与艺术处理完美的结合，观众能近距离观看窑室结构，了解烧瓷的工艺流程。近观唐代黄鹤楼木雕，观众随意点击鼠标即可找到著名诗人李白、崔颢、王维、孟浩然等诗家大作，并欣赏到名家书法，品悟唐诗的平仄韵律。出土的一批元代的精致首饰，以及诸多瓷器精品亦首次与观众见面；明代楚昭王朱桢墓葬中(今江夏区龙泉山风景区)出土的金腰带、翠青釉碗、玉璧、瓷坛等近百件珍贵文物也为展览生色不少。"武汉古代历史"、"武汉近现代历史"陈列展览中，也有与武汉相关的历史人物，如屈原、伯牙、子期、岳飞、林则徐、张之洞等，这些形象用塑像和油画展示，感染力极强。"武汉近现代历史"陈列全景展示了1838年林则徐武汉禁烟到1950年人民政权建立百余年间武汉风雨兼程的城市演进轨迹。展览由江汉潮起、华中都会、浴火重生等三个部分组成。第一部分“江汉潮起”以1838年林则徐武汉禁烟、汉口开埠、张之洞督鄂、辛亥武昌首义为展览主线，展出文物100余件，复原了汉口租界江滩街景、张之洞视察汉阳铁厂景观和武昌首义场景。第二部分“华中都会”突出表现大革命中心武汉风起云涌的革命历史，20世纪30年代的市政建设、社会文化风俗等，展出文物200余件，复原了汉口江汉路至六渡桥商业街道（部分）、楚剧汉戏舞台等景观。第三部分“浴火重生”着重表现抗战时期的武汉保卫战、武汉解放、人民政权诞生等史实，展出文物100余件，复原了波澜壮阔的武汉抗战、武汉解放场景。展览以科学、严谨、生动、形象为主旨，通过历史文物与相关史料的展示，艺术作品与场景复原的运用，展示空间与辅助展品的设计，立足文物，突出亮点，运用浮雕、仿真硅胶雕像、多媒体展示系统、油画等设计元素，为观众营造了一个充满地域文化特色的武汉近现代历史空间氛围。纵览“武汉古代历史”、“武汉近现代历史”陈列展览，你会流连忘返，武汉灿烂的历史会使观众感到骄傲和自豪。在“武汉古代历史”、“近现代武汉”展厅，观众可直接触动声画对应的多媒体，了解相关历史背景，除了看以外，参观者能进入复原的场景中，真实感受历史的悠远。“伯牙鼓琴遇知音”千古美谈可随手点击，呈现故事情节。唐代诗赋佳作，观众根据所需随手调取，尽情欣赏中国书法名家的真迹。

十年来，武汉博物馆在文物保护和研究方面有了重大突破。先后编辑出版了《中国的租界》、《武汉史稿》、《武汉抗战史》、《大革命时期的青年运动》、《武汉旧影》、《武汉通史·图录卷》、《武汉馆藏文物精粹》、《武汉不可移动文物精华》、《“8+1”城市圈文物精品图录》、《图说武汉城市史》、《律动的足音——武汉博物馆展览解读》等30余本书籍；撰写论文300余篇；主办《武汉文博》专业刊物；摄制重大的文物活动电视资料2000余分钟作为影像收藏；编辑、制作《在烈士走过的地方》、《昭寝》、《明珠闪耀　母亲河畔——武汉博物馆巡礼》、《重塑精神家园》等8部电视专题片，其中有3部在省、市电视台播出，《“江城第一麻”走进武汉博物馆》获“国家政府电视新闻三等奖”。制作光盘175张。2004年国家文物局确定武汉博物馆为全国博物馆文物保存环境达标试点单位。截至目前，多项工作已经完成并通过验收，受到国家文物局和省市主管部门的好评。同时还完成了国家级“馆藏文物信息数据采集”，馆藏一、二、三级文物的鉴定、现状描述、测量制表登记工作。

二、文物保管、征集工作

武汉博物馆的文物来源主要依靠：考古发掘移交，公安、工商、海关等执法部门缉私移交，社会各行各业及名家的捐赠、捐献，艺术品拍卖，私人收藏收购等渠道。藏品种类有历代青铜器、瓷器、玉器、书画及杂项等。藏品总计56139万余件，其中一级藏品55件（套），二级藏品333件（套），三级藏品14925件（套）。武汉博物馆藏品丰富，其中重要藏品有考古研究价值极高的出土文物，也有工艺精湛的传世珍品。青铜器中，商兽面纹十字孔瓮出土于武汉市黄陂区商代遗址盘龙城，是研究武汉城市历史发展的重要实物资料；东汉诗经铭文重列式神兽镜，其铭文经著名的金石学家罗福颐鉴定为在西晋就失传的鲁诗。在亡佚了一千七百多年以后重新被发现，尤显珍贵。玉器中，白玉双凤交颈壶，壶底有“乾隆御制”填写篆书款，是从皇宫流散到民间的古玉精品。三国时期的青瓷坞堡，1986年出土于黄陂滠口镇，是一件能充分反映当时地主庄园经济缩影的典型器物。宋代湖泗窑青白瓜棱执壶，出土于武昌县湖泗窑遗址。该窑址的发现填补了长期以来宋瓷研究中“湖北无瓷窑”的空白；元青花“四爱图”梅瓶，是20世纪70年代在社会上征集到的，该瓶为元代青花瓷中的精品，极为少见。书画中，文徵明的草书、仇英的《竹梧消夏图》、黄鼎的《皇陵庙图》、朱耷的《猫石图》等均为明清著名书画名家的作品。藏品保护方面，2004年被国家文物局确定为“文物保存环境达标试点项目”南方试点，完成了文物库房恒温恒湿设备、书画库房整体改造，建立了文物日常养护技术室，分批为三级以上珍贵文物制作了囊匣等，按文物不同的类别设定了两种不同的温湿度标准，使文物库房的温湿度和微环境基本达到了《博物馆藏品保存环境标准试行规范》的要求。武汉博物馆全面贯彻和落实科学发展观，加强馆藏文物的保护力度，建立和完善科学有效的文物保护和管理体系。坚持贯彻执行“保护为主、抢救第一、合理利用、加强管理”的方针，坚持保护文物的真实性和完整性，坚持文物管理的规范性和科学性，正确处理文物保护和利用的关系。

三、社教、开放工作

近年来，武汉博物馆成功组织了“再现千年沧桑　共创魅力江城”武汉历史陈列（湖山杯）知识竞赛、“5·18国际博物馆日”、“中国文化遗产日”、首届武汉“的士节”、“武汉地方历史”展览推介会、法语讲解“秦兵马俑历史知识”竞赛等大型活动百余场次，受到广大市民欢迎；与武汉电视台、湖北电视台、中央电视台合作拍摄《欢乐时光——走进武汉市博物馆》、《相约成功》、《快乐森林》、《凤纹青铜方罍》、《重塑精神家园》等多部专题节目，这些节目均至馆内实地拍摄，节目播出后，受广大市民热捧。为宣传博物馆文化，在报刊、广播、电视台等新闻媒体，发稿万余条次，有力发挥了博物馆的社会教育职能作用。武汉博物馆还组织全市百余所中小学校学生参观，先后举行了“了解家乡人文历史，共建校外教育基地”、《武汉历史、民俗风情》知识擂台赛等多项活动，配合武汉市第三届“18岁成人节暨武汉解放55周年”纪念活动，千余青年在武汉博物馆走过成人门，庄严宣誓，博物馆真正成为全市青少年的教育基地。与同济医科大学合办了“给我一天，还你千年”活动，与武汉大学、华中师范大学、华中科技大学机械学院、武汉12中等学校共同组织策划巡展上门服务活动。作为有着三千五百年历史的文化名城，武汉拥有丰厚的文化积淀和内涵。而最能体现这些文化特色的就是在武汉及其周边地区出土的馆藏历史文物。为了加强对外文化交流合作，开启与世界各国博物馆互动大门，全面地向国外朋友展现武汉独特的文化魅力，武汉博物馆精心准备，遴选体现武汉历史文化特色的文物信息编制成书，开展与国外博物馆之间交流协作。武汉博物馆先后在日本大分市举办了“中国武汉文物展”；中法文化年引进了“戴高乐将军生平展”、“多彩的波尔多——城市文化遗产展”、“卢浮宫馆藏版画——法国版画400年”展；俄罗斯文化年承办了“十九世纪下半叶俄罗斯现实主义绘画展”、“俄罗斯·中国当代油画家作品展”；2007年赴欧洲冰岛国参加中国武汉文化节，主办“中国武汉文化遗产展”，所办的每个展览皆受到国内外观众的普遍欢迎，反响强烈，获得较好的社会声誉，提升了博物馆在社会发展中的地位和影响力，丰富了与国外博物馆交流的操作经验，搭建起与世界各国博物馆互动的平台。据统计，武汉博物馆平均每年接待社会各界观众逾50万人次，接待全国兄弟博物馆考察学习参观百余家，服务质量做到零投诉。

作为“全国青年文明号”的窗口单位，近年来在全国及省市博物馆讲解大赛和导游大赛中取得了较好的成绩，2001年全国博物馆“延安杯”讲解员大赛获团体二等奖，2004年全国博物馆讲解员“雷锋杯”讲解比赛获团体一等奖。在讲解接待工作中，本着“以人为本、热情服务、礼遇待人、优质讲解”的态度对待每一位观众，让观众带着愉悦而来，满载收获而归。

四、机构设置、行政管理工作

武汉博物馆隶属于武汉市文化局，属国家全额拨款的事业单位。现设有：武汉市文物交流中心、办公室、文物藏品部、展览交流部、信息编辑部、社会教育部、开发服务部、后勤保障部、安全保障部等。2010年根据行政事业单位人事制度改革发展要求，全员进行了岗位目标设置；武汉博物馆行政编制106人；本科以上学历51人，正、副研究人员12人，中级职称39人，所有人员已全部按岗就职。除此以外，武汉博物馆还在社会上招聘了文博编辑、文物保管、社会教育及设备维护等多方面人才。

为了使武汉博物馆工作更趋完善，加强规范化管理，2007年由办公室负责编撰出版了《武汉博物馆工作手册》。这是首部集各部门制度与工作程序于一体的工作指南书籍，该手册在吸纳相关单位先进做法和经验，以及听取各部门意见的基础上，经过五次修订最终完稿。该手册完善了博物馆内部管理机制。馆工会和团委根据手册结合具体工作，在全馆职工中开展“做合格武博人、与武博共发展”的职工学习竞赛活动。全馆职工自觉以《武汉博物馆工作手册》处理日常事务，规范工作行为。目前，武汉博物馆各项工作正健康有序地推进，科学化、规范化、制度化管理模式使全馆爱岗、敬业、团结、奉献局面蔚然成风。

武汉博物馆开馆至今，力抓博物馆的硬件和软件建设，对场馆设施、参观环境投入了大量的人力物力，倾力筑造国内最具影响力的博物馆，同时注重全面提高全馆职工的综合素质。经过十年不懈的努力，武汉博物馆连续三次被市委、市政府授予市级文明单位称号，2001—2002年度武汉市最佳文明单位；被湖北省文明办授予“文明行业示范点”称号；2009年被评省委、省政府授予省级文明单位。湖北省文化厅授予“湖北省十佳文博单位”称号及全省文化工作先进集体；被中宣部授予“爱国主义教育示范基地”，被国家人事部、文化部授予“全国先进文化集体”称号，2005年12月被评定为国家AAAA级旅游景点；2006年ISO9000质量体系认证合格单位；2008年5月获评为首批国家一级博物馆。

五、文化衍生品开发和管理

武汉博物馆（市文物交流中心）严格按照文物法规及制定的各项管理制度，开展经营活动，大力开发展览衍生品，提高市场经济环境下的博物馆经营能力，合理利用文物资源，充分开掘博物馆市场潜力，建立良好的博物馆市场运作机制，增强博物馆的活力，在服务空间开设中国古典家具、茶艺、陶艺、雕塑、书画、艺术品交流、展览、文化休闲娱乐等多种经营项目。市文物交流中心在汉口武胜路、香港路、江汉路和汉阳晴川阁等多处设有商品文物门市部、交流点，经营模式与市场接轨。目前武汉博物馆已研发古钱币造型礼品、周珣九歌图册页高仿品、文物明信片、礼品瓷盘、邮册、印章、纪念盘等旅游纪念品20余种，极大地满足了游客和收藏爱好者的需求；同时也成为武汉市进行国际文化交流的重要礼品。

中国地质大学逸夫博物馆

Yifu Museum in China Geological University

馆　　长　徐世球
地　　址　武汉市洪山区鲁磨路388号
邮　　编　430074
电　　话　027-67883344
传　　真　027-67883343　027-67883342
网　　址　http://mus.cug.edu.cn/
隶属关系　中国地质大学
性　　质　国有
建筑性质　现代建筑
建筑面积　9974平方米
展厅面积　5000平方米
占地面积　10000平方米

馆址环境　坐落于风光秀逸的武汉市东湖之滨、南望山麓，是东湖风景区的重要组成部分，而且地处具有雄厚人才资源和智力资源的武汉高校区和东湖高新技术开发区，毗邻著名的武汉中国光谷广场，面向宽阔的鲁磨路，交通、教育、旅游、休闲环境十分优越。

历史沿革　地大逸夫博物馆的前身是中国地质大学（武汉）博物馆。博物馆在1997年被评为湖北省科普工作先进集体，1998年被命名为湖北省和武汉市青少年科普教育基地，1999年被命名为全国科普教育基地和全国青少年科技教育基地，2005年被中国古生物学会命名为全国科普教育基地，被武汉市委、市政府命名为市爱国主义教育基地，被武汉市文化局评选为市博物馆工作先进单位，2010年被国土资源部命名为全国国土资源科普基地。

2001年，受邵逸夫基金资助，总投资5000余万元的地大新博物馆大楼建设开始启动。到2003年底，新馆建成，成为武汉市文教事业的标志性建筑之一。2005年4月30日，更名后的地大逸夫博物馆以现代化的崭新面貌展现在观众面前。

开放时间　每周一至周五（上午8:30-12:00，下午2:30-5:00）；周六、周日及节假日（上午9:00-下午4:30）。寒暑假仅双休开放，团队可提前预约。

交通状况　59、72、401、643、709路地质大学站下。

概　况

中国地质大学逸夫博物馆从建设规模和现代化建设水平等方面来看，在全国高校博物馆界位居首位，在全国地质类博物馆界将处于一流水平，而且也是目前中南五省最大的自然科学类博物馆，是广大青少年认识地球、了解自然和进行爱国主义教育的重要基地。

对博物馆创建4A旅游景点的工作，学校高度重视，于2005年10月8日成立了以主管校领导为组长、博物馆及相关单位负责人参加的逸夫博物馆创建4A国家旅游景点领导小组，负责创建工作的组织领导和协调工作。同时，学校也成立了专门的工作小组，具体负责大量的相关准备工作。湖北省和武汉市旅游局的领导、有关部门负责人及专家对地大逸夫博物馆创建4A景区的工作也给予了高度重视和经常指导。

一、陈列展览

通过一流的馆藏标本、丰富而又独特的展示内容、现代化的展示手段、良好的休闲购物服务以及配套的周边特色景点，地大逸夫博物馆为社会提供了一流的科教旅游资源。

1. 国内一流的地质标本资源

地大逸夫博物馆馆藏各类地质标本30000余件，其中自然界极为罕见的珍品近3000件，标本的丰富性、典型性和观赏性在国内处于一流水平，在世界上也位居前列。其中不乏镇馆之宝，如世界排名第一的面积达100平方米的足迹化石幕墙、距今2亿多年面积达15平方米的海百合化石、距今2亿多年的鱼龙化石和海龙化石以及造型优美的辉锑矿晶簇等。

2. 现代化的布展水平

首先是在内容的安排上，把科学性、知识性、通俗性和趣味性有机结合；其次是大量地采用声、光、电技术，局部采用了高新科技手段，以提高布展的科技含量，烘托展示气氛；第三是大量采用模拟技术，在展厅中精心设计和制作典型的地质景观，用直观、形象的手段展示深奥的地学内容；第四是广泛采用防火、阻燃、环保的新型布展材料，达到绿色布展的效果；第五是采用计算机、多媒体、网络、影像等现代信息技术，形成信息化展示系统；第六是设计制作有关观众参与的项目，实现互动性和参与性。

3. 引人入胜的展示效果

地大逸夫博物馆开辟了五个地学展厅，分别是地球奥秘展厅、生命起源与进化展厅、珠宝玉石展厅、矿物岩石展厅和矿产资源展厅，大体代表了地学学科的基本框架。地球奥秘展厅从独特的行星、地球的物质组成、大自然的精华——生物圈、不安稳的大地、大自然的雕塑家以及人与地球等方面，反映地球46亿年的沧桑历史。在这里观众可以领略世界首创，直径达1.5米、绕与黄道面呈23.5度夹角倾斜旋转的磁悬浮地球仪，还可以亲身体验人造地震平台所带来的大地的颤动，通过各种现代化展示手段去真实感受地球的神奇博大与大自然的气象万千。

生命起源与进化展厅从生命起源开始，以地质历史中的生物进化为主线安排陈列，展现地球生命38亿年的进化历程，并且突出生物进化过程中的重大事件和观众感兴趣的内容。其中脊椎动物特别是恐龙的进化尤其引人注目，展厅陈列的9具恐龙骨架、恐龙足迹化石、6条电动的机器恐龙把观众带入到了奇妙的恐龙世界。在这里观众可以亲眼“目睹”50万年前的北京猿人以及用高科技手段制作的亿万年前的动物界栩栩如生的场景，了解生物进化过程的奇妙与艰辛。有兴趣的观众还可以一展身手与史前最大的动物——恐龙赛跑。

珠宝玉石展厅的内容包括认识宝玉石、宝石的奇光异彩、宝玉石世界、宝玉石鉴赏以及宝玉石趣话等。

矿物岩石展厅力求用种类齐全、特征典型、精美独特的标本，让观众认识奇妙的矿物世界和岩石天地。

矿产资源展厅从走近矿产、金属矿产、非金属矿产、能源矿产以及矿产危机与未来矿产5个方面展开。除了认识各种珍贵的矿石标本，在这里观众还可以观赏用声、光、电技术制作的海洋石油钻采平台模型、天然气采气平台模型、湖北大冶铁矿模型等，了解人类开发地下宝藏的恢弘画卷。

4. 配套的校园特色旅游

中国地质大学不仅地学学科全国一流，而且校园风景宜人，有一批富有鲜明特色的旅游景点，与博物馆交相辉映，引人入胜。

宝玉石一条街：集观赏、购买于一体，在

武汉市享有盛誉；

化石林：位于校园东区，含1.5亿年前的硅化木70余根，是华中地区最大的迁地保护木化石林；

攀岩壁：位于学校西区体育馆内，是亚洲最大的室内攀岩壁；

隧道：贯穿南望山，连接学校南北两区，是全国高校唯一的一条校园隧道。

拓展中心：是进行户外体能和技巧训练的有利场所。

二、基础设施

早在建馆之初，地大逸夫博物馆就确立了建馆的指导思想，即满足长远发展的需要、现代化建设的需要和多功能发挥的需要，按照4A景点的标准予以运作，以人为本，力图建成一个集教育、旅游、休闲、娱乐、购物于一体的新型博物馆。因此，在设施配备、功能划分等方面进行了充分权衡和认真实施。

1.设施配备方面

在机电设备方面，配备了目前国内较先进的中央空调系统、电梯系统、消防系统以及24小时安全监控系统，满足了长远发展的需要。

2.功能布局方面

将博物馆划分为陈列展示区、办公研究区、标本库房区、休闲服务区以及购物服务区，满足了多功能发挥的需要。同时也配备了卫生、旅游导示等相关设施。

三、科普教育

长期以来，中国地质大学逸夫博物馆一直坚持面向社会广泛开展地学科普教育，精心打造科普教育的品牌，取得了显著成绩，赢得了社会各界的一致赞誉，得到了国家和省市有关部门的良好评价。

1.率先对外开放，传播科普知识

高校博物馆的一个显著优势是藏品丰富，被人称为埋在校园里的“金山”。然而，长期以来，我国的高校博物馆大多自我封闭，开放意识不强，“金山”的作用没有得到充分的发挥。而地大逸夫博物馆很早就将眼光瞄准了社会，走开放式办馆的道路，面向社会尤其是中小学生开展地学科普教育，以更进一步发挥博物馆的作用。1988年，本馆利用黑龙江满州龙、多棘沱江龙和合川马门溪龙等恐龙骨架，配上其他地质标本，在湖北宜昌举办了“中国大型恐龙展览”和“地球奥秘展览”，引起了轰动。在当时科普教育受重视的程度远不及今天的情况下，地大逸夫博物馆的科普展览在社会各界尤其是中小学生中产生了强烈的反响，大量观众的留言反映了对科普教育的热切期盼。此后，这两个展览便在各地巡回展出。到1998年为止，两个展览历经5省、区16市，参观人数达60万。

2.积极组织活动，确保科普效果

在科普展览造成较大影响的同时，地大逸夫博物馆加大了对外开放和宣传的力度，与武汉市相关部门和科普场馆合作，积极组织科普活动，以吸收更多的人来馆参观。1994年，本馆与中科院武汉植物园，各区教委青少年科技站联合，在全市中小学生中开展“地学—生物学科普一日游”活动，当年到本馆来参观的中小学生及其他观众达4万余人。联合产生了区域性的综合优势，吸引力进一步增强。自那时以来，本馆几乎每年都与有关单位联手开展科普教育活动，如1998年与中南民族学院民族学博物馆、市科协普及部联合在全市中小学生中开展的“地学—民族学科普知识竞赛”活动，2001年与中科院武汉植物园、武汉市科协青少部、市教委基教处合作，开展的以“生物和环境科学实践活动”为主题的“科普一日游”活动等，均在武汉三镇产生了强烈的反响。特别是本馆还争取到了1998年荆楚青少年夏令营开营式在本馆举行，而且夏令营的主题就是地学。

2002年4月，引人注目的武汉市科教旅游活动正式拉开序幕。本馆对该活动一直积极响应和参与，以地球形成和演化、生命起源与进化、保护地球、保护生物多样为内容主线进行科普教育，构成了科教旅游的显著特色，持续地吸引了参观者。在科教旅游活动进行过程中，本馆与旅游局、旅行社等单位进行了良好的合作，在活动中起到了龙头作用。

2005年5月，按照市领导的要求，由市文化局组织的各高校和科研院所科普场馆的资源整合启动仪式在本馆举行，有关方面希望本馆在其中发挥龙头作用。同年7月，武汉市“创新素质实践行暨百万学生进基地观摩教育活动”的启动仪式在本馆举行，在全市产生了良好影响。

2006年至今，本馆积极参加“八加一城市经济圈”科教旅游活动，本馆的展示内容和布展效果得到了武汉市周边八个城市的好评，旅游的辐射效应正在显现。

此外，本馆还抓住每年的春游、秋游、科普周、地球日、环境日、夏令营、冬令营等有利时机，积极组织相关主题的科普参观活动，得到了省、市有关部门的高度评价，也引起了各中小学师生的浓厚兴趣。

除了搞好科普旅游工作外，本馆注意发挥博物馆的优势，积极对外进行科普讲座，2006年以来在有关论坛、讲坛、机关、单位、学校、学会等完成讲座达120余场次，获得了普遍欢迎，为普及地球科学作出了贡献。

3. 利用现代科技，创新科普手段

地大逸夫博物馆较早地注意到了计算机网络技术、多媒体技术等在展示教育中的应用情况。1996年本馆设计制作了博物馆主页，使馆内陈列和藏品信息上网，方便国内外浏览。1998年，在充分调研的基础上，本馆将多媒体技术用于展示教育，并自行研制了第一个多媒体软件——《恐龙的奥秘》，在展厅中设置触摸屏，观众可以自行操作和浏览，了解更多的知识，引起了观众的浓厚兴趣。

由于有较坚实的计算机应用基础，当2001年教育部在现代远程教育工程建设项目中安排大学数字博物馆建设项目时，本馆抓住机遇，申报中国地质大学地学数字博物馆建设项目，顺利获得通过，教育部投资150万元。经过一年多的建设，本馆在地学数字博物馆中建立了地球形成与演化、生命起源与进化、矿物、岩石、宝玉石、矿产资源、自然灾害与环境保护7个展厅，数字化标本2700余块，数字化图片近800张，精心设计制作了6个展厅的标本浏览模块和整个数字博物馆的精品浏览模块。项目成果在2003年教育部专家评审会议上，得到了高度评价。数字博物馆在网上发布以后，其丰富的信息、强大的功能和便捷的操作在社会上产生了强大的吸引力，观众通过简单地点击鼠标，就能了解地球的来龙去脉、生命的兴衰荣枯以及奇妙的矿物、岩石、矿石和宝玉石世界。通过把文字、图像、图形、动画、声音等有机地配合，建设成的地学数字博物馆，开拓了更为广博的地学科普领域，采用数字化展示手段，使本馆的科普教育揭开了崭新的一页。

2006年至今，本馆抓住科技部实施国家科技基础条件平台建设项目的良好机遇，积极申报国家自然科技基础条件平台建设项目中的“岩矿和化石标本标准化整理、整合及共享试点”项目，共获资助215万元。实施科技平台项目的目的，就是要建成一个标本资源丰富、信息准确、符合科技部有关技术规范标准、资源多用户共享、界面友好、多种方式查询、多种方式表现的标本数据库，为相关高校及科研院所的教学和科研提供支撑服务，同时也为全社会的地学科普教育提供有利条件。平台项目的实施，为加快博物馆数字化建设和实现馆藏标本资源的共享提供了重要条件，为更深层次地辅助教学和开展地学科普教育开辟了广阔的空间。

4.抓好新馆建设，展望科普前景

在新馆的建设和开放中，地大逸夫博物馆坚持把科普工作摆在显要位置。首先，从展示内容的安排看，把科学性、知识性、通俗性和趣味性相结合，深入浅出地讲述地球的沧桑历史、生命的进化过程、矿物岩石、珠宝玉石、矿产资源等地学知识；其次是采用各种现代展示技术，生动、形象、新颖地表现深奥的地学内容；第三是在开馆以后，加大了观众的组织力度，吸引大量的社会观众特别是中小学生参观，扩大博物馆和地球科学的影响。观众参观后，对博物馆的展示内容、展出形式、参观环境等方面给予了较高评价。

地大逸夫博物馆开放后，得到了教育部、财政部有关领导、省市领导的高度赞赏以及有关专家的一致好评，各新闻媒体也密切关注。开放以来，包括中央电视台、光明日报等在内的已有30余家新闻媒体对本馆作过报道或制作过专题节目。

本馆的建成及开放，在国内博物馆界特别是地质博物馆界和高校博物馆界产生了较大影响。近几年，正值国内博物馆建设的高峰期，一些省市和单位在建设相应博物馆时，纷纷与本馆寻求合作。2006年至今的横向科技合作项目经费达120余万元。

四、组织管理工作

为确保馆内及周边的安全保卫和环境卫生，本馆引入了物业管理，由武汉居安物业公司承担，实行24小时安全值班和监控制度，保持经常性的环境卫生。

为了对本馆及周边的科普旅游接待、环境及交通管理、安全保卫、业务建设、后勤保障、日常行政事务等实施科学而有效的管理，自2005年以来，本馆按照4A景点标准出台了一系列管理规章制度，总计70余项，在实际工作中产生了良好的效果。

武汉革命博物馆

Wuhan Museum of Revolution

馆　　长　赵晓琳
地　　址　武汉市武昌区红巷13号
邮政编码　430061
电　　话　总机:027-88720240
　　　　　　办公室:027-88873616
　　　　　　预约参观:027-88850322
传　　真　027-88720720
网　　址　www.whgmbwg.com
电子信箱　wuhanrm@163.com

隶属关系　武汉市文化局
性　　质　国有
建筑性质　文物建筑
建筑面积　总建筑面积12044.39平方米
展厅面积　7425.98平方米
占地面积　27499.44平方米

馆址环境　坐落于武昌区中华路街，东临武昌公园，西临武昌区政务中心，南与中华路相接。

历史沿革　武汉革命博物馆目前为“一套班子，五块牌子”，下辖武昌农民运动讲习所旧址纪念馆、武昌毛泽东旧居纪念馆、中共五大会址纪念馆、陈潭秋烈士纪念馆、武昌起义门旧址管理所。武昌农民运动讲习所旧址纪念馆是1958年经中共湖北省委批准筹建，1963年4月对外开放。武昌毛泽东旧居是1967年复原修建，隶属中央农民运动讲习所旧址纪念馆管理；1976年开始按原貌修复旧居周围的民居建筑，内辟陈列室，1977年修建完成对外开放。武昌起义门是1981年修复后，设起义门旧址管理所对外开放，隶属武昌农民运动讲习所旧址纪念馆管理。陈潭秋烈士纪念馆是1983年批准成立对外开放，内辟“中共五大历史陈列”和“陈潭秋在武汉陈列”2个陈列室，隶属武昌农民运动讲习所旧址纪念馆管理。1986年武汉市政府决定筹建武汉博物馆，因无馆舍，1989年与武昌农民运动讲习所旧址纪念馆合署办公，“一套班子，两块牌子”。1997年经武汉市政府批准正式成立武汉革命博物馆，与武昌农民运动讲习所旧址纪念馆“一套班子，两块牌子”，馆址设在农讲所旧址内。2000年武汉博物馆迁至汉口新址，武汉革命博物馆独立办公。2007年11月30日中共五大会址纪念馆建成并对外开放，隶属武汉革命博物馆管理。

开放时间　8:30—17:00（周一闭馆，节假日除外）

服务设施　停车场、纪念品商店、触摸屏导览、语音导览机、数字影厅、物品寄存、无障碍参观服务设施等。

交通状况　乘车到司门口站或汉阳门站，乘船到中华路码头或汉阳门码头。下车、下船后步行即到。公交线路717、607、542、804、530、539、515、306、307路均可。

概　况

武汉革命博物馆是武汉市属的综合性博物馆，也是武汉市重要的革命历史纪念馆，在武汉地区近现代文物的征集、收藏、保护、研究、展示及武汉近现代史的研究方面发挥着重要作用。武汉革命博物馆成立于1997年7月，依托武昌农民运动讲习所旧址为馆址，下辖武昌农民运动讲习所旧址纪念馆、武昌毛泽东同志旧居纪念馆、陈潭秋烈士纪念馆、中共五大会址纪念馆、武昌起义门旧址管理所共5处革命旧址。其中，武昌农讲所旧址纪念馆是全国优秀爱国主义教育基地和全国百个爱国主义教育示范基地；武昌农讲所旧址和毛泽东旧居是全国重点文物保护单位和全国百个红色旅游经典景区之一；中共五大会址纪念馆是“湖北省反腐倡廉教育基地”；武汉革命博物馆所在的武昌都府堤片区，是武汉地区红色景点最多、内涵最丰富、保护资源最早、知名度最高的红色旅游资源富集区。2010年通过国家AAAA级旅游景区验收。近年来武汉革命博物馆先后接待贾庆林、习近平、李长春、薄熙来等党和国家重要领导人，300余位知名专家学者，社会影响力不断扩大。

武昌农民运动讲习所旧址纪念馆位于武昌红巷13号，1963年正式对外开放，是武汉地区第一个纪念性博物馆。武昌农讲所是第一次国共合作时期培养全国农民运动干部的学校，由毛泽东倡议创办并主持工作。校舍为1904年张之洞创办的北路学堂。武昌农讲所占地面积约为12850平方米。主体建筑由四栋砖木结构的房屋组成，建筑面积约为4739平方米，是武汉市现存唯一保存完好的晚清学宫式建筑。

武昌毛泽东旧居纪念馆位于武昌都府

堤41号,1967年正式对外开放。武昌毛泽东旧居是1927年5月以前中共中央农委所在地,也是毛泽东、杨开慧一家最后团聚的地方。1927年,毛泽东主持农讲所工作并在武汉从事革命活动时居住在此。毛泽东在这里完成了光辉著作——《湖南农民运动考察报告》。武昌毛泽东旧居是一栋民国时期典型的江南民居,占地面积约为4600平方米,建筑面积约为909平方米。

中共五大会址纪念馆位于武昌都府堤街20号,原为武昌高等师范附属小学。从1922年起,中国共产党的创始人之一、湖北地区共产党组织负责人陈潭秋在此居住,以教书作掩护从事革命活动,这里一度成为湖北革命运动的指挥机关。1927年4月27日至5月9日,中国共产党第五次全国代表大会在此召开,同年5月10日,中国共产主义青年团第四次全国代表大会在此召开。1956年,湖北省人民政府公布为省级文物保护单位。1983年,武汉市人民政府对陈潭秋烈士开展早期革命活动的武昌高师附小旧址进行修缮,开辟“中共五大历史陈列”和“《陈潭秋在武汉历史陈列”2个陈列室,批准成立陈潭秋烈士纪念馆,正式对外开放。

随着中共党史研究的进一步深入,中国共产党第五次全国代表大会会址即陈潭秋烈士纪念馆的保护利用,引起中央领导的高度重视。2006年10月在中共中央委员,时任中共中央党史研究室主任李景田和中央政治局委员、时任中共湖北省委书记俞正声的亲自关心下,武汉市委、市政府决定投资建设中共五大会址纪念馆,将都府堤打造为清末民初风格一条街,将紧邻五大会址对面的武昌公园打造成都府堤红色主题公园,使都府堤片成为历史风貌文化区。经过一年多的艰苦努力,中共五大会址纪念馆于2007年11月30日建成并正式对外开放。中共五大会址纪念馆占地面积约为7700平方米,建筑面积约为3611平方米。纪念馆完好地保存有4幢融合西式风格的学宫式建筑,这些建筑始建于1918年。

中共五大会址纪念馆的建成,使民主革命时期党在国内召开的六次党代会会址纪念馆形成了一个完整的宣传系统。为研究中共五大历史提供了一个良好的平台,推动了中共五大历史和中国大革命史的研究。使得农讲所旧址、毛泽东旧居、中共五大会址即陈潭秋烈士纪念馆这四处在中国共产党历史上有重要意义的革命旧址,集中展示在417米长的武昌都府堤街,构成了国内大城市中少有的党史文化景观一条街。该工程的完成,使革命文物得到有效保护和充分利用,文化建设与旧城区改造完美结合,成为名副其实的红色旅游品牌。

武昌起义门旧址位于武昌首义南路。起义门原名“中和门”,它是武昌城十大古城门之一。1911年10月10日,武昌首义爆发后革命党占领并打开中和门,迎接城外部队入城,在城楼布定大炮轰击总督府。武昌首义胜利后,中和门被誉为“首义胜利的开端”。1912年,改名“起义门”。起义门城楼分为上下两层,占地面积约为2000平方米,建筑面积约为280平方米,城楼为重檐歇山顶式仿木结构。1956年,湖北省人民政府公布为省级文物保护单位。1981年,武汉市人民政府对城楼和城门进行修复,开辟“武昌起义历史基本陈列”,同时,设立武昌起义门管理所正式对外开放。

从20世纪50年代至今,经过半个世纪的艰苦奋斗,武汉革命博物馆由单一的纪念馆发展到历史类综合馆。先后荣获全国文化系统先进集体、湖北省文化系统先进单位、武汉市级文明单位、武汉市青年文明号、武汉市综合治理先进单位等称号。近年来,武汉革命博物馆全力开发馆区资源,打造旅游品牌，逐渐成为一个展示一流、服务一流、环境一流的旅游景区，成为市民旅游休闲的胜地，成为青少年进行爱国主义和革命传统教育的基地。

一、展陈工作

武汉革命博物馆所属5个革命旧址，现有复原陈列21个，基本陈列8个。

武昌农讲所旧址纪念馆对外展出有：常委办公室即毛泽东1927年主持农讲所工作时的办公室、教务处、总队部、大教室、大操场、学生寝室、食堂等复原陈列。基本陈列为“农民革命的大本营”，该陈列最初举办于20世纪70年代，陈列展示了毛泽东倡议创办农讲所的革命实践，农讲所的办学特色，农讲所师生在新民主主义革命和社会主义革命中的贡献。展出的珍贵文物有毛泽东1927年撰写的《中国佃农生活举例》、农讲所学员佩带的证章、农讲所师生从事革命斗争的文物等。

毛泽东旧居内的复原陈列有毛泽东、杨开慧夫妇的卧室即毛泽东撰写完成《湖南农民运动考察报告》的地方，毛泽东岳母和毛岸英、毛岸青的卧室，毛泽民、蔡和森住过的房间，彭湃、毛泽覃住过的房间，夏明翰住过的房间，毛泽东接见农运干部的前厅后厅。基本陈列为“毛泽东与武汉”，展览全面系统展示毛泽东1918年至1974年，五十六年间40多次武汉革命实践、社会调查、召开重大会议、会见外宾和畅游长江等，展现一代伟人在武汉的风采。

中共五大会址纪念馆内的复原陈列有：中共五大开幕式会场，陈潭秋夫妇卧室，陈潭秋任教，伍修权上课的教室，武昌第一小学传达室，古井，伍修权办公室场景等等。基本陈列有5个：“中共五大历史陈列”、“陈潭秋在武汉”、“武汉走出的革命家、军事家、外交家——伍修权”、“中国共产党反腐倡廉历程展”和“湖北有个黄负生”。其中，“陈潭秋在武汉”陈列通过文物、历史图片、历史资料、艺术品和场景复原等多种形式展示了中国共产党创始人之一、湖北共产党早期领导人陈潭秋1919—1927年在武汉领导革命斗争的光辉历程。伍修权早年在武昌高师附小求学期间，在陈潭秋的帮助下走上革命道路，其亲属将伍修权生前遗物无偿捐赠给中共五大会址纪念馆，“武汉走出的革命家、军事家、外交家——伍修权”展集中展示了伍修权这位老一辈无产阶级革命家光辉的一生。“湖北有个黄负生”展览通过历史图片、资料和其他相关文物的形式，展示了建党前全国最早的57名党员之一、湖北共产主义运动的先驱黄负生短暂而光辉的一生。“中国共产党反腐倡廉历程展”是全国第一个主题鲜明、内容丰富、形式新颖、高科技元素众多的全面反映中国共产党反腐倡廉历史的展览，填补了我国博物馆、纪念馆反腐倡廉专题陈列的空白。

“中共五大历史陈列”是武革博基本陈列中的一大亮点。“中共五大历史陈列”共有三个部分：高潮与危机——中共五大的历史背景；贡献与局限——中共五大的召开；应变与转折——中共在五大后的奋斗。整个陈列以第二部分为重点，这一部分反映中共五大的准备、中共五大的经过和中共五大的结果。同时通过气雾屏、电子翻书、幻影成像、人物蜡像等多种科技、艺术手段，再现了中共五大召开的历史背景、会议经过和历史影响，具有很强的艺术性、观赏性和参与性。

以人为本，服务观众是中共五大历史陈列的基本出发点。中共五大历史陈列将面对各种层次各种类型的人群。设计者殚精竭虑，力求设计理念与时俱进。陈列的动线、每件展品的高度位置等方面无不根据人体工程学的原理精心设计；在用光、择色方面除了为表现主题、营造氛围需要外，特别注重保护观众视力，调节观众情绪。这在利用旧建筑作展馆的展陈设计更是难能可贵的。由此，陈列取得了雅俗共赏的效果。

强化节奏是中共五大历史陈列的基本特点。中共五大陈列在以实物史料为基材的流畅的历史叙述中，用科技展示手段对重要文物和重点事件予以突出介绍，打破传统通史式展示体例，以纪传体与纪事体相结合，以具体的人物、事件凸现主题，使陈列展线流畅，张弛有序，引人入胜。

个性鲜明是中共五大历史陈列的基本品格。没有个性的陈列绝不是一个好的陈列。中共五大历史陈列以文献史料，照片图表等平面资料为主要展品。针对会址展览中文字内容多，观众难以理解等问题，中共五大陈列充分运用多种陈列语言，将极富历史价值而又为一般人视为枯燥无味的史料、文献类文物生动展现，最大限度服务于陈列主题，并为观众提供了深入研究的通道。在这个过程中，仔细考量辅助展品的运用和布置。通过形式塑造，充分深入地刻画极富传奇的人和事，适度运用历史场景复原和意境复原，使展览内容与氛围层层递进，不断深化。根据深入解读陈列内容的需求，高质量的油画、雕塑、国画等艺术创作的合理应用不仅打破了展品形式的单一性，更能让观众在艺术欣赏的愉悦中，对陈列内容有更进一步的领悟。总体上达到和谐多变，严肃生动的风格，形成了陈列独具的个性。馆内别出心裁的展示手段，将平面与立体、视觉与听觉、触觉与感觉融于一炉，场景与声光电等现代手段疏密有度，具有强烈的吸引力、感染力、震撼力和视觉冲击力：用电子翻书形式制作的瞿秋白1927年著《中国革命中之争论问题》；用投影沙雕地图制作的各地起义和多媒体触摸屏制作的中共中央机关在武汉的办公旧址……这些现代科技手段的运用，使观众仿佛触摸到历史。观众在参观过程中始终充满新鲜感，在得到丰富历史信息和生动教育体验的同时，也能获得艺术设计的创意之美和颇富趣味性的观赏愉悦，达到了学术性、知识性、趣味性、观赏性的统一。

中共五大陈列利用主题遗址为展馆场所。设计者将建筑本身作为展陈的巨型文物，牢牢把握遗址的本身魅力，不露声色地将史料、文物与建筑巧妙地融合成一体，深化了建筑的内涵，拓展了陈列的外延，使展览更可亲、可信，做到了内容和形式、建筑和陈列的高度统一。

为使整个陈列更加完整有序，设计者专设了尾厅。其中，特别选取“六大”、“七大”、“毛泽东选集”的重要文章的章节予以展现，表现了中国共产党经历重重曲折，跨越无数艰难险阻，领导全国人民进行艰苦卓绝的斗争的经过。纪录片“开国大典”营造了革命胜利的喜庆氛围，将观众的情感提升到了一个新的层面，进一步引发、坚定了自觉团结在以胡锦涛同志为核心的党中央周围为谱写中华民族伟大复兴的新篇章而永远与党同心同德努力奋斗的决心。尾厅的主色调和基本用材与序厅前后呼应，令人回味无穷。

武昌起义门旧址除复原有城门和城楼外，在城台上复原有当年革命军攻打总督署的大炮。通过沙盘模型的形式再现武昌古城。起义门基本陈列则展示了起义门的百年沧桑。

此外，武汉革命博物馆围绕党的中心工作和宣传重点，适时举办临时展览。如“历史文化名城——武汉”、“人民的胜利——纪念抗日战争胜利60周年”、“长征精神永存”、“孙中山在南洋”、“珍爱生命　远离毒品”、“群英结党救中华——中国共产党创建史展”、“周恩来诞辰百年展”、“香港回归展”、

“澳门世纪回归展”、“国旗在我心中”、“武汉近代风云”、“毛泽东中南海遗物展”、“中国共产党武汉历史八十周年”、“抗美援朝保家卫国”、“人民领袖毛泽东”、“一代伟人邓小平”、“人民的胜利——纪念世界反法西斯和中国抗战胜利60周年”、“中国共产主义青年团团史展”、“人民的领袖毛泽东——钱嗣杰摄影展”。这些陈列展览取得了良好的社会效益，有力配合了党的中心工作，为加强爱国主义教育示范基地建设，发展红色旅游起到了积极作用。

二、文物保管、征集和保护工作

几十年来，武汉革命博物馆一直不断完善各种设施，加强对文物建筑和馆藏文物的保护利用，扩建文物库房，加大文物征集力度，同时启动馆藏文物数据库管理系统，建立了完善的藏品电子档案，对馆藏品进行科学的管理。为了确保馆藏文物的安全，一方面采用多种办法对库房温湿度进行调控，另一方面严格执行文物库房的各项安全管理制度，做到每天下班或离库前锁好门窗、切断电源，保证馆藏文物安全达100%。

武汉革命博物馆不仅有丰富的不可移动文物，还有与本馆性质、任务相符的馆藏文物。目前有馆藏文物10360件，其中一、二、三级文物377件，主要为武汉近现代文物和革命文物。如：毛泽东1927年撰写的《中国佃农生活举例》、武昌农讲所编印的《中央农民运动讲习所规约》、学生佩带的《证章》、黄兴的水晶章、张之洞的肖像油画等。历史照片7551张（套），其中，毛泽东在武汉的照片数量为全国之最。史料（含采访资料）3165份，主要为20世纪50年代至70年代采访中共党史上的著名人物的资料。

文物征集工作是博物馆的基础工作，也是博物馆可持续发展的动力所在。2006年以来，围绕中共五大会址纪念馆的建设和有关专题展览，征集到1118件藏品，其中有李维汉20世纪30年代在上海从事地下工作时用过的柳条箱、中共五大代表多松年1927年用过的怀表、皮箱、篦、饭碗等。为配合展览，武革博在中央档案馆和国家博物馆复制了1314件复制件，有首次对外展出的中共五大开会时的会议记录、武汉国民政府主席汪精卫在中共五大上的讲话、共产国际对中共五大的指示信件，有首次在国内展出的共产国际代表多里奥的照片等等。2010年结合“湖北有个黄负生”展览开展征集黄负生、黄铁实物和文献资料的工作，共征集实物89件，照片309幅。

三、社会教育、开放工作

宣传教育与服务是博物馆的主要社会职能之一，博物馆社会价值一个主要方面，体现在为观众服务的效果中。武汉革命博物馆坚持把“以人为本”的服务理念贯穿于服务的各个环节，从环境建设、服务规范等方面入手，不断提升开放品质，尽显人文关怀，凸显了爱国主义教育基地的特色。

为观众提供便利服务设施是旅游景区提高服务质量、增强服务效果的良好辅助手段。武革馆绿化美化环境。聘请专业人员对景点树木进行养护修整，对名贵树种和花草悬挂说明牌，让观众欣赏和爱护；聘请专职园艺师，精心培植花草树木，绿化馆内环境，打造春有花，夏有荫，秋有果，冬有绿的花园式单位；聘请专业保洁公司，做好日常展区的卫生保洁，添置了垃圾桶，认真清理并保证各个景点不留任何卫生死角，景区内环境优美；每个展厅配有专职安全员、保洁员，确保展厅安全整洁，让观众宾至如归。

完善开放景区的游览功能。为了方便观众前来参观，武革博引进多条公交车站通过武汉革命博物馆，并在周边要道指示牌上增加武汉革命博物馆的方位指示；在景区显著位置设置中英文景区介绍、导览图和参观须知，使游客对景区的游览内容和服务功能一目了然；在展厅和游客中心设置了信息触摸屏，可查看导游、景点、设施及服务等的介绍；在景区分岔路口设置引导标志，在停车场、购物场所、出入口、公厕、医务室等处设有规范醒目的公共信息标识和各种温馨提示牌；完善游客服务中心，增设休闲坐椅、遮阳伞、物品寄存、医护服务、失物招领、旅游纪念品、婴儿车、雨伞借用等设施；提供多种精美宣传资料及景区浏览线路图；配备影视播放系统，对景区全方位介绍；设置了残疾人接待岗，安排了残疾人服务志愿者，为残疾人提供轮椅等便利服务；设置了邮政信箱，与邮局签订邮品代销协议，为观众提供邮政服务，深受观众欢迎。

武革博宣教部讲解员队伍业务能力强，专业水平高，通过优质的讲解，满足不同层次观众的需求。青少年是博物馆开展宣教工作的重要目标。武革博与100余家大中小学签订“共建协议”，开展以4个“一”(一次参观、一次讲座、一次培训、一次联欢)为主要内容的共建活动，是50余所学校的“社会实践教育基地”、“爱国主义教育基地”。

在立足革命旧址做好阵地宣传的同时，武革博通过各种方式最大化释放博物馆宣传、教育功能。

夏令营活动独具特色。如：与“红星教育基地”举办红色旅游夏令营，与韶山毛泽东纪念馆共同组织“韶山之旅”夏令营，与中华爱国工程联合会主办全国第八届“火炬引导我前行”夏令营活动等。

校外教育丰富多彩。采取馆校结合的方式，派出校外辅导员，配合中小学开展近现代史学习；培训学生小导游；举办革命传统教育讲座；开展“国旗下讲话”活动；开展演讲比赛、小导游比赛和小主持人比赛活动；组织“六一”参观有奖知识问答活动；举办“和平颂”手牵手书画活动，“拒绝毒品，万人签名”活动、“周爷爷我们想念您儿童书画”等活动。2003年举办“星星之火，代代相传”爱国主义教育活动时，毛泽东的孙子毛新宇专门来武汉革命博物馆授旗签名。丰富多彩的校外活动，使博物馆成为名符其实的校外教育第二课堂。

大学生服务广受青睐。武汉革命博物馆积极为在校大学生提供展示自我才华的平台及教学实习基地，先后培训大学志愿者讲解员385名，建立了一支稳定的志愿者队伍。

巡回展览深受欢迎。举办20余个展板形式的展览，采取“走出去、上门服务”的方式先后到学校、单位、社区、公园、广场、江滩等地巡回展出。每个巡展接待观众1万至5万人次。

媒体宣传不断加强。为中央电视台《红色的记忆》、《丰碑》栏目录制《湖南农民运动考察报告》的专题；与武汉电视台合作录制中共五大会址纪念馆电视宣传片；每年与武汉市旅游局、武汉广播电台联合制作“行走天下”节目，通过电波推介武革博。

多方位开展社教工作使讲解员的专业素质得到提升。1997年、1999年，武汉革命博物馆讲解员先后两度被湖北省委宣传部选派赴北京参加中宣部等7部委主办的“辉煌的五年”和“光辉的历程”两大全国性展览的对外宣传工作，表现出色，获湖北省人民政府表彰。2001年在中国博物馆学会组织的“延安杯”全国讲解员大赛中，武革博获团体二等奖，3人获优秀奖；2004年在“雷锋杯”全国讲解员大赛中，武革博获团体一等奖，1人获个人二等奖，1人获个人三等奖；2006年在国家旅游局主办的“沙家浜杯”全国红色旅游讲解员导游员比赛中，1人获优秀奖；2007年在武汉市委宣传部主办的“六城会”大型宣传活动“微笑武汉”中，武革博讲解员获第一名；2009年在“帅府杯”全国讲解员大赛中，1人获优秀奖；2010年在武汉市讲解员大赛中，武革博获最佳组织奖，1人获一等奖、1人获三等奖，7人获优秀奖；2010年在湖北省讲解员大赛中，武革博获最佳组织奖，1人获一等奖。通过不断历练，一些讲解员成长为培训老师，应邀为省市讲解员培训班、省市讲解员比赛、各个兄弟馆进行专业指导。

武革博宣教部是“武汉市青年文明号”和“武汉市巾帼文明示范岗”。讲解员个人被授予“武汉市三八红旗手”、“巾帼建功十行百星”和“武汉市文化局十大优秀青年”等光荣称号。

四、行政管理和科研工作

武革博现有人员74人，离退休人员19人，在编55人，其中高级职称6人（正高1人，副高5人）；1人享受市政府专家津贴；中级职称12人，初级14人；现有硕士5人，本科17人，大专17人；干部队伍精干，处级干部2人，副处级干部3人，正副科级干部8人。形成了一支以研究武汉地区近现代史为主，学术水平以及管理水平较高的文博专业队伍。另外，革博还有常年聘用的临时合同工作人员34人。组织机构方面，内设机构为办公室、财务科、保卫科、宣传教育部、陈列研究部、文物保管部、旧址保护管理部；直属机构为武昌起义门旧址管理所；并设有学术委员会，负责组织、指导全馆学术活动。

科研工作不仅是博物馆的主要职能之一，也是提高博物馆工作水平的前提和基础。武革博注重职工综合素质的培养和教育，致力于创建学习型博物馆。为进一步提高干部职工的整体素质和业务能力，规定每年职工集中学习时间不能低于60小时，并对职工学习笔记开展评比；为职工提供学习交流、建言献计的平台。每年举办优秀学术论文交流评选活动，全馆干部职工积极撰写，参与交流；加强与兄弟馆之间的学习交流。每年分期分批组织干部职工赴延安、重庆等地学习考察。由于武革博注重人才的培养，并能营造人才发展的环境，五年来，在国家、省、市级刊物、报纸上发表论文、文章224篇。其中国家级30篇，省市级的有194篇，出版《武昌农民运动讲习所人物传略》、《陈潭秋》、《中共五大历史资料汇编》等6本专著，参与15本专著的编写工作。参加学术讨论会的论文28篇。

武革博把抓好内部管理与建章立制紧密结合起来，坚持“以人为本、清晰简便、精简高效”的原则，在原有基础上进一步完善了《武汉革命博物馆工作人员手册》。包括《博物馆免费管理办法》、《免费专项资金管理办法》、《宣教部讲解员行为规范》、《宣教部周值班负责人职责》、《文物安全紧急预案》、《消防紧急预案》、《监控室管理制度》、《展厅安全员管理办法》等制度，加强了内部管理，增强了干部职工的凝聚力和战斗力。

武汉市中山舰博物馆

Wuhan Zhongshan Naval Vessel Museum

馆　　长　王瑞华
地　　址　湖北省武汉市江夏区金口街中山舰路特一号
邮政编码　430208
电　　话　027-81561913(传真)
隶属关系　武汉市文化局
性　　质　国有
建筑性质　现代建筑
建筑面积　1.1 万平方米
展览面积　4786 平方米
占地面积　1 万平方米

馆址环境　位于中山舰的沉没地与打捞地——湖北省武汉市江夏区金口街,拥有“三山、两水、一江”的自然景观(牛头山、金鸡山、槐山,金鸡湖、杜家海,长江),有着独特、优美的自然环境。博物馆建筑一共四层,一楼为舰体陈列厅、临展厅,二、三楼为史迹陈列和精品文物陈列,顶层为生态绿化带。楼内设有办公区、资料室和会议室等。

开放时间　上午 9:00 至下午 17:00(周一闭馆)

服务设施　设有游客服务中心、残疾人服务岗、无障碍参观,有轮椅备用。

交通情况　910 旅游专线车(武昌火车站——金口)。

历史沿革　中山舰为中国近代史上的一代名舰,历经“护国运动”、“护法运动”、“孙中山广州蒙难”、“中山舰事件”和“武汉保卫战”等五大历史事件,是我国近现代史和国民革命史上重要的历史见证物。

中山舰,原名永丰舰,是清政府于 1910 年 8 月向日本三菱公司长崎造船所订购的一艘钢本结构的炮舰。1912 年 6 月,该舰建成下水。1913 年元月,它开赴上海,加入北洋政府海军第一舰队。1922 年 6 月,中山先生广州蒙难时登临该舰,指挥平叛斗争长达 50 余天。1925 年 3 月,孙中山先生去世后,为纪念孙中山,改名为中山舰。1938 年 10 月 24 日,在长江金口水域与日机激战中被炸沉,以萨师俊舰长为首的 25 名官兵在著名的“武汉保卫战”中为国捐躯。

为了追寻中山舰的风雨革命历程,弘扬孙中山先生的爱国主义和民主革命精神,1997 年元月,在湖北省政府的主持下,中山舰整体打捞出水,沉没水下五十九年的一代名舰终于重见天日。中共中央政治局委员、国务委员李铁映代表中央出席中山舰打捞仪式。

1999 年 10 月,江泽民总书记、李鹏委员长在京观看了中山舰舰体模型,并亲切地询问了有关情况。根据国家文物局“修旧如旧,恢复原貌”的精神,同年 11 月,在武汉市政府主持下,中山舰开始其舰体的修复保护工程。2001 年 9 月,顺利通过由省市政府联合组织、有国家文物局专家参加的验收。同年 12 月 23 日,在汉举行了中山舰修复保护工程竣工仪式。完工后的中山舰,恢复了 1925 年永丰舰命名为中山舰时的历史原貌,并保留了 1938 年“武汉保卫战”中被炸沉的历史痕迹,体现了中国人民不屈不挠、英勇奋斗、前赴后继和自强不息的民族精神。

为了加快中山舰博物馆的建设与发展

速度，2004年2月，中共中央政治局委员、湖北省委书记俞正声专门就中山舰的有关问题作出重要批文。陈训秋、李宪生等武汉市主要党政领导为中山舰陈列地的选址问题先后到有关地区视察。2004年9月，经过专家的论证，市委市政府决定，将中山舰的陈列地正式确定于该舰的蒙难地——武汉长江水域金口地区。为了进一步加强对中山舰陈列保护工作的领导，还专门成立了以市委副书记殷增涛为组长的武汉市中山舰陈列保护工作领导小组，全面领导“中山舰文化旅游区”的规划设计与建设工作，将“中山舰文化旅游区”的建设正式纳入武汉市重大文化设施建设项目计划。

概 况

武汉市中山舰博物馆成立于1999年12月，它是以中山舰的名字命名的一座专题性、纪念性博物馆。馆藏中山舰及其相关历史文物、资料近万余件，其中，中山舰为我国目前最大的可移动性文物。1997年随中山舰打捞出水的各类文物约3400余件。包括一级文物50件、二级文物25件、三级文物49件。博物馆现拥有一批专业工作人员，自成立以来，先后接待海内外各界政要多人，巡展先后到广州、中山、香港和台湾等地区，接待观众（游客）80余万人次。在社会上引起强烈反响，受到海内外朋友的欢迎。

博物馆主体建筑由两幢相连建筑构成，舰体陈列厅全钢结构，外形如同一艘战舰，头冲金鸡湖，好似欲扬帆出海，中山舰就稳稳地安放在其中；与其相连的一幢三层建筑为辅助陈列馆，外形为三角形，里面将主办中山舰及相关历史辅助展览，陈列随舰出水的文物及与中山舰相关的历史资料，常年对外开放。

一、陈列保护规划

中山舰文化旅游区位于中山舰的沉没地与打捞地——武汉市江夏金口地区。是集旅游观光、休闲娱乐活动为一体的、武汉市一处新兴的文化旅游区。它主要由核心区、槐山历史文化风情园、生态农业度假村和军事体验野战营几大部分组成。其中核心区作为中山舰文化旅游区的重要组成部分，是由中山舰舰体陈列、中山舰史迹陈列和精品文物陈列、中山舰抗日阵亡将士纪念碑三大板块组成，其范围在金口牛头山、金鸡山和金鸡湖所环抱的区域内，占地312000平方米。

（一）中山舰舰体陈列：建于金鸡山下的金鸡湖畔。该展示区主要用来陈列修复竣工后的中山舰。

（二）中山舰史迹陈列及精品文物陈列：主要由文物陈列展示厅（包括基本陈列展览厅、专题陈列展览厅和多功能演播厅）、文物库房、设备用房和办公用房四大部分组成。主要用来收藏、保护和展出中山舰上出水的相关文物，同时举办与中山舰有关、孙中山有关、中国近现代海军发展史有关的各种专题陈列展览。

（三）中山舰抗日阵亡将士纪念碑：建立于金鸡湖畔的牛头山上。该区域主要由中山舰抗日阵亡将士纪念碑和烈士墓组成，供海内外游客缅怀、凭吊在“武汉保卫战”中牺牲的中山舰抗日阵亡将士，举行各种追思、纪念活动。

二、陈列布展工作

为了弘扬孙中山先生的爱国主义和民主革命精神、追寻中山舰的历史航程、缅怀在“武汉会战”中牺牲的中山舰抗日阵亡将士，中山舰博物馆以国际水准、国内一流为目标，2009年组织、实施了中山舰博物馆三大基本陈列展览的布展工作。

（一）基本陈列的内容

中山舰博物馆基本陈列集爱国主义教育、革命传统教育、国防军事教育和文化休闲于一体，主要由“中山舰舰体复原陈列展览”、“中山舰舰史陈列展览”和“中山舰出水文物精品展览”三个专题展览组成。以中山舰经历“护国运动”、“护法运动”、“孙中山广州蒙难”事件、“中山舰事件”和“武汉会战”等五大历史事件为展览的故事线，通过（背景篇）—国运艰危名舰出世（历程篇）—风雨航程　血染大江（尾声篇）—昂首重生　永铸丰碑　全方位展示一代名舰的过去、今天和未来。

展览立足于游客和学生的视角，以出水的中山舰及其出水文物精品为基础，结合博物馆多年来征集的大量史料，丰满、完整地展示名舰历程，以“物化语言”为主，适当运用辅助艺术品及数字等多媒体高科技手段，讲述文物背后的故事。强调历史性、文化性、知识性与互动性。

（二）基本陈列的形式

根据博物馆“舰馆合一”的建筑特点，整个陈列以中山舰舰体为中心，依次展开布局，各个展区之间上下关联，左右贯通，以中山舰舰体为参照物，参观展线采用开敞通透结合半开放式设计，观众可“身临其境”、同时又自由选择参观路线。

展览形式设计上，以人（观众）与物（文物）的互动式体验为诉求重点，通过适当的环境陈列，营造体验参与氛围。并以重大事件、重要人物为支撑，将传统展示手法与现代科技手段相结合，合理运用数字虚拟、情景展示、多媒体互动、视频玻璃等新技术、新材料，在灵动陈列与厚重历史间找到最佳结合点，全景展现名舰的传奇历程。

图文版面设计上按照“传统与现代结合”的设计思路，追求平面设计立体化、版式风格艺术化，将文字、图表等展览“旧的”元素以“新的”组合，运用建筑符号中抽象的几何体元素与展示内容元素有机结合，使展示面貌既有历史的韵味又具有现代的美感。

（三）基本陈列的技术设备

展览设备采用国际标准，选用博物馆界公认品牌：比利时梅瓦赫展柜系列、移动隔断展墙选用德国郝福高移动展板系列、展台道具等按展览要求，全部选用绿色环保材料设计制作。运用绿色设计理念，将自然光源与人工照明相结合，展览灯具全部采用业内公认的博物馆专业照明系统：德国艾格及意大利亦古兹尼博物馆灯具系列，确保展厅光照环境既满足文物保护要求又达到展览艺术效果。

三、陈列展览的推广与服务情况

为了弘扬孙中山先生的爱国主义和民主革命精神，充分利用现有的文物资源，对广大人民群众特别是青少年进行爱国主义教育和国防军事教育，我馆从推广陈列展览、提高服务质量、举办延伸教育活动和开发旅游文化产品四个方面广泛而深入地开展工作，取得了较好的效益。

（一）从展览筹备开始超前推介

2008年下半年，我馆较早投入征集、上展筹备宣传工作，及时在《中国文物报》、《楚天都市报》、《长江日报》、省市电视台、广播电台诸媒体上发表有关《中山舰史迹陈列》文案论证，特邀博物馆学专家、历史学家、考古学家对展览把脉，确立办展思路。同时结合将要推出的展览，广泛征集历史、民俗文物，借此契机，详介“中山舰史迹陈列”展览。尤其对展出的文物首次与观众见面作为新闻由头，引出展览可看之处，吸引市民。

展览施工过程中，继续加强宣传力度，

持续把陈列有看点的文物和场景介绍给广大市民。除了文物以外,采用最新科技手段,运用三维动画,再现中山舰的历史场景;对于舰上中山先生工作战斗过的重要场景——大官室按1:1比例进行了部分复原,其制作精良,使人身临其境,这一精心制作过程,通过宣传报道提高了观众的兴趣,令参观者翘首以盼。再如与伟人合影:通过蓝幕抠像技术与动态捕捉技术。观众可穿越时光隧道与孙中山、宋庆龄合影,在互动现场,观众只需挥动手臂就可切换不同的历史背景(如中山舰前甲板、广州大元帅府、中山纪念堂、黄埔军校等与孙中山有关、与中山舰有关的历史遗址遗迹)合影,并及时以明信片的方式输出照片以供留念;互动说明牌:为了文物和游客的安全,上舰参观须限时限量,据此情况,在舰体复原陈列展示区二层回廊设置小型说明板,通过激光点击、投影、互动的方式,介绍舰体上的重点区域、部位(如大官厅、舰长室、驾驶舱等),帮助观众了解船体结构、设施及其背后发生的故事。满足观众在不能到达的区域,仍可看到如眼所见的效果。这些一一呈现给社会观众,为观众日后参观陈列展览起了很好的铺垫。

在我们的宣传推介下,台湾地区《中央日报》、东森电视台及香港《大公报》、凤凰卫视、《中国文物报》、中央电视台等海内外媒体对中山舰做了大量宣传报道;《中山舰出水文物展览》先后到台湾、香港、广州等地展出,引起广泛反响,展览相关的宣传报道达50余篇,取得了较好的社会效益。

(二)提供优质的服务质量

博物馆依托中山舰旅游区,制定了面向军队、中小学生、广大市民和海内外游客的接待计划,招录、培养了一批优秀的讲解员队伍,备有专家和自愿者讲解团队。展区采用4A标准导入标识引导系统,完善客服中心及各项观众服务设施。室内外展区装备了国内领先,世界一流的语音导览设备,可实现四国语言讲解导览。另外,展厅还备有参观指南等免费发放的宣传品供观众自由索取。

(三)开展展览延伸教育活动

组织“中山舰文化之旅”、“中山舰寻亲之旅”和“中山舰回家之旅”等系列寻亲走访活动:开展了各类专题研究活动,在海内外报刊和学术研讨会议上发表专业论文及专题文章20余篇,组织各类社会教育活动,两年来先后被国家国防教育办公室授予“国家国防教育示范基地”、湖北省授予“省爱国主义教育基地”称号。与驻军、学校、社会单位建立“共建精神文明”关系。

(四)开发旅游文化产品

我馆已注册了72类“中山舰”牌商标,并与有关公司合作,联合开发以“中山舰”为注册商标的舰模及酒、茶叶、矿泉水等系列旅游纪念品和日用品,分别定位高中低档价位,满足不同层次海内外游客的需求。展览配套文化产品种类达85种,展览期间销量高达10000件。

四、中山舰博物馆的市场价值分析

(一)四大价值

1.历史价值:中山舰(永丰舰)自1913年加入中国海军以来,历经五大历史事件,在中国近现代史上有着重大和深远的影响。特别是在1922年陈炯明发动广州叛乱期间,孙中山先生登临中山舰(永丰舰)避难,指挥平叛斗争长达55天,在中山舰的历史上留下光辉的一页。因此,中山舰被称为“一代国魂”和“国父座舰”,在海外华人中有着相当的亲和力和感召力。对促进海峡两岸关系的发展、推动祖国统一大业的完成有着积极的作用。

2.文物价值:中山舰是我国目前最大的

可移动性文物，随之出水的包括铭牌徽章、舰载设施、武器设备和生活用品等在内的文物3400余件。其数量之多、范围之广、价值之高，极为罕见。自2001年10月以来，该舰出水文物先后到广州、中山和香港、台湾等地展出，接待观众百余万人次，在社会上引起强烈反响，受到海内外游客好评。

3. 商业价值：随着国民经济的发展，人民生活水平的提高，旅游观光休闲娱乐活动成为当今社会热潮。集爱国主义教育和国防军事教育为一体的中山舰，以其独特的历史背景、珍贵的出水文物和非凡的品牌效应，必将引起轰动性的效应。

4. 品牌价值：1997年7月，中山舰整体打捞出水时，曾向国家工商局登记注册了77大类包括商品和服务两大范围、近300种商品的“中山舰”品牌商标，它是一笔宝贵的无形资产，在海内外有着广阔、潜在的市场开发和利用的价值。

（二）两大优势

1. 区位地理优势：江夏区金口镇是我市城市总体规划确定的主城外围重点发展的7个新城之一。该地区除水路面临长江，可开辟汉口至金口的水上旅游观光航线外，沪蓉高速公路、京珠高速公路、107国道和湖北省省道均在金口地区通过。从市政府出发至金口仅50多分钟的车程。同时，金口地区还拥有城区内不可多得的车船停靠（停泊）场地和码头。将中山舰陈列于金口，并加强周边地区的文化休闲娱乐设施的配套建设，不仅有利于开辟武汉地区新的旅游线路，而且有利于推动武汉远城区旅游经济的发展。

2. 旅游资源优势：金口地区段拥有“三山两水一江”的自然景观（牛头山、金鸡山、槐山，金鸡湖、杜家海，长江），不仅有着独特、优美的自然环境，而且历史悠久。目前在金口槐山保存完好的文物古迹有：武汉地区树龄最长的槐山千古树“唐代银杏”，有省级文物保护单位——明代驳岸、佛教大师达摩“一苇渡江”之处“留云亭”和江心铁板洲等人文景观及自然景观；如果将上述景点景观加以统一规划和建设，进行人文和自然旅游资源整合，将成为我市西郊一处新的、富有吸引力的旅游景区。

根据上述四种价值和两大优势，如果将中山舰博览园的建设项目与金口周边地区的人文自然景观加以统一的规划和建设，进行旅游资源整合，“中山舰文化旅游区”整体开发建设成功后，预计每年可接待海内外游客50至80万人。

五、相关社教活动开展情况

2008年10月25日，武汉市各界在中山舰博物馆举行“武汉抗战七十周年暨中山舰金口蒙难七十周年”系列纪念活动。武汉市政协、市委统战部民主党派相关领导及各界人士出席了纪念活动。并且，中山舰金口血战幸存者陈鸣铮将军携夫人专程由台湾来汉，参加此次纪念活动。

2009年4月4日，清明节，中山舰博物馆周边部队到中山舰阵亡将士墓地凭吊扫墓。

2009年5月8日，“世界博物馆日”，周边部队组织70官兵到中山舰博物馆打扫卫生。

2009年5月，接待全国人大副委员长周铁农、全国政协副主席厉无畏等民革中常委一行70人。

2009年7月28日，中山舰博物馆和驻汉95890部队联合举办——庆“八一”暨迎国庆军民联欢晚会。武汉歌舞剧院的专业演员、馆里的干部群众和部队官兵们同台献艺。

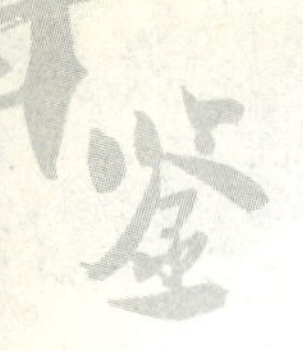

晴川阁管理处(大禹文化博物馆)

Administrative Office of Qingchuan Pavilion (DaYu Culture Museum)

馆　　长　万琳

地　　址　武汉市汉阳区洗马长街86号

邮政编码　430050

电　　话　办公室:027-84710413

预约参观:027-84710887

传　　真　027-84710440

网　　址　www.qcge.com

电子信箱　qcge2005@126.com

隶属关系　武汉市文化局

性　　质　国有

建筑性质　古建筑、仿古建筑

建筑面积　3530平方米

展厅面积　1830平方米

占地面积　10900平方米

馆址环境　武汉大禹文化博物馆坐落在武汉市汉阳龟山东麓禹功矶上，北临汉水，东濒长江，与黄鹤楼隔江相望，是武汉地区唯一一处临江而立的名胜古迹。由晴川阁、禹稷行宫、铁门关三大主体建筑和禹碑亭、朝宗亭、楚波亭、荆楚雄风碑、山高水长碑、敦本堂碑以及牌楼、临江驳岸(禹功矶)、诗词碑廊等十几处附属建筑组成。

历史沿革　1982年4月武汉市政府开始筹建晴川阁建设项目，1984年1月武汉市晴川阁筹建小组正式成立，列事业编制5人，1986年成立武汉市晴川阁管理处，列事业编制20人，1986年10月1日正式对外开放。1992年，武汉市晴川阁管理处为副处级单位，列事业编制25人。2010年8月，加挂"武汉大禹文化博物馆"牌子，实行一个机构，两块牌子，一套班子的管理体制。2008年3月对全社会免费开放。

开放时间　9:00—17:00(每周四15:00闭馆整修，每年"除夕"闭馆1天)

服务设施　停车场、游客服务中心、触摸屏导览、景区讲解、茶座、物品寄存等。

交通状况　公交线路30、45、108、532、559、561、803路晴川阁站即到景区入口，轮渡专线黄鹤楼至晴川阁专线晴川阁轮渡码头，步行200米至景区入口。

概　况

武汉大禹文化博物馆(武汉市晴川阁管理处)位于武汉市汉阳区洗马长街86号，占地10900平方米，平面呈三角形，由晴川阁、禹稷行宫、铁门关三大主体建筑和禹碑亭、朝宗亭、楚波亭、禹功矶、诗词碑廊等附属建筑组成。别具一格的地理位置、大禹治水的传说故事、奇特难识的禹碑、背负无字碑的赑屃、数百年前的武汉三镇图……传统文化韵味浓郁的建筑及丰富的历史文化内涵，使她成为武汉市一大名胜和文化景观，有着重要的历史价值、艺术价值和景观价值。

晴川阁景区的整体复建从1984年开始，分前后二期(1984—1986;1990—1993)，历时五年多时间完成。复建后的晴川阁，以南方建筑风格为主，融合南北建筑风格之长，使楼阁的雄奇、行宫的古朴、园林的秀美浑然一体，成为武汉市著名的文物旅游景观。

晴川阁，又名晴川楼，是明代嘉靖二十六年至二十八年(公元1547—1549)汉阳知府范之箴为勒记大禹治水之功德而修建的，其名取自唐朝大诗人崔颢的“晴川历历汉阳树”诗句之意。自创建以来，几经兴废，四百多年来，先后进行过5次大的维修增建，2次重建。现存建筑是1983年依据清末晴川阁的历史照片及遗址范围进行复建的。复建后的晴川阁占地386平方米，高17.5米，重檐歇山顶式，麻石台基，红墙朱柱，仿木结构。整个楼阁分上下两层，沿檐回廊，原汁原味地再现了楚人依山就势筑台，台上建楼阁的雄奇风貌。

禹稷行宫，原名大禹庙，南宋绍兴年间(公元1131—1162年)由司农少卿张体仁创建，后成为武汉历代祭祀大禹之地。元大德八年(公元1304年)重修，明天启年间(公元1621—1627年)改称大禹庙为“禹稷行宫”，在原祭祀大禹的基础上，又加祀后稷、伯益、八元、八恺等先贤。现存建筑为清同治二年(公元1863年)修建，1984年修葺一新。禹稷行宫占地面积为380平方米，由大殿、前殿、左右廊庑、天井等构成，是武汉地区现存不多的具有代表性的清代木构建筑。

铁门关，始建于东汉末年，“吴魏相争，设关于此。”从东汉末年到唐初的数百年间，铁门关一直是武汉重要的军事要塞，曾历经多次攻守激战。唐武德四年（公元621年），汉阳建砖城后，铁门关军事作用日渐削弱，成为文化、经贸交流的一条重要通道。明代末年，铁门关被毁，仅剩土基墙座，清初在残存的土基上建关帝庙，民国初年因战乱，铁门关遗迹连同庙宇一起成为废墟。1990年12月，铁门关复建。复建后的铁门关，占地面积为800平方米，通高为26米。关体墙面由红沙石砌成，关上城楼翘皎飞檐，翼角升腾，表现出浓郁的民族风格。

1998年开始，在市委、市政府的关心和市亮化管理办公室的指导下，先后投资400余万元完成了晴川阁景区五期亮化任务，亮化景观得到各级领导和广大市民的充分肯定和高度赞赏，禹稷行宫暨晴川阁美丽的夜间景观被誉为闪耀在两江四岸夜空中的一颗璀璨明珠。武汉大禹文化博物馆(武汉市晴川阁管理处）多次获得市亮化管理部门的表彰。

2010年，武汉市人民政府投资1100万元，对晴川阁全面修缮。新增晴川诗词碑廊和大禹的故事木雕组图。

禹稷行宫暨晴川阁于1986年10月1日正式对外开放。开放二十六年以来，多次接待党和国家领导人，开放至今接待游客450余万人次。

一、展陈工作

(一)基本陈列:“九州禹踪”基本陈列，陈列内容包括禹稷行宫的历史变迁、古代文献中有关大禹及其治水的记载、全国各地有关大禹的遗址遗迹、中国历代劳动人民治水的成就等。该陈列面积380平方米，展出藏品2件，均为三级文物，德被九夷铁钟和铁牛，展览将古建筑、建筑装饰、植物、壁画、塑像、铁牛、铁钟、祭鼎等元素有机融为一体，古朴典雅和气势恢宏的效果相得益彰。

(二)专题展览:举办的长期专题展览有“武汉.水与城”展览；历年来举办临时展览有:1986年为纪念辛亥革命七十五周年，与武汉市市委宣传部、武汉市文物管理处联合举办“黄兴文物手迹展览”。黄兴先生亲属、著名美籍华人、学者薛君度先生专程从美国赶来参观了展览。1987年与武汉八路军办事处旧址纪念馆联合举办“童小鹏业余摄影五十年”作品展。与武汉博物馆联合举办“古铜镜展览”。1988年与武汉博物馆联合举办“龙纹文物展览”。1990年与福建剑津兄弟娱乐中心联合举办“晴川阁胜迹艺术造型展览”。1992年举办“三峡工程图片展”、“三国演义雕塑展”，引进中南民族学院博物馆“南方少数民族艺术展”。1994年“武汉优秀历史建筑图片展”。1995年与晴川书画家联谊会联合举办“晴川书画家联谊会首届作品展”。与武汉市公共关系协会联合举办“一代天骄”灯展。与武汉市老年书画会、心潮诗社联合举办“纪念中国人民抗日战争胜利诗、书画展”。与晴川书画家联谊会、驻汉部队老战士书画研究会联合举办“老红军、老将军、老战士诗、书画展”。与南京雨花石博物馆联合举办“雨花石收藏展”。1996年举办“晴川阁收藏书画精品展”，与晴川书画家联谊会合办“纪念红军长征胜利六十周年”展览。国务院总理李鹏为展览题词:“弘扬长征和延安精神，为振兴中华奋斗”。省委书记贾志杰、省长蒋祝平、市委书记钱运录、市长赵宝江分别为展览题词。1997年与晴川书画家联谊会举办的“迎回归,延安女战士五人书画联展”赴香港展出。与汉阳区残联、常州市天宁区残联联合举办“’97迎香港回归书画摄影展”。与晴川书画家联谊会联合举办“庆十五大,迎国庆书画作品展”。与晴川书画家联谊会、武汉国画院联合举办“何冠智先生画展”。1998年与二七纪念馆联合举办“巍巍中山舰”图片展。与武汉博物馆联合举办了“六·廿六毒品预防教育展”。展览期间还组织了“远离毒品，珍爱生命”少儿手拉手书画接力表演和签名活动。1999年引进中共武汉市委宣传部主办的“万众一心战洪图”展览，市委宣传部副部长方精华，抗洪英雄王占成，抗洪烈士高建成的妻子鲁蓓,中国人民解放军86657部队代表及中小学生共1500余人参加了开幕式。2000年举办“抗美援朝英烈展”,同时开展“学习抗美援朝英烈，做新世纪四有新人”主题教育活动。引进武汉市市委统战部举办的“拥抱台湾”图片展。2001年与中共武汉市委统战部、辛亥革命武昌起义纪念馆联合举办的“孙中山与武昌首义——纪念辛亥革命90周年”展览。湖北省文化厅副厅长、湖北省文物局局长沈海宁出席并致祝词。该展相继在首义广场、晴川阁和近80所大、中、小学展出,深受广大市民和学生的欢迎。与晴川书画家联谊会联合举办“庆祝建党80周年书画展”,展出书画作品80幅。2002年春节期间推出牡丹画展、竹简木刻展。举办“走进南岸嘴——南岸嘴的昨天、今天、明天”展览;举办“谢可斑驳画展”。2003年为纪念毛泽东等老一辈革命家为雷锋题词40周年与武汉革命博物馆联合举办“雷锋精神永恒”展;2004年举办“伟大的情怀——纪念毛泽东同志诞辰110周年武汉名家书毛泽东诗词作品展”。2005年举办“中华福文化展”、“庆祝建国55周年——武汉地区画家作品展”、“第二届新人新作书画作品展”，与湖北省民协联合举办“湖北鄂州花样剪纸作品展”。2006年与襄樊市(2010年11月更名为襄阳市)米公祠管理处联合举办“宋代大书画家米芾作品展”;举办“李建刚、钟云书画展”。2007年举办“中国版画家迎春邀请展”、“宜昌现代民间版画展”、“笔墨江山叶军书法绘画作品展”、“纪念建党86周年暨香港回归10周年书画作品展”、“湖北名家书张之洞诗词楹联展”、“颂知音情老年书画展”、“汉阳‘知音八友’民间工艺精品展”、2008年举办“武汉地区老书画家作品展”、“2008年春季·晴川阁中国名家书画暨古玩艺术品展”、“祝福奥运、祝福中国书画作品展”、“翰墨流韵·明清书画特展”、“翰墨风雅——湖北名家书画特展”、“山海经·五藏山经”。2009年举办“武汉工业百年图片展”。2010年举办“中国姓氏文化展”。

二、藏品管理和保护

武汉大禹文化博物馆的藏品主要通过征集、收购、旧藏、移交而得，2010年底藏品总数为583件，主要为字画、民俗器具、瓷器、玉器、铁器、钱币、石碑刻、旧木家具等。因开放至今一直未建固定库房，藏品保护条件差、设施落后。藏品主要放于铁柜中保管，并放置适量防虫剂，字画一年晾晒一次（空气湿度在40%左右）。

三、古建保护、维护

1982年4月武汉市开始筹建晴川阁建设项目，1984年1月武汉市晴川阁筹建小组正式成立，武汉市政府投资135万元维修禹稷行宫，重建晴川阁。1985年增加工程建设50万元资金，1986年10月全面对外开放。1990年，武汉市投资80万元增建恢复铁门关景区，1991年增加铁门关工程70万元建设资金，1993年1月铁门关景区正式对外开放。1992年禹稷行宫暨晴川阁公布为湖北省重点文物保护单位。1996年武汉市文物管理办公室拨付15万元维修禹稷行宫暨晴川阁。1998年武汉市投资25万元维修晴川阁供电设施，同时完成一期亮化工程。1999年武汉市文物管理办公室拨付15万元维修停车场地面。2000年武汉市城市亮化管理办公室拨付25万元提升禹稷行宫暨晴川阁亮化。2001年武汉市政府拨款25万元设计制作铜胎外贴金箔大禹像（高2.8米）作为基本陈列安置于禹稷行宫内。2002年武汉市文化局拨付15万元维修铁门关城楼。2005年武汉市文化局拨付10万元维修禹稷行宫主体建筑回廊破损部分。2007年武汉市发改委拨付70万元抢修晴川阁主楼临江护坡。2008年武汉市文化局拨付30万元建设禹稷行宫暨晴川阁安防系统。2009年，武汉市文化局、武汉市城市管理局共同投入240万元完成晴川阁亮化工程；同年7月，武汉市发改委正式立项投资1100万元建设资金，整体维修禹稷行宫暨晴川阁景区。2010年8月，禹稷行宫暨晴川阁申报第七批全国重点文物保护单位。

四、宣传与对外交流

开放二十六年来编辑出版的书刊、专著有：《晴川阁》、《晴川阁诗文钞简注》、《武汉文博》2001年第3期专刊。制作的影像资料有：《首届中国武汉大禹文化旅游节》、《城市坐标——晴川阁》、《天涯伴君行》等。

近年来，晴川阁与同行间的交流合作逐步增多，2006年4—6月，晴川阁“中华姓氏文化展”与襄樊（现襄阳）米芾纪念馆合办“宋代大书画家米芾作品展”。2006年6—7月初晴川阁参加了全国第二届大禹文化学术研讨会。作为大禹的纪念地之一，第一次跻身全国大禹研究的行列，在一定程度上提高了晴川阁的知名度；此外，通过论文交流，了解了更多大禹研究的最新成果，加强了与同行间的联系。2010年12月22日武汉大禹文化博物馆在开馆之际，邀请四川、重庆、浙江、陕西、河南、江苏、湖北等地的大禹文化研究机构人员在武汉共同发起《2010全国大禹文化研究联谊会武汉宣言》。

五、特色民俗活动

1998年3月开始，武汉大禹文化博物馆（武汉市晴川阁管理处）推出以民俗活动为主体内容的宣传活动。从1998年9月举办第一届晴川中秋赏月活动开始，通过十余年的打造，晴川中秋赏月活动已成为武汉地区中秋吟诗赏月的最好去处。2000年10月举办晴川阁中式婚礼，推出了武汉婚庆行业的新模式，使中华传统文化得到进一步的传承。2003年承办推出“乞巧节”，“六月六”晒谱祭祖活动；2005年举办首届中国·武汉大禹武汉旅游节，将武汉地区大禹文化的研究推向一个高潮，来自全国大禹研究机构的专家、大禹后裔、管理机构负责人300人参加活动，武汉市委、武汉市政府、武汉市人大、武汉市政协领导参加了公祭大禹活动。2007—2009年连续三年在景区打造汉阳民俗花灯节，并与湖北卫视联合将汉阳花灯节活动现场与其他地方卫视进行对接，共同活跃灯会氛围。晴川阁正月十五花灯会，以武汉民间传统灯饰工艺为主，辅以现代灯光艺术，配备地方民俗活动，成为武汉市民赏灯、观灯的最好去处。

六、管理工作

武汉大禹文化博物馆(武汉市晴川阁管理处)下设办公室、保管陈列部、宣传教育部、古建维护部等4个部门，现有编制数22，实有在职人数为22人，其中专业技术人员17人，管理人员5人。景区常年免费对外开放，为观众提供导游、购物、餐饮服务。年接待观众参观人数超过20余万人次。1986年评为文化部先进集体，1999年评为湖北省“十佳文博”单位，2002年-2006年度武汉市文明单位，2009年度湖北省文物安全先进单位。2010年度武汉市文化局绩效管理先进单位。

武汉詹天佑故居

Wuhan Zhan Tianyou Former Residence

馆　　长　余楚雄
地　　址　武汉江岸区洞庭街65号
邮政编码　430017
电　　话　027-82835804　027-82844493
传　　真　027-82835804
电子信箱　443752039@qq.com
隶属关系　武汉市文化局
性　　质　国有
建筑性质　近代建筑(全国重点文物保护单位)
建筑面积　920平方米
展览面积　500平方米

馆址环境　位于汉口洞庭街65号(原俄租界鄂哈街9号)，是一栋具有欧式建筑风格的砖木结构二层楼房。故居面临洞庭街，后靠鄱阳街小学。整个纪念馆由主楼故居和附楼两部分组成，主楼故居为基本陈列、复原陈列和临时展览，附楼为办公区、资料室和会议室。

历史沿革　武汉詹天佑故居系詹天佑亲自设计建筑，1912年至1919年詹天佑在汉主持修建汉粤川铁路期间住于此直至逝世，后其家人变卖了房产，迁至北京。解放后人民政府赎回产权，作为湖北省五金矿产进出口公司办公用房，后改为其职工宿舍。是唯一至今保存完好的旧址，为弘扬祖国科技事业，激发后人爱国精神，1992年国家文物局、武汉市人民政府拨款160万元，将故居内20余户居民迁出，重新安置，并进行维修，恢复原貌。1993年1月建立詹天佑故居陈列馆，同年4月26日正式对外开放。1995年中共武汉市委、市政府将詹天佑故居列为武汉市青少年爱国主义教育基地。2001年国务院公布为全国重点文物保护单位。2010年6月，由国家文物局拨款200余万元,将故居全面维修开放。

纪念馆建馆二十年来,陈列水平和知名度不断提高,这是各级领导、社会各界以及文博工作者辛勤耕耘,努力工作的结果。随着形势的发展纪念馆今后将不断地开拓和探索新的工作思路,充分利用故居这一爱国主义教育资源,让其在丰富广大人民群众的精神文化生活方面多作贡献,在社会主义精神文明建设中发挥重大的作用。

开放时间　上午9:00—下午17:00(每周四下午闭馆)

全年免费开放,预约接待团体观众。

服务设施　设有游客服务中心、残疾人服务岗、无障碍参观,有轮椅备用。

交通情况　公共汽车有1、38、402、520、548、559、598、608、711、801路等,大智路站下车。

概　况

詹天佑故居位于汉口洞庭街65号(原俄租界鄂哈街9号),1912年到1919年詹天佑及其家人在此居住。该楼房系詹天佑亲自设计建造,由主楼、附楼和前后院落组成,用地面积782平方米,建筑面积920平方米。主楼是一幢砖木结构的西式楼房,大门为八字形麻石台阶,走廊和楼梯均居于正中,周围有三面回廊,上下呈内走廊布局。室内装有壁炉,屋顶为红瓦回坡屋面,设有阁楼和老虎窗。附楼通过内走廊与主楼相连。

目前,詹天佑故居陈列分原状陈列和辅助阵列。原状陈列主要恢复了詹天佑一楼书房及工作室,再现当年詹天佑在此工作和学习的情况。二楼詹氏夫妇及其子女住房复原工作正在筹备之中,附楼现作为办公区、资料室和会议室。

一、陈列、研究工作

原状陈列 是根据当时詹天佑在汉居住期间的资料恢复原状,以此展现詹天佑当年工作和学习场景。1912年詹天佑偕全家由广州迁到此处。在汉期间詹天佑先后任汉粤川铁路会办、督办以及交通部首任技监,掌管全国铁道技术领导工作。他创立并领导多科性中华工程师学会,开拓祖国现代化工程学术专业。1916年获香港大学法学博士学位。1919年2月他代表中国政府赴海参崴、哈尔滨出席联合监管远东铁路会议,为维护国家利益,他针锋相对,据理力争,取得了我国武力护路的权利,粉碎了日本以武力护路而侵占我国领土的阴谋。会议期间,詹天佑因日夜操劳,腹疾复发,于4月18日请假离开哈尔滨,20日回到汉口,21日入汉口仁济医院,24日因腹疾严重,导致心力衰竭,在汉口病逝,终年59岁。

辅助陈列(基本陈列)　展标“杰出的爱国工程师詹天佑”,展厅内竖立詹天佑半身像。整个展览分为四个部分:一幼年留学美国;二献身铁路事业;三振兴科技事业;四竭力护路为国,展出了大量照片和历史资料,以此讴歌这位爱国工程师。缅怀他在我国铁路建设史上的卓越贡献和历史功勋,缅怀他奋发图强、自力更生、为国争光的爱国主义精神。

科学研究

1996年北京举办纪念詹天佑诞辰135周年活动,

发表论文《詹天佑晚年的光辉业绩》。

2005年根据征集到的文物资料,修改补充了辅助陈列展览“杰出的爱国工程师—詹天佑”,并增加了京张铁路的沙盘模型。

2006年为纪念詹天佑诞辰145周年,与北京詹天佑纪念馆等合编出版《詹天佑书信选集》,举办了“詹天佑文物展”,将捐赠或征集到的詹天佑使用过的一批珍贵文物和照片进行展出。

2011年4月为纪念詹天佑诞辰150周年,我馆举办了纪念詹天佑诞辰150周年活动，召开了纪念会和继承发扬詹天佑精神座谈会,北京、上海、江西等地的有关领导、专家和詹天佑的亲属出席,还专门制作《詹天佑诞辰150周年纪念邮册》。

二、文物保管、征集和保护工作

詹天佑故居纪念馆的管理本着“保护为主、抢救第一、合理利用、加强管理”的指导方针开展各项工作。纪念馆自建馆以来,主要征集詹天佑遗物及有关资料。

1993年以来，馆内有关人员先后到上海、北京、广州、江西婺源等地,通过社会征集、个人捐助和馆际交换等多种方式征集到詹天佑使用过的木箱、美制计算尺、照片等珍贵文物43件。

目前纪念馆的藏品总数为43件,其中一级藏品3件,二级藏品2件,三级藏品11件。照片及文字档案资料达2千余件。目前由于馆内房屋属于砖木结构,一、二级珍贵文物暂不能在此存放，由市博物馆代为保管。馆内现有文物藏品存放于专用文物藏品柜,柜内放置干燥剂、樟脑丸等防潮防蛀设施;藏品放置合理有序,设置空调、干湿温度计等温控设备；库房还设有安防监控系统和消防器材,确保文物安全100%。

三、社教、开放工作

爱国主义教育是纪念馆教育功能的一种重要体现形式，为更好地开展爱国主义和革命传统教育，并使基地活动能持久深入地开展下去,为了加强宣传力度,提高社会效益,我们在办好基本陈列展览的同时,积极改善服务质量,扩大宣传面,我们每年都要认真制订开展活动的工作计划。

根据中宣部对免费开放博物馆的要求,詹天佑故居纪念馆做到一年365天开放(除每周四闭馆整理内务)，开放时间从早上9时至下午17时,特殊情况适当延时。始终以向广大人民群众和青少年开展爱国主义教育作为工作重点。

为了更好的发挥爱国主义教育基地的作用,纪念馆还与30余所学校、企事业单位进行共建,开展入队、入团等多种形式的活动。我们对在校学生除了开展基地教育活动外，在寒暑假期间，也积极主动与社区、青教办联系，组织孩子开展各类假期社会实践活动,这一举措大受家长们的欢迎。此外我们还利用“五一”、“五一八国际博物馆日”、“七一”、“十一”等各种纪念日组织各层次观众在纪念馆参观，学习詹天佑爱国创新、自力更生、艰苦奋斗的伟大精神,以最大限度吸引观众参与、扩大宣传教育面,使基地发挥最佳社会效益。充分利用这一独特的优势，对广大青少年及群众进行爱国主义教育,宣扬詹天佑奋发图强、自力更生、为国争光的精神,培养青少年热爱社会主义祖国的思想感情，通过这些举措加强基地与共建学校和社会的联系，增强了基地的凝聚力、生命力。

四、机构设置和行政管理工作

詹天佑故居纪念馆隶属于武汉市文化局，为国家全额拨款事业单位。现有办公室和宣教业务部两个部门，分别负责行政和业务工作,并配设了专职保卫干事,负责纪念馆的安全保卫工作。纪念馆为正科级事业单位,编制6人。

詹天佑故居纪念馆按照《省文物局关于进一步加强领导扎实推进全省博物馆免费开放工作的通知》的要求，制定有《工作人员手册》、《观众参观管理条例》、《讲解员服务承诺》、《残疾人服务公约》、《展厅交接班制度》、《观众投诉处置管理办法》等相关管理制度和条例。针对观众量逐年增加的情况，还设置了参观须知、温馨提示牌，指示牌、参观登记处等。

为了提升服务质量，创建文明窗口，上班统一着装工作服、佩戴工号牌，同时印制宣传册、简介等宣传品供观众领取；在硬件方面改善了参观条件，设置免费饮水处、残疾人服务岗，为开展各类活动创造了条件；实行绿化、保洁社会化；每年组织职工进行消防安防培训和演习；实行24小时监控和安全巡视制度等。

詹天佑故居纪念馆在国家、省文物局的指导下和市文化局的领导下，已经接待国内外观众50余万人次，在我们不断努力下，在社会各界和新闻宣传部门的支持下，通过各种宣传教育手段、履行着纪念馆的职责，已经得到社会的认同。然而在新的形势下，纪念馆将继续坚持服务社会、面向未成年人，不断探索具有自己特色的为现实、为社会做奉献的新途径，努力把爱国主义教育提高到一个新的水平。

武汉国民政府旧址纪念馆

Memorial Hall of Wuhan Former National Government Site

馆　　长　曾宪松
单位地址　武汉市中山大道708号南洋大楼三楼
邮政编码　430021
电　　话　027-85663790
传　　真　027-85663790
电子邮箱　yujianjunok@yahoo.com.cn
隶属关系　武汉市文化局
性　　质　国有
建筑性质　中西合璧
建筑面积　300平方米
展览面积　250平方米

馆址环境　武汉国民政府旧址纪念馆是依托爱国华侨简氏兄弟投资兴建的南洋兄弟烟草有限公司办公楼——南洋大楼而建立的专题性纪念馆，位于都市商业繁华地带。该楼建成于1921年，主楼五层，占地面积885平方米，建筑面积4747平方米；附楼四层，占地面积326.5平方米，建筑面积1306平方米。南洋大楼坚固宏伟，富丽典雅，屋顶有回廊、凉亭、拱门、钟楼的造型，外观富有欧式建筑风貌，内部环境为中式风格，是武汉历史文化名城的标志性建筑之一。

历史沿革　1956、1959年武汉国民政府旧址被分别公布为武汉市、湖北省级文物保护单位；1988年1月，武汉市文物部门在三楼300平方米的范围内，复原了国民党中央执行委员暨国民政府委员武汉临时联席会议会场、国民党二届三中全会会场和国民政府部分办公用房，举办"、武汉国民政府史迹"陈列展览，并成立武汉国民政府旧址管理所，正式对外开放；1996年11月20日，武汉国民政府旧址被国务院公布为全国重点文物保护单位；1997年，武汉市委、市政府将"武汉国民政府旧址管理所"更名为"武汉国民政府旧址纪念馆"。

开放时间　9:00—17:00(每周四除外)

交通情况　电车1路、2路六渡桥站下江汉路方向前行100米，公汽24、559、207、603、588、601、801、563、9路江汉路站下六渡

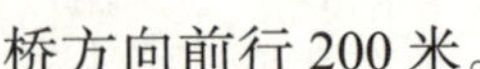

桥方向前行200米。

概　况

工作宗旨:研究第一次国共合作时期武汉国民政府的历史,从事相关展览宣传、史料整理

机构设置:下设办公室、业务部

一、展陈工作

(一)基本陈列

陈列名称:

1.国民党中央执行委员暨国民政府委员武汉临时联席会议会场、国民党二届三中全会会场和国民政府部分办公用房复原陈列

2.武汉国民政府史迹陈列

陈列艺术设计特点:旧址复原陈列体现民国时期政府办公用房风格，豪华而庄重肃穆；武汉国民政府史迹陈列主要是历史图片和证章、文件、书籍复制件等展品,采用墙面、灯箱和展柜的形式展出,采光上使用日光灯、射灯照明。

陈列面积:250平方米

展品数量:113件

(二)专题陈列

武汉国民政府旧址纪念馆先后于1991年举办了"武汉人民收回英租界"巡展;1997年举办了"迎香港回归，盼祖国统一"书画展,收到海峡两岸作品百余件,接待国内外观众15万人次;1998年举办了"孙中山、宋庆龄文物图片"展，全国人大副委员长、民革中央主席何鲁丽剪彩并致开幕词；2003年3-4月,赴台湾举办"追寻伟人足迹-武汉青少年摄影书画"展;2004年10月,引进台北"国父"纪念馆"孙中山先生史迹书画"展,同时举办"武汉国民政府史料"展，全国政协副主席、民革中央常务副主席周铁农到会剪彩,全国政协常委、民革中央副主席李赣骝致开幕词;2005年11月,赴台北"国父"纪念馆举办"孙中山的建国方略在武汉的实践—武汉城市风貌"展览，2006年12月举办"北伐名将叶挺将军摄影作品展";2009年10月中共武汉市委台湾工作办公室、市委宣传部在该馆建立"武汉市涉台教育基地",举办"台湾知识展览"。

二、藏品管理和保护

藏品主要是文件、书籍、证章复制件500件,保护措施采用传统的空调器和温度计、樟脑丸等手段控温、防虫。

三、科学研究

我馆有副高级职称1人,中级职称2人。科研成果有:出版了《武汉国民政府史料选编》、《武汉临时联席会议资料选编》、《武汉国民政府图册》;发表研究文章20余篇:《宋庆龄与武汉国民政府》、《邓演达与武汉国民政府》、《铁腕外交家陈友仁》、《武汉国民政府与中国现代化》、《武汉国民政府时期共产党人与国民党左派同蒋介石的斗争》、《武汉国民政府促进武汉现代化步伐》、《孙中山建国方略在武汉的实践》、《民国外交家陈友仁业绩》、《四.一二政变后,蒋介石对付武汉国民政府的手段》、《孙中山建国方略与中国现代化》、《7.15汪精卫分裂武汉国民政府的真相》、《鲍罗廷与武汉国民政府》《宋庆龄对中国抗战的贡献》、《革命纪念馆教育职能的产生和发展》、《台湾国民党党史馆庋藏武汉国民政府史料简介》、《武汉国民政府与中共五大》、《吴玉章与武汉国民政府》、《北伐战争与武汉国民政府》等。

四、宣传教育

每年积极配合国家文物局"国际博物馆日"和"中国文化遗产日"的宣传主题,向附近街道社区开展宣传活动，协助国家和地方电视台拍摄电视报道片、举办爱国主义教育专题讲座，开展“国旗下的讲话”。

五、交流合作

展览交流4次：1998年10月与北京宋庆龄故居合办“孙中山、宋庆龄文物图片”；与台北“国父”纪念馆开展交流活动3次：2003年3—4月赴台湾举办“追寻伟人足迹—武汉青少年摄影书画”展、2004年10月引进台北“国父”纪念馆“孙中山先生史迹书画”展、2005年11月赴台北“国父”纪念馆举办“孙中山的建国方略在武汉的实践—武汉城市风貌”展览。

学术交流6次：2001年邓演达第二次国际学术会、香港注册“20世纪中国之再诠释国际学术会、香港2001年11月注册“辛亥革命孙中山与现代化、2004年10月湖北大学主办“孙中山与中国现代化”国际学术研讨会、2006年11月参加中国博物馆学会社教专业委员会在西安举办的“科学发展观与博物馆教育”学术研讨会等。

2001年-2010年，共参加“海内外孙中山宋庆龄纪念地联席会议”，开展馆际交流10次。

八七会议会址纪念馆

Memorial Hall of August 7th Conferences Site

馆　　长　许汉琴
地　　址　湖北省武汉市汉口鄱阳街139号
邮政编码　430017
电　　话　027-82835088(传真)
预约参观:82835088
电子邮箱　bq139@sina.com
网　　址　www.192787.cn
隶属关系　武汉市文化局
性　　质　国有
建筑性质　近代建筑(全国重点文物保护单位)
建筑面积　3036平方米
展览面积　2024平方米
占地面积　982.2平方米

馆址环境　位于湖北省武汉市汉口鄱阳街，会址处在原俄租界(三教街41号)，是20世纪20年代初建造的一排西式公寓中的一个单元。纪念馆前临僻静街道，后通小巷，屋顶凉台与临屋相连。整个纪念馆一共三层，一楼和二楼为基本陈列、复原陈列和临时展览，三楼为办公区和贵宾接待室，四楼为文物资料室和会议室。

历史沿革　“八七会议”会址经过反复调查研究，并经会议参加者亲临实地指点最后确定为鄱阳街139号二楼。早在1959年调查会址时，就有建馆意向，1972年，当会址初步确定后，武汉市文物部门向中共湖北省委、武汉市委提出复原会址、筹建纪念馆的报告，得到批准。1976年基本按陆定一的回忆开始复原工作。搬迁、室内装修、家具制作、会场布置等项工作仅一个月就全部完成。同年10月，会址开始内部展出。1977年10月，中共武汉市委决定在会址复原基础上筹建纪念馆。复原陈列工作由市革命文物管理办公室负责，旧址一楼的启新照相馆修理车间，三楼的江岸区饮食服务公司等单位的搬迁工作由江岸区委负责。建馆时根据会址的建筑情况，一楼辟为介绍“八七会议”历史的辅助陈列室，二楼为复原的会场，三楼为工作人员办公用房。筹建工作于1978年8月7日前完成。在“八七会议”召开五十一周年之际（1978年8月7日）举行了隆重的开馆典礼，湖北省委第一书记陈丕显剪彩，省市及省军区的领导人参加了开馆仪式。

建馆时，市人民政府拨出专款，按“修旧如旧”的原则，对会址进行了修缮。1980年对会场的位置进行了一次重要调整。1982年，国家文物局又拨款，用以修缮、保护会址，使之较好地保持着当年的面貌，开馆时根据陆定一的回忆，会场在二楼临街的前房，后根据邓小平、李维汉及郑超麟三人的回忆，改会场于后房。1982年，“八七会议会址”被国务院命名为全国重点文物保护单位，每隔两至三年进行一次现状维修。1997年，国家文物局、武汉市政府再次拨款250万元用于纪念馆的扩馆和维修。同年12月31日，市文物办与中国黑色金属公司中南分公司签订协议，将其所属鄱阳街八七会议会址毗邻的135号、137号房屋产权转让给八七会议会址纪念馆。至此纪念馆实现扩大馆舍两倍多，展出场地由原来的一个厅，增加到两个厅，另外还辟有举办报告会活动的场所，对进一步利用八七会议会址，加强爱国主义和革命传统教育，创造更大的社会效益提供了良好的条件。

2001年，八七会议会址纪念馆被中宣部命名为“全国百家爱国主义教育示范基地”；2004年，被国家发改委列入《全国红色旅游经典景区名录》，成为国家重点建设项目。2005年，八七会议会址纪念馆编制《红色旅游经典景区建设方案》（简称“建设方案”）和《可行性研究报告》，经国家、省、市发改委组织专家多次考察论证之后，上报国家发改委。2007年5月，国家发改委批复《建设方案》，总投资为2258万元。根据这一方案，八七会议会址纪念馆在2010年启动扩馆维修、环境整治和陈列展览工程。按照国家发改委批复的建设方案，建筑面积扩大到3036平方米，其中2/3的面积即2024平方米作为陈列展厅，于2011年7月1日正式对外开放。

八七会议会址纪念馆建馆三十年来，陈列水平和知名度不断提高，这是各级领导、社会各界以及文博工作者辛勤耕耘、努力工作的结果。随着形势的发展纪念馆今后将不断的开拓和探索新的工作思路，充分利用会址这一爱国主义教育资源，让其在丰富广大人民群众的精神文化生活方面多作贡献，在社会主义精神文明建设中发挥重大的作用。

开放时间　上午9:00—下午17:00（每周一闭馆）

全年免费开放，预约接待团体观众。

服务设施　设有游客服务中心、残疾人服务岗、无障碍参观，有轮椅备用。

交通状况　公共汽车有1、38、402、520、548、559、598、608、711、801路等，大智路站下车。

概　况

八七会议会址位于湖北省武汉市汉口鄱阳街129—141号，纪念馆依托旧址而建。会址是1920年英国人建造的一排西式公寓（亦称“怡和新房”）中的一个单元。当年，一楼是一家印度商人开的小百货店，二楼是苏联派驻武汉国民政府的农民问题顾问罗卓莫夫夫妇的住宅。1927年8月7日，挽救革命于危难之中的中共中央紧急会议便是在二楼靠后巷的一间房子里举行的。

八七会议坚决纠正和结束了党内右倾错误，确定了土地革命和武装反抗国民党反动派屠杀政策的总方针，并把发动农民举行秋收起义作为中国共产党在当时最主要的任务。在革命遭到严重挫折的危急关头，八七会议拨正了革命航向，是中国革命由大革命失败到土地革命战争兴起的转折点。毛泽东“枪杆子里面出政权”的著名论断即源于此。

纪念馆现举办有复原陈列、辅助陈列和专题陈列展览，年均观众接待量6万人次。常年结合形势举办专题巡展、演讲和报告会，为广大人民群众提供开展入队、入党宣誓等爱国主义教育活动的场所。

一、展陈、科研工作

基本陈列　馆内基本陈列展厅约1062平方米，举办有“伟大的历史转折”——八七会议历史陈列展览，分为“风云突变”、“力挽狂澜”、“星火燎原”三个部分，展出的492件文物、照片和珍贵历史资料，再现了八七会议的历史，讴歌我党不畏艰险、力挽狂澜、挽救中国革命于危难之中的光辉历史。其中八七会议记录及其决议案、会议代表瞿秋白等人用过的物品、李维汉的亲笔信函以及邓小平回忆八七会议的录音等，均是纪念馆的特色藏品。纪念馆还设有触摸视频，向观众介绍会址详情和代表生平等内容，是纪念馆内容的延伸和扩展。二楼的原状陈列，复原了八七会议会场，通过简单朴实的陈设，展示当年开会的实况。

专题陈列　馆内还辟有962平方米的专题陈列展厅，经常举办反映党史和祖国建设成就等方面的展览，先后举办有“世纪伟人邓小平”、“毛泽东与湖北”大型图片展，介绍一代伟人生前从事的革命实践和社会活动，缅怀老一辈无产阶级革命家的丰功伟绩。特别是“毛泽东与湖北”展览，在毛泽东逝世110周年时，各界人士纷纷到馆参观，短短一个月，观众近2万人。

科学研究　在编研工作方面“八七会议”会址纪念馆也取得了一定成果。1978年开馆以后，编写了《大革命时期武汉大事记》、《八七会议代表生平简历》、《革命传统教育宣讲资料》等小册子；1994年以后，又撰写了《邓小平与八七会址》、《“八七会议”两位历史巨人首次相会》、《再论八七会议的历史作用与意义》等文章刊登在有关报纸和刊物上。纪念馆工作人员撰写的《纪念馆讲解中的灵活性》、《谈讲解员嗓音训练法》等文章，得到了湖北省博物馆学会有关专家的好评。1997年，邓小平逝世，纪念馆多篇文章在《中国文物报》、《长江日报》、《学习与实践》等报刊上发表。为了进一步宣传党的光辉历史和老一辈无产阶级革命家的功绩，客观地评价八七会议的功绩，深化对八七会议的研究，1998年，纪念馆编辑出版了《丰碑——纪念八七会议七十周年文集》，这是八七会议七十周年学术交流会的重大成果，也是建立纪念馆二十年来公开出版的第一本文集，在党史界引起了广泛关注，纪念馆的4篇文章也收录其中。同年，还完成了国家文物局编《中国革命胜迹画册》和市委宣传部编《武汉市爱国主义教育基地概览》的有关编写任务。1999年，纪念馆的《张太雷为挽救大革命所作出的杰出贡献》等文章分别在《醒世惊雷》、《武汉党史》、《中国名城》、《武汉春秋》、《武汉文博》上刊登发表。2000年，参加了《武汉旅游丛书》的编撰工作，供稿12篇。2001年，纪念馆在正式出版的《武汉革命胜迹》、第二批《百个爱国主义教育示范基地丛书》、《中华圣地》等书籍上均刊登了介绍纪念馆内容近万字的文章。2002年，八七会议75周年之际，纪念馆为《人民画报》提供了稿件和资料，于8月份正式出版，该画报用9种文字向100多个国家发行，2011年还出版了《八七会议代表画传》一书。

此外，纪念馆还应邀参加了八七会议代表张太雷、瞿秋白诞辰一百周年、毛泽东纪念馆联谊会等纪念会和学术研讨会活动，提供10余篇论文参加交流。建馆至2010年，纪念馆发表各类文章百余篇，扩大了宣传，深化了研究。近几年，纪念馆还根据广大观众的要求，四次修改、编印简介和门票。新的简介扩大了版面，设计更加新颖，内容更加充实，具有一定的收藏价值。

二、文物保管、征集和保护工作

八七会议会址纪念馆的管理本着“保护为主、抢救第一、合理利用、加强管理”的指导方针开展各项工作。纪念馆自建馆以来，坚持征集有关历史资料，主要征集土地革命时期或同期党史资料、文物及八七会议代表有关资料。

1996以来，纪念馆通过社会征集、个人捐助和馆际交换等多种方式征集到证章、布标、书籍等资料70余件。2004年以后，馆内有关人员先后到上海、北京、珠海等地，征集到会议代表郑超麟、任弼时、苏兆征等人用过的帽子、小提琴、箱子等珍贵文物20余件。1980年，邓小平、李维汉等党和国家领导人亲临视察，为八七纪念馆留下了珍贵的墨宝，邓小平为纪念馆题写的馆标已作为国家一级文物珍藏。纪念馆在2003年至2009年还先后征集到相关文物资料百余件，特别是在2010年纪念馆扩馆维修之际，纪念馆加大征集力度，征集到文物资料200余件。

目前纪念馆的藏品总数为577件，以纸质藏品为主，其中一级藏品1件，二级藏品2件，三级藏品4件。照片及文字档案资料达4000余件。纪念馆设有文物库房，目前由于馆内房屋属于砖木结构，一、二级珍贵文物暂不能在此存放，由市博物馆代为保管。馆内现有文物藏品存放于专用文物藏品柜，柜内放置干燥剂、樟脑丸等防潮防蛀设施；藏品放置合理有序，设置空调、干湿温度计等温控设备；库房还设有监控录监控探头和灭火器，确保文物安全100%。

三、社教、开放工作

革命传统教育是革命纪念馆教育功能的一种重要体现形式，为更好地开展爱国主义和革命传统教育，并使基地活动能持久深入地开展下去，我们每年都要认真制定开展活动的工作计划，根据不同时期的中心任务，安排不同内容的教育活动，并力求每年侧重面有所不同。

为了加强宣传力度，提高社会效益，我们在办好基本陈列的同时，积极改善服务质量，扩大宣传面，走出纪念馆深入社会，举办结合形势的巡回展览，2010年先后制作了“时代的丰碑”、“永远跟党走”、“共和国的脚步”等图片展义务送到周边20多家大、中小学校、机关单位及社区巡回展出，并免费提供宣传讲解，观众达40余万人次。2011年配合江岸区第二十六届英烈凭吊周活动，纪念馆举办了“人民英模”展览、情景再现话剧表演——“八七会议”。图片展览和师生演出的话剧，把广大观众带进了那段风雨如磐的岁月，让大家铭记历史，展望未来。这些活动受到各单位和群众的一致好评，取得了良好的社会效益。

根据中宣部对免费开放博物馆的要求，八七纪念馆做到一年365天开放(除每周一闭馆整理内务)，开放时间从早上9时至下午17时，特殊情况适当延时。始终以向广大人民群众和青少年开展爱国主义教育作为工作重点。

我们对在校学生除了开展基地教育活动外，在寒暑假期间，也积极主动与社区、青教办联系，组织孩子开展各类假期社会实践活动，这一举措大受家长们的欢迎。此外我们还利用“清明烈士凭吊周”、“学习雷锋日”、“五一”、“七一”、“十一”等各种纪念日组织配合各层次观众在纪念馆举办各种活动。如诗歌朗诵会、歌咏会、演讲比赛，入队、入团、入党宣誓活动，每年70余次，以最大限度吸引观众参与、扩大宣传教育面，使基地发挥最佳社会效益。充分利用革命旧址这一独特的优势，对广大青少年及群众进行“两史一情”教育，让大家了解党的历史，了解革命前辈的奋斗史，培养青少年热爱社会主义祖国的思想感情，通过这些举措加强了基地与共建学校和社会的联系，增强了基地的凝聚力、生命力。

2010年，我馆还更新了八七纪念馆网站，及时发布馆内工作动态，推出了360度全景博物馆。中央电视台、新华社及省市多家新闻媒体对馆内免费开放后的有关活动进行宣传报道达14次。

四、机构设置和行政管理工作

八七会议会址纪念馆隶属于武汉市文化局、国家全额拨款事业单位。现有办公室和宣教业务部、陈列保管部3个部门，分别负责行政和业务工作，并配设了专职保卫干事，负责纪念馆的安全保卫工作。纪念馆为副处级事业单位，编制10人，实际工作人员 10 人。初级职称以上专业人员 8人，其中副高职称1名，中级职称人员4名。

八七纪念馆按照《省文物局关于进一步加强领导扎实推进全省博物馆免费开放工作的通知》的要求，制定有《工作人员手册》、《观众参观管理条例》、《讲解员服务承诺》、《残疾人服务公约》、《展厅交接班制度》、《观众投诉处置管理办法》等相关管理制度和条例。针对观众量逐年增加的情况，还设置了参观须知、温馨提示牌，指示牌、参观登记处、免费存包处等。

为了提升服务质量，制作工作牌，印制宣传册、证章，丝绸册页等宣传品；在硬件方面改善了参观条件，设置观众休息处、为搞好接待工作购置会议桌、椅、地毯、电视柜、茶柜、窗帘等布置会议室，为开展各类活动创造了条件；实行绿化、保洁社会化；每年组织职工进行消防安防培训和演习；实行24小时安全巡视制度等。

五、红色旅游扩馆建设项目

2007年国家发改委等7部委将我馆列入全国100个红色旅游经典景区建设项目，2009年被纳入中央拉动内需建设项目。我馆的红色旅游扩馆建设项目已于2010年正式启动，按照市委和市政府的要求，2011年6月底，完成扩馆维修保护、环境整治和陈列展览三方面的建设和改造，7月1日正式对外开放，为建党九十周年献礼。

1.场馆面积扩大和新增陈列展览：一是扩馆之后馆舍面积扩大一倍以上。建筑面积由原来的1600平方米扩大了一倍为3036平方米，展览面积扩大了近三倍，由原来的800平方米扩大为2024平方米。二是阵地展览由原来的3个增加为7个，展厅由原有的5个增至10个。八七会议历史陈列“伟大的历史转折”、一个复原陈列、专题陈列“1927年中共中央在武汉”等，临时展览也成倍增加、新增“永远跟党走”、“双百英烈人物展”、“光辉的历程”、“伟大的中华民族大家庭”、“世界遗产在中国”等十几个展览。三是新增多功能厅和游客服务中心。

2.新增文物和资料与开展学术研究：一是为达到扩馆后陈列展览内容的需要，纪念馆正在广泛征集文物和资料，文物和资料已由原来的4000余件增加到7500件，大大丰富了馆藏，也为新的陈列展览充实了内容。二是加强学术研究，出版《八七会议代表画传》和《走进八七会议》等书籍，三是拍摄《永远的丰碑》八七会议纪录片和文献片。四是建立了目前武汉唯一的360度的全景数字博物馆。

3.先进的陈展手段与观众量的预测：一是新的陈列展览都采用了声光电先进的展示手段。如电子触摸屏、1∶1的幻影成像、电子翻书、艺术品和蜡像等。二是闭馆维修之后，还接待了两批老一辈革命家的红色后代，以及参加反腐倡廉会的副省级城市的纪委书记们。三是由于2011年是党史教育年和建党九十年，每天前来咨询开馆时间的单位和个人也不计其数。据初步估算，扩馆后阵地展览年观众量将达到15万人次。四是到中小学、大专院校、部队和社区以及江滩等地巡展，预计年观众量近40余万人次。

八七会议会址纪念馆在省市宣传部门和市文化局的正确领导下，在社会各界和新闻宣传部门的支持下，通过各种宣传教育手段、履行着纪念馆的职责，已经得到社会的认同。然而在新的形式下，纪念馆将继续坚持服务社会、面向未成年人，不断探索具有自己特色的为现实、为社会做奉献的新途径，努力把爱国主义教育提高到一个新的水平。

八路军武汉办事处旧址纪念馆

Memorial Hall of the Eighth Route Army Wuhan Office Site

馆　　长　陈益祥
地　　址　武汉市江岸区长春街57号
邮政编码　430010
电　　话　027-82735576(宣传接待　办公室）027-82726420
传　　真　027-82735576
电子信箱　504769314@qq.com
隶属关系　武汉市文化局
性　　质　国有
建筑面积　2624平方米
展厅面积　1083.6平方米
占地面积　1776.96平方米

馆址环境　位于武汉市江岸区长春街与大连路交会处的西北角，东临武汉新天地、南(偏东)临汉口新四军军部旧址纪念馆、距长江约千米，西靠居民区、北临武汉第二中学。

历史沿革　1977年经中共湖北省委、省人民政府，武汉市委、市人民政府批准，在原址按原貌恢复八路军武汉办事处旧址并成立纪念馆。1978年筹建工作正式启动，1979年3月5日建成并正式对外开放。

开放时间　9:00—4:30(周三闭馆维护)

服务设施　设有观众休息椅、免费茶水、残疾人服务岗、配有残疾人轮椅、出售资料书籍。

交通状况　公交线路1、30、212、402、516、520、523、526、548、588、601、606、707、721路在卢沟桥路站下车，2、3路电车及多路公交在永清街站下车往长江(南)方向，轨道交通在黄浦路站下车往南。

概　况

八路军武汉办事处是抗战初期中国共产党在国民党管辖区设立的一个公开办事机构。

八路军驻武汉办事处利用合法身份积

极为八路军、新四军筹备粮饷和各种军需物资，开展宣传工作，动员人民群众，参加抗日战争，输送大批爱国青年赴延安和抗日前线，接待国内外各界人士，广泛开展抗日民族统一战线活动，为争取抗日战争的胜利，作出了重要贡献。

1937年9月，中共中央派董必武到武汉筹建八路军武汉办事处，10月，八路军武汉办事处在汉口安仁里一号成立，12月，南京失陷后，国民政府一些重要部门迁到武汉，各民主党派领袖，社会名流，文化界人士，全国著名抗日团体云集武汉，武汉成为当时政治，军事，文化的中心。原八路军南京办事处工作人员也随之转移到武汉，参加八路军武汉办事处的工作。办事处迁至旧日本租界中街89号(现址)。同月，中共中央长江局在汉成立，其机关设在办事处内。1938年1月，新四军军部迁往南昌后，由八路军武汉办事处代办新四军驻汉办事处的一切工作，八路军驻武汉办事处对外作为我党驻在国民党临时首都的公开机构，但实际上是我党在国民党管辖区内的领导和联络的中枢。

纪念馆旧址原为日商大石洋行，一幢日式砖混结构建筑，坐西朝东，四面建楼，中设庭院。主楼(南面)四层，两侧三层，北面为二层，院内有一楼梯直达四楼，院内建有花坛和喷水池。原建筑于1944年日军占领期间被美国飞机炸毁。

为了纪念和缅怀周恩来、董必武等老一辈无产阶级革命家的丰功伟绩。湖北省委、省人民政府，武汉市委、市人民政府于1977年做出恢复“八路军武汉办事处旧址”和修建“周恩来同志抗战初期在武汉”陈列馆的决定。成立了以市委宣传部、市城建委、市计委等单位组成的复原八路军武汉办事处旧址筹备小组，筹备小组下设基建组、文物征集调查组。文物征集调查组由武汉市革命文物管理办公室抽调人员组成专班，具体负责文物调查征集、陈列设计等具体工作。工作人员经过反复访问调查论证，确定了八路军武汉办事处旧址准确位置及旧址结构、形状特点等等。随后将原有房屋进行拆除，依照当年旧址形状重建。担任复原任务的干部、技术人员、工人怀着对周恩来等老一辈无产阶级革命家无比崇敬的心情，精心设计、精心施工、忘我劳动，在不到一年的时间里就优质高速地完成了复建工程，保证了按时开馆。

1979年3月5日举行了隆重的开馆仪式。湖北省委书记许道琦主持开馆仪式，市委书记李任之讲话，原八路军武汉办事处老同志代表曹瑛在会上发言，湖北省委第一书记陈丕显为开馆仪式剪彩。湖北省委、省政府、武汉市委、市政府、驻汉部队，工、农、青、妇、部队代表以及各界人士，当年在“八路军武汉办事处”和武汉工作过的老同志郭述申、何连芝、童小鹏、夏之栩、廖其康、曹瑛、姜诚、袁超俊、宋一平、王清生、许云、邱南章、陈维清、吴群波、张海、巴方庭及军事博物馆、长沙、桂林八路军办事处纪念馆的代表等共700余人出席了开馆仪式。叶剑英委员长为纪念馆题写了馆标。

纪念馆开馆以来，先后接待了中央、省、市领导及许多当年在这里工作过的部分老同志张爱萍、方毅、伍修权、郭述申、吴官正、王首道、童小鹏、曾志、王光美、陈荒煤、姚雪垠等各界人士、青年学生及来自世界各地的友人路易·艾黎、马海德、前苏联空军志愿队老战士访问团、美国马可波罗—0422访问团、赞比亚全国政治博物馆等等。

纪念馆还分管京汉铁路总工会旧址(以下简称“总工会旧址”)管理所、汉口新四军军部旧址纪念馆的全面工作。

“总工会旧址”位于汉口解放大道2185号，房屋始建于清末民初，是一座砖木结构的普通民居，坐西朝东，石库门，进门有小天井，天井内及天井四周全部用花岗岩条石铺地，天井左右两侧为木雕窗棂的厢房，过天井为三开间正房，中为客堂。整栋房屋为一层木结构建筑，内墙为木柱、木梁、木板组合成墙壁，外墙为青砖清水墙，屋面为布瓦屋面。整栋房屋设计简练，用材精良，施工考究。

1923年2月1日，京汉铁路总工会在郑州召开成立大会时，遭到军阀吴佩孚的阻挠和破坏，全路3万多名工人决定举行总同盟大罢工。2月3日，京汉铁路总工会从郑州迁此办公，这里成为领导京汉铁路总同盟罢工斗争的指挥部。

1956年湖北省人民政府将它列为省级文物保护单位，1980年武汉市人民政府拨款对旧址按原貌进行修缮，1981年正式对外开放。复原了京汉铁路总工会的秘密办公室、堂屋和灶屋；举办有“京汉铁路总工会秘密办公地陈列”展览。1995年因解放大道拓宽，旧址整体向西南方面迁移50米。

汉口新四军军部旧址纪念馆位于江岸区胜利街332—352号(原大和街26—32号)是新四军首个军部的诞生地。旧址原为日式两层砖木结构，由并排的A、B两栋三个单元组成，建于20世纪20年代初期，属“近代和式”风格住宅。直至20世纪90年代，一批新四军老战士和武汉市党史、文物部门经过深入细致的调查，确认现在的汉口胜利街332 — 335号就是汉口新四军军部旧址。2002年旧址被列为湖北省文物保护单位，同年12月25日，在旧址举行了文物保护标志揭牌仪式，2006年4月7日，召开了新四军军部旧址建设座谈会，市领导及部分新四军老战士到会，为旧址的保护、复原及利用建言献策。2006年武汉市人民政府拨专款按原貌修复新四军军部并辟为纪念馆。同年12月25日，时值汉口新四军军部成立69周年，纪念馆正式对外开放，武汉市委、市政府主要领导苗圩、李宪生等，以及市老领导、新四军老战士和部队学校及各界人士出席开馆仪式并参观展览。复原开放有：叶挺办公室兼卧室、项英办公室兼卧室、郭沫若办公室兼卧室、政治部、副官处、参谋处、军需处、军医处，举办了题为“新四军在这里诞生——汉口新四军军部旧址辅助陈列”展览。

一、机构设置

八路军武汉办事处旧址纪念馆隶属于武汉市文化局，国家全额拨款的事业单位。馆内设有办公室、宣教部、陈列保管部。代管汉口新四军军部旧址纪念馆、二七总工会旧址管理所全面工作。现有工作人员27人，正式在编人员24人，聘用3人，研究生学历1人，本科9人，副研究员1人，中级职称10人。

二、陈列展览

纪念馆复原陈列有：八路军武汉办事处办公室、副官室、接待室；中共中央长江局会客室、会议室、机要科、电台室；中共领导人周恩来和邓颖超，董必武、叶剑英，秦邦宪的办公室兼卧室等。展出了周恩来在武汉时期用过的毛毯，董必武穿过的毛背心等实物4件，代用品61件，复制品23件。

在一楼大厅辟有“武汉抗战”陈列展，展厅面积为230余平方米，陈列采用半封闭式布展方式，配合放映抗战时期荷兰著名电影导演伊文思摄制的纪录片《四万万同胞》影像资料片，设立资料触摸屏等形式，让观众全方位了解武汉抗战历史。展出八路军武汉办事处工作人员佩戴的证章、中共中央长江局交通员用的皮箱、中国空军击落日机残骸制作的脸盆、审判日军战犯时中国辩护律师的辩护词等63件文物及24件复制品，复印件10件，照片、图表230余幅，通过这些文物、照片及史料，全面、系统地展示了八路军武汉办事处和中共中央长江局及其主要领导人周恩来、董必武、叶剑英等在武汉领导抗日救亡运动，组织和动员民众，团结一切抗战力量，为推动国民党一致抗日，争取抗战最后胜利作出的伟大贡献，以及武汉人民在抗日战争中的英雄业绩。

纪念馆除基本陈列外，还举办一些主题鲜明、内容丰富的专题展览和临时展览，以满足不同观众的需求，深受广大观众的喜爱。

开馆以来，先后举办了辅助陈列展有“周恩来同志抗战初期在武汉”、“中国共产党抗战初期在武汉”、“抗战初期的武汉”、“武汉抗战”。

专题展览有举办了“老同志书法展——纪念抗战爆发50周年”、与武汉新四军研究会联合举办“新四军与武汉”、“大后方抗日救亡运动暨孩子剧团”、“孩子剧团”、“日军侵华暴行展”、与区团委联合举办“重走长征路——考察活动纪实展”、“叶挺将军摄影作品展”、“人民的好总理周恩来诞辰百年纪念展”、让我们一起“走近邓大姐”大型图片展、“人民的胜利——纪念中国人民抗日战争爆发70周年”图片展览、“八路军、新四军老战士书画展”等。

流动展览有“抗战初期的八路军武汉办事处”、“湖北英烈故事图片展”；为庆祝中华人民共和国成立五十周年举办了“辉煌五十年”、“迎接99'澳门回归”、“与时俱进，继往开来——庆祝党的十六大召开”图片展、“历史不容歪曲，罪责不容否认——日军侵华暴行暨南京大屠杀图片展”、“长征精神永存”、“伟大的旗帜光辉的历程——纪念中国共产党成立80周年”、“人民的胜利——纪念中国人民抗日战争爆发70周年图片展览”；为庆祝中华人民共和国成立60周年，举办了“周恩来光辉一生图片展”、“五星红旗在我心中图片展”等近十几套活动展板，送到公园、车站、码头、部队、机关、学校、江滩、广场等处进行巡回展览。为了不让工读学校、少管所、劳教所这个特殊群体被纪念馆、博物馆边缘化，纪念馆采取将流动展览与革命传统教育报告相结合方法，邀请抗战时期的孩子剧团的老团员一道，把展览送进高墙院内，老孩子剧团的团员以他们亲身经历教育和感动他们，帮助、鼓励他们好好学习、改造，回归社会重新做人。

馆际之间合作交流有1991年参加了由中国人民抗日战争纪念馆组织，在北京举办的“全国八路军办事处暨新四军军部革命活动展”、2007年与新疆八路军办事处旧址纪念馆联合举办“全国八路军办事处革命活动展”、纪念保卫大武汉70周年与湖北省博物馆联合举办“保卫大武汉”陈列展、2010年，参与了由西安八路军办事处纪念馆牵头的全国八路军办事处联展活动和天津周邓纪念馆举办的“追寻伟人足迹——全国周恩来纪念地联展”。

2006年，负责筹备建立汉口新四军军部旧址纪念馆，完成了旧址内住户搬迁、维修，复原陈列工作，在新四军军部成立69周年之际，新四军军部旧址复原陈列及“汉口新四军军部历史陈列”正式对外开放。

三、社会教育与队伍培养

群众教育与服务是博物馆(纪念馆)的主要社会职能之一。纪念馆以旧址为依托，以活动为载体，充分利用教育资源，紧紧围绕爱国主义教育主题，扩大教育阵地，发挥示范基地功能和作用，为公众服务作为纪念馆的长效工作之一。长期以来开展形式多样的共建活动，先后与武汉钢铁公司、武警武汉支队、湖北大学、武汉市外国语学校、武汉市艺术学校等近百个单位签订了“精神文明共建协议书”，与30多所学(院)校和单位保持长期的共建活动，在重大节日、纪念日等，组织机关、团体、部队、学校企事业单位等在馆内举行入队、入团、入党、新兵入伍和成人宣誓仪式、书画笔会、知识竞赛等灵活多样的共建活动，不断丰富教育内容。与武汉市关心下一代工作委员会、江岸区委宣传部、区团委、区青教办、区教育局等单位联合举办各种爱国主义教育活动，如：暑期组织中小学生开展夏令营活动，每年清明节期间，在纪念馆内外举行“江岸地区中华英烈凭吊周”活动，至今已举行26届，在社会上产生了重大的影响。

配合学校德育工作和教学计划，编写各类题材的讲稿，利用学校周一早晨升国旗仪式时间，深入到学校为学生做“国旗下的讲话”或与学校联合举办主题班队会、报告会、讲座等形式，在学校开展爱国主义和革命传统教育，通过这些活动，不断加深青少年对历史的了解，激发他们的爱国热情，陶冶他们的爱国情操，引导他们形成正确的人生观、世界观、价值观。

为了提高宣教人员的业务水平，长期以来狠抓讲解员培训学习，每年开展讲解员比赛活动，同时选派宣教人员赴省内外参加讲解员培训比赛，以提高讲解员业务素质。1995年，在武汉市文博系统讲解比赛中获一、二、三等奖各一人；1999年，在全市文博系统讲解比赛获二等奖二人、在省文博系统讲解选拔赛获一等奖一人、在中南六省二市“龙华杯”比赛个人中获三等奖一人；2009年，在“庆祝新中国成立60周年全国文化遗产保护宣传讲解大赛”中获湖北省“十佳讲解员”称号一人；2001年8月，获全国革命纪念馆“延安杯”比赛个人三等奖一人；2010年9月，在全市文博系统讲解比赛中，获二等奖一人，优秀奖二人。

四、藏品征集与管理

文物征集是丰富馆藏文物的一个重要途径，藏品的数量与价值直接关系到纪念馆的社会作用及影响。建馆以来，纪念馆将藏品征集工作放在首要位置，每年制定征集计划，确定目标，组成专班，分赴全国各地访问收集、专题征集、移交调拨、接受捐赠等方式征集文物藏品3500余件。其中一级文物7件，即：八路军武汉办事处工作人员佩带的证章、彭雪枫赠送给周恩来的毛毯（平型关战斗中缴获日军的战利品）、八路军武汉办事处处长钱之光名章、董必武在武汉使用的公文包、周恩来及邓颖超在武汉使用的围巾、国民政府军事委员会政治部抗敌宣传二队队旗、中共中央长江局交通用的牛皮箱；二级文物1套（3件），一般文物230件，资料照片2000余张，文字史料 1300 份。另收藏老同志的书画作品130余幅，极大地充实和丰富了馆藏资料，为纪念馆陈列展览和科学研究工作提供了详实可靠的依据。

健全的规章制度，是藏品科学管理的依据和准则，也是藏品有秩序地得到完善保护和使用的保证。为科学有效的保护文物，制定了《文物藏品安全管理制度》、《文物藏品入库制度》、《文物藏品提用制度》等一系列规章制度。严格按照《藏品管理办法》的各项规定进行管理，凡属三级以上文物藏品，一件物品一个匣子，实行专柜管理。对文物藏品建立电子文本档案。藏品保管工作真正做到了制度健全、账目清楚、鉴定确切、编目详明。

纪念馆设立有专门的文物库房，安装了铁门、铁窗，配置了空调，完善库房安全管理设施，在库房内定期放置樟脑丸，定期检查藏品资料保管情况。展厅内藏品实行每天交接班清点展品，不定期进行防霉、防蛀检查处理，确保文物藏品的安全。

五、科学研究

纪念馆现有副研究馆员 1 人，馆员 10 人，初级助理馆员 10 人，为纪念馆科学研究与发展提供了必备的人员。

科学研究是纪念馆展示自我，对外宣传与交流的有效手段，在纪念馆工作中具有重要的地位和作用。多年来在收集、整理、研究的基础上，不断将研究成果用于陈列展览和宣传教育研究工作中，先后在中央、省、市级的各种报刊、杂志上发表文章近百篇，相关资料和专著 10 余部(册)。

编辑出版的《八路军武汉办事处》、《八路军武汉办事处大事记》、《国共合作大事记》三本以历史资料为主的小册子，与武汉市档案馆、武汉市图书馆联合编撰《武汉抗战史料》书籍，出版了《八路军武汉办事处》、《武汉人民爱国故事选》，参加了中国人民解放军历史资料丛书《八路军、新四军驻各地办事机构》一书的资料整理及编辑工作。1992 年，组织举办了"全国八路军办事处纪念馆第二届学术研讨会"，编辑出版了研讨会论文集；1998 年，与湖北大学联合举办"纪念武汉抗战暨中山舰遇难 60 周年国际学术研讨会，来自加拿大、日本和海峡两岸的 140 余名专家、学者参加了研讨会，大会收到论文 110 余篇，有近百篇论文收入"研讨会论文集"。2007 年与新四军研究会编辑了《新四军第一个军部——汉口军部》，2008 年编著了《带你走进博物馆·八路军武汉办事处旧址纪念馆》丛书，由文物出版社正式出版发行。9 月，与湖北省博物馆联合举办的"保卫大武汉"陈列展览正式展出，并出版了《保卫大武汉》展览图册。

六、安全防范与公众服务

加强安全保卫工作是纪念馆重要工作，多年来始终把文物安全放在第一位。制定了文物安全预案、层层签订安全目标责任书，做到责任明确，落实到人。坚持每日安全巡查、夜班抽查、安全交接班制度。

为确保博物馆、纪念馆免费开放工作正常进行，制定了《纪念馆免费对社会开放后的突发事件处置预案》、《纪念馆消防安全专项治理方案》、《纪念馆春节期间燃放烟花爆竹的应急预案》确保安全无事故。

纪念馆以满足观众需求为宗旨，完善服务设施，增设观众免费存包处，医疗服务点、残疾人服务处、增设残疾人轮椅、休闲坐椅等；公示免费开放管理办法、服务项目、服务承诺、开放时间、文明参观须知等内容；调整参观路线，对讲解员、保安人员进行合理调配；对相关设备进行检修保养，以确保观众的需求。

蔡甸区博物馆
Caidian District Museum

馆　　长　姚森林

地　　址　湖北省武汉市蔡甸区蔡甸街龙家巷 17 号

邮政编码　430100

电　　话　027-84948759(传真)
预约参观:84948759

电子邮箱　cdbwg@126.com

隶属关系　武汉市蔡甸区文化体育局

性　　质　国有
建筑性质　近代建筑
建筑面积　600平方米
展览面积　280平方米
占地面积　300平方米

馆址环境　位于湖北省武汉市蔡甸区蔡甸街龙家巷17号。前临繁华街道，后临蔡甸区影剧院。整个建筑一共四层，一楼为商业门面，二楼为蔡甸区文化体育稽查队，三楼为蔡甸区博物馆基本陈列、临时展览，四楼为博物馆文物库房和办公区及会议室。

历史沿革　1988年4月，原汉阳县编制委员会批准县文化局报告，同意在县文化馆文物工作组的基础上成立"汉阳县博物馆"，与县文化馆合署办公，不另增编，仅任命一名副馆长主持文博工作。1989年3月，县编办批准成立"汉阳县文物管理所"，与"汉阳县博物馆"实行一套班子两块牌子合署办公。1989年7月与县文化馆正式分离，成为汉阳县文化局属下的事业单位，仍在县文化馆三楼办公。1993年6月撤县改区后，汉阳县博物馆更名为蔡甸区博物馆。1994年4月，蔡甸区编制委员会明确蔡甸区博物馆(蔡甸区文物管理所)为正科级全额财政拨款事业单位。1996年11月，蔡甸区博物馆(蔡甸区文物管理所)搬迁至城关龙家巷1号区文化局旧址三楼，仅有2间办公室、1间库房和1个小展厅可用，但文物库房四有齐全。2001年，区文化局与区体委合并，改称蔡甸区文化体育局，蔡甸区博物馆(蔡甸区文物管理所)为区文化体育局属下事业单位。2007年，区文化体育局搬迁后，区博物馆搬至城关龙家巷17号区文化体育局原办公楼三楼、四楼。2008年，区博物馆布置"蔡甸革命史"图片展并对外展出，2009年1月，布置"蔡甸区历史文物陈列"，与"蔡甸革命史"一起免费对社会开放。2009年7月，被区青少年教育领导小组授予"爱国主义教育基地"。2010年9月布置了"蔡甸革命史二——侏儒山战役"图片展。随着形势的发展，蔡甸区博物馆今后将不断地开拓和探索新的工作思路，充分发挥阵地作用和馆藏文物资源，在丰富广大人民群众的精神文化生活方面多作贡献，在社会主义精神文明建设中发挥更大作用。

开放时间　上午9:00—下午17:00(每周一闭馆)

门票情况　全年免费开放，预约接待团体观众。

服务设施　设有游客处。

交通情况　可乘坐蔡甸城关公交或出租车到龙家巷下车即到，步行也很方便。

概　况

蔡甸区博物馆位于武汉市蔡甸区城关龙家巷17号，原为区文化体育局办公楼。现举办有"蔡甸区历史文物陈列"、"蔡甸革命史"两个展览，年均观众接待量达1.2万人次。

一、展陈、科研工作

基本陈列　馆内基本陈列展厅约300平方米，举办有"历史文明的启示——蔡甸区历史文物陈列"，展出从新石器时代到民国时期的81件(套)文物。

专题陈列　馆内辟有300平方米的专题陈列展厅，举办有"蔡甸革命史"、"侏儒山战役"图片资料展，经常举办反映党史和祖国建设成就等方面的展览。

二、文物保管、征集和保护工作

蔡甸区博物馆的管理本着"保护为主、抢救第一、合理利用、加强管理"的指导方针开展各项工作。自建馆以来，坚持征集有关历史资料。

蔡甸区博物馆通过社会征集、个人捐助等多种方式征集到康有为手书对联等各类较有价值的物品5件。

目前蔡甸区博物馆的藏品总数为322件(套),其中二级藏品15件(套),三级藏品193件(套)。博物馆设有文物库房,馆内现有文物藏品存放于专用文物藏品柜，柜内放置干燥剂、樟脑丸等用于防潮防蛀;藏品放置合理有序,设置空调、干湿温度计等温控设备；库房还设有监控探头和灭火器材,确保文物安全100%。

三、社教、开放工作

革命传统教育是博物馆教育功能的一种重要体现形式，为更好地开展爱国主义和革命传统教育，并使基地活动能持久深入地开展下去，我们每年都要认真制定开展活动的工作计划，根据不同时期的中心任务,安排不同内容的教育活动,并力求每年侧重面有所不同。

为了加强宣传力度,提高社会效益,我们在办好基本陈列的同时，积极改善服务质量，扩大宣传面，走出博物馆深入社会，举办结合形势的巡回展览，2010年先后制作了“蔡甸国宝档案”、“永远的丰碑”等图片展,2011年按照蔡甸区委、区政府的统一部署,组织了“历史的记忆——中国共产党发展历程”图片展览,义务送到区内各个学校、机关单位及社区巡回展出,并散发文物保护的传单宣传文物保护工作，观众达10余万人次。这些活动受到各单位和群众的一致好评,取得了良好的社会效益。

根据中宣部对免费开放博物馆的要求，蔡甸区博物馆除每周一闭馆整理内务，其他时间均对外开放，始终把向广大人民群众和青少年开展爱国主义教育作为工作重点。

2011年，蔡甸区博物馆与区广电局属下的广告公司合作，在蔡甸城关广场的广告屏上滚动播放免费开放和文物保护方面内容的图片和文字，向公众宣传我们的各项工作。

四、机构设置和行政管理工作

蔡甸区博物馆隶属于蔡甸区文化体育局，是财政全额拨款事业单位。现有办公室和宣教陈列部、安全保卫部、文保执法部3个部门,分别负责行政和业务工作。蔡甸区博物馆为正科级事业单位,编制6人,实际工作人员10人。初级职称以上专业人员8名,其中中级职称人员1名。

蔡甸区博物馆按照《省文物局关于进一步加强领导扎实推进全省博物馆免费开放工作的通知》的要求,制定有《工作人员管理制度》、《考勤考核管理办法》、《讲解员服务承诺》、《轮流值班制度》、《展厅钥匙管理制度》、《博物馆工作人员培训方案》、《博物馆展厅开放时间及注意事项》、《蔡甸区博物馆突发事件预案》等相关管理制度和条例。针对观众量逐年增加的情况，还设置了观展须知、服务承诺、温馨提示牌、指示牌、参观登记处等。

为了提升服务质量，博物馆制作工作牌，印制宣传册页等宣传品。在硬件方面改善了参观条件，设置观众休息处。为搞好接待工作,购置桌、椅、茶柜等布置会议室,为开展各类活动创造了条件。此外,每年组织职工进行消防安防培训和演习，实行24小时安全巡视制度。

江夏区博物馆

Jiangxia District Museum

馆　　长　刘治云
地　　址　湖北省武汉市江夏区纸坊街兴新街269号
邮政编码　430200
电　　话　027-87952056(传真)
预约参观电话:027-87952056
电子邮箱　1260988336@qq.com
46192479@qq.com
网　　址　无
隶属关系　武汉市江夏区文化体育局
性　　质　国有
建筑性质　现代钢筋混凝土结构的楼房
建筑面积　500平方米
展览面积　250平方米
库房面积　100平方米

馆址环境　位于湖北省武汉市江夏区纸坊街兴新街269号,现与江夏区图书馆共用一栋五层钢筋混凝土结构的楼房。博物馆在五楼办公及开设文物陈列厅及文物库房、值班室、保卫室等场所。博物馆大门向北,大门前50米是兴新街道,东、西、南三面均为居民区。

历史沿革　中华人民共和国成立之初,江夏区的文物工作由原武昌县文化馆代为管理。1985年元月,原武昌县人民政府批准成立武昌县博物馆,同时兼管文物保护工作。1990年3月原武昌县人民政府批准建立武昌县文物管理所,与博物馆合署办公,即两块牌子一套班子(人员)负责全区文博业务职能工作。1996年4月,原武昌县拆县划区,更名为江夏区博物馆,与江夏区文物管理所合署办公。继续负责全区文博业务工作。由于现馆始建于20世纪80年代中期,设施落后,一些自身的基本功能得不到应有的发挥,对社会(观众)服务的功能没有充分体现,而且存在安全隐患。2009年江夏区人民政府决定异地新建博物馆,并纳入本区"十二五"规划,江夏区发改委,湖北省发改委已立项,正在向中央发改委争取立项工作。

江夏区博物馆建馆二十六年以来,仅根据馆址的现有条件及各级领导的关心以及文博工作者辛勤耕耘,与时俱进,不断举办各种陈列展览,充分发挥了博物馆传播先进文化的作用,同时为构建和谐江夏作出了一定贡献。

开放时间:上午8:30—下午17:00(每周一闭馆);全年免费开放,预约接待团体观众。

服务设施:设有游客服务中心,寄存处,无障碍参观。

交通情况:武昌南站乘901、903、906到江夏区纸坊旅游汽车公司下车,转城区4、9路公汽到兴新街图书馆下车即到。

概　况

江夏区博物馆位于湖北省武汉市江夏区纸坊街兴新街269号,是一栋钢筋混凝土结构的五层楼房,仅五层属博物馆办公及陈列区。博物馆现常年举办江夏区历史文物精品展及辅助陈列展,年均接待观众数量5.6万人次。常年结合形势举办专题图片巡展,为全区广大人民群众提供精神文化。

一、展陈科研工作

基本陈列:江夏区历史文物精品展于1990年5月开始面向大众开放,展出出土文物100余件,文物图片60余张,陈列面积250平方米。展览以时代先后为顺序,依次分旧石器时代、新石器时代、商周时代、秦汉六朝时代、唐宋时代、元明清时代等六个主要历史时代的出土文物,全面展示我区的历史文物遗存,宣传江夏历史。此展览常年免费对广大市民开放。

专题陈列:该馆从成立至今,先后多次举办专题展览,如"纪念抗日战争胜利70周年图片展"、"纪念毛泽东同志诞辰100周年像章图片展"、"中山舰风云图片展"、"叶挺将军生活摄影作品展"、"中华人民共和国诞辰60周年图片展"及"江夏区第三次全国文物普查成果图片展"等内容。部分专题展还到全区各乡、镇、街巡回展出。其意义重大,影响深远。

科学研究:近十年来,江夏区博物馆业务人员积极开展文博专业理论研究。分别在国家、省、市级专业刊物发表专业论文、新闻报道达100余篇。如《江夏郑店东周水井清理简报》、《浅析江夏青山宋代瓷窑装烧工艺及相关问题》、《湖北武汉江夏王麻窑址1988—1996的发掘》、《江夏区流芳东吴墓清理发掘报告》、《江夏湖泗古代瓷窑综述》等,分别刊登在《文物》、《考古学报》、《江汉考古》、《武汉文博》等杂志上。另外我馆祁金刚同志撰写的《江夏溯源》一书,长达40余万字,研究了江夏五千年的历史文化,成为人们了解江夏的地方史志。

二、文物保管、征集和保护工作

江夏区博物馆的管理依照"保护为主,抢救第一,合理利用,加强管理"的指导方针开展各项业务工作。自馆建立以来,坚持征集、上缴、捐赠、收购及发掘考古取得各类文物及有价值的历史资料。

博物馆现有的馆藏文物,绝大多数是通过考古发掘的出土文物,以陶瓷器为主。截至2010年底,从新石器时代至民国时期文物藏品总数达1620件。出土文物和传世文物1605件,革命文物12件,工艺品3件。国家一级文物3件、二级文物29件、三级文物494件。分出土文物,传世文物,革命文物及工艺品四大类,其类别有石器、陶瓷器、铜器、铁器、木雕、石刻、金银器、玉器、名人题词、钱币等。

博物馆有专门的文物库房和配备相应的保护措施,人防技防相结合,严格按照《藏品管理办法》的各项规定进行管理。凡是具有历史、艺术和科学价值的一、二、三级藏品、经省、市文物鉴定委员会专家组的严格鉴定,并于2005年建立文物藏品三级以上文物档案、数据库及电子文本。藏品的保管工作做到制度健全,账目清楚,编目详细;运用传统方法对一些残损的陶瓷器进行修复保护。文物库房,展厅配备了消防、防盗等设备。馆内设有安全保卫科,配专职保卫干部,24小时有人值班,落实完善了各项安全保卫制度。

三、免费开放工作

江夏区博物馆根据中宣发【2008】2号"关于全国博物馆、纪念馆免费开放的通知"精神,充分发挥博物馆、纪念馆宣传和转播先进文化的重要作用。我馆举办的:"江夏区历史文物精品展"于2008年5月正式免费对广大市民开放,到2010年12月,已接待各类观众达22万余人次。同时,还举办专题图片展板,到全区各乡、镇、街、社区、学校、部队巡回展出,深受广大人民群众、学生、部队官兵的好评。免费开放工作正在有序地开展。中央和地方政府给免费开放工作给予了大力支持。

四、机构设置和行政管理工作

江夏区博物馆隶属于武汉市江夏区文化体育局，社会公益性质的国家全额拨款的文化事业单位。现设有办公室、陈列室、安全保卫室三个部门，分别负责行政及业务工作。博物馆为正科级事业单位，现核定人员编制数3人，实际人员14人，财政供养人员8人，全馆专业技术人员6人，其中副高职称1人、中级2人、初级3人。

黄陂区博物馆

Huangpi District Museum

馆　　长　谢育武

单位地址　武汉市黄陂区前川街前川大道57号

邮政编码　430300

电　　话　027-85933829

传　　真　027-85933829

电子邮箱　hpbwg@sina.com.cn

类　　型　地方综合性博物馆

隶属关系　武汉市黄陂区文化体育局

性　　质　国有

建筑性质　一般砖混结构建筑

建筑面积　1090平方米

展览面积　310平方米

馆址环境　黄陂区博物馆位于武汉市黄陂区政府所在地东城区，周边人口密集，商业繁华，交通便利。该楼建成于1979年，共四层，占地面积400平方米，建筑面积1090平方米，一二楼为区文化馆办公用房，三四楼为博物馆用房。

历史沿革　中华人民共和国成立初期，黄陂县的文物工作由黄陂县文化馆代为管理，文化馆内设文物组。1990年黄陂县人民政府批准成立黄陂县文物管理所，与文化馆合署办公，编制4人专门负责全县文物保护管理工作。2005年9月文物管理所与文化馆单独分设，编制4人，实有工作人员7人。2005年10月黄陂区人民政府批准成立黄陂区博物馆，与黄陂区文物管理所合署办公，隶属黄陂区文化体育局管理。2007年黄陂博物馆被列入全国第一批免费开放博物馆。

开放时间　1月1日—12月31日 9:00—17:00(每周五除外)

门票情况　向全体社会公民免费开放

交通情况　全区各街乡镇场有客运班车到达黄陂区汽车站，汽车站内有，公汽9路、11路、13路、611路直达博物馆。

概　况

工作宗旨：负责全区文物的保护、管理、鉴定、征集、收藏、登记、修复等工作，合理开发利用与弘扬民族文化。

机构设置：设办公室、文保部、保管部、陈列部、后勤部等部室

一、展陈工作

(一)基本陈列

陈列名称：

1、黄陂古代历史陈列　2006年以“感悟灿烂的文明，追寻历史的记忆”为主题，

采用地方通史陈列的方法，按新石器时代、商周时代、秦汉三国两晋南北朝时代、唐宋元明清时代四个部分，将200件具有代表性的文物进行展出，陈列面积70平方米，全年免费向公众开放300天，年接待观众1万余人。

陈列艺术设计特点：通过实物与文字、图片结合，反映黄陂先民创造的悠久历史和灿烂的文化，以及黄陂古代历史发展脉络。采用墙面、灯箱和展柜的形式展出，光线上使用日光灯、射灯照明。

陈列面积：70平方米

展品数量：95件

2、黄陂革命历史陈列　2007年以“英烈永垂不朽，伟绩万古流芳”为主题，将收集的大革命时期、土地革命时期、抗日战争时期和解放战争时期的400余张珍贵图片，以黄陂革命史为主线制成图片展，面积140平方米，免费向公众开放300天，年接待观众万余人。

陈列艺术设计特点：通过文字与图片相结合，反映黄陂革命斗争史。采用墙面图版的形式展出，光线上使用日光灯、射灯照明。

陈列面积：100平方米

展品数量：展版45块

3、木兰传说国家级非物质文化遗产专题展　2009年以“巾帼英灵千秋在，木兰花开万古香”为主题，将收集到的200余件与纪念木兰将军有关的珍贵器物，分“源远流长的木兰文化事略、蔚为大观的木兰文化和多姿多彩的木兰风情”三个部分进行展出，面积140平方米，免费向公众开放。

陈列艺术设计特点：通过实物与文字、图片结合，反映国家级非物质文化遗产木兰传说在黄陂的发展脉络。采用墙面、灯箱和展柜的形式展出，光线上使用日光灯、射灯照明。

陈列面积：140平方米

展品数量：实物400余件、展版20块

（二）专题陈列

1980年举办“黄陂县美术、书法作品展览”；1982年举办“革命、历史文物展览”；1983年举办纪念毛泽东同志诞辰90周年摄影展览；1984年举办“建国35周年摄影展览”；1985年举办“法制教育展览”；1986年举办黄陂县第四届书画展览；1987年1月15日举办首届楹联展览，省、市楹联团体也欣然献联；1989年举办“杨来专个人书法展览”、“防治艾滋病、性病录像、图片展览”、“黄陂县企业风貌摄影展览”；1991年举办“武汉市书画摄影巡回展”，“革命英烈展览”；1992年举办“城关地区书法作品展览”；1993年举办“文物法宣传图片展览”；1997年举办“迎接香港回归展览”；1998年举办“新五师革命文物展览”；2001年举办庆祝建党80周年“中国共产党创建史”大型图片展览；2006年举办长征精神永存图片展；2009年举办纪念五四运动90周年图片展；2010年举办永远跟党走图片展。

二、藏品管理和保护

藏品来源　主要通过征集、考古发掘、上缴（交）、捐赠、收购等途径取得。现有文物藏品，绝大多数为考古发掘出土的文物，以陶瓷器为主。

藏品类别　黄陂区博物馆文物藏品分为传世文物、出土文物和革命文物以及工艺品四大类。其类别有石器、陶瓷器、铜器、铁器、木雕、石雕、石刻、金银器、玉器、古书、钱币等。

藏品统计　截至2008年底，从新石器时代至民国各时期文物藏品总数为1400件。其中出土文物和传世文物1174件，革命文物111件，工艺品115件。国家一级文物4件，二级文物26件，三级文物137件。

藏品保护　黄陂区博物馆建有专门的文物库房和配备相应的保护设施，严格按照《藏品管理办法》的各项规定进行管理。馆藏一、二、三级藏品，都建立了文物藏品档案和电子文本；藏品的保管工作做到制度健全，账目清楚、鉴定确切、编目详明；运用传统方法对一些破损藏品器物进行修复保存；库房内配备必要的温、湿度计、恒温计以及安全防火器材；淘汰陈旧的文物橱柜架和过时落后设施，更新安全可靠的全封闭文物橱柜金属架等。按照《博物馆安全保卫规定》和三级风险等级安全防护规定要求，馆内设立安全保卫部，选配专职保卫干部。重点要害部位安装技术安防设备和综合报警监控系统设施，落实完善了各项安全保卫制度，配备专职保卫人员坚持24小时执勤。

三、文物保护

1980年4月孝感地区组织文物保护干部20名，成立文物普查队，对黄陂县进行了全面普查。历时150天，先后查出屈家岭文化、龙山文化、商、周、秦、汉时期文化遗址76处；1992年11月，由省、市、县组成的文物考古调查组对京九铁路线黄陂段沿线进行全面考古调查，历时15天，发现古文物遗址4处，文物采集点7处，墓葬群2处；2000年12月，武汉市文物考古研究所、区文物管理所组成调查专班，对黄陂段沿线进行了历时一个多月的勘探调查，发现汉墓1处、宋墓1处、明墓2处、清墓1处、文物采集点4处，张黄湾新石器时期古文化遗址1处；2001年6月，武汉市文物考古研究所、盘龙城博物馆筹建处、区文物管理所三家联合组成考古队，对国家级文物保护单位盘龙城遗址保护范围内的遗址、墓葬和城址进行考古勘探调查。历时三个月，勘探面积达1.1平方公里，发现了盘龙城遗址的外城墙，为研究盘龙城的历史提供了重要的佐证资料；2005年武汉市考古研究所、黄陂区文物管理所组队，对武汉北编组站用地范围进行文物调查；2007年武汉市考古研究所、黄陂区文物管理所组队，对合肥——武汉高速客运专线黄陂段进行文物调查；2008年武汉市考古研究所、黄陂区文物管理所组队，对石家庄——武汉高速铁路黄陂段进行文物调查；2008年至2010年黄陂区组队开展黄陂区第三次全国文物调查工作，圆满完成了野外调查工作，复查文物点105处，新发现文物点62处。

四、宣传教育

每年积极配合国家文物局“国际博物馆日”和“中国文化遗产日”的宣传主题，向附近街道社区开展宣传活动。1992年12月4日《中华人民共和国文物保护法》颁布十周年纪念日，在文化馆门前举办了“隆重纪念文物法颁布十周年宣传周”活动，散发宣传资料5000余份，制作宣传牌50块。还请区政府分管领导作电视讲话，同时到全区各街、镇、乡学校开展巡回宣传。参与的干部、群众、学生达5万人次；4月，在木兰山举办了“纪念文物法颁布十周年与木兰山古建设保护宣传周”的专题宣传活动，共散发各类宣传材料1400余份，接受宣传的人员达2万人次；1997年《中华人民共和国文物保护法》颁布15周年，通过请县政府分管领导作文物保护电视讲话，在城关交通要道散发宣传资料，制作宣传牌，实物展示，开展文物知识咨询等活动，参与群众达2万余人次；2005—2009年每年组织全区19个街乡镇文体中心主任及42处文物保护单位义务保护员开展文物法知识培训1次；2008—2009年开展第3次全国文物普查野外调查时印制文物法宣传图册1万份，实地发放给群众。

新洲区博物馆

Xinzhou District Museum

馆　　长　谢新明
地　　址　新洲区邾城街博物大道城东十字路口北侧
邮政编码　430400
电　　话　027-86921946
电子信箱　1020344600@qq.com
类　　型　地方综合性博物馆
隶属关系　武汉市新洲区文化体育局
性　　质　国有
创建时间　1999 年 7 月
开馆时间　2004 年 12 月
占地面积　26400 平方米(含代征路面)

建筑布局　博物馆主体建筑由门楼、主楼和展厅三个部分组成，坐东朝西。中间主楼一至二层以办公、接待为主，三层为文物库房及技术培训场所；两翼二层各两个展览大厅；前院为广场式花园，后院为假山、亭台休闲场所(待建之中)；南北两边为观众服务区和职工居住区(待建之中)。

建筑特点　博物馆为框架式钢筋混凝土结构，其主楼为歇山顶重檐蓝色琉璃瓦仿古建筑，占地面积 26400 平方米，建筑面积 3000 平方米。其中展厅面积 1460 平方米，文物库房(含技术培训场所)150 平方米，其余均为办公等用房。

历史沿革　中华人民共和国成立至 20 世纪 90 年代初，新洲县(1998 年拆县改区)的文博工作一直由新洲县文化馆代管。1991 年 12 月，新洲县人民政府批准成立“新洲县文物管理所”，独立承担全县文博工作。

1994 年 3 月，新洲县部分人大代表和政协委员根据新洲县创建全省先进文化县的达标条件及新洲出土文物的馆藏问题，向市、县两级人大、政协会提出了修建新洲博物馆的建议和提案。

2004 年 11 月，新洲区人民政府批准成立“武汉市新洲区博物馆”与“区文物管理所”，实行一套班子两块牌子合署办公。

概　况

新洲博物馆位于新洲区邾城街东，新洲大道与博物大道交界的十字路口，坐东向西。占地面积 26400 平方米，建筑面积 3000 平方米，其中展厅面积 1460 平方米，文物库房 150 平方米，其余为办公面积。博物馆主体建筑由门楼、主楼和展厅三个部分组成。中间主楼一至二层为办公、接待用途，三层为文物库房和技术培训场所，两翼二层分别为四个展厅。前院为花园式广场，后院为假山、亭台休闲场所(待建)，南北两边为观众服务区和职工居住区(待建)。1997 年 12 月县政府决定筹建新洲博物馆，1999 年 7 月动工，2004 年 7 月竣工，同年 11 月区政府批复成立新洲博物馆，12 月试运开馆。2008 年 5 月 18 日正式向社会免费开放。陈列布展有四大展厅，即：“新洲馆藏文物陈列”、“问津书院史料陈列”、“青少年爱国主义教育展”、“科普知识陈列”。

一、博物馆管理

2004 年 11 月，新洲区编委批复成立“武汉市新洲区博物馆”，实行一套班子两块牌子，博物馆与文物管理所合署办公。为新洲区文化体育局二级事业单位，具有独立承担法律责任的法人代表资格。市级主管部门武汉市文化局，业务由市博物馆、市考古所、市革命博物馆等单位指导和管理。

二、免费开放工作进展情况

新洲博物馆自2008年5月18日对外免费开放以来，年平均开放日315天，年平均观众流量4—5万人次。在免费开放的过程中，为了满足广大观众的需求，博物馆对馆藏文物陈列厅和问津书院史料陈列厅三年提升2次，从监控设施、灯光设备、环境布置到设计制作在不断的提高档次。在青少年爱国主义教育展厅上形式多样、内容丰富多彩、常换常新。区政府正式挂牌为青少年课外活动教育基地。在科普知识陈列展厅上与区科协合办，鼓励青少年小制作、小发明，成为区级挂牌科普知识教育基地。

三、陈列展览

新洲博物馆陈列展览有四大展厅。即："新洲馆藏文物陈列"、"问津书院史料陈列"、"青少年爱国主义教育展"、"科普知识陈列"。在设计上广泛的调研、论证、缜密思考，请市博物馆专家具体指导，着重从三个方面入手：1. 以新洲文化为核心内容，以地方文化的连续性、递升性、多元性、荟萃性和创新性为展示要点，充分表现新洲文化恢弘的气度，深厚的底蕴和辉煌的成果。2. 展示新洲文化的发展成熟过程，把新洲文化置于世界历史演进的大背景下展示，丰富思想内涵，深化展览主题，体现出新洲文化的历史追评和面向世界的胸襟祖陈。3. 展览陈列，针对新洲市民、广大中小学生和国内外旅游者定位，把展览的科学性、普及性、趣味性融为一体，使博物馆文化成为广大民众进行自我教育和自我提高的大众文化。

1. "新洲馆藏文物陈列"展现的是从石器时代到近代革命文物及新洲的出土和征集，体现了新洲二千多年行政体制的变迁，反映出政治、经济、文化的繁荣和发展。陈列文物有石器、陶器、青铜器、瓷器、玉器、杂项等208件。

2. "问津书院史料陈列"展示的是省级文物保护单位"问津书院"（孔庙），由庙到书院合一的各个朝代的教学和书院的兴衰史料。分为八个部分：1. 问津书院志叙；2、庙制沿革；3、书院建制；4、祀典乐章；5、讲学会课；6、先正列传；7、艺文碑记；8、修复模型。

3. "青少年爱国主义教育展"主要是面对市民和广大的青少年进行爱国主义和思想道德教育，成为中小学校课外活动的教育基地。三年免费开放举办了"纪念抗美援朝胜利"、"雷锋精神永恒"、"纪念毛泽东诞生100周年"、"纪念邓小平诞生100周年"、"纪念长征胜利75周年"、"台湾知识"等大中型图片展。

4. "科普知识陈列"与区科协合办，成为中小学生创造发明、实践科学的科普基地。

5. 临时展出主要是引进来，如海洋生物知识展深受青少年的爱好，使其初步了解海洋世界的博大和丰富。

四、展示宣传和社会服务

博物馆承担着新洲地区文博事业的重点工作，在文物收藏保护、展览陈列、科学研究、社会教育等方面发挥着重要作用。因此，在展示宣传和社会服务上有着长远重要的竟义。为此，博物馆专设了"宣教部"，一是宣传文物保护的法律法规；二是对展出的内容进行多媒体的宣传报道；三是在陈列上进行形式多样有观赏性的设计制作；四是对观众提出的问题和要求进行解答和处理；五是为大众收藏爱好尽可能地做好鉴定服务；六是对残疾观众服务。

五、藏品征集管理和保护

1.藏品征集，新洲博物馆主要采取四种形式。一是接受捐赠；二是奖励性收购；三是考古发掘；四是文物普查中发现。

2. 新洲博物馆的馆藏文物在管理和保护上利用现有的条件建档、建卡、分明别类、数字登录，专人专账专钥匙，文物出库手续完备。安消防按三级风险馆要求逐步提升达标。文物修复请市专家指导、专人清理修复。

六、博物馆建设

新洲博物馆设有5部1室，即：宣教部、陈列部、文保部、保管部、后勤部、办公室。现有在岗人员19名，馆员职称4人，助理馆员8人，大专以上学历占80%。办公条件基本每个办公室有电脑。文物展厅、库房安消防按三级风险馆要求逐步提升达标。规章制度完善，以制度管人、以制度管事，使各项工作制度化、规范化。

七、博物馆文化产业、产品的经营情况

新洲博物馆按原规划，备有服务区、生活区、停车场，因经济来源不足待建，现文化产业主要是引进展览。以汉代文物为主的工艺文化产品和“问津书院”纪念章正在制作过程中。

八、人才培训

新洲博物馆现有人员是原文物管理所与成立博物馆合署后就地启用人员。管理和技术专业人才短缺，在人才培训上利用现有的人员，一是送往市博物馆、市考古所培训学习；二是请专家进来讲课和现场指导；三是在馆内加强对在岗人员的培训，组织专业学习、比赛。为了适应现代化博物馆发展的要求，已向区政府申报引进招聘专业人才。

九、博物馆行业组织建设

新洲博物馆根据现有的条件和主管部门的意见及广大社会市民的建议，定位于社会综合性博物馆。由此，新洲博物馆在行业建设中，主要是从事于社会服务。“新洲馆藏文物陈列”和“问津书院史料陈列”是对广大观众进行历史教育，展现新洲丰富的历史文化底蕴。“青少年爱国主义教育展”和“科普知识陈列”是对青少年进行爱国主义思想道德教育和普及科学的服务场所。将会在广大市民和青少年中产生传统的、历史的、革命的、爱国主义的、科学普及的社会效应。

盘龙城遗址博物馆

Museum of Wuhan Pan Long City Ruins

馆　　长　鄂学玉

地　　址　武汉市黄陂区盘龙城经济开发区盘龙大道1号

邮政编码　430312

电　　话　办公室：027-82833314

参观预约：15202726355

传　　真　027-82833314

隶属关系　武汉市文化局

性　　质　国有

建筑性质　现代建筑

建筑面积 1200 平方米
展厅面积 250 平方米
占地面积 6240 平方米

馆址环境　位于全国重点文物保护单位商代盘龙城遗址内。北临巨龙大道，西临盘龙大道，东有盘龙湖，南临府河。环境优美，富农家田园气息。

历史沿革　1954 年首次发现盘龙城商代城址，1974 年以来进行过数次大型考古发掘。1980 年代建成湖北省盘龙城遗址考古工作站，其中含有供专业人员参观学习的文物陈列厅。1999 年移交武汉市管理，设立武汉市盘龙城遗址博物馆筹建处。2000 年对考古工作站院落进行整修后，举办陈列，与商代宫殿区等考古遗址一并对观众开放。

开放时间　9:00—17:00(周一闭馆)

服务设施　免门票，免费提供讲解与博物馆简介资料，有饮水机，残疾人服务岗。

交通状况　公共汽车有 291、296 路到遗址区大门前肖陈湾站下车，然后步行经遗址区道路到博物馆参观区。

概　况

盘龙城遗址是我国长江中游地区首次发现的商代早期城市遗址（距今三千五百年），也是我国发现同时期保存最好的城址之一。它以其蕴藏丰富的文化内涵和暴露在地面之上城垣遗存而名闻中外，被誉为“武汉城市之根”。1956 年公布为湖北省第一批省级重点文物保护单位，1988 年国务院公布为第三批全国重点文物保护单位，2001 年获中国 20 世纪 100 项考古大发现的殊荣。

盘龙城遗址位于武汉北郊黄陂盘龙城的府河之畔，南距市区 5 公里，遗址面积约 4200000 平方米，其中心是一处建于三面环水岗地之上的宫城遗址，宫城平面近似方型，南北长 290 米，东西宽 260 米，城垣为夯土筑成，墙体坡度外堵内缓，墙基厚度在 14~20 米之间，周长 1100 米，四面设有四座城门。城垣外宽有 14 米、深 4 米的壕沟环绕。城内面积 75000 平方米，东北部地势较高。在 2001 年进行的考古调查勘探工作中，距离宫城城垣 250~500 米处，发现一条呈东北至西南走向的带状夯土遗迹断续分布，极可能是盘龙城外城城郭之所在。

盘龙城遗址发现后，引起考古界的高度重视，自 1963 年至今进行了数次规模不等的考古发掘工作，发掘总面积达 1 万余平方米。其中 1974 年 9—12 月和 1976 年 9—12 月的考古发掘工作分别由全国著名考古专家俞伟超、李伯谦等主持。这两次较大规模的考古发掘，揭露了宫城内的两座宫殿基址，解剖了城垣及城壕结构，发掘了一批商代墓葬。发掘的两座宫殿基址是我国最早发现的“前朝后寝”式建筑格局的实物史料。在李家嘴发掘的一座贵族墓葬，是长江流域发现最早的奴隶殉葬墓。通过以上考古发掘工作，使我们对盘龙城遗址的年代、地位和文化内涵有了较清晰的认知。目前，盘龙城遗址已出土各类文物 2000 余件，其中青铜器 400 余件，玉器 100 余件，石器 100 余件，陶器 1500 余件，出土于李家咀贵族墓中的青铜钺，体形之大为商代前期同类器物所罕见，同时出土的长达 94 厘米的玉戈，厚仅 1 厘米，显示了高超的琢玉技术，是目前我国出土商代前期最大的玉戈。在杨家湾墓葬中出土的青铜大圆鼎，高达 85 厘米，是迄今出土的我国商代前期最大的圆鼎。王家咀出土高达 1 米的大陶缸，堪称商代陶器所仅有，充分显示了精湛的制陶工艺水准。近五十年的考古发掘和科学研究工作取得了丰硕成果，为我们揭开了盘龙城神秘面纱的一角，而大量的文物、遗迹仍深埋地下，尚待进行全面系统的考古发掘和科学研究。

盘龙城遗址保护工作得到中央和地方各级政府的高度重视。1975年，湖北省博物馆在当地设立“盘龙城考古工作站”，具体负责遗址的文物保护与考古发掘。1993年，武汉市人民政府公布了盘龙城遗址的重点保护范围和建设控制地带。1994年，黄陂县政府根据《盘龙城遗址风景区保护开发规划》，先后投入近3000万元，完成道路、给水、供电和通讯四大基础设施建设。2000年，经省、市文物部门协商，将盘龙城遗址移交武汉市负责管理；市政府批准成立“武汉市盘龙城遗址博物馆筹建处”，由其负责对遗址的保护管理工作；市财政和文物办拨出专款对原有危房陈列室进行装修。2004—2005年，开始对文物、征集文物建立档案，并对馆藏文物鉴定级别，在文物库房安装电子安防系统。2004—2006年，武汉市政府拨款2000万元，完成了遗址重点保护区内的杨家湾、江家湾整体搬迁工作。2004年，武汉市政府成立以市委、市政府领导为组长的盘龙城遗址保护工作领导小组。2006年，财政部与国家文物局将盘龙城遗址定为全国重大遗址保护与展示重点项目，省文物局成立“盘龙城大遗址保护展示工作领导小组”。2006与2007年，中央拨款1500万元专款用于开展的盘龙城遗址保护展示工程建设。2007年，由中国建筑设计研究院编制完成《盘龙城遗址保护总体规划》，随后经国家文物局审批通过并由湖北省人民政府颁布实施。2009年，中国文物研究院完成《盘龙城遗址本体保护工程方案》。2009年至今，相继进行了盘龙城遗址博物馆选址、盘龙城遗址博物馆建筑方案设计等工作，编制了《盘龙城遗址博物馆暨文物保护工程项目可行性研究报告》、《盘龙城遗址公园建设概念规划》、《盘龙城国家考古遗址公园规划》等，为加快推进盘龙城遗址的保护工作，使遗址的历史真实性、完整性得到有效保护和延续，使其在当地经济发展、生态环境建设和社会文化教育等方面发挥积极的作用，奠定了坚实基础。

盘龙城遗址博物馆现有建筑系利用原湖北省文物考古研究所盘龙城工作站旧有房屋，新的博物馆正在酝酿建设中。举办的“盘龙城遗址出土文物陈列”，展出有遗址出土的青铜器、玉器、陶器、石器等重要展品，其中有青铜大圆鼎、青铜钺、铜提梁卣、铜簋、大玉戈等。它与盘龙城宫殿区、墓葬区等其他遗址展示点一起，构成了遗址博物馆的陈列展示要素。实行免费开放以来，每年接待国内外观众30000以上人次，较好地发挥了它的社会功能。

遗址博物馆现有事业编制14人。设有馆长、书记岗位（正处级）1人，副馆长岗位2人（副处级），下设办公室、安全保卫部、宣传开发部、文物保护部。其中研究员1名，从业二十年以上的科研人员8名。承担了遗址博物馆的免费开放、文物保护、考古发掘、规划编制等日常工作。编辑出版有《盘龙城研究》、《1963—1994盘龙城考古发掘报告》、《盘龙城青铜文化》、《盘龙城文物精品图录》、《武汉城市之根——商代盘龙城与武汉城市发展研讨会论文集》、《武汉之根——盘龙城》、《盘龙城辞赋集》、《盘龙城诗词集》、《盘龙城书法集》等，并在相关刊物上发表研究文章数十篇。

湖北地质博物馆

Hubei Geological Museum

馆　　长　林淑苹
地　　址　湖北省武汉市解放大道684号
邮政编码　430022
电　　话　027-85833247（传真）
　　　　　　85833244（馆长）
电子邮箱　491279552@qq.com
隶属关系　湖北省地矿局
性　　质　国有
建筑性质　现代建筑
建筑面积　2200平方米
展览面积　1600平方米
占地面积　3300平方米

馆址环境　位于武汉市解放大道684号（湖北省地矿局院内），为武汉市繁华闹市区，其占地面积3300平方米，大楼西墙面有原国家地质总局局长孙大光题字“湖北地质博物馆”。

交通位置　公汽有505、508、523、546、712、716、519、522、806等都可在汉口航空路站下车，轻轨在利济北路站下。

开放时间　上午9：00—下午16：30（周一至周六）

服务设施　停车场、电梯服务

一、科研活动

该馆科技人员多年来在地质遗迹调查与保护，在湖北郧县梅铺镇恐龙骨骼化石遗迹保护与研究方面做了大量工作。2010年，所承担的“湖北省观赏石资源调查与编图”项目受到中国地质调查局和中国观赏石协会的表彰。

二、科普工作

该馆每年举行4.22世界地球日、科技活动周、5.18世界博物馆日、6.13中国文化遗产日等宣传活动。制作地学科普展板，播放科普视屏，提供具有代表性的岩石、矿物、宝玉石、观赏石等标本展示，免费为市民检测珠宝玉器，结合报纸、宣传手册等上街进行科普宣传。委派专家定期到中小学校、社区进行科普讲座，配合国土资源厅举办地学夏令营，以博物馆为科普教育基地、以互动参与、实地考察等形式开展科普教育。

三、机构设置

湖北地质博物馆隶属于湖北省地矿局，国家全额拨款事业单位。内设机构有馆长办公室、综合部、展览部、科研部和开发部5个部门，分别负责行政和业务工作。现有在编员工15人，大专以上文化程度13人，具初级职称以上13人。其中管理人员9人，副高以上职称3人，中级职称4人。

按照《省文物局关于进一步加强领导扎实推进全省博物馆免费开放工作的通知》的要求，制定有《工作人员手册》、《观众参观管理条例》、《讲解员服务承诺》、《残疾人服务公约》、《展厅交接班制度》、《观众投诉处置管理办法》等相关管理制度和条例。为更好地服务大众，专门设有馆内简介说明、平面图、标志牌、观众参观须知、温馨提示牌，参观登记处、观众意见箱、录放像设备等。在硬件方面，改善了参观条件，设有观众休息处，馆容馆貌整洁优雅，清洁舒适，为观众提供了优良的参观环境。还有完备的安全防范设施,如:消防栓、灭火器、应急灯、电子监控设备、安全通道和安全警示牌等。每年组织职工进行消防安防培训和演练。设有专职安全管理人员,制定了安全管理制度和安全应急预案,实行24小时安全巡视制度等。

四、发展概述

湖北地质博物馆始建于1956年,最初为湖北省地质局矿石、岩石、化石标本陈列室,1957年正式开馆。属自然科学类行业博物馆。2009年,湖北地质博物馆被定为国家三级博物馆,现由湖北省地矿局举办,辖属湖北省地质科学研究所管理。

1995年,湖北省人民政府和武汉市委分别命名该馆为"省、市爱国主义教育基地";1998年,湖北省科协命名该馆为"湖北省青少年科普教育基地";1999年,科技部、中宣部、教育部、中国科协联合命名该馆为"全国青少年科技教育基地";2009年,国土资源部命名该馆为"国土资源科普基地"。

经过1987年和2004年的两次改造,馆舍面积已达2000余平方米。设有普通地质厅、古生物厅、资源环境一厅、资源环境二厅等四个展厅。馆内现有藏品18000余件,其中一级藏品100余件。馆内收藏的"灯影恰尼虫"化石,是我国发现的最早的一块古生物化石,是全球唯一的一块"恰尼虫"实体化石,稀罕而珍贵;重达412千克的"天外来客——光化铁陨石",是目前全国几十家地质博物馆中最大的铁陨石,被誉为"镇馆之宝";重达310千克的"铁化木"国内独有;出自本省郧县的四具恐龙骨骼化石和众多的恐龙蛋化石,再现了中生代恐龙世界的兴盛和衰亡。2007年,该馆对馆藏标本进行了清理与更新,为馆藏建设起到积极作用。

该馆自对外开放以来,一直以地学科普为主要重点,吸引了大量的观众,每年接待观众10万人次。2007年根据武汉市文化局文件精神对五类人免费参观,2008年6月开始对全社会免费开放,极大的满足人们对地学知识的需求。

2007年,我馆被武汉市文化局和武汉市博物馆协会评为"市民最喜爱的博物馆"十佳之一。2010年,湖北省科技厅、省委宣传部和省科协联合授予我馆"全省科普先进集体"荣誉称号。

五、展陈工作

展厅内容　湖北地质博物馆现设有展厅4个,分别是:

普通地质厅:主要展出内容是介绍太阳系及宇宙的起源和形成,地球的圈层构造及地质作用,矿物岩石标本及湖北省代表性的三峡地质剖面、柱状图及地层岩石结构仿真雕塑等;

湖北资源环境一、二厅:主要展出湖北省矿产、矿区的资源种类、分布、应用情况及湖北省地质环境等;

古生物恐龙厅:主要展出内容为生物起源、进化过程,古生物化石及恐龙骨化石,设有若干关于古生物知识的声、光、电互动项目设施。

展厅陈列设计的特点是:根据各展厅的主要内容和特色,强调和突出科普性、系统性、观赏性和娱乐性,寓学于乐,寓教于乐。

中南民族大学民族学博物馆

Ethnological Museum of South-Central University of Nationalities

馆　　长　柏贵喜
邮政编码　430074
电　　话　027-67842750
传　　真　027-67842750
电子邮箱　mzxbwg@yahoo.cn
类　　型　民族文化类
隶属关系　中南民族大学
建筑性质　仿古独立建筑
建筑面积　3606平方米
展览面积　584平方米

馆址环境中南民族大学民族学博物馆坐落于风景秀丽的武昌南湖之滨，馆舍建筑依山就势，随自然地貌高低分布。在空间处理上，以3个大小不同、形状各异、高低错落的内院为中心，利用不同尺度和长宽比及闭合、开敞等富有变化的组合方式精心构筑，既将庭院、走廊、大厅、内室连为一体，又科学地划分为展览、办公、库房三个功能相对独立的区域。屋上盖琉璃瓦，并缀以飞角重檐，秀丽玲珑。整个建筑既庄重典雅，又和谐明快，融入了我国传统建筑的精髓和少数民族的建筑风貌。

历史沿革　中南民族大学民族学博物馆的前身是成立于1953年的中南民族学院少数民族文物陈列馆。“文革”期间，中南民族学院被撤销，陈列馆藏品也被转移至中央民族学院保管。1984年，在著名学者吴泽霖先生的倡议、主持下，经国家民族事务委员会批准，博物馆得以复建，并正式命名为“民族学博物馆”，国家副主席乌兰夫同志亲笔为博物馆题写了馆名。她是我国第一座以“民族学博物馆”命名的专业性博物馆。

早在20世纪50年代少数民族文物陈列馆创建之初，馆内专家学者在参加我国少数民族社会历史大调查和民族识别的工作中，就收集了大量的反映我国南方少数民族传统文化内容的民族文物，主办的展览接待了印度总理尼赫鲁等80多个国家和地区各方面人士参观。

重建后的1986年下半年，民族学博物馆成功举办了“南方少数民族传统服饰展”和“海南黎族传统文化展”，并向社会开放，面向广大观众，尤其是武汉市及其周边的广大中小学生，普及民族知识，受到观众一致好评。1989年，在著名学者潘光旦之弟潘光迥先生的资助下，民族学博物馆征集了以三滴水床、雕花脸盆架为代表的一套珍贵土家族传统雕花家具，1990年3月应邀赴上海参加“1990中国上海民间艺术博览会”荣获收藏大奖，在上海展览的8天时间内，吸引了10余万中外观众，参观者发出的“精彩”、“真珍奇”的赞叹声不绝于耳。

2000年春，根据学校的工作安排，民族学博物馆和民族学与社会学学院合并，至2006年6月民族学博物馆再度单独建制。

2008年，在国家民族事务委员会的大力支持下，学校投入近千万元对民族学博物馆进行维修改展，2009年底工程基本完成。新展览突出民族特色，内容设计中民族志方法的运用，体现了民族学博物馆的学术特点；现代信息技术手段利用，有效地延伸了博物馆的虚拟展线，丰富了展览内容；创造性地把有形文物和含有非物质文化遗产内容的声像资料等同陈一室，使观众得以窥探中国少数民族传统文化的完整风貌，弥补了传统博物馆只注重展示有形文物的不足；将静态民族文物融入复原制作的虚拟场景之中，挖掘出静态文物背后的文化内涵，使文物从一个个单调的文化符号变为一串串生动活泼的文化故事；在保持展览整体风格的前提下，合理利用不同民族各自独特的文化元素，力求同中求变，减轻了参观者的“审美疲劳”。

在2010年初湖北省文物管理局开展的武汉城市圈博物馆纪念馆优秀陈列展览展示评选活动中，民族学博物馆重新布展的“多彩民族”展厅喜获“最佳创意奖”，成为武汉城市圈内唯一获奖的高校博物馆。

由于宣传教育工作成绩突出，中央电视台、人民日报、湖北日报等诸多新闻媒体曾用专题、专栏形式对民族学博物馆作过宣传介绍。1995年，民族学博物馆成为武汉市首批命名的“爱国主义教育基地”和“青少年科技教育基地”，2000年荣获“湖北省科普工作先进集体”，2006年获得武汉市“年度博物馆工作先进单位”等光荣称号。在弘扬民族文化和建设社会主义精神文明中发挥着重要作用，成为武汉市重要的对外宣传窗口之一。

开放时间：周一至周五 8：30—11：30，14:30—17:30 团体预约不受时间限制

门票情况：对未成年人、老年人、现役军人、劳动模范、残疾人免费。

交通情况：公汽503、538、811、586路中南民族大学站下中南民族大学校园内。

概　况

工作宗旨：收藏、研究、宣传我国少数民族文化遗产

机构设置：下设办公室、藏品部、展览部、研究部

一、基本陈列

“多彩民族”：展览以实物、照片、文字、图表等为主要陈列内容，注重采用现代科技手段，通过动、静结合，平面、立体结合，开放、封闭结合等多种陈列形式，比较简洁、全面地展示了我国55个少数民族的概貌，我国以民族区域自治制度为主的民族政策以及民族文化。展览突出中华民族多元一体格局的独特性，突出民族文化、习俗的多样性，突出党和国家民族政策的成功和民族工作的成就。本展览共分三大部分，第一部分“民族识别和民族分布”，着重介绍我国少数民族的识别过程，以及民族的分布，语言和人口等状况。第二部分“民族区域自治”通过对我国少数民族区域自治地方介绍，着重反映了中国共产党的民族政策及其对少数民族地区社会经济文化发展的作用和成就。第三部分“少数民族文化”，根据馆藏实物的情况，重点展示我国少数民族传统文化中精彩的物质和非物质文化遗产的内容。

“记忆武陵——土家族历史文化”：展览分为“悠久的历史”、“山地经济”、“灿烂的文化”三个部分。展览通过对武落钟离山土家族来源传说场景的塑造、土家族地区出土文物和传世土司官印等文物的展示、国宝级文物溪州铜柱的复制直观地梳理了土家族悠久的历史；通过对土家族地区传统农具的艺术陈列，土家山寨雕塑，配以相关图片和文字说明，生动再现了土家族地区山地经济生产活动；通过复原陈列和景观陈列法，选择土家族传统民居中有代表性的陈设进行场景复原，布置以馆藏珍贵的土家族雕花家具，使观众犹如身临其境，有强烈的真实感和历史感。为观众特别布

置的织布机等陈列品还可让观众亲身体验西兰卡普的织造过程，使观众不仅是陈列的旁观者，而且是参与进来的实践者，从而达到动态陈列的效果。视频展示的运用，使观众可以更多的了解以“哭嫁歌”、“摆手舞”、“撒叶尔嗬”为代表的非物质文化遗产。展览设计注意融入土家族文化元素，比如吊脚楼风格、虎文化等。

“椰风海韵——黎族传统文化”：展览主要通过陈列20世纪五六十年代征集于海南黎族地区珍贵的民族文物，配合以黎族传统代表性民居——船型屋的复原、黎族传统村落微缩景观以及文字说明、图片和反映黎族传统生产生活方式地影视人类学资料，向人们全景式地展示了黎族传统社会优美的自然环境、悠久而具有革命传统的历史和灿烂而独特的文化。展览分为“环境与历史”、“方言与服饰”、“经济生产”、“风俗习惯”四个部分。展品中钻木取火、刻木记事的实物，以及露天烧陶、妇女文身的图片都是其他地方很少能见到的，具有极高的历史文化价值。

“工艺奇葩——少数民族工艺美术”：展览共分为“奇异瑰丽的织锦艺术”、“神秘华丽的刺绣艺术”、“烂若群星的蜡染艺术”、“匠心独运的木雕工艺”、“巧夺天工的竹编工艺”、“彝族漆器”、“精美繁复的银饰艺术”。展出的每件文物，均由少数民族民间艺人手工制作，它们风姿古朴，自然清新，散发出浓郁的乡土气息。既有实用的特点，也满足审美的精神需求，同时具有丰富的文化内涵。集民族学、民俗学、艺术学等研究价值为一身，具有很强的民族特色，是我国传统文化的重要组成部分。

“斑斓霓裳——少数民族服饰”：展览共展出了本馆收藏的我国中东南地区壮、侗、苗、畲、瑶、仫佬、毛南、京、高山、仡佬等10个主要少数民族传统服饰。带有本民族特点的服饰，是该民族历史的活化石，有些民族服饰的花纹图案记载了他们的古老传说及历史迁徙路程，无论从历史学、民族学还是从美学的角度，民族服饰都具有极高的收藏价值。

自1986年正式开放以来，本馆先后举办了“侗寨风情图片展”、“土家族民俗展”、“中国少数民族服饰展”、“南方少数民族手工艺术展”、“南方少数民族传统服饰展”、“馆藏文物精品展”等固定展览十几个。

为了扩大宣传对象，本馆还曾多次在外地举办展览。如1990年3月，参加中国上海民间艺术博览会并获收藏奖；1993年1月，在武汉市晴川阁举办为期半年的“南方少数民族传统文化展”；1994年5月，在武汉市蔡甸区森林公园举办为期一月的“南方少数民族传统文化展”；1994年9月，在黄石博物馆联合举办为期两个月的“中国民族服饰文化展”；1995年5月，在河南洛阳民俗博物馆举办“民间工艺品展”；1997年4—5月，与武汉广场联合举办“民族婚俗展”等等。这些异地展览，大大增加了观众面，从而取得了更大的社会效益。

二、藏品管理

藏品来源：主要通过征集、捐赠、收购等途径取得。现有的文物藏品中，绝大多数为中国南方少数民族文物，以少数民族传统服饰文物为主。

藏品类别：中南民族大学民族学博物馆文物藏品基本上是民族文物。其类别有服饰、字画、竹木器、金银器、石器、陶瓷器、铜器、铁器、玉器、钱币等。

藏品统计：截至2010年底，民族学博物馆共收藏了我国少数民族文物10037件。由于国家目前尚未颁布民族文物的定级标准和细则，本馆所藏文物目前均未定级。

重要藏品：经过几十年几代博物馆人的

不断努力积累，目前民族学博物馆已收藏我国中南、华东、西南等地区20多个少数民族的民族文物1万余件，包括少数民族的生产工具、生活用具、服饰、文史档案、宗教器物、书画等方面的内容。它们或古朴粗犷，或玲珑典雅，或装饰华丽，或构图洗练，其中不少堪称珍品、孤品，具有极高的学术价值、文化价值和历史价值。如京族的“绣花彩”宗教服装、仫佬族的对襟绣花女服、黎族的刻木记事实物等在各民族地区民间早已失传，甚至不见于当地博物馆等文化机构，成为国内唯一。2000年6月，由国家民委和云南省政府主办的“首届中国民族服饰博览会”上，我馆即受湖北、广西等省区的邀请，派人携有关民族服饰代表相关民族参展，弥补了该民族传统服饰的缺憾。像不用一颗铁钉、采用中国传统木作工艺榫卯衔接、结构巧妙、做工精致的土家族传统雕花家具，代表了土家族传统民间手工艺的极高水准。豪华的土家族三滴水床，床花板上用浮雕和镂空等手法雕刻有土家族服饰、兵器、乐器、狩猎工具以及反映人类生殖崇拜的瓜果、花卉等。还有反映土家山寨艳阳高照、皓月当空、河上跨桥、河中行船等几十幅文化内涵丰富的图案，表达了土家族人民对“人杰地灵，人寿年丰”理想生活的向往与追求。土家族洗脸盆架虽无三滴水床的气势，但盆架上细致的图案，高超的雕刻技艺则更胜一筹。此外，古朴雅致的蜡染；色泽鲜艳的壮锦、土家锦、黎锦、侗锦；形象生动、花中有花、情趣横生的剪纸；世界面具文化的重要组成部分、中国古代文化的产物——傩面具；中国南方古代各民族具有代表性的文化遗物——铜鼓等藏品都令到这里参观的人叹为观止。

藏品保护：民族学博物馆建设有藏品部并配备专业技术人员负责藏品的保管保护工作。藏品管理严格按照《藏品管理办法》的各项规定进行管理。不仅有完备的文物藏品纸质档案，还建立了藏品管理数据库。藏品的保管工作做到制度健全、账目清楚、鉴定确切、编目详明。展厅、库房内均安装了必要空调和除湿设备，配备了安全防火器材。为了更好地保护藏品，库房内文物根据质地不同，采取分区保管。按照《博物馆安全保卫规定》和三级风险等级安全防护规定要求，馆内设立安全保卫科，选配专职保卫干部，重点要害部位安装技术安防设备和综合报警监控系统设施，并配备专职保卫人员坚持24小时执勤。

三、科学研究

作为富有特色的高校文化机构，民族学博物馆历来重视科研工作。民族学博物馆为数不多的工作人员亦以科研人员为主。目前在职的专业人员中，有教授1人，副研究馆员3人，馆员3人，助理馆员1人。博物馆已经形成了以博士生导师领头，以民族学、博物馆学、历史学、考古学、艺术学等学科为重点研究领域的结构合理、层次较高的专业技术人员队伍。早在20世纪50年代建馆初期，博物馆工作人员就参加了当时的少数民族社会历史大调查和民族识别工作。1980年代民族学博物馆重建时期，吴泽霖先生关于“民族学博物馆主要是为科学服务的，它是一种传播知识性的专业博物馆，是建立在民族学的基础上，同时也是依附于民族学而存在的。”“民族学与民族学博物馆的关系，正如化学或物理与它们的实验室的关系相似，是一体中的两个部分，相互依赖促进的。实际上民族学博物馆就是民族学的一种间接的田野调查的基地，双方相互依存，形成了一种共生状态。”的论述，既是我馆建馆的理论指导，同时也建立了民族学博物馆在学界的地位。1984年新馆建立以来，民族学博物馆专业

人员承担包括国家社科基金项目在内的多项省部级以上科研项目并多次获奖，公开发表学术论文百余篇，出版专著近20部，取得了丰硕的科研成果。

中南财经政法大学金融学博物馆

Finance Museum of Zhongnan University of Economics and Law

概　况

中国货币金融历史博物馆于2004年6月18日正式开馆，位于中南财经政法大学南湖校区逸夫图书馆二楼东南面。本馆收藏了我国从古至今的4000余件货币、票据、借贷契约实物原件和金融史料。其藏品主要来源于民间收藏，同时也吸收了本校金融学院历年积累的货币实物和近年来征集的部分藏品。

这里有遥远的新石器时代的贝币、骨币，有春秋战国至近代的布币、铁币、铜币、银币、金币、纸币。有早年发现的各类古代铸币，也有近年出土的荆楚铸币。有历代形形色色的中央铸币，也有多彩多姿的地方性铸币。这里有我们独家收藏的绝世珍品——明“泰昌通宝折五”；也有世界上面积最大的纸币——“大明通行宝钞”……馆藏中众多的精品孤品钱币，令人目不暇接，大开眼界。

一部中国货币金融史，是数千年中国历史的缩影。它记录了中国历代王朝更迭和政治兴衰，记录了不同历史时期中国经济的荣枯，记录了不同时代中国社会的嬗变。透过不同时代的币材、币形、币型、币文、币值、币制，我们不仅能清楚地考察不同时代的货币铸造工艺，探索不同时代的文字嬗变和书法艺术，还能追踪中国历史上的重大政治经济变革，梳理货币金融政策律令的发展轨迹，感悟历代先贤的经济思想和管理观念。在小小的钱币世界里，在无涯的方圆乾坤中，我们能回顾整个历史，领略中华民族的优秀文化传统，体悟中华民族自强不息的伟大精神。

一、博物馆陈列

中国货币金融历史博物馆收藏并展出中国历代货币、近现代金融史料以及世界64个国家的货币，藏品数量共计4000多件，展厅面积约660平方米。展品分为中国历代货币、金融史料和世界货币三大专类，十几个专题，分别整理布展。全部展品以中国历代货币和证券史料为主，博物馆场馆共设7个展厅，其中基础展厅6个，临时展厅1个。还有办公室、库房及空调房各1间。

1.基础陈列

现有六个基础展厅，主要陈列中国历代货币：有新石器时代的贝币、骨币；春秋战国时期的布币、刀币、蚁鼻钱和圜钱四大货币体系；秦朝至清朝的历朝货币；同时还设有农民起义货币、花钱、铜元、银币、纸币、钱庄私票、中国各省地方银行发行的纸币、民国时期四大银行发行的纸币、日伪政权银行发行的货币、外国在中国发行流通的货币、中国人民革命政权各个时期发行的货币等十几个专题。这些基础陈列基本反映了我国货币发展演变的历史进程。

2.临展

为了使博物馆对公众永远保持新鲜感，

吸引更多的人来馆参观，在场馆面积极其有限的情况下，专设一个临时展厅用于展出征集来的各类藏品。2004年开馆之初—2009年展出的为各类金融史料；2009—2010年展出的为世界货币和外汇券部分；2011年展出部分则是为纪念辛亥革命100周年而做的专题图片展。以后会根据藏品征集情况，不定期更新临展内容。

二、藏品征集与保管

1.藏品征集

中国货币金融历史博物馆的藏品主要来源于社会捐赠和我校金融学院的历年累积。因为学校没有批拨经费，博物馆无力购买藏品，藏品征集一直是困扰博物馆良性运转和长期发展的软肋。所幸开馆之初至今，每年都能接收社会各界以及学校师生捐赠的各类钱币和金融资料，藏品数量才得以缓慢地增长。但我馆同时也深知单纯依靠捐赠来增加血液，并非博物馆保持活力的长久之计，拓宽藏品征集途径、力争更多专项经费将是博物馆以后努力的重点。

2009年，中国银行向中国货币金融历史博物馆捐赠了60多个国家的纸币141枚，古钱币400枚，帮助中国货币金融历史博物馆成功展出“世界货币”部分。

以下是博物馆历年接收的捐赠将记录。博物馆将会对捐赠藏品进行整合，并于合适的时机展出，以回馈支持博物馆事业的捐赠者。

日期	捐赠次数(例)	赠品数量(件)
2004年	1	2
2005年	2	5
2006年	1	68
2007年	1	7
2008年	1	7
2009年	1	20
2010年	10	55

2.藏品保管

中国货币金融历史博物馆隶属于中南财经政法大学图书馆，基础安保设施和安保人员都由学校后勤集团物业公司集中管理，实行安保人员与博物馆工作人员共同负责制，几年来一直保持安全无事故。场馆内陆续添置了空调、温度计和除湿器以及各类防虫防腐防蛀设备，以保证场馆内保持适宜的温度、湿度，抵抗虫鼠灾害。2010年还制定并通过了《中南财经政法大学中国货币金融历史博物馆管理规定》，明确规定了各项细则，以确保博物馆日常活动制度化、规范化，同时也增强了工作人员的安全意识，规范了安全行为。

三、开放服务

1.开放时间

中国货币金融历史博物馆开放几年来，随着博物馆功能的不断拓展，工作人员由兼职向专职转变和工作人员数量的增加，以及学生志愿者队伍的不断发展壮大，中国货币金融历史博物馆的开放时间也逐渐走上常态化和规范化，方便参观的同时，也服务了更多有需求的公众。

日期	开放天数/周	备注
2004 年	1 天	参观须预约
2005 年	2 天(每周二、周四开放)	参观须预约
2006—2007 年	5 天(工作日开放,中午休息)	团体及节假日参观需预约,手续繁琐
2008—2009 年 7 月	5 天(工作日开放,中午休息)	团体及节假日参观需预约,手续简化
2010 年 9 月—至今	5 天(工作日不间断开放,8:00—17:00)	团体及节假日参观需预约,手续简化

2.接待、讲解服务

作为高校博物馆,中国货币金融历史博物馆始终坚持立足于本校。博物馆除完成藏品的征集、研究和展示工作外,还承担着“弘扬和发掘中国货币文化,服务并推动特色学科建设,营造和提升校园人文氛围”三大职责,具有“人文景观、教学设施、研究机构”等多重功能。从开馆之初开始,一直竭力为本校相关专业的教学和科研服务,为教学和科研提供实践场所、金融实物展示以及详实的货币金融知识讲解,使我校相关专业的教学和科研独具特色,2008 年 5 月,中南财经政法大学授予我馆“校内教学实习基地”。随着这几年的发展和影响力的扩大,我馆日益成为学校对外宣传、交流的窗口,每年都要接待大批来我校交流合作的国内、国外团体;也是学校师生们休闲游览的重要场所,还是同学们毕业留念照中的一道美丽风景。

同时,我馆也面向全社会开放,竭诚为武汉地区高校、中小学以及武汉市民服务,承担起货币金融知识的科普宣传以及爱国主义教育工作。几年来,一直为湖北工业大学等高校的金融专业提供教学实习服务;还参与武汉市洪山区科教游精品线路活动和武汉市洪山区旅游局组织的 1+8 城市圈中小学生科教游活动,接待了多批来自湖北各地的中小学生。我馆因此于 2007 年 8 月被武汉市洪山区宣传部授予“爱国主义教育基地”,2010 年 9 月被武汉市洪山区科协授予“洪山区科普教育基地”。为了更大地发挥我馆作用,服务于更多公众,2011 年,我馆正在积极申请成为“武汉市爱国主义教育基地”。

3.参观统计

中国货币金融历史博物馆为高校专门类博物馆,以学校为基础,服务学校、服务教学、服务师生为我馆生存发展之根本,因此在参观人群中,教学科研实践、来我校交流合作的国内外团体以及师生休闲游占我馆参观人数的主要部分。同时坚持对外开放,为更多人服务,让更多钱币爱好者受益,扩大社会影响力,吸引更多社会公众来馆参观,使高校博物馆走出高校,服务于社会,将是我馆今后不懈努力拓展的方面。根据统计,每年来中国货币金融历史博物馆参观的各界人数约为 8000—10000 人次。

下表为我馆提前预约并安排讲解的团体参观记录。

日期	教学、科研		来校交流合作团体		社会团体		总计人次
	批次	人次	批次	人次	批次	人次	
2004年	0	0	26	511	0	0	511
2005年	10	887	62	890	7	230	2007
2006年	25	1541	115	1214	2	301	3056
2007年	13	985	114	1721	5	125	2831
2008年	10	528	64	599	14	2825	3952
2009年	12	617	80	1202	5	242	2061
2010年	17	946	89	1176	5	34	2156
七年总计	87	5504	550	7313	38	3757	16574

四、机构设置和行政管理工作

中国货币金融历史博物馆是中南财经政法大学图书馆下属业务部门，开馆之初即设有馆长、副馆长及干事三个岗位，但因各种原因限制，最初博物馆工作人员均为兼职，以致2004年和2005年间博物馆每周只开放一到两天，博物馆工作无法正常有序地开展。直至2006年3月，随着博物馆功能的不断拓展、社会各界及学校对博物馆需求的不断增加，博物馆才正式拥有了一名专职人员，但一个工作人员无法承担繁重的业务，博物馆也未能全力发挥功效。2008年2月，专职工作人员增至两位，但2008年12月底一名工作人员离开。2009年仍保持为一名专职人员。2010年4月起专职工作人员又增至两人，博物馆现有工作人员4人，馆长1人，副馆长1人，干事1人，管理员1人。其中馆长、副馆长均为兼职，专职工作人员2人。

除了专职工作人员，我馆还于2006年成立了学生志愿者组织——文物鉴赏与保护协会，协会由校社联与博物馆共同管理，同时协会也保持日常活动的自主性。协会成员分为一般会员、行政人员、中文讲解员、英文讲解员及其他语种讲解员，讲解员必须经过严格选拔和培训后才能上岗服务。志愿者们秉承志愿服务精神，坚持每个工作日在博物馆值班，志愿协助博物馆进行讲解接待、参观人流量统计、博物馆布展及重要活动的开展等工作，如“5·18国际博物馆日”活动策划及组织等相关工作。志愿者们的无私奉献使博物馆的日常活动良好地运转。截至2011年6月，先后有400多名志愿者为我馆服务过。现任志愿者有70多人，其中各语种讲解员有20多人。

湖北大学博物馆

Hubei University Museum

馆　　长 熊劲峰

单位地址 湖北省武汉市武昌区友谊大道368号

邮政编码 430062

电　　话 027-88664092；027-88665995

传　　真 027-88663851

电子邮箱 hddag@hubu.edu.cn
类　　型 历代珍贵历史文物陈列馆
隶属关系 湖北大学
建筑面积 1200平方米
展览面积 980平方米

馆址环境　湖北大学博物馆坐落于湖北大学图书馆附楼三楼，是与图书馆融为一体的建筑体。该建筑2002年开始设计和施工，2004年竣工，占地面积12272平方米，总建筑面积42050平方米，建筑高度50.55米。总体布局由两部分构成：三角形的主楼和椭圆形的附楼，屋面则以两个相似三角形取得统一，是湖北大学校园总体规划中心区的重要景观和标志性建筑。

历史沿革　湖北大学博物馆始建于1995年（原名陈列馆），2006年学校自筹经费改建，新馆落成后，更名为湖北大学博物馆，2007年5月18日正式开馆。

开放时间　每周一到周五上午8:00—11:30，下午2:00—5:30（节假日接受预约）

门票情况　免费对外开放

交通情况　乘坐215、543、554、566、573、777、802、811路公汽至湖北大学站下车，正大门前行300米即到。

概　况

湖北大学博物馆收藏了我国历代珍贵的历史文物，包括字画、玉器、青铜器、古钱币、陶瓷器、蝴蝶标本等万余件（枚），按其类别分为7个基本陈列。徜徉其间，感受文物传承的历史信息，体验文物蕴涵的审美情趣，给人以深邃的智慧启迪、高雅的文化熏陶和愉悦的精神享受。

湖北大学博物馆是武汉市首批免费对外开放博物馆之一，是武汉市青少年爱国主义教育基地。建馆以来，始终坚持立足校园，面向社会，以“一个平台，两个功能”的发展思路指导博物馆建设，即充分利用丰富的文物资源服务教学、科研，为学生实践教学及科学研究搭建平台；重视发挥和拓展博物馆独特的思想教育功能和文化宣传功能。

一、陈列展览

（一）基本陈列

1.书画陈列

“世界艺术看东方，东方艺术看中国。”中国书画是屹立于世界艺术之林的一棵参天大树。新石器时代岩画、地画质朴天真，仰韶时期彩陶绘画多彩多姿，商周青铜铭纹威重精妙，两汉书法各体完备成熟，魏晋书画玄学渗入，隋唐书画气韵生动，宋元山水、花鸟神形兼备，明清融诗、书、画、印于一体的文人画兴盛、繁荣几千年的书画史，创立了众多的流派和风格，成就了如繁星一样璀璨绚烂的书画大家。

该陈列展出了部分拓片和清末至近代的书画作品，其中翁同龢、任伯年、张大千大师的作品弥足珍贵。书画中有少部分为前人的临摹作品，其技法之纯熟几至乱真，亦为存世之不可多得者。让我们从一个侧面领略到中国书画的衍变过程，从单纯的法走向融儒、释、道精神、思想于一体的、从技进乎道的升华过程。

陈列面积：130平方米

展品数量：35件

2.玉器陈列

中国是世界上最早制作玉器的文明古国之一。早在数千年前的新石器时代，中国先民即已运用玉来制作生产工具和装饰品。此后历代都有玉器的制作，玉器的品种不断丰富完善，出现了用于装饰、祭祀、礼仪、馈赠、陈设和日用等多方面的形式多样的玉器，形成了中国蔚为大观的玉文化。

作为中华民族的国粹之一，玉器不仅体现了人们对美的具体追求，还真实地反映出中国文化中特有的人文精神，是独树于世界艺术之林的文化瑰宝。

该陈列展出了汉朝至民国时期的玉如意、玉磐、玉印、玉环等，其质地之精良，制作之精细，令人钦羡。观众可以欣赏到它们光彩缤纷的造型、温润晶莹的质地，足见前人精湛的玉雕技艺和我国古代玉器制造风格的多样和技法的纯熟。

陈列面积:40 平方米

展品数量:43 件

3. 青铜器陈列

青铜是红铜与锡、铅的合金，我们的祖先称之为“金”或“吉金”，它是人类文明史上的一项伟大发明。我国使用青铜器的历史悠久，早在四千多年前就已进入青铜时代。商周时期是中国青铜器的鼎盛时期，在技术上达到了当时的世界高峰。各地出土的青铜器，包括生产工具、生活用具、武器、礼器，种类繁多，形制精美。春秋末期，冶铁技术发展，至秦汉，铁器逐渐取代了青铜器。然而，青铜冶炼和制作业并没有因此衰落，而在某些特殊的领域中，继续发挥它的作用。

该陈列展出的青铜器，包括礼器、兵器、车马器、生活用具、佛教造像等多种类别，它们气韵生动，辉映着历史的沧桑，是我国古代劳动人民智慧的结晶。通过它们，观众对我国光辉灿烂的青铜文化将有一个直观的了解，可从中了解我国古代冶铜技术的发达程度和青铜器制造工艺的发展水平。

陈列面积:150 平方米

展品数量:52 件

4. 古钱币陈列

货币是中国传统文化的重要组成部分。从夏、商时期作为货币使用的天然海贝，到民国时期的机制货币，历经几千年，形成了中国独特的货币文化。中国货币种类繁多，材质广泛，书法绚丽，制作精良，是不可再生的文物资源。

该陈列展出了自我国商周时期的贝币至新中国成立以前几千年间铸造和发行的铜、铁、铅、银、纸币，以及部分外国钱币，其中不少是难得的珍品。所展出的钱币规模大、数量多、品种齐全，基本反映了各个重要历史时期的货币历史，是一部简明的钱币发展画卷。

陈列面积:180 平方米

展品数量:9164 件

5. 陶瓷器陈列

陶瓷是中华先民的伟大发明。新石器时代早期，我们的祖先就以粘土为原料，烧制出陶器。陶器的发明，大大改善了人类的生活条件，成为人类文明进程的重要标志。伴随着人类文明的进步，这一“土与火”的艺术不断丰富、成熟、推陈出新。到了三千多年前的商代，出现了原始瓷器。又经过千余年的创造积累，东汉时期，创烧出成熟的青瓷器。此后历代各具风格、多姿多彩的瓷器层出不穷，美不胜收。中国陶瓷被喻为中国文化的象征，在世界上享有崇高的声誉。

该陈列展出了隋朝至民国时期的陶器、瓷器，形态毕具，光泽如润，各具特色，不乏精品杰作，其中西汉时期的汉彩绘陶钫、唐朝时期的青釉十二生辰兽首等，尤具研究和观赏价值。从中我们可以领略到中国陶瓷文化的博大精深。

陈列面积:280 平方米

展品数量:116 件

6. 综合类陈列

中国古文物种类繁多，按质地划分，除了青铜、陶瓷、书画、玉器等类别外，还有诸多质地各异的门类。本陈列展出藏品中不便于独立展出的各类文物，陈列有古朴精细的石质器物,富丽光艳的漆木制品,清丽别致的象牙饰物,绮丽华美的官服绣补……它们以其各自的品性神韵,蕴含着悠远的历史信息,散发出迷人的艺术魅力。

陈列面积:40平方米

展品数量:33件

7.蝴蝶陈列

蝴蝶是一群远古进化而来的天使,在我们人类还没有出现的时候,它们早已五彩缤纷、品种繁多了。广阔的山峦田野到处都有蝴蝶如诗如画的舞姿,它们像一朵朵飞舞的鲜花,给大自然带来无限生机,给人们带来无尽遐想,它们是美的象征,是情与爱的化身。

该陈列是大自然昆虫世界的缩影,展出了国内外近千种美丽的珍稀蝴蝶及其他趣味昆虫,有生活在西双版纳热带雨林的云南丽蛱蝶,有不畏严寒飞舞在天山雪线附近的红星绢蝶,有祖国国蝶宽尾凤蝶,有我国迄今发现的唯一一只奇妙无比的凤蝶科阴阳蝶,还有亚马逊产的金光灿烂的大闪蝶。另外全世界最重的金龟子、世界最大的吉丁甲、巨蚊及螽斯也在此一展英姿。其中的奇丽彩蝶、怪虫异甲,让人大开眼界,惊叹不已。

陈列面积:160平方米

展品数量:163件

(二)专题陈列

2010年12月,举办“墨韵生动的书画艺术展览”。展出的名家作品风格迥异,内涵深厚,笔精墨妙,以意写形,气韵生动,情满画外。

二、博物馆管理

建立和完善以责任制为核心的管理制度。先后制定有《湖北大学博物馆工作职责》、《湖北大学博物馆工作人员岗位职责》、《湖北大学博物馆藏品管理暂行规定》、《湖北大学博物馆参观须知》、《湖北大学博物馆参观接待工作暂行办法》等规章制度。

三、免费开放工作进展情况

2007年,武汉市文化局和武汉市教育局联合下文《关于组织全市中小学生参观博物馆纪念馆的通知》(武文政发[2007]33号),落实2007年市政府工作报告提出“推动武汉地区19所博物馆向中小学生免费开放”的要求,让未成年人有更多机会享受博物馆文化。通知将我馆列为武汉市19所向全市中小学生免费开放博物馆、纪念馆之一。自2007年开馆以来,坚持常年免费对社会开放,每年接待各级领导、贵宾、中小学生、在校师生、社会公众3万余人。

四、展示宣传和社会服务

一是利用重要节假日,采取各种形式宣传文物知识。每年的元旦、春节、“五一”、“国际博物馆日”、“中国文化遗产日”、国庆等节假日,向在校师生及社会公众开展文物知识专题讲座,并制作精美的宣传展板,放置于校图书馆广场上;二是每年9—10月,安排校内新生以班级为单位轮流参观博物馆,宣讲文物知识,开展爱国、爱校教育;三是借助媒体力量,加大宣传力度。积极与媒体联合开展“楚天都市报校园文化游”、“武汉晚报邀请市民参观博物馆”等活动;四是邀请社区居民走进博物馆,服务民生,丰富社区精神文化生活;五是积极参与各类文博宣传活动,扩大博物馆社会效益。参加了武汉市文化局组织的武汉地区部分高校博物馆在汉口晴川阁举行的文物图片展览会,展出我校博物馆的特色藏品;“八艺节”期间,作为武汉市20所免费开放的博物馆、纪念馆之一向社会开放;协助电视台、报社拍摄各种宣传片,协助完成著作《武汉民间文物藏品赏析》。

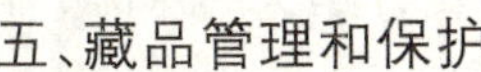

五、藏品管理和保护

购置专用文物储存柜存放藏品；采用集中式中央空调、降温机、樟脑丸等手段调节温湿度、防虫防霉；配置安防、消防设施及视频监控设备，实施24小时专人监控，聘请保安巡查；建立藏品总账、分类账及藏品档案。定期对馆藏藏品进行清查、保养。

六、人才培养

为历史、档案、旅游、英语等专业提供教学资源和实习场所，现已有本科毕业生考入我国重点大学考古专业继续研究生深造；在全校学生中招聘志愿讲解员，并对选聘的学生讲解员定期进行专业培训，并提供条件，指导他们参加全省举办的讲解员大赛。

七、交流合作

坚持合作开放的理念，积极参与博物馆交流活动。近年来，与中南财经政法大学、中国地质大学（武汉）等高校博物馆及武汉博物馆开展博物馆文化交流活动，学习借鉴好的经验；2010年5月，选派业务骨干参加武汉博物馆组织的为迎接国际博物馆日和全国文化遗产日而开展的学术交流活动，增进了相互之间的沟通和了解，掌握了行业发展动态。

湖北警察史博物馆

Museum of Hubei Police History

馆　　长　周斌
地　　址　湖北省武汉市南泥湾大道99号
邮政编码　430035
电　　话　027-83301357（传真）
预约参观：027-83301357
电子邮箱　hbeijingyuan@163.com
网　　址　www.lib.hbpa.edu.cn/mus/
隶属关系　湖北警官学院
性　　质　国有
建筑性质　近代建筑
建筑面积　1500平方米
展览面积　1200平方米

馆址环境　位于湖北省武汉市硚口区南泥湾大道（湖北警官学院内）。有展厅、库房及休息室。与湖北警官学院地下靶场、实战训练楼毗邻。

历史沿革　湖北警察史博物馆的前身为湖北警察史陈列馆，该馆成立于2008年6月。经过不断发展，于2010年5月经湖北省文物事业管理局批准为湖北警察史博物馆。湖北警察史博物馆目前是武汉市青少年爱国主义教育基地、硚口区委、区政府爱国主义教育基地。

开放时间　上午8:00—下午17:00（每周一闭馆）

全年免费开放，预约接待团体观众。

服务设施　设有休息区、接待室。

交通情况　乘轻轨、公交车548、605路等古田三路站下车。

概　况

湖北警察史博物馆位于武汉市硚口区南泥湾大道99号。共有警史藏品3000余件。该馆共分为古代部分、晚清部分、民国部分和共和国部分。年均观众接待量6万人次。常年结合形势举办专题展览和报告会，为学警提供缅怀英烈等爱国主义教育活动的场所。

一、展陈、科研工作

（一）基本陈列

馆内基本陈列展厅约1200平方米，有湖北警察史展览及湖北警官学院校史展览。展出内容包括湖北警察史乃至中国警察史上的十个之最。即最早的警政文书（云梦秦简）、担任过最高警察职官的楚国名人屈原、担任过最低警察职官的皇帝刘邦、第一个以警察命名的警察机构（武昌警察总局）、民国最早的警政机构（湖北临时警察筹办处）、成建制起义的民国警察局（汉口警察局）、新中国最早的女子交警（江汉女子交警队）等。

（二）专题陈列

馆内还辟有警史专题展区，每年举办一次全国警史文物联展。2011年将举办辛亥革命武汉警事专题展。

（三）科学研究

2009年编写出版了《湖北警察史》，目前在编《湖北警察史上的十个之最》及《长江流域的神探与奇案》。每年编辑出版全国唯一警史读物《警史钩沉》杂志四期。在全国学术专业报刊发表论文6篇。参加国际、国内研讨会3次。编辑了《中国部分地区警史藏品画册》。编写了《第三届警史研讨暨警史藏品展示交流会》文集。

二、文物保管、征集和保护工作

湖北警察史博物馆本着"对历史负责、为现实服务、替未来着想"的指导方针开展各项工作。博物馆自建馆以来，坚持在征集警史文物中不割裂历史，收集了从春秋战国时期直至共和国时期的有关警史文物。馆藏文物的来源主要有购买、高仿、制作、捐赠及借展等不同方式。

目前，接受捐赠藏品25件，高仿藏品7件，制作藏品2件。馆藏藏品总数3308件。每年用10万元购买制作一批文物，以丰富警史馆藏品，使警史馆常看常新。

为使展示文物不受自然损坏，馆内纸品文物一律外套塑料包装，与空气隔绝。对有自然裂损的展柜一律维修，以确保文物安全。展馆设有监控探头和灭火器，确保文物安全100%。

三、社教、开放工作

为更好地开展爱国主义和革命传统教育，并使爱国主义基地活动能持久深入地开展下去，我们每年都要认真制定开展活动的工作计划，根据不同时期的中心任务，安排不同内容的教育活动，并力求每年侧重面有所不同。

为了加强宣传力度，提高社会效益，我们在办好基本陈列的同时，积极改善服务质量，扩大宣传面，走出警史馆深入社会，举办结合形势的巡回展览。

根据中宣部对免费开放博物馆的要求，湖北警察史博物馆做到一年365天开放（除每周一闭馆整理内务），开放时间从早上8时至下午17时，特殊情况适当延时。始终以向广大人民群众和青少年开展爱国主义教育作为工作重点。

我们对在校学生除了开展基地教育活动外，在寒暑假期间，也积极主动与社区、青教办联系，组织学生开展各类假期社会实践活动。此外我们还利用"清明烈士凭吊日"等各种纪念日组织配合各层次观众在本馆举办各种活动，以最大限度吸引观众参与，扩大宣传教育面，使基地发挥最佳社会效益。培养青少年热爱社会主义祖国的思想感情，通过这些举措加强了基地与共建学校和社会的联系，增强了基地的凝聚力、生命力。

2010年,我馆还制作了警史视频节目4个,《人民公安报》、《湖北日报》、《楚天都市报》等多家新闻媒体对馆内有关活动进行宣传报道达5次。

四、机构设置和行政管理工作

湖北警察史博物馆隶属于湖北警官学院。编制3人,实际工作人员10人。硕士2名、本科生1名。

湖北警察史博物馆根据《省文物局关于进一步加强领导扎实推进全省博物馆免费开放工作的通知》及《博物馆管理办法》的要求,制定了《湖北警察史博物馆章程》、《警史文物购买、鉴定、保管制度》、成立了警史文物购买及鉴定小组。

为了提升服务质量,在硬件方面改善了参观条件,设置观众休息处,为搞好接待工作购置会议桌、椅、电视柜、茶柜、窗帘等布置会议室,为开展各类活动创造了条件;实行绿化、保洁社会化;实行24小时安全巡视制度等。

随着形势的发展,湖北警察史博物馆今后将不断的开拓和探索新的工作思路，充分利用场馆这一爱国主义教育资源，让其在丰富广大人民群众的精神文化生活方面多作贡献，在社会主义精神文明建设中发挥重大的作用。不断探索具有自己特色的、为社会做奉献的新途径，努力把爱国主义教育提高到一个新的水平。

武汉白求恩纪念馆

Wuhan Norman Bethune Memorial Hall

馆　　长　张斌
单位地址　武汉市汉阳区显正街122号
邮政编码　430050
电　　话　027-84826274
传　　真　027-84826139
隶属关系　武汉市第五医院
建筑性质　砖混结构
建筑面积　708.4平方米
展览面积　300平方米

馆址环境　武汉白求恩纪念馆位于汉阳区显正街122号武汉市第五医院内,这里东濒长江、北依汉水。武汉市第五医院是汉阳地区唯一一所集医疗、教学、科研和预防保健为一体的三级综合性医院。医院原为1923年爱尔兰人创办的柯隆伴修女会诊所,纪念馆所在的小楼就是1938年1月白求恩在汉期间工作过的地方。

展馆周边历史人文景观丰富,近旁就是“晴川历历汉阳树，芳草萋萋鹦鹉洲”中的汉阳古树，馆址门前是古汉阳城内最早的街市之一显正街,汉阳最大、最美的教堂圣高隆庞堂就坐落街边，馆址东边是楚天名楼晴川阁及明清政府衙门，西边有著称于佛教丛林的归元禅寺,北边是“俞伯牙钟子期高山流水遇知音”的汉阳古琴台。纪念馆建于此，是汉阳悠久历史演绎的又一见证,为汉阳的人文景观锦上添花。

历史沿革　选址武汉市第五医院建武汉白求恩纪念馆，是因为武汉才是白求恩大夫踏足中国战场的第一站，白求恩大夫在汉期间曾在该院为抗战受伤的军民做手术。

1938年1月，白求恩大夫率领援华医疗队从温哥华出发，取道香港抵达当时中国抗战临时首都武汉。在等待北上期间，时值日寇对武汉进行大轰炸，白求恩冒着生命危险，与其助手加拿大女护士琼·尤恩在汉阳高隆庞修女会诊所（第五医院前身）工作了一周，为伤员截肢、止血、取弹片，挽救了众多生命。后来，琼·尤恩在自己的回忆录《在中国当护士的岁月（1933—1939）》中记录下了这段珍贵的历史，在市五医院的院史中留下了不可磨灭的一笔。

武汉白求恩纪念馆所在的市五医院体检中心楼就位于白求恩曾经战斗和工作过的天主堂医院旧址上。

为了让更多人了解白求恩大夫在武汉冒着生命危险抢救军民的这段历史，弘扬他毫不利己专门利人、对技术精益求精的精神，在去年白求恩逝世70周年之际，决定筹建白求恩纪念馆。武汉市卫生局提出以"白求恩纪念馆"为平台，建立"武汉市医德医风教育基地"。白求恩崇高的医学人文精神，为全体医务人员树立了榜样。利用"白求恩纪念馆"开展医德医风教育，弘扬白求恩精神，让白求恩精神在广大医务工作者心中生根、开花、结果，对于推进医改、对于武汉市打造中部医疗中心，意义重大。

在市、区领导，市卫生局和市文化局的关注和支持下，"武汉白求恩纪念馆"即"武汉市医德医风教育基地"的整个筹建过程从2010年4月开始，历时4个月，于2010年7月30日竣工落成，纪念馆总投资60余万元。

布　局　纪念馆分为室内纪念展厅和室外纪念广场两个部分。室内纪念展厅设在医院体检中心三楼（原高隆庞医院旧址），以文字图片为主，全面介绍白求恩光荣而值得铭记的一生。室外纪念广场设在医院门诊楼前广场，由雕像和献花宣誓区组成，供瞻仰及宣誓用。

展厅分为序厅、主体区和纪念区三部分。

序厅包括展厅的整体介绍和白求恩胸像。

主体区分为图片文字区、多媒体区和实物展示区。图文区分为三个部分——第一部分主要展现白求恩在援助中国抗战，在前线救死扶伤直至牺牲的主要事迹（1938—1939）；第二部分主要展现白求恩在武汉活动的情况，特别以情景雕塑的形式再现他在五医院做手术的场景；第三部分主要展现白求恩精神在荆楚大地的传承和湖北医卫战线白求恩式的好医生代表。多媒体区将播放有关白求恩同志的影视作品片段或纪录性影片。实物展示区将展出一些珍贵的书籍资料，仿制一部分有代表性的医疗器械。

纪念区供参观者留言或展示参观者观后感，以缅怀白求恩同志。

纪念馆隶属于武汉市第五医院，日常工作由党委宣传科负责管理。纪念馆下设办公室、宣教部、保管部、保卫部。

开放时间　各医疗机构可提前来电预约参观

门票情况　免费开放

交通状况　武昌方向——乘554，607，401，413，710，728，61，537路至钟家村站下车；乘108，561，571路至汉阳公园站下车；汉阳方向——乘5，42，413，726，579，585，707，704，524，554，537路至钟家村站下车；乘531，535，716，553，803路至汉阳公园站下车；汉口方向——乘24，726，579，704，598，524，720，541，585，707路至钟家村站下车；乘45，559，532，561，535，553，716，803路至汉阳公园站下车。

接待工作：2010年，武汉市白求恩纪念馆接待了武汉市委常委、市委宣传部长朱毅，武汉市副市长刘顺妮，武汉市人大副主任刘家栋，湖北省卫生厅党组书记杨有旺，省卫生厅厅长焦红，卫生厅副厅长张俊超，中国科学院院士、原华中科技大学校长杨叔子，原晋察冀军区卫生部副部长游胜华的女儿游黎清。2010 年共接待武汉市医疗战线 3100 余名医疗工作者来馆参观学习。

汉口宋庆龄故居

Former Residence of Song Chingling in Hankou

馆　　长　高训禧
地　　址　湖北省武汉市汉口沿江大道 162 号
邮政编码　430017
电　　话　027-82858868
传　　真　027-82842659
隶属关系　企业投资
性　　质　国有
建筑性质　近代建筑（湖北省重点文物保护单位）
建筑面积　1178.28 平方米
展览面积　900 平方米
占地面积　1900 平方米

馆址环境　位于汉口沿江大道的黎黄陂路口，高三层的俄罗斯风格建筑。它有着纪念碑似的四层楼高的方形塔楼，将黎黄陂路和沿江大道两侧的主立面连接起来。整个纪念馆展厅主要为一楼的珍品艺术馆、二楼的宋庆龄旧居陈列两部分，三楼为办公区。

历史沿革　宋庆龄所居住的这座小楼，始建于 1896 年，最先是一家专门为俄茶商交易而开设的华俄道胜银行。俄国十月革命后，银行关了门。大革命时期，这幢建筑被武汉国民政府财政部相中，后又为民国中央银行武汉分行。宋庆龄当时住在二楼，这可能是她的弟弟、时任国民政府财政部长宋子文的安排。直至 1927 年 7 月 17 日宋庆龄因时局动乱而被迫离开汉口。

解放后实行军管，小楼成为胜利文工团的驻地，其花园原有的防空洞、假山被拆毁，楼顶坡面被改造为阁楼，楼内所存物件也大多散失。目前，小楼仍属部队所有。

谈及宋庆龄汉口旧居，不得不说说旧居的发现者，雷正先和胡传扬这两位部队退休的老人。1998 年 2 月，他们在遇见宋庆龄基金会秘书长助理、宋庆龄故居主任何大章后，萌生了寻找宋庆龄在汉居所的想法，多次奔波于档案馆、博物馆、方志馆，在与黄埔老人访谈后，他们经过辛苦的考证和寻访，最后确定 1927 年国民政府中央银行汉口分行大楼的旧址，也就是现在的汉口沿江大道 162 号即是宋庆龄当时在汉旧居。雷正先、胡传扬找到旧居后，随即引起了文物部门的重视。武汉市人民政府将其公布为市级文物保护单位。

2002 年宋庆龄汉口故居正式由中国蓝光集团入驻投资，启动“恢复‘旧居原貌’工程”。修复时根据故居的建筑情况以及史料的记载，将一楼辟为珍品艺术馆，展示有明、清及近代名人字画真迹及陶瓷艺术品，其中不乏谌文贵、仇英、林良的真迹。二楼则为宋庆龄旧居陈列，复原了宋庆龄卧室和会客厅的状况，陈列当时使用过的梳妆台、太师椅、书桌、藤床等珍贵文物。此外，还辟有展室，展出孙中山、宋庆龄图片资料和其他实物。作为由中国蓝光集团投资的蓝光艺术博物馆暨宋庆龄汉口故居纪念馆于2002年4月29日举行了隆重的开馆典礼，武汉市政协主席刘善壁剪彩并题词，市有关领导参加了开馆仪式。2002年湖北省又将其公布为省级文物保护单位。2004年，蓝光艺术博物馆暨宋庆龄汉口故居纪念馆被江岸区委、区人民政府挂牌为"未成年人教育基地"。

作为湖北省级文物保护单位，中国蓝光集团每隔两至三年自费进行一次维修，并开辟图片展厅"宋庆龄光荣伟大的一生"和"百年沧桑话江滩"。

开放时间　上午9:00—下午17:00

门票情况　全年免费开放，预约接待团体观众。

服务设施　设有游客服务中心、义务讲解。

交通情况　公共汽车有30、68、212、402、502、523、527、579、601、603、606、708、721等兰陵路站下车。

概　况

宋庆龄汉口故居位于湖北省武汉市汉口沿江大道162号。这座杏黄色三层楼的房子始建于1896年，是典型的俄罗斯风格建筑，原为华俄道胜银行旧址，大革命时期为武汉国民政府财政部，后为民国中央银行武汉分行。1927年，这幢楼的二楼成为宋庆龄在武汉的居所。在小楼的东南角有一个四层楼高的方形塔楼，它将黎黄陂路和沿江大道的主立面连接起来，这座塔楼的窗户非常别致，越往上越小，窗户的造型各不相同。

在这幢小楼里，宋庆龄接待美国著名作家文森特·希恩、安娜·露易斯·斯特朗等，通过他们向世界介绍了中国革命斗争的史实；她发表了"讨蒋通电"和"七·一四"声明，以维护三民主义和联俄、联共、扶助农工的三大政策。她每日奔波于武汉三镇，兢兢业业地工作，参与了收回英租界、创办妇女训练班、参加国民党二届三中全会等活动。直至1927年7月17日因时局动乱而被迫离开汉口。

宋庆龄虽然在武汉工作和生活的时间不长，只有8个月，但她为保卫世界和平、争取社会进步和人类幸福，增进各国人民的了解与友好往来，为保护妇女儿童权益、发展儿童文化教育福利事业，为促进祖国统一，夜以继日不懈努力的工作，做出了杰出的贡献，在现代中国革命史上留下了深远的影响。

一、展陈工作

馆内展厅面积900平方米，分为一楼的珍品艺术馆和二楼的宋庆龄陈列两部分。珍品艺术馆展示有明、清及近代名人字画真迹及陶瓷艺术品，其中不乏谌文贵、仇英、林良的真迹。二楼的宋庆龄旧居陈列馆，复原了宋庆龄卧室和会客厅的状况，陈列着当时使用过的梳妆台、太师椅、书桌、藤床等珍贵文物。

此外，还辟有展室，展出孙中山、宋庆龄图片资料和其他实物。还辟有"宋庆龄光荣伟大的一生"和"百年沧桑话江滩"专题陈列厅。

二、社教、开放工作

革命传统教育是革命纪念馆教育功能的一种重要体现形式。每年我们都积极开展爱国主义和革命传统教育。除免费向社会开放外，还接待各大、中、小学校及社会各界社团成员的参观活动，并提供免费的宣传讲解。

根据中宣部对免费开放博物馆的要求，宋庆龄汉口故居纪念馆开放时间从早上 9 时至下午 17 时，特殊情况适当延时。始终把向广大人民群众和青少年开展爱国主义教育作为工作重点。

武钢博物馆

Wuhan Iron and Steel(Group) Corporation Museum

馆　　长　张炜
单位地址　武汉市青山区冶金大道30号
邮政编码　430080
电　　话　027-86488873
传　　真　027-86805808
电子邮箱　wiscomuseum@126.com
类　　型　钢铁文化博物馆
隶属关系　武汉钢铁集团公司
建筑性质　全钢结构
建筑面积　13000 平方米
展览面积　8860 平方米

馆址环境　武钢博物馆位于青山区冶金大道上，距离武汉钢铁(集团)公司厂区 6 公里。建成于 2008 年，主体 4 层，展厅 3 层。占地面积 9520.23 平方米，建筑面积达 13000 平方米。当年 9 月 13 日正式对外开放。博物馆建筑采用全钢结构，充分展示钢铁文化，造型雄奇，气势恢弘。馆内设有冶金史、“汉冶萍”史、武钢发展史，钢铁生产仿真等展厅，使观众领略源远流长的冶金文明，感受钢铁的博大、凝重与神奇。

历史沿革　武钢博物馆是集展示、科普教育和接待多功能为一体的大型钢铁博物馆，隶属于武汉钢铁(集团)公司，同时接受武汉市文化局的业务指导和监督。

武汉钢铁(集团)公司于 2006 年 10 月开始酝酿筹备博物馆，原址为武钢剧院。2007 年 5 月正式申报改建项目，博物馆总投资达 1 亿元。9 月 16 日开始施工，2008 年 4 月主体工程顺利封顶。博物馆藏品征集工作从 2007 年 1 月启动，面向社会公开征集物品，目前藏品来源以无偿捐赠为主。

博物馆为处级单位，挂靠武钢党委工作部管理。博物馆下设综合管理部和文化传播部(均为科级)，综合管理部主要负责为博物馆日常运作提供良好的后勤保障，文化传播部主要负责博物馆参观预约、藏品管理、文化活动、信息发布等工作。

开放时间　全年 1 月 1 日—12 月 31 日(每周一除外)

上午 9:00—11:00

下午 2:00—4:00

门票情况　向全体社会公民免费开放

交通情况　乘坐 502、807、551、215、616 路公交车到工业四路方向前行 100 米。

概　况

2010 年，武钢博物馆接待中外来宾、港澳台社团、市民、武钢职工和学生参观 23846 人。10 月，武钢博物馆获“中国建筑学会建筑创作大奖”，并被湖北省授予“科普教育基地”，11 月，被武汉市青山区授予“青山地区科普教育示范基地”。

一、接待工作

2010 年，武钢博物馆接待了全国人大

常委、全国人大环境与资源保护委员会副主任委员蒲海清，原湖北省委副书记兼武汉市委书记王群，中国钢铁协会党委书记刘振江、秘书长单尚华，中国驻玻利维亚大使沈智良、中国驻委内瑞拉大使赵荣宪，河北钢铁集团有限公司董事长、总经理王义芳，首钢京唐公司总经理王天义，陕西钢铁集团公司董事长、党委书记张丹力，中国工程院院士、西安建筑科技大学校长徐德龙，中国石化股份公司高级副总裁蔡希有，中国华能集团公司副总经理胡建民；接待了澳大利亚驻华大使芮捷锐，澳大利亚南澳洲总督凯文·斯卡思，美国驻武汉总领事苏黛娜女士，美国福贸集团总裁李明清，富士康集团副总裁张新倍。接待了中国台湾省台南县妇女会访问团，由香港特区全国政协委员、立法会议员张学明带队的香港新界社团联会“感受高铁之旅”湖北访问团，澳门学生代表团，中韩青少年暑期文化交流体验团；接待了武汉科技大学、中南财经政法大学、中国人民解放军通讯指挥学院等师生数千人。

二、藏品管理

2010年，武钢博物馆新增藏品96件，藏品已达22大类共3631件。为扩大藏品来源，丰富藏品数量和种类，武钢博物馆采取发布征集启事、主动联系物品持有人等方式，不断拓宽征集的范围和渠道。2010年，武钢博物馆对藏品和捐赠人进行全面清理和核对，为200名捐赠人颁发《捐赠证书》，并举行颁证仪式。

市场化运作：2010年，根据武钢关于博物馆开展经营活动的精神，武钢博物馆开展市场化经营活动探讨，针对经营活动的必要性、可行性以及经营项目等进行广泛调研，通过对现有资源进行分析，查找相关法律及政策依据，并赴黄石国家矿山公园（大冶铁矿博物馆），张之洞与汉阳铁厂博物馆，北京、西安、上海等地博物馆和企业考察，总结并形成调研报告。在此基础上，博物馆以出售旅游纪念品和会场出租两项，尝试开展经营活动，并制定经营收入管理办法和纪念品销售等管理办法，逐步实施“以馆养馆”的市场化运作方式。

张之洞与汉阳铁厂博物馆

Zhang Zhidong and Hanyang Iron Foundry Museum

馆　　长　顾壁阶
通迅地址　武汉市汉阳区龙灯堤特1号
邮政编码　430050
电　　话　027-84592273
传　　真　027-84582013
网　　址　www.zzdbwg.cn
电子邮箱　zzdbwg@163.com
　　　　　　QQ：807700093
类　　型　历史类工业博物馆
隶属关系　武汉武钢集团汉阳钢厂
建筑性质　仿欧式现代建筑
建筑面积　1200平方米
展览面积　700平方米
占地面积　1000平方米

馆址环境　坐落在风景秀丽的武汉市汉阳月湖堤畔，著名的“汉阳制造”工业走廊西端。

历史沿革　张之洞与汉阳铁厂博物馆隶属于武钢汉阳钢厂，汉阳钢厂的前身是汉阳铁厂。汉阳铁厂是清朝末年湖广总督张之洞创办的我国第一家钢铁联合企业，是我国钢铁工业的摇篮。它的建成被西方视为中国觉醒的标志。武钢集团汉阳钢厂位于“汉阳造”工业长廊的西端，新中国成立后由武汉市地方政府兴建，一直从事着钢铁冶炼生产。

1994年，在纪念汉阳铁厂投产一百周年之际，欧洲卢森堡大公国在武汉展览馆举办“武汉——卢森堡卓有成效之百年合作纪念展”。同时，卢森堡有关人员到汉阳钢厂寻踪访问，并赠送该国专家当年拍摄的汉阳铁厂历史照片和资料，由此成为汉阳钢厂发掘中国钢铁工业历史，创办“张之洞与汉阳铁厂博物馆”的起因。

2001年，汉阳钢厂邀请政府有关部门和专家学者召开专题论证会。专家认为，创办具有张之洞与汉阳铁厂特色的博物馆(陈列馆)可作为市区工业旅游项目和青少年爱国主义教育基地，并可填补我省乃至国内展馆此类题材上的空白，很有必要。

得到专家的肯定，增强了汉阳钢厂办馆的决心和信心。一年后，博物馆建成开馆，迎接中外游客参观，成为汉阳钢厂筹备开展工业旅游的一个组成部分。陆续修建了汉阳铁厂门楼、汉阳兵工厂门楼，浓缩再现了当年“汉阳制造”工业走廊的壮观景象。同时打造工业旅游参观通道，对有关生产车间进行整治，迎接游人参观，让游人特别是青少年在了解我国民族钢铁工业发展历史的同时，了解钢铁是怎样炼成的。

2011年，在市、区政府和有关部门的支持下，武钢集团和万科集团正合作在该馆基础上重新扩建“张之洞近代工业博物馆”，并利用汉阳钢厂搬迁后的老工业厂房建成工业遗址公园，使之成为武汉市的一张靓丽的城市名片。

开放时间　上午8:00—下午5:00　节假日上午9:00—下午4:00

周六周日例休(预约除外)

门票情况　免费开放

交通情况　位于汉阳琴台大道中段，月湖桥下行百米即到。

乘坐575、604、716、801至琴台路站(月湖桥)下。

概　况

张之洞与汉阳铁厂博物馆坐落在风景秀丽的汉阳月湖堤畔，占地约700平方米(不含配套用房)，二层仿欧式建筑。是当时国内第一家工业博物馆，也是迄今关于张之洞与“汉阳造”、反映中国钢铁发展历史的唯一专题馆。2005年被市委、市政府命名为武汉市爱国主义教育基地。著名历史学家冯天瑜、章开沅分别为该馆作序和题写馆名。

该馆以独有的特色和视角反映了中国钢铁工业发展史及武汉城市发展史，已被市委、市政府授牌为“爱国主义教育基地”。

该馆展出的珍贵照片大多是当年援建汉阳铁厂的卢森堡大公国提供的。展出的珍贵实物(文物)很多是著名专家学者捐赠的，包括汉阳铁厂、兵工厂遗物和张之洞遗物。翔实的史料和实物，真实地反映了当年汉阳铁厂(汉冶萍公司)的历史风貌和我国民族钢铁工业发展的艰难历程，揭示了“落后就要挨打”的深刻主题。

省市媒体多次予以报道，中央电视台(中央新影)《走遍中国》、《中华文明》、《中国钢铁》、《百年城市》、《复兴之路》、《文明的脚步》、《文明与创造》、《旗帜》及香港凤凰卫视《纵横中国》、台湾《发现新大陆》等栏目先后到该馆采访、录制节目。并多次接待欧、美、日等国专家、友人及中央有关部委领导。

该馆的有关资料被国家发改委收录，市、区有关部门亦作为地区特色文化在境内外宣传或招商使用。省、市、区领导多次到该馆参观视察，并期望“重铸汉阳造，再创新辉煌”。

藏品管理：藏品来源主要通过有关遗址拆建时挖掘、捐赠、征集收购等途径取得，以历史遗物（实物）和历史照片为主，包括钢铁产品、金属制品、木制品、建筑制品、纸制品等，藏品总数500余件（尚未定级）。

博物馆建有专门的档案室、图书室、库房和配备相应的保护设施，并建立文物藏品档案和电子文本，藏品的保管工作做到制度健全，账目清楚，编目说明。按照《博物馆安全保卫规定》和三级风险等级安全防护规定要求，馆内各岗人员均兼职保安，并安装电视监控器、应急灯、安全指示牌、开辟安全通道等设施。

行政管理：馆长1人，馆员4人。因经济条件制约，科研设施不具备。

设有工作室、办公室、档案室、图书室、安全保卫科。

交流合作：已接待英、法、德、比、卢、美、日等国及国内多城党史、文史、文博、档案、规划、钢铁等部门和领导、专家，配合省、市各大媒体多次报道及录制专题节目。博物馆除基本陈列展出外，多次组织举办讲座、研讨会、巡回展、爱国主义教育周等活动。

在市图书馆举办讲座两次，为市民和读者“解读张之洞与汉阳铁厂”。

与市图书馆、晴川阁管理处、武汉船舶学院等单位联合举办图片巡回展，如开展党员先进性教育、纪念抗战胜利60周年、纪念长征70周年、八荣八耻、武钢成果展等。

作为市、区爱国主义教育基地，与华中科技大学、武汉船舶学院、武汉市第二十三中学及月湖街辖区开展共建爱国主义教育基地活动。并与有关旅行社举办“夏令营”、“工业游”（参观车间）等活动。连续在2007年、2008年、2009年与汉阳区政协、晴川阁等单位联合举办大型研讨会、座谈会等开展汉阳钢厂工业遗产保护活动。

目前，“张之洞近代工业博物馆”正在兴建中，计划于2011年内建成。

湖北佳和当代艺术博物馆

Hubei Jiahe Contemporary Art Museum

馆　　长　胡素静

地　　址　湖北省武汉市武昌区东湖路181号（楚天181文化创意产业园内）

邮政编码　430077

电　　话　027-88568438（传真）
预约参观：027-88568438

电子邮箱　jhmuseum773@163.com

网　　址　www.jhmuseum.com

隶属关系　武汉市文化局

性　　质　民办

建筑性质　近代建筑

建筑面积　1000平方米

展览面积　900平方米

馆址环境　位于湖北楚天181文化创意产业园区内，与国家级风景旅游区东湖仅一路之隔，周边湖北省社科院、湖北省文化厅、湖北省文联、湖北省新闻出版局、湖北省美术馆、湖北省博物馆、知音传媒集团、新华社湖北省分社等文化企事业单位聚集，有"文谷"之称；东亭花园、楚世家等高档社区密布。

整个博物馆一共三层，一楼和二楼为基本陈列、临时展览，三楼为办公区和贵宾接待室。

开放时间　上午9:00—下午17:00(每周一闭馆)

门票情况　全年免费开放，预约接待团体观众。

服务设施　设有艺术品商店、休憩小吧(待建)。

交通情况　公共汽车有14、402、411、108、552、552路临时、578、701、709路等，省博物馆站下车。

概　况

湖北佳和当代艺术博物馆是经湖北省文物局批准成立，湖北省民政厅登记注册的集收藏、研究、鉴定、展示、学术交流于一体的专业博物馆。是一个关注现当代艺术发展，呈现艺术时代特征，积极致力于为现当代中国书画艺术发展提供广阔的展示与实践空间，弘扬艺术的人文精神，推进与构建现当代艺术发展实践的民间非营利性文化机构。充分发挥博物馆的社会教育功能，传播有益于社会进步的思想道德、科学技术和文化知识，开展形式多样、生动活泼的社会教育和服务活动，积极参与社会文化建设是湖北佳和当代艺术博物馆的办馆宗旨。

湖北佳和当代艺术博物馆位于风景秀丽、人文气息浓厚，文化企事业单位聚集，有"文谷"之称的东湖大道。展示面积900平方米左右。

一、展陈、科研工作

基本陈列　馆内基本陈列展厅约900平方米，举办有"湖北名家书画展"。其中陈列有湖北书画名家周韶华、邓少锋、黄亮、曹立庵、陈志宏、冯今松、汤文选、唐大康、王遐举、张肇铭、张振铎、张秋举、赵合俦、周华琴、董继宁等人作品，均为本馆特色藏品。"湖北名家书画展"传播交流中华民族优秀文化，将荆楚书画艺术和书画名家推向外界，扩大湖北对外影响，提高湖北书画艺术家在全国的知名度，再现湖北书画的历史进程和历史地位，充分发挥湖北佳和当代艺术博物馆在公共文化服务和地域文化传承发展方面的重要作用。

专题陈列　即将举办"中国近现代名家书画展"大型专题书画展，重点介绍近现代书画家对艺术的追求和崇高的艺术理念，尽显近现代书画艺术文化的蓬勃与发展。特别是展现张大千、王雪涛、沈尹墨、黄胄、陈十发、刘旦宅、应野平、梁树羊、陶冷月、周慧珺、张翠民、王霞宙、徐松安、张振铎、邓少峰、薛楚凤、赵合涛、黄亮、陈志宏、汤文选、周绍华、邵声朗等一些书画名家的艺术风采。

二、社教、开放工作

社会教育是博物馆功能的一种重要体现形式，为了宣传和促进文化事业的发展，让艺术走进社区，实现艺术大众化，根据社区需要，我们先后组织社区青少年和老人来我馆参观。以期唤起文化、艺术等方面的深度共鸣，以及科学技术与经济发展共融的文化认同和社会认同感，展现出和谐紧密的时尚风采。

三、机构设置和行政管理工作

湖北佳和当代艺术博物馆隶属于武汉

市文化局。现设有综合办公室、展览陈列部、书画研究部、藏品保管部、综合开发部等部门，分别负责行政和业务工作，并配设了专职保卫干事，负责博物馆的安全保卫工作。博物馆为私营，编制14人，实际工作人员14人。初级职称以上专业人员5人，其中副高职称1名，中级职称人员2名。

湖北佳和当代艺术博物馆按照《省文物局关于进一步加强领导扎实推进全省博物馆免费开放工作的通知》的要求，制定有《工作人员手册》、《观众参观管理条例》、《讲解员服务承诺》、《残疾人服务公约》、《展厅交接班制度》、《观众投诉处置管理办法》等相关管理制度和条例。针对观众量逐年增加的情况，还设置了参观须知、温馨提示牌，指示牌、参观登记处、免费存包处等。

为了提升服务质量，制作工作牌，印制宣传册、证章、丝绸册页等宣传品；在硬件方面改善了参观条件，设置观众休息处。为搞好接待工作，购置会议桌、椅、地毯、电视柜、茶柜、窗帘等布置会议室，为开展各类活动创造了条件；实行绿化、保洁社会化；每年组织职工进行消防安防培训和演习；实行24小时安全巡视制度等。

黄 石

黄石市分述篇

【概况】 在国家文物局和湖北省文物局的关怀领导下，全市各级文物行政主管部门及博物馆以科学发展观为指导，解放思想，真抓实干，进一步加强对博物馆业务工作的宏观指导和规范管理，积极推进博物馆建设与免费开放，创新服务内容与形式，充分发挥博物馆在构建和谐社会中的积极作用，让更多成果惠及广大人民群众，博物馆工作取得一定成绩。

【博物馆管理】 积极统筹博物馆发展布局。在湖北省文物局的指导下，全市博物馆特色博物馆稳步发展，大冶铁矿博物馆和黄石水泥遗址博物馆（正在筹建之中）先后成立，全市特色博物馆类型得到进一步丰富。

【博物馆免费开放】 加强博物馆免费开放管理。2008年以来，全市先后有5家博物馆、纪念馆实行免费开放。通过更新陈列展览、改善服务设施、提高服务质量和加大监管力度，全市博物馆免费开放工作进一步扎实推进、稳步展开。全市博物馆陈列展览、藏品管理、科学研究、社会教育、安全保卫等方面工作水平得到显著提升，博物馆的社会影响力大大增强，博物馆事业呈现蓬勃发展的良好局面。据不完全统计，全市近两年来观众总量达102万人次人，其中青少年观众28万人次。

【陈列展览】 据统计，2008年年以来，全市博物馆共举办陈列展览总数12个，其中临时性展览5个，重新布展和改造基本陈列6个，总投入经费达2000多万元。

具有代表性的重要展览包括：黄石市博物馆的“天地一洪炉——黄石矿冶文化展”、“黄石市第三次全国文物普查重要新发现图片展”、“曾侯乙墓出土文物展览”。

【展示和宣传服务】 全市文物行政管理部门及博物馆充分利用“5.18国际博物馆日、中国文化遗产日”等重要节日开展展示和宣传活动。通过举办临时性的流动展览、发放宣传资料单、拍摄专题片并在电视台滚动播放、文物保护法咨询以及文物知识讲座等多项服务。黄石市博物馆近年来开展了“五走进”活动。将展览送到部队、社区、学校、工厂，同时还与黄石的高校联系，使黄石市博物馆成为了高校志愿者的基地。黄石市博物馆与黄石理工学院青年志愿者牵手市残疾青少年，举行了文化遗产日的主题实践活动，100多名残疾青少年参观了黄石市博物馆的展览，让特殊群体也零距离感受到了黄石悠久的矿冶文化。阳新县文物局组织拍摄的《富川大地话文物》专题片，在“5 · 18国际博物馆日、中国文化遗产日”期间，在电视台滚动播放。

【藏品管理与保护】 文物藏品的保护与管理是博物馆的重要职能。2009年以来，在湖北省文物局的统一部署下，全市博物馆按照湖北省文物局“关于开展文物调查及数据库管理系统建设的通知”要求，完成了全市博物馆馆藏三级以上珍贵文物信息采集及数字化管理。

对博物馆藏品实施科技保护，是全面落实科学发展观，推进文化遗产保护事业科学发展的重要方面。全市近几年来，藏品保存设备设施普遍有明显改观，部分博物馆实现了24小时安全报警监控，黄石市博物馆在文物库房内配置了两台除湿机，配备了20台湿度、温度检测仪，可随时掌握文物存放的环境情况，确保了馆藏文物的安全。

【博物馆建设】 截至2010年，全市博物馆总数为8座，其中文物系统7座。

【人才培养】 近年来，全市博物馆通过“送出去，请进来”等形式参加湖北省文物局举办的各类培训班以及以学代训、以会代训、以干代训的方法进行全方位、多层次的培训业务人员，使全市干部的业务素质得到了进一步的提高。

黄石市博物馆

Huangshi Municipal Museum

馆　　长　胡新生
地　　址　湖北省黄石市团城山开发区广会路12号
电　　话　办公室:0714-3066371
　　　　　　预约参观:0714-3066376
传　　真　3066371
网　　址　www.hssbwg.com
电子信箱　hsbwg@sougo.com
隶属关系　黄石市文化局
性　　质　国有
建筑性质　现代建筑
建筑面积　6000平方米
展厅面积　4550平方米
占地面积　13720平方米

馆址环境　坐落在广会路南侧，东临黄石中茵国际大酒店，西临黄石市科技馆，北临黄石市人民广场。

历史沿革　1958年10月成立黄石市博物馆，1962年建制撤销。1971年3月由“黄石市工农兵文化馆”阵地宣传组兼管文物工作。1975年5月恢复博物馆建制，黄石市博物馆陈列大楼于1977年11月15日动工。1978年市革委会研究决定，市博物馆和市图书馆正式分开，1979年10月1日博物馆建成并正式对外开放。1988年5月3日黄石成立文物管理处，挂靠黄石市博物馆。2004年撤销黄石市文物管理处，成立黄石市文物管理局。2008年12月新博物馆落成并对外免费开放。目前含黄石市博物馆和全国重点文物保护单位汉冶萍煤铁厂矿旧址(小红楼)。

开放时间　9:00—17:00(周二闭馆)

服务设施　停车场、语音导览机、触摸屏导览、数字影厅、物品寄存、无障碍参观服务设施等。

交通状况　公交线路8、11、12、13、18、20、25路人民广场下车往南。

概 况

黄石市博物馆是黄石市属的综合性地志博物馆,系国家二级博物馆,承担着黄石市文物收藏保护、展览陈列、科学研究、社会教育等工作。1958年10月成立,1962年建制撤销。1971年3月由"黄石市工农兵文化馆"阵地宣传组兼管文物工作。1975年5月恢复建制,黄石市博物馆陈列大楼于1977年11月15日动工,1978年市革委会研究决定,市博物馆和市图书馆正式分开,1979年10月1日博物馆建成并正式对外开放。1988年5月3日黄石成立文物管理处,挂靠黄石市博物馆。2004年撤销黄石市文物管理处,成立黄石市文物管理局挂靠黄石市文化局。2008年12月新博物馆落成并对外免费开放。目前含黄石市博物馆和全国重点文物保护单位汉冶萍煤铁厂矿旧址(小红楼)。在加强黄石地区文物保护和研究、提高市民科学文化素质、全面推进黄石经济社会发展和两个文明建设等方面做出了不懈的努力和突出贡献,产生了良好的社会效益。为此,黄石市博物馆先后荣获"全国文化先进集体"、省级"文明单位"、"湖北省爱国主义教育基地"等称号。

黄石市博物馆新馆位于湖北省黄石市团城山开发区广会路12号,占地面积13720平方米,其中建筑面积6000平方米,展厅面积4550平方米。黄石市博物馆主题寓意为中国之印,中央高出屋面的全玻璃幕墙寓意为印把,是整个博物馆的制高点,使中厅采光效果能通达豁亮,三层框架式钢筋混凝土结构的建筑体融入休闲广场中央。其外墙的锈石贴面衬托出现代建筑的风格。

黄石市博物馆基本陈列"天地—洪炉——黄石矿冶文化展"于2008年12月免费对外开放,展品共计约500件/套,其中展出文物293件/套。陈列面积3960平方米。内容以黄石地区矿冶发展史为主线,通过展示大量的考古发掘资料、文献资料,结合现代声、光、电等高科技技术及大型场景复原等艺术工程,全面展现黄石地区自二三十万年前的旧石器时代——"石龙头文化"为开篇,经新石器时代、商周、春秋战国、秦汉、唐、宋、元、明、清,直至现代,绵延数千年的矿冶发展史。

一、展陈、科研工作

黄石博物馆自1979年建馆对外开放以来,先后举办了"黄石革命斗争史展览"、"曾侯乙墓出土文物展览"、"周恩来同志纪念展"、"黄石市第三次全国文物普查重要新发现图片展"等各类临时展览50余个,接待观众近千万人次。这些展览为加强黄石地区文物保护和研究,提高全民科学文化素质,全面推进黄石经济社会发展和两个文明建设等方面做出了不懈的努力和突出贡献,产生了很好的社会效益。2009年制作了"黄石地区出土文物精品图片展"流动展览,开展走进学校、走进社区、走进部队、走进农村、走进企业的展览"五走进"活动,让更多的民众了解《文物保护法》及黄石的历史文化。

近几年来,黄石市博物馆积极开展文博专业理论研究,先后在国家级刊物发表专著论文50余篇。如:1980年,黄石博物馆编辑,由文物出版社出版了《铜绿山——中国矿冶遗址图录》。1999年,《铜绿山古矿冶遗址》发掘报告由文物出版社出版发行。2000年,由周保权撰写的《世界文化遗产瑰宝——铜绿山古铜矿》由香港天马图书有限公司出版发行。2008年,黄石博物馆编辑,由武汉大学出版社出版了《独领风骚》。由龚长根、胡新生撰写的《大冶之火》由湖北人民出版社出版发行。黄石博物馆与吉林大学边疆考古研究中心合作编辑的《巴东雷家坪》报告，由中国科学出版社出版发行。

二、文物保管、征集和保护工作

黄石市博物馆藏品的管理本着“保护为主、抢救第一、合理利用、加强管理”的指导方针开展各项工作。新馆建成后，藏品账目实现数字化管理，建立了完善的业务档案，完善了各类藏品管理制度。积极争取经费，对亟待修复保护的文物进行保养修复处理，其中修复了一级文物36件，二级文物128件。

黄石市博物馆在日常工作中，常规性的对文物库房进行安全自查，并做详细记录。在文物库房内配置安装了两台除湿机，根本上解决了梅雨季节潮气对馆藏文物的伤害；配置了20台湿度、温度检测仪，以随时掌握文物存放环境情况，一旦异常，可及时采取相应应急措施，确保馆藏文物的安全。

近几年来，黄石博物馆本着“补充缺坏、丰富展品”的征集方向，征集了一套“汉冶萍煤铁厂矿有限公司”股票及息票。接受捐赠文物3件。

三、社教、开放工作

黄石市博物馆拥有近10000平方米的开放区域，每天都有观众前来参观。因此，在办好展览的基础上，我馆坚持优质服务，通过完善服务设施、提高接待讲解员的素质来提升接待水平。

不断完善服务设施。根据接待需要，我们积极提升展厅便民设施功能，新增了饮水机、休息椅垫等服务设备，处处体现了人性化，力争让观众在休闲中了解黄石灿烂的历史文明。

加强接待讲解人员的培训。

努力提高服务接待水平，为创建一支业务过硬、作风优良、综合素质能力强的社会教育队伍，我馆对讲解员、前台人员进行了集中的岗前业务培训，并积极选派优秀讲解员两次参加全省博物馆、纪念馆讲解员大赛，在比赛中讲解员取得了优异的成绩。我馆采取了按需讲解的方式，只要是观众提出了讲解的申请，即安排专人进行免费讲解，此举开创了湖北省免费讲解的先例。

不断加大宣传保护的力度。创新开展“五走进”活动。将“黄石出土文物精品展”送到了市武警支队、老虎头小学和湖北师范学院等地，较好的宣传了黄石悠久的历史文化，得到了社会广泛的好评。通过送展上门的形式，更加方便了市民的参观，也加大了文物保护宣传的力度，近两年共接待流动观众近4万多人次。积极举办保护文化遗产等宣传活动。在文化遗产日前夕举办了黄石市博物馆纪念第五个文化遗产日有奖征文活动，在《黄石日报》公开刊登活动启事，共收到观众征文200余篇，我们对这些文章进行了评审并对优秀稿件的作者进行了奖励。和黄石理工学院青年志愿者牵手市残联的残疾青少年，举行了迎接第五个文化遗产日主题实践活动，100多名残疾青少年参观了我馆的展览，让特殊群体也零距离感受到了黄石悠久的矿冶文化。每年博物馆日和文化遗产日之际，我馆还组织人员走上街头，两年来发放文物宣传资料3000多份。在《东楚晚报》刊登专版，详细介绍我馆的各项展览。通过组织开展多种形式的文化遗产保护宣传活动，激发起公众关注、保护文化遗产的热情，营造“文化遗产人人保护，保护成果人人共享”的良好社会氛围。

四、机构设置和行政管理工作

黄石市博物馆隶属于黄石市文化局，属国家全额拨款的副处级事业单位。现设置科室6个，即办公室（含工会、妇联、共青团、财务室)、保卫科、群工部、考古部(含考古队)、陈列保管部、市场部。

黄石市博物馆现有正式在编人员 28 人，全馆具有高级职称 8 名，中级职称 10 名,初级职称及其他 15 名。大专以上学历工作人员占在编人员的 90%以上。

为了进一步加强规范化管理,黄石市博物馆先后制定出各项规章制度。

在行政方面方面,先后制定了《黄石市博物馆人事管理制度》、《黄石市博物馆党支部管理制度》、《黄石市博物馆公文管理办法》、《黄石市博物馆劳动保障管理制度》、《黄石市博物馆考勤管理制度》、《黄石市博物馆办公室管理制度》、《黄石市博物馆临时工管理制度》、《黄石市博物馆水电工岗位安全制度》等一系列规章制度。

在财务方面,先后制定了《黄石市博物馆财务管理制度》、《黄石市博物馆会计管理制度》、《黄石市博物馆出纳管理制度》、《黄石市博物馆专项经费管理实施办法》等一系列规章制度。

在安全保卫方面,制定了《黄石市博物消防安全责任制度》、《黄石市博物馆监控室值班制度》、《黄石市博物馆安全巡逻巡视制度》、《黄石市博物馆安全值班岗位责任制度》、《黄石市博物馆保安人员制度》、《黄石市博物馆门岗管理制度》、《黄石市博物馆展厅夜间值班管理制度》、《黄石市博物馆安全器具管理制度》等一系列规章制度。

在社教、开放方面,制定了《黄石市博物馆免费开放接待方案》、《黄石市博物馆志愿者章程》、《黄石市博物馆免费参观票领取办法》、《黄石市博物馆免费参观预约办法》、《黄石市博物馆讲解员工作制度》等一系列规章制度。

在文物保管方面,制定了《黄石市博物馆藏品账目管理制度》、《黄石市博物馆进出文物库房管理制度》等一系列规章制度。

上述规章制度都是黄石市博物馆针对馆内实际工作而制定，是确保黄石市博物馆各项工作的顺利进行的基本保障。

五、社会服务活动

黄石市博物馆精心制作了“黄石地区出土文物精品展”流动展览,目前该展览正在我市的农村社区以及学校厂矿中进行巡回展览达几十场，大受欢迎。下一步我们还将制作“黄石矿冶文化浓缩展”进行外出展览,并计划到我省其他市州进行巡回展示，以展示黄石的文化特色，增进全省人民对黄石悠久而灿烂的矿冶历史文化的了解。

大冶市博物馆
DaYe Municipal Museum

馆长	姜胜	隶属关系	大冶市文体局
地址	大冶市青铜广场湛月路2号	性质	国有
邮政编码	435100	建筑性质	现代建筑
电话	0714-8737790	建筑面积	总建筑面积 5000 平方米
传真	0714-8737790	展厅面积	2000 平方米
电子信箱	dayebwg@tom.com	占地面积	3500 平方米

馆址环境　坐落在马家山上，东临张旗村，南临青龙山公园，西临青铜广场，北临大冶市委、市政府。

历史沿革　大冶市博物馆原为大冶县文化馆文物组，1981年分离成立大冶县博物馆，1994年2月18日因撤县建市而更名为大冶市博物馆。2006年10月1日建新馆正式开馆对外开放。

开放时间　9:00—17:00(周一闭馆)

服务设施　停车场、纪念品商店、免费讲解、休息室、物品寄存等。

交通状况　公交线路1、2、18路世纪钟下车往东，8、12路世纪林下车往南。

概　况

大冶市博物馆是一综合性博物馆，一直承担着大冶市文博事业的重点工作，在文物收藏保护、展览陈列、科学研究、社会教育等方面发挥着重要的作用。

大冶市博物馆创建于1981年，2006年10月新馆建设落成正式对外开放。博物馆位于大冶城区中心地带青铜文化广场，占地面积3500平方米，博物馆布局按博物馆功能要求设置，为了充分发挥博物馆特色，体现博物馆的功能特点，在设计过程中将外部环境、外观效果、功能布局等方面作为重点建设，形成了民族特色鲜明的效果，各项功能基本齐全，安防、消防、疏散通道等设施俱全。

一、展陈、科研工作

博物馆现有馆藏文物3155件，其中一级文物7件，二级文物68件，三级文物537件。

博物馆1—4楼为展厅，面积共2000平方米。设有青铜器展厅、历史文物展厅、大冶历史名人录展厅、大冶革命斗争史展厅和矿物晶体展厅。主办的长期专题陈列有：矿物晶体标本陈列、青铜文化史陈列、大冶历史名人录、大冶革命斗争史陈列。有特色的展品有：矿物晶体、提梁卣、铜斧、铜锛等。

除基本陈列外，博物馆还先后推出各类临时展览几十项，如奇石展、海洋科普展、民俗展、字画展等。为配合各类临时展览的展出，大冶博物馆印刷出版各类图书、印制各种宣传品、光盘等。

近年来，大冶博物馆的专业技术人员完成专业论文、学术报告、发掘报告数十篇，并发表在相关学术刊物上，如《江汉考古》、《百强县市论文全集》、《黄石日报》。

二、文物保管、征集和保护工作

大冶博物馆藏品的管理本着“保护为主、抢救第一、合理利用、加强管理”的指导方针开展各项工作。新馆建成后，藏品账目实现数字化管理，输入藏品电子档案612件(套)，并建立了详细的文物档案，完善了各类藏品管理制度。

大冶博物馆藏品主要来源为征集、出土、捐献。现本着“有序征集、丰富藏品”的原则，正努力加大近现代文物征集的力度。

新馆建成以后，各项设施更加完备，2004—2008年完成修复文物385件(套)，复制文物98件(套)。采取分类保存的方式，杜绝各类文物相互之间的交叉感染，远离污染和放射物，保持库房空气流通，室内恒温。对易腐蚀，易破损的文物进行科学处理保护。

三、社教、开放工作

大冶博物馆拥有3000平方米的开放区域，每天都有大量的观众前来参观。长期以来，大冶博物馆遵循“以人为本”的服务理念面向广大的参观群众，为大众提供优质的“人性化”、“特色化”服务，为观众提供物品寄存、公共饮水、休息室、免费讲解等服务。开通了电话预约业务，方便群众参观。向观众免费发放《大冶博物馆简介》、《文物法》等宣传手册数千份。建立了一支稳定的、高素质的专业讲解队伍，提供讲解服务已超过1万小时。

四、机构设置和行政管理工作

大冶博物馆隶属大冶市文体局，是国家全额拨款的事业单位。现有行政办公室、考古调查科、陈列布展科、安全保卫科、文物勘探科、财务科等部门。人员编制有14人，专业技术人员14人，占总人数比例100%。加强对在岗职工的培训，提高职工的素质，以适应现代化博物馆发展的要求，是大冶市博物馆长期以来坚持不懈的工作理念。

为进一步加强规范化管理，大冶市博物馆先后制定出各项规章制度50余项，以制度管人、以制度管事，使各项管理工作制度化、规范化。

行政管理方面，先后制定了《“三会一课”制度》、《大冶市博物馆议事制度》、《党务政务公开制度》等一系列规章制度。

财务方面，先后制定了《财务人员管理制度》、《会计管理制度》、《出纳管理制度》等一系列规章制度。

安全保卫方面，先后制定了《文物库房管理制度》、《安全保卫制度》、《值班制度》、《激励表彰制度》、《安全生产责任状》等一系列规章制度。

社教、开放方面，制定了《大冶市博物馆免费开放接待方案》、《展厅工作人员制度》、《服务承诺书》、《党员干部服务承诺制度》等一系列规章制度。

文物保管方面，制定了《大冶市博物馆文物安全管理制度》、《博物馆藏品账目管理方案》等一系列规章制度。

在党建方面，先后制定了《党员目标管理制度》、《党支部议事制度》、《组织生活会制度》、《党员思想汇报制度》、《党员教育制度》、《党支部书记职责》等一系列规章制度。

上述规章制度都是大冶博物馆联系本馆实际工作而制定的，是确保博物馆各项工作顺利进行的基本保障。

五、社会服务活动

2008年是奥运之年，大冶博物馆圆满出色地完成了博物馆免费开放工作任务，当年接待参观人数达89000余人。大冶市博物馆是黄石市第二批未成年人校外活动示范基地，同时也是大冶市反腐倡廉历史教育基地。

六、文化产业、文化产品和经营情况

大冶是中国青铜文化的发祥地之一，大冶地区青铜文化民间工艺品以青铜器、孔雀石工艺品为主，具有青铜文化特色。复、仿制古代青铜器物，现代工艺青铜制品，以及其他民间工艺礼品等，是大冶市文化产业的重要内容，研究并开发这些独具特色的文物产品对于促进文化产业的发展具有重要的意义。

为满足观众在博物馆的消费和休闲需求，大冶博物馆设立了大冶青铜文化工艺品商店，开发设计制作完成特色商品数十种，并对开发的产品进行监督管理，保证了特色商品的质量和文化品位。

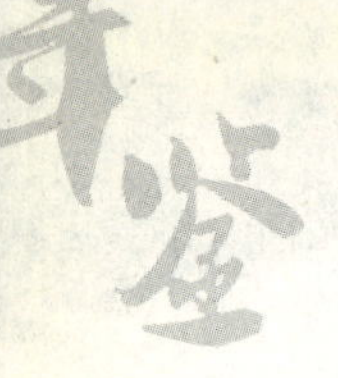

红三军团建军纪念馆

Foundation Memorial Hall of the 3rd Regiment of Red Army

馆　　长　姜胜

地　　址　大冶市刘仁八镇中心小学校园内

邮政编码　435128

电　　话　0714-8936801

隶属关系　大冶市文体局

性　　质　国有

建筑性质　中西结合的晚清建筑

建筑面积　总建筑面积1920平方米

展厅面积　600平方米

占地面积　960平方米

馆址环境　坐落在镇中心小学校园内，东临刘仁八镇刘仁八村，南临大庄村，西临玉屏山，北临云台山。

历史沿革　红三军团建军纪念馆原为红五军司令部，1990年，中顾委常委王平同志提名为红三军团建军纪念馆，1990年6月16日，红三军团成立60周年时正式对外开放。

开放时间　9:00—17:00(双休日不休息)

服务设施　停车场、纪念品商店、讲解、休息室、物品存寄等。

交通状况　大冶至刘仁八镇政府门口沿红军路直达镇中心小学门口即到。

概　况

红三军团建军纪念馆，平面布局为一进三幢连五，为硬山式砖木结构，主厅堂梁架为六架椽屋前连轩廊，门厅上有回楼(戏楼)与正屋，侧楼有厢房，木雕精细别致，建筑地面逐渐增高，第一进台基高约1米，采用须弥座形式，其上用汉白玉板围护，每进均有天井，有的没有花台，建筑门脸模仿西方古典建筑形式，总建筑面积为1920平方米，土地使用面积950平方米。它是中西结合的晚清建筑群抬梁式雄伟高大的木质结构，雕梁画栋的建筑风格，以及壁画、浮雕、石刻、栅栏等，对研究晚清，时代的建筑风格和艺术，对研究乡村富豪的庄园及其生活方式，都有较高的艺术和学术价值。

1930年5月间，彭德怀率红五军主力来到鄂东南，与红五纵队会师，在大冶、阳新边界，击溃敌二十军郭汝栋部，再次打开大冶县城，兵进黄石港、鄂城、阳新、咸宁等地，然后回师刘仁八至三溪口一带休整。六月中旬，彭德怀根据中央第103号通知，决定在刘仁八成立红军第三军团，彭德怀任总指挥，滕代远任政委、邓萍任参谋长，袁国平任政治部主任，下辖红五军、红八军，队伍由七千余人发展到一万余人。

红三军团的创建不仅在我军建军史上，而且在中国革命斗争史上，都占有极其重要的地位。为苏区苏维埃革命政权的建立巩固和发展奠定了坚实的基础。

红三军团建军纪念馆于1990年6月16日正式对外开放。

大冶铁矿博物馆

Daye Iron ore Museum

馆　　长　许士强
地　　址　黄石市铁山区胜利路53号
邮政编码　435006
电　　话　0714-3811206
传　　真　0714-3813816
电子信箱　hsgjksgy@sina.com
隶属关系　武钢集团矿业有限责任公司大冶铁矿
性　　质　国有
建筑性质　现代建筑
展厅面积　2100平方米
占地面积　6400平方米

馆址环境　坐落在铁山大道上，南临铁山区区政府、北临大冶铁矿办公楼。

历史沿革　大冶铁矿博物馆原为大冶铁矿第一小学，2004年重新改造建大冶铁矿博物馆，2006年2月22日正式开馆对外开放。

开放时间　9:00—17:00(周二闭馆)

服务设施　停车场、纪念品商店、讲解、休息室、物品寄存等。

交通状况　公交线路黄石市市内6、11路终点站下车。

概　况

大冶铁矿博物馆于2004年9月开始总体设计施工建设，共5层。2006年2月建成正式对外开放。博物馆共设矿物陈列、古代开采、近代开采、伟人视察等八大系列，共陈列实物483件、图片635幅及10余万字文字简介资料。博物馆是黄石国家矿山公园的一个主要组成部分，是中国第一座陈列矿山历史的博物馆，浓缩了一千七百八十四年，特别是近一百一十年来矿山的创业史和发展史。

一、展陈、科研工作

大冶铁矿博物馆1—4楼为展厅，面积2100平方米。主要分矿物陈列、古代开采、近代开采、伟人视察、日本掠夺、重建开采、深部开采、矿山成果八大系列，分设有地质矿床矿物标本陈列室、古代开采陈列室、近代开采陈列室、国家领导人视察大冶铁矿陈列室、工人运动陈列室、日本掠夺冶矿资源陈列室、重建开采陈列室、深部开采陈列室、矿山成果陈列室九个陈列室，共陈列实物553件、图片635幅及10余万字文字简介资料。

除基本陈列外，大冶铁矿博物馆还先后推出各类临时展览几十项，如奇石展、字画展等。为配合各类临时展览的展出，大冶铁矿博物馆开发了各种宣传品、光盘等。

近年来，大冶铁矿博物馆的专业技术人员完成专业论文、学术报告、发掘报告5篇，并发表在相关学术刊物如《武钢工人报》、《黄石日报》、《东楚晚报》上。

二、文物保管、征集和保护工作

大冶铁矿博物馆藏品的管理本着“传承矿冶文化、保护为主、合理利用、加强管理”的指导方针开展各项工作。博物馆建成后，藏品账目实现数字化管理，输入藏品电子档案553件(套)，建立了详细的文物档案，完善了各类藏品管理制度。

大冶铁矿博物馆藏品主要通过征集、捐赠、收购等途径取得。

大冶铁矿博物馆建成后，各项设施更加完善。采取分类保存的方式，杜绝各类文物相互之间的交叉感染，远离污染和放射物，保持库房空气流通，室内恒温。对易腐蚀，易破损的文物进行科学处理保护。

三、社教、开放工作

大冶铁矿博物馆拥有2100平方米的开放区域，每天都有大量的观众前来参观。长期以来，大冶铁矿博物馆遵循“诚信待人、以人为本”的服务理念面向广大的参观群众，为大众提供优质的“人性化”、“特色化”服务，为观众提供物品寄存、公共饮水、休息室等服务。开通了电话预约业务，方便群众参观。向观众免费发放《大冶铁矿博物馆简介》、《文物保护法》等宣传手册数千份。建立了一支稳定的、高素质的专业讲解队伍，提供讲解服务已超过1万小时。

四、机构设置和行政管理工作

大冶铁矿博物馆隶属武钢集团矿业有限责任公司大冶铁矿。下设办公室、文物管理部、安保部、宣传筹划部等机构，人员编制有9人。大冶铁矿博物馆长期以来加强对在岗职工的培训，提高职工的素质，以适应现代化博物馆发展的要求。

为进一步加强规范化管理，大冶铁矿博物馆先后制定出各项规章制度10余项：

行政管理方面，先后制定了《“三会一课”制度》、《大冶铁矿博物馆议事制度》、《党务政务公开制度》等一系列规章制度。

财务方面，先后制定了《财务人员管理制度》、《会计管理制度》、《出纳管理制度》等一系列规章制度。

安全保卫方面，先后制定了《文物库房管理制度》、《安全保卫制度》、《值班制度》、《激励表彰制度》、《安全生产责任状》等一系列规章制度。

社教、开放方面，制定了《大冶铁矿博物馆开放接待方案》、《展厅工作人员制度》、《服务承诺书》、《党员干部服务承诺制度》等一系列规章制度。

文物保管方面，制定了《大冶铁矿博物馆文物安全管理制度》、《博物馆藏品账目管理方案》等一系列规章制度。

在党建方面，先后制定了《党员目标管理制度》、《党支部议事制度》、《组织生活会制度》、《党员思想汇报制度》、《党员教育制度》、《党支部书记职责》等一系列规章制度。

上述规章制度都是大冶铁矿博物馆根据本馆实际工作而制定的，是确保博物馆各项工作顺利进行的基本保障。

五、社会服务活动

在2010年8月黄石市首届国际矿冶文化旅游节期间，大冶铁矿博物馆圆满出色地完成了博物馆免费开放工作任务，当月接待参观人数达36000余人。大冶铁矿博物馆是黄石市反腐倡廉历史教育基地，同时也是全国科普教育基地。

六、文化产业、文化产品和经营情况

大冶铁矿博物馆通过摸索创新开发文化产品，结合矿山历史文化特点，以自主开发和对外合作形式制作出具有“矿味”特色的纪念邮册、邮折、毛主席铜雕塑、水晶制品、紫铜浮雕、音像书籍及本地产的矿石、岩石、岩芯等七大类、数十个品种的旅游纪念品。价格从几十元到近千元不等，以适应不同人群、不同层次游客的消费需求。近年来，我们借助大型会议、外事活动等销售渠道，扩大订单的范围和客户，销售各类文化产品600件，销售营业额30万余元，在一定程度上提升了本馆的社会认知度。

阳新县博物馆

Yangxin County Museum

馆　　长　柯忠
地　　址　湖北省阳新县陵园大道 11 号博物馆
邮政编码　435200
电　　话　0714-7323751
　　　　　　0714-7339677
传　　真　0714-7320723
隶属关系　阳新县文体局
性　　质　国有
建筑性质　现代建筑
建筑面积　2200 平方米
展厅面积　1200 平方米
占地面积　10865 平方米

馆址环境　馆内林木苍翠，环境清幽，交通便利。

历史沿革　1959 年，阳新县文化馆分设博物馆，1978 年从文化馆分离设立博物馆。1981 年筹建，1983 年 5 月正式对外开放。

开放时间　春、夏、秋季 8:30—16:30　冬季 9:00—16:30（周四闭馆）

服务设施　停车场

交通状况　到客运站下车后，上立交桥向陵园大道前行 50 米即到。

概　况

阳新县博物馆，位于县城中心的立交桥东端，陵园大道北侧，东与湘鄂赣边区鄂东南革命烈士陵园毗邻，占地面积 10865 平方米，其中建筑面积 2200 平方米。

博物馆始建于 1978 年 5 月。1983 年迁入新馆，是一座综合性历史博物馆。收藏历史文物、革命文物共 3111 件。其中一级文物 17 件，二级文物 50 件，三级文物 291 件。多为阳新境内考古发掘的出土文物，包括玉石器、陶瓷器、金银器、铜铁器、纸木器等。其中有新石器时代的三孔石刀、单双孔石铲、商代的铜铙、春秋建国的铜鼎、铜甗、铜簋；唐代的银瓶、银壶、陶器、铜镜；宋代刻花瓷盏，明清时期的金龙等珍贵文物。革命文物主要为第一、第二次国内战争时期的武器。如：大刀、梭标、双管土枪铳、地雷、马尾弹等武器，阳新县第十三区第八乡苏维埃政府印，阳新县苏维埃政府执行委员会布告，鄂东南工农银行纸币及存款单，苏区政府编印的出版物以及 1927 年阳新县“2 · 27”惨案中英勇就义的九烈士的墓碑和革命烈士遗物。这些珍贵的文物和历史文化遗存，真实地反映了阳新县的悠久历史和光荣的革命传统。

一、展陈、宣传工作

1959 年 10 月，300 多件本土文物在文化宫国庆十周年建设成就展厅展出。1974 年文化馆开办革命文物陈列室。1979 年增加历史文物陈列室。1981 年举办传世、出土文物展。1982 年举办出土文物和古字画展。1984 年举办“小炮儿山战国楚墓出土文物展”。1986 年 10 月，新馆展厅开放。辟有“阳新革命文物展”、“半壁山战国楚墓出土文物展”两个陈列，办有“湖北省博物馆珍贵文物展”。办橱窗 7 期。1987 年引办大冶“中国历代货币展”、故宫“清代帝后生活用品展”。1988年引进省馆“外国首脑友人赠品展”。1989年联办科技、集邮展3个。1990—1991年，引办“江阴古尸展”、“国宝回归展”。1993年举办“纪念毛主席诞辰一百周年图片展”。1995年举办“阳新人民抗日纪实展”。1986—1996年举办展览19个。1997年，陈列更新为“阳新传世文物珍品展”,25个版面。1999—2002年办时事图片展4个。2003年，陈列更为“阳新出土文物展”。2005年，陈列厅经整修重新开放，并从该年开始，年年举办“5·18”国际博物馆日宣传活动。2006年6月开始免费接待参观。2007年新辟二、三陈列厅。2008—2010年举办“濒危动物展”、“改革开放30周年书画展”、“故乡行阳新籍绘画名家邀请展”、“感动中国人物展”、“建市60周年书画美术摄影展”临时展览5个。

二、馆藏保管

1959—1962年，县文化馆内设文物陈列室，收藏历史文物97件，革命文物200余件。1978年，县博物馆建馆入藏文物246件。1980—1983年馆藏442件。1985年修复出土文物50件，馆藏历史文物706件，革命文物216件。1986年完成1146件文物清理建档和7万字配套资料汇编。1987—1989年，完成1411件文物建账入库。库房展厅安装铁门窗和报警器，添置防火设备，完善安全岗位制度，列为公安人保重点单位。1990—1997年，入藏文物800余件。馆藏增至历史文物1448件、革命文物403件、传世文物332件、社建文物49件。1998—2000年，入藏历史文物530件。2001—2003年馆藏增至历史文物2032件、革命文物389件、传世文物380件、社建文物44件。2004—2006年，省考古队利用大路铺等古遗址出土陶片修复文物391件，全部交县馆入藏。2007年馆藏文物迁入新库房，三级以上藏品装匣入保险柜，2008年建起计算机数据库管理系统。2004—2010年，入藏文物400余件，总藏达3111件。

三、机构设置和行政管理工作

阳新博物馆为财政全额拨款的事业单位。设有：办公室、陈列部、安保部、保管部。现有正式在编人员9人，大学专科以上学历7人，具备中级职称3人，初级职称4人，技师2人。

随着免费开放的深入，原先定的制度已远远不适应免费开放的要求，因此，阳新博物馆在免费开放的同时，先后制定并完善了各项规章制度。主要包括：《博物馆免费开放管理制度》、《博物馆免费参观须知》、《博物馆值班制度》、《博物馆文物陈列管理制度》、《博物馆库房藏品管理制度》、《博物馆安保人员制度》、《博物馆库房保管人员制度》、《博物馆安防消防制度》、《博物馆财务管理制度》。同时，还制定了突发事件的应急预案，完善应急处理机制，并在博物馆进门的显著位置公示观众参观须知，开放时间等制度措施，方便观众了解和监督，并努力改善文物安全保护和观众服务设施条件，强化内部管理，加强安全防范，切实保证了免费开放的安全规范有序的运行。

四、馆舍建设、扩建、维修和设施改造

1.供电增容项目

一直以来，馆内电容为220伏，2009年投资1.6万元，增容为360伏，并对馆内线路进行全部改造。

2.文物库房与展厅翻扩建项目

2004年博物馆对二展厅进行了翻扩建，由原来的100平方米增为300平方米，2006年对一展厅的展览进行全面提升，由原来的30平方米增为100平方米。2007年对三展厅进行翻建，由原来的30平方米增为100

平方米。2005 年国家下拨 50 万元库房建设资金，2006 年依靠 50 万资金建成 680 平方米的库房。

3.消防、安防设施改造项目

2004 年投资 7 万元在馆内增加了 1 台监控设备，只安装了 3 个摄像头，2006 年新增了 2 个摄像头，目前监控设备已老化，录像部分已无法使用（摄像头是完好的）。

消防目前靠灭火器及沙包等人防工具为主。

阳新县龙港革命历史纪念馆

Memorial Hall of Yangxin County Longgang Revolutionary History

馆　　长　李朝华
地　　址　湖北省阳新县龙港新街 61 号
邮政编码　435209
电　　话　0714-7656988
传　　真　0714-7656988
电子邮箱　lgjng@163.com
类属关系　阳新县文化体育局
性　　质　国有
占地面积　6000 平方米
建筑面积　1600 平方米

接待观众及服务项目　全年接待观众、游客 8 万人次。除基本陈列专职讲解之外，对本地区的历史文化遗存、遗迹可全程导览。

开放时间　上午 8:00—下午 5:00

布局　龙港纪念馆紧靠 106 国道，公园式格局。进入大门入口是近 4000 平方米的园林。在园内“中共鄂东南特委遗址”背面，修建纪念馆陈列楼，为两层砖混结构，屋面树立人字架坡盖机瓦隔热。陈列楼左排为办公（区）楼（二层）；办公区左边纵向为来宾接待室、保卫室等。另配套修建有二星级旅游公厕。

历史沿革　为加强龙港地区革命旧（遗）址的保护管理，1975 年由原龙港公社筹资修建纪念馆，1976 年，湖北省革命文物工作座谈会在龙港召开，有国家文物局、中国革命博物馆、中国军事博物馆及全国 27 个省市的专家代表参加。龙港遗存的旧址、遗迹丰富，被誉为“天然的革命历史博物馆”。1977 年为县直事业单位。1981 年 9 月设立阳新县革命文物管理所，与馆合署办公，协调龙港、洋港、富水等地区革命旧（遗）址的保护管理。

龙港革命旧址群，是土地革命战争时期的历史遗产。主要建筑有红军街（龙港老街）和散建在乡村的明清古建筑。迄今，龙港镇保存有革命旧址 70 多处。彭德怀旧居、鄂东南特（道）委机关、彭杨学校、红军后方医院等 40 余处革命旧址保存尚好，其中有 36 处于 1981 年被湖北省人民政府公布为第二批文物保护单位。有 16 处于 2001 年 6 月被国务院公布为第五批全国重点文物保护单位，其中 12 处集中分布在 600 米长的老街。这在湖北省乃至全国范围内都是一处不多见的革命旧址群。

1986 年，王任重为纪念馆题写馆名，1995 年 3 月被湖北省人民政府命名为爱国主义教育基地。龙港纪念馆收藏文告、书刊、武器、壁画、烈士遗物等革命文物，负责龙港地区的革命历史宣传教育工作。自建馆以来，共接待观众、游客约 200 万余人次，曾举办过“抗战胜利 50 周年图片展”、“中共党史教育图片展”、“香港回归图片展”，并在周边中、小学校巡回展出；已成为“龙港镇中小学德育教育基地”、通山县“三源中小学德育教育基地”、黄石市委宣传部“爱国主义教育示范基地”、黄石市国防教育委员会“国防教育基地”、黄石市委组织部“党员教育基地”、阳新县委组织部“党员教育基地”、阳新县国家税务局“党风廉政建设教育基地”、黄石市机关工委“未成年人思想道德教育基地”。先后入编《中国名胜大词典》(1985年出版)、《中国纪念馆概论》(1996年出版)、《中国革命胜迹画卷》(1999年出版)、《中华文明遗迹通览》(2003年出版)、《中华魂——爱国主义教育基地》丛书(2006年出版)。2009年5月被中宣部公布为第四批全国爱国主义教育示范基地。

为确保龙港革命旧址群的安全管理，2006年8月，文物管理所与纪念馆工作职责分离，成为阳新县文化体育局直属独立机构，负责革命旧址的日常维护与维修。纪念馆负责收藏、陈列开放宣传、革命历史研究等工作。

纪念馆的工作在上级文博主管部门的关心和大力支持下，得到了中央、省、市县各级领导的重视，先后有王平、程子华、傅秋涛、梅盛伟、黄火青、侯政、兰侨、钱运录、贾志杰、王群等党和国家领导人前来视察、参观并题词。使事业取得健康的发展，现已执行免费对外开放政策，成为人们参观学习，接受教育，旅游观光，怡情览胜的好场所。

一、展陈工作

基本陈列名称及内容　“鄂东南革命斗争史”。基本陈列由前言、题词及四大部分组成。具体为：第一部分“马列主义传龙港　农民运动起风暴”，展示了1840年鸦片战争后，龙港人民早期的自发斗争、马列主义的传播形势、中共党组织的建立、农民运动的蓬勃兴起等；第二部分“‘八七’会议指方向　武装割据建政权”，展示了鄂东南地区暴动烽火燎原、建立苏维埃政权、彭大将军到龙燕等真实写照；第三部分“红色首府立龙港　建设革命根据地”，展示了鄂东南党政机关相继成立，龙港成为鄂东南苏区21个县市的政治、军事、经济、文化中心。中共鄂东(南)特(道)委在这里领导鄂东南人民进行巩固根据地、发展根据地的斗争，开创了鄂东南革命根据地的鼎盛局面，以及同心奋战反“围剿”的过程，军民共建根据地的景象。鄂东南各级政府（被群众称誉为“提包政府”）工作人员全心全意为群众服务的工作作风等；第四部分“坚持斗争求解放　洒尽热心写春秋”，展示了苏区人民坚持艰苦的游击战争，以不屈不挠的斗争精神，冲破黑暗迎胜利的真实画面。在几十年的革命斗争中，成千上万的革命先烈牺牲在龙港这块土地上，人民不会忘记他们，历史不会忘记他们。新中国成立后，党和政府为了表彰革命先烈的英雄业绩，弘扬党的优良传统和作风，在龙港这块红色的土地上，树立了革命烈士纪念碑，建立了革命历史纪念馆。老一辈无产阶级革命家彭德怀、王平、何长工、程子华、傅秋涛等人亲临龙港，参观访问，凭吊先烈；并亲笔题词，勉励后人继承先烈遗志，完成先烈未竟事业。展览展示了以上内容。

基本陈列设计特点及布展面积　采用传统的图片、文字板块设计模式，色彩明快，布局合理，配套国画、灯光、实物展柜，对外开放。展览场地面积380平方米，展线长76米，陈列版面152平方米。

基本陈列展出藏品数量及分类　基本陈列展出藏品74件(套)，以革命文物为主。类别有：铁器、铜器、纸币、印章、纸制品等。

基本陈列主要展品　中国工农红军独立第三师军号、肖作舟参加武昌中央农民运动讲习所学习时的生活用具、鄂东南工农银行发行的纸币、鄂东南兵工厂赠与新戏团的宣传铜牌等。

（一）专题陈列

1. 鄂东南龙燕区苏维埃旧址基本功能陈列　武装暴动的胜利，摧毁了国民党反动派在龙港地区的反动统治，开创了工农武装割据局面。1929年冬，龙燕区和所属的村苏维埃政府相继成立，龙港人们张灯结彩，欢呼胜利。在苏维埃政府的领导下，赤卫队、赤先队、儿童团等地方武装，群众团体纷纷成立，打土豪、分田地，土地革命运动蓬勃发展，龙港成为红五军开辟鄂东南革命根据地的巩固后方。

在艰苦的革命战争年代，鄂东南各级政府的工作人员“不要家、不要钱、不要命”，全心全意为民众服务。他们经常提布包、穿草鞋、翻山越岭，走村串户，深入群众，关心群众生活，群众亲切称呼自己的政府为“提包政府”。

“提包政府”的工作人员，以普通群众的身份参加生产，领导生产，参加战斗，指挥战斗。经常带领慰劳队，拥军优属，组织代耕队，解决群众困难。他们进步的工作，在1934年元月召开的第二次全国工农代表大会上，受到了毛泽东的赞扬。

陈列以真实的图片，朴素的语言展示了鄂东南革命根据地军民团结、艰苦奋斗的光辉革命业绩。配以家居器具，再现了当时工作人员的办公情景。

2. 彭德怀旧居基本功能陈列　1930年5月，彭德怀率领红五军四纵队从井冈山来到鄂东南。会同李灿、何长工同志率领的五纵队开辟鄂东南革命根据地。部队在龙港整训期间，将司令部设在这里。彭德怀在这里办公住宿。他指挥若定，用兵如神，打了许多大胜仗，粉碎了敌人的反革命围剿，组建了红三军团。彭德怀艰苦朴素，平易近人，带领红军指战员，深入工农群众，宣传毛泽东的“工农武装割据”思想和井冈山斗争经验，并协助地方党组织发展革命武装，建立工农政权，扩大和巩固鄂东南革命根据地。他的光辉事迹至今在群众中广为传颂。

陈列以真实的图片，朴素的语言展示了鄂东南革命根据地军民团结、艰苦奋斗的光辉革命业绩。配以家居器具，再现了彭德怀、何长工、李灿等革命前辈戎马倥偬的革命历程和叱咤风云的雄才睿智。

二、文物保管、征集工作

现有藏品来源及数量　以革命文物为主。主要通过群众捐赠、单位征集、收购等途径取得。有铁器、木器、纸制品等类。共收藏革命文物214件。三级以上革命文物126件（一级1件，二级6件，三级119件）。

藏品保护与管理　陈列配套展示的文物，设有专用展柜，玻璃罩密封保护；其他藏品存放于库房保险柜，有专职人员负责保管。经鉴定为三级以上的文物，全部进入馆藏文物信息系统数据库管理。

三、编辑出版工作成果

2009年出版《阳新文物精粹》。有大批遗存比较完好的革命旧址、遗迹，有珍贵的文物藏品，图文并茂，知识性广，可读性强，深受读者青睐；另外印制有彩色胶印图片册，赠与观众留念。1989年，邀请湖北电视台拍摄完成“土地革命时期的红色小镇——龙港”专题片，在中央电视台播放；2000年，完成全国重点文物保护单位申报文本，国务院于2001年6月25日公布“龙港革命旧址”为第五批全国重点文物保护单位；2004年3月，完成全国重点文物保护单位记录档案共15卷（包括文字、图片、图纸等），呈国家文物局存档；2005年10月，与清华大学合作完成“龙港革命旧址文物总体保护规划”；2006 年 8 月，为申报中国历史文化名镇，摄制了“鄂东南名镇——龙港”专题纪录片等影视资料。2008 年，独立完成中国历史文化名镇申报文本，国家住房和城乡建设部、国家文物局于 2008 年 10 月 14 日公布龙港镇为第四批中国历史文化名镇并授牌。2008 年，完成全国爱国主义教育基地申报文本，国家中宣部于 2009 年 5 月 21 日公布龙港革命历史纪念馆为第四批全国爱国主义教育示范基地。

襄　阳

襄阳市分述篇

【概况】 1953—2010年，在省文物局和襄阳市委、市政府的关怀领导下，全市各级文物行政主管部门及博物馆，解放思想，真抓实干，进一步加强对博物馆业务工作的宏观指导和规范管理，积极推进博物馆建设与免费开放，创新服务内容与形式，充分发挥博物馆在构建和谐社会中的积极作用，让更多成果惠及广大人民群众，博物馆工作取得一系列新的成绩。

【博物馆管理】 积极统筹规划博物馆发展布局。1977年以来，在襄阳市文物局的指导下，全市除保康县和襄城、樊城、襄州三个城区外，襄阳市博物馆、宜城市博物馆，谷城县博物馆、老河口市博物馆、南漳县博物馆、枣阳市博物馆等先后正式成立，全市特色博物馆类型得到进一步丰富。

进一步加强对文物藏品的借用、复制、调拨、交换等业务活动的规范管理和行政审批。针对免费开放后文物藏品日益频繁的展览交流，市文物局一方面积极支持鼓励博物馆创造条件，开展陈列展览等各项业务活动，加强宣传展示与文化交流，另一方面严格按照法律法规的有关规定，严格把关，从制度上和程序上杜绝任何可能出现的漏洞，以确保文物藏品安全。如襄阳市博物馆孟姬铜簠等3件一级文物借展给中国文字博物馆，谷城县、襄州区调拨30余件文物给襄阳市博物馆办展的行政审批，均依法高效办理。老河口市博物馆、宜城市博物馆、襄阳市博物馆分别被授予“全省十佳文博单位”、“全省文化先进集体”、“全省文化工作先进单位”、“全省文物安全工作先进集体”等荣誉称号。

【博物馆免费开放】 加强博物馆免费开放的检查指导。襄阳市文物局会同省市财政部门，对全市免费开放的博物馆开展免费开放专项督察，重点对免费开放时间、安全保障、资金落实、展陈质量、服务水平、媒体宣传等情况进行检查调研，并将检查情况予以通报。

通过加大监督管理力度，强化免费开放的各项基础性工作，全市博物馆免费开放工作进一步扎实推进、稳步展开。截至2010年底，全市免费开放博物馆达6座，同时，全市博物馆陈列展览、藏品管理、科学研究、社会教育、安全保卫等各方面工作也有显著提升，博物馆的社会影响力大大增强，博物馆免费开放成为全市文化惠民的品牌工程，产生了良好的社会效益，更多的公众走进博物馆，加快了博物馆融入社会的步伐，博物馆事业呈现蓬勃发展的良好局面。

据统计，免费开放后，截至2010年底全

市博物馆接待观众总量达135万人次,其中青少年观众88万人次,外国观众1万人次,团队观众9万人次。在各博物馆中,襄阳市博物馆观众总量达80余万人次,老河口市博物馆、谷城县博物馆10余万人次,位居全市前列。

【陈列展览】 全市各博物馆结合自身特色,加大投入,更新理念,推陈出新,不断提高陈列展览的水平,推出了一大批观众喜闻乐见的临时精品展览,极大限度地满足不同层次观众的需求,获得社会广泛好评。据统计,截至2010年底,全市博物馆举办承办陈列展览总数55个,其中临时展览45个,重新布展和改造基本陈列4个,总投入经费1630万元。

具有代表性的重要展览包括:襄阳市博物馆"聆文明之足音　品南北之遗韵——襄阳古代历史文化展"、"襄阳市第三次全国文物普查重要新发现成果展"、"陈坡大墓精品文物展";老河市博物馆"焦土抗战　民族复兴——国民政府第五战区抗战史料陈列展"、"老河口市安岗战国墓出土文物展"、"老河口市历史文物展览";宜城市博物馆"楚国大型车马陪葬坑展"、"馆藏历史文物展"、"楚风汉韵展"。通过举办陈列展览,不断改进陈展内容和形式,有效推进陈列展览制作水平提升。

【展示宣传和社会服务】 全市"5·18"国际博物馆日、文化遗产日、"12·5"国际志愿者日等重要节日宣传活动形式多样、丰富多彩。襄阳市文物局每年组织全市博物馆围绕节日主题,积极开展宣传活动,如襄阳市博物馆推出文物保护展板宣传栏、义务鉴宝会、文物保护法律咨询等多项服务活动。老河口市博物馆对外开放至2010年底,每年都接待由韩国十余所高校优秀大学生组成的"长征团",先后接待《血战台儿庄》、《张自忠上将》、《李宗仁在老河口》等剧组的拍摄。襄阳市博物馆参加了"2010中国·襄樊诸葛亮文化旅游节"等襄阳市政府公务接待活动,为宣传推介襄阳、打造城市名片提供服务。接待中央、省、市等各类媒体采访达数百次。

【藏品管理和保护】 文物藏品是博物馆存在和发展的基础,对其进行科学管理和利用是博物馆的重要职能。全市博物馆按照博物馆业务工作的要求,切实把文物藏品的管理与保护提高到战略地位,在以往数年开展藏品清理、鉴定、建档、采集的基础上,"文物调查及数据库管理系统建设"项目稳步推进,藏品管理与保护基础性工作取得重要进展。

2010年,全市馆藏三级以上(含)珍贵文物信息采集工作圆满结束,"摸清家底"与"动态管理"两个目标顺利实现,项目工作由任务性试点阶段顺利实现向基础性常规阶段转变,文物档案管理及信息化建设水平在全省名列前茅。据统计,全市博物馆藏品总量7万余件,项目中采集文物文字数据3315条(即传统计量件套),数码照片18119张,数据总量55.5G,其中一级文物文字数据126条。市文物局组织开展馆藏一般文物信息采集工作,要求各地2011年进一步加强组织,继续高度重视"文物调查及数据库管理系统建设"项目工作,根据制订的《湖北省"文物调查及数据库管理系统建设"项目馆藏一般文物信息采集工作方案》要求,开展一般文物信息采集工作,以充实和完善全市馆藏文物数据库系统。

对文物藏品实施科技保护,是全面落实科学发展观,推进文化遗产保护事业的科学、和谐发展的重要方面。只有不断做好文物藏品技术保护,不断排除安全隐患,才能为文物事业全面科学发展提供保障。襄阳市博物馆2003年11月成立文物修复中心(2010年12月,襄阳市编委批复为"襄阳市文物修复中心”)，2008年取得文物修复二级资质。截至2010年底，襄阳市文物修复中心为襄阳市博物馆(考古所)及中国文字博物馆、省文物考古研究所和随州、恩施、宜昌、钟祥等博物馆修复青铜器近千件，复制国家一、二级青铜器30余件。老河口市博物馆对安岗战国时期75件漆木器进行了脱水、修复保护，其中珍贵文物有34件。馆藏24枚竹简，送至荆州市文保中心正在进行脱水、修复保护。宜城市博物馆修复文物99件(套)。

【博物馆建设】 老河口市对“国民政府第五战区李宗仁司令长官部旧址”进行维修复原，2001年新建博物馆综合楼，建筑面积2473平方米；宜城市博物馆2002年启动新馆建设，2009年复工续建，2010年12月28日新馆开放运行，占地22544平方米，建筑面积5591平方米；2006年，襄阳市委、市政府投资2000年万元将1993年复建的城台高楼式建筑——昭明台改造成为襄阳市博物馆新馆，2008年12月28日襄阳市博物馆新馆正式对外开放。谷城、南漳、枣阳博物馆经维修改造先后对外免费开放。

【文化产业】 博物馆文化产品是博物馆服务社会的重要内容，也是实现博物馆社会价值的重要途径和必要手段。襄阳市文物局一直将文化产业列为重点工作。2004年老河口市博物馆启动文化产业：陈义文木版年画保护、开发。成立了“木版年画保护中心”和“文化产业办公室”。专门负责经营活动的管理、产品的开发、生产和销售等，制定了一系列木版年画加工、生产、销售管理制度，推进木版年画产业良性发展。2004年7月，举办了“陈义文木版年画艺术展”，并复原了木版年画作坊，开发生产了画轴式、镜框式等年画礼品。当年销售木版年画礼品400余幅，初步探索出兴办文化产业的路子。2004年9月，该馆携陈义文木版年画参加了湖北省首届文化产业博览洽谈会。2005—2007年，先后开发了牙轴式高档年画、成对宽幅年画、带文字注释年画等三个木版年画新品种，市场销售大幅提高，三产收入持续增加。襄阳市博物馆拟依托文物修复中心发展文物复制仿制业务，为逐步发展产业奠定基础。

【人才培养】 人才队伍建设是博物馆事业发展的重要基础。把人才队伍的建设当作一项长期的、艰巨的、系统的基础工作，重点对业务人员(特别是一线人员)进行全方位、多层次培训，以增强服务意识，规范服务行为，提高服务能力，以造就一批思想好、作风硬、业务精、管理强的复合型人才，推动文博带来的可持续健康发展。

襄阳市博物馆通过选送优秀业务人员到高校进修、考察参观、集中培训学习等形式，不断提升专业人员素质和工作能力，一批年轻优秀人才脱颖而出。2005年12月，袁伟参加“湖北省襄阳·隆中杯导游精英大赛”，取得景区(点)组第二名的好成绩，获“湖北省十佳导游”称号。2010年，在湖北省文物局组织的全省文物博物馆系统讲解员大赛中，襄阳市博物馆取得团体三等奖。

襄阳市其他博物馆也十分重视培养高素质的人才队伍，鼓励支持积极参加各种职业技能比赛，以专业培训、岗位练兵、技术比武等形式促使多出人才、快出人才，为做好免费开放提供人员保障。

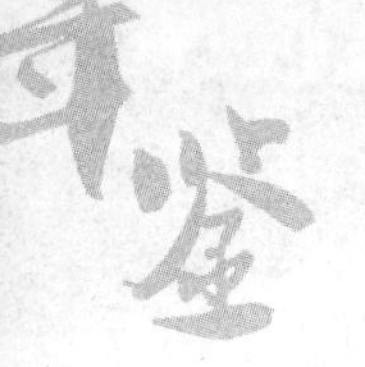

襄阳市博物馆

Xiangyang Municipal Museum

馆　　长　王先福
地　　址　湖北省襄阳市襄城区北街1号（昭明台）
邮政编码　441021
电　　话　办公室：0710-3511443
前台预约参观：0710-3513330
传　　真　0710-3513273
隶属关系　襄阳市文化旅游和新闻出版局（市文物局）
性　　质　国有全额拨款事业单位
建筑性质　复建的城台高楼式仿古建筑
建筑面积　9739平方米
展厅面积　3200平方米
占地面积　4202平方米

馆址环境　坐落在南街、北街中轴线上，东临雅斯超市，西临重庆永乐火锅（襄阳总店），北临北街，南临鼓楼文化广场。

历史沿革　前身是1951年设立的“湖北省文物管理委员会襄阳分会”，1953年改称“湖北省文史研究襄阳工作组”。1975年成立“湖北省襄阳地区文物博物馆”，1977年7月，正式成立“襄阳地区博物馆”。1983年8月，襄阳地区与襄樊市合并，“襄阳地区博物馆”改称“襄樊市博物馆”，2006年6月加挂“襄樊市文物考古研究所”牌子。2010年11月，国务院批复襄樊市更名为襄阳市。2010年12月，襄阳市博物馆加挂“襄阳市文物修复中心”牌子。

开放时间　9:00—16:30（周一、农历除夕闭馆，法定节假日除外）

服务设施　停车场、工艺品商店、物品寄存、公共饮水、休息坐椅等。

交通状况　公交线路1、13、14、536、307路十字街下车向北，6、8、21、24、28、29、512、517、532、537路十字街下车。

概　况

襄阳市博物馆是襄阳市政府举办的地方综合性博物馆，一直承担着襄阳地区文物事业的重点工作，在文物收藏保管、陈列展示、科学研究和社会教育等方面发挥着重要作用。襄阳市博物馆正式成立于1983年，其前身是1951年襄阳专署设立的“湖北省文物管理委员会襄阳分会”，1953年改称“湖北省文史研究襄阳工作组”，并分管隆中，馆藏古籍4万多册（后移交到襄阳市少年儿童图书馆），各种文物数百件，在襄阳谯楼设有临时陈列室。1975年在原基础上成立“湖北省襄阳地区文物博物馆”。1977年7月，正式成立“襄阳地区博物馆”，兼管全地区文博工作。1983年8月，襄阳地区与襄樊市合并，“襄阳地区博物馆”改称“襄樊市博物馆”，2006年6月加挂“襄樊市文物考古研究所”牌子。2010年11月，国务院批复襄樊市更名为襄阳市。2010年12月，襄阳市博物馆加挂“襄阳市文物修复中心”。

襄阳市博物馆旧馆址谯楼及其南边三层楼为砖混房，位于襄阳古城南街中段，设有办公室、文物库房和文物修复中心，面积狭小，设施简陋。2006年，襄阳市委、市政府决定把1993年复建的城台高楼式建筑——

昭明台改造为过渡性博物馆。2008年12月28日，襄阳市博物馆正式对外免费开放。免费开放以来，襄阳市博物馆的各项工作取得了长足进展。

襄阳市博物馆位于历史悠久、环境优美的襄阳古城内，北临汉江，南望岘山诸峰，现馆址昭明台雄居南街、北街中轴线上，巍峨壮观，是襄阳古城的标志性建筑，占地面积4202平方米，建筑面积9739平方米，展厅面积3200平方米，库房面积200平方米，共有七层，其中地下室有会议室、学术报告厅，一层为序厅、接待服务中心，二、三层为基本陈列展厅、文物库房和办公室，四至六层为临时展厅。

襄阳市博物馆保管收藏以先秦时期青铜器著称，尤其是西周至春秋时期的铭文青铜器在全省馆藏文物中占有重要地位；在展示教育上，通过更新展品，逐渐把馆藏的精品文物展示给全体观众，结合间断地举办较高水平的临时展览，吸引观众多次走进博物馆，免费开放后到馆内参观的人络绎不绝；襄阳市博物馆科研成果在湖北省各市、州名列前茅，形成了一支业务素质和科研能力较为过硬的队伍。

一、展陈、科研工作

2008年12月28日，襄阳市博物馆在昭明台对外免费开放，举办了以"聆文明足音，品南北遗韵"为主题的"襄阳古代历史文化展"。该基本陈列展览分为史前时期的襄阳、先秦时期的襄阳、秦汉时期的襄阳、三国两晋南北朝时期的襄阳及隋唐至明清时期的襄阳五个单元，以通史为点的方式紧密围绕陈列主题，辅之以各个时期的精品文物及相关资料，全面系统地展现了襄阳地区的悠久历史和深厚的文化底蕴。展览着重突出具有地方特色的"精品文物"、"代表性文物"，注重辅助展品的运用，同时利用多媒体触摸屏、电子显示屏等高科技手段增强展览的表现力度。基本陈列展览展出各个时期文物879件（套），器类有金银器、青铜器、陶瓷器、玉石器、砖瓦等。先秦时期的文物，尤其是大量带有铭文的青铜器，涉及楚、邓、曾、蔡、鄂、黄、徐、都、吴、郑、卫、弦等诸侯国，构成了襄阳市博物馆馆藏文物和历史文化的特色。为纠正原有展览制作错误，更换起皱的展板，提升展览水平，2010年12月，襄阳市博物馆对基本陈列进行了一次较大规模的更新，更换展品60件。

截至2010年底，在办好基本陈列的基础上，襄阳市博物馆先后承办、举办了"中国近现代名家书画展"、"襄樊记忆——百年襄樊老照片展"、"华夏第一青铜马——樊城菜越三国墓出土铜马展"、"襄樊市第三次全国文物普查重要新发现成果展"、"打击文物犯罪　保护文化财富——谷城追缴文物成果展"、"陈坡大墓精品文物展"、"襄阳好风日——襄阳市首届行草书法展"、"楚天襄阳有线之春——王太雄、王世霖书画展"8个临时展览。

2010年11月17日至12月4日，襄阳市博物馆馆藏的出土于谷城尖角墓群的被追缴的44件三级以上文物参加了公安部、国家文物局主办的《众志成城　雷霆出击——全国重点地区打击文物犯罪专项行动成果展》。

为配合做好展陈工作，襄阳市博物馆编辑出版了《襄樊市博物馆馆藏文物精品图录》（2007年）、《襄樊博物馆文物陈列》（2010年）两本图册。

为更好地提高博物馆科研水平，完善科研管理制度，襄阳市博物馆制定了《业务成果、获奖成果奖励办法（试行）》，引导并鼓励多出成果，快出成果，出高质量的成果，进一步提高全体业务人员素质和整体科研水平。在学术研究上，襄阳市博物馆先后出版了《襄樊市文物史迹普查实录》(1995年)、《枣阳郭家庙曾国墓地》(2005年)、《襄阳王坡东周秦汉墓》(2005年)、《襄樊考古十年》(2006年)、《襄樊考古文集》(1)(2007年)、《老河口九里山秦汉墓》(2009年)等专著报告。在《考古》、《考古学报》、《文物》、《江汉考古》、《考古与文物》、《中原文物》、《中国历史地理论丛》、《襄樊学院学报》等专业性学术刊物或相关论文集上发表文物考古、博物馆学、地方历史等方面的研究论文和考古学简报、报告100多篇,在多个国内国际学术会议上交流研究论文10余篇。陈千万主编的《枣阳郭家庙曾国墓地》和王道文、杨力主编的《襄樊考古十年》分获襄樊市第三届(2004—2005年度)、四届(2006—2007年度)社会科学优秀成果著作类二等奖,王先福撰写的《襄樊邓城区域两周文化遗存属性分析》获襄樊市第四届社会科学优秀成果论文类二等奖。

部分专业技术人员还参与了湖北省、襄阳市以及县(市、区)的相关科研项目,如王先福参与主编《中国文物地图集·湖北分册》(2002年)、《文化襄樊》(2009年),王先福、范文强承担了市社科联2010、2011年度科研课题,其中2010年度课题《关于襄樊文化遗存问题的研究》(2010年)已顺利结项。

为展示和交流最新考古成果,襄阳市文物考古研究所先后举办了两届(2006、2008年)考古成果汇报暨学术交流会。

二、文物保管、征集和保护工作

襄阳市博物馆藏品的管理本着"保护为主,抢救第一,合理利用,加强管理"的指导方针开展各项工作。截至2010年底,襄阳市博物馆通过考古发掘、社会捐赠、民间征集、接收移交、调拨等形式共收藏不同时代、不同类别的文物和标本4万余件(含襄阳市文物考古研究所库房文物),其中2005年前定级的珍贵文物有一级文物62件(套)90件,二级文物265件(套)307件,三级文物1050件(套)3434件。保管部按照《中华人民共和国文物保护法》、《博物馆藏品管理办法》等有关文物藏品保护的规定,做好文物藏品的登记、鉴定、编目、建档等工作。藏品管理基本做到了"制度健全,账目清楚,鉴定确切,编目详细,保管妥善,查用方便"。配置了空调、电脑、数码相机和藏品管理系统软件,实现了文物藏品信息化、科学化、规范化管理。

20世纪后半叶,襄阳市博物馆历年均有部分文物征集,特别是1957—1958第一次全国文物普查期间。后来陆续征集到一些珍贵文物,如一级文物战国早期新弨铜戟于1955年在南漳征集,西周铜罍1966年在原随县(今随州市)收集,春秋晚期邓尹疾铜鼎1972在原襄阳县(今襄州区)余岗山湾征集,西周阳飤生铜匜1977年在枣阳王城废品收购站征集,春秋早期曾仲子敔铜鼎与西周晚期邓公牧铜簋(1号)于1979年在襄阳市废品回收公司征集。还有部分二、三级文物以及大量的未定级文物也是在这段时间征集所得。

在此期间,一些社会人士捐献或上交了一些文物给襄阳市博物馆,如春秋中期曾孟嬭谏铜盆(一级文物)、两件春秋早期铜簋(二级文物),均为1971年襄阳四中刘叔远捐献,金吴牛喘月故事镜(二级文物)于1983年由襄阳市青山机械厂陈金安上交。2010年,襄阳市环卫处退休女工秦富荣分两次捐献了十余年捡拾到的文物及标本2000余件,这是襄阳市博物馆接收捐献数量最多的一次。

2005年,襄阳市文物管理处将其保管的2000余件文物移交给了襄阳市博物馆;2007—2008年,为配合襄阳市博物馆免费开放工作,襄阳市博物馆分别从谷城县、襄州区调拨30余件文物。

1996年7月11日，襄阳市文物局将分散在原市文物勘探管理办公室、市博物馆、市文物管理处3个单位的承担考古职能的专业技术人员集中起来成立了襄阳市考古队，全面负责所辖区域内的文物调查、勘探、发掘工作。1997年，考古队全部人员调入市博物馆，但业务、财务经费独立。2006年，在襄阳市博物馆加挂“襄樊市文物考古研究所”牌子，管理体制不变。十多年来，先后配合国家基本建设调查项目30余个，勘探项目12余个，勘探面积3千万平方米，出土各类文物标本2万余件。

2003年11月，襄阳市博物馆成立青铜器修复中心，开辟专门场地，陆续购置了较为先进的修复设备和修复用具，修复保护设备有超声波清洗机、蒸馏水发生器、空压机、恒温恒湿处理容器、显微镜、pH计等；修复用具有矫形工具、电动工具、玻璃器皿、塑料容器及修复后做旧所需的各种矿物颜料、化学试剂、封护剂等。文物修复中心成立后，有计划地对馆藏文物进行清理，摸清文物受损状况，及时制定科学合理的文物修复保护方案，运用中国传统修复技术与现代科学技术，认真做好配方、用料、有害锈分布、工艺流程等文字图像记录，建立完善科学规范的文物修复档案，2008年取得文物修复二级资质。2010年12月，经襄阳市编委批复正式成立“襄阳市文物修复中心”，该中心扩大了工作场地。截至2010年底，襄阳市文物修复中心为襄阳市博物馆（考古所）及中国文字博物馆、湖北省文物考古研究所和随州、恩施、宜昌、钟祥等博物馆修复青铜器近千件，复制国家一、二级青铜器30余件。

现文物库房文物标本保存设备有贮存密集柜、保险柜、书画专用存放柜、囊匣等，文物存放环境设备有空调、恒温恒湿机、排风扇等。对展厅、文物库房文物保护进行环境监测，做好详细记录，确保文物不受损坏，发现问题，及时加以解决。

三、社教、开放工作

襄阳市博物馆是1995年命名的市级爱国主义教育基地，有3200平方米的免费开放区域，每天有大量的观众前来参观，年均接待观众约30万人次。为观众提供物品寄存、公共饮水、休息坐椅等服务，开通电话预约业务，方便团队参观。襄阳市博物馆充分发挥爱国主义教育基地和文明窗口的作用，先后与襄阳市教育局、团市委、市关工委合作，组织开展对全市中小学生、青少年进行优秀传统文化和爱国主义教育。与襄阳市一中签订《爱国主义教育（德育）基地协议书》，将博物馆作为长期开展革命传统教育、爱国主义教育、民族精神教育等德育活动的基地。利用广播、电视、报纸等新闻媒介进行以“从文物看襄阳”、“走进博物馆”、“文化襄阳”等为主题的一系列宣传报道。利用“5·18国际博物馆日”、文化遗产日、文物法制宣传日开展活动，印发内容丰富的文物宣传册页，走进广场，走进校园。坚持“三贴近”原则，宣传博物馆文化，传播文明成果，为广大公众服务。宣教部坚持“以人为本”的服务理念，为广大观众提供优质服务，转变服务方式，每天上、下午各安排一场免费讲解，单独为中小学生、幼儿园小朋友、部队官兵免费讲解。通过集中培训学习和外出考察参观等形式，加强讲解员队伍建设，不断提升讲解水平。2005年12月，袁伟参加“湖北省襄阳·隆中杯导游精英大赛”，取得景区（点）组第二名的好成绩，获“湖北省十佳导游”称号。2010年，在湖北省文物局组织的全省文物博物馆系统讲解员大赛中，襄阳市博物馆获得团体三等奖。

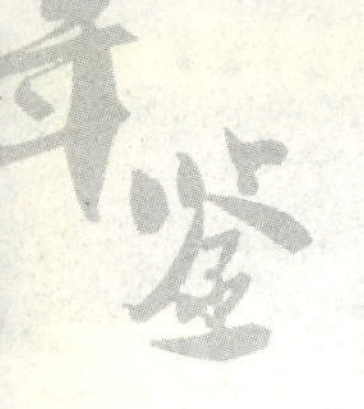

四、机构设置和行政管理工作

襄阳博物馆是隶属于襄阳市文化旅游和新闻出版局的副县级全额拨款公益性文化事业单位，设有办公室、保管部、陈列部、考古队（现文物考古研究所，相对独立，业务及经费由市文化旅游和新闻出版局直接管辖）、宣教部、保卫科等内设机构。襄阳博物馆有在岗在册人员44人，编制数30人（1990年市编委下达），大专以上学历36人，有37名专业技术人员，其中研究馆员2人，副研究馆员3人，馆员25人，助理馆员7人，王先福被列入“湖北省新世纪高层次人才”第三批名单。襄阳博物馆总体水平在襄阳市文博单位处于领先地位。为适应博物馆事业的发展，在编制受限的情况下，襄阳市博物馆创新人员聘用、管理机制，招聘文物修复中心负责人、讲解员等10余名，积极培养业务人员，通过比照相关待遇，承诺有编制后优先招聘的方式引进大学毕业后到馆工作，充实人才队伍。

为了使博物馆管理工作科学化、规范化，襄阳市博物馆制定了一系列规章制度，用制度管人，用制度管事，主要包括：《政工管理工作暂行办法》、《作息请假制度》、《公务接待制度》、《财务管理制度》、《襄阳市博物馆、纪念馆免费开放专项资金管理暂行办法》、《襄阳市博物馆财务管理办法》、《讲解员管理制度》、《陈列部工作制度》、《文物保管工作制度》、《文物库房安全管理制度》、《入库规则》、《参观藏品须知》、《文物藏品、藏品照片、资料借阅、提用的收费标准》、《襄阳市博物馆消防安全管理规定》、《襄阳市博物馆监控中心管理规定（试行）》、《襄阳市博物馆保安勤务方案》、《襄阳市博物馆应急公共预案》、《襄阳市博物馆灭火方案》、《业务成果、获奖成果奖励办法（试行）》等。以上规章制度都是襄阳市博物馆针对该馆实际工作出现的问题，经馆领导班子研究，由全馆干部职工讨论通过而形成的。这些规章制度为襄阳市博物馆顺利开展各项工作提供了保障。通过加强制度建设，内强素质，外塑形象，文明服务水平不断提升。截至2010年底，襄阳市博物馆实现了第23个馆藏文物安全年和消防安全年，先后获得湖北省文物安全单位先进集体（2000年）、湖北省文物安全先进集体（2005年）、襄阳市文明单位（2008—2009年度）等荣誉称号。

五、文化产业、文化产品和经营情况

襄阳市博物馆拟依托文物修复中心发展文物复制、仿制业务，为逐步发展文化产业奠定基础。

老河口市博物馆

Laohekou Municipal Museum

馆　　长	符德明
地　　址	湖北省老河口市北京路288号
邮政编码	441800
电　　话	0710-8221121
电子信箱	1hk1121@163.com
隶属关系	湖北省老河口市文化体育旅游局
性　　质	国有
建筑性质	民居建筑
建筑面积	1590平方米

展厅面积 824平方米
占地面积 2534平方米

馆址环境 坐落在北京路中段，东临体育场路，西至北京路，北临财产保险公司，南临抗战文化广场。

历史沿革 新中国成立后，老河口市文物博物馆业务由光化县（现为老河口市）文化馆兼管。1960年光化、均县合并时，曾成立光化县（现为老河口市）博物馆，1962年均县（现为谷城县）分治后，机构亦随之撤销。

1987年2月，老河口市政府批准成立老河口市博物馆。同年10月，老河口市博物馆正式对外开放，馆址位于老河口市北京路288号湖北省重点文物保护单位“国民政府第五战区李宗仁司令长官部旧址”内。（以下简称“旧址”）。馆舍总占地面积2500平方米，其中砖木结构的“旧址”建筑面积824平方米，新建博物馆综合楼建筑面积2473平方米。

开放时间 8:30—18:00（周一闭馆）

服务设施 停车位、物品寄存、自动饮水机、观众休息坐椅。

交通状况 市内可乘公交车1、2路至财险公司下车即可。

概 况

老河口市博物馆承担着全市境内地上、地下文物的保护、文物调查勘探、考古发掘工作；馆藏文物的管理、保护、研究以及全市爱国主义教育和社会主义教育。

“国民政府第五战区李宗仁司令长官部旧址”是归口博物馆管理的省文保单位，是湖北省一处著名的抗战正面战场革命遗址、国家A级旅游景区，是老河口市对外开放接待、文化交流的重要窗口。

一、博物馆管理

老河口市博物馆成立之初，其业务工作以征集文物、“旧址”对外开放接待等为主，配合全市工程建设，开展文物调查勘探工作，抢救性发掘了一批具有较高价值的古文物遗存，馆藏文物迅速增加，文物级别不断提高。

2005年，老河口市文物局成立，并设立文物科，由文物局委托老河口市博物馆行使文物执法工作。为确保文物执法工作的顺利开展，先后制定和完善了《行政执法责任制》、《行政执法错案追究、赔偿制》等，并将文物行政执法统一纳入到文化（文物）综合行政执法范畴。

博物馆内根据业务性质分四部一室，即进行文物征集、保管、保养修复、安全保卫的保管部；行使文物执法、保护职能的文物保护部；进行文物调查勘探、田野文物考古、学术研究的文物考古部；进行宣传教育、对外开放接待的陈列部；从事后勤保障、人事财务的综合行政办公室。为确保各项工作顺利开展，先后制定了《博物馆工作人员考勤、奖惩制度》、《办公用品采购制度》、《财务管理制度》、《内保领导责任制》、《博物馆安全防范预案》、《消防应急预案》、《文物库房保管制度》、《治安保卫工作检查、考核及奖惩制度》、《治安案件、涉嫌刑事犯罪案件的报告制度》、《治安防范教育培训制度》、《老河口市省级重点文物保护单位安全应急预案》等一系列管理规章制度。

经过二十余年建设，老河口市博物馆在文物保护、宣传教育、业务研究方面取得丰硕成果，创造了馆藏文物连续二十四年安全无事故的佳绩。老河口市博物馆先后被授予“全省十佳文博单位”、“全省文化先进集体”、“襄樊市文物工作先进集体”等荣誉称号。“国民政府第五战区李宗仁司令长官部旧址”被命名为湖北省爱国主义教育省级示范基地、湖北省国防教育基地、襄樊阳市爱国主义教育基地、老河口市爱国主义教育基地。

二、免费开放工作进展情况

2008年，老河口市博物馆列入湖北省第一批免费开放单位。同年7月7日，“旧址”基本陈列更新后，正式向社会实行免费开放。仅2008年下半年，“旧址”参观人数达到2万人次，2009年2.5万人次，2010年突破5万人次。截至2010年，累计接待观众逾10万人次，免费讲解682场，观众留言512条。

2009年博物馆增设了参观休息坐椅、急救医药箱、饮水机等基础服务设施；聘请了专职物业管理员维护展厅的卫生保洁；针对观众要求更换了引导标志牌，并提供免费随身物品寄存，向观众提供人性化服务。

为强化内部管理，提升接待水平，结合免费开放工作，老河市博物馆新制定了《观众接待制度》、《讲解规范》、《公共应急预案》、《消防应急预案》等一系列规章制度，并将此作为全馆职工的服务行为准则，要求所有职工上岗必须佩戴工作证，推行普通话服务，微笑服务，全力营造温馨、舒适的参观环境。

三、陈列展览

老河口市博物馆依托“国民政府第五战区李宗仁司令长官部旧址”，举办有基本陈列展览和临时展览。

1987年7月“旧址”正式对外开放。1997年老河口市博物馆对“旧址”基本史料进行重新布展，采用橱窗式陈展方法对所有图片、资料进行展陈。

2007年老河口市博物馆重新对“旧址”实施了陈列更新工程，确定了“焦土抗战——民族复兴 国民政府第五战区抗战史料陈列”，展览共分为四部分：第一部分 抗日战场上的第五战区官兵；第二部分 古城河口 巨大贡献；第三部分 得道多助 民族壮歌；第四部分 历史功勋 永远怀念。2008年7月7日，正式向社会免费开放。

现基本陈列名称：焦土抗战——民族复兴国民政府第五战区抗战史料陈列。

陈列内容：主要展示了抗战时期第五战区在老河口进行抗敌战役、抗战文化等珍贵史料。李宗仁在老河口抗战达六年之久，期间成功地指挥了“随枣会战”、“枣宜会战”、“豫南鄂北会战”等较大战役5次。在李先念率领的新四军五师配合下，打退了日寇100多次进攻，歼灭敌寇10万余人。特别是抗战时期身处国民党派系斗争中的李宗仁，以其抗日爱国的开明政策，吸引一大批共产党人和进步文化人士云集河口，如胡绳、刘仲容、姚雪垠、碧野、臧克家、张光年、王寄舟等，这些人士在老河口办报纸、搞演出、办画展，大大激发了五战区爱国官兵抗战御侮的民族精神，也使老河口抗战文化宣传活动空前活跃。

老河口市博物馆推出的临时展览有“安岗战国墓出土文物展”、“老河口市历史文物展览”、“李宗仁旧址史料陈列”、“中华将帅展”、“神州百年展”、“华夏壮歌展”、“道德兴邦展”、“抗战胜利60周年展”、“建国五十五周年书画展”、“老河口市首届收藏品展览”、“航天及陆海空军事科普教育展”、“海洋生物标本展”、“吉尼斯世界之最昆虫标本展”、“岁月如歌书画展”、“二十一世纪机器人展览”、“全市第三次文物普查成果展”。

四、展示宣传和社会服务

每年组织中小学生和部队战士、入伍青年到“旧址”参观。“旧址”自全貌修复对外开放至今，共接待了国内外观众和各级领导、专家近30万人次，其中每年都接待由韩国十余所高校优秀大学生组成的“长征团”来馆参加。

积极拓展宣教渠道，先后与襄樊市公安消防支队共建为全市“经常性教育基地”，与全市各中小学结成爱教共建基地，对全市中小学生、公安消防官兵定期进行爱国主义教育、革命传统和社会主义教育。另一方面，与机关团体、大型企业结成对子，为参观的干部职工提供服务，宣传展示老河口的文化（文物）遗产。每年定期在全市12个乡镇（办）开展下乡巡回展览活动。先后接待拍摄了电视剧《血战台儿庄》、《张自忠》、《李宗仁在老河口》等剧片。

五、藏品征集、管理和保护

老河口市博物馆拥有馆藏文物14542余件，其中三级以上文物159件（一级文物8件，二级文物46件，三级文物105件），形成以战国彩绘漆器、青铜器、玉石器为主要特色的馆藏。

截至2010年，共征集文物666件（套），其中珍贵文物35件：国家一级1件，二级文物7件，三级文物27件。

制定了《文物藏品管理制度》、《文物藏品入库登记、分类、上架制度》、《文物藏品出入库制度》等，按照《博物馆藏品管理办法》的规定，对所有藏品进行数据库建档和管理。

在藏品保护方面，一是对1992年老河口市安岗战国时期楚国贵族墓出土的75件漆木器进行了脱水、修复保护。其中珍贵文物有34件：国家一级文物5件，二级文物有15件，三级文物14件。馆藏的24枚竹简，正在荆州市文保中心进行脱水修复保护。二是对2005—2007年老河口市九里山秦汉墓出土的1000余件陶器进行了修复保护。三是对老河口市仙人渡镇等地发掘出土的100余件陶器进行了修复保护。

六、博物馆建设

1996，老河口市对湖北省重点文物保护单位“国民政府第五战区李宗仁司令长官部旧址”进行了落架大修，按照“修旧如旧，恢复原貌”的原则，全貌修复了“旧址”，维修复原有“高级将领军事会议室”、“侍从室”、“接待室”、“调查室”、“机要室”、“作战室”等。2006年，又重新修缮“旧址”前、中院。2008年，“旧址”再次维修并更换了基本陈列，2009年又重新复原了“高级将领军事会议室”、“李宗仁将军书房”和“卧室”。

2001年老河口市博物馆争取国家文物库房专项补助资金新建了集文物收藏、文物陈列展示等多功能于一体的市博物馆综合楼，建筑总面积2473平方米，其中文物库房面积300平方米，文物修复室100平方米，临时展厅面积400平方米，长期在外临时存放的文物移至新的文物库房保管。

2007年，投资10万元配备了文物库房安防设施。2010年，按照国家二级安全风险防范单位建设要求，增加了手动控制键盘、硬盘内存等安防设施，确保馆藏文物安全。

七、文化产业、文化产品和经营情况

2004年，借助老河口市启动陈义文木版年画保护工程的契机，博物馆承担了该保护工程，成立了“木版年画保护中心”和“文化产业办公室”，专门负责博物馆各类经营活动的管理、文化（文物）产品的开发、生产、销售等。并制定了一系列木版年画加工、生产、销售管理制度，推动木版年画产业良性发展。

为推介和展示陈义文木版年画，2004年7月举办了“陈义文木版年画艺术展”并复原了木版年画作坊、开发生产了画轴式、镜框式等年画礼品。当年销售木版年画礼品400余幅，初步探索出兴办文化产业的道路。2004年9月，博物馆携陈义文木版年画参加了湖北省首届文化产业博览洽谈会。

2005—2007年，先后开发了牙轴式高档年画、成对宽幅年画、带文字注释年画等三个木版年画新品种，市场销售大幅提高，三产收入持续增加。

八、人才培养

现有在职工作人员16人，其中文博专业职称10人，技术工人6人；大学本科学历3人，专科学历9人。对在职人员采取带薪进修、岗位培训、提供业务实践机会等方式，大力提高职工业务技能。先后有3人在武汉大学、湖北省艺校进修文物考古专业，6人参加全省组织的文物保管、文物修复、文物数据库建设、讲解等知识培训。委派多名业务人员赴全省各考古工地进行实践学习。

九、博物馆行业组织建设

自1993年以来，由老河口市博物馆组织撰写的文物考古报告文章多次在国家级、省级专业期刊上发表。

枣阳市博物馆

Zaoyang Municipal Museum

馆　　长　孙军
地　　址　枣阳市西城开发区西环一路52号
邮政编码　441100
电　　话　0710-6223513
电子邮箱　zysbwg.@163.com
隶属关系　枣阳市文化体育旅游和新闻出版局
性　　质　国有
建筑性质　古建筑
建筑面积　1500平方米
展厅面积　429平方米
占地面积　2000平方米

馆址环境　东临大北街，西临枣阳第一人民医院，南临中百超市枣阳店，北临书院街。

历史沿革　1990年前与枣阳市文化馆合署办公，1990年成立"枣阳市博物馆"，以元代建筑黉学为馆址。2009年，枣阳市政府将古建筑"香草亭"划拨枣阳市博物馆作为展厅。

开放时间　9:00—17:00(周一闭馆)
服务设施　休息坐椅
交通状况　坐3路车在大十字街下。

概　况

枣阳市博物馆是枣阳市属的地方综合性博物馆，承担着枣阳市文博事业的重点工作，在文物收藏保管、陈列展览、社会教育等方面发挥着重要作用。建馆以前与县文化馆合署办公，1990年，枣阳市人民政府批准成立"枣阳市博物馆"，以元代建筑黉学为馆舍，进行陈列展览，面向社会免费开放。由于黉学年久失修，已成危房。1995年，出于安全因素考虑，将黉学内的文物移至市博物馆家属院单元楼封闭保管，采取了相应的安保措施，文物基本陈列展览活动中断。2009年经枣阳市人民政府协调，将元代建筑"香草亭"划拨给枣阳市博物馆作为展厅，2009年9月28日，正式向社会免费开放。

一、展览陈列和科研工作

1997—2009年展厅关闭，先后举办了"香港回归"、"澳门回归"、"十大元帅十大将"、"建国五十周年成果"、"珍爱生命　远离毒品"、"反腐倡廉"大型图片展。2001年引进"战国编钟"展览，2009年以"香草厅"为展厅，重新对外开放。2009年举办"建国60周年诗、书、画、影展"；2010年举办"根雕奇石艺术展"。

1992年，配合中国社会科学院考古研究所对雕龙碑古人类遗址进行考古发掘；2003年，配合省文物考古研究所对湖北省文物保护单位——九连墩战国古墓群1号墓进行考古发掘；2001年，出版了徐正国撰写的《枣阳文物古迹录》。

二、文物保管、征集和保护

1990年，由徐正国为文物专管员，主要从事文物的征集、保护、管理工作；1997—2009年枣阳市博物馆闭展期间，主要从事文物的征集、考古发掘、文物修复、文物保护等工作。截至2010年底，有各类馆藏文物3000余件，其中一级文物4件，二级文物18件，三级文物37件。

三、机构设置和行政管理工作

枣阳市博物馆是隶属于枣阳市文化体育旅游和新闻出版局的全额拨款事业单位，设有办公室、财务室、安全保卫科、业务部等部门，现有正式在编人员29人，大专以上学历13人，中级职称4人，初级职称3人，行政管理人员6人。

宜城市博物馆
Yicheng Municipal Museum

馆　　长　王勇
地　　址　湖北省宜城市鄢城街道办事处中华路9号
邮政编码　441400
电　　话　0710-4213834 办公室（预约参观）
电子邮箱　yong—8100@163.com
隶属关系　宜城市文化体育旅游和新闻出版局
性　　质　国有
建筑性质　仿古建筑
建筑面积　5591平方米
展厅面积　2767平方米
占地面积　22544平方米

馆址环境　坐落在中华路东段南侧，北对宜城市国税局，西临燕京花苑广场。

历史沿革　1982年2月2日，宜城县人民政府批准成立"宜城县博物馆"（宜政[1982]2号），与县文化馆合署办公。1984年4月，宜城县博物馆与县文化馆分离，独立办公，全面负责全县的文物保护、征集、收藏、科研、宣传工作。1994年9月，宜城撤县建市，"宜城县博物馆"更名为"宜城市博物馆"。

开放时间　9:00—17:00(周一闭馆)

服务设施　停车场、纪念品商店。

交通状况　从宜城汽车站坐 1 路公交车至中华大道口下车，向东走 1000 米。

概　况

宜城市博物馆是宜城市属的地方历史类博物馆，承担着宜城市的文物收藏保管、陈列展览、科学研究、社会教育等工作。1987 年夏，宜城县博物馆开始在县区内襄沙大道中段东侧征地兴建文物陈列楼。1989 年 5 月破土动工，1993 年夏竣工。占地面积 5660 平方米，建筑面积 840 平方米。1993 年 10 月 1 日正式对外开馆。举办了“楚国大型车马陪葬坑”和“馆藏历史文物”两个基本陈列，面向社会开放。2002 年宜城市委、市政府决定在市区中华路东段南侧选址兴建新馆舍，4 月底破土动工，2003 年 11 月主体陈列大楼竣工。共占地面积 9307 平方米，建筑面积 5538 平方米。2009 年 2 月，新征土地 13237 平方米，修建了停车场、围墙和大门楼，2010 年 12 月 28 日，宜城博物馆新馆文物陈列面向社会开馆试运行。

宜城市博物馆新馆坐落在宜城市鄢城街道办事处中华路东段（中华路 9 号），占地面积 22544 平方米，建筑面积 5591 平方米，其中临时文物库房面积 267.8 平方米，文物展出面积 2767 平方米，临时展厅 113.6 平方米，门房面积 60.5 平方米。主体楼为两层，其下有一架空层。整体建筑为现代仿古式，吸收了诸多楚文化的元素，成为宜城市区具有地标性的文化建筑。

宜城市博物馆的基本陈列主题为“楚风汉韵”，共分六个单元：车辚马啸、楚国雄风、陪命岁月、大汉名城、天地精华、群星璀璨。整个展陈重点突出了宜城曾作为春秋时楚国都城，战国时楚国陪都，辞赋大家宋玉故里，汉代名城的历史地位。

一、展陈、科研工作

宜城市博物馆自建馆以来，先后举办了“楚国大型车马陪葬坑”、“馆藏历史文物”、“楚风汉韵”三个基本陈列，以及“纪念抗日战争胜利五十周年”、“香港回归祖国”和“宜城市建国五十周年成就展”等大型图片展。宜城市博物馆注重科研工作，先后与湖北省文物考古研究所、武汉大学历史系合作进行了十多次考古发掘工作，在国家和省级刊物上发表专业学术报告十多篇。其中《湖北省宜城郭家岗遗址发掘报告》获湖北省（1998 年度）社会科学优秀成果三等奖；2001 年，“塑胶泥修复古陶瓷工艺和古陶瓷修复简易方法”获首届中国古陶瓷修复技术研讨会优秀论文奖；2005 年，《玻璃胶修复文物做旧新方法》获湖北省艺术科研成果优秀奖；2006 年《古陶瓷修复方法》获宜城市第五届自然科学优秀学术论文一等奖。1988 年 11 月，宜城人民政府与武汉大学联合在宜城举办了首届“楚国历史与文化国际学术讨论会”，2002 年宜城市人民政府与湖北省楚国历史文化学会联合在宜城举办了“楚国历史文化学术讨论会”。馆内专业技术人员参加学术研讨会十数人次。

二、文物保管、征集和保护工作

宜城市博物馆的馆藏文物主要通过征集、考古发掘、捐赠等途径取得。现有的文物藏品中，绝大多数是通过考古发掘出土的文物，以陶瓷器、青铜器为主。馆藏文物总数 10100 件（套），其中国家一级文物 12 件（套），二级文物 60 件（套），三级文物 265 件（套）。为了不断地丰富馆藏藏品，完善藏品种类，开展了卓有成效的文物征集工作，先后征集文物 659 件（套），其中青铜器 390 件，银器 53 件，陶器 94 件，瓷器 71 件，玉器 12 件。修复文物 99 件（套）。加强文物安防消防工作，安装了数字化的安防、消防监控报警设备，对馆内外实行全天候监控。

三、社教、开放工作

宜城市博物馆拥有2767平方米的开放区，每天都有大量的观众前来参观。宜城市博物馆坚持“开门办馆”、“以人为本”的服务理念，面向基层，服务群众。为了使普通观众能基本看懂馆内陈列，宜城市博物馆在开展陈列设计工作时，力求做到通俗化、趣味化和可视性，利用了大量的辅助陈列手段，如文字说明、图示等，在生僻字后加注拼音。免费发放《宜城市博物馆简介》等宣传资料，实行免费讲解，开辟了观众休息厅，安放了休息坐椅。

四、机构设置和行政管理

宜城市博物馆是隶属于宜城市文化体育旅游和新闻出版局的全额拨款的事业单位。设有办公室、考古部、陈列部、保管部、安保部、文物保护修复中心等部门。有正式在编人员13人，大专以上学历5人，其中副研究馆员1人，助理馆员6人。

宜城市博物馆历来十分重视各项规章制度的建设工作，先后就馆内行政管理、文物安全、陈列开放、文物库房等方面制定了一系列的规章制度，做到以制度管人，以制度管事，使各项工作走向了规范化、制度化，这些制度囊括了宜城市博物馆的各方面工作，主要包括：

行政管理方面，先后制定了《宜城市博物馆领导班子民主生活会制度》、《宜城市博物馆领导干部述职述廉制度》、《宜城市博物馆党务公开制度》、《宜城市博物馆党员学习教育培训制度》、《宜城市博物馆民主评议党员制度》、《宜城市博物馆党员干部服务承诺制度》、《宜城市博物馆党员“三会一课”制度》、《宜城市博物馆工作制度》等一系列规章制度。

财务方面，制定了《宜城市博物馆专项经费管理制度》、《宜城市博物馆财务管理制度》、《宜城市博物馆报账员制度》；

文物保管方面，制定了《宜城市博物馆库房管理制度》、《宜城市博物馆藏品账目管理制度》、《宜城市博物馆出入库房登记制度》；

对外开放方面，制定了《观众参观须知》、《宜城市博物馆讲解员工作制度》、《宜城市博物馆服装管理办法》、《宜城市博物馆环境卫生保洁制度》等；

安全保卫方面，制定了《宜城博物馆保安勤务方案》、《博物馆保安队岗位责任与管理制度》、《博物馆保安队员绩效考核实施方案》、《博物馆保安人员岗位责任》、《博物馆巡查制度》、《库房消防安全管理制度》、《建筑消防设施维护管理制度》、《消防控制室值班制度》、《消防控制室值班人员职责》、《消防控制火警处理程序》、《消防控制室火灾状况处置程序》、《消防控制室火灾状况处置程序》、《博物馆突发事件应急方案》等；

由于宜城市博物馆长期坚持以制度管人，按规章办事，不断强化干部职工的责任意识，各项工作得到很好的开展，成效显著，先后被省文化厅授予“全省文化工作先进单位”、被襄樊公安局授予“集体三等功”、被襄樊文物局授予“文物安全工作先进集体”、被宜城市委、市政府授予“文明单位”、“最佳文明单位”等荣誉称号。

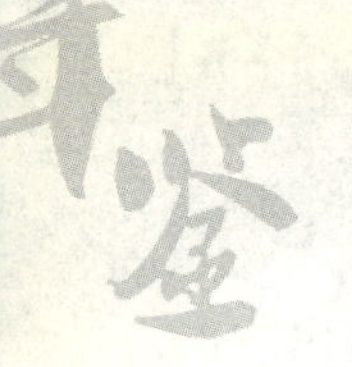

南漳县博物馆

Nanzhang County Museum

副 馆 长 王红玲（主持工作）

地　　址 湖北省南漳县城关镇徐庶路10—1号

邮政编码 441500

电　　话 0710-5242393

电子邮箱 1169370037@qq.com

隶属关系 南漳县文化体育和新闻出版局

性　　质 公办

建筑性质 现代砖木建筑

建筑面积 770平方米

展厅面积 512平方米

占地面积 1769平方米

馆址环境　南距水镜路200米，西至徐庶路40米，北靠玉印路，交通便捷，环境优美。

历史沿革　1984年5月成立南漳县水镜庄文物管理所，即为南漳博物馆前身。1987年5月成立南漳县博物馆，将徐庶故里以东原苗圃办事处作为馆址。1987年10月对外开放。1999年9月成立南漳县考古队，与博物馆（两块牌子一套班子）合署办公。2008年12月正式对外免费开放。

开放时间　9:00—17:00(周一闭馆)

服务设施　停车场、纪念品商店等。

交通状况　城内公汽301、城郊公汽在县一医院下车。

概　况

南漳县地处荆山山脉东麓，是鄂西北山区向汉水中游平原过渡地带，东接古隆中，南临大三峡，西靠神农架，北通武当山，属于北亚热带季风性气候。南漳是荆楚文化发祥地之一，三国故事的源头，地上、地下文物密集，第三次全国文物普查登录文物点800余处，现有省级文物保护单位39处59个点。

南漳县博物馆是南漳县政府举办的公共文化机构，一直承担南漳县文物事业的重点工作，在文物收藏保护、展览陈列、社会教育等方面发挥着重要作用。南漳县博物馆成立于1987年5月，将徐庶故里以东原苗圃办事处作为馆址，同年10月对外开放。博物馆占地面积1769平方米，建筑面积770平方米，其中文物陈列展厅面积512平方米，文物库房面积26平方米。

南漳县博物馆展览陈列分两个展区：徐庶祠和文物陈列展厅。徐庶祠，属三国遗址，省级文物保护单位，2008年12月正式对外免费开放，以三国名士徐庶隐居地为依托，将南漳的楚文化、三国文化、山寨文化、民俗文化融为一体。文物陈列展厅，2009年6、7月经过精心设计、布展准备，当年8月免费开展。展览内容从新石器时代的石器，汉代陶器，两晋和唐宋至清代瓷器等，文物种类齐全，时代序列完整。

一、展陈工作

南漳县博物馆举办基本陈列展览，有两个展区：徐庶祠和文物陈列展厅。徐庶祠，属三国遗址，省级文物保护单位，陈列展览内容有三国历史、徐庶生平事迹、名人字画、明清碑刻等。文物陈列展厅，展览内容从新石器时代的石器，汉代陶器，两晋、唐宋至清代瓷器等。南漳县博物馆每年对基本陈列进行更新，增设了革命文物陈列展览。

在办好基本陈列展览的基础上，南漳县博物馆还举办临时展览，如1999年引进“澳门回归”大型图片展。2010年更换制作一批高档次的展板。利用“5.18”国际博物馆日、中国文化遗产日和非物质文化遗产日举办临时性展览，与县文化馆联合在各乡镇巡回展出达十余次。举办第三次全国文物普查重要成果展，及时对在第三次全国文物普查中新发现的具有重要价值的文物成果进行展出，得到观众一致好评。

南漳县博物馆注重科研工作，专业人员在《江汉考古》等刊物上发表论文多篇。

二、文物保管、征集和保护工作

南漳县博物馆藏品的管理本着“保护为主，抢救第一，合理利用，加强管理”的指导方针开展各项工作。南漳县博物馆主要通过考古发掘增加藏品数量和种类，现有馆藏历史文物和革命文物近2000件，其中国家二级文物3件，三级文物44件，文物种类齐全，时代序列完整。馆藏精品文物有一亿八千万年前“南漳湖北鳄”化石，新石器时代“穿孔石斧”，西汉至南北朝时期“三足铜铣”、“铜鐎壶”、“空心画像砖”、“三彩瓶”、“绿釉青瓷龙柄鸡首壶”、“盘口壶”，明、清时代“襄阳王墓志铭”、“双带玉砚”、“瓷板人物画”等具有重要的历史价值、艺术价值和科学价值，是研究楚国历史、三国文化、民俗风情及南漳历史弥足珍贵的资料。

由于馆舍系20世纪70年代修建的平房，规模太小，设施陈旧，科技含量低，建筑本体安全隐患多（至2006年7月才购置一套电子视频监控设备），发展空间受到严重限制，不利于文物保护，达不到展示陈列的基本条件。为加强文物保护，配合县域发展和规划要求，南漳县政府在城北划拨土地6700平方米，拟建新博物馆。

三、社教、开放工作

1995年，南漳县博物馆被命名为襄阳市爱国主义教育基地，2010年成为襄阳市公安消防支队“经常性教育基地”。博物馆作为陈列、展示、宣传人类文明成果的重要场所，除了星期一闭馆，南漳县博物馆每天坚持免费开放，全年开放时间310天。2009年观众接待量七八万人次，2010年接待海内外观众人数超过5万余人次，包括旅行社、学校、老年人、企事业单位和部队官兵等各类团体，讲解达百余场次。免费开放满足了人民群众日益增长的精神文化需求，达到了文化遗产保护成果人人共享的目的。

四、机构设置和行政管理

南漳县博物馆是隶属于南漳县文化体育和新闻出版局的事业单位，现有干部职工10人，其中在岗8人，退休2人。根据南漳县编委1990年下达的编制数，博物馆人员编制5人，5人为经费自筹人员。在职人员中，中级职称2人，初级职称5人。常年聘用讲解员和保洁员各1名。

为了加强博物馆规范化管理，结合工作实际，南漳县博物馆制定了各项有关规章制度。先后建立和完善了《巡视检查和整改隐患制度》、《文物发掘清理和定期入库制度》、《文物修复整理归案归档制度》、《文物保管入出库制度》、《文物征集展出和借展制度》、《用火用电及消防安全管理制度》、《应急预案处置和管理制度》、《安全责任制度》、《安全施工和教育培训制度》以及《安全事故责任追究、责任倒查及奖惩制度》、《免费开放专项资金使用制度》、《财务管理制度》、《地下文物勘探制度》等。这些制度的制定为各项工作的顺利开展提供了基本保障。南漳县博物馆先后被南漳县委、县政府授予“南漳县文明单位”(1997—1998年度，1998—1999年度)，被襄阳市文物局授予“全市文化工作先进单位”(2006年度)，被国务院第三次全国文物普查领导小组办公室授予“第三次全国文物普查实地文物调查阶段突出贡献集体奖”(2010.6.12)等荣誉称号。

谷城县博物馆

Gucheng County Museum

馆　　长　李广安

地　　址　湖北省谷城县中码头街9号

邮政编码　441700

电　　话　0710-7234771

传　　真　0710-7234771

隶属关系　谷城县文化体育和新闻出版局

性　　质　公办

建筑性质　古建筑

建筑面积　2000平方米

展厅面积　850平方米

占地面积　2800平方米

馆址环境　坐落在谷城县城东南面，中码头街西端，谷城老街古建筑群的西北面，与文风亭隔街相临。

历史沿革　1985年4月，谷城县政府成立了“谷城县文物管理委员会”，12月成立了“承恩寺文物管理所”。1986年元月，谷城县人民政府批准成立“谷城县博物馆”(谷政函[1986]1号)。1992年，县政府确定三神殿为谷城县博物馆馆址。1998年，谷博搬入新建的办公楼。

开放时间　9:00—17:00(周一闭馆)

服务设施　休闲坐椅

交通状况　城内公交5、6路到县政府下。

概　况

谷城县东临汉水，南依南河，北有北河，三水环抱，地势平坦，是古隆中风景区通往武当山的必经之道。水陆交通发达，襄渝铁路、汉十高速公路，316国道均经县境内通过。

谷城自然资源、文物古迹比较丰富，现有县级以上文物保护单位132处，其中全国重点文物保护单位1处，省级文物保护单位6处，市县级文物保护单位125处，第三次全国文物普查发现县境内文物古迹近500处。

1985年4月，谷城县政府成立“谷城县文物管理委员会”，1986年元月，批准成立“谷城县博物馆”，后确定三神殿作为谷城县博物馆馆址。谷城县博物馆是谷城县政府举办的公共文化机构，一直承担着谷城县内的文物保护和管理工作，在文物收藏保护、展览陈列、社会教育等方面发挥着重要的作用。谷城县博物馆坐落在谷城县城东南面，中码头街西端，谷城老街古建筑群的西北面，与文风亭隔街相临。谷城县博物馆占地面积2800平方米，建筑面积2000平方米，展厅面积850平方米，文物库房面积70平方米。馆藏青铜器较有特色。

一、展陈工作

1997年10月，谷城县博物馆在三神殿举办了“香港回归”大型图片展，1999年9月主办了“中华将帅”大型图片展，并在全县中小学举行巡回展出，受到好评。利用“5.18”国际博物馆日，开展了“谷城文化遗址老街”、“谷城出土文物古迹”和“谷城文物普查”照片展览。展览分领导重视、社会支持、文物掠影、重要新发现等四个部分，展示了文物勘探、墓葬发掘过程和文物普查重要新发现。

2009年，谷城博物馆推出基本陈列——“肖家营遗址出土器物图片展”、“皮家洼出土器物图片展”、“下新店出土器物图片展”、“谷城老街古建筑群图片展”以及临时展览——“谷城书画展”。2010年，举办了“谷城县第三次全国文物普查成果图片展”和“谷城各个时期出土陶器、铜器部分实物展”。

二、文物保管、征集和保护

谷城县博物馆建立了完善的业务档案，完善了藏品管理制度。现有馆藏文物3000余件，其中一级文物3件，二级文物23件，三级文物153件。青铜器占馆藏文物的四分之一。

完善了文物征集管理制度。1985年10月，粟谷公社西河信用社杨敦厚，将几年前建房时挖出的战国青铜器“曲内戈”捐献给谷城县博物馆，开创了该县个人自愿捐献文物的先河。此后，谷城县一中老师黄安向该馆捐献了“四系盘口壶”等具有较高研究价值的文物。谷城博物馆随后陆续收（征）集流散文物78件，并对文物捐献者给予了奖励。

2006年11月，谷城县博物馆配合公安部门追缴出土流失文物——春秋早期青铜器12件（套），其中2件为带铭文青铜鼎，具有较高的历史和科研价值。

谷城县博物馆对展现文物的巡视检查，定时定人；对展厅的温湿度状况、展厅室内空气状况进行监测并作详细记录，确保文物不受损坏，发现问题，及时提出相应的解决办法。

三、社教、开放工作

2008年7月，谷城县博物馆免费开放后，做好免费开放工作，突出地方历史特色，努力提升陈列展览水平，赢得了良好的社会信誉。谷城县博物馆拥有850平方米的开放区域，每年有5万余人次的观众前来参观。坚持“以人为本”的服务理念，为观众提供优质的“人性化”、“特色化”服务。开通了电话和网上预约业务，方便观众参观。向观众免费发放《谷城博物馆简介》，建立了一支稳定的讲解队伍。

谷城县博物馆先后与谷城县实验小学、谷城县第一中学、谷城县阳光中学、谷城县谷伯中学、城关镇城内小学建立社教关系，每年组织上述学校师生到博物馆参观。

制定了《物业三星级服务标准》，以确保博物馆及其附属配套设施、设备、场地的维护、保养、服务等方面相关工作的顺利进行，使谷城博物馆开放区域内始终保持卫生环境清洁，设备运转正常，服务及时到位，工作秩序井然。

四、机构设置和行政管理

谷城县博物馆是隶属于谷城县文化体育和新闻出版局、全额拨款的事业单位，现有办公室、业务部、勘探队等部门。有正式在编人员25人，大专以上学历17人，馆员3人，助理馆员9人，管理员2人。

为加强规范化管理，谷城县博物馆制定了《机关管理制度》、《公物管理制度》、《展厅、陈列管理制度》、《文物库房值班制度》、《消防安全管理制度》、《突发事件应急方案》等一系列工作制度。

通过加强制度建设，谷城县博物馆文明服务水平不断提升。1999年，被谷城县委、县政府授予“谷城县‘三八’红旗集体”；2003年，被谷城县妇联授予“谷城县巾帼文明示范岗”；2010年3月，被谷城县委宣传部授予“2009年度谷城县基层文化工作先进集体”等称号。2005年12月，郭必成被湖北省文物局、公安厅表彰为“全省文物安全工作先进工作者”。

荆 州

荆州市分述篇

【概况】 自1951年湖北省文史馆荆州工作组成立、开始文物收集保护工作，1958年荆州专区博物馆正式成立，至2010年，全市共有各级、各类博物馆、纪念馆9家，其中文物行政部门主管的国有博物馆7家、纪念馆1家，民办博物馆1家；国家一级博物馆1家（荆州博物馆），三级博物馆1家（监利县革命历史博物馆）。全市博物馆、纪念馆共有在职职工210人，其中，大专以上学历人员49人，硕士研究生4人，高级职称15人，中级职称79人。全市有固定馆舍的7家，占地总面积314952平方米，建筑面积58358平方米，陈列面积19552平方米，全市馆藏文物逾15万件（套）。

【博物馆管理】 在市文物行政部门的组织领导下，国有博物馆、纪念馆以及民办博物馆相继建馆开放，荆州熊家冢遗址博物馆、荆州城墙博物馆等遗址类博物馆和荆州市民俗博物馆等民办博物馆正在筹备之中，呈现出日趋活跃的发展趋势。

在不断丰富荆州博物馆陈列内容和展示手段的同时，切实推进各县市区博物馆、纪念馆陈列展览改造提升工作。荆州博物馆从传统的建筑设计、陈列布展、通风采光、图文标示等展示方式逐步向现代化展示形式演进。洪湖市革命历史博物馆、监利县革命历史博物馆、石首市博物馆结合本地文物资源分别举办了各具特色的多个专题陈列，张居正纪念馆、松滋市博物馆、荆州关公文化博物馆也积极创造条件，利用有限的室内空间举办展览。

进一步加强对馆藏文物的借用、复制、检测、调拨、交流等业务活动的规范管理和行政审批。市文物局一方面积极支持配合各地博物馆创造条件举办陈列，加强宣传展示和馆际交流，同时严格依法强化规范管理和行政审批监管工作，从制度上、程序上杜绝任何可能出现的漏洞，确保馆藏文物安全。如，荆州博物馆110件馆藏玉石器文物赴上海进行无损分析，出借64件馆藏文物给湖南省博物馆举办楚文化展览，复制张家山汉简支持中国海关博物馆建馆陈列、调拨馆藏文物精品支持湖北省博物馆举办楚文化展览等，均依法高效办理了各项行政审批手续。

【重要文物征集】 国有博物馆文物的主要征集渠道为考古发掘出土，荆州博物馆为配合国家基本建设和开展课题研究进行考古发掘，出土文物12万余件。其中，鸡公山旧石器时代遗址，石家河、走马岭、阴湘城、鸡鸣城、清河城等新石器时代城址，荆南寺、周良玉桥、章华台等商周遗址，熊家冢、天星观、马山、雨台山、拍马山楚墓群，凤凰山、高台、松柏、谢家桥、岳桥秦汉墓地，张家山、黄山、鸡公山战国秦汉墓地，城隍庙宋代遗址，明湘献王墓、辽简王墓等均为重要考古发现，石家河文化玉器、商周青铜器、楚国玉器、战国丝绸、楚汉漆器与简牍等皆属国家珍贵文物。

博物馆藏品的其他来源有涉案文物移交、个人或组织捐赠及旧藏、收购等。主要为公安机关向荆州博物馆移交铜器89件、玉器95件，向公安县博物馆移交石窟寺石雕像216件；个人或组织向荆州博物馆捐献铜器1件、货币78件（三级）、木竹器3件、碑帖拓片166件、玉器1件、印章1件、瓷器1件、字画562件、石器51件；荆州博物馆征集楚国宫廷的大型乐器——彩绘石编磬一套（25块）、商代青铜尊3件，收购古代铜器488件（5件一级，2件二级）、货币209件，木竹器133件，传世陶器11件、铜器138件、玉器218件（三级）及革命文物903件。洪湖市革命历史博物馆征集清末民初古文字学家、书法家刘心源手迹石刻16方，石首市博物馆征集王尚荣、顿星云、廖述云、胥治中等石首籍将军的革命文物91件、珍贵照片200张，松滋市博物馆征集贺炳炎将军委任状2件，监利县革命历史博物馆征集“湘鄂西邮票”、“谢觉哉给罗洪萱的信”等。民办博物馆藏品来源均为收藏、交换、收购。

【藏品管理和保护】 截至2010年，全市国有博物馆藏品总数为158031件（套），其中，国家一级文物608件，二级文物1567件，三级文物24535件。藏品类别主要包括陶器、铜器、瓷器、漆木竹器、简牍、玉器、石器、丝织品、金银器、书画等文物及邮票、烟标、年画、连环画、钱币、书籍、文献、剪纸、磁卡、光碟、地图等民俗品、工艺品或艺术品等。民办博物馆——荆州关公文化博物馆共有藏品4264件，均为与关羽有关的书籍、卡片、酒瓶、图画等纪念品和实用物品等。全市文物库房面积达16270平方米，其中荆州博物馆文物库房面积11410平方米。

全市国有博物馆的藏品均具有完整的原始资料、齐全的入藏手续、详细的藏品登记、清晰的藏品总帐以及科学合理的帐物相符分类帐。用科学的方法对入藏的藏品进行鉴选、分类、鉴定、分级、编目和建档，做到制度健全、帐目清楚、鉴定准确、编目详明、保管妥善、查验方便。对新入藏的藏品，能及时备案，先按照藏品的标准进行初步分类，并登记入总登记帐、分类帐、藏品卡。藏品入藏后，分别进行研究和整理，组织专家鉴定，对真伪、等级作出评估、编目，将鉴定结果全面简要地记录在编目卡上，在此基础上建立每件藏品的档案，随时记录藏品变动情况。各种凭证每年装订成册，集中保存。

全市博物馆藏品按质地和保存要求进行分类、分库（柜）保存，库房有专人负责管理。藏品的提用严格按照国家文物局颁行的《藏品管理办法》进行，履行报批程序，有齐全的提用手续和完备的进出库记录。对于因陈列、外展、研究、照相、绘图、观摩等需要提用藏品时，必须经馆领导批准，在填写好提用凭证以后，办理出库手续。藏品归库时，由保管员按提用凭证认真核对数量和现状，办理退库手续。

博物馆库房均有严格的库房管理制度，建立了《库房日记》，由专人负责记录并归档。藏品有固定、专用的库房，由专业人员管理，建有分库记录和专题记录，确保文物存放安全、查找方便，管理效率高。库房环境整洁、空气清新，无违禁物品及杂物。

博物馆库房建筑和保管设备安全、坚固、适用，尤其是按藏品质地来控制温湿度的各种设施、设备齐全，照明设施符合《博物馆照明设计规范》的要求，通风设施运转正常。库房具备防火、防盗、防腐蚀、防霉变、防虫等功能，有效地保证了文物安全。

在藏品的保护与修复方面，荆州博物馆拥有规模较大、设备较为齐全的藏品保护修复场所，具备多种类文物藏品的修复资质。修复场所面积达3000多平方米，修复人员和技术工人16名，修复项目涉及陶器、青铜器、漆器、丝绸、字画等，近十年来，年均修复文物500～1000件。

在藏品数据库建设方面，严格执行国家文物局制定的《博物馆藏品信息指标体系规范》。全市国有博物馆自2004年2月开始做准备工作，筹集资金购买了服务器、电脑等专用设备，建设了专门的微机房，通过局域网采集数据。自2005年5月试点项目正式启动以来，全市国有博物馆完成全部一、二级文物的数据库建设，县级博物馆还完成了三级文物的数据库建设，荆州博物馆完成了42%的三级文物数据库建设，共填写信息录入表17000余份，拍摄文物图片89728张，录入文物信息12532条。

【免费开放】 2008年3月以来，全市共有荆州博物馆、石首市博物馆、监利县革命历史博物馆、洪湖市革命历史博物馆、张居正纪念馆等5家博物馆、纪念馆对外免费开放，民办的荆州关公文化博物馆虽然并未享受国家财政补助，但是建馆以来一直实行免费开放。

自免费开放以来，全市博物馆、纪念馆开放工作呈现出安全、稳定、有序的良好态势，参观人数呈几何数增长，博物馆宣传、教育作用进一步凸显，社会反响强烈，主要反映在以下几个方面：

一是观众人数较之免费开放前持续大幅度增长。2007年，各县博物馆、纪念馆共接待观众人数25万人次，免费开放的2009年暴增至100万人次。其中，荆州博物馆旅游旺季日均接待观众5000人次，“五一”、“十一”等长假黄金周高峰时节观众流量超过1.5万人次。

二是全市博物馆、纪念馆免费开放以来至今无安全事故。各博物馆、纪念馆通过查找和整改安全隐患，强化安全处置应急预案演练和各项安全制度与措施，完善安防技防系统，全市未发生一起安全责任事故。

三是展览数量、类型与展陈手段更加丰富，服务质量进一步提升。荆州博物馆自免费开放以来，每年有计划地引进3个以上的专题展览，同时根据考古发掘情况举办出土文物展，展览手段更加多样化。

【陈列展览】 全市博物馆、纪念馆充分利用本地出土文物、传世文物与近现代革命文物资源丰富的优势，举办具有本地特色的陈列展览。同时积极引进省内外精品展览，丰富市民文化生活。由于文博阵地建设不断扩大和考古事业不断发展，馆藏文物的不断增多，荆州博物馆及各县市区博物馆、纪念馆文物陈列也不断改造、充实、提高。

20世纪70年代以前，能够举办展览的主要是荆州博物馆、洪湖市革命历史博物馆，主要是传世文物陈列。荆州博物馆在开元观陈列少量的传世古玩字画，迎接外地来荆州的少数宾客，十余年间，接待观众不足5万人。

20世纪70年代以来，由于陈列阵地不断扩大，文物考古工作不断开展，出土文物不断增加，社会影响越来越大，文物陈列工作不断加强。特别是凤凰山西汉男尸和江陵马山楚墓“丝绸宝库”出土以后，荆州博物馆及时举办了专题陈列，年接待游客数10万人次，最多时达上百万人次。改革开放以来至20世纪90年代后期，荆州博物馆又将举办的专题文物珍品展增加到七个。陈列面积从不足3000平方米扩大到5000余平方米，陈列文物珍品数千件，同时有一整套对外接待讲解的专班。累计海内外参观人数近1000万人(次)。荆州博物馆成为国家旅游局认定的"AAAA"旅游景点,成为爱国主义教育基地，也是来湖北的国内外游客的必到景点。外交部组织各国驻华使节分3批从北京专程来荆州博物馆参观。从1979年以来,党和国家领导人李先念、杨尚昆、江泽民、李鹏、乔石、朱镕基、吴邦国、温家宝、李长春以及数百位省部级领导,先后莅临荆州博物馆参观视察,指导文博工作。

据统计,自1953年以来,荆州市各级博物馆、纪念馆举办陈列展览总数为65项:其中基本陈列21项、重新布展和改造的基本陈列5项、原创临时展览12项,引进临时展览27项。

荆州博物馆现有基本陈列"江汉平原原始文化展"、"江汉平原楚汉文化展"、"荆州楚墓暨熊家冢出土玉器展"、"荆州出土简牍文字展"、"古代漆器精品展"、"楚汉织绣品展"、"凤凰山168号汉墓展"和"传世文物精品展"等8项,全面而系统地介绍了江汉平原地区的古代历史文化，展品的时代悠长、质地多样、器形独特,辅助图文内容丰富、通俗易懂、言之有据,陈列形式新颖、与时俱进，代表了全市博物馆陈列的最高水平。其中,"江汉平原楚汉文化展"荣获1999年度的"全国十大文物精品展奖"。

各区县级博物馆、纪念馆的基本陈列反映了本土的历史文化、历史名人与革命先烈的事迹。洪湖革命历史博物馆举办有"洪湖馆藏精品文物陈列"、"湘鄂西革命根据地简史陈列";监利县革命历史博物馆举办有"周老嘴湘鄂西革命根据地史迹展"、"泛鹅碑廊——海峡两岸监利籍书法家王遐举、王铁猛昆仲书法艺术展";石首市博物馆举办有"石首史前文化展"、"明代丝绸展"、"闪耀的将星——石首籍开国将军大型图片展";松滋市博物馆专门开辟了"贺炳炎将军纪念馆"。张居正纪念馆依托明代首辅张居正墓,辅以其著作及遗物,展示张居正生平事迹和历史功绩。民办的关公文化博物馆依托荆州关帝庙举办"关公文化藏品展"。

代表性的原创临时展览有:荆州博物馆举办的"沙市城隍庙宋代遗址出土文物展(2005年)"、"荆州谢家桥一号汉墓出土文物展(2008年)"、"荆州八岭山西晋墓出土陶瓷器展(2009年)"、"荆州鲁家山出土女尸展(2009年)"、"松滋陈店明墓出土文物室内清理展示(2010年)";石首博物馆举办的"明代杨溥墓出土文物展(1989年)"等,皆利用最新考古发掘出土的文物，向群众介绍了文物工作的开展情况、宣传了文物保护知识。

引进的临时展览有:"收租院泥塑展(1969年)",是在荆州地区引进的第一个专题展览。进入21世纪,随着馆际交往的扩大,荆州博物馆引进了恩施州博物馆"东方巫傩文化展"(2010年)、包头博物馆"草原古韵——唐卡岩画展"、南越王博物馆馆藏瓷枕展、南京市博物馆"金玉满堂——南京市出土金银玉器展(2011年)"等展览。

近年来,以荆州博物馆为主体,联合各县、市博物馆将有特色的文物珍品以各种方式积极开展对外文物展览。如荆州博物馆举办的"楚风汉韵——荆州出土楚汉文物精品展",先后在广东省博物馆(2008年)、十堰市博物馆(2011年)、成都华通博物馆(2011年)展出;石首市博物馆与广东东莞市长安镇图书馆联合举办的"楚文化及精品文物展"等,均取得了良好的社会效益。荆州博物馆石家河文化玉器、战国"凤鸟莲花豆"、"铜升鼎"等文物精品曾多次远赴加拿大、美国、日本、德国、法国、英国以及香港、台湾地区进行展览。1992年荆州博物馆楚乐宫携楚音乐文物专程赴澳门参加澳门国际音乐节的展演。

【安全工作】 全市各博物馆均按博物馆风险等级和安全防护级别进行安防系统建设（荆州博物馆按一级防范风险等级单位建设，其他县级博物馆按三级防范风险等级单位建设）。

博物馆的安全防范系统主要是对全馆范围内所有的防护目标实施24小时监控，设中心控制室。整个安防系统由入侵报警系统、电视监控系统、声音复核系统、硬盘录像系统、门禁巡更系统、有线对讲系统组成，覆盖了所有陈列室、文物库房及各重要部位出入口。中心控制室依靠报警联动装置能随时掌握报警现场情况，随时根据电子地图显示情况向值班人员反映前端报警信息。

按《文物系统博物馆风险等级和安全防护级别的规定》要求，展室（厅）内展出一、二级文物，安全防护措施采取了三种以上技术防范手段。如荆州博物馆分别在馆舍四周设有室外周界报警装置，展厅和库房内分别采用了被动红外、主动红外、微波、玻璃破碎探测器、双鉴探测器等多种工作方式的报警设备。为保证报警资料保存完整，该系统可利用电视监控系统对室内外防护目标实施有效跟踪监控，并由硬盘录像系统将监控范围内所有活动一一记录在案，保证随时取用，同时根据工作需要对资料进行刻录归档。

为加强重点部位和人员的管理，荆州博物馆在各展厅内外、库房出入口、修复场所出入口除建有实体防护设施外还设置了门禁控制装置，工作人员凭磁卡在规定时间内出入。夜班各哨位的巡逻工作主要借助于巡更系统进行定时定点刷卡，充分保证巡逻检查工作的顺利进行。

博物馆保卫机构在组织机构建设方面也不断完善，设有保卫科和专职保卫干部、常年聘用安保人员，人员组成划分为门房验票、车辆管理、白班守室、夜班巡逻和中心控制室值机等，保卫机构各项规章制度健全，日常运作程序操作规范，资料档案齐全。各班组、班次之间交接工作主要采取签字交接来划清责任界线，充分保证日常清馆净场、巡逻巡视、报警检查等工作的合理有效性。还根据各阶段的安全形势要求，遵循本单位的安全应急预案步骤和程序，适时开展预案演练活动，有力保证了博物馆全天候安全保障工作的正常运行。

消防安全也一直是博物馆开展安全保卫工作的一项中心工作。为贯彻实施好《消防法》，严格执行《机关、团体、企业、事业单位消防安全管理规定》，荆州全市博物馆认真履行消防安全职责，不断建立健全消防安全管理制度，加强重点岗位的人员培训，努力提高从业人员的业务操作技能，规范消防安全操作规程，消防安全管理水平逐步得到提高。博物馆内部均成立了以保卫机构为主要力量的志愿消防队，针对各个时期的防火形势和特点，按照《博物馆消防安全应急预案》程序，积极开展消防演习演练活动。在进行日常消防安全检查过程中，能及时发现消防安全隐患，及时整改，并使消防设施、应急照明、安全出口、疏散通道、防雷装置等公共安全设施长期处于良好的运行状态，从而保证了博物馆馆藏文物和游客的人身安全。

在逐步完善和建立旅游景点等公共安全应急机制方面，全市博物馆均成立了以主要馆领导为组长的公共安全应急领导机构，副组长由分馆安全的副馆长、保卫科长担任，成员由各部门负责人组成。根据旅游旺季期间观众多的特点，选择在旅游淡季进行以检查本馆安全应急能力为主要目标的预案演练活动，适时在全馆范围内开展安全知识讲座，宣传安全设施的使用方法和灭火逃生技能，以及本馆处理各类突发安全事故的处置能力。由于各部门的密切配合,该项工作每年都一直在按期进行。为掀起每次宣传安全知识活动的高潮,还邀请了有关部门和其他兄弟单位到现场观摩,广泛听取意见,及时改进安全工作。

【展示宣传和社会服务】 荆州博物馆、石首市博物馆、监利县革命历史博物馆、洪湖市革命历史博物馆等都十分重视展示宣传和社会服务工作。荆州博物馆以“创文明行业、建满意窗口”为动力,以“规范服务、优质服务”为重点,以“内强素质、外树形象”为目标,以“观众满意”为标准,坚持开展“巾帼文明示范岗”、“青年文明号”、“红领巾实践教育基地”创建活动,展示宣传和社会服务工作取得了丰硕成果。

优质一流的讲解服务。荆州博物馆以领导、组织、经费、管理“四到位”为基础,实现理论教育、素质教育、思想教育、业务培训、严格管理“五抓好”,致力培育优秀讲解员,提供贴近实际、贴近生活、贴近群众的优质讲解服务。1958年以来,荆州博物馆先后接待过李先念、乔石、杨尚昆、江泽民、李鹏、朱镕基、温家宝、吴邦国、李长春、周永康、吴仪、迟浩田、李铁映等党和国家领导人,于洋、赵雅芝、马季、唐杰忠、蔡国庆、李双江、刘晓庆、翟俊杰、李雪健、李幼斌等知名演员,杨振宁、钱伟长等著名专家学者,以及日本前首相村山富市、美国前国务卿舒尔茨等外国政要。舒尔茨在参观后留言:“中华文化极其古老,文物极其精美,让我大开眼界。”杨振宁博士听完讲解后,也禁不住伸出大拇指,由衷地赞叹道:“荆州博物馆文物是一流的,讲解也是一流的!”。2010年,荆州博物馆获湖北省“博物馆纪念馆讲解比赛”团体一等奖,获个人一等奖1名,二等奖2名,优秀奖1名。

丰富多彩的志愿者服务。荆州博物馆现已组建成员百余人的志愿者讲解队,建立了定期培训机制和工作体系;先后聘请近百名各行业专家、学者和领导干部成为“博物馆之友”。

异彩纷呈的主题宣传活动。荆州博物馆十分重视“5·18”国际博物馆日和中国文化遗产日等重要节日的主题宣传活动,2004年,组织全市大、中、小学生开展“爱我家乡文物”作文竞赛活动;2005年,举办大型宣传和专家咨询活动及“爱我荆州文物”演讲比赛活动。2006年,组织“制作宣传版画”、“寻找珍宝”、“模拟文物调查”、“模拟文物勘探”、“模拟文物修复”、“文物知识问答”等系列活动。2007,在熊家冢开展“走进文化遗产地”大型活动。2008年,开展系列文化遗产保护活动,举办文保知识专题讲座。2009年,以“博物馆与旅游”为主题,开展历时长达一月的系列活动,组织“漫步荆州博物馆”作文竞赛。2010年,以“博物馆致力于和谐社会”为主题,组织博物馆志愿者和博物馆之友观开展系列活动,开辟《楚文化之旅》报刊专栏全面介绍楚文化渊源。

长期以来,各大报刊、电视台及网络媒体对荆州博物馆给予了相当大的关注,多次进行报道和宣传,在社会上引起了巨大反响。2005年6月,西汉古尸出土30周年,我馆举行了盛大的纪念活动;中央电视台、湖北电视台、荆州电视台报道了庆祝活动的开幕式,中国文物报专版刊发《前进中的荆州博物馆》,湖北省电视台和荆州电视台拍摄了长达10集的专题片进行播放宣传。2007年11月19—25日,中央电视台新闻频道《新闻联播》《午间新闻》、《晚间新闻》播放《谢家桥1号墓》发掘实况,中央电视台、湖北电视台、荆州电视台、三峡电视台、荆门电视台、中国文物报、楚天都市报、湖北日报、荆州日报、荆州晚报等30家媒体争相报道。2009—2010年间,我馆在媒体上几乎周周有新闻,月月有报道,年年有声音。

监利县革命历史博物馆、洪湖市革命历史博物馆等始终坚持把社会效益放在首位，高举爱国主义旗帜，重视和加强对广大人民群众，特别是青少年和中小学生的爱国主义教育、革命传统教育。通过开展瞻仰革命旧址，拜谒和祭扫革命烈士纪念碑（墓），参观文物陈列展览，聆听洪湖革命历史报告和先烈斗争故事，观看革命电视教育片等活动，提高了广大青少年的思想道德建设水平，激发了其爱国、爱家乡的热情。

【博物馆建设】 全市博物馆建设始于20世纪50年代末期。1958年，原荆州地区行署组建全区首家博物馆——荆州专区博物馆（荆州博物馆前身）。1959年，原沙市市组建了沙市博物馆，即现在的荆州市艺术博物馆。现所属县（市、区）除地、市合并后新设的沙市区和江陵县外，其他6个县（市、区）均于20世纪60年代至80年代批准成立县级博物馆。

截至2010年底，全市现有各级博物馆9家、纪念馆1家。其中，国有市级博物馆1家（荆州博物馆）、市级纪念馆1家（张居正纪念馆），县市区博物馆6家，即松滋市博物馆、公安县博物馆、监利县革命历史博物馆（含周老嘴湘鄂西革命根据地纪念馆）、石首市博物馆、洪湖市革命历史博物馆（含瞿家湾湘鄂西革命根据地旧址纪念馆）、荆州区博物馆，松滋市博物馆、公安县博物馆尚未开放；民办博物馆1家（荆州关公文化博物馆）。另外，荆州熊家冢遗址博物馆、荆州城墙博物馆、荆州市民俗博物馆等正在筹办之中。

博物馆建设呈现出良好发展势头。洪湖市和监利县的博物馆分别在瞿家湾、周老嘴湘鄂西革命旧址群内举办了革命纪念馆。洪湖市湘鄂西革命根据地瞿家湾革命纪念馆每年接待中外游客近30万人次，先后赢得多个荣誉：1996年，被国家文物局授予“全国文物系统优秀爱国主义教育基地”；1998年，被湖北省人民政府命名为全省“十佳爱国主义教育示范基地”；2005年，被中宣部公布为第三批全国优秀爱国主义教育示范基地。

博物馆硬件条件不断改善。1958年，荆州博物馆利用古建筑开元观开馆，馆舍面积仅500平方米。20世纪70年代始，该馆规模不断扩大，先后建设了陈列大楼、珍品馆和文物库房，馆舍面积达到5万多平方米，建筑面积2.3万平方米。建成的仿古式建筑群，布局合理，功能完善，馆内分为展示区、办公区、文物保管区、考古资料整理研究区、古建区、生活区等功能区。2010年，国家发改委、国家文物局又将荆州博物馆综合陈列楼建设项目纳入国家“十二五”时期经济社会发展规划，计划投资1.2亿元，在荆州城区三国公园内新建荆州博物馆丝织品展览馆、漆木器展览馆、玉器展览馆2万平方米。

坚持“立足本土，突出特色”的博物馆建设方针，不断向前推进，博物馆社会服务职能不断凸显。2010年，荆州博物馆基本陈列8个、临时展览5个，观众人数达到87.4万人次；监利县革命历史博物馆基本陈列4个，筹办临时展览2个，观众人数24.4万人次；洪湖市革命历史博物馆基本陈列2个，筹办临时展览1个，观众人数达到12万人次。

【文化产业】 一是以馆藏文物为基础，设计、制作各种基本陈列展览和专题陈列展览，使其成为博物馆、纪念馆文化产业的主流产品和长线产品。荆州博物馆从20世纪90年代起，先后推出多个文物专题展，其中，“江汉平原楚汉文化展”荣获1999年“全国十大陈列展览精品奖”。本世纪初，荆州博物馆除在国内一些省市巡展外，还先后赴日本、加拿大、美国、德国、法国、英国以及港澳台地区举办了展览。建馆五十年来，荆州博物馆先后获国家级奖励9次，省级奖励18次。1993年，荣获全国地县级“十佳博物馆”之首的美誉。1995年被文化部、人事部命名为“全国文化系统先进集体”。2000年被国家旅游局授予4A级旅游景点。2008年，该馆被评为全国首批国家一级博物馆。

二是以观众需求为导向，设计、开发各种具有广泛吸引力和鲜明个性化特征的产品。荆州博物馆开发的双连杯2002年获中国首届旅游纪念品设计大赛金奖；虎座鸟架鼓、虎座飞鸟、三鱼耳杯获银奖；2004年，虎座鸟架鼓获“神农架”杯全省首届旅游商品纪念品大赛金奖；2007年，漆木器系列获湖北省旅游纪念品大赛金奖；2008年，真丝丝巾获湖北省第四届旅游商品大赛一等奖；2009年，战国龙凤虎纹丝巾获中国国际旅游商品博览会铜奖；2010年，荆州双虎纹镜片获中国国际旅游商品博览会银奖，荆州田猎纹丝巾荣获铜奖。经过二十多年的发展，荆州博物馆旅游服务部固定资产从二十年前的3万元到现在的200多万元，为博物馆累计上缴利润600多万元。

三是各博物馆、纪念馆根据自身特长和优势，开展各种专业性社会服务活动。1992年，荆州博物馆将楚乐、楚舞搬上了“楚乐宫”的舞台，再现了二千多年前楚国宫廷乐舞的艺术风采。1993年，楚乐展演应邀参加澳门第七届国际音乐节，受到葡萄牙总督苏亚雷斯、澳督韦奇立及海内外观众的高度赞赏。1992年以来，先后有江泽民、李鹏、温家宝、吴邦国、吴仪等党和国家领导人观看了楚乐演奏。

【人才培养】 全市各博物馆、纪念馆历来重视人才培养，积极委派在职人员参加国家文物局等上级文物主管部门举办的各类培训，并鼓励在职人员到大专院校进行高学历学习深造或接受再教育培训。自改革开放以来，全市各博物馆、纪念馆人员参加各类学习培训达47人次。

学历教育：先后共有3名在职人员分别到北京大学、武汉大学、北京科技大学参加硕士研究生学历学习；有7名在职人员到武汉大学参加大专学历学习。

行政能力培训：有4名馆长、副馆长参加国家文物局举办的全国博物馆馆长培训班；有3名所长、副所长参加国家文物局举办的文物考古所所长培训班。

职业技能培训：有10人参加国家文物局举办的玉器、书画等“文物鉴定培训班”；有1人参加国家文物局委托中国文物研究所举办的“出土文献抢救、保护、研究人才培训班”；有2人参加三峡办举办的“三峡出土文物修复培训班”；有1人参加湖北省文物局委托湖北省博物馆举办的“馆藏青铜器修复培训班”；有4人参加国家文物局委托北京大学举办的“新田野考古技术推广培训班”；荆州博物馆先后共有13人获得国家文物局颁发的“个人田野考古领队资格”；有3人参加湖北省文物局举办的“全省讲解员培训班”。

此外，荆州博物馆还经常面向全市文博人员举行学术讲座、考古发掘现场观摩等活动，帮扶各区县级博物馆、纪念馆在职人员提高业务水平。

荆州博物馆

Jingzhou Museum

馆　　长　王明钦
地　　址　湖北省荆州市荆中路166号
邮政编码　434020
电　　话　0716-8494808
传　　真　0716-8496338
网　　址　www.jzbwg.com
隶属关系　荆州市文物局
性　　质　国有
建筑性质　仿古建筑
占地面积　50200平方米
建筑面积　23000平方米
展览面积　7000平方米

馆址环境　荆州博物馆位于历史文化名城荆州城内西部，西距荆州古城西门约300米，北邻三国公园，与北城墙相望。馆区内绿化面积11000平方米，有多种名贵花木与草坪。红墙碧瓦的馆舍建筑与红花绿叶的馆区环境交相辉映，并与古朴厚重的晚清城墙、绿树成荫的三国公园融为一体，具有独特的园林式博物馆风格。

历史沿革　荆州博物馆的前身是1951年建立的湖北省文史馆荆州工作组和湖北省文物保护管理委员会荆沙分会。1958年，成立荆州专区博物馆，利用始建于唐代、重修于明代的古建筑开元观作为馆舍。1969年，博物馆交江陵县管理，改为“江陵县展览馆”，1971年，恢复荆州地区博物馆革命领导小组，1973年，更名为“湖北省荆州地区博物馆”。1982—1986年，荆州地区行署将开元观东侧的江陵县玛钢厂迁出城外，其3万平方米的土地划拨给博物馆，修建3500平方米的陈列楼、2000平方米的办公楼及其他配套设施。1987—1989年又向北扩1万平方米，修建了3200平方米的珍宝馆。1994年，因荆州地区和沙市市合并，博物馆改名为“湖北省荆沙市荆州博物馆”，1997年，荆沙市更名为荆州市，博物馆也相应的改名为“湖北省荆州博物馆”。

开放时间　9:00—17:00（节假日之外的星期一闭馆）

服务设施　停车场、物品寄存处、游客活动中心、医务室、IC电话亭、展厅内外休息设施、旅游产品服务中心、星级厕所、轮椅、婴儿车等特殊群体用具等。

交通状况　乘坐14、19、101、103路公交车西门站下车往东走100米。

概　况

荆州博物馆位于国家历史文化名城荆州城内，是一座融陈列展览、宣传教育、社会服务、文物收藏与保护、考古发掘与研究等多功能为一体的综合性历史博物馆，始建于1958年，经过五十多年的发展，目前馆舍占地面积5万余平方米，建筑面积2.3万平方米，建成的仿古建筑群，布局合理、功能完善，分为展览服务区、办公区、文物保管区、考古资料整理研究区、古建区、生活区等功能区，馆区内绿化覆盖率达70%以上，一年四季鲜花绽放、草木常青，为游客提供了心旷神怡的参观环境。

荆州博物馆现有员工173人，其中在编在岗人员71人，合同聘用人员102人，拥有一支结构合理、门类齐全的专业队伍。全馆现有高级职称16人,中级职称46人,从事考古学、博物馆学、陈列艺术、藏品保护、宣传教育及文化旅游产品研发营销等专业技术工作。

建馆以来,荆州博物馆始终坚持“业务兴馆”的宗旨,狠抓考古研究、文物保护、陈列展览、宣传教育等业务工作,注重人才引进和培养,夯实基础,与时俱进,取得了长足的发展,多次受到中央、省、市各级政府的表彰。1993年,被评为全国“十佳地县级博物馆”,1995年被评为“全国文化工作先进集体”,2000年被国家旅游局评定为首批“4A”级旅游景区,2008年,又被国家文物局评定为首批国家一级博物馆。

一、行政管理

荆州博物馆现有书记1名、馆长1名、副馆长4名,下设办公室、财务科、后勤科、保卫科、票务科、考古研究所、保管部、陈列部、宣教部、楚乐宫、旅游服务部、信息技术部12个部门。

决策机构为馆长办公会。由馆长、书记、副馆长组成,负责制订本馆中长期发展规划、年度工作计划,制订各项规章制度,讨论决定本馆重大事项,督促检查工作计划执行情况。每周一召开例会,研究全馆工作。如有特殊情况,则由馆长临时召集会议研究专项事务。

内部监督机构为职工代表大会,由21名全馆职工民主选举产生的成员组成。参加对馆领导的评议和监督,听取全馆和工会的工作报告,讨论本馆规划、目标及年度工作计划,监督计划的完成情况,审议决定与本馆职工利益攸关的重大事项。

随着经济社会的飞速发展和博物馆功能的不断拓展,博物馆的管理越来越需要民主化、科学化、系统化、规范化,为此,荆州博物馆于2008年通过了ISO9001质量管理体系论证,针对本馆的实际情况,制定了一整套科学、规范的管理体系,并严格按照体系执行。2010年,顺利通过了体系的检查验收。根据ISO9001质量管理体系的要求,荆州博物馆对历年来的规章制度进行了全面梳理,废除了不再适用的规章制度,对有些规章制度的部分条款进行了修改,新增了部分规章制度。现在执行的规章制度近百个,涉及全馆规章制度、部门岗位职责、工作守则、操作规则、管理规定等,形成了一整套完整的规章制度体系,使博物馆的管理工作真正做到了有章可循、有据可依,有效地避免了管理工作中的主观性、盲目性和随意性。

二、免费开放

根据中宣部[2008]2号通知精神,2008年5月,荆州博物馆正式实行对外免费开放。在此之前,博物馆针对馆舍环境、陈列展览、社会服务、安全保卫、后勤保障等现状,多次召开专题会议,分析免费开放后可能出现的新问题,研究应对免费开放的策略,布置免费开放前的准备工作。在确保设施设备到位、人员配置到位、应急方案到位、防范措施到位的前提下,实行免费开放,顺利地度过了免费开放之初的“爆棚期”,在观众数量骤增、结构层次复杂的情况下未发生任何文物、设施受损和人员受伤的事件。目前,免费开放已步入正常轨道,平稳有序地运行,而且,这次惠民政策正受到越来越多民众的赞许和尊重,同时,也促进博物馆各项工作迈上了一个新台阶。

免费开放使更多的公众走进博物馆,感悟博物馆文化。免费开放之前,荆州博物馆每年参观人数不到20万,文化层次以中、高档为主,地域以旅行团体和外地游客居多。免费开放之后的2009、2010年,参观人数都超过了100万,文化层次中、高、低档都有,地域本埠、外地兼具。可见,免费开放惠及了各层次、各地域、各年龄等的民众,其影响力显而易见。

免费开放更新了博物馆的管理模式。免费开放之前,由于观众人数少、结构层次比较单纯,凭着多年的办馆经验,应付起来可谓得心应手。免费开放后的巨变,迫使管理者不得不更新观念、改变模式。荆州博物馆的管理者针对观众人数骤增、结构复杂的情况,一方面在陈列展览的内容与形式、宣传讲解的方式与方法等方面作了及时调整,另一方面,为确保文物、财产和人身安全以及参观环境的美观整洁,及时调整思路,更新模式,将保安、保洁、绿化等工作进行社会化,交由专业公司负责,既确保了安全和环境,又减少了管理的人力、物力与精力,收到了很好的效果。

免费开放提升了博物馆的服务水平。免费开放之前,博物馆一直按照固有的模式运行,很少有大的改变,服务也一样,无非是引导参观、简单讲解。免费开放之后,由于观众人数和结构的巨大变化,原有的服务模式远远满足不了观众的需求,必须进行全方位、多元化的服务。荆州博物馆采取了一系列措施。首先,更新了陈列展览,使之能满足更广泛观众的要求,增添了声光电等辅助设施,使陈列展览更具直观性和趣味性,增强了陈列展览的吸引力和感染力。其次,更新了讲解词,确定了“因人施讲”的工作思路,针对不同层次、不同年龄观众的不同需求,在讲解内容、讲解时间、讲解方式(询问式、灌输式、启发式、互动式)等方面因人施讲,同时,配备了语音导览系统和触摸屏,多层次、全方位地满足观众的需求。第三,在旅游产品的研发方面,转变了思路,注重高、中、低档并重,收藏、欣赏、实用结合,质地、形式、内容多样,以适应各种观众的口味,既提高了博物馆的经济效益,又对博物馆的宣传起到了较好的补充作用。第四,改善了服务设施与服务条件,增添了休息场所、游客活动中心,设置了医务室、物品寄存处,并为残疾人、婴幼儿等特殊群体配备了轮椅、婴儿车等设备,使博物馆的服务更加细致化、人性化。

三、藏品管理

荆州博物馆现有馆藏文物13万多件(套),其中一级文物547件(套),二级文物1415件(套),三集文物21039件(套)。藏品类别有铜器、陶瓷器、漆木器、玉石器、丝织品、金银器、历代书画、善本书籍、简牍等。其中有不少是国宝级文物或全国乃至全世界的孤品或十分罕见的珍品,如马山一号楚墓出土的丝织品、天星观二号楚墓出土的漆凤鸟羽人、秦家山二号楚墓出土的玉覆雨、院墙湾一号楚墓出土的神人操龙形玉佩、谢家桥一号汉墓出土的彩绘木质壁纹翣等。

藏品来源有考古发掘出土、征集、捐献和公安机关移交等途径。主要是历年考古发掘的出土文物,约占藏品总数的90%以上,其次为征集文物,有2300余件(套),再次为民间捐献文物,有800多件(套),还有公安机关移交的涉案文物180多件(套)。

荆州博物馆现有文物库房3320平方米,按馆藏品的质地和保存要求进行分类、分库保存,设有陶器、铜器、漆木器、丝织品、金银玉器、传世文物等专用库房。珍贵藏品专柜存放,现有300多个文物柜(包括木柜、保险柜、铁皮柜等)。为了确保文物安全,1989年购置了两台恒温恒湿机组及配套设备,专用于丝织品库房的恒温恒湿控制。其他库房都有空调、除湿机等设备。所有库房都具有防火、防盗、防腐蚀、防霉变、防虫等功能,有效地保证了藏品的安全。

藏品管理严格遵守《博物馆藏品管理办法》,分类库房明确专人管理,制定了《文物保管楼管理规章制度》、《保管人员工作手册》、《藏品安全操作规则》、《文物库房保管员岗位职责》等规章制度,建立了完善的总账和分类账以及详细的藏品档案，藏品出入库手续健全、程序严格。

2005年,荆州博物馆启动了“文物调查及数据库管理系统建设”,至2010年,共填写信息录入表2万余份,拍摄文物图片近9万张,录入文物信息1.2万余条,初步建立了藏品数据库,为藏品的保管、统计、提用和检索提供了十分便捷的条件。

荆州博物馆的文物保护工作起步较早,成效显著。20世纪80年代,荆州博物馆就成立了文物保护实验室，开展出土饱水漆木器、简牍、古代丝织品的保护、修复与研究工作，2005年发展成荆州市文物保护科技研究中心，具备了国家漆木竹器一级修复资质，是出土木漆器保护国家文物局重点科研基地。几十年来，该中心为馆藏漆木器和简牍3000多余件进行了脱水保护与修复,对10余件楚汉丝织品进行了清洗加固,同时还为全国16个省市50多家文博单位修复漆木器5000余件。

荆州博物馆还设立了铜器修复实验室和陶瓷器修复室，修复馆藏出土铜器2400多件,陶瓷器近万件。同时还为三峡工程、南水北调工程文物保护项目及其他兄弟博物馆承担了大量的陶瓷器修复工作。

四、学术研究

荆州博物馆历来坚持业务兴馆,高度重视学术研究工作。

荆州博物馆是较早取得国家文物局考古发掘团体领队资质的单位之一。考古发掘与整理研究工作是博物馆业务工作的龙头。20世纪60年代以来,荆州博物馆抢救性发掘了20余万平方米的古文化遗址、8000多座古墓葬,出土文物10余万件,既抢救了大批国家珍贵文物,又给博物馆充实了藏品与展品,为博物馆多项业务的开展奠定了坚实的基础。荆州发掘的古文化遗址和古墓葬,具有很高的历史价值、考古价值、文物价值、研究价值,有很多是全国重要的考古发现,如凤凰山168号汉墓、天星观1、2号楚墓、马山1号楚墓、张家山汉墓、石家河新石器时代遗址、潜江龙湾遗址、鸡公山旧石器时代遗址、谢家桥1号汉墓、熊家冢高等级楚国贵族墓地等。其中鸡公山遗址和龙湾遗址的发掘分别被评为1992、2000年“全国十大考古新发现”,熊家冢墓地的发掘获“国家文物局2007—2008年度田野考古奖”。

文物保护科技研究室文物保护的支柱、陈列展览的后盾。荆州博物馆设立了实验室,由专业技术骨干主持开展青铜器、彩绘陶的保护科学技术研究工作。同时，与荆州市文保中心合作承担多项有关漆木器、丝织品研究的课题。其中“江陵马山一号战国楚墓丝织物的保护研究”获湖北省科学技术进步奖。

为了促进学术研究,培养优秀人才,奖励学术成果，荆州博物馆成立了学术委员会,组织、指导和管理学术、科研活动,审核学术论文、职称申报、资格培训等相关事项。制定了《荆州博物馆学术委员会章程》，出台了《荆州博物馆学术成果奖励办法》，组织召开年度考古汇报暨学术研讨会，住持学术成果评奖及颁奖大会。

建馆以来,荆州博物馆出版考古报告、学术专著35部,发表论文400多篇,多次获得国家、省部级奖励,如《江陵雨台山楚墓》、《包山楚简》获夏鼐考古学研究成果奖,《楚人的纺织品与服饰》、《郭店楚墓竹简》获国家图书奖,《江陵马山楚墓》获湖北省社科研究成果奖等。

五、陈列展览

陈列展览是博物馆的基本职能之一，是利用馆藏资源发挥宣传教育功能的基础。早在1961年，荆州博物馆就举办了征集的革命文物、历史文物展，1965年，又举办了江陵出土楚文化展。然而，20世纪六七十年代的展览都是以临时性展览和图片展为主，还不能称为真正意义上的博物馆陈列。随着博物馆主体陈列楼的竣工，常设展览才正式开始，1989年，珍品馆落成，又举办了专题展。但那时因受展览理念、社会环境、馆藏文物以及文物保护技术等条件的局限，陈列展览采用通史式的模式，形式单一、呆板，而且展品以复制品居多。经过十年的发展、研究与探索，1998—2000年，荆州博物馆对常设展览作了大规模调整，将通史式的陈列改为一个个主题鲜明、形式新颖的专题展览，用文物原件替换了大量复制品，同时新增了荆州出土简牍文字展、古代织绣品展，形成了“江汉平原原始文化展”、“江汉平原楚汉文化展”、“荆州出土简牍文字展”、“江陵凤凰山一六八号汉墓展”、“古代漆木器精品展”、“古代织绣品展”、“传世文物展”七个专题展览的基本格局，分门别类而又全面系统地展示了荆州的古代文化。其中，“江汉平原楚汉文化展”被评为1999年“全国十大精品陈列”。

近年来，博物馆的功能在不断拓展，博物馆的受众在不断增加，新技术的应用也日益广泛，陈列展览的多元化、通俗化、科技化势在必行，相比之下，以前的陈列内容较为专业，形式较为简单，设施较为陈旧。为此，自2007年开始，荆州博物馆又对常设展览进行了第二次大规模改陈。首先是利用考古发掘最新成果，举办了“荆州楚墓暨熊家冢出土玉器展”，然后，对主体陈列楼的原始文化、楚汉文化、简牍文字、传世文物展览进行了全面改陈。从展厅展柜的总体部署到灯光布景、版面设计、标牌说明等各个环节都精心策划、精心设计，使用了声、光、电等新技术，安装了语音导览设施、增设了与观众互动的布景和模型。展览信息量大、知识性强、通俗易懂、新颖活泼，深受观众欢迎。2008年5月，荆州博物馆被评定为首批国家一级博物馆，并实行了免费开放。为适应新的要求，荆州博物馆克服资金紧张、时间紧迫等重重困难，将2000平方米的旧展区改造成独立于常设展览的临时展区，拥有了三个高标准的展厅，不间断地举办临时展览，如考古新发现、馆藏精品等专题及引进外展等，不断拓宽荆州市民的视野，丰富他们的精神文化生活。

荆州历史悠久，文化绵长，是史前文明高度发达之地，又是楚文化的发祥地，三国文化的中心，文物资源十分丰富。荆州博物馆的藏品数量众多、种类齐全、特色鲜明、内涵丰富，在国内外享有盛誉。为了充分发挥馆藏文物的优势，传播荆楚文化，扩大对外影响，荆州博物馆加强馆际交流和对外合作，先后精选藏品赴加拿大、美国、日本等国家和香港、台湾地区参加外展。同时与北京、上海、广州、深圳、珠海、武汉、楚雄、恩施、安阳等地博物馆进行了展览交流。荆州博物馆的展品以其工艺精湛、造型独特、装饰华丽、特色鲜明而受到各地观众的高度赞誉。

六、宣传教育

荆州博物馆是湖北省爱国教育基地和荆州市大、中、小学德育基地，也是长江大学实习基地，为了切实发挥基地的作用，荆州博物馆开展了形式多样、内容丰富的宣传教育活动。

首先，组建了一支优秀的讲解队伍。宣教部22名讲解员，大都是本科以上学历，通过招聘，进行专业知识、接待礼仪、讲解技巧等系统培训，提高她们的综合素质。积极鼓励讲解员参加各类讲解大赛，增强她们的实战能力。在河南、上海、沈阳举办的全国讲解比赛中，获一等奖5人，二等奖6人，三等奖8人；2010年湖北省博物馆纪念馆讲解比赛中，获团体一等奖，个人一等奖1名，二等奖2名，三等奖1名。

荆州博物馆还招募了一支100余人的志愿者讲解队伍，他们来自长江大学，城区中小学学生及社会各界爱好文物、热衷讲解的人士。此外，还邀请了70名各行业专家、学者、领导干部组成了“博物馆之友”，筑起了博物馆与社会广泛沟通的桥梁。

其次，利用报刊、杂志、电视、网络等多种媒体，全面系统地宣传荆楚文化、普及文物知识，介绍博物馆任的事业和博物馆工作。如在长江日报、荆州日报开辟“荆楚瑰宝”、“荆州国宝”、“人物专访”，系统介绍馆藏精品、专家人才；在荆州电视台、荆州视信网等媒体及时报道考古最新发现、博物馆工作最新动态；在荆州电视台“文化荆州”栏目，多次组织本馆专家讲授荆楚文化、普及文物知识。

第三，开展丰富多彩的教育实践活动。一是利用国际博物馆日、中国文化遗产日，举办知识讲座，开展有奖征文、有奖问答以及模拟考古、文物修复等活动；二是走进校园、走进社区，宣传文物保护法律法规，传授文物收藏基础知识，现场解答市民提出的问题。三是组织学生到考古发掘现场观摩，讲授考古工作的基本原则、基本方法，增强他们的直观感受，激发他们自觉保护文物的热情。

七、人才培养

荆州博物馆历年来十分重视人才引进和培养工作。早在20世纪70年代，就想尽一切办法引进了9名北京大学考古专业的专业人才，为荆州博物馆事业的发展起到了至关重要的作用。

建馆初期，荆州博物馆仅有8名员工、1名大学生，经过五十多年的发展，现有在编在岗员工71名，80%以上具有大专以上文化水平，其中硕士研究生4名，本科15名，多为北京大学、武汉大学、四川大学、南京大学、西北大学、中山大学等重点大学考古专业、博物馆专业、文物保护专业的毕业生。专业技术人员中，有高级职称16人，中级职称46人，形成了年龄结构合理、研究门类齐全的专业队伍。

为了进一步引进人才，荆州博物馆制定了《引进人才管理办法》，对引进的博士、硕士、学士提供不同的优厚待遇，如住房、生活补贴等，为专业人才解除了后顾之忧。

在引进人才的同时，荆州博物馆还十分重视现有人员的培训工作，除了馆内以老带新、以高带低，加强专业能力外，还先后10多次安排专业人员参加国家文物局、北京大学等主办的各种专业技术培训，如博物馆馆长培训班、考古所长培训班、田野考古发掘培训班，铜器、玉器、瓷器、字画等专类文物保护鉴赏培训班，安防、消防培训班，财会培训班等等。通过这些培训，使这些专业技术人员开阔了视野、掌握了知识、了解了最新动态，提高了业务水平，增强了工作能力。

八、文化产品

荆州博物馆旅游服务部成立于1987年，是荆州最早利用地方文物资源研发、生产、营销古代青铜器、漆木器、织绣品复仿制品的部门。经过二十多年的发展，固定资产从最初的3万元增加到200多万元，为博物馆创收600多万元。

荆州博物馆旅游服务部始终把质量和

信誉作为产业的立足之本、发展之源。在产品开发品质上,充分挖掘资源优势,彰显荆楚文化特色;在产品开发层次上,注重门类齐全、立体交叉;在产品营销策略上,注重宣传推介,强化服务意识。

目前,荆州博物馆旅游服务部开发的旅游产品近60种,仿楚汉漆器、仿战国丝织品的产品一直受到中外游客的青睐。2002年以来,荆州博物馆研发的仿古漆木器双连杯、虎座鸟架鼓、三鱼耳杯、真丝丝巾、龙凤虎纹丝巾、双虎纹镜片、田猎纹丝巾等产品多次在中国旅游纪念品设计大赛、湖北省旅游纪念品大赛、中国国际旅游商品博览会上获金、银、铜奖。

荆州区博物馆

Jingzhou District Museum

书　　记　罗文兰
地　　址　湖北省荆州市荆北路34号
邮政编码　434020
联系电话　0716-8432685
传　　真　0716-8411499
隶属关系　荆州区文物民族宗教旅游局
性　　质　国有
建筑性质　古建筑
建筑面积　3200平方米
占地面积　9926.63平方米

馆址环境　坐落在荆北路东端,西邻荆州区文物民族宗教旅游局,东200米为中国建设银行荆州支行。荆州城北垣南。

历史沿革　荆州区博物馆原名江陵博物馆,成立于1988年4月,1996年2月,因荆州地区行署与沙市市合并为荆州市,原江陵博物馆更为名荆州区博物馆。江陵博物馆成立之前,境内的文物有关业务工作先是由文化局文化馆文物组开展,文物组后改为文物处,后成立文物局,它们既有行政职能,又有开展文物业务的责任,在省地有关业务部门指导协助下,摸清了境内文物的家底。荆州区博物馆成立后,举办了文物展览向社会开放,1989年7月展陈工作逐渐停止。

1996月10日荆州区文物局与荆州区博物馆人员合署办公,一起从事境内的文物行政事业工作,至2006年6月重新分开,合署办公期间开展了境内一些勘探业务和单位记录档案的编写工作,其他工作处于停滞状态。1999年12月,由于荆州市成立荆州古城文物管理处,一部分文物专业的技术人员从荆州区博物馆和荆州区文物局剥离,2006年6月重新独立的荆州区博物馆编写了新公布的国保单位记录档案工作。2009年参加了一段时间全国第三次文物普查。2010年接受了引江济汉文物整理基地的管理工作。

概　况

荆州区博物馆成立后一直以文物保护,服务经济发展,促进社会主义精神文明建设为宗旨,开展了地下文物保护,出土文物展陈,摸清文物的存量,为贯彻文物法在境内提供支撑做了积极有效的工作。1988年荆州区博物馆成立后,开展的陈列展览工作,并配合境内的基本建设,进行了文物勘探和发掘工作。1989年7月因展陈文物被盗，硬件设施达不到要求，展陈工作逐渐停止。1996年荆州区博物馆与荆州区文物局机关合署办公，1724件（套）文物转入荆州博物馆文物仓库保管，至2006年荆州区博物馆重新与局机关分开。

关公文化博物馆

General Guanyu Culture Museum

馆　　长　夏循涛
地　　址　湖北省荆州市荆州城迎宾路1号荆州关帝庙
邮政编码　434020
电　　话　0716-8467774　13997612849
电子邮箱　xia_xuntao@163.com
类　　型　民办
主管单位　荆州市文物局
所在位置　荆州关帝庙内
面　　积　400平方米

布　局　关公文化博物馆依托荆州关帝庙浓厚的历史底蕴和人文资源，由关帝庙提供馆舍，博物馆展出藏品，双方资源互补，共同担负起弘扬关公文化的重任。因关帝庙目前规模较小，关公文化博物馆的所有藏品展出，全部巧妙地融入关帝庙的整体布局中。扩建后的关帝庙，将规划有专题陈列馆供博物馆长期展览。

仪门处，了解关公生平、荆州关帝庙简介及关公文化知识；大殿回廊参观关公故事剪纸、关庙楹联书法、关公年画等藏品；三义殿二楼参观关公绘画、磁卡、论著、戏曲等20余系列关公藏品。

建筑特点

荆州关帝庙始建于明洪武二十九年（公元1396年），现存建筑为1987年修复。殿宇分为仪门、正殿、结义楼、陈列馆等。

关庙旧址既是关羽镇守荆州十余年的府邸故基，也是关羽后代世袭江陵的地方所在，毁于侵华日军战火。1985年国家旅游局等部门拨款在原址重建，重建后的仪门悬挂有清乾隆御锡的“泽安南纪”匾额。仪门后院内，两侧立有石碑，正面为重建关庙碑文，背面为隐喻关羽气节的竹叶诗。

正殿基本上维持了原关庙风貌，大殿正门上方，为清同治皇帝御赐匾额“威震华夏”巨匾，殿中塑有关羽夜读春秋和关平、周昌侍立两旁的塑像，上方悬挂清雍正御赐的“乾坤正气”匾额。进入大殿，威风凛凛的关圣帝君赫然伫立在眼前。整个馆宇仿原关庙风格，仪门、正殿、陈列馆前后呼应，浑然一体。更有趣的是，站在关庙的正门中央，可以看见与南门城洞是在同一中轴线上。

业务活动

基本陈列　关公文化博物馆2009年6月面向大众开放，从民间民俗的角度展出24个系列的关公文化藏品，陈列面积近400平方米，展出藏品数2000余件，内容包括关公邮票、关公烟标、关公连环画、关公酒文化、关公磁卡、关公钱币、关公年画、关公故事剪纸、关公曲艺、关公影视、关公戏曲剧本、关公文化题词、关公文化扑克、关公论著、仿古手绘关公战迹图、关庙楹联书法等数千件（套），包括文字、书籍、照片、光碟、实物，形成了一定的规模和数量，比较全面地反映了历代以来人们对关公的崇拜和纪念历程。

专题陈列　该馆从2008年6月开始至2010年3月止，先后举办过4次关公文化藏品展。第一次荆州关羽祠开祠庆典应邀参加，并举办荆州市首届关公文化藏品展；第二次荆州关帝庙举办“关公祭”，举办荆州市第二届关公文化藏品展，第三次在世界关公文化促进会的推动下，应邀赴洛阳关林参加2009中国洛阳关林国际朝圣大典，并拉开了关公文化藏品全国巡回展首站洛阳的序幕；第四次应世界弘扬关公文化协会主席关英才先生邀请，赴深圳参加其年会并举办深圳展。

藏品管理

【藏品来源】　主要通过征集、捐赠、收购、收藏等途径取得。现有的藏品中，绝大多数为民间收购所得，没有一件涉级文物。

【藏品类别】　关公文化博物馆藏品分为民俗品、工艺品、艺术品及文献品四大类。其类别有邮票、烟标、年画、连环画、钱币、书籍、文献、剪纸、磁卡、光碟、地图等等。

【藏品统计】　截至2009年底，各类关公文化藏品总数为4264件。其中各类藏品数为：民俗类2812件，艺术类654件，工艺品345件，文献类453件。

【藏品保护】　关帝庙建有专门的库房和配备相应的保护设施，严格按照《藏品管理办法》的各项规定进行管理。藏品的保管工作做到制度健全，账目清楚、鉴定确切、编目详明。按照《博物馆安全保卫规定》和三级风险等级安全防护规定要求，馆内设立安全保卫科，选配专职保卫干部。重点要害部位安装技术安防设备和综合报警监控系统设施，落实完善了多项安全保卫制度，配备专职保卫人员坚持24小时执勤。

交流合作　博物馆是一个服务于社会的文明窗口，开展交流合作是一项基本的业务活动。为宣扬荆州乃至湖北的关公文化，博物馆积极与世界关公文化促进会、世界弘扬关公文化协会、中国关氏宗亲联谊总会等全国各大关公文化社团、各大关庙、各地关氏宗亲会加强联系，广泛交流，共同推动关公文化事业的大发展、大繁荣。

作为弘扬关公文化的新起之秀，关公文化博物馆拥有六大优势资源：拥有全球首份文摘类关公文化期刊——《忠义关公》；拥有规模最大、文献最全、藏品最丰富的关公文化博物馆网站；独家发展并策划大型民间文化工程“重走关公战斗地”关公遗迹寻踪之旅、关公文化藏品全国巡回展等品牌文化活动；独家拥有24个系列数千件套的关公文化藏品资源；拥有近400平方米的活动基地和专业展厅；拥有近十人的研究团队和百余人的会员群体。以此优势资源践行着把关公文化当事业来做的庄严承诺。

张居正纪念馆
Zhang Juzheng Memorial Hall

馆　　长　杜强
地　　址　湖北省荆州市沙市区首辅路16号
邮政编码　434000
电　　话　0716-8262826
传　　真　0716-8262826

网　　址　www.zhangjuzheng.com
电子信箱　zjzmuseum@tom.com
隶属关系　荆州市文物局
性　　质　国有
建筑性质　仿古建筑
建筑面积　2000平方米
展厅面积　1500平方米
占地面积　10000平方米

馆址环境　东临太岳北路，南濒江津古渡，西邻菩提禅寺，北望纪南郢都。纪念馆种植了大量的柏树、樟树、竹子、腊梅，环境优美；墓园中间是半月池，喂养了各种颜色的金鱼。

历史沿革　张居正纪念馆在明朝万历年间内阁首辅张居正墓葬所在地修建。省、市人民政府十分重视张居正纪念馆的修缮工作，在省市有关部门、沙市、荆州两区政府部门及社会各界的支持和帮助下，先后筹资300万元，由市名城办牵头组织实施。工程于2004年3月20日动工，2004年12月20日竣工，2005年元月15日正式开园。

开放时间　9:00—17:00(周一闭馆)

服务设施　停车场、休息室、象棋桌。

交通状况　乘公交车18路、19路、24路至江津西路711厂下车，再往南步行200米即到；乘52路公交车在张居正纪念馆大门前下车。

概　况

张居正纪念馆的前身是沙市博物馆，沙市博物馆于1959年2月建立，1995年12月23日，由于荆州市和沙市合并，改名为荆州市艺术博物馆。荆州市艺术博物馆共有传世文物4600件和出土文物6000件，2002年5月，馆藏文物全部移交给荆州博物馆保存，所属权属于荆州市艺术博物馆。2005年1月8日，荆州市艺术博物馆改名为张居正纪念馆，整体搬迁至位于沙市区张家台的新馆——张居正墓园办公。

张居正纪念馆，又称张居正墓园，位于湖北省荆州市沙市区首辅路，占地面积约1万平方米，是明朝万历年间内阁首辅张居正死后葬身之所，现为省级文物保护单位，是荆州市的爱国主义教育基地。张居正是明朝湖广荆州府江陵县张家台人，是古代著名的政治家和改革家。主要政绩有：内政上，整顿官僚机构，裁汰冗员；军事上，加强边备，筑堡练兵；经济上，施行“一条鞭法”并注重兴修水利，对当时的政治稳定和经济发展起到了积极作用。遗著有《书径直解》、《张文忠公全集》、《张太岳杂著》、《帝鉴图说》等，关于张居正的馆藏传世文物有张居正画像、帝鉴图说原本、张居正玉带、御赐砚台。湖北省、荆州市人民政府十分重视张居正纪念馆的修缮工作，在省市有关部门、沙市、荆州两区政府部门及社会各界的支持和帮助下，先后筹资300万元，由荆州市名城办牵头组织实施。工程于2004年3月20日动工，于2004年12月20日竣工，2005年元月15日正式开园。张居正纪念馆坐北朝南，主体建筑分布在南北一条轴线上，由仪门、庭园、半月池、张居正塑像、神道、墓碑、及纯忠堂、太岳堂等8部分组成。神道两侧的石人、石马、石羊、石虎两两成双。庭园两厢附属建筑东侧为太岳堂，堂内展出有张居正画像、帝鉴图说等珍贵文物及生平简介；西侧为纯忠堂。园内亭、廊环绕、专石铺地，植银杏、香樟、松柏及梅竹于其间，其结构按明代墓葬等级制度布局。整座墓园古朴典雅，庄严肃穆，是人们凭吊先贤、访古探幽的休憩场所。

张居正纪念馆隶属荆州市文物局，是全额拨款事业单位。全馆编制人员11人，其中馆长1名，副馆长两名，下设办公室和游客接待部两个分支机构，办公室负责日常行政管理，游客接待部负责游客参观旅游。张居正纪念馆是荆州市的精神文明窗口单位，经常开展各种社会活动，组织大中小学学生到纪念馆参观学习，并取得了一定的社会效益，发挥了一个纪念馆应用的作用。

一、博物馆管理

张居正纪念馆是荆州市爱国主义教育基地，荆州市人民政府十分注重张居正纪念馆的工作，鼓励张居正纪念馆发展相关文化产业，多渠道筹措资金，促进自身发展。张居正纪念馆非常重视安全工作，安排了一名专职保安人员夜晚值班，加强夜间巡逻，并喂养了一只狼狗。针对张居正纪念馆消防设施不完善的情况，单位领导积极向市政府争取专项资金，在单位领导的努力下，于2008年6月安装了消防管道和消防栓。单位领导派人定期检查电线、电器设施，防止火灾事故发生。每逢节假日，单位便加强工作人员值班，保证游客玩得开心、安全。张居正纪念馆注重环境卫生工作，定期修剪草坪、盆景，对死树及时更换，每天打扫卫生，使张居正纪念馆以最好的面貌迎接游客，让每个游客都有好心情，尽兴而来，满意而归。

二、博物馆免费开放

2010年上半年，根据国家已出台对博物馆及纪念馆免费开放的文件，张居正纪念馆领导积极向湖北省文物局申请免费开放事宜，争取成为湖北省第二批免开单位。在荆州市文物局的大力支持下，经单位领导多次亲自到省城武汉向上级争取，湖北省文物局已基本同意张居正纪念馆的免开事宜，并建议张居正纪念馆先免费开放，下一步再研究批准。省文物局和省财政局对张居正纪念馆下拨专项经费，预计2011年下半年即可全部到位。经单位领导班子商量，张居正纪念馆于2010年12月30日正式对外免费开放，当日游客数量大增。在免开之前，张居正纪念馆的游客每年仅为10万余人，游客结构主要以团体、学者、专家为主，散客很少。免费开放后，散客大增，针对这种情况，张居正纪念馆特招聘了一名清洁卫生人员、两名讲解员、两名接待员，使全馆的职工力量大为增加，完全有能力应付大量热情而来的市民。为了便于安排接待，张居正纪念馆规定团体观众需提前预约，以避免拥挤。张居正纪念馆每周一闭馆进行设备检修，每周二提供上午半天免费讲解，以满足不同层次游客的要求。

三、陈列展览

为了提高张居正纪念馆知名度，产生广泛的社会效益，2006年初，张居正纪念馆主动与电视剧《万历首辅张居正》剧组联系，希望双方合作，在《万历首辅张居正》播放之际宣传张居正纪念馆。经多方努力，该意向得到了剧组的同意。2006年6月30日，张居正纪念馆在张居正生平展览室展出了张居正的相关文物，包括张居正画像、帝鉴图说原本、张居正玉带、御赐砚台，其中，张居正御赐砚台是国家一级保护文物。当日下午，电视剧《万历首辅张居正》剧组在张居正纪念馆举行了封镜仪式。编剧熊召政、制片人周军以及张居正的扮演者唐国强作为嘉宾参加了当天的仪式。熊召政向张居正纪念馆赠送了图书和题词，制片人周军向纪念馆赠送了影片中张居正的官服和官帽。围观的市民人山人海，荆州市电视台也进行了及时报道，大大提高了社会知名度。建馆初期，由于资金缺乏，张居正纪念馆长廊墙壁上一直空无一物。为了激发游客兴趣，进一步完善展览内容，2006年，张居正纪念馆向上级争取资金，对长廊进行了整体设计，当年6月21日，张居正纪念馆长廊“帝鉴图说”壁画工程正式完工。《帝鉴图说》是明清皇帝幼年时的启蒙课本，问世于明隆庆末年，由当时著名的改革家，万历年间首辅大臣张居正编撰。张居正纪念馆把这些历史故事做成壁画，目的是使人们从中吸取经验、教训，增强智慧，提高国民的文化素质，以利于社会主义精神文明的建设。

四、展示宣传和社会服务

张居正纪念馆是荆州市精神文明的窗口单位，必需承担起宣传爱国、奉献的责任。现在的一代人，物质生活丰富，精神生活匮乏，为此，张居正纪念馆特意开展了一系列社会服务活动。每逢清明节，单位职工便到各个大中小学校发函或走访，有序地组织学生免费参观学习活动，并进行现场讲解。从2005年开园至今，张居正纪念馆免费接待大中小学校学生共计3万人次，2006年7月，张居正纪念馆成为荆江小学德育基地；2007年4月，张居正纪念馆成为沙市一中爱国教育基地；2007年5月，张居正纪念馆成为滨江学校德育基地。在张居正纪念馆的大力宣传下，现在很多学校已养成良好的习惯，每逢重大节日，会主动派人到张居正纪念馆联系参观事宜。荆州市政府也非常重视张居正纪念馆的社会服务活动，2007年11月6日，共青团荆州市委、荆州市旅游局授予张居正纪念馆为荆州市青年志愿者服务基地，很多青年志愿者会定期到张居正纪念馆打扫清洁卫生、拔除杂草、开展宣传活动。2008年6月27日，张居正纪念馆与荆州市电视台合办了一期荆楚文化访谈节目，邀请北京社科院研究员、《百家讲坛》主讲人阎崇年先生到馆讲解楚荆人物张居正。市政府副秘书长张卫平、市民间文艺家协会副主席陈礼荣作为特邀嘉宾参加了与名师的访谈。来自长江大学历史系和新闻系的60余名学生、3名“八旗”后裔聆听了讲座。荆州市电视台多次在黄金时段播出，此项活动在广大市民与观众中产生了强烈的反响，也进一步扩大了张居正纪念馆的知名度与人物的认名度。

五、藏品管理和保护

张居正纪念馆共有传世文物4600件和出土文物6000件，包括陶器、玉器、石器、瓷器、铜器、书画等。其中一级藏品29件，二级藏品42件、三级藏品156件。2002年5月，由于单位缺乏安全保卫条件，馆藏文物全部移交给荆州博物馆保存，所属权属于荆州市艺术博物馆。

六、博物馆建设

张居正纪念馆非常重视纪念馆建设，为此开展了一系列工作。2005年1月15日，张居正纪念馆在荆州市召开了张居正生平暨执政思想学术研讨会。我国著名历史学家、中科院历史研究所王春喻研究员，中国历史文献研究会会长周国林教授，华东师范大学许纪霖教授等专家，市领导王贤玖、刘克毅、杨书伦、易法新、孙贤坤、杨玉华、张其宽、周建国以及其他相关人士参加了研讨会。2005年6月9日，纪念张居正诞辰480周年学术探讨会在荆州召开。荆州市文史界专家、学者济济一堂，研究探讨张居正的改革思想、执政理念，促进了荆州历史文化资源的保护开发与利用。文史界专家学者张雪年、魏昌、孙昌宇等先后发言，畅谈自己的学术观点。副市长杨玉华、市委宣传部长易法新出席了座谈会。为了提高张居正纪念馆在全国的影响力，2005年8月22日，张居正纪念馆网站开通，随时随地与关心张居正纪念馆建设的网友分享心得，解答网友疑问。纪念馆建设要有所突破，必需上台阶，2006年张居正纪念馆只是市级文物保护单位，单位领导组织材料，多次到湖北省文物局申请省级文物保护单位事宜，在全体职工的大力努力下，2008年6月5日，张居正纪念馆被湖北省政府批准为第五批省级文物保护单位。鉴于本单位的特点与性质及发展文博旅游的需求。2010年3月，单位领导向荆州市政府争取资金5万元，更换了主景树木38颗、草坪6块，考虑到广大游客的需求和景点的配置要求，张居正纪念馆又增设了4套石质桌椅，设置了旅游标识、标牌7块，较好地改善了本单位的旅游环境，供游客休闲。张居正是中国历史上著名的改革家，为了更好地研究这一人物，张居正纪念馆从2008年开始至今，一直在筹备张居正研究会，已得到了荆州市各级领导和很多专家、学者的支持，张居正纪念馆广纳贤士，全力以赴组织完成张居正研究会的各项工作。

七、文化产业

纪念馆文化产业是纪念馆服务社会的重要内容，也是实现纪念馆社会价值的重要途径和必要手段。张居正纪念馆将大门前两个门面出租，分别办起了武术馆和古筝培训班，增加了纪念馆的人气。每天清晨，张居正纪念馆6点钟就开门，迎接前来晨练的周围居民，有人唱歌、有人练剑，使纪念馆热闹非凡，发挥了一定的社会作用。

八、人才培养

张居正纪念馆非常重视人员素质培养，单位在岗职工11人，大专以上学历为10人，其中中级职称7人，副高职称2人。每周一为张居正相关历史知识学习时间。2009年，单位组织全体职工参加普通话培训，并进行了专业考试，全体职工都通过了普通话测试，学好普通话，更有利于张居正纪念馆的游客接待工作。免开后，单位领导还派两名职工到荆州博物馆和荆州市古城墙旅游服务公司学习导游讲解技巧，做一名合格的讲解员，以后碰到重大活动，张居正纪念馆便有自己的讲解员对前来参观的领导、学者进行详细讲解。

石首博物馆

Shishou Municipal Museum

馆　　长　郑芝炳
地　　址　石首市南岳山路3号
邮政编码　434400
电　　话　0716-7773555
传　　真　0716-7273223
性　　质　国有
建筑面积　3300平方米
占地面积　11000平方米

历史沿革　建立初期，石首市的文物工作由原石首县文化馆代为管理，后安排戴修正具体负责文物工作，1984年12月，成立石首县博物馆。1988年3月，成立石首市文物管理所，实行两个机构，合署办公，人员编制不增加。2009年6月，石首市文物管理所调整为主体机构，并更名为石首市文物局，石首市博物馆在市文物局挂牌，合署办公。

开放时间　8:30—11:30
14:30—16:30（周一闭馆）

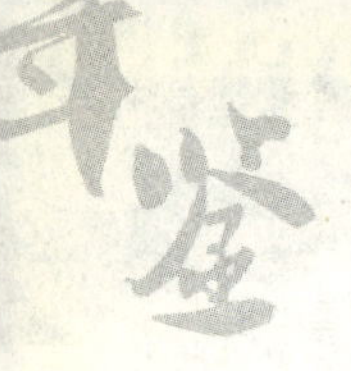

交通状况　乘1路公交车至终点站。

一、博物馆管理

石首博物馆下设办公室、文保部、安全保卫科、陈列部。通过不断完善管理制度，提升管理手段，对博物馆全部工作和各项活动有目标地进行计划、组织、实施、检查，使博物馆工作科学化、制度化、规范化、现代化，最大限度地提高和发挥博物馆最佳社会效益。

二、免费开放工作

石首市博物馆按照市委、市政府要求，于2008年1月1日正式向社会免费开放，比中央提出的要求还早了近1个月。石首市博物馆免费开放后，社会效益十分明显，场馆的公共价值得到了最大化发挥，近四年来共接待游客10多万人次。与此同时，参观的人员结构也发生了根本的变化，以往博物馆门庭冷落，参观者大多是专业人士、历史爱好者或者是外地来客，而现在，老人、孩子和家庭以及单位组织的集体参观日益增多。按照《省文物局关于进一步加强领导扎实推进全省博物馆免费开放工作的通知》要求，石首博物馆及时建立了免费开放制度，并向社会公众公示服务项目、开放时间、参观须知等内容，年、周、日开放时间分别达到了300天、6天和8小时。另外在本地媒体上对实施免费开放进行了大量的宣传，使免费开放工作深入人心。免费制度的建立，是为了更好的服务群众、服务社会，在制度的设计上，博物馆坚持“服务至上”的理念，将全年的双休日、节假日都列入了开放时段，只在节假日除外的每个星期一作为闭馆整理时间。为进一步提高服务水平，提升服务质量，博物馆为参观人员免费提供饮用水设施、设置休息区并配置坐椅供游客休息，此外还配备了专职讲解员一名，随时同游客进行义务讲解。石首博物馆还进一步加强了专业人员培训，制定安全应急措施，改进内部管理，完善规章制度，并对革命文物展厅和明代丝绸展厅进行改造和展示提升，真正做到降低门槛不降低服务质量，努力将石首博物馆建设成为具有人文情怀、温馨和谐的家园。

三、陈列展览

基本陈列　博物馆综合大楼于2006年10月面向社会开放，展出出土、征集文物418件，陈列面积共2000平方米。分别是“精品文物展”主要展示商周、两晋、南北朝、唐宋、元等历史时期的出土青铜器、陶器、瓷器以及铜镜：“明代丝绸展”主要展示明代丝绸及其他附属文物；“史前文化展”主要展示我市全国重点文物保护单位走马岭遗址新石器时代陶器和石器；“革命文物展”主要展陈我市王尚荣（1955年被授予中将军衔）等九位老同志的革命遗物、照片以及其他近代革命文物。陈列以大量的珍贵实物为信息载体，较为系统的展现了石首各个历史时期的风貌。

专题陈列　我馆自1988年建馆以来，先后举办过20多次各种临时的专题展览，如：白鳍豚标本展、文物保护法规图展、抗洪抢险图片展、石首文物精品赴广东交流展览、明代女尸、石首籍开国将军图片展，建市20周年成果展等，有的专题展览意义重大，影响深远。如“抗洪抢险图片展”制作成活动版面，除全市巡回展览对全市党员干部开展教育，而且还被交流到荆州市巡展。

四、宣传、教育和社会服务

每年的“5.18”国际博物馆日前后，石首博物馆都组织开展形式多样、丰富多彩的宣传活动。通过推出文物保护展板宣传栏、义务鉴宝会、文物保护法律咨询以及文物知识讲座等多项服务活动来展示和宣传博物馆工作。

五、藏品征集、管理和保护

石首博物馆文物藏品主要通过征集、考古发掘、捐赠、上缴等途径取得。现有的文物藏品中,绝大多数为考古发掘所出土,以陶瓷器为主。主要分为出土文物、革命文物和传世文物三大类。其类别有石器、陶瓷器、铜器、铁器、漆木器、石刻、石雕、金银器、玉器、古书、钱币等等。其中国家1级文物有5件、2级文物有54件、3级文物有379件。重要藏品主要有商代青铜镈、觚;东周原始青瓷瓿;宋代盏托;明杨溥墓志铭:明张璧玉带板;东周鼎、敦、壶、剑、戈、矛、玉璧、玉环;两晋青瓷盆;唐代胡人俑;汉代位置三公镜;唐代瑞兽葡萄镜;宋代影青瓷盒;明代丝绸等。石首博物馆建有专门的文物库房和相应的保护措施。凡具有历史、艺术和科学价值的一、二、三级藏品,经省级文物鉴定委员会专家组的严格鉴定,并建立文物藏品建档备案和电子文本;运用传统方法对一些破损的藏品器物进行修复保存;库房内必要的温、湿设备还有所欠缺;藏品的保管工作做到制度健全,鉴定确切,编目详明;按照《博物馆安全保卫规定》和三级风险等级安全防护规定要求,馆内设立安全保卫科,选配专职保卫干部。重点要害部位安装技术防护设备和综合报警监控系统设施,落实完善了各项安全保卫制度,配备专职保卫人员坚持24小时值守。

六、博物馆建设

成立于1984年的石首市博物馆,2006年以前一直蜗居在市群艺馆院内不到500平方米的二层小楼里。历经4任馆长长达二十多年不懈的努力,2006年10月18日由市政府投资800多万元兴建的石首博物馆综合大楼终于建成开馆。博物馆综合楼采用仿汉建筑风格,主体三层,通高18.2米,占地面积近1.1万平方米。建筑面积3260平方米,大楼一、二层为展区,三层为办公区,展厅面积近2000平方米。

七、人才培养

人才队伍建设是博物馆事业发展的重要基础。石首博物馆把人才队伍的建设当作一项长期的,艰巨的、系统的基础工作,重点对业务人员(特别是一线人员)进行全方位、多层次培训,通过不断参加省市组织的系统培训和"三峡工程"以及南水北调工程的实践锻炼,造就了一批思想好、作风硬、业务精管理强的复合型人才,为推动文博事业的可持续发展奠定坚实的基础。

洪湖革命历史博物馆

Honghu Revolution Museum

馆　　长　杜成义

地　　址　湖北省洪湖市新堤办事处玉沙路29号

邮政编码　433200

电　　话　0716-2430656

传　　真　0716-2430656

电子邮箱　LYKLL333@163.com

隶属关系　洪湖市文化局

性　　质　国有
建筑性质　现代建筑
建筑面积　2080平方米
展厅面积　1400平方米
占地面积　5900平方米

馆址环境　博物馆坐落在洪湖市玉沙路近宏伟南路中部，东连市农业银行，西接建设银行，南临玉沙路与市政工程管理处宿舍楼相望，北临博物馆生活区。

历史沿革　中华人民共和国建立初期，洪湖县的文物工作由原洪湖县文化馆管理，每逢重大节日，文化馆陈列出部分文物供观众参观，一般陈列面积很小。1963年9月，遵照国家文物局的指示精神，筹建“洪湖革命博物馆”，1963年9月15日正式开馆迎接观众。1964年5月13日，经省文物局批复，刻制了“洪湖革命博物馆”公章。1965年9月，建立了瞿家湾革命纪念馆。1966年公章“洪湖革命博物馆”更名为“洪湖革命历史博物馆”，仍由县文化馆兼管。1967年7月，因“文化大革命”的冲击而闭馆。1975年4月，恢复洪湖革命历史博物馆，由邓昶斌任馆长，夏志芳等任馆员，至此，洪湖革命历史博物馆正式定编建政。1975年5月恢复瞿家湾革命纪念馆。1978年1月，洪湖革命历史博物馆从县文化馆分离出来，与县展览馆联合办公，并正式建立洪湖革命历史博物馆党支部。1981年6月，瞿家湾革命纪念馆正式更名为洪湖革命历史博物馆瞿家湾分馆。1988年4月23日，洪湖市文物管理委员会成立，办公室设在洪湖革命历史博物馆。2004年12月，路易.艾黎旧址纪念馆开馆。2008年3月，洪湖瞿家湾革命纪念馆更名为洪湖市湘鄂西革命根据地旧址纪念馆。

洪湖革命博物馆1963年9月15日，在原红卫路洪湖县光荣院内展出文物，在县文化馆办公。1978年1月，洪湖革命历史博物馆从县文化馆分离出来，与县展览馆联合办公、展览。1979年，因兴建洪湖电影院而撤除展室。1980年，博物馆新址定于红卫东路北侧（今玉沙路29号），1983年11月19日正式动工，1984年9月25日落成，1985年10月25日建成并隆重开馆。2009年9月洪湖革命历史博物馆新馆在洪湖经济开发区隆重奠基，并于2010年6月建成，现已开始筹备展览，不日将以新的面貌迎接各界观众。

开放时间　上午9:00—下午17:00，星期一（除国家法定节假日外）闭馆

服务设施　停车场、物品寄存处、免费饮水处、观众休息处、公共厕所等。

交通状况　洪湖客运站下车往西3公里；3路公交车在博物馆站下车；1、5、6、8路公交车在洪湖建设银行下车往东50米。

概　况

洪湖革命历史博物馆占地总面积5900平方米，前部为1200平方米的广场，主体建筑分为博物馆分为主楼和附楼，附楼在主楼的东边，与主楼相连接，成丁字形结构。主楼坐北朝南，建筑外部平面呈“凸”形。主楼台阶东西部各有小型花园。台阶由地面拾级而上直达二楼大门。大门入口为三门四开木门，大门上方是黑色大理石镌刻描金原国家主席李先念亲笔题写的“洪湖革命历史博物馆”馆名。题字上方为悬空阳台。大厅正中并立着被鲜花簇拥的湘鄂西革命根据地创始人贺龙、周逸群、段德昌同志的石膏塑像，塑像后墙面上绘有宽10.5米，高4.5米的反映洪湖革命根据地时期的战争场景油画，大厅东门外侧有一条通往一楼和三楼的楼梯，西门门外有通往二楼展厅的走道。展厅设于主楼二楼和三楼，

一楼为办公室和会议室。大楼主楼为三层框架式框架式钢筋混凝土结构，成“回”字型，通高15米，占地面积460平方米，建筑面积1380平方米，展厅面积900平方米。展出有“洪湖馆藏精品文物陈列”。展览以时代为顺序，以文物为主线，通过油画、雕塑、模拟实景、图表、照片和实物等多种形式，比较完整地反映了洪湖各个时期的历史发展过程。展柜采用大通柜和独立展柜相结合，使用人工照明方式，安装了监控和报警设施并配备了讲解员，并于2008年3月1日正式对外免费开放。洪湖革命历史博物馆现已成为洪湖市重要的爱国主义教育基地之一。

附楼亦为框架式钢筋混凝土结构，平面南北向呈“一”字型，占地面积350平方米，建筑面积700平方米，其中临时展厅500平方米，库房面积200平方米。

博物馆管理　洪湖革命历史博物馆是社会公益性质的国有文化事业单位，系地方综合楼博物馆，是以文物为基础，专业从事本行政区划内的文物管理，对广大人民群众进行爱国主义教育、革命传统教育、促进精神文明和先进文化建设的专业机构，是构建社会主义和谐社会的窗口。博物馆隶属洪湖市文化局，现有干部职工34人，其中副研究馆员1人，文博馆员14人，助理馆员8人。博物馆下设洪湖市湘鄂西根据地旧址纪念馆、路易·艾黎旧址纪念馆、馆长室、办公室、业务科、宣教部、保卫科等。现已配备电脑6台/套，各种型号的数码相机和摄像机4台及其他工作器材。建馆以来，全市开展了三次大规模的文物普查工作，共登记境内不可移动文物637处，其中复查190处，新发现旧址447处，从文物类别上看古遗址426处，古墓葬58处，古建筑1处，近现代重要史迹及代表性建筑150处，其他2处，登记消失文物8处。1983年和1989年全市共公布市以上文物保护单位132处，其中省级文物保护单位7处，全国重点文物保护单位1处。洪湖市瞿家湾镇被评为“第三批中国历史文化名镇”。

洪湖革命历史博物馆从建馆以来，积极开展科学研究，取得了一些科研成果，主要有《洪湖赤子—周逸群》、《火龙将军—段德昌》、《湘鄂西革命根据地史》（参与编写）、《中国博物馆大观》、《走进湘鄂西首府—瞿家湾》（画册）。1990年，洪湖革命历史博物馆编制的全国重点文物保护单位的“四有”档案，作为标准文本在全国推广使用，国家文物局在洪湖召开经验交流会加以推广。刘心源研究、文物的收集、资料的整理取得重大成绩，1987年11月，举办了“刘心源书法手迹石刻选展”，1992年4月14日湖北省委宣传部、省民政厅批准成立“湖北省书画研究会刘心源研究分会”，1992年10月湖北省刘心源研究会第一次理事会在洪湖召开，会员们在会上发表了研究成果，讨论研究制定了工作计划。《刘心源书法艺术》第一集（魏碑体）编辑成册，编译的刘心源《奇觚室·瓻馀集》（诗集一、二卷合册）出版。

洪湖革命历史博物馆作为一个服务于社会的文明窗口，积极开展与社会各界交流合作活动，如配合“两会”，春节团拜会等文艺舞台艺术演出设计、制作、布置，参与市内一些重大活动的陈列设计项目等。洪湖革命历史博物馆1963年9月建馆以来，积极、主动开展与省内外馆际之间和国内知名院校、社会科学院的交流活动，如1963年9月省文化局派工作组来洪湖革命博物馆指导、辅导革命文物的陈列展出。1965年春，荆州地区博物馆将馆藏革命文物移交给洪湖革命博物馆。1975年4月，中国革命历史博物馆来博物馆调拨革命文物。1977年5月，湖北省博物馆和荆州地区博物馆协助瞿家湾革命纪念馆举办了革命文物陈列。20世纪70年代，博物馆与武汉大学历史系、荆州地区博物馆联合发掘了黄蓬山的4座古墓，对乌林新石器时代遗址进行了试掘。80年代初期，洪湖革命历史博物馆与荆州地区博物馆组成联合考察队2次深入黄蓬山地区开展普查、复查工作。70年代中期至80年代初期博物馆组织了十多个调查组到省内外博物馆、纪念馆、图书馆、部队等30多个单位和县市调查、采访，并重点走访了“十老”（即老党员、老红军、老干部等），共记录、抄录革命史料30余万字。截至2009年底，洪湖革命历史博物馆已与省内外的众多单位建立了稳定的双边往来关系。

1991年3月，程康主编的《中国博物馆大观》一书，由香港新世纪出版社出版发行。刘心源研究、文物的收集、资料的整理取得重大成绩，1987年11月，举办了“刘心源书法手迹石刻选展”，1991年10月，夏志芳主编的2001年8月，夏志芳2009年3月由博物馆编辑的画册《走进湘鄂西首府一瞿家湾》编辑出版，并获得了各级主管部门领导的赞赏。

业务活动

基本陈列　“洪湖革命斗争史”和“洪湖出土文物展”1985年面向大众开放，展出文物500余件，陈列面积900多平方米。2004年12月“路易.艾黎五访洪湖”在路易.艾黎旧址纪念馆开展。2008年，该馆投入50多万元，重新更换陈列，新展览“洪湖馆藏精品文物陈列”，以崭新的面貌向公众免费开放。

专题陈列　博物馆从1963年9月开馆以来至2009年8月止，先后举办过80多次各种临时专题展览，如“纪念贺龙同志诞辰一百周年诗书画作品展”、“国际友人路易.艾黎五访洪湖图片展”、“楚天风云展”、“刘心源书法手迹石刻选展”、“黄蓬山出土文物选展”、“蒋昌忠、萧贤良、周松山中国画展”。有的专题展览意义重大，影响深远，如“洪湖建市20周年成就展”，参观人数超历史记录，全市几乎所有的党政机关和中、小学学生都参观了展览。博物馆还注重展览形式的多样性，如“小平，您好！”、“胜利属于人民”等展览制作成活动版面，并在全市巡回展览对全市党员干部开展教育。近年来，洪湖革命历史博物馆每年都推出1—3个新的临时陈列，以丰富广大人民群众的精神生活.

藏品管理

藏品来源　主要通过征集、移交、交换、考古发掘、上缴、捐赠、收购等途径取得.现有的文物藏品中，大多数为考古发掘所出土，以陶瓷器、青铜器为主。

藏品类别　洪湖革命历史博物馆文物藏品分为传世文物、出土文物、革命文物和工艺品四大类，其类别有石器、陶瓷器、铜器、铁器、木雕、石刻、金银器、玉器、字画、古书、钱币等。

藏品统计　截至2009年底，洪湖革命历史博物馆文物藏品总数为6921件，其中国家一级文物为8件，二级10件，三级530件。

重要藏品　东汉青铜马镫，北宋菊花金饰，北宋空腹金狮，北宋灰玉茶壶，汉宜子孙青铜镜，汉云雷连弧纹铜镜、神兽镜、白釉瓷瓶、铜权（元）等。

藏品保护　该馆建有专门的文物库房和配备相应的保护设施，严格按照《藏品管理办法》的各项规定进行管理。凡是具有历史、艺术或科学价值的一、二、三级藏品，经省级以上文物鉴定委员会专家组的严格鉴定，并建立文物藏品建档备案和电子文本，藏品的保管工作做到制度健全，帐目清楚，鉴定确切，编目详明。运用传统方法对一些破损藏品器物进行修复、保存。按照《博物馆安全保卫规定》和三级风险等级安全防护规定要求，馆内设立安全保卫科，选配专职保卫干部，落实完善各项安全保卫制度，配备专职保卫人员坚持24小时值班。

科学研究

科研队伍　洪湖革命历史博物馆现有副研究馆员1人，文博馆员14人，助理馆员8人。

科研设施　洪湖革命历史博物馆因经济条件制约，科研设施落后，办公条件简陋。自2002年后，随着经济的快速发展，开展博物馆业务工作的必要设施得到更新充实，办公条件不断改善。现已配备电脑6台/套（包括台式、手提、复印机等），各种型号的数码相机和摄像机4台及其他工作器材。

科研成果　洪湖革命历史博物馆从建馆以来，积极开展科学研究，取得了一些科研成果。1983年10月和1984年4月，傅俊生所著的《洪湖赤子—周逸群》、《火龙将军—段德昌》2本书由湖南少年儿童出版社出版发行。1988年，夏志芳同志参与编写的《湘鄂西革命根据地史》一书由湖南人民出版社出版发行。1990年，洪湖革命历史博物馆编制的全国重点文物保护单位的“四有”档案，作为标准文本在全国推广使用，国家文物局在洪湖召开经验交流会加以推广。1991年3月，程康主编的《中国博物馆大观》一书，由香港新世纪出版社出版发行。刘心源研究、文物的收集、资料的整理取得重大成绩，1987年11月，举办了“刘心源书法手迹石刻选展”，1991年10月，夏志芳主编的《刘心源书法艺术》第一集（魏碑体）编辑成册。1992年4月14日湖北省委宣传部、省民政厅批准成立“湖北省书画研究会刘心源研究分会”，1992年10月湖北省刘心源研究会第一次理事会在洪湖召开，会员们在会上发表了研究成果，讨论研究制订了工作计划。2001年8月，夏志芳编译的刘心源《奇觚室·甑馀集》（诗集一、二卷合册）出版。2009年3月由博物馆编辑的画册《走进湘鄂西首府—瞿家湾》编辑出版，并获得了各级主管部门领导的赞赏。

交流合作　博物馆是一个服务于社会的文明窗口，开展交流合作是一项基本的业务活动，如配合“两会”，春节团拜会等文艺舞台艺术演出设计、制作、布置，参与市内一些重大活动的陈列设计项目等。洪湖革命历史博物馆1963年9月建馆以来，积极、主动开展与省内外馆际之间和国内知名院校、社会科学院的交流活动，如1963年9月省文化局派工作组来洪湖革命博物馆指导、辅导革命文物的陈列展出。1965年春，荆州地区博物馆将馆藏革命文物移交给洪湖革命博物馆。1975年4月，中国革命历史博物馆来博物馆调拨革命文物。1977年5月，湖北省博物馆和荆州地区博物馆协助瞿家湾革命纪念馆举办了革命文物陈列。20世纪70年代，博物馆与武汉大学历史系、荆州地区博物馆联合发掘了黄蓬山的4座古墓，对乌林新石器时代遗址进行了试掘。80年代初期，洪湖革命历史博物馆与荆州地区博物馆组成联合考察队2次深入黄蓬山地区开展普查、复查工作。70年代中期至80年代初期博物馆组织了十多个调查组到省内外博物馆、纪念馆、图书馆、部队等30多个单位和县市调查、采访，并重点走访了“十老”（即老党员、老红军、老干部等），共记录、抄录革命史料30余万字。截至2009年底，洪湖革命历史博物馆已与省内外的众多单位建立了稳定的双边往来关系。

洪湖市湘鄂西革命根据地旧址纪念馆

Memorial Hall of the Western Hunan and Hubei Revolutionary Bases Sites in Honghu City

馆　　长　杜成义
地　　址　湖北省洪湖市瞿家湾镇红军街
邮政编码　433200
电　　话　13797359955
传　　真　0716-2430656
隶属关系　洪湖革命历史博物馆
性　　质　国有
开放时间　上午9:00—下午17:00,星期一(除国家法定节假日外)闭馆
类　　型　社会科学类革命史专题纪念馆
创建时间　1965年9月
面　　积　210000平方米

馆址环境　洪湖市瞿家湾湘鄂西革命根据地旧址共有近现代重要史迹及代表性建筑39处,它们大部分集中于瞿家湾镇红军街(老街)和沿河路街道南北两边,其余散布在附近村湾。湘鄂西革命根据地旧址东西长约700米,南北宽约300米。南面为"湘鄂西苏区瞿家湾革命烈士纪念碑",北面为东荆河。馆大门坐西朝东,大门入口为三门双开木门的牌坊式结构,大门内北侧为序厅、南侧为影视厅,简史陈列厅、武器库展厅、英雄谱展厅等分布在街道两侧的旧址中。

历史沿革　1963年,湖北省博物馆派员协助洪湖县维修瞿家湾旧址群。1965年5月,国家副主席董必武携夫人何莲芝视察瞿家湾后,为了改善旧(遗)址群的管理,同年10月建立了瞿家湾革命纪念馆,隶属洪湖革命博物馆,由洪湖县文化馆管理。1967年7月,因"文化大革命"闭馆,1977年5月,恢复瞿家湾革命纪念馆。1981年6月,瞿家湾革命纪念馆更名为洪湖革命历史博物馆瞿家湾分馆,2008年3月,洪湖革命历史博物馆瞿家湾分馆更名为洪湖市湘鄂西革命根据地旧址纪念馆。1981年12月30日,湘鄂西革命根据地旧址被湖北省人民政府核定并公布为"湖北省重点文物保护单位"。1988年元月13日,被国务院核定并公布为"全国重点文物保护单位"。1997年5月,被国家文物局授予"全国文物系统优秀爱国主义教育基地"。1998年12日,被湖北省政府命名为"湖北省爱国主义十佳基地"。2002年12月,被湖北省人民政府授予"湖北省国防教育基地",2005年2月22日被中办国办印发的《2004—2010年全国红色旅游发展规划纲要》列为全国百个"红色旅游经典景区之一"。2005年11月20日,被中宣布命名为"全国爱国主义教育示范基地"。2007年6月9日建设部、国家文物局联合发文,批准公布洪湖市瞿家湾镇为"第三批中国历史文化名镇"。2009年10月,被国家国防教育办公室颁布为"国家国防教育示范基地"。

历年来,各级政府都十分关心纪念馆的建设和发展,先后拨款赎买了"中共湘鄂西中央分局"、"中共湘鄂西省省委会"、"湘鄂西省革命军事委员会"、"湘鄂西省苏维埃政府"、"湘鄂西省工农日报社"五处重要旧址,并进行了修缮。1999年至2000年,洪湖市采取文企联姻的模式,将湘鄂西革命根据地瞿家湾旧址内的居民全部搬迁,本着修旧如旧的原则,全面修复旧址群,使旧

址群的文物保护工作再上新台阶。

概　况

瞿家湾湘鄂西革命根据地旧址现存建筑最早建造年代为公元1496年，传统建筑规模1.8万平方米，完好程度95%，古建筑多为清末民初的民居建筑，具有典型的江汉平原水乡小镇特色，穿斗式土木结构，单檐硬山顶，灰墙玄瓦，高垛翘脊，装饰精巧，形成了独有的古朴韵味，具有朴素的美感和较高的艺术价值。

一、展陈工作

基本陈列　“湘鄂西革命根据地简史陈列”自1985年面向大众开放，展出文物200余件，陈列面积180平方米，2003年，纪念馆投入100万元，对“湘鄂西革命根据地简史陈列”进行全面升级改造；2006年，该馆又投入180万元，重新设计了“湘鄂西革命根据地旧址复原陈列”。展览以叙事式方式展出，共分为序厅、简史陈列厅、影视厅、武器库展厅、英雄谱展厅、复原陈列、墨宝轩等七个部分，音、像、景、物齐全，声、光、电、彩并存，多角度、全景式、形象而又逼真地再现了湘鄂西苏区军民利用河湖港汊开展游击战争，粉碎敌人“围剿”，浴血保卫苏区的历史画面和英雄群体。全新的现代装饰，精美的版面效果，生动的自动解说，配以明亮柔和的灯光，整体氛围能给观众高品位的享受。展览采用展墙和独立展柜相结合的方法，使用人工照明方式，安装了监控和报警设施，并配备了讲解员。并于2008年3月正式对外免费开放。

专题陈列　洪湖市湘鄂西革命根据地旧址纪念馆从1985年至2009年8月，先后举办过50多次各种临时的专题展览，有的专题展览意义重大，影响深远。经过多年的努力，目前，瞿家湾纪念馆的展览内容不仅形式多样，而且内容丰富。“全国农民书画摄影作品展”、“洪湖水乡民俗风情文化展”、经典歌剧《洪湖赤卫队》实景演出，这些专题陈列与基本陈列交相辉映，具有浓郁的地方特色和民族风格，令人回味无穷，流连忘返。

二、藏品管理

藏品来源　主要通过征集、移交、交换、上缴、捐赠、收购等途径取得。

藏品类别　以革命文物为主体，其类别有铜器、铁器、字画、钱币等。

藏品统计　截至2009年底，洪湖市湘鄂西革命根据地旧址纪念馆文物藏品总数为2495件，其中国家一级文物4件，二级4件。

重要藏品　中国工农红军独立第一师师部印，老红军战士汪德炳的银质证章，湘鄂西省苏维埃政府赤色铜币，中共鄂中特委委员熊传藻的亲笔信，贺龙使用过的方桌，日晷，肖诗宣银质奖章，刘绍南睡过的竹床。

藏品保护　纪念馆建有专门的文物库房和配备相应的保护设施，严格按照《藏品管理办法》的各项规定进行管理。凡是具有历史、艺术或科学价值的一、二、三级藏品，经省级以上文物鉴定委员会专家组的严格鉴定，并建立文物藏品建档备案和电子文本，藏品的保管工作做到制度健全，帐目清楚，鉴定确切，编目详明；运用传统方法对一些破损藏品器物进行修复、保存。按照《博物馆安全保卫规定》和三级风险等级安全防护规定要求，馆内设立安全保卫科，选配专职保卫干部，落实完善各项安全保卫制度，配备专职保卫人员坚持24小时执勤。

三、科学研究

科研队伍　洪湖市湘鄂西革命根据地旧址纪念馆现有副研究馆员1人，文博馆员8人。

科研设施　洪湖市湘鄂西革命根据地旧址纪念馆因经济条件制约，科研设施落后，办公条件简陋。自2002年后，随着经济的快速发展，开展博物馆业务工作的必要设施得到更新充实，办公条件不断改善。现已配备电脑6台/套，各种型号的数码相机和摄像机4台及其他工作器材。

科研成果　洪湖市湘鄂西革命根据地旧址纪念馆从1965年10月建馆以来，积极开展科学研究，取得了一些科研成果。1983年10月和1984年4月，傅俊生所著的《洪湖赤子—周逸群》、《火龙将军—段德昌》2本书由湖南少年儿童出版社出版。1988年，夏志芳同志参与编写的《湘鄂西革命根据地史》一书由湖南人民出版社出版发行。1990年，纪念馆编制的全国重点文物保护单位的"四有"档案，作为标准文本在全国推广使用，国家文物局在洪湖召开经验交流会加以推广。

四、交流合作

纪念馆是一个服务于社会的文明窗口，开展交流合作是一项基本的业务活动如配合"两会"，春节团拜会等文艺舞台艺术演出设计、制作、布置、参与市内一些重大活动的陈列设计项目等。洪湖市湘鄂西革命根据地旧址纪念馆建馆以来，积极主动开展与省内外馆际之间和国内知名院校的交流活动，如1977年5月，湖北省博物馆和荆州地区博物馆协助纪念馆举办了革命文物陈列。纪念馆多次派员参加了各级主管部门组织的业务学习，为纪念馆蓄备了各类人才。截至2010年底，纪念馆已与省内外共青团组织和教育战线的230多个单位建立了稳定的双教联系，与省内外50多个大专院校签订了双向教育协议，先后有150多所中小学把瞿家湾作为爱国主义教育基地，并在此挂牌。

松滋市博物馆

Songzi Municipal Museum

馆　　长　贺小华
地　　址　湖北省松滋市乐乡大道93号
邮政编码　4344200
电话传真　0716-6224260
隶属关系　松滋市文化局
性　　质　国有
建筑性质　现代建筑
建筑面积　646.72平方米
展厅面积　400平方米
占地面积　846.72平方米

馆址环境　办公地点坐落在松滋市乐乡大道西端，东连市石油公司大楼，西临陡坡域，北临乐乡大道与市中西医结合医院相望，南临文化馆宿舍大院。展览大厅位于玉岭南路市民广场。

历史沿革　1956年成立"松滋县文化馆文物组"，所在位置先后为民主大道文翠阁、和平街原新江口镇政府大院。1986年10月，县政府批准成立"松滋县博物馆"，馆址先后为：共青路划拨单房、县宾馆租借二楼、县图书馆租借平房及该馆一楼展厅。1997年购买文化大楼5楼。2008年7月新馆展览大厅正式免费对外开放。

开放时间 9:00—17:00(周一闭馆)

服务设施 停车场、物品寄存、无障碍参观服务设施等。

交通状况 松滋客运站下车往西100米;3路公交车在中西医结合医院站、镇政府站下车。3路公交车玉岭南路下车往西200米。

概 况

松滋文博资源十分丰富。无论历史文物,还是现代文物,都堪称荆楚文物大市。1949年新中国成立后,作为科学文化事业重要组成部分的文博工作,在党和政府的关心重视下,得到了一定的发展。特别是改革开发后的1986年,经县人民政府批准,正式成立县博物馆。博物馆在为社会及其发展服务的过程中,提供保护、收藏人类历史文物,传承文化价值、开展系统的整理、研究,向公众提供陈列展览、教育等服务具有重要意义,是展示精神文明窗口的重要阵地,也是人类文明进步的重要标志。

一、博物馆管理

松滋博物馆系地方综合类博物馆,是以文物为基础,专业从事本行政区划区内的文物管理,对广大人民群众进行爱国主义教育、革命传统教育、促进精神文明和先进文化建设,是构建社会主义和谐社会服务的纯公益性事业单位,隶属市(县)文化局。博物馆现有干部职工16,其中党员5人,具有中级技术职称的馆员4人,初级职称的助理馆员3人,大中专以上文化程度7人。建馆25年,全市文博工作者遵循《文物保护法》,艰苦创业,硕果累累。通过第一、二、三次全国田野文物普查,初步查明松滋境内存有古文化遗址69处、古墓葬184处、古建筑、古寺庙、古石刻、古生物化石分布点,及其他名胜古迹154处,另有革命遗址和纪念地69处。经过对出土文物和社会流散文物的发掘、征集、修复和鉴定,馆藏品达2295余件。

博物馆党支部为加强博物馆发展进程的需要,首先,在队伍建设方面除注重专业人才的选拔和培养外,在人员聘用、管理等方面广泛接收各类人才,同时加强在岗职工的培训提高职工素质,以适应现代化博物馆发展的要求。第二,为进一步加强规范化管理,对安全保卫方面、财务方面、免费开放方面、行政管理方面着手制定了相关的规章制度。如:《文物库房收藏安全管理制度》、《安全值班制度》、《财务管理制度》、《职工年度考评制度》《免费开放管理制度》等十余项。做到以制度管人、以制度管事使各项工作制度化、规范化。第三,加强党建工作及思想政治工作,也是实行规范化管理的重要举措。

二、陈列展览

博物馆建馆前,举办过多次文物展览。如:1956年,县文化馆辟10平方米的房子一间,作为文物陈列室,共展出传世文物数十件,历时三年多,因文化馆迁移而中断。1979年,在文化馆二楼继续开展文物陈列,展览原始社会、封建社会、近现代革命文物共200余件。随着博物馆免费开放的脚步加快以及展厅面积的不断扩大,继1996年以来,具有代表性的陈列展览有:贺炳炎将军纪念馆陈列展览、书画、根雕艺术展、古树化石展、象牙化石展、黄杰同志图片展、馆藏文物图片展、第三次文物普查成果展。

三、免费开放

松滋市博物馆根据中宣部、财政部、文化部、国家文物局联合下发的《关于全国博物馆、纪念馆免费开放的通知》(中宣发[2008]2号及《湖北省博物馆、纪念馆免费开放专项资金管理办法》的通知鄂财教发[2008]141号的文件精神为提升政府公共文化服务水平，发挥博物馆宣传、教育和展示功能，规范免费开放资金的管理，提高资金使用效益，确保免费开放的博物馆能正常、高效的运转。2008年7月松滋市博物馆正式对外免费开放。为加强管理，松滋市博物馆建立免费开放制度、落实人员措施、加大宣传力度、开展多种形式促进文明参观，增加资金投入、增强公共设施，设立便民服务。重点在免费开放时间内注重安全保障、展陈质量、服务水平。据统计全市全年观众总量达到5千余人次，其中青少年达到3千余人次，团体观众2千余人次，社会影响力大大增强，取得了良好的社会效益，加快了博物馆融入社会的步伐，呈现蓬勃发展的良好局面。

四、展示宣传和社会服务

松滋市博物馆利用文物保护单位，对广大人民群众，特别是青少年学生进行爱国主义教育、革命传统教育，激发其爱国、爱家乡的热情，促进社会主义精神文明建设，构建社会主义和谐社会，是文博事业单位又一重要职能的体现，代表了先进文化的方向。1993年，县委、县政府根据宣传、文化部门的推荐，侧重于文物保护单位，评选、公布了十大“松滋县爱国主义教育基地”。全县80余万民众有了新的净化灵魂、陶冶情操的阵地。

同时，松滋市博物馆为加强文物保护法的宣传，每年的“5.18”国际博物馆日和六月份的第二个星期六”中国文化遗产日”充分利用各类场所，如：贺炳炎将军纪念馆、九岭岗起义纪念地、老城文物园、洈水水库大坝等来展示松滋市丰富的文化遗产，并通过电视、电台、广播、报纸等媒体进行宣传报道，产生了极好的效果。

五、藏品征集、管理和保护

松滋文物蕴藏丰富。除发掘出土文物外，馆藏文物仍是依靠征集社会流散文物为主。博物馆在加强流散文物管理的过程中，1991年松滋市博物馆与湖北省文物总店合作，收购流散文物近6万件。其中馆留存文物和具有地方特点的文物精品232件。全市境内流散文物得到了有效管理。1993年，县博物馆被评为全省文物收购先进单位。

目前，市博物馆收藏有各类文物2295件。其中陶器127件，玉器60件，石器93件，铜器1330件，金银器3件，铁器4件，近现代革命文物23件，其他文物38件。属稀有珍品文物15件(套)。具有代表性的有：

影青瓷瓶　一组4件，瓶高11.7厘米，口径5厘米，最大腹径7厘米，足径5厘米，胎骨坚硬细密，较厚，呈白色，釉色青中闪白，施釉较厚，在器物中部施一圈黄褐色釉，上腹部一道凸弦纹，腹部分三层釉下刻划为构图简洁的卷单纹，高圈足外撇，造型工整，为元代早期之影青精品。

明代玉雕三通杯　1987年1月征集于民间。玉料质地细腻，色泽晶莹，纯净无暇，温润柔和，造型秀美，结构精巧，比例协调，制作工艺精湛，古朴典雅，独具艺术匠心。

清康熙青花“百寿”花觚　1986年征集于民间，其造型大口外撇，长颈渐收，鼓腹下敛，底外撇，有胎痕。通高47.2厘米，口径22.7厘米，底径14厘米，胎体厚重，胎质细白，釉面为莹润的粉白色。蓝彩白寿图，饰各种篆体“寿”字217个。

龟鹤蜡千　青铜制造，明代之物，1993年10月征集于街河市镇白鹤街。通高52.6厘米，龟身直立，头上昂约50度呈扁三角形，头顶阴刻一“王”字，尾弯曲，龟背后端两侧各饰鹤爪一只，上插立铜鹤。铜鹤嘴衔烛千，头饰方格羽状纹，背饰菱形纹，尾饰线状羽，羽毛纤细逼真，双腿直立，上扁下圆，插入龟背。

中华人民共和国主席任命通知书　纸质，长51厘米，宽38.9厘米。原文竖列，自右至左字样为：中华人民共和国主席任命通知书　第109号　根据中华人民共和国第一届全国人民代表大会第一次会议的决定，任命贺炳炎为中华人民共和国国防委员会委员　主席　毛泽东　一九五四年九月二十九日

周恩来总理授予贺炳炎上将任命书　纸质，长41厘米，宽28.5厘米。封面竖列字样为：中华人民共和国国务院授予军衔命令　第二十三号

内文竖列，自右至左字样为：授于中国人民解放军成都军区司令员贺炳炎以上将军衔　此令　国务院总理周恩来　一九五五年九月二十七日

六、博物馆建设

松滋文博资源十分丰富。无论历史文物，还是现代文物，都堪称荆楚文物大市。1949年新中国成立后，作为科学文化事业重要组成部分的文博工作，在党和政府的关心重视下，得到了一定的发展。特别是改革开发后的1986年，经县人民政府批准，正式成立县博物馆。博物馆在为社会及其发展服务的过程中，提供保护、收藏人类历史文物传承文化价值与自然物证、开展系统的整理、研究，向公众提供陈列展览、教育等服务具有重要意义，是展示精神文明的窗口，是人类文明进步的重要标志。

七、博物馆人才培养

人才队伍建设是博物馆事业发展的重要基础。松滋市博物馆自成立以来树立“人是一切资源的核心”的理念，把人才队伍建设当作一项长期的、艰巨的、系统的基础工作，重点对业务人员的培训，以增强服务意识，规范服务行为，提高服务能力，以造就一批思想好、作风硬、业务精、管理强的复合型人才，推动文博事业的可持续健康发展。1991年湖北省艺术职业学院与武汉大学联合开办文博考古大专班，松滋市博物馆派遣副馆长廖华云同志参加了业务骨干的培训，并多次在年国家大型工程建设中发挥作用。此外，还多次派业务人员在考古发掘中进行学习、交流。

公安县博物馆

Gongan County Museum

馆　　长　张儒安

地　　址　湖北省荆州市公安县斗湖堤镇油江路306号

邮政编码　434300

电　　话　0716-5238099

传　　真　0716-5243736

隶属关系　公安县文化局

性　　质　国有

建筑性质　现代建筑

建筑面积　100平方米

馆址环境　办公地点坐落在公安县城区中心地段，文化局院内。北面为五九路商业街，东面临县人们法院，南面临远东大酒店，西面临县林业局。

历史沿革　1985年2月经批准成立公安县博物馆，文博业务仍由县文化馆代管并合署办公。1990年2月，与文化馆分开，搬迁至斗湖堤镇油江路306号正式挂牌办公。

概　况

自成立博物馆以来，由于资金短缺等种种原因，一直没有修建馆舍，博物馆的办公场所设在县文化局大院内。几十年来，为了文博事业的发展，在没有馆舍的情况下，博物馆的主要工作侧重在地面文物调查、文物保护单位申报、文物保护与维修、考古发掘、库房安全与藏品保护等几个方面。在队伍建设方面注重专业人才的选拔和培养，同时广泛吸收管理等方面的各类人才，加强在岗职工的培训提高职工素质，以不断适应现代化博物馆发展的要求。为进一步加强规范化管理，从安全保卫、财务管理、行政管理等方面着手制定了相关的规章制度。如:《文物库房收藏安全管理制度》、《安全值班制度》、《财务管理制度》、《职工年度考评制度》等十余项。做到以制度管人、以制度管事使各项工作制度化、规范化。

一、地面文物调查

地面文物调查始于20世纪60年代初期，到目前为止，前后经历了6次大规模的地面文物调查和普查。1965年公安县文物调查队先后在章庄铺镇指南村、狮子口镇胜利村找到三国时代益州牧刘璋、明代荣阳侯郑遇春等一批古代名人墓葬。1982年5月，根据省文化厅在全省进行文物调查的指示精神，县政府下达了《关于在全县开展文物普查工作的通知》。1984年3月12日，县政府办公室下文《关于继续开展全县文物普查工作的通知》。1991年4月，根据省文化厅在全省开展文物补查的精神，我县博物馆工作人员首次在县西南的章庄、卷桥水库发现数处旧石器时代遗址，填补了江汉平原这一历史空白。1996年，荆州博物馆贾汉清、公安县博物馆陈小明在寻找新石器时代古城专题调查中，在公安县发现两座新石器时代古城，即狮子口镇的鸡鸣城和甘家厂乡的鸡叫城(现称青河城)。2008年8月6日，公安县第三次全国文物普查正式启动，截至2009年12月30日结束，圆满完成了公安县第三次全国文物普查田野调查工作。2010年7月9日，省第三次全国文物普查领导小组办公室组织专家对我县的第三次全国文物普查田野调查阶段工作进行了检查验收。普查队员实现了踏查覆盖率100%。我县综合评分84.5分，位于荆州市第三名。

二、文物保护单位申报

公安县历届人民政府非常重视文物保护单位的申报工作，截至目前已有全国重点文物保护单位2处，省级文物保护单位5处，市、县级文物保护单位79处。1953年，县政府行文将明代户部尚书邹文盛、右春坊右庶子兼翰院编修袁宗道、吏部验封司郎中袁宏道、吏部文选司郎中袁中道等墓列为县级文物保护单位。1981年12月30日湖北省人民政府将红四军、红六军会师旧址(南平文庙)公布为第二批省级文物保护单位。1984年7月23日，县政府行文《关于加强文物保护制止破坏的通知》，并将建国后历次调查发现的27处文物公布为县级文物保护单位。1992年12月16日，省政府将公安县王家岗遗址、袁宗道、袁中道墓公布为第三批省级文物保护单位。2002年7月12日，县政协办公室公布第二批共56处县级文物保护单位。2002年11月7日，鸡鸣城遗址、荆江分洪闸被省政府列入第四批省级文物保护单位。2003年7月，湘鄂两省考古专家联合考察公安县青河城新石器时代遗址。2003年9月，省文物局副局长吴洪堂一行对省级文物保护单位荆江分洪闸、南平文庙、三袁墓进行实地考察。2003年10月，中国社会科学院考古研究所吴耀利教授、黄卫东研究员考察鸡鸣城遗址。2006年5月25日，鸡鸣城遗址、荆江分洪闸被国务院公布第六批全国重点文物保护单位。2007年10月16日，中社科院何努和日本学家在荆博贾汉清所长陪同下参观考察青河城遗址。2009年12月17日，“公安三袁”、“红四军、红六军会师旧址”、“青河城遗址”申报第七批全国重点文物保护单位申报材料上报至省文物局。2010年8月10日，迎接国家文物局第七批国保单位核查组专家对“青河城遗址”的实地核查，获得好评。

三、文物保护与维修

1974年11月30日，县革命委员会行文《关于支苏公社章庄三队擅自挖毁古墓的通报》。通报中对郑公区和支苏公社个别负责人，无视上级关于保护文物的指示，在“挖古墓取宝”的错误思想支配下，以死者是封建贵族为借口，以扩大耕地面积为名，故意挖毁明代户部尚书邹文盛墓进行批评。1982年省文化厅拨款对南平文庙进行维修，并在文庙内兴建一座烈士纪念碑。1987年8月，省财政厅、扶苏办共拨款13万元对南平文庙大成殿进行维修。1990年5月9日，县人大副主任陶家政、人大教科文卫工作委员会主行杜永钰在县文化局局长李传玉、副局长李寿和陪同下检查全县文物保护工作情况。1992年1月，县政府发布《公安县人民政府关于加强文物保护和管理的布告》。1992年6月8日，公安县人民政府办公室下达《县人民政府办公室转发文化局关于在文物保护区和文物分布密集区基本建设中加强文物勘探工作的通知。1992年6月8日，公安县人民政府办公室下达《县人民政府办公室转发文化局关于在文物保护区和文物分布密集区基本建设中加强文物勘探工作的通知》。2006年4月15日，袁宗道、袁中道墓维修工程开工典礼在孟溪镇三袁村袁宗道、袁中道墓地举行。参加典礼的人员有：县博物馆全体人员、施工方代表、监理方代表、三袁村马书记及部分村民。2009年9月15日—10月15日完成对红四军、红六军会师旧址环境整治。

通过数次大规模的修缮，全国重点文物保护单位荆江分洪闸、省级文物保护单位红四军、红六军会师旧址（南平文庙）、省级文物保护单位三袁墓墓园等，已经成为近现代革命建筑示范单位、湖北省爱国主义教育基地、和大型公益性人文景观，并长期免费对外开放。

四、考古发掘

1996年，荆州博物馆贾汉清，公安县博物馆陈小明对史前古城遗址“鸡鸣城”部分城垣进行考古发掘。2003年8月，荆州博物馆杨开勇、公安县博物馆马小可对位于狮子口镇和平村汉代古墓进行考古发掘。2003年，荆州博物馆与公安县博物馆组成联合考古调查组，对“荆东”高速沿线进行考古发掘。2004年8月11日，日本国际文化研究中心宇野隆夫教授、日本东亚大学黄晓芬教授在公安县博物馆馆长张儒安、副馆长陈小明的陪同下考察鸡鸣城遗址。2006年，公安县博物馆陈小明、高小霞、陈群、邹玮，对在“汪、纸”公路建设中发现的战国古墓进行考古发掘。2010年1月1日—1月5日，荆州博物馆王明钦、公安县博物馆陈小明、马小可、高小霞等对在斗湖堤镇居民住宅区下水管道铺设工程中发现的古墓进行考古发掘。此外，对在农田水利建设等基本建设中发现的文物遗存及时进行调查、发掘、清理。

五、藏品管理与库房安全

公安县博物馆藏品来源主要通过征集、考古发掘、上缴（交）、捐赠、收购等途径取得，绝大多数为通过考古发掘的出土文物，类别有石器、陶瓷器、铜器、铁器、木雕、石刻、金银器、玉器、古书、钱币等等。截至2010年底，文物总数为688件。其中国家一级文物10件，二级文物31件，三级文物328件。凡是具有历史、艺术或科学价值的一、二、三级藏品，经省级文物鉴定委员会专家组的严格鉴定，并建立文物藏品建档备案，和电子文本；藏品保管工作做到制度健全，账目清楚，鉴定准确，编目详明。

库房安全是文博工作的重中之重。博物馆所有藏品存放在40平方米的仓库里。2009年，县财政投入资金对库房进行基本维修，添置铁柜、改造值班室。2004年争取上级补助资金再次对库房进行维修，安装了空调和报警装备，并对周边环境进行了整治。2010年12月，县政府投入专项资金对库房安全设施设备进行升级换代，添加了影像备份，对四周走道、楼房房顶安装了防水摄像头。

六、重要藏品、文物保护单位简介

重要藏品：西夏侍立俑头；唐石雕道教拂头像；战国凤鸟纹漆盒；北朝石雕菩萨头；宋代莲花形青釉瓷碗；战国方耳兽足圆铜鼎；宋青釉高足瓷杯；新石器时代石斧；春秋铜剑等。

重要文物保护单位：史前古城遗址“鸡鸣城”，位于公安县狮子口镇农船嘴村，该遗址南北长500米，东西宽400米，面积20万平方米，属新石器时代，距今约5000—5500年；近现代建筑“荆江分洪闸”，分为节制闸、进洪闸。节制闸地处荆江分洪最南端，又名南闸，闸长336米；进洪闸位于分洪区北端，又名北闸，闸长1054米；“红四军、红六军会师旧址”，又名南平文庙，位于公安县南平镇，南平文庙始建于明代，1930年红四军、红六军在南平文庙会师，成立红二军团。1981年12月30日，南平文庙以古代建筑和“革命文物”的双重身份被湖北省人民政府公布为省级文物保护单位；“三袁”墓，位于孟家溪镇三袁村，明代文学家袁宗道、袁宏道、袁中道墓葬，因三兄弟同创中国文学历史上著名文学流派“公安派”而被世人称为“公安三袁”。

监利县博物馆

Jianli County Museum

馆　　长　孙建华

地　　址　湖北省荆州市监利县容城镇沿江路西33号

邮政编码　433300

电　　话　0716-3182019（办公室）

传　　真　0716-3182019

电子邮箱　loveun@yeah.net

类属关系　监利县文化旅游局（监利县文

物局）

性　　质　国有

建筑性质　现代仿古建筑

建筑面积　5200平方米

展览面积　4800平方米

馆址环境　位于容城镇凤凰游乐园西北，南邻荆江大堤，远眺九曲的长江荆江段。四周树木茂盛，环境幽静，沿江路和长江干堤略以门前并行而过。

历史沿革　监利县革命历史博物馆（俗称监利博物馆），1977年从监利县文化馆抽调部分人员开始组建，1980年4月由监利县编制委员会批准正式成立。1982年，监利县委，县政府成立监利县革命历史博物馆馆舍建设领导小组，1983年新馆建设破土动工，1986年11月竣工，并对外开放。

开放时间　8:30—17:00

服务设施　停车场、触摸屏导览、物品寄存、游客休息室、无障碍参观服务设施等。

交通状况　城区所有公交车西门堤站下车约500米。

周老嘴湘鄂西革命根据地纪念馆，位于监利县周老嘴老正街——贺龙。周老嘴旧居和中央分局旧址（均为全国重点文物保护单位）。建筑面积552平方米，占地面积780平方米。为清代早期砖木结构民宅，其建筑结构为硬山式穿斗排山式梁架，其建筑布局为前后多进，进与进之间设置厢房天井，或设置厢房天斗。具有江汉平原古建筑典型风格。

第二次国内革命战争时期，周老嘴是湘鄂西革命根据地党政军机关所在地，现在拥有全国重点文物保护单位——湘鄂西革命根据地旧址，单体旧址48处。监利县委、县政府为了纪念贺龙、周逸群、段德昌等老一辈无产阶级革命家，在监利县这块红色的沃土上创建湘鄂西革命根据地的光辉业绩，于1977年开始筹建纪念馆，1979年6月成立周老嘴革命纪念馆（2006年更名为周老嘴湘鄂西根据地纪念馆）并对外正式开放。

1980年4月，监利县革命历史博物馆成立后，周老嘴湘鄂西革命根据地纪念馆隶属该馆。

概　况

监利县博物馆是一座综合性的地方博物馆，自1980年成立以来，一直承担着监利县文博事业的重点工作，在文物收藏保护、展览陈列、科学研究、社会教育等方面发挥着重要作用。尤其是自2004年以来，为监利县成功申报全国百处“红色旅游”经典景区和成功申报“中国历史文化名镇”——周老嘴镇、程集镇的工作中，编制申报方案和项目申报计划，发挥了重要的作用。

监利博物馆坐落在城西风景优美的西门渊旁。占地面积1.4万平方米，陈列楼建筑面积1800平方米。其建筑风格为——仿古钢筋混凝土大楼，层面琉璃黄瓦翘脊，宝顶耸立。

陈列楼共设四个展览厅：第一、二展厅，陈列内容为第二次国内革命战争时期贺龙、周逸群、段德昌等老一辈无产阶级革命家创建的以监利县为中心的湘鄂西革命根据地为重点的革命史迹；第三、四展厅，陈列着本县出土的大溪文化至明清时期的历史文物、民俗文物和传世文物。四展厅为临时展厅。同时，该馆为了丰富监利人民文化生活，以及配合大型宣传活动，举办了数十次较有影响的临时展览。如“故宫皇室生活用品展览”、“国宝回归展览”、“海洋生物展览”、“胜利属于人民——纪念世界反法西斯战争”、“周恩来诞辰一百周年展览”等。

1999年4月，监利博物馆在院内西南

侧建成了一座占地面积4900平方米、建筑面积2600平方米的“泛鹅碑廊”。该碑廊是海峡两岸监利籍书法家王遐举、王铁猛昆仲的艺术专廊，以碑刻艺术形式收录了两位老先生的书法艺术精品130余件。

该碑廊建筑格局和形制，既体现了江南水乡园林风格，又具有明清建筑古典风韵。

隶属于监利博物馆的周老嘴湘鄂西革命根据地纪念馆，是利用保存在周老嘴湘鄂西革命根据地旧址群中的贺龙、周逸群旧居和中共湘鄂西中央分局旧址创办的一座专题纪念馆，集中展示了周老嘴作为湘鄂西革命根据地党政军机关所在地发生的英雄事迹和可歌可泣的悲壮历史。

监利博物馆经过三十余年的发展壮大，各项工作都取得了骄人的成绩，先后被湖北省人民政府公布为“湖北省爱国主义教育示范基地”、国家文物局公布为“三级博物馆”。周老嘴湘鄂西革命根据地纪念馆也先后被中宣部公布为“全国爱国主义教育示范基地”、湖北省人民政府公布为“湖北省国防教育基地”等称号。

一、博物馆管理

监利博物馆自建馆伊始，为了科学、规范、有效地加强内部管理，内设了：办公室、宣教部、考古部、文保部、安保部、资料室、财务部等机构。同时制定和不断完善各项管理制度。为博物馆各项工作的正常运转发挥了巨大作用。

监利博物馆在人才培养、用人机制方面，敢于创新，突破固有的人事制度束缚，为博物馆的发展、壮大闯出了一条行之有效的新路。在人才方面，一是积极送出去学习，锻炼他们的实际工作能力。如送到省博学讲解，送到省考古所和荆州博物馆参加田野调查和发掘工作等。二是推行“师承制”，采取培养后备力量。三是鼓励年青人参加各类院校专业知识的学习，不断提高自身文化素养。通过一系列的人才培养措施，监利博物馆工作人员整体素质有了很大提高，都具备了独挡一面的工作能力。在用人机制方面，一是大胆起用年轻有为之人，担任各部门负责人。二是面向社会广泛接受、吸纳各类贤才。截至2010年监利博物馆先后向社会聘用了6人。经过几年的工作磨砺，这些人已是博物馆的中坚力量，而且部分人员走上了领导岗位。

为了进一步加强规范化管理，监利博物馆制定和不断补充完善了各项管理制定几十项，使博物馆的各项管理工作做到了制度化、规范化，达到了以制度管人，以制度管事的效果。这些规章制度主要包括以下几个方面：

行政管理方面，先后制定了《监利博物馆馆长例会制度》、《办公室管理制度》和《监利博物馆干部职工绩效考核管理办法》等规章制度。

财务方面，先后制定了《监利博物馆财务管理制度》、《监利博物馆专项经费管理制度》、《监利博物馆固定资产管理办法》等规章制度。

安全保卫方面，制定了《监利博物馆消防安全责任制度》、《门卫制度》、《值班责任制度》、《监利博物馆消防安全应急预案》、《义务消防管理制度》等。

宣教方面，制定了《监利博物馆免费开放接待管理制度》、《宣教部岗位责任制》、《爱教基地管理制度》、《国防教育基地管理制度》等。文物保护方面，制度了《监利博物馆文物安全管理制度》、《监利博物馆藏品入库、提用及账目管理制度》、《监利博物馆藏品分类、建档管理方案》等。

二、博物馆免费开放

监利博物馆及下属的周老嘴湘鄂西革

命根据地纪念馆，自2008年面向社会免费开放以来，各项工作都在快速、稳步地向前推进，呈现出良好的发展态势，博物馆宣传展示、收藏研究的职能日益突出，得到了全社会的一致好评。主要表现在以下几个方面：

1.免费开放以来，参观人数持续大幅度增长。2008年监利博物馆实行免费开放共计接待观众20万人次，是免费开放前2007年的1.4倍。随着免费开放宣传工作的不断深入，服务意识的加强，环境设施的改善，全国各地慕名前来监利博物馆、周老嘴湘鄂西革命根据地纪念馆参观的观众逐年递增，2009年接待观众22万人，2010年接待23.6万人。

2.开展主题教育，充分发挥博物馆宣传和传播先进文化和阵地作用。监利博物馆自免费开放以来，联合监利县团委、教育局和有关大专院校开展了形式多样的主题教育活动。如"勿忘历史、爱我监利"中小学生征文活动。"红色沃土、永恒记忆"、"5.18"国际博物馆日等。通过开展一系列主题教育活动，培养了观众爱党、爱国的情怀，激发了观众奋发向上的观众学习榜样，同时也体现了博物馆的价值。

3.免费开放后，监利博物馆安全措施、设施得到了加强。安全工作一直是监利博物馆工作的重中之重。免费开放后参观人流随之加大，为了确保观众人身安全和展品安全，第一，先后制定了《监利博物馆免费开放工作方案》、《监利博物馆免费开放接待管理制度》、《观众须知》等规章制度，从组织上确保了免费开放工作的顺利开展。第二，安装警示标志和安装监控器，同时加强安全巡查。做到了物防人防双关齐下。通过采取有效地安全管理措施，监利博物馆免费开放至今安全无事故。

4.为配合免费开放工作，监利博物馆基础设施、环境风貌得到很大改善。监利博物馆自1986年对外正式开放以来，至2006年，陈列楼从未修改更新，有观众戏说，这个陈列已看了两代人。监利博物馆为了彻底改变这种落后状况，做好免费开放前期准备工作，于2007年投资100万元对陈列楼进行了大型维修，对陈列版面就行了重新修改、设计、布展。随后，又陆续对道路进行硬化，修建停车场，植树种化等。经过几年的艰苦努力，使博物馆基础设施、环境风貌有了很大改善，为观众提供了一个较为舒适的参观环境。同时，周老嘴湘鄂西革命根据地纪念馆于2001年投资80余万元，对该馆舍进行了大型维修，陈列版面进行了重新设计布展。

5.免费开放以来，监利博物馆人员素质、服务意识有了很大提高。博物馆不仅是一个收藏、研究部门，而且是一个宣传窗口。监利博物馆为了做好免费开放工作，一方面制定了工作岗位责任制、绩效考核管理办法等规章制度，做到了以制度管人；另一方面，开展思想教育、业务知识的培养等活动，使广大员工提高了对免费开放工作的认识，形成了争当业务带头人，服务观众贴心人的良好氛围。

三、陈列展览

监利博物馆陈列楼共设四个展厅，第一、二、三展厅为临时陈列厅。基本陈列为：湘鄂西革命根据地斗争史和监利县历史文物展；历年举办的临时展览有：故宫皇室生活用品展（1987年11月）、国宝回归展（1991年9月）、胜利属于人民——纪念中国抗日战争和世界反法西斯战争胜利五十周年展（1995年10月）、纪念贺龙诞辰一百周年图片展（1997年1月）、香港回归图片展览（1997年3月），周恩来诞辰一百周年展览（1999年9月）、国庆五十周年纪念展览（1999年5

月)、珍奇动物、海洋生物、蝴蝶昆虫标本展览(2002年4月)、监利县民间收藏艺术品展览(2010年10月)等临时陈列。

周老嘴湘鄂西革命根据地纪念馆陈列内容主要为:湘鄂西革命根据地党、政、军主要负责人生平,重点展示了周老嘴作为湘鄂西革命根据地红色首府的辉煌史迹和贺龙、周逸群当年的卧室复原及工作场景复原等史迹、实物陈列展览。2008年至2010年期间,监利博物馆又在周老嘴湘鄂西革命根据地旧址群中的单体旧址——中共湘鄂西省委组织部、湘鄂西省妇女生活改善委员会、湘鄂西省政治保卫局、湘鄂西省总工会四处旧址内进行了专题陈列展览。

四、社会服务活动

监利博物馆多年来宣传和服务方面开展了形式多样、丰富多彩的活动。首先,利用国际博物馆日,法制宣传日等重要节日,开展宣传活动。悬挂文物保护法宣传图解,设立咨询台等。第二,在全县各乡镇建立以文化站为据点的文物宣传网点,组织文物爱好者举办文物知识讲座和义务鉴定等多项服务活动。第三,开展与学校联合、与新闻媒体联合,进行宣传服务活动。我们还编印了一本《文物保护法律法规与监利文物概况》的宣传书籍,分发到各乡镇社区,得到了社会的好评。第四,发挥文博职能优势,服务监利社会文化。我们多次组织专业人员编制方案,为监利县周老嘴成功申报为"全国百处红色旅游经典景区"。周老嘴镇和程集镇先后成功申报为"中国历史文化名镇"。以及为各科局编制项目申报方案等。我们的无私服务,扩大了监利的知名度。宣传了监利悠久历史,也体现了博物馆的价值和社会影响力。

五、藏品征集、管理和保护

文物藏品是博物馆存在和发展的基础,对其进行科学管理和利用是博物馆的重要职能。监利博物馆对这项工作一直以来高度重视,不惜投入。在文物征集方面,监利县人民政府曾以文告的形式发文《关于在全县开展征集革命文物的通告》,监利博物馆也组织了三次大的文物征集活动和日常征集工作。经过多年的努力,不仅丰富了馆藏,而且征集到了"湘鄂西邮票"、"谢觉哉给罗洪萱的信"、"元代铜板"、"明清银锭"等一大批珍贵文物。并根据文物保护法的有关规定对捐赠者给予了一定的物质或精神奖励。在藏品管理和保护方面,监利博物馆始终坚持"制度健全、账目清楚、鉴定确切、编目详明、保管妥善、查用方便"的工作原则。在原有开展的藏品清理、鉴定、建档、采集的基础上,于2007年完成了346件珍贵文物藏品的信息采集工作,对于馆藏一般文物信息采集工作已进入常态管理。

六、博物馆建设

监利博物馆于1986年11月竣工,并对外开放,为了扩大博物馆的文化宣传内涵,于1999年4月,在监利博物馆院内西南侧建成了一座占地面积4900平方米、建筑面积2600平方米的"泛鹅碑廊"。该碑廊是海峡两岸监利籍书法大家王遐举、王轶猛昆仲的书法艺术专廊,一碑廊艺术形式收录了两位老先生的书法艺术精品130余件。2006年国家发改计委拨给监利博物馆100万元扩建项目经费,我们对陈列楼等建筑进行了大型维修。对环境进行了整治。对道路进行了硬化,同时对陈列版面进行了重新设计、布展。于2007年以崭新的面貌对外开放。2006年我们利用中宣部下拨的全国爱教基地建设专项经费100万元,对周老嘴湘鄂西革命根据地纪念馆进行了大型维修,将纪念馆原陈列面积360平方米扩大到552平方米,并按旧址建筑风貌重新设计制作了陈列版面。该馆于2007年对外开放。2008年至2010年,我们又在周老嘴四个旧址内设计、布置了专题展览馆。

七、人才培养

监利博物馆在人才队伍建设方面主要采取了一下措施:

第一,积极主动的与上级业务部门联系,把年轻人送出去学习锻炼,提高实际操作能力;第二,推行"师承制",采取传帮带的形式,为博物馆培养后备力量;第三,鼓励年轻人参加各类院校专业知识的学习,提高自身文物素养。通过一系列的人才培养措施,监利博物馆工作人员的整体素质有了很大提高。都具备了独挡一面的工作能力。

八、科研工作

监利博物馆除认真做好宣传展示、藏品管理等工作外,在科学研究工作方面也取得了丰硕成果。1982年至2010年,监利博物馆独立或配合监利县文化旅游局、党史办编著出版了《监利县土地革命史料》、《洪湖春秋》、《监利火炬》、《湘鄂西风暴》、《湘鄂西丰碑》、《湘鄂西胜迹》、《监利概览》、《监利文化》等十余部专著。全面系统地反映了第二次国内革命战争时期,贺龙、周逸群、邓中夏、段德昌等老一辈无产阶级革命家创建湘鄂西革命根据地可歌刻泣的辉煌历史。这些科研成果是新时期进行爱国主义教育、革命传统教育的重要教材,为研究中共党史专题部分提供了较系统的研究成果。同时为了解监利历史、激发建设监利热情,提供了精神食粮。

湘鄂西革命根据地旧址大型维修工程

周老嘴湘鄂西革命根据地旧址,是第三批全国重点文物保护单位,由48处单体旧址组成。这些旧址集中分布在延绵近千米的周老嘴老正街两旁,其房屋军始建于明清或民国时期,为前后多进的砖木结构民宅。这些房屋因历经数百年的自然侵蚀和战乱摧残,多数房屋保存现状令人堪忧。2000年以前,我们筹措资金,对这些旧址进行过几次小型维修,因采取的是"头痛医头、脚痛医脚"治标不治本的方法,维修效果甚微。为了彻底扭转这种被动局面,做到科学、规范、有效地保护好这些革命旧址,2002年监利博物馆委托陕西省古建筑研究所开始编制《周老嘴湘鄂西革命根据地旧址整体保护规划》。2004年该规划通过国家文物局专家组评审。2005年至2010年,我们委托武汉理工大学土木工程与建筑学院、湖北省文物保护中心联合对周老嘴中共湘鄂西省委组织部等十余处旧址编制了大型维修方案。从2006年起,至2010年止,我们成立维修专班,对周老嘴中共湘鄂西省委组织部等26处旧址严格按照维修方案进行了抢救性大型维修。在维修过程中我们严格遵守古建维修"四保存"的要求,遵循"保持现状、恢复原状"的修缮原则,达到了"整旧如故"的效果。在维修经费的筹措方面,我们一方面争取国家文物局旧址维修这些补助经费,另一方面争取县领导的重视与支持。2008年底,监利县县长董新发主持召开了县直科局领导参加的"对口共建周老嘴湘鄂西革命根据地旧址动员大会"。会议确定各科局对口出资维修一处旧址,竣工后作为本系统爱教基地。此项工作并确定一名副县长具体负责,并成立了工作专班。2009年对口共建工作全面展开,门前还在继续进行。

全国革命纪念旧址群保护工作座谈会

1986年9月20日至25日,由文化部文物局主持召开的“全国革命纪念旧址群保护工作座谈会”在监利县召开。中宣部宣传局调研员陆宁、文化部文物局博物馆处处长胡骏、湖北省文化厅副厅长胡美洲、巡视员邢西彬、中共荆州地委委员、地委宣传部长周祖元以及来自内蒙、辽宁、陕西、河北、河南、安徽、江西、江苏、四川、重庆、福建、广东和湖北的代表共90余人出席和参加了会议。

本次座谈会的议题是:如何解决与日俱增的基本建设和产业结构的不断调整中加强保护好革命旧址群日益突出的矛盾。中共监利县委书记曾凡荣就怎样把保护中的矛盾与解决实际问题结合起来以及怎样用教育促进保护，用保护深化教育等问题作了题为《让革命旧址成为历史丰碑永远耸立在人民心头》的经验介绍。会议期间,全体代表参观了监利县周老嘴革命纪念旧址群,并安排了专门时间进行了小组讨论,通过听、看、议,与会代表感到文化部文物局召开这次会议是十分必要的，使大家进一步提高了认识，加强了做好革命纪念旧址群保护工作的紧迫感。

全国革命遗址和革命纪念建筑物“四有”档案建设经验交流会　1990年11月7日至13日,由国家文物局主持召开的全国革命遗址和革命纪念建筑物“四有”档案建设经验交流会在监利县召开。参加这次会议的有来自全国23个省(市)、自治区的130名代表和专家,以及《湖北日报》、《中国文物报》等8家新闻单位的记者列席这次会议。

会议期间,代表们听取了监利县委书记黄振纲、周老嘴镇委书记李家玉关于全县及周老嘴镇对革命旧址进行“四有”建设的经验介绍,参观考察了监利县博物馆、周老嘴革命纪念馆、周老嘴革命旧址群,以及监利县博物馆编制的全国重点文物保护单位——湘鄂西革命旧址“四有”档案资料,观看了反映监利县革命遗址“四有”建设情况的电视专题片——《丰碑》。全体代表对我县革命旧址“四有”建设工作给予了高度评价和发自肺腑的赞叹。

宜　昌

宜昌市分述篇

2010年，在宜昌市委、市政府的正确领导下，在省文物局的关心指导下，宜昌市文物事业管理局和全市博物馆、纪念馆以“振奋精神、抢抓机遇、奋发有为、争创一流”为工作思路，紧紧围绕“保护为主、抢救第一、合理利用、加强管理”的文物工作目标，建立文物保护长效机制，大力推进全市博物馆建设，积极推动文物合理开发利用，全市的文物、博物馆工作取得了显著成绩。

【概况】 新中国成立后，文物考古工作由宜昌地、市、县文化馆担任，配备专职文物考古工作人员。1975年，宜昌地区群众文化馆内设立文物工作队，负责文物考古工作。1981年12月成立宜昌地区博物馆，之后，宜昌市先后成立宜昌市三游洞管理处、当阳县博物馆（关陵文物管理所、玉泉寺文物管理所）、秭归屈原纪念馆、宜昌县黄陵庙文物管理处、兴山昭君纪念馆、枝江县文物管理所、宜都杨守敬纪念馆筹备处等7个文物单位负责各县市区文物工作。1992年，宜昌地、市合并后，宜昌市的文博机构日趋完善，共有9个文物保护管理机构、8座博物馆和1座行业博物馆，分别是：宜昌市三游洞文物管理处、夷陵区黄陵庙文物管理处、夷陵区文物管理所、远安县文物管理所、兴山县文物管理所、“长阳人”化石洞管理所、五峰县文物管理所、当阳市玉泉寺铁塔文物保护管理所、当阳市关陵文物保护管理所，宜昌博物馆、长阳县博物馆、宜都市博物馆、宜都市杨守敬纪念馆、当阳市博物馆、枝江市博物馆、秭归县屈原纪念馆、车溪农家博物馆、五〇二地矿所龙化石博物馆。截至2010年底，宜昌市各级、各类博物馆、纪念馆共13座，其中由文化（文物）部门主管的博物馆8座：宜昌博物馆、宜都市博物馆、宜都市杨守敬纪念馆、枝江市博物馆、秭归屈原纪念馆、当阳市博物馆、长阳县博物馆、王昭君纪念馆；民办博物馆5座：宜都市正国民俗博物馆、宜都市潘家湾土家族乡民俗文化博物馆、车溪农家博物馆、三峡步步升布鞋博物馆、当阳市育溪民俗博物馆。全市博物馆、纪念馆现有工作人员共计277人，其中专业技术人员107人；馆舍占地面积76736平方米；馆藏文物总量85454件（套），其中一级文物99件（套），二级文物164件（套），三级文物1093件（套）。全市博物馆、纪念馆坚持“三贴近”的办馆思路，坚持爱国主义教育基地的示范作用，加强对未成年人思想道德建设，将博物馆办成中小学生的第二课堂。目前，全市共有5家博物馆实行免费开放，举办基本陈列37个，临时展览22个，年接待观众122.4万人次，其中免费参观95.4万人次。

宜昌市第三次全国文物普查田野调查工作共登记文物点3536处，其中复查文物点1012处，新发现文物点2524处。其中长阳榔坪镇丁母覃氏墓和五峰明清古茶道入选第三次全国文物普查重要新发现。

全市博物馆、纪念馆始终坚持“365－1=0”的安全防范工作思路，使馆藏文物安全工作进一步加强，连续十九年实现“文物安全年”。

2004—2010年，秭归县、兴山县、宜都市、长阳县、五峰县先后成立文物事业管理局。2006年，宜昌市文物事业管理局正式挂牌，增设文物科，文物保护经费纳入财政预算。

【博物馆管理】 在湖北省文物局的指导下，全市博物馆建设发展迅速。继车溪农家博物馆成为全省第一家民办博物馆之后，市文物局积极稳步推进民办博物馆建设，宜都市正国民俗博物馆、宜都市潘家湾土家族乡民俗文化博物馆、三峡步步升布鞋博物馆建成并对外开放；当阳育溪民俗博物馆、袁裕校家庭博物馆正在建设之中。1998年6月全国民族文化工作现场会在长阳县召开，2009年5月全省县市级博物馆建设现场会在枝江市召开，2010年12月全省民办博物馆建设现场会在宜都市召开。2010年宜昌市文物局召开全市文物工作会议，进一步加强博物馆建设和文化遗产保护工作。近十年来，全市县级博物馆建设走在全省前列，县市区文物工作基础扎实，枝江市、宜都市、秭归县先后于2005年、2006年和2009年被评为全国文物工作先进县；2008年宜都市枝城镇被评为中国历史文化名镇；1997年、2007年枝江市博物馆、宜都市博物馆被评为“全省文化工作先进集体”；2001年宜昌博物馆、枝江市博物馆被评为“全省十佳文博单位”；2001年、2009年宜昌博物馆、枝江市博物馆、长阳县博物馆被评为“湖北省文物安全保卫工作先进集体”；2003年、2009年宜昌博物馆、秭归县屈原纪念馆被评为“湖北省三峡工程库区文物保护先进集体”。

【免费开放工作进展情况】 自2008年以来全市先后有宜昌博物馆等5座博物馆、纪念馆实行免费开放。按照省财政厅、省文物局关于免费开放工作的要求，全市博物馆、纪念馆通过建立健全工作制度和应急安全管理确保免费开放工作的顺利实施，强化博物馆宣传和社会教育功能，定期开展博物馆免费开放工作专项检查，重点对免费开放时间、安全保障、资金落实、展陈水平、服务质量、媒体宣传等情况进行检查，全市博物馆、纪念馆免费开放工作呈现安全、有序的良好态势。在此基础上，全市博物馆陈列展览、藏品保管、安全保卫、科学研究、社会服务等方面工作得到显著提升，免费开放接待观众量呈逐年上升趋势。2009年全市共接待观众总量达109万人次，其中青少年观众40万人次，外国观众8.6万人次，旅游团体观众达58万人次；2010年全市共接待观众总量达122.4万人次，其中免费参观量95.4万人次。安全工作一直是全市博物馆、纪念馆各项工作的重中之重，各馆进一步完善免费开放工作应急预案，强化安全责任制。按照省文物局和市文化局的要求，定期进行安全检查并积极进行整改，确保馆藏文物安全和观众人身安全。全市博物馆、纪念馆免费开放至今安全无事故。

【陈列展览】 全市博物馆、纪念馆结合自身特色举办基本陈列，每年配合文化主题举办临时展览，通过开展丰富多彩的展览活动，提高博物馆的展陈水平，满足人民群众日益增长的精神文化需求。

基本陈列包括：宜昌博物馆“三峡宜昌出土文物展”；枝江市博物馆“枝江市历史

文物陈列展”、“枝江民俗风情展”；宜都市博物馆、宜都市杨守敬纪念馆“精品文物展”、“宜都出土原始社会文物展”、“宜都出土两汉三国文物展”、“杨守敬生平业绩纪念展”；秭归屈原纪念馆“秭归县出土文物陈列”、“屈原生平事迹展”；长阳县博物馆“馆藏文物展”、“文化长阳展”；当阳市博物馆“当阳市汉像画像石展”、“关公生平展”；兴山昭君纪念馆“昭君自有千秋在”、“文物陈列展”；宜都市潘家湾土家族乡民俗文化博物馆“土家族民俗文物展”、“土家族传统文化展”；宜都市正国民俗博物馆“民俗文化精品展”等。

具有代表性的重要展览包括：宜昌博物馆“东方巨人——毛泽东展”、“馆藏书画精品展”、“宜昌文物精品展”、“三峡民间艺术品收藏展”、“汪国新绘画艺术展”、“宜昌市第十届美术展”、“宜昌市非物质文化遗产保护成果展”；枝江市博物馆“红岩英魂”、“共和国50年图片展”、“纪念建党八十周年展”、“现代武器与战争”；宜都市博物馆、宜都市杨守敬纪念馆“贺炳炎上将生平业绩陈列展”、“纪念杨守敬诞辰169周年国际书法大展”；秭归屈原纪念馆“屈原杯国际书法大赛”、长阳县博物馆“名人书画展”、“中国早期巴文化遗址专题展”；当阳市博物馆“玉泉寺地宫出土文物展”。

博物馆是一个服务于社会的文明窗口，开展交流合作是一项基本业务活动。在国内外馆际交流活动中，宜都市博物馆、杨守敬纪念馆于1986年成立了“宜都市杨守敬学术研究会”，出版会刊《杨守敬研究》97期，刊载海内外杨学专家的杨守敬学术研究著作和研讨文章，分别在1987年、1990年、1992年、1999年、2001年和2002年与日本书论研究会、《书论》杂志、日本书道教育学会、日本书学研究会、湖北省社会科学院、湖北省书画研究会、宜昌市政协等联合举办“杨守敬学术交流”活动，运用杨守敬学术研究成果，弘扬杨守敬文化，扩大宜都市对外宣传和名人文化的影响。1997年1月23日，宜昌博物馆与香港中文大学文物馆、湖北省博物馆、荆州博物馆联合筹办的“江汉先秦文明展”，宜昌博物馆的41件(套)文物参展，1999年1月20日至26日，原宜昌博物馆馆长高应勤(已退休)和副馆长卢德佩(已退休)应邀赴港参加展览开幕仪式。2000年10月28日至2001年2月25日在法国巴黎举行的“中国文化季”活动，宜昌博物馆馆藏一级文物秦王卑命钟（东周时期)在“龙之吟——中国钟玲艺术展及音乐会”上展出。2001年12月14日至2002年5月28日，宜昌博物馆与湖北省博物馆、荆州博物馆联合举办的“屈原的故乡——楚文化特展”在台湾的台北、台中、台东三地巡回展出，原宜昌博物馆馆长王志琦参加开幕式活动。2002年10月应宜昌市人民政府外办的邀请，日本国大分县日中楠游墨画会访华团一行32人，携带51幅绘画作品在宜昌博物馆举办绘画展。2003年11月宜昌博物馆考古部主任杨华应邀赴日本早稻田大学和日本东北学院大学进行学术交流，内容是：中国长江三峡地区考古文化。2004年，宜都市博物馆举办“中国——台湾”绘画展，展出宜都籍台湾书画家孔依平夫妇及台北女子书画团书画作品300余幅。

2009年5月全省县市级博物馆陈列展览工作座谈会在枝江市召开，省文化厅副厅长、省文物局局长沈海宁出席会议并讲话，全省县市级文化(文物)局局长和博物馆馆长参加会议，枝江市博物馆、黄州区李四光纪念馆、石首市博物馆馆长就提升展览水平、展览服务水平、充分发挥博物馆社会教育作用等博物馆陈列展览工作进行经验交流，为全市博物馆完善业务工作水平，提升整体发展水平，促进博物馆全面、协调、可持续发展提供了可借鉴的成功经验。

【展示宣传和社会服务】 全市“5.18”国际博物馆日和“6.12”中国文化遗产日宣传活动形式多样，内容丰富多彩。每年4月初，全市围绕“5.18”国际博物馆日活动主题，制订宣传活动方案，在国际博物馆日和文化遗产日通过制作展板、悬挂横幅、书写标语、送发宣传资料等多种形式，组织全市博物馆、纪念馆开展“文物保护法”、“博物馆管理办法”和文物知识宣传等活动，如：宜昌博物馆推出了“国保单位宣传展板”、“馆藏精品文物展板”、“沟通文化的桥梁——永远的记忆”展览；宜都市博物馆推出的“一个中国——台湾的历史与现实”、“国际博物馆日座谈会”等宣传服务活动，展示宜昌历史文化，增强广大市民和青少年对文化遗产的认知，实现文物保护成果共享。2008年以来，宜昌博物馆、宜都市博物馆、杨守敬纪念馆、枝江市博物馆网站陆续开通，为市民了解博物馆提供了网络平台。近年来，博物馆注重在宣传服务活动中积极争取新闻媒体的支持，采用专题报道、电视采访、网络问卷等方式形成良好的宣传声势。2009年至2010年，累计在市级以上新闻媒体发稿300多条，如：新华社、《人民日报》报道宜昌废弃油罐建成港口文化陈列馆；中央电视台播出纪念杨守敬诞辰169周年国际书法大赛；中央电视台《新闻联播》播出秭归屈原祠竣工；《湖北日报》报道宜昌市文物普查重要新发现；《三峡日报》开办“宜昌文物”专栏；与宜昌三峡电视台联合开办“车行天下——宜昌发现之旅”专栏，专题介绍宜昌市第三次全国文物普查新发现等。

【藏品征集、管理和保护（含博物馆藏品保存环境达标、保管业务管理以及文物修复、复制等）】 文物藏品是博物馆业务活动的物质基础，科学管理和保护利用是博物馆的重要职能。藏品保管作为博物馆一项经常性的重要业务工作，全市博物馆纪念馆按照《博物馆管理办法》的要求，严格做到藏品保管制度健全、安防消防设备齐全、藏品保存设备设施完善、有专门保管部门和专职保管人员、馆藏三级以上文物建立藏品管理数据库系统，全市博物馆纪念馆藏品管理基础性工作稳步推进。今后，将启动一般文物数据库管理系统建设，利用文物档案管理和信息化建设逐步实现“摸清家底”和“动态管理”的工作目标。

对馆藏文物的科学保护是文物事业全面科学发展的有力保障。2004年至今，枝江市博物馆、长阳县博物馆、宜昌博物馆已向国家文物局申报馆藏文物抢救保护项目，与国家博物馆文物科技保护中心、南京博物院、重庆文化遗产保护中心等单位合作，对馆藏三级以上重要文物，主要是青铜器、字画、彩绘陶器等进行文物保护修复。

【博物馆建设】 全市博物馆（包括民办博物馆）建设呈良好发展态势。2010年秭归屈原纪念馆新馆、宜都市正国民俗博物馆和宜都市潘家湾土家族乡民俗文化博物馆相继建成并对外开放。杨守敬书院、当阳淯溪民俗博物馆和袁裕校家庭博物馆建设稳步推进。宜昌博物馆新馆建设已纳入宜昌市经济社会“十二五”发展规划，并列为全国、全省重点优先支持建设的市州博物馆。2010年12月12日至13日省文物局在宜都市召开“全省民办博物馆建设现场会”，这是省文物局连续两年在宜昌市召开工作现场会。

秭归屈原纪念馆新馆总投资4926万元，占地面积2.3万平方米，全国政协副主席何厚铧等领导出席开馆仪式；宜都正国民俗博物馆总投资3000多万元，占地面积5466平方米，展陈总面积3100平方米，展出文物1000余件，湖北省文物局、省建设厅、省社科院的领导出席宜都正国民俗博物馆和宜都潘家湾土家族乡民俗文化博物馆的建成开馆仪式。在宜昌市文物事业管理局、宜昌博物馆和宜都市博物馆的指导下，全市民办博物馆的建设突出了民俗文化的特点，成为构建全市公共文化服务体系的重要力量，通过积极调动社会力量参与文化遗产保护，有力地推动了城市文化多样化发展。

【博物馆文化产业、文化产品和经营情况】 党的十六届三中全会《决定》进一步提出要促进公益性文化事业和经营性文化产业的协调发展。在新形势下，博物馆文化产品是博物馆服务社会的重要内容，是博物馆事业发展的有益补充，随着博物馆免费开放工作的推进和公众对博物馆文化产品需求的变化，要求全市博物馆纪念馆积极调整思路，发挥博物馆的优势，将具有鲜明特色的文化产品在经营中实施品牌化，从而吸引观众，扩大博物馆的影响。

宜都市博物馆依托杨守敬文化，开发《杨守敬邮票纪念册》、《杨守敬字画》、《杨守敬行书对联》复制品、《宜都市博物馆杨守敬纪念馆宣传册》、《杨守敬研究学术论文集》和《杨学研究》杂志等多种旅游文化产品；三峡步步升布鞋博物馆将布鞋文化作为文化产业，既保护、继承和弘扬了布鞋文化又满足了博物馆公益性和健康可持续性发展的需要。通过市场机制促进文化发展、通过市场实现文化产品和文化服务的经济价值是全市博物馆纪念馆事业发展的重点。

【人才培养】 "十年树木　百年树人"——人才队伍建设是博物馆事业发展的重要基础。全市牢固树立"人才资源是第一资源"的意识，积极营造鼓励人们干事业、支持人们干成事业的良好氛围，采用"走出去　请进来"、举办培训班等多种形式重点对专业技术人员进行全面的、系统的培训，以提高业务工作能力和服务能力，从而造就一批思想素质高、工作能力强的复合型人才，推动博物馆事业的可持续健康发展。

2004年至2010年，全市先后有9人次参加湖北省文物局在武汉举办的全省讲解员培训班，在学习观摩和实践中，培养了一批优秀讲解员，提高了博物馆社会教育服务水平。2009年宜昌市选送3人参加讲解员培训班并参加"庆祝新中国成立60周年全国文化遗产保护宣传讲解大赛"湖北省选拔赛；2010年宜昌市文物局举办全市博物馆纪念馆讲解员比赛(初赛)，从宜昌、枝江、宜都、兴山、秭归六个代表队的9名选手中，选拔出4名优秀讲解员代表宜昌市参加全省博物馆纪念馆讲解员大赛，荣获"全省博物馆纪念馆讲解员大赛"团体二等奖，1人获二等奖，1人获三等奖，2人获优秀奖。

对专业技术人才的培养，全市博物馆纪念馆采取的方式有：一、参加全国、全省举办的专业培训班，先后派出100多人次参加学习，如：文物局(馆)长培训班、全国文物行政执法人员轮训班、三峡地面建筑测绘培训班、三峡田野考古培训班、三峡库区文物修复保管人员培训班、三峡库区文物档案人员培训班等；二、派出专业人员参加大专院校的博物馆学、历史学、文物考古等专业的系统进修，并取得相应的学历，如武汉大学、南京大学、复旦大学等；三、利用成人教育，自学成才；四、组织专家开展专题讲座，如：博物馆学及其发展展望、考古学的理论和实践、文物资料采集的程式化要求等。

【博物馆行业组织建设(含重要学术活动)】 为宣传宜昌市历史文化特色，全市博物馆纪念馆举办各种学术活动进行广泛宣传。秭归县屈原乡农民谭光沛、杜青山、徐正端发起成立秭归县三闾"骚坛"诗社。1982年6月23日"湖北省屈原学术讨论会"在秭归县召开，著名屈学研究家汤炳正、魏际易、张震泽、刘禹昌、《诗刊》主编严辰、作家徐迟、《文艺报》副主编唐因、《人民文学》副主编李清泉、湖北省文联主席骆文等227名专家、学者应邀出席了开幕式，并举行端午诗会，数十名作家、诗人、画家登台赋诗题字作画，会议历时8天。之后，秭归县屈原纪念馆参加、承办历年的秭归端午诗会，台湾、香港、澳门及国内的50多家新闻媒体进行采访报道。1986年，宜都市杨守敬学术研究会成立，已发展会员219名，举办杨守敬学术交流会20余次。宜都市博物馆创立博物馆之友、宜昌博物馆创办《宜昌文博》等举措为宜昌市文物工作者提供了交流的平台，加强学术研究工作，努力开创宜昌文物工作新局面。

近年来，全市出版的专著有：《当阳赵家湖楚墓》、《辛勤耕耘——宜昌博物馆二十年纪念文集》、《宜昌博物馆文物精粹》、《枝江历史风情》、《九十九州》、《清江考古》、《清江流域古动物遗存研究》、《清江考古掠影及出土文物图录》、《屈原·秭归》、《屈原颂》、《屈原故里骚坛诗》、《杨守敬传》、《当阳岱家山楚汉墓》等。发表的专业论文有：《宜都博物馆馆藏青铜器》、《杨守敬的四大成就》、《湖北枝江新石器时代遗址调查》、《关庙山一号春秋墓》、《湖北清江流域考古获重大成果》、《三峡地区新石器时代的石质艺术品》、《秭归玉虚洞宋代题刻考》等。

宜昌市博物馆

Yichang Municipal Museum

馆　　长　肖承云
地　　址　宜昌市夷陵路115号
邮政编码　443000
电　　话　总　机：0717-6445679
　　　　　　办公室：6445679-8080
　　　　　　展览部：0717-6445679-8008
传　　真　0717-6451629
网　　址　www.ycbwg.com
电子邮箱　yichangbwg@163.com
隶属关系　宜昌市文化局
性　　质　国有
建筑性质　现代仿古建筑
建筑面积　7400平方米
展厅面积　3300平方米
占地面积　9700平方米

馆址环境　坐落在夷陵大道上，西邻中百仓储，北邻夷陵茶城，西邻果园三路，南临夷陵大道。

历史沿革　1975年6月，宜昌地区文物工作办公室成立，隶属于宜昌地区文化馆。1979年1月，宜昌地区文物工作办公室改为宜昌地区文物工作队。是年，宜昌市文物管理处成立，主要负责市内文物保护工作，机构设置于解放路2号。1980年4月，宜昌地区博物馆成立，馆址设在乐善堂天主堂内（自立路1号）。1987年7月，湖北省计划委员会以鄂计文字[87]第507号文批复立项确定修建宜昌地区博物馆。后经地、市领导多方协调、市府发文将馆址划定在夷陵路，于12月开始修建。1988年5月，原国家主席李先念视察宜昌地区，为正在兴建的宜昌地区博物馆亲笔题写了馆名。1992年4月，宜昌地市合并，将宜昌地区博物馆和宜昌市文物管理处合并，更名为“宜昌博物馆”。1993年6月，宜昌博物馆新馆落成,并投入使用。

开放时间 9:00—16:30(周一闭馆)

服务设施 停车场、无障碍参观服务设施、休息椅、饮水处、公厕服务设施等。

交通状况 公交线路1、25、30路可到。

概 况

宜昌博物馆是宜昌市属的综合性博物馆，一直承担着宜昌市文博事业和考古事业的重点工作,在文物收藏保护、展览陈列、科学研究、社会教育和考古发掘和研究发挥着重要的作用。

博物馆是“为社会及其发展服务的、非营利的永久性机构,并向大众开放,它为研究、教育、欣赏之目的征集、保护、研究并展出人类及人类环境的物证”。宜昌博物馆正是本着这一宗旨在建设理念、硬件设施、展陈设计方面,紧跟博物馆发展的潮流,努力建成全国地市级一流的博物馆。

宜昌博物馆坐落在夷陵大道上,宜昌博物馆陈列大楼为一幢呈双“凸”字型的三层仿古建筑,檐边四周为斜坡顶,中空。后两侧设置为文物库房和文物修复室及过渡文物库房。陈列大厅正门两侧为仿汉阙建筑,阙高5.9米。陈列大楼两侧建有一、二、三层呈梯级式办公用房，办公房平面建筑布局呈“L”型和反“L”型。博物馆外围院墙两角建有四角攒尖屋顶拐角望楼。主体建筑四周为5米宽消防通道，馆前设有纵向12米、横向80米的广场,靠近夷陵大道人行匝道设有可透视栅栏,栅栏两边设有花坛。主体建筑分两部分组成，正门外仿汉代建筑风格,并设有汉阙,主楼结合现代建筑风格设计,两者融合在一起,构成独具一格的建筑风格。占地面积9700平方米,总建筑面积7400平方米,库房面积2800平方米,展厅面积3300平方米。随着宜昌市经济和文化的快速发展，宜昌博物馆已不能满足宜昌市民日益增长的文化生活需求，2010年底宜昌博物馆新馆建设已纳入宜昌市经济社会“十二五”发展规划,并列为全国、全市重点优先支持建设的市州博物馆。

一、基本陈列

宜昌博物馆于1994年10月推出基本陈列“三峡·宜昌出土文物展”向公众开放;1995年11月18日，经过修改的基本陈列“三峡·宜昌出土文物展”正式对外展出。本展览抓住三峡宜昌文物的特点和自身独特魅力,以时代为序,按用途分类,石器时代至夏商时期文物陈列以“长阳人”等旧石器时代文化为引子，大溪等新石器时代至夏商时期文化为基本陈列内容，充分体现楚文物在宜昌的历史、科学和艺术地位,辅之以展示秦汉至明清文物。展厅分为三个,总面积3300平方米,总展线184米,共展出各类文物617件,各类图牌、照片约230件,文字近100条。在陈列内容上,选择的文物突出了地方特色,如原始文化中,有载入教科书和史册的长阳人化石；有长江中游地区时代最早的原始文化之一的城背溪文化；有与黄河流域仰韶文化并行发展共相辉映的大溪文化，尤其突出地反映了该文化中发达的渔猎经济，还有陶器底部用于记事的刻划符号。此外，紧紧扣住具有宜昌时代特色的春秋楚文化，如“秦王卑命”铭文甬钟、环钮蹄形附耳铜鼎、簠、缶、盘、匜等青铜礼器，工艺考究精美绝伦的磨光黑皮暗纹陶罐和漆瑟等尤为鲜明。秦汉文物丰富,门类齐全,如錞于、蒜头壶、釜、鍪等铜器。陈列形式上体现出简朴而庄重。首先,在空间布局上，楚文物陈列布局和空间分隔是采用展柜将柱子包围,分隔空间,展线循序宛转,疏密有致;石器时代至夏商时期文物和秦汉至明清时期文物陈列设计成长廊形式，把有限的面积设计得宽敞透气，视野开阔，并注意了点线结合。其二，色彩的设计具有丰富的表现力，序厅和楼道用暖色，以热烈的氛围迎接观众，第一展厅用淡绿色调，让观众有回归大自然的感觉，第二展厅用偏黄的红色调，遵循楚人尚赤的族风，第三展厅用土黄色调，象征举世疆土统一，总体色调尽量做到了既有对比，又和谐统一，既是一个整体的展览，三个展厅又可分别独立。第三，重点场景的设计从展厅的实际空间出发，运用多种组合的陈列技巧，如第一展厅的刻划符号的陈列，将一组文物陈列在单立柜中并放在突出位置；第三展厅中的陶明器，用陶楼陶仓陶井和陶动物等组成一组，重点突出。其四，灯光照明采用日光灯和射灯结合，辅之于自然光，有主有次，使展品及纹饰既清晰又富于立体感，便于观众观赏。总之，展览在陈列内容和陈列形式上较好地营造了大环境的陈列氛围，以陈列特色突出了文物特色。开展以来，接待国外和境外旅游团队、中小学校学生和零散观众180余万人次，收到较好的社会效益。

二、专题陈列

一楼展厅和三楼展厅为临展专厅，其中一楼展厅面积1350平方米，三楼展厅面积400平方米。

1993年7月，为纪念毛泽东诞辰一百周年，湖南省博物馆、宜昌市文化局、宜昌博物馆联合举办了“东方巨人毛泽东”大型图片展。该展览的展线长110米，汇集了500多幅各个时期的历史照片。1995年5月18日，馆举办专题展览“民族忧患警钟长鸣—日本侵华暴行展”以纪念中国人民抗日战争和世界反法西斯战争胜利50周年。1997年3月23日，展出“迎97香港回归展”大型图片展，以庆祝香港回归。1999年5月18日，即第22个国际博物馆日，展出“祖国统一，再展宏图——99澳门回归展”，以庆祝澳门回归。2000年11月25日，举办“郭志刚现代艺术展”（个人展）。2010年5月18日国际博物馆日期间，举办“追寻历史，传承文明”——第三次文物普查成果展，受市民和专家的好评。自2004年以来，宜昌博物馆每年举办8~10个专题展览，丰富市民和青少年的精神文化生活。

三、文物保护和征集

（一）文物来源：主要通过考古发掘获得，其次为征集、收购和接受捐赠获得。现有的文物藏品中，绝大多数为通过考古发掘的出土文物，以陶器、青铜器为主。

（二）文物类别：宜昌博物馆文物藏品分为出土文物和传世的字画两大类。其类别有石器、陶瓷器、铜器、铁器、漆木器、金银器、玉器、字画、钱币等。

（三）文物统计：截至2010年底，文物藏品总数为5万余件（含三峡出土文物）。其中国家一级文物71件（套），二级文物71件（套），三级文物460件（套）。

（四）重要文物：春秋中期蟠虺纹蹄足附足铜鼎，春秋时期蟠蛇纹环钮附耳蹄足铜鼎，春秋时期镂空蟠龙纹握手铜盏，春秋时期长援铜戈，战国时期“许之造戈”金丝铭文铜戈，战国时期镶嵌金丝、银丝铜矛鐏一组5件，战国时期卷云暗纹铜车牌饰，春秋时期侈口浅腹圜底漆豆，春秋时期椭圆形侈口浅腹圜底圈足漆簋，春秋时期饰龙虎图案漆俎，春秋时期方口长颈鼓腹圈足漆方壶，战国时期附龙玉璧，春秋时期三角暗纹磨光黑陶罐等。

（五）文物保护：宜昌博物馆建有专门的文物库房并配备相应的保护设施，严格按照《藏品管理办法》的各项规定进行管理。馆藏一、二、三级文物经省级文物鉴定委员会专家组的严格鉴定，已建立文物藏品纸质档案和藏品信息采集(分级)档案共计600余件(套)；藏品的保管工作做到制度健全，账目清楚、鉴定确切、编目详明；库房内配备必要的温、湿度计、恒温计以及安全防火器材。按照《博物馆安全保卫规定》和三级风险等级安全防护要求，馆内设立保卫科，并建立了完善的安全保卫制度。技术防范安全设施包含电视监视系统，分别安装在文物展厅和主要通道共40台监控摄像机，其中9台高速球机，2台半球，29台枪机；报警系统分为周界报警，有四段感应电缆和5对红外对射，室内红外防盗报警105个，玻璃破碎防盗报警11个，烟雾烟感报警19个，紧急按钮报警9个；监听系统，主要安装在展厅和库房，共50个；电子对讲系统，共7个；电子巡更系统，主要安装在外围和文物展厅，共8个点；消防安全设施包含消防栓和消防水带基础消防设施，并配备ABC消防灭火器材，重点部位安装有烟雾、烟感报警探测器；专职保卫人员24小时值班。

宜昌博物馆还引进高科技来保护文物。如1984年在枝江姚家港2号墓出土的战国矛鐏，矛鐏的顶部和器身镶嵌了楚文化地区特有的云气纹银片，定为一级文物。由于楚国地区青铜冶炼合金和埋葬环境所致，出土时已锈迹斑斑、表面呈绿色和粉化。近几年来，这种现象越来越严重，导致文物从锦盒中取出或用手接触时便会落下一层绿色的粉末，镶嵌的银片高于了矿化铜的表面，有的银片出现了卷起和脱落。2001年11月，聘请南京博物院"脆弱青铜器加固"课题组的同志，对该战国矛鐏进行了加固保护处理，(采用一种高分子材料进行加固)其效果表面无光泽、用手触摸表面没有了以往掉落粉末的现象；2004年3月，又聘请南京博物院的科研人员对矛鐏进行了检测，发现器物基本保持修复后的原状。

(六)文物征集：宜昌博物馆成立之后，陆续征集重要文物，并接受民间重要文物的捐赠。如1972年，宜昌地区文教局在枝江百里洲征集到铜簠等春秋早期铭文铜礼器，现藏于湖北省博物馆；1994年3月，夷陵区土城乡村民王士海在责任田内发现一座窖藏坑，出土12件商代至三国时期的青铜器和1200余枚铜钱，全部捐献给宜昌博物馆；2001年2月12日，接受澳门收藏家邓禹先生捐赠的两件完整的马家窑红陶器(双耳红陶壶、双耳红陶鉢)；10月29日，接受秭归县郭家坝卜庄河居民袁学友捐献的青铜剑(晋代)一把。2005年8—9月，先后在枝江博物馆、长阳博物馆征集了81件三峡民俗民间文物。

四、人才培训

宜昌博物馆一直注重人才的培养，每年派专业人员参加全国重要的培训，重要的有：1979年4—7月，赵德祥参加在当阳玉泉寺举办的全国古建学习班；1982—1984年，赵德祥和王家德在武汉大学进行了为期一年半的考古培训；1989年8月—1990年7月，卢德佩赴山东参加领队培训班学习，于1990年获得《田野文物考古发掘领队资格证书》；1992年9月，谭宗菊参加在中国科技大学举办的"科学文物保护"培训班；1996年秋至1997年春，李梅田赴河南参加领队培训班学习，稍后获得《田野文物考古发掘领队资格证书》；1997年6—7月，赵德祥和向光华参加在秭归新滩举办的古建学习班；2004年9月，谭宗菊参加在河南举办的"青铜器文物修复"培训班；2005年8月29日—9月2日，湖北省文物局举办的"馆藏文物信息管理系统软件培训"，何怀红参加学习软件系统操作程序；2006年8月21—31日，保管部成员参加在西安举办的"三峡工程库区文物档案管理人员培训班"；2007年9月，刘继东、李孝配、吴义兵赴武汉参加第三次文物普查知识的培训；2008年5月20—28日，吴义兵参加在荆州举办的全国考古发掘领队现场保护培训班，随后获得《田野文物考古发掘领队资格证书》；2009年6月17—20日，卢德佩、李孝配参加在北京邮电学院举办的“修订《田野考古工作规程》”培训班；现在，专业人员每年都要进行由市人事局举办的继续教育培训。其次，还组织专家学者开展专题讲座。重要的有1998年5月19日邀请国家博物馆馆长俞伟超、中国社科院考古研究所研究员徐光冀来我馆指导工作；2003年4月24日，邀请中国社科院考古研究所何驽博士作“考古学理论与方法”的讲座。近年来，宜昌博物馆组织专家开展专题讲座，先后举办了“中国考古学”、“湖北省新石器文化谱系”、“文物普查培训”、“藏品管理培训”、“讲解员培训”、“消防知识讲座”等讲座和培训，取得了很好的效果。

五、科学研究

（一）科研队伍

宜昌博物馆有研究馆员1人，副研究馆员10人，馆员25人，助理馆员8人。

（二）科研设施

宜昌博物馆近年来逐步改善办公环境，共配备电脑42台（套）（其中对讲机12台），数码摄像、照相设备19台（套），复印机1台，传真机2台。

（三）科研工作

宜昌博物馆在行使博物馆展览功能的同时，还负责全市境内的文物考古的调查、勘探、发掘和研究工作。

自从1956年和1957年发现距今约19.5万年的“长阳人”化石以后，宜昌就开始了文物考古工作。以后，宜昌博物馆及其前身陆续参加或主持发掘了宜昌市西坝墓群、前坪墓群、当阳金家山楚墓、当阳河溶赵家湖楚墓、夷陵区清水滩遗址、白庙遗址、中堡岛遗址和当阳季家湖城址、夷陵区杨家湾遗址，发现了宜都城背溪遗址等，还发掘了当阳河溶乌龟包大墓。

宜昌博物馆抓住三峡水利枢纽工程的建设这一千载难逢的机遇，参加了三峡库区的文物抢救发掘的工作。1992—1993年，参加了中堡岛遗址的发掘工作。从1997年开始，陆续发掘了湖北库区秭归县的沙湾子遗址、卜庄河墓群、曲溪口遗址、长府沱遗址、渡口遗址、窑湾遗址、张家坪遗址、玉种地遗址、独石子遗址、大沱湾遗址、天登包遗址等；巴东县的祠堂包化石点、葛藤坪遗址；兴山县古夫墓群等。2000年后，与重庆考古所合作，承担重庆库区的考古发掘项目，先后发掘了奉节县的白马墓群、李家坝墓群、永安镇遗址、巫山县的江东嘴墓群、老山岭墓群、椿树包墓群、丰都县的凤凰踊墓群等。在湖北库区，共完成发掘面积5.6万平方米，勘探面积11.5万平方米；重庆库区完成发掘面积2.02万平方米，勘探面积30万平方米。其中卜庄河墓群是一个多年连续项目，并且是湖北库区最大的考古发掘项目，总发掘面积达3.69万余平方米，勘探面积6.7万平方米。目前，湖北库区的发掘简报和专题报告已完成。

因宜昌博物馆在文物考古方面取得了的突出成绩，2003年被湖北省人事厅、湖北省文化厅、湖北省移民局联合表彰为“湖北省三峡库区文物保护工作先进集体”；王志琦同志、谭宗菊同志获得“湖北省三峡库区文物保护工作先进个人”；2008年，李孝配同志被宜昌市政府评为“宜昌市三期移民工作先进个人”。

（四）科研成果

宜昌博物馆在科研方面取得了丰硕的成果，主要有：与北京大学合著的《当阳赵家湖楚墓》，由文物出版社1992年出版；《辛勤耕耘—宜昌博物馆二十年纪念文集》，由科学出版社2002年出版；《当阳岱家山楚汉墓》，由科学出版社2006年10月出版；《秭归卜庄河》，由科学出版社2008年6月出版；《宜昌博物馆文物精粹》，由湖北美术出版社2009年出版。并协助出版了《长江三峡工程坝区出土文物图集》（科学出版社）；《三峡考古之发现》（湖北科学技术出版社）；《江汉地区先秦文明》（香港中文大学出版社）；《屈原的故乡—楚文化特展》文物图录；《朝天嘴与中堡岛》（文物出版社）；《当阳楚文物图集》（湖北美术出版社）；《峡江遗珍》图录等。2010年，创办了内部刊物《宜昌文博》。

六、重要的业务活动和学术交流

博物馆是一个服务于社会的文明窗口，开展交流合作是一项基本的业务活动。1997年1月23日，与香港中文大学文物馆、湖北省博物馆、荆州博物馆联合筹办的“江汉先秦文明展”，宜昌博物馆选送41件文物，并由王家德、杨华、李梅田等撰写宜昌展品介绍的资料。1999年1月20日至26日，宜昌博物馆副馆长卢德佩、原馆长高应勤应香港中文大学文物馆邀请，赴港参加了“江汉地区先秦文明展”开幕仪式。

2000年10月28日—2001年2月25日在法国巴黎举行的“中国文化季”活动，其中“龙之吟——中国钟铃艺术展及音乐会”展出宜昌博物馆一级文物—东周时期的秦王卑命钟。

2002年2月23日，王志琦到台北参加我馆与湖南省博物馆、荆州博物馆联合举办的“屈原的故乡—楚文化特展”开幕活动。

2003年11月，考古部主任杨华应邀赴日本早稻田大学、日本东北学院大学进行学术交流，学术演讲的内容是：中国长江三峡地区考古文化。

宜都市博物馆
Yidu Municipal Museum

馆　　长　赵平
地　　址　湖北省宜都市陆城园林大道29号
邮政编码　443300
电　　话　办公室：0717-4823040
预约参观：0717-4823040
0717-4823368
传　　真　0717-4823040
网　　址　www.ydbwg.com
电子信箱　ydbwg@163.com
隶属关系　宜都市文化局
性　　质　国有
建筑性质　砖混、框架
建筑面积　总建筑面积5500平方米
展厅面积　4100平方米
占地面积　7100平方米

馆址环境　坐落在宜都市园林大道，东临宜都商城，西临宜都客运站，北临宜都市文峰公园，南临宜都市网吧文化街。

历史沿革　1987年8月，宜都市成立博物馆和杨守敬纪念馆。1995年，成立宜都市文物管理处，与博物馆合署办公，实行两块牌子，一套班子运行模式。1999年5

月，成立宜都市文物管理委员会，其办公室与博物馆合署办公。2002年博物馆、杨守敬纪念馆合署办公。2005年3月，撤销宜都市文物处，成立宜都市文物事业管理局。2010年，宜都市委明确市文物事业管理局为副科级局，与博物馆、杨守敬纪念馆合署办公。

开放时间　上午 8:00—12:00

下午 2:30—5:30

服务设施　观众存车棚，存包柜，休息椅，饮水处，纪念品销售处，电子触摸屏、展览文物电脑查询系统，公厕服务设施等。

交通状况　公交线路1、2、7路市博物馆站下车。宜都客运站往西800米即到。

概　况

宜都市博物馆是地方综合性博物馆、国家三级博物馆、三级风险防范单位，是与宜都市文物局、杨守敬纪念馆合署办公的财政全额拨款事业单位，收藏有文物藏品2万多件，其中展览文物2000余件，承担着宜都市文物收藏保护、展览陈列、科学研究、社会教育等方面的工作。

1993年，宜都市博物馆开始新馆舍建筑工程，通过2002年至2010年8年的努力，宜都市博物馆的各项工作已经跃上了新的台阶，实现了里程碑式的飞跃。

一、馆舍概况

宜都市博物馆坐落于宜都市园林大道29号，与宜都市委市政府办公大楼仅相距800米。博物馆平面布局呈长方形，由工作区和生活区两部分组成，由南往北依次为门面、主体大楼、职工住宅楼和附属房。南部临园林大道为商业门面和大门；中部为博物馆主体大楼，大楼底层为半地下室文物库房，大楼二、三、四层为展厅和行政业务办公场所。

宜都市博物馆占地面积7100平方米，建筑总面积5500平方米。馆内所有建筑均为仿汉代风格的现代建筑，其主体大楼共六层（地上五层、地下一层），占地1200平方米，展厅建筑面积4100平方米，主楼正立面为仿汉代石阙法式，进楼后依次为门厅、门厅两边为接待室和商店，门厅迎面为巨型照壁，上绘“夷陵之战之宜都战事”主题壁画。壁画东西两边为展厅出口和入口。大楼二、三层10个展厅呈“回”形分布，二、三层各5个展厅，其中二层中间为一大型天井式流动展厅，展厅上部中空，顶部为透视玻璃盖顶。办公区在主楼北部二、三、四楼。整个主楼建筑风格造型别致、新颖大方，是宜都市的标志性文化建筑。

二、博物馆建设与管理、人才培养

宜都市博物馆设“二部一室”，分别是文物保护部（文物普查办、保管部），陈列群众工作部（大楼、故居）和馆办公室（保卫科）。全馆现有工作人员23人，其中专业技术人员11人，副研究馆员3人。2003年宜都市机构改革，博物馆定编10人，目前实际在编人员9人。

在人才培养方面，一是采取“走出去、引进来”的方式，每年派人参加省、市等各级各类学习培训、招聘人才；二是定期组织专家开展专题讲座，先后举办了“讲解员培训班”、“保卫干部培训班”、“文物普查培训班”等多个专业培训班和“城背溪文化”、“博物馆学及其发展展望”、“考古学的理论与实践”、“杨守敬及其学术文化”等多个理论知识讲座。

在科研方面完成了《宜都市第二次全国文物普查（补查）工作简报》（1982、1991）、《第六批全国重点文物保护单位杨守敬故居及墓保护档案》（2007年）、《馆藏文物数据库管理系统(一、二、三级)》(2008年)等一系列科研项目,发表了《原始人类在宜都市境内的活动》、《宜都博物馆馆藏青铜器》、《枝城双堰子遗址调查简报》、《陆城偏将军印章考略》、《杨守敬传》、《论杨守敬舆地学成就及渊源》等100多篇科研论文,并有多篇论文在国家级权威杂志或海外杂志刊出。记录城背溪、石板巷子等新石器时代遗址资料分别收录于1984和1985年的《中国考古学年鉴》;《湖北宜都市枝城发现我国最早栽培稻》于1991年12月18日晚由中央电视台新闻节目向海内外播出;《从杨守敬的书学思想与实践看其行书(宜都记)的艺术特色》在日本国书论研究会会刊《书论通讯》刊出;《杨守敬的四大成就》在香港《文汇报》刊出等等。

三、免费开放工作进展情况

2004年3月,宜都市博物馆率先向军、警、老年人、残疾人、未成年人和宜都市民等群体在市内免费开放。2008年,面向全社会免费开放,是湖北省首批免费开放的65家博物馆之一,也是全国最早面向社会免费开放的博物馆之一。

宜都市博物馆自免费开放以来,一是狠抓展览提升和举办新展,对"宜都市博物馆馆藏精品文物展"、"宜都出土历史文物展"等五大基本陈列进行了充实改造,举办了"纪念杨守敬诞辰169周年国际书法大展"、"杨守敬生平业绩纪念展及廉政文化展"、"文物普查及杨守敬宣传巡迴图片展"等新展。二是强化制度建设和应急安全管理,制定《免费开放规章制度》、《免费开放服务标准》、《免费开放财务管理制度》等工作制度并认真落实;制定安全应急预案,加强后勤安全保障,聘请专业保安,实现全天候24小时双人值班。三是加强群工工作,提高服务水平,对学校、机关团体、企事业单位提前安排接待计划,实行提前组织和预约制度;对一般散客采取登记发票制度,对当日观众实行总量控制。四是加强免费开放的宣传,做好基本陈列展览和临时展览内容、开放时间、参观须知等政务公开工作。

宜都市博物馆全年免费开放350天、每周开放7天、每日开放8小时,每周六、周日做到了错开休假;节假日市内保证有一处开放。近三年来免费参观总人数达31万人次以上。

四、陈列展览与行业组织建设

1.举办的重要陈列

宜都市博物馆的展陈设计概括起来有三大特点:一是以宜都古代文物出土为核心的历史文物文化展,二是以宜都名人国学大师杨守敬和开国上将贺炳炎为地方特色的名人业绩事迹展,三是坚持走进社会、服务社会、贴近群众为定位,把欣赏性和教育基地建设统一起来,不断开拓富有时代气息的新展。

宜都市博物馆的基本陈列有"宜都出土原始社会文物展"和"宜都出土两汉三国文物展",陈列总面积2000平方米,展陈文物1000余件。展陈内容为原始社会新石器时代早期城背溪类型文物(距今约8000年),大溪文化类型文物(距今约6000年)。采用现代大通柜,人工照明方式,每个展厅辅以配合主题的雕塑,壁画和辅助展品,如陶器作坊,运用声光电手法和与观众互动交流方式,使展示更为灵活。"杨守敬生平业绩纪念展"展示晚清著名学者、历史地理学家、金石文字学家、目录版本学家、藏书家、书法家,被誉为"日本近代书道之祖"杨守敬的相关字画、手稿等资料文物。以图版结合小平柜展示方式,展示了杨守敬大量的著作手稿、字画、文物和中日杨守敬学术交流纪念的剪影图片。"贺炳炎上将生平业绩陈列展”以大量的历史照片和珍贵文物，辅以先进的影像设备向观众展示了开国上将贺炳炎百战忘我、功勋卓著的一生。

精品陈列有“宜都市博物馆藏文物精品展”展出出土文物，数量1000余件，包括金、银、铜、铁、石、陶瓷、漆木器、纸、书画、骨器等各类，其中尤以陶瓷、铜、漆木器、纸、书画等为多。

2.国外馆际交流活动

1987年8月，与日本书论研究会和《书论》杂志联合举办“杨守敬学术交流”活动。1990年9月，与日本书道教育学会、相模女子大学联合举办“日本书道教育研修交流会”活动。1992年8月，与日本书论研究会联合举办“杨守敬书学交流”活动。1995年6月，接待韩国“三国志与杨守敬学术研修”交流团。1999年9月，与日本书论研究会、日本书学研究会联合举办“杨守敬故里参观及书法学术交流”活动。2001年5月，联合湖北省社会科学院、省书画研究会、宜昌市政协、宜都市杨守敬学术研究会共同举办“中日杨守敬(国际)学术交流会”，日本书论研究会、日本书学研究会和香港、台湾地区的学者均派员或提供论文参加学术交流。2002年7月，馆长赵平应邀与宜昌市文化交流代表团一起赴日本京都大学参加“杨守敬学术考察和文化交流”活动。

3.行业组织建设

宜都市杨守敬学术研究会成于1986年，与宜都市博物馆合署办公。2007年学会完成了第三次换届工作，目前发展会员达219名，印发精装版《杨守敬学术纪念邮册》千余本，举办各类杨守敬学术交流会20余次。出版会刊《杨守敬研究》97期，刊载海内外杨学专家的杨守敬学术研究著作百余篇，发表杨守敬学术研讨文章三百余篇，以及摄影作品、书法装裱作品千余件、信息千余条，最大限度地运用了杨守敬学术研究的成果，进一步扩大了宜都市对外宣传和杨守敬名人文化的影响。

宜都市博物馆还成立有“博物馆之友”组织，开展了义务讲解员活动，开发了以弘扬杨守敬文化为特色的旅游文化产品。

五、展示宣传和社会服务

宜都市博物馆自建馆以来，先后举办过30余个临时专题展览，如1995年6月至1998年5月，举办楼子河古尸陈列展，展出市内楼子河明末古墓出土古尸及文物，展览历时五年，接待观众52000人次。1997年3月至12月，举办“迎香港回归展”巡回展展出有关香港知识文字图片200余幅，观众7万人次。1999年1—12月，举办“国庆50周年成就展”巡回展，展出全市经济文化等建筑成就图片200余幅，展板60余块，观众2万人次。2000年，与宣传部团市委、教育局、市人寿保险公司、市人民银行举办“红岩英魂”巡回图片展，展板100余块，展出10个乡镇办事处，观众7万余人次。2002年5—12月，举办“首届‘杨守敬杯’书法大赛展”专题展览及评奖，展出市内外书法作品100余幅，观众达2万人次。2004年4—12月，与市杨守敬研究会、市委统战部、市台办、市书协联合举办“孔依平夫妇暨台北艺风女子书画展览”、“中国——台湾”，展出宜都籍台湾书画家孔依平夫妇及台北艺风女子书画团书画作品300余幅，观众3万人次。2008年，举办了“纪念杨守敬诞辰169周年“杨守敬杯”国际书法大展”专题展览及评奖，展出国内外书法获奖作品200余幅；同时，市博物馆与市纪委联合举办“杨守敬生平业绩暨廉政文化展”展出文物资料600余件，观众6万人次。2009年12月至今，市博物馆、市书协联合举办“市‘丹阳杯’书法展览评奖”，展出市内书法家作品100余幅，观众达2万人次。

六、藏品征集、管理和保护

宜都市博物馆藏品来源主要为考古发掘，其次为征集、收购、捐赠。藏品总数2万件，其中一级文物8件，二级文物9件，三级文物140件，一般文物19000余件。藏品中金、银、铜、玉、铁、石、纸、陶瓷、漆木器俱全，主要以陶瓷器、书画为主。具有重大科学、历史及艺术价值的藏品商代二里岗期青铜罍，战国虎钮錞于，西汉漆木器（漆盘、漆耳杯、木棱等），三国偏将军龟钮银印，北宋龙泉窑青瓷碗7件、盏1件，汉至宋代系列铜币等等。

宜都市博物馆藏品保护措施齐全，具有一定的科技技术含量。馆一层建有专门的文物库房，文物保护修复、整理室并配备相应的保护设施，按《藏品管理办法》规定对文物进行保护管理。目前，一、二、三级已建立藏品管理数据库系统，一般文物数据库管理系统建设已经启动实施。文物修复已开始对部分陶瓷器进行保护工作，库房设有温、湿度计、文物架，柜等。全馆设有安防、消防系统，保卫工作已实现保安化，实行了24小时双人值班制度。

七、博物馆文化产业

宜都市博物馆开发有《杨守敬邮票纪念册》、《杨守敬字画》、《杨守敬行书对联》复制品、《宜都市博物馆杨守敬纪念馆宣传册》、《杨守敬研究学术论文集》和《杨学研究》杂志等多种旅游文化产品，受到了观众喜爱和欢迎，进一步深化了观众的参观和旅游兴趣。

宜都市博物馆指导了宜都市正国民俗博物馆和杨守敬书院等场馆建设，推进了民办博物馆建设事业的发展，形成宜都市博物馆群，成为构建宜都市公共文化服务体系、促进文化大发展大繁荣、建设和谐社会的重要力量。

当阳市博物馆

Dangyang Municipal Museum

馆　　长　刘久兵
地　　址　湖北省当阳市玉泉办事处关陵路147号
邮政编码　444100
电　　话　0717-3222263
类　　型　地方综合性博物馆
隶属关系　隶属于当阳市文化体育局
单位性质　国有
创建时间　1984年11月
所在位置　位于湖北省当阳市玉泉办事处关陵路关陵

馆舍情况　目前尚无馆舍，仅有40平方米文物库房，用关陵180平方米闲置殿堂举办临时陈列，现正向国家文物局申报建设当阳市博物馆馆舍项目。

历史沿革　当阳市博物馆成立于1984年11月，目前与当阳市关陵文物保护管理所合署办公，是两块牌子，一套班子，隶属当阳市文化体育局。当阳市博物馆、当阳市关陵文物保护管理所为财政全额拨款事业单位，其主要职责是宣传贯彻执行党和政府的文物政策法令；负责全市地上地下文物的调查、勘探、考古发掘及文物征集、陈列、保管、研究，主管全市文物业务，协管全市的文物安全、执法工作；负责关陵文物保护、管理、维修、利用、旅游接待等工作。由于多方面原因，当阳市博物馆目前尚无馆舍，数千件文物堆放在几十平方米的简易库房里，存在严重安全隐患，博物馆的一些基本功能不能得到应有发挥，这与当阳文物大市的地位极不相称，现正争取市政府和上级文物部门的支持，新建当阳市博物馆馆舍。

概　况

当阳市博物馆于1984年5月成立，位于湖北省当阳市玉泉街道办事处关陵路147号，隶属当阳市文化体育局。目前当阳市博物馆与当阳市关陵文物保护管理所合署办公，两块牌子一套班子。当阳市博物馆、当阳市关陵文物保护管理所为财政全额拨款事业单位，其主要职责是宣传、贯彻、执行党和政府的文物政策法令；负责全市地上、地下文物的调查、勘探、考古发掘及文物收集、陈列、保管、研究，主管全市的文物业务，协管全市的文物安全、执法等工作；负责关陵庙文物保护、管理、维修、利用、旅游接待等工作。现有职工18人，其中：财政全额拨款人员12，自筹自支人员6人、馆员2名、助理馆员4名、管理员1名、副主任科员2名。实际数量5926件，其中国家一级文物4件为国家文物鉴定委员会鉴定，国家2级文物38件、3级文物88件为湖北省文物鉴定委员会鉴定。藏品中陶器883件，铜器3753件，金器14件，银器17件，铁器70件，玉器59件，瓷器81件，化石16件，其他217件。

一、陈列展览

基本陈列　为了发挥博物馆展陈教育功能，当阳市博物馆在无馆舍的艰难条件下，利用馆藏文物和关陵、玉泉寺的闲置房屋，先后举办了“玉泉铁塔出土文物展”、“当阳市出土文物精品展”、“当阳市汉画像石展”等，积极宣传当阳文物，对人们进行历史唯物主义和革命传统教育。“玉泉铁塔出土文物展”2001年6月在玉泉寺面向大众开放，展出玉泉铁塔地宫出土文物100余件，陈列面积200平方米，陈列以地宫出土的珍贵实物为信息载体，较为系统地展现古代宗教高僧的埋葬习俗，展陈采用大通柜，使用声、光、电等现代科技手段，安装了电子监控和报警器，配有讲解员。展出至今，收到较好的社会效益和经济效益。“当阳市汉画像石展”2003年5月在关陵向大众开发，陈列展出我市发掘出土的刘家冢子画像石等实物，展陈面积60平方米，展出至今，收到较好的宣传效果。

专题陈列　当阳市博物馆从1991年至今，先后举办过“中共当阳党史展”、“刘立新烈士事迹展”、“杨大兰、潘星兰英雄事迹展”、“关公生平展”、“关平生平展”等10多次各种临时专题展览，有关部门积极组织全市党员干部、企事业单位职工、部分学生群众参观展览，为配合市委、市政府党内路线教育和革命传统教育发挥了积极作用。

二、文物保管、征集和保护工作

藏品管理

【藏品来源】　主要通过征集、考古发掘、上缴(交)、移交、捐赠、收购等途径取得，现有的文物藏品中，多数为考古发掘的出土文物，以陶器、青铜器为主。

【藏品类别】　当阳市博物馆文物藏品分为出土文物、革命文物、传世文物以及工艺品四大类，其类别有石器、陶瓷器、铜器、铁器、漆木器、石雕、石刻、金银器、玉器、字画、钱币等。

【藏品统计】　截至2010年底，当阳市

博物馆从旧石器时代至新中国建立前文物藏品总数为5926件，其中国家一级文物4件，二级文物5件，三级文物88件。

【重要藏品】 春秋蟠螭纹青铜鼎2件，春秋楚国王孙飚给蔡国女子供食用的青铜簠1件，天禄(金虎)1件。

【藏品保护】 当阳市博物馆现有40平方米的文物库房，钢筋混凝土预制板盖顶，配备安全防护网、防盗门，双人双锁，专人保卫，辅以警犬，严格按照《藏品管理办法》的各项规定进行管理。凡具有较高历史、艺术和科学价值的珍贵文物，经湖北省文物鉴定委员会专家组的严格鉴定，进入保险柜单柜保管，并按国家文物局藏品信息采集规范建立纸质文本及电子文本。藏品的保管工作做到制度健全，账目清楚，鉴定确切，编目详明，查用方便。运用传统方法对一些破损器物进行修复保存。库房内配备必要的温、湿度计、灭火机、木炭、石灰等防潮器材。按照《博物馆安全保卫规定》和三级风险等级安全防护规定要求，馆内设立保卫科，选配专职保卫干部，落实完善各项安全保卫制度，文物库房配备专职警卫，坚持每天24小时值守，确保馆藏文物安全。

【考古发掘】 当阳市考古发掘工作起始于20世纪70年代，著名考古学家、原北京大学教授、中国故宫博物院院长俞伟超先生曾带队对全国重点文物保护单位季家湖城址、磨盘山遗址进行过试掘，出土了“秦王卑命甬钟”等国家一级文物，至2009年底，我市辖区内在农业(农田)改造、基建、水利、交通等基本建设过程中，通过发现、举报、踏勘等多种形式，经过三十多年数十次的考古发掘，出土了数千件地下文物，为当阳的历史演变和经济社会发展提供了不可或缺的实物依据。

三、科学研究

【科研队伍】 当阳市博物馆现有馆员4名，助理馆员4名，管理员1名，副主任科员2名。

【科研设施】 当阳市博物馆因经济条件制约，科研设施落后，办公条件简陋，但我们在艰苦的条件下，依靠上级支持和自身努力，目前已配备了电脑、打印机等工作设备，目前当阳市博物馆新馆建设正处于向国家文物局申报“十二五”规划项目当中。

【科研成果】 自20世纪70年代以来，我市文博专业理论研究取得了一系列成果，出版了《当阳市赵家湖楚墓》、《当阳岱家山楚汉墓》等一系列学术著作，受到了上级文物部门的表彰。

四、机构设置和行政管理工作

【经费来源】 地方财政(县级)全额拨款

【机构设置】 我馆现设有馆长室、办公室、文博科、保卫科、旅游接待中心等部门。

【人员编制、组成】 当阳市博物馆和关陵文管所核定人员编制数为18人，现在编人数12人(不包括退休人员)，自筹自支人员6人，临时工2人，现有馆员4名，助理馆员4名，馆理员1名，副主任科员2名。

枝江市博物馆

Zhijiang Museum

馆　　长　方亚明
地　　址　枝江市南岗路50号
邮政编码　443200
电　　话　0717-4213375
传　　真　0717-4243961
电子邮箱　zjbwg1011848@163.com
隶属关系　枝江市文化体育旅游局
性　　质　国有
建筑性质　现代建筑
建筑面积　2100平方米
展厅面积　1143.7平方米
占地面积　7500平方米

馆址环境　位于枝江市南岗路中段,紧邻318国道。

历史沿革　1949年9月成立枝江县人民文化馆，兼管文物及展览工作。1984年6月成立枝江县文物管理所,与枝江县文化馆合署办公。1989年1月，组建枝江县博物馆。1996年11月8日,枝江市博物馆新馆落成,对外开放。

开放时间　8:30—17:30(周一闭馆)

服务设施　停车场、出版物和旅游产品店

交通状况　公交线2路站点,城西客运站南侧

概　况

枝江市博物馆是地方综合性历史博物馆,1989年1月建馆,隶属枝江市文化体育旅游局。枝江市博物馆建筑外观具有汉魏风格，主体建筑为展览大楼和办公楼两部分，后有待建展览楼预留地。由原全国政协副主席、原中国社会科学院院长胡绳先生题写馆名。

枝江市博物馆负责对全市地上地下文物古迹的调查保护工作,开展陈列展览、宣传教育、文物征集等各项业务活动。2008年9月至2009年12月,枝江市博物馆完成第三次全国文物普查，摸清了全市现有文物点286处,其中新增点189处的家底。各文物点的标本已收为馆藏品。

枝江市博物馆现有“枝江历史文物陈列”、“枝江民俗风情展”两个基本陈列,并举办临时展览。2004年4月14日,市博物馆实行对未成年人免费开放。2008年2月22日,博物馆已全部实施免费开放,开放时间为每周二至周日。

一、展览、科研工作

1.基本陈列

1974年，枝江县文化馆制作玻璃展柜陈列文物。1980年,枝江县文化馆举办“枝江历史文物展览”,展品77件。后逐渐增加展品，分为原始社会、姚家港汉墓、东晋墓出土文物及其他馆藏文物四个部分，1996年10月撤展。

1996年11月8日新展开展,展览面积486.9平方米，展品260件。展览共分五个专题,分别为“远古的枝江”,展出旧石器时代打制石器,关庙山类型大溪文化文物;“楚文化发祥地”,展出西周到战国时期的青铜礼器、兵器和车马器等楚、巴、越等先秦民

族文物；“汉砖艺术”，介绍一组东汉晚期画像砖；“陶塑奇葩”，展示西汉早期到明代的陶塑珍品；“古瓷集锦”展出馆藏东晋越窑青瓷、唐代青瓷、宋代湖田窑、吉州窑瓷器及明清时期民窑瓷器。

2005年9月16日举办“过去的日子—枝江民俗生活文化展”开展，展览面积316.8平方米。展品290件，展示抢救民间文化遗产工作的初步成果。采用现场复原、观众进入式展出方式，依次展出堂屋、房屋、小厅、小房、厨房、生产工具、民间信仰、民间艺术等8个部分。通过展品反映明清时期到20世纪初期的家具、建筑、木雕、石雕、油漆、纺织刺绣、农业工具、皮影等方面的制作工艺技术。

2009年5月15日“枝江民俗风情展”开展，由湖北楚辰建筑装饰有限公司制作。该展由“过去的日子—枝江民俗生活文化展”升级，展览面积316.8平方米。展品290件。由四时佳节、农事与工艺、婚嫁礼仪、天人感应、民间文艺五部分组成，展览使用了新的科技手段，内容丰富，形式新颖，更加注重观众的参与性.

2.临时展览

1952年8月，枝江县第二文化分馆(江口镇)借用民间藏品举办“传世文物展览”，展览面积30平方米。1980年，枝江县文化馆举办“馆藏文物展览”，展品77件，展览面积40平方米。1981年1月1日至3月，枝江县文化馆举办“关庙山出土文物展览”，展出文物115件，展览面积40平方米。1991年1月至12日，在全县各乡镇举办“文物法宣传图片展览”。1996年11月8日，举行枝江市博物馆开馆仪式，新馆有三层展厅，总面积1143.7平方米。同时推出“枝江历史文物陈列”、“西双版纳蝴蝶标本展”、“王心祥根雕艺术展”。1997年4月14日，举办“九七香港回归图片展”对外展出，展览面积316.8平方米。1998年10月8日，“红岩英魂”图片展举行首展式，展览面积316.8平方米。1999年9月，举办“共和国50年图片展”，免费参观，展览面积316.8平方米。2000年8月11日，“现代武器与战争图片展”对外展出，展览面积316.8平方米。2001年6月6日，举办“辉煌的历程—纪念中国共产党成立八十周年”大型图片展。2004年6月23日，举办“一代伟人邓小平图片展”，展览面积316.8平方米。2007年11月5日，枝江市博物馆“枝江民俗文物展”，参加第八届艺术节宜昌市分会场“宜昌市非物质文化遗产保护成果展”联展，展览面积80平方米。

3.科学研究

1989年1月枝江市博物馆成立，因经济条件制约，办公条件简陋，无科研设施。1996年新馆建成后，开展博物馆业务工作的设施得到充实，现已配备电脑台4套(包括台式、手提、复印机等)，各种型号的数码相机台3(套)；设置有文物整理库房、资料室及其他工作器材等。

专业人员通过参加各种业务培训学习，不断提高业务水平，注重地方文物考古和历史、民俗的调查研究，在有关专业刊物上发表的有《湖北枝江新石器时代遗址调查》、《关庙山一号春秋墓》、《枝江近年出土的周代铜器》、《姚港东汉画像砖》、《枝江楚俗拾遗》等40篇简报与论文。该馆积极参与各种学术交流活动，参与地方史志的撰写工作，出版有《枝江历史风情》、《九十九洲》等专著。2003年开始，主编《枝江市文化志》、《枝江市民俗志》，开展非物质文化遗产调查，对汉剧、扇子戏及刺绣、木雕艺人进行调查，整理出13个皮影戏剧本剧本，征集到20种民间唱本，并写出专题研究论文，举办专题陈列展出。摄制影视录像《枝江姚家港楚墓》、《枝江关庙山遗址》、《枝江皮影戏》、《枝江黄家嘴8号楚墓》等。

二、文物保管、征集和保护工作

馆藏文物:1973年8月,开始进行文物征集工作。主要通过民间征集、考古发掘、捐赠、收购、案件收缴移交等形式征集藏品。2004年以来,共征集入藏民俗文物2000余件。1994年5月15日,国家文物局“全国文物鉴定专家组”朱家缙、杨伯达、杜迺松、耿保昌等先生来馆鉴定馆藏一级文物。2003年开始,大力抢救民俗民间文物。并进行地方民俗民间文物的抢救工作,到2009年征集到传统生产生活用具,民间工艺品2500余件。征集国家、湖北省非物质文化遗产名录枝江吹打乐、枝江楠管等文物。截至2009年底,馆藏文物共9868件,其中:国家级7件(套);2级文物26件(套);3级文物119件(套),一般文物3394件(套)。馆藏文物以出土文物和民俗文物、传世文物为主,类别齐全。重要藏品有关庙山类型大溪文化刻划符号陶片、黑竖条晕彩红陶圈足碗;春秋时期楚国宫殿建筑铜构件、徐太子伯辰鼎;战国巴式剑、越式矛、错银车軎;新莽铜砝码;东汉晚期画像砖;宋代堆塑魂坛;清代木雕挂巾架等。

对馆藏文物实施科技保护措施,2002年11月2日,南京博物院文物研究所专家来馆对馆藏错银戈樽进行药物保护处理。2004年12月30日,国家文物局批准枝江市博物馆《青铜器彩陶修复保护项目》的保护方案,对部分青铜器、彩陶器进行修复。2011年,进行全国重点文物保护单位青山墓群安防系统设施的实施,并着手馆藏古画修复的筹备工作。

按照《藏品管理办法》的相关规定,设置文物库房和特藏库房。馆藏一级文物由国家文物局“全国文物鉴定专家组”鉴定,二、三级藏品由省级文物鉴定委员会专家组鉴定。一、二级藏品已建立文物藏品建档备案和电子文本;藏品保管制度健全,账物相符、编目详明;库房内配备安全防火器材;更新文物橱柜架和设施。该馆现为三级文物风险单位,按照《博物馆安全保卫规定》和三级风险等级安全防护规定要求,馆内设置安全保卫科,建立健全安全保卫制度,做好安全保卫工作和环境卫生工作。设立3名保安员全天24小时负责安全保卫工作,在馆舍内外安装防盗监控系统和安装闭路电视监控系统,并与公安“110”联网,保障单位无特大安全责任事故发生。进行季度安全检查,保卫科继续发扬死看硬守精神,并配以110、电视监控、犬防相结合。2009年市博物馆与市保安服务公司签订保安服务合同,安排两名专职保安人员来馆上岗。严格交接班手续,安全值班和钥匙管理制度,谁当班谁负责,严防死守确保馆藏安全无事故,确保了自建馆以来的第21个“文物安全年”。

三、机构设置和管理

枝江市博物馆现有工作人员8人,其中专业人员6人,大专以上文化程度6人,高级职称1人,中级职称2人,管理机构健全,设有馆长室、办公室、财务室、文保业务部、藏品保管部、群工部、安全保卫科。枝江市文物管理所与枝江市博物馆合署办公,并兼管市文管会办公室的业务职能工作。

1989年7月11日,建立各项规章制度。2010年在进一步转变工作作风优化发展环境中,重新制定了《枝江市博物馆免费开放规章制度》、《文物藏品安全管理制度》、《消防安全管理制度》等八项制度,并将制度全部上墙,严格规范执行。文物保护工作的重点是防范文物犯罪行为,打击文物犯罪活动。围绕这个重点,为了保障文物保护工作行之有效,制订了《文物安全工作应急预案》，进一步规范文物安全事件处置程序。同时建立健全了《文物安全执法人员管理制度》、《馆藏文物安全管理制度》、《文物安全值班工作制度》、《野外文物安全保护和巡查工作制度》、《合同制文物保护员管理制度》、等各项规章制度，规范管理，照章行事。

努力为经济文化发展服务。按照省文物局的要求，立足现状，科学制定"十二五"规划。该馆根据本市文物工作的实际情况，科学制定了《枝江烽燧遗址抢救保护规划》、《枝江市博物馆历史文物陈列展览升级规划》、《董市老正下街建筑群抢救保护规划》、《枝江市文物保护环境达标建设规划》、《关庙山遗址环境整治规划》、《枝江市青山墓群保护规划》等6项"十二五"工作规划，为下一个五年工作定出了工作目标和发展蓝图。

专业技术人员担任国土规划文物保护与旅游开发的规划设计，应邀参加枝江市公益性建设项目评审会，先后在"一县一品"文化品牌创建、城南区改造、五柳树公园改造、滨江公园及沿江大道景观设计、新农村建筑、城市健身广场等设计方案评审会上，提出了关于文物保护、弘扬地方历史文化遗产方面的建设性意见。

开展"宜昌市爱国主义教育阵地"的阵地活动，重视未成年人思想道德建设，每年主动联系美术培训班的学生，各课题组的学生，把博物馆当作第二课堂，进行现场教学，接待了大中专学生、驻枝某部队、市委党校学员、实验中学及暑期学生和美术班、作文班学员参观学习。接待了枝江酒业、城管大队、市政府四大家等各部门来宾及观众。重阳节期间，专门为老年人活动服务。2010年共接待观众4.5万人。

为加强历史文化遗产的保护工作，加大文物保护工作的宣传力度，2008年8月11日，在《三峡枝江网》开通《枝江市博物馆》网页，通过网络向社会各界宣传《文物法》，宣传本市历史文化遗产保护成果。

枝江市博物馆1997年获"湖北省文化先进集体"称号；1999年1月被中共宜昌市委宣传部批准为爱国主义教育基地；2000年公布为"宜昌市中小学德育教育基地"；2001年获全省"十佳博物馆"称号和"湖北省文物安全保卫工作先进集体"称号；2005年枝江市被评为"全国文物工作先进县（市）"；2010年获得宜昌市"博物馆免费开放先进单位"称号和"宜昌市十佳文化单位"、"十佳文物保护单位"称号。打击文物犯罪活动、文物保护管理、免费开放等工作长期位于全省前列，多次作为先进典型推广，湖北省文物局、宜昌市文化局先后在枝江召开"全省县市级博物馆陈列展览工作座谈会"、文物普查资料整理等工作的现场经验交流会。

王昭君纪念馆

Wang Zhaojun Memorial Hall

馆　　长　李琼
地　　址　湖北省兴山县古夫镇昭君路10号
邮政编码　443700
电　　话　0717-2586991
传　　真　0717-2586901

隶属关系 兴山县文物局
性　　质 国有
建筑性质 仿古建筑
建筑面积 3000平方米
展厅面积 800平方米
占地面积 1550平方米

馆址环境　坐落在兴山县昭君镇昭君村(昭君镇西3公里处),面临香溪河,背倚纱帽山。

历史沿革　1982年4月2日　经县政府同意,下发关于成立"兴山县王昭君纪念馆"的通知。1984年12月10日,县政府办公室下发"关于成立兴山县文物管理所的通知",与王昭君纪念馆两块牌子,一套班子,合署办公。1985年10月1日,王昭君纪念馆正式对外开放,接待游客。2008年8月县文物管理所更名为文物局,王昭君纪念馆隶属于县文物局。

开放时间　全年开放(春节法定假日除外)

服务设施　停车场、纪念品商店、餐厅、旅游厕所、贵宾接待室、演艺厅、物品寄存等。

概　况

王昭君纪念馆始建于1982年,1985年正式对外开放。至1992年5月,圈地15500平方米,几度投资,已修复藏墨馆、石雕影壁、桃花潭、紫竹苑、抚琴台、梳妆台、娘娘泉、楠木井、昭君浣纱处等遗址,配之以观景长廊、昭君村村标等园林建筑风格的亭台楼阁,其建筑风格及装饰借以汉代手法表现,跌宕起伏,纤巧秀丽,雅致有趣。

在陈列展览中,借助于翔实的史料,真实地反映昭君出塞事实及其意义;紫竹苑内以历代名家录为主,记载历代浏览昭君故里、唱颂昭君出塞这一千秋不朽之伟业的诗词。浏览其间,莫不为之感慨万千,尤以称道的是汉白玉王昭君雕像,为1986年由内蒙古雕刻运回安立,传递着两个民族间的希望与寄托。

一、展陈、宣教工作

王昭君纪念馆自建成以来,主题陈列以王昭君生平为主要内容,展示王昭君的历史功绩。1991年重新更换陈列室版面内容,新辟紫竹苑、抚琴台、桃花潭,对梳妆台进行改、扩建。同年8月,王昭君纪念馆闭馆维修,投资55万元,恢复昭君浣纱处、村标、观景长廊、抚琴台、紫竹苑等13处遗址遗迹。

为配合展览,王昭君纪念馆印发出版各类图书、印制各种宣传资料5万余册。为了弘扬昭君文化,宣传昭君故里,充分展示兴山人文资源优势,王昭君纪念馆采取各种形式,利用各种新闻媒体对其进行宣传,先后主办、承办、协办多次大型活动。1983年9月协助湖北广播电视台拍摄《三峡情思》电视风光片;1986年2月配合内蒙古电视台、湖北省电视剧创作中心在香溪河边拍摄《王昭君》10集电视连续剧,组织挑选群众演员;1987年1月协助三峡电视台摄制组拍摄《昭君故里》风光片;1991年7月举办"首届'昭君杯'全国书画大奖赛",全国25个省市15个民族的900多人参赛,共征集作品1071件;1992年5月协助中央电视台"正大综艺"摄制组拍摄昭君故居外景;1992年10月抽调6人制作了"昭君村"灯展、"昭君别乡"彩船,在宜昌市举办"三峡艺术节"喜获大奖;1998年5月举办"昭君书画笔会",与内蒙古联合举办昭君文化研讨;2002年6月与三峡电视台联合拍摄"带您走进美人村"电视专题片;2003年6月协助央视七套"军事天地"荆楚行摄制组拍摄"昭君与和平"军教片,并在黄金时段播出。

王昭君纪念馆培养了一批稳定的高素

质的讲解队伍，并与时俱进，对讲解员进行双语讲解、才艺提升、礼仪规范等方面的培训。2010年，王昭君纪念馆选手代表宜昌市参加全省博物馆纪念馆讲解员大赛并获佳绩。

二、文物保管、征集和保护工作

王昭君纪念馆严格管理制度，规范藏品出入库程序，完善了业务档案，并积极面向社会各界征集相关文物，对馆藏文物按相关程序进行了鉴定、定级。先后选派多人赴内蒙古、上海、浙江、北京等地，征集昭君史料260件，图书近千册，并请名人题字百余幅。

自建馆以来，多次对馆内建筑进行维修加固，2008年底至次年初，县政府再次斥资100万对其建筑、园林绿化、安检消防等基础设施进行了维修改造，并对展陈文物进行重新布展。建立健全了文物管理制度，进一步加强了库房、展厅文物的保护环境监测工作，对各展厅不仅实行24小时监控，而且实行定人定岗定时巡查，对展厅温湿度状况、安监消防状况进行监测并作详细记录，确保文物不受损坏，安全问题万无一失。

三、机构设置和行政管理工作

王昭君纪念馆是隶属于兴山县文物局、国家全额拨款的事业单位。现有办公室、财务室、宣教部、安全部等部门。在传统的管理机制中，大胆尝试，对岗位设立、人员配备实行聘任制，广泛吸纳各类贤才，对在编人员和招聘人员进行优化重组，根据馆内现有人员情况探索出一条新的管理模式，得到了上级领导的肯定。并定期对馆内职工进行业务培训，采用请进来，走出去的方式加强与各级业务部门的交流与学习，使职工素质得到了大幅提升。

为了进一步加强规范化管理，建立健全了各项规章制度，并制定了一系列考评细则，对各部门职能及具体工作进行了细化量化，做到人尽其事、各尽其责。

四、社会服务活动

王昭君纪念馆参与各级各类活动数十次，社会影响力大大提高，接待党中央国家领导人多位，省市各级领导、各地博物馆、社会团体数千人次，接待各类媒体采访、拍摄数十次。

五、文化产品开发情况

1986年至1991年王昭君纪念馆先后开发有昭君像纪念章、昭君故里挂历；1992年至1995年先后开发有昭君故里手提袋、昭君梳、昭君镜、昭君折扇、昭君故里拐杖、昭君瓷像、兴山刺绣鞋垫、“昭君故里行”文化衫、“昭君故里风光”明信片等产品。近几年先后开发有昭君香帕、昭君纪念币、昭君明信片、昭君纪念邮票、昭君瓷盘、王昭君金箔画、昭君玉版画、水晶昭君像、昭君烙画、昭君故里泼沙画等具有代表性的昭君文化纪念品。

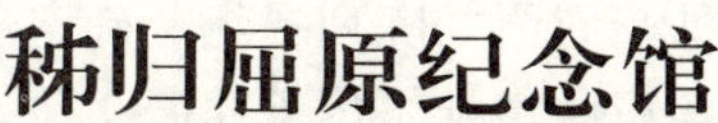

秭归屈原纪念馆

Qu Yuan Memorial Hall in Zigui

馆　　长　余波
地　　址　秭归县茅坪镇滨湖居委会凤凰山
邮政编码　443600
电　　话　0717-2888588

隶属关系 秭归县文化旅游局
性　　质 国有
建筑性质 仿古建筑
建筑面积 5800 平方米
展厅面积 2800 平方米
占地面积 23321 平方米

馆址环境　位于秭归县茅坪镇滨湖居委会凤凰山古建筑群。山体三面滨江，隔高峡平湖与举世瞩目的三峡大坝遥遥相对，区位优势独特。

历史沿革　1976 年，由于葛洲坝水利枢纽工程库区水位上涨，国家决定将位于归州屈原沱的老屈原祠迁建于县城东 3 里的向家坪，1979 年设立“屈原纪念馆管理处”，并获批准确定迁建后的屈原祠为屈原纪念馆馆址。1982 年屈原祠完成第一次迁建并对外开放。1997 年加挂“秭归县博物馆”的牌子，与纪念馆合署办公。2004 年成立“秭归县文物事业管理局”，与“屈原纪念馆管理处”、“秭归县博物馆”合署办公。三块牌子，一套班子。2005 年，国务院三峡建设委员会办公室《关于湖北省秭归县屈原祠仿古新建工程投资概算的批复》标志屈原祠的二次搬迁获得国家同意。2006 年，屈原祠仿古新建工程在秭归凤凰山开工。2010 年 6 月 16 日新馆建成并正式对外开放。

开放时间　8:30 — 17:00，全年开放时间 350 天。

概　况

秭归县屈原纪念馆是秭归地域综合性的博物馆。一方面承担着弘扬屈原精神，传承屈原文化的历史重任，另一方面负责秭归县域内的文物调查、征集、收藏、保管、研究、展示、利用等方面的作用。由于三峡工程建设水位上涨的影响，屈原纪念馆面临整体二次搬迁。自 1998 年开始，县委、政府从文物保护和旅游发展相结合的角度出发，将三面环水、面对大坝、居高临下的凤凰山黄金地带，用于集中复建秭归县库区包含屈原祠在内的 24 处重要文物建筑。2006 年 11 月 28 日，屈原祠仿古新建工程开工。2009 年 12 月，工程竣工。2010 年 6 月 16 日，仿古新建屈原祠完成基本陈列，并对外正式开放。

秭归县屈原纪念馆新址坐落在与举世瞩目的三峡枢纽工程距离 1000 米的茅坪凤凰山东麓，占地面积 23321 平方米，建筑面积 5800 平方米。主体建筑采用石木结构，由山门、前殿、大殿、配殿、屈原墓、享堂等组成，屈原墓、名人石刻、山门等均从原有建筑迁移而来。新屈原祠的装饰、灰塑、彩绘都继承了老屈原祠的地域特色和传统工艺。

一、陈列展览以及免费开放工作

1982 年秭归县屈原纪念馆正式对外开放前后，我们设计的基本陈列有秭归县出土文物陈列和屈原生平事迹展览，1991 年又增加历代名家咏屈原诗选和屈原作品书法碑廊两个陈列。此后，又举办过中共党史陈列、兵书宝剑峡悬棺葬陈列、首届屈原学术讨论会名家字画陈列、马年端午笔会名家字画陈列、秭归县第三次全国文物普查成果展等临时性陈列。2008 年开始，文物部门就开始谋划屈原祠仿古新建工程竣工后的布展工作，邀请屈学研究专家、文物保护专家和专业展陈人员组成工作专班，形成秭归屈原祠陈列提纲。确定展览主题为弘扬屈原精神，传承屈原文化。展览结构按屈原祠建筑布局，结合观展线路，分为四大板块。包括前殿、南部展厅、大殿和北部展厅。前殿为序厅，展示历代屈原祠修葺碑记和模型。南部陈列屈原碑刻作品、生平概要、时代背景、同期文物、作品主旨、研究成果等，展示屈原光辉的一生。大殿展陈屈原铜像、两幅大型壁画。突出祭祀功能。北部陈列全国纪念屈原建筑物、风土人情（端午习俗图片）以及墨宝字画、画像雕塑、影视作品、楚乐、古今名人题字或赞颂屈原的诗词等，突出屈原的影响。屈原祠北侧建屈原墓、享堂、神道等附属建筑。展品选择上注重展示秭归出土的与屈原同时代的文物，同时展示屈原作品的古旧图书，按作品中的部分内容制作实物。复原屈原遗迹遗物。辅以挂板、幻影成像、投影、碑刻的形式展陈。展览空间规划方面将屈原生平、作品及其对后世的影响作为重点进行布局，共有展览陈列室12个，采用连贯的走线布置，内外贯通，上下衔接。不仅设有展陈区，而且设置有观众互动区、参观表演区等。适当采用现代声、光、电高科技手段制成幻影成像，形象生动地反映屈原壮烈殉国之举。按屈原《天问》作品制作二十八星宿天体。复原"照面井"、"读书洞"等屈原八景，使游客如身临其境，同时也增强了游客的参与性、趣味性和娱乐性，让游客在轻松愉快的氛围中感悟到屈原文化的内涵。图文版面设计方面采用钢结构骨架、干挂砂岩板及机刨石作为主要的展墙，以钢板喷绘来展示主要内容，有效杜绝了屈原祠所处三峡地区气候潮湿原因产生的霉菌、虫蛀等现象。展览照明设计采用自然光辅助照明和绿色环保材料，通过材质色调、造型风格的区别，展现出各单元区域的鲜明特色。文物展区照明系统为防紫外线、红外线光源，照明热应与文物展示空间隔离；其他区域根据展品特点，主要采用三色光照明、集中照明灯形式。共安装各种灯具850余个。环境氛围设计着重于形、声、色等有形因素和历史的渊源、地域的特征等无形因素的合理搭配，运用空间、色彩、材质、造型、光、声音等陈列语言对氛围进行塑造，使用情景复原和隐喻象征的表现手法，让观众感觉是在真实空间中进行对话，比较容易接收文化信息。利用绿色环保材料，以逼真的场景、高科技的电子演示手段制作幻影成像、天幕苍穹、玻璃拼版、木纹拼花、竹简墙、青铜纹饰、电动示意图、大型背景照片、LED动态背光技术。另外，运用大型浮雕、硅胶像、CD互动墙、剧照墙、电子翻书系统、钢板喷绘、乐器演示廊道、感应音乐等现代手段，将现代手法与古典艺术相结合。最后确定国家建筑装饰甲级设计单位、一级施工企业雅虹展览装饰工程有限公司武汉分公司作为屈原祠陈列布展的施工企业。2010年6月16日，屈原祠陈列展览全面完成并正式对外开放。

二、文物征集工作

（一）文物征集

秭归县屈原纪念馆一直把文物征集工作作为日常工作的重点。征集的范围包括：历史文物、民俗实物、移民搬迁文物等多个方面。藏品总数为20138件。

1. 历史文物方面　秭归县近年来配合三峡工程进行抢救性发掘出土的历史文物，据不完全统计，数量在20000件以上。包括金器、银器、铜器、铁器、锡器、漆木器、陶器、瓷器、石器、玉器、竹器、鎏金器、动物骨骼等多个类别。馆藏文物中已鉴定的珍贵文物有40件，其中一级品4件、二级品12件、三级品24件。

2. 民俗实物方面　秭归县文物部门近年来多方筹措资金，已征集各类民俗实物800件。

3. 移民搬迁文物和照片方面。秭归是三峡工程库区第一县，许多有关三峡工程移民的第一次均发生在秭归，这些便构成了具有特殊意义的历史。比如三峡工程移民的第一次整体外迁,第一次对口支援,第一份搬迁合同等。包括各种照片，第一次搬迁使用的工具、印章、证书、手稿、录音、对口支援的实物等。都属于移民搬迁文物的征集范围。这是秭归的区位优势，其他的库区县无法比拟。先后征集各种移民搬迁文物数量在1000件以上。

4.通过举办笔会、书法比赛或特邀的形式获取藏品。1982年湖北省屈原学术讨论会在秭归县召开,来自全国各地200多名专家、学者、作家、诗人云集秭归,抓住机会为秭归屈原纪念馆留下一批墨宝。2009 年，特邀我国著名艺术家唐小禾、程梨先生为屈原祠大殿专门创作了《屈子远游图》和《端午祭归图》两副精美壁画。省文物局、省书法报社和秭归县政府组织了首届“屈原杯”国际书法大赛,全部参赛作品1万多件均由秭归屈原纪念馆收藏。

(二)文物保管

秭归县屈原纪念馆的藏品保管工作本着“保护为主,抢救第一、合理利用、加强管理”的指导方针开展。按照《藏品管理办法》的相关规定,馆藏一、二、三级藏品入柜保管,并建立文物藏品建档备案和电子文本;藏品保管制度健全,账物相符、编目详明。

库房内配备安全防火器材;更新文物橱柜架和设施。做好安全保卫工作和环境卫生工作。有专业保安人员全天24小时负责安全保卫工作，在馆舍内外安装防盗监控系统和安装闭路电视监控系统，保障单位无安全责任事故发生。进行季度安全检查,严防死守确保馆藏文物安全。

三、机构设置和行政管理工作

秭归县屈原纪念馆隶属秭归县文化旅游局，属于财政差额拨款的事业单位。与秭归县博物馆、秭归县文物事业管理局合署办公。内设办公室、财会室、发展股、业务股、屈原研究室等部门。

秭归县屈原纪念馆正式在编人员 15人,大专以上学历11人,中级职称14名,助理职称1名,专职讲解员1名,专职保安人员5名。行政管理实行馆长负责制。

秭归县屈原纪念馆自成立以来建立各项规章制度。2008年免费开放后重新制定了《秭归县屈原纪念馆免费开放规章制度》、《文物藏品安全管理制度》、《消防安全管理制度》等多项制度,并将制度全部上墙,严格规范执行。文物保护工作的重点是防范文物犯罪行为，打击文物犯罪活动。围绕这个重点，为了保障文物保护工作行之有效,制订了《文物安全工作应急预案》,进一步规范文物安全事件处置程序。同时建立健全了《文物安全执法人员管理制度》、《馆藏文物安全管理制度》、《文物安全值班工作制度》、《野外文物安全保护和巡查工作制度》等各项规章制度,规范管理,照章行事。

四、人才培养

在人才培养方面,一是利用上级部门举办各种培训班的机会，派人参与学习。秭归县屈原纪念馆先后派出 50 多人次参加“三峡地面建筑测绘培训班”、“三峡田野考古培训班”、“三峡库区文物修复保管人员培训班”、“三峡库区文物档案人员培训班”、“文物局(馆)长培训班”等。二是派人在各级各类学校博物馆或文物考古专业中进行系统进修。先后有2人次在武汉大学考古专业和复旦大学博物馆专业学习。三是采取业余教育,充分利用成人教育、业余教育、电化教育等条件,提倡并鼓励自学成才。秭归县屈原纪念馆有7人次通过此种途径获得大专学历。

四是采取以老带新的方式传授专业技能。

五、重要业务活动

1982年“湖北省屈原学术讨论会”在秭归县召开，来自全国各地227名专家、学者、作家、诗人云集，著名屈学研究家、教授汤炳正（四川）、魏际易（河北）、张震泽（辽宁），刘禹昌、胡国瑞、石声淮（湖北），姜书阁（湖南）以及《诗刊》主编严辰、作家徐迟，《文艺报》副主编唐因，《人民文学》副主编李清泉、省文联主席骆文、省委宣传部副部长吕庆庚、宜昌地委副书记马维清、副专员于修生、秭归县委书记肖云轩、县长陈天锡、农民诗人谭光沛等应邀出席了开幕式。会议历时8天，7月1日结束。端午节白天观看龙舟赛，晚上举行端午诗会，数十名作家、诗人、画家登台赋诗题字作画。5月，屈原乡农民谭光沛、杜青山、徐正端发起成立秭归县三间“骚坛”诗社。

2009年，参与策划实施了“屈原后裔寻访活动”。该活动从7月1日开始，共分三个阶段，历时近一个月，奔波八千余公里，寻访足迹遍及九个省市。路线包括湖北、四川、陕西、安徽、湖南、江西、河南、重庆等省市。寻访中发现了十二处屈原后裔集中居住的村落和有关屈原的夫人及四个儿子的记载。寻访组在邓小平的故乡四川广安发现了一块“三闾遗风”古匾；在陕西耀县考证得出“药王”孙思邈是屈原的后裔。寻访屈原后裔活动取得圆满成功。

参加或承办历年秭归举办的端午诗会。突出纪念诗祖、弘扬屈原精神的大主题。2010年屈原故里端午诗会就邀请有台湾著名诗人余光中、萧萧，同时也邀请了全国各地著名诗人流沙河、李元洛、叶延滨、王家新、杨晓民、于坚、韩东、杨黎、张执浩、汪国新、祁人、洪烛、梁必文、刘益善、谢克强、田禾、周占林、李鲁平、贾兴安、华万里等。来自台湾、香港、澳门、国内的各大媒体50多家对端午诗会进行了采访报道。

长阳土家族自治县博物馆

Changyang Tujia Autonomous County Museum

馆　　长　罗建平

地　　址　长阳土家族自治县龙舟坪镇秋潭路二号

邮政编码　443500

电　　话　0717-5322762

隶属关系　长阳土家族自治县文化体育局

性　　质　国有

建筑性质　仿古建筑

建筑面积　2200平方米

展厅面积　2100平方米

馆址环境　坐落在县城清江路与秋潭路交会处，清江由南而过，北临地税局，西边与县民族宗教事务局隔路相对。

历史沿革　长阳土家族自治县博物馆于1986年1月正式成立，1993年，修建了既具有民族风格又有仿古特色的陈列大楼，是一家集收藏、陈列、研究于一体的综合性博物馆。1994年对外开放，2000年在县城中心广场开设文物展览馆，2008年向社会对外免费开放。

开放时间　8:30—17:00，全年开放时间为350天。

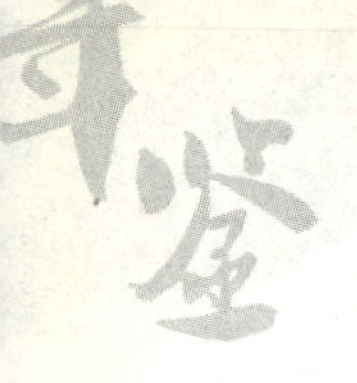

概　况

长阳土家族自治县博物馆坐落在县城龙舟坪镇清江路与秋潭路交会处，美丽的清江从南边缓缓流过。是一家集收藏、陈列、研究于一体的综合性博物馆。1986年1月成立，1993年新馆落成，次年对外开放，2000年开办广场文物展览馆，2008年正式对外实行全部免费开放。全国人大副主任廖汉生和著名书法家李铎为馆提名。

长阳土家族自治县博物馆兼负全县地上地下文物保护工作。经过第三次全国文物普查，全县共发现文物点596处，其中新增文物点522处，文物点总数位居全宜昌市第一。长阳博物馆有固定展厅、库房、标本室、修复室，2000年在县城中心文化广场又开设一个文物展览馆。现有业务用房面积2360平方米。其中展室四个，面积近2100平方米，文物库房面积270平方米，修复室70平方米。2009年对陈列大楼进行维修，内部设施全部更新，外部环境整体改造，博物馆面貌焕然一新。

一、陈列展览以及免费开放工作

长阳博物馆建馆二十年来，先后举办了“知我长阳党史展”、“八百里清江风光摄影展”、“清江奇石展”、“建国五十周年成就展”、“香港回归百年大型大图片展”、“文化名人展”、“湖北名人书画展”、“红岩魂展”、“清江文化笔会—名人书画展”、“清江流域考古获重大成果展”、“民族民间文化保护成果展”、“非物质文化遗产展”以及“馆藏文物展览”等，通过举办这些展览，大大激发了人们的爱国热情，取得了显著的社会效益，受到了各界好评。

2008年3月，长阳博物馆正式对外免费开放，制定和完善了陈列讲解工作管理制度、讲解员工作职责、保卫人员工作职责；向社会公示了服务项目、开放时间、参观须知等内容；年、周、日开放时间分别达到350天、7天和8小时以上，并对观众进行了登记。为认真贯彻落实中宣部等四部委《关于全国博物馆、纪念馆免费开放的通知》精神，强调博物馆作为国民教育机构的公益性，实施“文化惠民”政策，一是加强管理，制定切合实际的目标管理责任制。二是提升服务，以适应现代经济社会发展需要和满足观众参观需求，对现有基础设施实施进行维修，2009年投入资金100多万元对博物馆陈列大楼进行整体维修，重点完善馆貌、展厅、卫生、休息、寄存、咨询、标识所需的设施设备，形成规范配套的服务系统，为观众参观提供良好的硬件服务环境；以拓展陈列内容和改进陈展方式为手段，对现有陈列布展实施完善，2009年新布置“文化长阳展”和“名人书画展”。深度挖掘文化内涵，创新陈展手段，增强知识性、趣味性和互动性，为观众参观提供优秀的文化产品。以构建完备的安防体系和消防体系为重点，对现有设施进行改进，完善关键部位的安防监控，制定安全应急工作预案，为观众参观提供安全保障。以强化服务意识和提升服务水平为目标，对现有服务功能实施提升，补充服务力量，加强岗位培训，建立服务标准，为观众参观提供便捷的服务。

自2008年以来，进一步加大宣传力度，通过广播、电视等媒体进行了广泛宣传，并在“5、18”国际博物馆日和文化遗产日期间，举办图片展览进行宣传，让更多的人走进博物馆。通过举办了展览，为弘扬民族文化，让人们认识长阳、了解长阳起到了积极作用，有力地推动了社会主义精神文明建设。

二、文物保管、征集和保护工作

（一）馆藏文物

长阳博物馆藏品管理本着“保护为主，抢救第一、合理利用、加强管理”的指导方针开展各项工作。按照《藏品管理办法》的相关规定，馆藏一、二、三级藏品入柜保管，并建立文物藏品建档备案和电子文本；藏品保管制度健全，账物相符、编目详明；2011年即将启动一般文物的资料整理。

库房内配备安全防火器材；更新文物橱柜架和设施。做好安全保卫工作和环境卫生工作。有专业保安人员全天24小时负责安全保卫工作，在馆舍内外安装防盗监控系统和安装闭路电视监控系统，并与公安“110”联网，保障单位无特大安全责任事故发生。进行季度安全检查，并配以110电视监控、犬防相结合。严防死守确保馆藏文物安全。

长阳博物馆通过收购、考古发掘、征集等途径获得各类文物6163件(套)，其中珍贵文物124件(套)。尤其以青铜云雷纹猪形磬最为著称；錞于、编钟、铜牛等近百件青铜文物和一批战国、汉代铁质文物，早期巴文化文物以及大量民族文物，形成博物馆藏品特点，这批文物不仅为研究早期巴文化和春秋至战国时期楚文化提供了珍贵的实物资料，而且对研究长阳土家族民俗文化有着重要意义。

随着藏品的数量和品种不断增多，文物保护工作亟待加强。长阳博物馆于2006年向国家文物局申报了馆藏文物抢救保护项目。2007年得到国家文物局批复，2011年启动实施。

(二)不可移动文物

1956年，长阳大堰钟家湾发现了“长阳人”化石，在全国引起了轰动。自此，长阳文物干部在长阳进行了多次文物普查，二普后长阳有74处文物点入选《中华人民共和国文物图集·湖北卷》。2008年9月至2009年12月，长阳博物馆第三次全国文物普查小组人员根据国务院《关于开展第三次全国文物普查的通知》和统一部署，普查人员使用GPS卫星定位、测距仪等现代科技手段对全县进行文物普查进行资料采录，调查11个乡镇154个行政村，共调查文物点522处，并对原文物点进行了复查。摸清全县现有文物点596处的家底，其中新增点522处。新发现的丁母覃氏墓入选《2009年第三次全国文物普查重要新发现》。各文物点的标本已收为馆藏品。

三、机构设置和行政管理工作

长阳博物馆隶属长阳文化体育局，属于财政全额拨款的事业单位。内设两部两室，即办公室、财会室、安保部、群工部、文保部等部门。

长阳博物馆正式在编人员13人，大专以上学历10人，副高1名，中级职称5名，助理职称5名，专职讲解员3名，专职保安人员3名。行政管理实行馆长负责制。

长阳博物馆自成立以来建立各项规章制度。2009年免费开放后重新制定了《长阳博物馆免费开放规章制度》、《文物藏品安全管理制度》、《消防安全管理制度》等八项制度，并将制度全部上墙，严格规范执行。文物保护工作的重点是防范文物犯罪行为，打击文物犯罪活动。围绕这个重点，为了保障文物保护工作行之有效，制定了《文物安全工作应急预案》，进一步规范文物安全事件处置程序。同时建立健全了《文物安全执法人员管理制度》、《馆藏文物安全管理制度》、《文物安全值班工作制度》、《野外文物安全保护和巡查工作制度》等各项规章制度，规范管理，照章行事。

四、博物馆学科研究

近几十年来，长阳的文博事业取得了丰硕的成果。1994年11月，省博物馆研究员王善才及县博物馆副馆长张典维撰写的《湖北清江流域考古获重大成果》，在《中国文物报》头版头条刊登。次年在《文物》(1995)杂志第9期发表。1998年6月，“全国民族文化工作现场会”在长阳召开，县政府顺时举办了《中国早期巴文化——长阳香炉石遗址的发掘与研究》一书发行会。该书由湖北省博物馆研究员王善才主编，9月由中国科学出版社出版。2004年10月，《清江考古》、《清江流域古动物遗存研究》、《清江考古掠影及出土文物图录》等三部清江考古文献正式出版。

宜都市正国民俗博物馆

Yidu Zhengguo Folk Customs Museum

馆　　长　刘正国

地　　址　宜都市陆城街道办事处红春社区一组(宜都市红春民俗文化村内)

邮政编码　443300

电　　话　0717-4840825

传　　真　0717-4842453

电子信箱　liu6135117@tom.com

隶属关系　宜都市陆城街道办事处

性　　质　民办

经费来源　自筹资金

建筑性质　砖混、框架

建筑特点　清代徽派民居建筑风格

建筑面积　总建筑面积3400平方米

展厅面积　3100平方米

占地面积　5466平方米

馆址环境　博物馆平面布局呈正方形，北面为大门，由北向南依次为民俗博物展览馆楼、精品展厅、办公楼等组成。

历史沿革　2008年8月，宜都市正国民俗博物馆正式立项。2008年10月，宜都市正国民俗博物馆破土动工。2009年12月，宜都市正国民俗博物馆正式对外开放。

开放时间　上午8:00—12:00

下午2:30—5:30

服务设施　观众存车棚，存包柜，休息椅，饮水处，纪念品销售处，电子触摸屏、展览文物电脑查询系统，公厕等。

交通状况　公交线路，7路宜都市红春民俗文化村下车，向里走200米即到。

概　况

宜都市正国民俗博物馆于2008年开工建设，2009年正式注册成立，12月对外开放，占地面积5466平方米，总建筑面积3400平方米，展厅面积3100平方米，总投资3000多万元。

一、馆舍概况

整个建筑为清代徽派井院式结构，高低错落。布局为正方形，坐南朝北，三面环水，由北向南依次为民俗博物展览馆楼、精品展览馆楼、办公楼等组成。所有的门窗、木制栏杆、檐角、基石都是收集的古旧物，古色古香。并运用了大量的旧石磙、石磨铺制成护堤和道路，既节约了成本，又富有浓厚的历史底蕴和文化气息。

二、展厅设置

正国民俗博物馆共分为15个展厅及一

个精品展馆。现已布好一期展厅15个，包括宗教文化展厅、红木家具展厅、土家家具厅、兵器展厅、木雕展厅、石雕展厅、鸦片用具展厅、土烟用具展厅、状元文化展厅、古字画展厅、精品床展厅、清朝官方用品展厅、绣品展厅、巴人满顶床展厅、清江渔猎用具展厅。主要采用现代大通柜，人工照明方式，每个展厅辅以配合主题的前言，壁画和辅助展品。二期精品展馆的六个展区，包括"文革"文化展区、瓷器展区、陶器展区、青铜器展区、钱币展区、杂件展区，现正在施工布展中。

三、藏品征集、管理和保护

正国民俗博物馆收藏万余件民俗文物，主要为收购、捐赠，已登记的藏品数共有1800件，经过文物专家鉴定的一级文物有2件，二级文物10件，三级文物20件，一般文物1768件，未登记藏品1万余件。馆内藏品分为木雕、石雕、古典家具、陶器、瓷器、"文革"物品、绣品、杂项等八大类，包括明清时期鄂、湘、黔的木雕家具、民间服饰、挑花织锦、银器饰物、字画、陶瓷器、玉器、钱币等独特精美的生产生活用具、民俗用品、文艺及宗教祭祀用具，还有大量"文革"时期的用品等等，其中主要包括土家雕花滴水床、皇宫镂空雕花妃子床、大型孔雀开屏根雕、明代晚期瓷器（百鸟朝凤大罐）、杨守敬文房盒、乾隆官窑碗（万寿无疆）、青花大罗汉（名家魏洪泰作品）等。

长期的陈列内容为"宜都市正国民俗博物馆民俗文化精品展"，展览面向社会免费开放。陈列总面积1500平方米，展陈文物1000余件。

馆内建有专门的文物库房，文物保护修复、整理室并配备相应的保护设施，按《藏品管理办法》规定对文物进行保护管理。目前，一、二、三级已建立藏品管理数据库系统，一般文物数据库管理系统建设已经启动实施。文物修复已开始对部分石器、陶瓷器、书画进行保护工作，库房设有温、湿度计，文物架，柜等，全馆设有安防、消防系统，保卫工作已实现保安化。馆内保卫科负责24小时值班执勤工作。

四、免费开放工作情况

正国民俗博物馆全年免费开放350天、每周开放7天、每日开放8小时，自开馆以来免费参观总人数达25万人次以上。

车溪农家博物馆

Chexi Peasant museum

馆　　长　邓乐之

地　　址　宜昌市夷陵大道156号物资大楼四楼

邮政编码　443003

电　　话　办公室:0717-6488626
景区:0717-7884167
0717-7884063

传　　真　0717-6488626

网　　址　http://chexi.net

电子信箱　chexifengjingqu@sina.cn

隶属关系　宜昌车溪旅游开发有限责任公司

创建时间　2001年9月7日

性　　质　国有

建筑性质 老式建筑
建筑面积 1500平方米
占地面积 15000平方米

馆址环境 农家博物馆坐落于国家4A级景区，湖北省休闲农业示范点，湖北省“十佳景区”、“新三峡十景”的车溪土家民俗旅游区土家山寨境内。

开放时间 8:00—17:00

服务设施 停车场、茶座

交通状况 自助游由宜昌城区乘坐海通—车溪客运车，再乘坐景区交通车至土家山寨；自驾游可由夷陵长江大桥—翻坝高速—车溪互通下—车溪景区或夷陵长江大桥—江南大道—点军区朱世街—323省道—车溪景区（有指示路标）

概 况

农家博物馆隶属于宜昌市车溪旅游开发有限责任公司，是车溪土家民俗旅游区，景区最核心的展览中心，景区设有办公室、工程部、导游部，全面负责对农家博物馆的直接管理，农家博物馆的工作人员由公司统一管理。目前农家博物馆有一室一部，即馆办公室和陈列部，主要对博物馆陈列部进行管理和处理日常事务性工作；公司指派直接负责人1人，负责博物馆全面工作；解说员1人，负责对参观人员进行讲解；安保人员2人，负责博物馆的各项安全管理工作。

农家博物馆经过两次规划建设，第一期农家博物馆依照早期车溪人居所样式而建，有堂屋、卧房、客房、厨房、农具房、库房、磨火药坊、纺织坊、榨坊、铁炉坊等展厅组成，分别成列车溪先民劳耕嫁作和先民起居之用品。第二期建筑主要是依照清代民居建设风格，增加早先富贵人家的居住、文坊、接待、举办重大活动等场所，增设土家摆手堂。二期建筑于原博物馆左右相邻、内部贯通，融为一体。规划占地面积15000平方米，建筑面积1500平方米，展厅15个，面积1200平方米，文物库房150平方米。建筑特点：采用清代民居“四水回池”的小天井屋形式，房屋结构为砖木建筑，覆盖青瓦，建筑布局以一字排列为主，构有两个天井，20间房屋，整个房屋高低错落，楼台重叠，外墙建筑突檐翘角，正门上方墙壁普用浓墨喷边镶嵌四字横额“耕读为本”，突出清明时期的建筑风格。

一、展陈工作

博物馆2001年9月面向大众开放，展出巴楚先民劳耕嫁作和生活起居用品30余类，3800余件展品。展品陈列按照车溪先民劳耕嫁作和生活起居之用品，分别为：堂屋（前厅）展品；卧房展品；客房展品；厨房展品；农具房展品；刺绣展品；腊染展品；纺织展品；磨坊展品；榨坊展品；铁炉展品；禾场展品等。所收集展品均为宋、明、清时代和现代农村所使用的农耕及生活用品。展品采用实物和文字图片陈列展出，对大件展品采用动态实景悬挂、平地摆放，小件展品存放于玻璃柜台展出。还对主要展品用照片及文字说明给予展出。参观展品一般由农家博物馆讲介员介绍，对旅游团队一般由景区导游员进行详细讲解。

二、文物保管、征集工作

藏品来源主要通过请专家、派专人、踏遍三峡地区；踏访长阳、五峰、兴山、恩施、巴东、宜昌等边远山区，行程近万里而收集、捐赠等途径取得。到目前为止农家博物馆已收集展品8600多件。车溪农家博物馆收藏的展品分为传世文物。他为经济社会发展研究、为传承、保护土家民俗文化提供了不可或缺的实物依据。

目前农家博物馆主要的展品有以下几大类：

1.堂屋　堂屋是车溪农家的正屋，它既是宾客的第一落座处，也是祭祀、婚嫁、喜庆等活动举行典礼仪式的场所。

在堂屋里墙的中间，陈设神柜神龛，两边各置一个春台。屋内左右墙边各放四把太师椅和两个高茶几。屋中摆放一张或两张大方桌。这些物品都用木雕装饰，寓意广泛，典雅堂皇。

车溪人受古代神话和佛道儒诸家影响，在神龛内供奉赵公明、观世音、孔丘塑像和祖宗牌位，希望能保佑自家招财进宝、平安吉祥。

2.卧房　卧房是人们睡觉的地方，车溪人叫房屋。主要用品为木床、衣箱、梳妆台、净桶等。

卧房的用品十分讲究。木床多为雕刻精致的连檐架子床，车溪人叫"滴水床"，正面设四柱门框，门框和门楣上方悬置的横檐都分别雕刻"喜鹊闹梅"、"松柏常青"、"鸳鸯戏水"等吉祥如意图饰。有的雕刻三层、五层横檐，分别称为"三道滴水床"、"五道滴水床"。卧房内各种物品都有不同特点的雕刻，样样精美。被褥多为粗蓝白布，或蜡染印花，或手工刺绣等。

卧房的装饰及其雕刻，喜庆华丽，寓意祥和，是休闲逸养的居室。

3.客房　车溪人又称火垄屋，既是来客休闲的场所，也是居家生活的组成部分。

客房内有固定的烧火取暖的土石火垄，中间吊着烧水的炊壶，并备有各种烟具、茶具等。冬季，车溪人在这里烤火取暖；平时，人们在这里烧开水，煨罐儿茶，对贵客和年长者则奉上盖碗茶，主客在一起品茶吸烟，一边聊天，是一个不拘大礼，日白打牌的休闲场地。

4.结绳计时　车溪人将植物的皮特殊处理后，制成纤维麻绳，每均匀燃烧一节为一个时辰，以便于安排劳作的生活。此法直到旅游开发前部分车溪老人仍在使用。

5.火捻　火捻是车溪人击石取火的用具，由火捻纸、铁块和含微量金属元素的石块组成。火捻纸为竹质粗纸，卷成圆筒燃烧，熄灭后保存炭灰，取火时，将圆铜炭灰处靠近石块，铁块撞击石峰，磨擦产生高温致使石屑成为火星，飞溅到纸炭上着火。

击石取火比钻木取火更易于操作，它在人类文明史上具有重要意义。这种取火方式在车溪延续了几千年，直到旅游开发前仍有部分年长的车溪人习惯使用此法取火。

6.火药　火药是中国古代四大发明之一，源于车溪所处的长江中游。

车溪人制造火药的原料主要为三种：一是石灰岩溶洞内自然风化生成的硝酸钾结晶体，也叫硝芽，或者使用含有硝酸钾成份的泥土，经注水溶解出含硝酸钾的液体，再经煎熬蒸发水份后得到硝酸钾晶体；二是选用木质松软的树木烧制成的木炭；三是自制或购置的硫磺。这三种原料分别碾成粉末，按一定的比例拌和均匀就构成具有爆炸力的火药。人们利用火药放炮炸石头，供土铳打猎，制作鞭炮等。这种制造和应用火药的方法一直沿袭到现在。

车溪风洞内还残存有古代提取硝酸钾的大型土石过滤台，是研究火药发明、制造、应用的实证。

7.厨房　厨房，车溪人称灶屋。主要设施在自然抽风的单锅灶台或双锅灶台、水缸、水桶、甑子、蒸笼、碗柜、吊锅等炊具和餐具、酒具等。

车溪人用简单的设备，能够制作出可口的大米饭、苞谷饭、懒豆腐、苞谷粑粑等。能够进行蒸、炒、扣、炖、煎、炸，调制出花样繁多的美馔佳肴。

8.纺织坊　纺织坊，也称布坊。是纺线织布、织袜之处。主要设备是一张弹花弓，一架纺线车，一台竹木制织布机，一台半机械织袜机，一台锅灶，一方脚踏碾压石。

纺织原料主要为棉花。在自给自足的经济时代，人们自己生产棉花，用牛皮筋木弓弹去子粒，手工揉搓成棉条，再纺成纱线，织成白胚布，然后利用天然植物和矿物染料加温着色，碾压平整成为可应用的布料。纺织苎麻、蚕丝的方法与棉花基本相同。

9.榨坊　榨坊也叫油坊。主要设备是大木榨、槽碾、蒸甑、炒锅等。

植物的种子如芝麻、菜籽、花生、桐籽等都含有一定的脂肪，通过加工可以获得油质。首先要对油脂原料通过炒干后碾碎或碾碎后炒干去掉水分，使原料中的蛋白质易于溶解，再用甑锅蒸透，利用铁圈包压成薄饼，放入木榨的框内，用木楔子夹紧，再用撞杆撞击楔子挤压出液体油质。

这种古老的榨油方法，已由现代机器取代，“车溪农家博物馆”收存的木榨，给人类社会保留了先民们生活历史的见证。

10.砻子　砻子有石砻子和木砻子两种：

石砻子状似中型石磨，砻齿较钝，上部空阔如斗，容量较大，进料较多，用来碾压稻谷、黍子、粟子等谷物，使之完全成为米粒，还可用米碾压包谷使之成为小米粒，便于食用。

木砻子状似石砻，使用坚硬的粟木板镶嵌齿轮组合制成，进料容量较大，压力较轻，碾压稻谷脱壳、米粒完整。

石器、木器加工谷物的方法已经成为永远的历史，留下这些实物也就留下了人们生产生活进步的史实。

11.磨坊　用石磨将粮食碾碎磨成面粉的作坊称磨坊。车溪人根据不同品种的粮食、不同需要的成品制作了多种石磨。

磨坊的工具主要是大石磨。这种磨，盘大磨重，转动石磨有三种方法：一是安装磨担子，人工绕磨步行推动；二是用上牛、马拉动；三是连结水车用水力带动。还有双手推拉手磨，磨盘较小，一人或两人推拉，一人加料即可。单手推拉小石磨，完全由一个人操作，边推边加料。还有的使用秋碾加工面粉，人力或畜力作动力均可，既可使谷物去壳，也可磨成面粉。

现在，古老的石器已经被淘汰，谷物加工已由现代化机器所替代，磨坊作为历史的见证物走进了“车溪农家博物馆”。

12.农具房　农具房内存放着耕种土地的工具，车溪人将农具统称为“农具家业”。

车溪人世代以农为本，在千百年的农事活动中，制造和使用过多种多样的劳作工具。随着社会的进步，科学技术的发展，农事工具不断改进和提高，传统的主要工具，已被现代化机械替代。

农家博物馆展示了一些农事活动用具，可以让后人见识流逝的岁月，了解农业生产进步的历史。

13.龙禧　龙禧是过去车溪有钱人家测试手气和财运的器物。传说当您手净心诚时，双手于左右铜柄磨擦而有水珠溅起，水珠溅起越高时，您的财运越旺，有时盆中波纹水珠呈龙腾状，人们认为，有喜降临，故称“龙禧”。

龙禧，铸造精细，厚薄均匀，古典优雅，当您将手和铜柄洗净后，磨擦产生共振，盆中水珠飞花沸腾，跳跃，并发出动听声响，场面蔚为壮观。

14.青篷　青篷是车溪人使用铳猎取山林中雉鸡、锦鸡等野鸡的掩体。

雉鸡、锦鸡等野鸡习惯于雌雄成对固守在一定的山岭生活，当别处的雄鸡来临，原地雄鸡则亲近会晤。据此，猎人携带青篷进入山林，在青篷处插有许多青树叶伪装隐蔽，从蓬孔中架好铳，将家养的野鸡安放在篷后的竹篮内鸣叫，原地野鸡闻声赶来，猎人在射程以内就可准确的射击猎获了。

15.铁炉坊　铁炉坊是制造铁器的手工作坊，车溪人叫铁匠铺。主要设备是炼铁炉、铁砧子、木风箱、铁锤铁钳、水缸等。

古时候，车溪人自己采矿，用土炉燃烧木炭或煤炭冶炼出小铁锭，再将铁锭放在较小的台式炉中边烧边锤，使之成为不同形状的铁器。土炉制铁器主要为镰刀、斧头、挖锄、薅锄、钉耙、铁耙、犁、耖等农具和锅、铲、剪刀、钉子等生活用具。历史上也曾加工制造铳、炮、大刀、长矛等武器。

16.罗柜筛　罗柜筛也叫罗柜。车溪人过去加工面粉，习惯使用罗柜筛筛出糠麸和粗颗粒，滤下的就是优质面粉。

罗柜筛是用木板制作的一种柜，在柜内用四根绳子吊着一个长方体的平面筛，筛子用木板做框，用茧丝或特别制的棉麻线纺织筛网，筛框连结一个木柄，从柜的一侧伸向柜外套到一根活动杠杆上。操作人员双脚踏在活动杠杆上左右踩动，使木柄撞击固定在地面的木桩，筛内粮食粉末左右翻动而筛出面粉。为保证筛滤均匀，并分散注意力，减轻疲劳，车溪人总结了两种罗柜号子：“对、对、对半过，先买驴子，后买磨”和“打、打、罗柜打，先买驴子，后买马”。其踩踏节奏为：“左、左、左右左，左右左右，左右左”。

罗柜为全封闭筛粉，避免了粉尘飞扬，比双手端筛功效高，是手工筛面粉的进步。

17.刺绣　车溪人的刺绣工艺原来广泛应用于头饰、服饰、巾帕、卧被、枕头、枕帽、钱袋、荷包等日常生活用品。面料多为红、白、黄、兰、青等单色棉布，采用棉线或丝线刺绣花鸟、人物、图景或文字。

刺绣的方式有先行绘图，再用彩线密织成完整的图形。也有不经描图，全凭清点经纬数目网刺。此外，还时兴粘花饰物，先描图，再剪彩料，最后粘贴组合。

刺绣饰物题材十分之广，有神话传说、历史典故、民俗风情、自然景致、吉祥图文等。

刺绣是车溪人爱美观念的表现，艺术生活的展示，一定社会历史的写照，也是人们对美好生活的向往和追求。

本馆展示的刺绣物品只是沧海一粟，历史上五彩缤纷的刺绣物品已不复存在，刺绣传承人也越来越少。希望优秀的民间刺绣工艺随着时代的进步继往开来，发扬光大。

18.土地庙　土地庙源于远古人民的土地崇拜。

土地是古人衣食住行赖以生存的基础，人们敬重土地，视土地为神祇。随着人类社会的发展，抽象的大地之神被逐渐人格化，称为土地公、土地爷或土地神，并建造小庙供奉，冀望衣食富足、吉祥平安。

人们建造土地庙供奉土地神，是历史的社会性精神现象和文化现象，也是历史的动态的民间信仰和民间习俗。

19.山炮　山炮选用上等的花梨木，请木匠雕刻而成，对木材的要求非常的严格，直径在三尺五寸粗的圆木中间镂空，在顶端钻四个孔排成十字架状，下端留有一个栓柱，并留有两孔，炮柱上还有三个眼孔，用来放火药线，车溪人将自制火药灌入火花眼中，插上引线，点火便可爆炸，产生巨响。

车溪人用鸣礼炮来迎宾客，一般为三响，轰隆隆的炮声叙说着车溪人丰裕、滋润的日子，也表达了他们对远方的来客纯朴、自然、真挚的情感。

20.造纸作坊　造纸术是四大发明之一。

车溪沿河两岸原有古造纸作坊十六家，现仍存两家。车溪造纸就地取竹为原料，用水车带动石碓将竹子砸破，用石灰水浸泡三月半年去除竹子的胶柔质，留下竹纤维，用水动力机械转动大石碾压成纤维粉末，注水搅拌成纸浆，再用竖帘在水中端筛均匀出水干燥成纸。

车溪造纸始于何时,一是纸坊引水落差处的钟乳石化验距今已有近千年历史，二是车溪纸坊流程中动力的横向传动及使用水车,吊盘广泛应用于北宋时期,其使用的抄纸器是宋时流行的竖帘,因此,车溪造纸坊建于北宋时期。

21.土陶作坊　土陶作坊,在车溪又叫“窑场”其产品称为“窑货”,陶坊生产设施主要是泥土与发丝制成的惯性转盘和烘烧产品的土窑。土窑分为两种，一种是扇子窑用土砖在地面上砌成穹形的拱窑；另一种是奔窑,也称串窑和龙窑,是在直线坡地上用砖砌成的从坡下延伸的半圆拄拱窑。

陶艺又称“玩泥巴”,在欧美已成为少年儿童的必修课。在我国传统的陶器制作工艺已经消亡,恢复土陶作坊,除了能满足人的触觉感受外，还能培养其空间想象能力和动手能力。

寓教于乐,温故知新,将昔日艰苦的劳动化作有益身心健康的消遣活动，不仅是中小学生生态科普旅游的需要，更是人们重拾野趣,返璞归真的必然。

22.槽坊　巴楚先民槽坊酿酒,采用粮食，水果等含淀粉糖类的物质为原料。首先,用谷类或其他药用植物混合制作酒曲。然后将酿酒原料蒸煮熟化，经散热到适当温度,拌入一定比例的酒曲,盛入大缸内密封,再经发酵产生乙醇,最后蒸馏出酒。

中国是世界上造酒较早的国家,据甲骨文记载,中国造酒已有五六千年的历史,但蒸馏酒兴于唐而盛于宋并传于后世。巴楚地区酒历史悠久,传承现在已有新的发展。

“故土园”槽坊酿酒，运用传统工艺流程,选用本地高梁、玉米为原料，取车溪天然矿泉配制，无工业污染，无配方勾兑，酒味清香,纯正甘美。

23.扎染　扎染是我国传统的染色印花方式之一。

它是用线把织物扎起来,或将线穿入织物,把织物缝成一定的绉壁,抽紧,钉牢,使织物不易上染,产生“空白”,从而形成花纹,然后再染,染成的花纹千变万化,色彩斑斓,而且能产生神奇、朦胧的梦幻效果。传统的扎染使用的染料一般为植物性的，如蓝草、茜草、红花和黄栀子等。在染制过程中先在锅中加入适量五倍子,为防止褪色,然后加入少许食盐,使其色彩固定,待水烧开20分钟后,加入少量的醋,使之增加光泽度。

车溪风景区为深入挖掘我国民间传统手工技艺，收集整理了一套民间扎染技法加以推广,使广大青少年在游兴之余,亲手参与扎染制作，从中体味劳动的乐趣和这一民间技艺的奇妙所在。

上述展品极大了丰富了景区人文历史文化,让游客回味过去,体验当时农耕带来的乐趣。而且农家博物馆的建筑建设、展品收集都是由车溪旅游开发有限责任公司投资成立的,公司为其付出了很大的心血,同时也成为车溪的文化核心。

三、文化产业、文化产品和经营情况

农家博物馆作为车溪民俗风景区的景点之一，是车溪民俗文化发展与传承的一个展示平台，通过农家博物馆的土家民俗文化表演、展品展示和农具体验,让游客感受土家文化底蕴，同时也提升了车溪景区的文化内涵，让景区成为一个有文化传承的景区。

博物馆从2001年9月开始至2011年6月止,共接待中外游客二百多万人,现已成为省内旅游接待的重要单位。

潘家湾土家族乡民俗文化博物馆

Panjiawan Tujia Nationality Folk Culture Museum

馆　　长　李福荣
地　　址　湖北省宜都市潘家湾土家族乡石林路 134 号
邮政编码　443309
电　　话　办公室:0717-4735478
预约参观:0717-4735478
传　　真　0717-4735088
电子信箱　1398538812@qq.com
隶属关系　宜都市潘家湾土家族乡人民政府
性　　质　国有
建筑性质　砖混
建筑面积　总建筑面积 1924 平方米
展厅面积　900 平方米
占地面积　2450 平方米

馆址环境　潘家湾土家族乡民俗文化博物馆坐落于宜都市潘家湾土家族乡集镇,东临政府办公楼、派出所,西临民族一条街,南临鸦来线渔洋一级公路,北临农户林地。

历史沿革　2008 年 3 月,潘家湾土家族乡党委、政府决定在乡综合文化站筹建潘家湾土家族乡民俗文化博物馆。2009 年 7 正式建成,并与乡综合文化站合署办公,实行二块牌子,一套班子运行模式。2010 年 4 月,经报宜都市委、市政府批准同意,聘请专业设计公司对民俗文化博物馆进行标准化设计布展。2010 年 8 月,湖北省文物事业管理局批准成立宜都市潘家湾土家族乡民俗文化博物馆,2010 年 10 月正式建成开放。

开放时间　上午 8:00—12:00
下午 2:30—5:30

服务设施　停车场,存包柜,休息椅,饮水处,纪念品销售处,公厕服务设施等。

交通状况　由武汉、宜昌、宜都市客运站乘车至鸦来线 77 公里处下车即到。

概　况

潘家湾土家族乡民俗文化博物馆是地方综合性博物馆,是财政全额拨款事业单位,收藏有反映土家民族生产生活文物和各类文字图片资料 850 多件,其中展览文物 250 余件,图片 50 余幅。承担着土家族民俗文物收藏保护、展览陈列、科学研究、社会教育等方面的工作。

通过 2008 至 2010 年三年的建设,潘家湾土家族民俗文化博物馆已成为全省 12 个少数民族乡镇中唯一一个由乡镇主办的民俗文化博物馆。

一、博物馆概况

潘家湾土家族乡民俗文化博物馆坐落于潘家湾家族乡石林路 134 号,与潘家湾土家族乡政府办公大楼仅相距 100 米。博物馆平面布局呈正方形,由工作区和生活区两部分组成,由南往北依次为广场;博物馆主体大楼和土家民居,大楼一层为乡综合文化站活动与办公用房,大楼二、三层为展厅;后面为库房、职工住宅楼和附属房。

潘家湾土家族民俗博物馆占地面积 2450 平方米,建筑总面积 1924 平方米。主体建筑均为砖混结构现代建筑,共三层,占地350平方米，展厅建筑面积900平方米（含土家民居建筑面积100平方米），主楼南面为民俗博物馆大门牌坊，照壁、土家民居；进入主楼后依次为序厅、土家源流、岁时节令、人生礼俗、生产生活、建设与发展、关怀与鼓舞七个展厅；展厅呈“回”形分布，三层为观众互动区和影视观摩区。

二、博物馆建设与管理、人才培养

潘家湾土家族乡民俗文化博物馆设“一部一室”，分别是陈列部（文物征集、保管），馆办公室（保卫室）。全馆现有工作人员3人，其中专业技术人员1人，副研究馆员1人。博物馆定编3人，目前实际在编人员3人。

潘家湾土家族乡民俗文化博物馆重视学习培训。一是从建馆开始，每年派人参加各级各类学习培训，学习相关业务知识；二是聘请专家开展专题讲座，先后举办了“土家民族文化源流”、“民族文化传承”、“文物保护与文物普查”等多个专业培训班。

三、博物馆免费开放情况

2009年7月，潘家湾土家族乡民俗文化博物馆建成开馆，面向全社会免费开放。自开馆以来，高度树立融入社会、贴近群众的服务意识，始终把社会效益放在第一位，结合自身建设不断加强管理、提高展示水平：一是狠抓展览提升和举办新展，对原先单一的土家生产生活实物展进行规范化、标准化设计布展，改造博物馆外景、增加土家民居和土家民俗传统文化展。举办了“土家族乡建设成就展”等新展。二是强化制度建设和应急安全管理，制定《免费开放规章制度》、《免费开放服务标准》、《免费开放财务管理制度》等工作制度并认真落实；制定安全应急预案，加强后勤安全保障，实现全天候24小时值班。三是加强群工工作，提高服务水平，对学校、机关团体、企事业单位提前安排接待计划，实行提前组织和预约制度；对一般散客采取登记制度，对当日观众实行总量控制。四是加强免费开放的宣传，做好基本陈列展览和临时展览内容、开放时间、参观须知等政务公开工作。

潘家湾土家族乡民俗文化博物馆全年免费开放320天、每周开放7天、每日开放8小时，每周六、周日做到了错开休假；节假日乡内保证开放。近三年来免费接待参观总人数达12万人次。

四、主要展出内容

潘家湾土家族乡民俗文化博物馆的展陈设计，经过了广泛的调研，聘请资深民俗专家和学者反复论证，主要特点：一是以土家族传统生产生活实物为核心的民俗文物展，二是以土家族风土习俗为主线的民俗传统文化展，三是坚持服务社会、贴近基层群众，把欣赏性和教育基地建设有机结合，不断开展富有时代气息和民族特点新展。

潘家湾土家族乡民俗文化博物馆的基本陈列有“土家族民俗文物展”和“土家族传统文化展”以及“土家民居展”，陈列总面积900平方米，展陈文物250余件。展陈内容为土家族传统生产生活实物，风土人情、文化习俗、建筑特点等。采用现代大通柜，人工照明与天然照明相结合的方式，每个展厅辅以图片和文字说明，部分展厅配备音频和视频进行解说，运用声光电手法与观众互动交流，使展示更为新颖。

精品陈列有：本地出土文物“虎钮錞于”（仿制），清代陶罐、清代雕花木床、铜器、铁器、石器、陶瓷、漆木器等各类。

五、藏品征集、管理和保护

潘家湾土家族乡民俗文化博物馆藏品来源主要向社会为征集、收购、捐赠。藏品总数850余件（含文字、图片），其中本馆定级一级文物2件，二级文物5件，三级文物21件，一般文物300余件。

潘家湾土家族乡民俗文化博物馆藏品保护措施齐全。建有专门的文物库房，文物保护修复、整理室并配备相应的保护设施，按《藏品管理办法》规定对文物进行保护管理。一般文物数据库管理系统建设正在启动实施。文物修复已开始对部分漆木器进行保护工作，库房设有温、湿度计、文物架，柜等。全馆设有安防、消防系统，保卫工作实现正常化，实行了24小时值班制度。

六、博物馆事业发展

“兼容并蓄、创新发展”，是潘家湾土家族乡民族文化陈列馆的办馆宗旨。我们将以崭新的姿态，优质的服务，努力打造潘湾“民族文化强乡”，为前来参观的客人留下美好的印象，让土家文化发扬光大。

三峡步步升布鞋博物馆

The Three Gorges Bubusheng Cloth Shoes Museum

馆　　长　李厚春
地　　址　湖北省枝江市仙女经贸区步步升布鞋文化村（汉宜高速枝江道口处）
邮政编码　443200
电　　话　办公室：0717-4299599
预约参观：0717-4299233
传　　真　0717-4299599
网　　址　www.bbsbx.com
电子信箱　diuka@163.com
隶属关系　枝江市步步升布艺有限公司
性　　质　民办
建筑性质　砖混、框架
建筑面积　1800平方米
展厅面积　1000平方米
占地面积　1080平方米

馆址环境　坐落在枝江市仙女镇汉宜高速枝江道口处，东临高速收费站，西临枝当省道，北临汉宜高速，南临市区入口。

历史沿革　2007年11月—2008年5月，枝江市步步升布艺有限公司兴建布鞋历史博物馆，主体馆为一层，分三间，东间为收藏品陈列厅，中间为布鞋展示馆，西间为休息室。2009年8月，枝江市步步升布艺有限公司又投资兴建博物馆二期，位于一期北，与一期一水相隔，一楼为陈列馆，大小房间三间，二楼为布鞋文化研究中心、办公区。

开放时间　上午8:00—12:00
下午2:30—5:30

服务设施　观众存车棚、停车场，存包柜，休息椅，饮水处，纪念品销售处，视频演示厅，公厕服务设施等。

交通状况　1)汉宜高速枝江道口；2)枝江西站到仙女的公交车，在步步升门口下车；3)枝江东站到问安的公交车，在步步升门口下车。

概　况

三峡步步升布鞋博物馆是行业类专题性博物馆，隶属于枝江市步步升布艺有限公司，创办于2008年5月。

一、布局

2007年11月至2008年5月,枝江市步步升布艺有限公司兴建布鞋历史博物馆,主体馆为一层,分三间,东间为收藏品陈列厅,中间为布鞋展示馆,西间为休息室。主体馆南面为工艺展示坊,整个建筑呈“C”字形,室内为布鞋工艺流程展示,外围走廊布置为文化长廊,将布鞋的故事、传说、趣闻等采用纯手工的木雕工艺讲述,图文并茂。

2009年8月,枝江市步步升布艺有限公司又投资兴建博物馆二期,位于一期北,与一期一水相隔,之间有步行廊桥、水泥车桥相连,遥相呼应。一楼为陈列馆,大小房间三间,二楼为布鞋文化研究中心、办公区。

二、建筑特点

2008年5月,枝江市步步升布艺有限公司完成布鞋历史博物馆建设,整个建筑为仿明清建筑风格,青砖碧瓦,木门木窗,回廊古亭……主体馆三间,整个装修为木栅格吊顶,墙面用手工木雕挂件装饰。博物馆二期,位于一期北,整体为两层四合院建筑,仿明清建筑风格,建筑面积500多平方米,门廊采用江南四合院风格,长廊吊顶为实木雕花。

三、基本陈列

2008年5月,布鞋历史博物馆面向大众开放,主体陈列馆展出不同民族、不同时期、不同阶级所穿的各式各样布鞋的图片资料、文献资料、实物,200余件,陈列面积200平方米,陈列以版面和矮柜为展陈形式。布鞋展示馆系统展示各式布鞋200多件,陈列面积300平方米,展品以三峡布鞋为主线,分锁边、锁底、叠边、毛边布鞋,草鞋、三寸金莲、虎头鞋等特色鲜明。枝江市步步升布艺公司开馆收集、整理、展示中国上下五千年步履文化,以此让更多的人了解到中国的步履文化,使这项国家非物质文化遗产得以抢救保护、传承。

四、藏品管理

【藏品来源】 主要通过征集、收购、捐赠等途径取得。

【藏品类别】 布鞋历史博物馆藏品主要按民族、时期、地区分三大类,包括图片资料、文献资料、实物等。

【藏品统计】 截至2011年4月,馆内藏品总数为488件。其中各类藏品数为:各民族、各时期287件,工艺品201件。

【重要藏品】

1. 苗族手工老绣鞋(水绿色)。这一个风格系列的鞋子每双都有很长的历史了,有的几年、有的几十年,是苗族的老妈妈给自己女儿做的嫁鞋(春秋穿着),是女儿回门时候穿的,一般妈妈都会给女儿准备很多双这样的绣鞋作为嫁妆,绣鞋越多,女儿出嫁也就越风光,鞋面是棉布面料,纯手工丝线绣,非常的精致漂亮!鞋底是裹边棉布底子,鞋内还有一层棉花,穿上脚软和极了!穿着非常的轻巧、舒适、很休闲,精制的手工绣花,一针一线,每一个小细节无不体现出妈妈对女儿的爱和祝福。

2. 云南千层底翘头绣花鞋拖鞋(黄底色)。苗家的女孩一般长到六七岁时,就开始在长辈和女友的传授指导下学习绣花,到10多岁时,绣花的手艺便已逐渐熟练,能绣复杂的图案,这时,就开始制作绣花鞋了。

苗家女人们在鞋帮上绣花的图案虽然繁简不一,但大多取材于各种象征幸福吉祥的花鸟,如石榴、山茶、牡丹、鸳鸯、孔雀、松鹤、蝴蝶等。每种图案都构图精巧,艳丽明快。

苗家女人制作的绣花鞋,不仅好看,而且还讲究实用。勤劳的苗家女人十分珍惜时间,她们不论是走亲串戚还是下地劳动、上山放牧,都随身带着针线和布料,不管是在田边地角,还是在路边树下,只要稍有空闲,就拿出针线来聚精会神地把她们的智慧、愿望以及对生活的热爱和向往一针一线地倾注在绣花之中。不需多长时间,一幅构图精巧、秀丽多姿的彩绣就展现在苗家绣花鞋的鞋帮上了。

3. 云南民族全手工绣花盘绣9厘米坡跟缎面绣花鞋(红色)

· 所在地区:云南昆明
· 开口深度:浅口(7厘米以下)
· 鞋头:圆头
· 跟高:超高跟(大于8厘米)
· 女鞋鞋跟形状:坡跟
· 颜色:红色
· 鞋底材质:牛筋底
· 制作工艺:缝制鞋
· 鞋面材质:绸缎面
· 流行元素:绣花
· 女鞋场合:结婚

4. 清代后妃盆底鞋

满族妇女与汉族妇女一样喜欢绣花鞋,但是满族的绣花鞋都是所有少数民族中最具有特色的,史称“高底鞋”或称花盆底鞋,其高度一般7厘米左右,高底鞋极为坚固,往往鞋面破旧了,而鞋底仍然完好无损。

5. 中国奥运第一鞋,号称中国之最,这双陈列在博物馆的镇馆布鞋全长2.008米、单只布鞋重49.5公斤、耗时5000多个工时、用人工土纺布1000余米,共408层、人工土纺棉索10000多米;锥纳200000多个针眼;男鞋鞋帮为宝蓝色上绣北京奥运标志,女鞋鞋帮为红色上绣五彩福娃,用步步升特有的锁边锁底专利工艺经手工制作而成。纯手工工艺、纯天然材料与“绿色奥运、人文奥运”血脉相融,鞋长2.008米象征着北京奥运;而锁底锁边的工艺则象征着“步步升妈妈”对奥运的企盼与对和谐奥运、团结、友谊、进步的奥林匹克精神的希望。

【藏品保护】 该馆建有专门的库房和配备相应的保护设施,严格按照《藏品管理办法》的各项规定进行管理。藏品的保管工作做到制度健全,账目清楚、鉴定确切、编目详明;运用传统方法对一些破损藏品器物进行修复保存。

五、博物馆管理

三峡步步升布鞋博物馆下设6个管理部门,分别是:

办公室:负责全馆人事工作和职工教育,负责对全馆工作人员的考核,提供全馆后勤保障。

宣传网络处:编辑出版及收藏各类文物信息及担负博物馆网站建设和本馆局域网维护,负责讲解材料、科普读物及对外宣传材料的编写。

展览工作处:负责来信来访接待,馆际间联系与交流工作,负责全馆外事及学术交流活动,承担向社会公众介绍宣传博物馆展览,负责为馆内外各种展览、观摩、拍摄等活动提供文物的服务,负责讲解员的培训和讲解工作。

研究保管处:负责制定本馆学术研究发展规划、相关规章制度和工作计划,并组织实施;负责本馆展览内容的研究和总体策划,以及陈列大纲、陈列计划的设计编写工作,负责文物征集及博物馆的新馆建设。负责文物保管和鉴定工作,文物修复及保护。

财务处:具体负责本单位资金的管理和使用,负责本馆干部职工的工资、奖金、福利的核发工作,负责全馆固定资产的统计以及会计资料、资产档案的管理。

安保总务处:负责本馆文物文献安全保卫、观众和工作人员的安全,负责施工项目设计方案中安全防范部分的审查,施工过程中的安全监督、管理和竣工后安全验收工作。

六、展览手段

因三峡步步升布鞋博物馆藏品的特殊性，因此我们采用突破传统与常规的展览布局与展陈模式，运用现代化和传统相整合的场景展示手段，古朴传统的景观布置方式，人性化的参观线路设计。

在展览手段上从“物化”和“活化”两个方面下功夫。“物化”主要是一些实物、文字、图片、视频资料的展示，“活化”主要是民间艺人传统工艺的现场展示，游客还可以自己动手，亲身体验。

人性化的参观路线。标准的参观路线是先参观2间大展示厅的近、现代布鞋藏品，然后在工艺坊体验传统工艺，再在四间小展示厅游览历朝历代的以及各个民族的布鞋作品，最后在多媒体展示厅观看布鞋文化的视频。

十堰

十堰市分述篇

一、概述

十堰市(原郧阳地区)在湖北省西北部,汉江上游下段,地处鄂、豫、陕、渝四省市交界处的中心。明成化十二年(1476年)置郧阳府,辖郧县、上津、郧西、房县、竹山、竹溪6县。明弘治十一年(1498年)析房县潭头置宝康县,共辖7县。清顺治十六年(1659年)省上津入郧西县。1914年属襄阳道。1949年设两郧专区,属陕西省。1950年4月划回湖北省,设郧阳专区。1952年并入襄阳专区,1965年复设郧阳专区。1969年析郧县十堰、黄龙二区置县级十堰市。1970年改称郧阳地区,辖6县1市。1973年十堰市改为省辖市。1976年神农架林区划入郧阳地区。1983年神农架林区改由省直辖,撤均县改置丹江口市(县级)。1994年撤销郧阳地区,地市合并成立新十堰市,辖郧县、郧西、房县、竹山、竹溪5县和张湾、茅箭2区,代管丹江口市。

十堰群山环抱,山河相间,河流众多,以汉江为主纳大小河流2460多条,以堵河、丹江、天河较大,形成了汉江河谷、堵河河谷、丹江河谷和一些小型盆地。十堰气候温和,雨水充沛,土地肥沃,森林繁茂,为古人类的生活提供了优越的自然环境,我们的先民早在100多万年前就在这片土地上劳动、生息、繁衍,创造了灿烂的古代文化,留下了丰厚的文化遗产。根据第三次全国文物普查田野调查最新成果,境内共有古遗迹、古墓葬、古建筑、革命旧址等3549处,已公布为文物保护单位464处,其中全国重点文物保护单位8处、省级文物保护单位35处,市县区级保护单位421处。

二、博物馆管理

十堰市及所属的丹江口市、武当山旅游经济特区(简称武当山,下同)、郧县、郧西县、房县、竹山县、竹溪县的文物行政管理机构为各市(县、区)的文化体育局,而具体承担本市(县、区)文物保管、维护、收藏及科学研究等业务工作的职能单位,则为基层的博物馆或文物管理所,它们分别为十堰市博物馆、丹江口市博物馆、武当山文管所、郧阳博物馆、郧西县文管所、房县博物馆、竹山县文管所、竹溪县文管所等。各文物管理和业务单位皆配备有数名专业人员。

为了加强对全市文化遗产的保护和文物工作的领导,依照《中华人民共和国文物保护法》和《湖北省文物保护管理实施办法》的有关规定,十堰市政府于1997年3月成立了十堰市文物管理委员会,2005年,根据人事变动，市政府又及时对文物管理委员会人员组成进行了部分调整。2003年，市政府成立了十堰市文物局，作为市文化局的二级单位，明确为副县级机构，人、财、物相对独立。丹江口市、武当山特区、郧县等县市区也相继成立了文物局，完善了文物管理行政机构，加大了文物执法力度，加强了文物保护的行政管理。

市人大高度重视文物保护工作。为了进一步加强对武当山世界文化遗产的保护，提高公众认知水平和保护意识，市人大常委会决定从2004年起，每年的9月15日为“武当山世界文化遗产日”。几年来，市政府以“保护为主、合理利用、科学规划、严格管理”的工作指导方针，制定加强武当山世界文化遗产和风景名胜区保护、管理的规划和措施，建立健全各项规章制度，精心策划、组织每年的“保护日”活动，采取多种形式，宣传武当山世界文化遗产，加大对武当山文物保护力度，提高武当山世界文化遗产在国内外的美誉度和吸引力。丹江口市依法开展行政区域内的文物保护工作，人大、政协每年要对《文物保护法》和《办法》的落实情况进行一至二次检查。2002年，丹江口市人大通过并公布了《武当山世界文化遗产保护管理暂行办法》；武当山特区下发了《关于确定全区消防安全重点单位的通知》、《关于做好当前消防安全工作的紧急通知》、《关于开展文物古建筑消防安全专项治理活动的通知》；郧县下发了《郧县文物管理办法》、《关于进一步加强文物保护工作的通知》、《郧县文物管理保护紧急处置预案》、《关于印发〈郧县文物保护管理实施细则〉（暂行）的通知》等。

三、免费开放工作进展情况

2007年7月1日，十堰市博物馆新馆建成对外开放，市委市政府做出向市民免费开放1个月的决定，免费开放1个月，接待观众50多万人次，取得了良好的社会效益。2008年元月，国家四部委联合下发博物馆免费开放通知，博物馆努力完善各项安保措施，为免费开放积极做好前期准备。11月，中央、省级财政补助资金正式拨付到位，十堰市5座博物馆顺利实施了免费开放。十堰市博物馆免费开放后，积极从以下几方面开展工作：一是确保服务质量。开放时间不变，仍按照每周开放6天，每天达到8个小时；合理控制参观流量；强化工作人员文明服务意识，完善工作制度和行为规范。二是增设服务项目。开设纪念品商店、咖啡茶座；添置救急箱、语音导览解说器、残疾人轮椅车、婴儿车、雨具和休息椅，免费发放宣传册，印制精美参观券，美化展厅环境等，从细节入手，满足不同观众需求，为广大观众提供良好的参观环境。三是加强教育基地的建设。把爱国主义教育深入我市大中小学生中，主动与学校联系，充分发挥博物馆社会课堂的作用；开展志愿者服务活动，公开召集志愿者，并对志愿者进行博物馆相关业务知识、礼仪规范、讲解员职业道德等专业培训，选拔出一批优秀大学生志愿者在双休日、长假、暑假为观众服务。四是提高工作人员素质。对工作人员进行岗位培训，增强服务观念和安全意识。

四、陈列展览

十堰市博物馆共设有5个专题性的基本陈列展厅、1个南水北调湖北库区出土文物展。分别为“走入恐龙时代”、“远古古人类家园”、“仙山琼阁武当山”、“十堰与水”、“车与十堰”、“南水北调湖北库区出土文物展”。

丹江口市博物馆陈列布展设计思路以丹江口市悠久的历史文化为背景，以名水、名山、名工程为主线，结合现有文物藏品和南水北调出土文物的类型，设“楚地古韵厅”、“水都和韵厅”、“均州神韵厅”和“丹江情韵厅”及临时书画展厅等5个展览。

郧西县博物馆设“天河历史及民俗文化陈列”，陈列以郧西人文考古发掘、神话传说、天河七夕文化和民风民俗为主体，内容设计由远古文明、神话传说及民风民俗三大部分组成。

房县博物馆设有“历史文物陈列”、“革命文物陈列”2个基本陈列。

竹山县博物馆设有“地方历史文物展”、“书画陈列”、“老照片陈列”、“奇石和民间剪纸陈列”4个展览。

郧县博物馆设有“郧阳历史沿革”、“恐龙”、“郧县人”、“历史文物”、“仿李泰墓室”、“杨献珍”、“奇石字画摄影区”、“绿松宝石”8个展区。

武当博物馆设有“建筑艺术”、“仙山名人”、“宫观道乐”、“道教简史”、“道教造像”、“武当武术”、“武当乡俗”7个基本陈列及“道廉文化展”、“道教神仙画展”2个临时展览。

五、展示宣传和社会服务

十堰市博物馆本着“千方百计为观众服务”的宗旨，以热情的微笑、优质的服务接待四方来宾与普通观众：免费提供物品寄存、休息茶座，提供残疾人轮椅和婴儿推车，为突感不适观众提供基本医疗急救，开通团队观众电话、网络预约业务，免费发放各种宣传画册等。

同时积极开展“走出去”活动，利用每年的“国际博物馆日”，走进农村、社区、校园、部队和监狱，举办各种专题性讲解与宣传。

2007年底，十堰市博物馆主动与市教育局联合举办“我与十堰博物馆”参观、征文活动，接待十堰市郧阳中学、人民小学等17所中小学校近2万人次参观，收获1464篇来稿，并从中精选100篇，整理出版成集——《你是我眼睛里的海——“我与十堰博物馆”征文集》。

2010年3月，为充分发挥博物馆的社会教育功能，十堰市博物馆向社会公开招募志愿者讲解员，建立起一支稳定的志愿者讲解队伍并组织志愿者赴武汉等文博单位观摩学习，现有志愿者讲解员20人，为观众分时段提供免费讲解。

作为十堰市的文化窗口单位，十堰市博物馆群工部现有一支优秀的讲解员队伍，以专业的讲解水平、规范的服务标准尽心尽力服务于广大观众。2009年在全省文化遗产保护宣传讲解大赛优秀讲解员选拔赛中，获得全省十佳讲解员和全省优秀讲解员称号。2010年在湖北省博物馆、纪念馆讲解员大赛中，十堰市喜获团体三等奖，其中1人获得二等奖，1人获得优秀奖。

郧西县博物馆除了加强对民俗博物馆的日常管理，不断提高服务水平，认真做好免费开放服务工作以外，还通过开展各种形式的博物馆“进校园、进社区”活动，加深公众特别是青少年对民族、地域历史文化和自然环境等的了解、理解和尊重。

2011年5—6月，郧西博物馆在“国际博物馆日”和“中国文化遗产日”期间，开展了一系列的宣教活动。6月11日，组织实小部分班级师生共300人和社会各界人士参加了文化遗产日的庆祝活动。

2010年8月，房县博物馆出色完成在房县举办的首届“诗经文化艺术节”活动期间的免费开放和各项公务接待工作。

2009年10月，武当山博物馆荣获由国家文物局主办的全国博物馆十大陈列精品展(2007—2008年度)“最佳制作奖”。2009年10月18日，出色完成在武当山举办的第四届“世界传统武术节”活动期间的免费开放和各项公务接待工作。成功举办“小小讲解员带您看文物”的培训活动以及“博物馆走进校园”、“博物馆走进社区”、“博物馆走进工厂”等宣传教育活动。

六、藏品征集、管理和保护

认真贯彻落实“保护为主、抢救第一、合理利用、加强管理”的文物工作方针，积极开展各项藏品收藏、征集和保护是博物馆的基础工作。

十堰市博物馆建立藏品账目，完善馆藏一、二、三级文物的建档和省级以上文物保护单位记录档案的备案管理制度，加强对藏品的登记、建档和安全管理，落实藏品丢失、损毁追究责任制。并且，负责馆藏文物的保护和修复工作，2008—2010年共修复文物50件(套)。

本着“丰富馆藏，填补藏品的空白及薄弱环节，完善馆藏品的系统性、完整性”的指导方针，加大不同时期人类在生产、生活中遗留下来的历史文物的征集力度。凡符合入藏标准的征集品均填写入藏凭证、办理入库登记手续等，认真核对记录藏品的数量和现状。1998—2010年共征集文物65件(套)，接受捐赠20件(套)。2007年6月，在经过国家、省市文物部门的多次协调下，在外漂流长达六十九年的6尊价值连城的国家一级文物——铜铸鎏金的武当山铜像，从安康历史博物馆移交给十堰市博物馆。

馆内展陈文物实行24小时监控与定点巡视检查，确保文物安全，及时发现问题并立即解决。

丹江口市博物馆购置了中央空调以确保文物藏品恒温、恒湿；建立了数据库，对藏品账目实现数字化管理，建立了完善的业务档案，完善了各类藏品的管理制度。2011年，丹江口市博物馆接受了民间捐赠的瓷器、陶器等9件；民间捐赠的丹江口水库建设初期有重大意义的劳动工具及其他用品11件；接受了民间捐赠的党和国家领导人在丹江口地区视察时所使用过的劳动工具4件。

郧西县博物馆按照《博物馆藏品管理办法》的要求，改善了库房条件，规范了藏品管理，完成级别文物数据库建设工作。对藏品账目实现数字化管理，建立了完善的业务档案，完善了各类藏品的管理制度。在“南水北调”中线工程考古发掘工作中，配合湖北省考古所、武汉大学，开展了郧西庹家湾遗址、张家坪遗址和归仙河遗址的发掘及室内整理工作，完成了出土的300余件文物的修复，并顺利进行了文物暂存移交工作。2008年10月28日，博物馆依法征集了1件在工程建设过程中出土的汉代铜钫。

房县博物馆安装了可视监控系统以确保文物藏品安全；建立了数据库，对藏品账目实现数字化管理，建立了业务档案，完善了各类藏品的管理制度。自1995年以来，房县博物馆累计征集文物200余件。

武当博物馆购置了中央空调，建立了数据库，对藏品账目实现数字化管理，建立了完善的业务档案，完善了各类藏品的管理制度。2010年6月3日，武当博物馆接受了民间捐赠的11件民国家具，填补了家具藏品的空白。

七、博物馆建设

近年来，十堰市文物基础设施建设取得突破性进展。十堰市博物馆（湖北南水北调博物馆）总投资9300万元，占地面积23000平方米，建筑面积1.1万平方米，其中展厅面积5800平方米，库房面积2400平方米。自2007年7月1日对外开放以来，累计接待观众33万人次，收到了良好的效果。为服务南水北调文物保护工程，各有关县市区也积极筹措资金兴建博物馆，武当博物馆总投资4000万元，建筑面积5820平方米，其中展厅面积4418.7平方米，库房面积690.3平方米。自2008年4月23日建成开放以来，共接待各界群众和中外游客近3万人次，受到广泛欢迎和好评。竹山县博物馆、郧西县七夕文化民俗博物馆相继正式建成对外开放；丹江口市投资3000万元新建5000多平方米的博物馆，土建已经完工，正在进行布展；郧阳博物馆文物库房的建设计划已经纳入国家发改委和国家文物局"十二五"规划。

八、博物馆文化产业、文化产品和经营情况

十堰市博物馆建立了纪念品商品、纪念品销售、冷饮销售等服务项目。同时正致力于根据自身特点、利用自身资源自主开发设计具有特色文化的商品。

为了满足观众的消费和休闲需求，郧阳博物馆在一楼大厅设有文化产品商务区，充分利用博物馆的文物资源自主开发设计商品，研制出了青铜壶、三彩龙首杯复、仿制等系列产品，现已投放市场；《郧县文物邮票精品集》已经出版热销、《郧县文物60年考古报告集》、《郧阳文物精品图录》、《郧县文物志》即将出版发行。

武当博物馆于2009年6月成立了文化产品商务区，研制出了老子立像、关公立像、张三丰组像的复、仿制品系列产品，现已逐步投放市场。

十堰市博物馆

Shiyan Municipal Museum

馆　　长　胡勤
地　　址　十堰市北京北路91号
邮政编码　442000
电　　话　办公室：0719-8489398
　　　　　　　　　8489368
　　　　　预约参观：0719-8489398
　　　　　　　　　8489363
传　　真　0719-8489398
网　　址　www.10ybwg.com
电子信箱　sybowuguan@163.com
隶属关系　十堰市文化体育局
性　　质　国有
建筑性质　现代建筑
建筑面积　总建筑面积11540平方米
展厅面积　5088平方米
占地面积　23333平方米

馆址环境　馆址坐落在北京北路的西侧，交通畅通，紧邻北京北路。处于十堰市文化、教育、体育功能区的中心地段，东接市政府接待中心，南邻柳林小学，北临市财政局、国土资源局、第二中学、体育中心、游泳馆、美术馆、郧阳中学。博物馆主体建筑鸟瞰形似一个人的眼睛，寓意人类的探索和发现，馆前广场面积宽阔，周边绿化环境优美。

历史沿革　1978年10月，根据郧地革文[1978]25号"关于成立郧阳地区博物馆的批复"，成立郧阳地区博物馆。1989年，根据十堰市编委[1989]59号文批复，郧阳地区博物馆与十堰市群众艺术馆合署办公。同时，十堰市文物管理处成立。1993年7月21日，郧阳地区文物管理委员会成立。1994年10月，原十堰市与郧阳地区合并成立新的十堰市（地级）。1995年4月13日，郧阳地区博物馆与十堰市文物管理处合并，更名为十堰市博物馆，迁入十堰市柳林路60号综合楼办公。

2005年9月，十堰市博物馆新馆奠基兴建。2006年4月，经十堰市编委批准，十堰市博物馆提升为副县级事业单位。2007年7月1日，十堰市博物馆建成并开馆，加挂“湖北南水北调博物馆”牌子。2008年10月进入全国第一批免费开放博物馆行列。

开放时间　周二至周日9：00—17：00（8：55开始领票，16：30停止领票，周一闭馆），节假日照常开放。

服务设施　停车场、触摸屏导览、语音导览机、物品寄存处、残疾人推车、婴儿推车、医疗急救箱、纪念品服务区、咖啡茶座等。

交通状况　市内乘坐15、16、28、18、30路公交车至博物馆站下车。

概　况

十堰市博物馆是综合性博物馆，是十堰地区文博事业的窗口单位，在考古发掘、收藏保护、陈列展出、科学研究、社会教育等方面发挥着重要的作用。自1978年建馆以来，先位于黄花沟，后迁至柳林路，仅有几个办公地点与简单库房，设施简单陈旧，不具备收藏、展陈条件，文博事业的发展举步维艰。2004年，十堰市委、市政府将十堰市博物馆新馆建设纳入“十一五”规划，并于2005年将其列为十堰市政府向全市人民重承办的十件实事之一予以实施。新馆建筑由中国建筑西南设计院按照科学、环保、安全等功能要求进行设计。2005年9月奠基兴建，2007年6月落成竣工并加挂“湖北南水北调博物馆”牌子，同年7月1日正式开馆。

博物馆是“文物和标本的主要收藏机构、宣传教育机构和科学研究机构”，是“为社会和社会发展服务的非营利性、永久性机构”。十堰市博物馆本着以上宗旨，在建设理念、硬件设施、展陈设计方面，紧随博物馆发展的世界潮流，致力于服务社会的物质文明和精神文明建设，努力建成全国知名、省内一流的博物馆。通过2005年至2010年不懈努力，十堰市博物馆的各项工作已步上新的台阶，实现了飞速的发展。

十堰市博物馆坐落在十堰市中心地段（十堰市北京北路91号），占地面积23333平方米，总建筑面积11540平方米，库房区2400平方米，总高24米计3层，分为陈列展览区、综合服务区两大部分，建筑造型新颖，是十堰市的标志性文化建筑。其建筑设计指导思想是在现代、新颖的前提下融入了十堰市特色文化元素，设计方案以抽象化的人类眼睛作为构思，象征着人类探索新知、发现新奇的追求。建筑以实为主，使用石材外墙，以体现博物馆特有的厚重与深沉；人行通道与休息厅配以大面积玻璃幕墙，形成强烈的虚实对比，象征着武当山道教文化中的太极图案；北侧最大的陈列室墙屋面呈弧形略微倾斜，其发散状的纹理象征了中国传统建筑的外形元素；面临北京路的一段历史长廊，前端飘扬，象征腾空而起的巨龙和蒸蒸日上的未来。

馆内各项硬件实施均达到国内一流水准，为保障库房文物与展厅文物安全，配置了先进的消防火灾报警控制联动系统，珍品文物库房安装有七氟丙烷气体灭火系统，其他库房、展厅、办公室及公共区域都安装有水喷淋系统、消防广播报警系统。根据不同文物库区的具体要求提供适宜的温湿度（除湿机）以保证库房内的文物安全。展厅安装了中央空调系统，以保证观众参观的舒适度。文物展柜内放置电子温湿度测量仪，测试柜内温湿度变化，以利于展柜内的文物保护。馆内全面推行计算机网络化办公，为各办公室及办公人员配备相关电脑设备、通讯器材、摄影、摄像、扫描等数字化设备与软件系统，建立起网络系统以及文物信息系统。

馆内展陈设计主要体现十堰市的地方文化特色，以“特”（特色的历史文物、文化艺术、民风民俗等）、“精”（独具十堰历史文化魅力的文物或艺术精品）为准则，使博物馆成为服务于广大观众、展示地方文化的重要窗口。

展厅位于馆内二、三楼，共设有5个专题性的基本陈列展厅、1个南水北调湖北库区出土文物展、2个临时展厅。基本陈列展厅有“走入恐龙时代”、“远古古人类家园”、“仙山琼阁武当山”、“十堰与水”、“车与十堰”。

“走入恐龙时代”以十堰市地区被誉为“国家级地质遗址自然保护区”——郧县青龙山恐龙化石群遗址出土的恐龙、恐龙蛋化石为依托，向观众传播关于恐龙的生存环境、恐龙的繁衍、恐龙的种类、恐龙的习性和恐龙的灭亡之谜等科学知识。

“远古人类家园”以列入全国“七五”科技十大发现和1990年度全国考古十大发现之首的“郧县人”头骨化石以及“郧县猿人”、“郧西猿人”和“郧西人”等古人类化石、伴生动物化石及石制品为依托，向观众普及人类起源、进化与文明发展过程的知识。

“仙山琼阁武当山”介绍武当山的历史沿革、道教文化、建筑风格，从独特的角度展示世界文化遗产——武当山古建筑群的文化内涵和文化特性。

“十堰与水”以图文并茂的方式向观众介绍了十堰的全境水系和古代的水利工程，从世纪工程——“南水北调”中线工程入手，表现水源区十堰为确保一江清水北送在工程建设、工程移民、生态保护方面的奉献和牺牲以及“南水北调”中线工程在中国水资源配置中的地位、战略作用。

“车与十堰”展示20世纪60年代，在毛泽东主席提出的“要建设第二汽车制造厂”的宏伟目标指引下，十堰沉寂千年的群山被发展民族汽车的伟大事业唤醒，开始了这座城市在车轮上创建崛起的传奇，开启了振兴民族汽车工业的新里程。再现车城人艰苦创业的记忆，铺展车城成长壮大的轨迹，彰显车城人艰苦奋斗、勇于奉献、开拓进取的伟大精神。

“南水北调湖北库区出土文物展”分“石器时代——文明的起步”、“夏商周——文明的形成”、“秦汉以降——文明的发展”等三个版块，展出2005年以来库区出土的236件珍贵文物。其中包括双树旧石器遗址出土的工艺精美的手斧，乔家院春秋楚墓群出土的楚国年代最早的玉剑，辽瓦店子遗址出土的商代卜甲和大型陶鬲等一批珍贵文物。

一、展陈、科研工作

新馆自建成以来，除基本陈列以外，已成功举办两次临时展览，加强了馆际交流和合作，丰富了博物馆的陈列展览以满足观众的新需求，为博物馆事业发展注入了新鲜活力。

2010年10月，首次成功举办少数民族大型文物展览“草原古韵——内蒙古包头唐卡岩画文物展”。此次展览面积600余平方米，展出100余件珍贵的藏传佛教唐卡、岩画及历史民族文物，是塞外漠北、中原地区及中、亚各国文化交流的历史写照，使广大观众首次近距离接触草原历史文化艺术。

2011年4月从荆州市博物馆引进“楚风汉韵——湖北荆州楚汉文物展”。该展览共分为“丹青于土”、“礼之重器”、“龙凤呈祥”、“千年档案”、“佩玉鸣鸾”五个部分，展出龙形玉佩、凤鸟莲花豆、漆绘龙凤纹铜镜、山字纹镜、铜簋等典型的楚文化艺术珍品180余件，充分展现汉文化的博大精深、奇幻瑰丽。

1990—2010年，十堰市博物馆专业技术人员在相关学术刊物上发表论文、简报等几十篇，参加相关的学术研讨会数十次，先后出版《鄂西北考古与研究》、《陈列展览丛书》，参与编撰《中国文物地图集·湖北分册》、《尘封的瑰宝》等书籍，完成编著《十堰市馆藏文物精品录》、《十堰市考古论文集》。

二、藏品收藏、征集和保护工作

十堰市博物馆认真贯彻落实“保护为主、抢救第一、合理利用、加强管理”的文物工作方针，积极开展各项藏品收藏、征集和保护基础工作。

建立藏品账目，完善馆藏一、二、三级文物的建档和省级以上文物保护单位记录档案的备案管理制度，加强对藏品的登记、建档和安全管理，落实藏品丢失、损毁追究责任制。并且，负责馆藏文物的保护和修复工作，2008—2010年共修复文物50件(套)。

本着“丰富馆藏，填补藏品的空白及薄弱环节，完善馆藏品的系统性、完整性”的指导方针，加大不同时期人类在生产、生活中遗留下来的历史文物的征集力度。凡符合入藏标准的征集品均填写入藏凭证、办理入库登记手续等，认真核对记录藏品的数量和现状。1998—2010年共征集文物65件(套)，接受捐赠20件(套)。2007年6月，在经过国家、省市文物部门的多次协调下，在外漂流长达69年的6尊价值连城的国家一级文物——铜铸鎏金的武当山铜像，从安康历史博物馆移交给十堰市博物馆，实现了文物的原真性和完整性。

馆内展陈文物实行24小时监控与定点巡视检查，确保文物安全，及时发现问题并立即解决。

三、社教、开放工作

观众是博物馆的服务对象。“争取观众、组织观众、满足观众的需要是博物馆工作的基本任务”。十堰市博物馆自开馆以来，本着“千方百计为观众服务”的宗旨，以热情的微笑、优质的服务接待四面八方的来宾与普通观众：为观众免费提供物品寄存、休息茶座，为残疾人提供轮椅，为婴儿提供婴儿推车停车场，为突感不适观众提供基本医疗急救，为团队观众开通电话、网络预约业务，为观众免费发放各种宣传画册等。

为充分发挥博物馆在社会教育体系、公共文化服务体系中的重要作用，十堰市博物馆积极开展“走出去”发展战略，利用每年的“国际博物馆日”走进农村、社区、校园、部队、监狱，举办各种专题性讲解与宣传活动。

2007年底，为了发挥博物馆的爱国主义教育基地功能，十堰市博物馆主动与市教育局联合举办“我与十堰博物馆”参观、征文活动，免费接待十堰市郧阳中学、人民小学等17所中小学校近两万人次参观，收获1464篇来稿，并从中精选100篇，整理出版成集——《你是我眼睛里的海——“我与十堰博物馆”征文集》。

2010年3月，为充分发挥博物馆的社会教育功能，更好地为社会大众提供服务，同时也给广大热心于博物馆和社会服务的志愿者提供一个实现社会价值和个人价值的平台，十堰市博物馆向社会公开招募志愿者讲解员，建立起一支稳定的志愿者讲解队伍并组织志愿者赴武汉等文博单位观摩学习，现有志愿者讲解员20人，为观众分时段提供免费讲解。

作为十堰市的文化窗口单位，十堰市博

物馆群工部现有一支优秀的讲解员队伍，以专业的讲解水平、规范的服务标准尽心尽力服务于广大观众。2009年全省文化遗产保护宣传讲解大赛优秀讲解员选拔赛中，获得全省十佳讲解员和全省优秀讲解员称号。2010年湖北省博物馆、纪念馆讲解员大赛中，十堰市喜获团体三等奖，其中1人获得二等奖，1人获得优秀奖。

四、田野考古发掘工作

考古发掘工作是保护地下文物的重要手段，发掘所获得的文物资料是博物馆藏品的重要来源，并为博物馆的陈列、研究提供珍贵的科学资料。

为配合十堰地区的基本建设，实施项目建设地下文物的保护和研究工作，十堰市博物馆受省市有关部门的委托，严格按照《新田野考古工作规程》，组织进行了多次抢救性的文物考古勘探、发掘工作，为研究十堰地区堵河流域、汉江流域的各时期历史文化面貌提供了宝贵的考古资料。

此外，为配合国家大型重要工程的建设，集中力量组织参加了“三峡水库”工程、“西气东输”工程、“南水北调”中线工程的考古发掘工作。

五、机构设置和行政管理工作

十堰市博物馆是隶属于十堰市文体局、国家全额拨款的事业单位。现有办公室、群工部、考古部、陈列部、保管部、安全保卫部等部门。现有正式在编人员31人，本科以上学历25人，高级职称3人，中级职称9人。

为满足现代化博物馆发展的要求，十堰市博物馆在队伍建设方面，重点加强职工的专业培训，努力提高员工的综合素质，坚持完善人才的管理与培养机制，实行“请进来、送出去”战略，邀请专家到馆内进行授课，举办讲座，使全馆职工受益匪浅；不定期派送职工出去参加各类培训与学习，归来后向全馆职工汇报，交流最新的理论知识、工作技巧和服务理念，实现了“一人学习、全馆受益”的良好效果。

为进一步加强规范化、量化管理，使各项工作有制度可依，十堰市博物馆制定了一系列相关规章制度，主要包括：

行政管理方面，制定有《十堰市博物馆考勤考核制度（试行）》、《十堰市博物馆节假日值（带）班制度》、《十堰市博物馆会议制度》、《十堰市博物馆党建工作例会制度》、《十堰市博物馆接待工作制度》等一系列规章制度。

财务方面，制定有《十堰市博物馆财务管理制度》、《十堰市博物馆经费管理暂行规定》、《十堰市博物馆考古经费管理暂行办法》、《十堰市博物馆业务招待费管理制度》等一系列规章制度。

考古发掘方面，制定有《十堰市博物馆考古发掘工地管理暂行条例》。

安全保卫方面，制定有《十堰市博物馆安全保卫工作制度》、《十堰市博物馆消防安全管理制度》、《十堰市博物馆安全检查责任制》、《十堰市博物馆督促检查工作制度（试行）》、《十堰市博物馆安防监控室管理制度》、《十堰市博物馆博物馆安全保卫警具管理制度》、《十堰市博物馆文物库房安全检查责任制》等一系列规章制度。

其他方面，制定有《十堰市博物馆展厅管理制度》、《十堰市博物馆行政入口管理制度》、《十堰市博物馆资料室管理制度》、《十堰市博物馆摄影器材等管理制度》、《十堰市博物馆文印管理制度》、《十堰市博物馆钥匙管理制度》、《十堰市博物馆计算机上机管理制度》等一系列规章制度。

加强党的领导及思想政治工作也是十堰市博物馆规范化管理的重要举措。坚持每周四思想政治学习，积极参加各类“争先创优”活动，并培养积极分子，陆续培养了一大批党员干部。

六、社会服务活动

新馆开放以来，博物馆举办、参加或配合多项各类会议、节日、仪式、活动以及接待、采访等工作。如为配合第三届、第四届“世界传统武术节”，抽调精兵强将配合相关接待工作；举办“我与十堰博物馆”征文活动，“中国文化遗产日专家座谈会”及每年的“一日捐”捐款慈善活动和国际“三八妇女节”活动等。

每年接待中央部委、省委、高校专家、各地博物馆、社会团体的调研参观、各类媒体采访数百次。

2010年，圆满完成各项工作任务，获得了“全国巾帼文明岗”称号、“国家4A级旅游景区”和十堰市茅箭区2010年度“综合治理先进单位”等多项荣誉称号。

七、文化产业、文化产品和经营情况

十堰市博物馆本着“接待服务为主、经营服务为辅”的宗旨，在满足观众休闲、娱乐、参观三大要求的基础上，进一步满足观众的消费与休闲需要，建立了纪念品商品、纪念品销售、冷饮销售等服务项目。十堰市博物馆正致力于根据自身特点、利用自身资源自主开发设计具有特色文化的商品，不断提升自身的服务水平。

丹江口市博物馆

Danjiangkou Municipal Museum

馆　　长　杨晓瑞
地　　址　湖北省丹江口市右岸北京路120号
邮政编码　442700
电　　话　0719-5222401
传　　真　0719-5255253
隶属关系　丹江口市文物局
性　　质　国有
建筑性质　仿古建筑
建筑面积　5300平方米
展厅面积　2250平方米
占地面积　15000平方米

馆址环境　丹江口市博物馆位于右岸新城区水都大道和北京路之间的“中央生态园”内。其外广场种植有四季常青的金桂；内广场种植有红叶石楠、杜鹃、麦冬草等花卉及多种造型的盆景。

历史沿革　丹江口市博物馆成立于1984年5月，原馆址位于丹赵路余家营村三组（武当山净乐宫）。2008年元月正式对公众实行免费开放。文物库房及安保部办公室居于文化馆四楼，履行文物储藏及安全保护功能。2006年丹江口市委市政府审批通过了丹江口市博物馆新馆建设项目，于2009年4月25日落成。

开放时间　9:00—17:00（周一闭馆）

服务设施　停车场、纪念品商店、触摸屏、语音导览机、物品寄存、休息室、休息椅、残疾人专用无障碍通道及卫生间等。

概　况

建筑设计　丹江口市博物馆新馆占地

面积15000平方米，建筑总面积为5300平方米，由主楼一座、报告厅一座、民俗厅一座、历史厅一座、办公用房一座及休息亭和门卫各两座组成。其中：主楼地面三层、地下一层、其他建筑均为地上一层。主入口正面矗立博物馆标志牌，上书“丹江口市博物馆”馆名，为著名书法家周韶华题写。

形式设计　丹江口市博物馆形式设计依据《中华人民共和国博物馆陈列设计规范》及相关文物法律法规，充分结合丹江口市历史文化精髓和馆藏文物的分类、特点。

机构设置　1984年，经丹江口市人民政府批准成立丹江口市博物馆，属公益性二级事业单位，编制9人。主要职责：武当山净乐宫搬迁文物保护管理；武当山净乐宫复原工程建设管理；全市地上地下淹没区文物保护；馆藏文物的科学保护与管理；对外免费陈列展览；丹江口市博物馆新馆建设及免费开放。

2009年，丹江口市博物馆新馆建成。市政府下发[丹编(2011)6号]“关于重新核定市博物馆人员编制的批复”，重新确定市博物馆全额拨款事业编制13名，“以钱养事”工作岗位编制16个。博物馆配备馆长一名，副馆长二名，内设机构有办公室（含业务部）、宣教部、安保部、陈列保管部。

一、博物馆管理

（一）制度管理　为了进一步加强管理，丹江口市博物馆先后制定了各项规章制度，以制度管人，以制度管事，使各项管理工作制度化、规范化。

这些制度主要包括：《丹江口市博物馆馆务会议制度》、《丹江口市博物馆考勤、考核制度》、《丹江口市博物馆党建工作例会制度》、《丹江口市博物馆接待工作制度》、《丹江口市博物馆档案查阅管理制度》；《丹江口市博物馆财务管理制度》、《丹江口市博物馆经费管理暂行规定》、《丹江口市博物馆考古经费管理暂行办法》；《丹江口市博物馆考古发掘工地管理暂行办法》、《丹江口市博物馆宣教部工作细则》、《丹江口市博物馆展厅管理制度》、《丹江口市博物馆资料管理制度》；《丹江口市博物馆消防安全责任制度》、《丹江口市博物馆监控室管理制度》、《丹江口市博物馆安全保卫制度》；《免费参观票领取办法》、《讲解员管理制度》；《丹江口市博物馆文物安全管理办法》、《丹江口市博物馆库房管理制度》、《丹江口市博物馆藏品账目管理制度》等。

（二）观众管理　根据博物馆实际观众容量，每天限量3000人，如果单位时间内观众较多，则对观众进行分时控制，每小时不超过400人；设置围栏排队系统；采取身份证实名登记，并发放参观券，一人一证一票。旅行社团队实行提前预约；为避免观众大量涌入同一个展厅的现象，讲解员可灵活调整讲解路线。

（三）场馆管理　成立了博物馆安全检查小组。每星期一上午为安全例行会议，下午由各部门负责人对博物馆进行一次彻底的大检查，对查出的隐患问题，能立即整改的当场整改，对需要经费的，在馆务会议上一致通过后，迅速组织实施；并对观众加强管理，杜绝出现损坏博物馆设施设备的行为。

（四）人才培训　随时与上级对口单位保持沟通、联系，积极组织干部职工参加上级组织的各类专业培训学习，对博物馆职工加强场馆维护、设施设备保养等方面知识的教育、培训力度，最大限度地减少器材的损耗。

二、免费开放工作进展情况

（一）通过三年多的免费开放，丹江口市博物馆现已接待公众35万余人次，公务接待980次，受到了社会各界的一致好评。

（二）进一步加强了安防、展陈设施设备的投入力度，安装调试安检门、全套大型安防监控设施和消防设施，提升了安防档次。

三、展示宣传和社会服务

从2008年至2010年，在博物馆日以及其他的重要节假日，除开展博物馆阵地活动以外，还组织进社区、工厂、机关、学校开展文物保护法规的宣传和文物流动展览活动。

四、文物征集、管理和保护

丹江口市博物馆藏品的管理本着“保护为主、抢救第一、合理利用、加强管理”的指导方针开展各项工作，并购置了中央空调以确保文物藏品24小时的恒温、恒湿；建立了数据库，对藏品账目实现数字化管理，建立了完善的业务档案，完善了各类藏品的管理制度。

业务建设及文物保护方面　自1985年博物馆成立以来，已相继完成了丹江口市武当山净乐宫搬迁文物的保护管理工作；完成了武当山净乐宫维修复原工作，其中包括大石牌坊复原工程；多批次进行南水北调库区文物的调查工作；配合南水北调库区文物的发掘及抢救性保护工作；完成了丹江口市第三次全国文物普查工作（现进入资料整理阶段）；完成了博物新馆文物陈列大纲编制工作。

五、博物馆建设

配置了高低压配电柜和较为完善的供水、安防、消防系统，并对珍贵文物设置了独立展柜。

六、博物馆文化产业、文化产品和经营情况

为满足观众在博物馆的消费和休闲需求，丹江口市博物馆设立了文化产品商务区，为广大观众提供优质服务。

郧阳博物馆

Yunyang Museum

馆　　长　周兴明

地　　址　湖北省郧县城关镇郧阳路文化东巷6号

邮政编码　442500

电　　话　0719-7233920

传　　真　0719-7233932

电子邮箱　zhxm_99@163.com

隶属关系　郧县文物局

性　　质　国有

建筑性质　现代建筑

建筑面积　3086平方米

展厅面积　1600平方米

占地面积　2000平方米

馆址环境　位于郧县城中心地段，东临郧县国税局，西临郧县安监局，南临郧县文化广场，北临郧县文旅局。

历史沿革　郧阳博物馆最早成立于1961年，现馆重建于1981年，2000年改扩建后展馆正式对观众开放。2008年8月1日正式对外免费开放。

开放时间　8:00—17:30（周一闭馆）

服务设施　停车场、文化产品商店、物品寄存、休息椅。

概　况

郧阳博物馆位于湖北省郧县城关镇郧阳路文化东巷6号，建筑面积3086平方米。郧阳博物馆批准建制于1961年，是十堰市建馆最早、文物储量最丰富、影响力最大的县级综合博物馆。现馆建于1981年，1999年改扩建，2000年4月展馆正式对观众开放，是独立核算的全额预算事业单位。2008年，为响应国家博物馆免费开放的指示精神，郧县县委、县政府高度重视，精心组织，采取切实有效的措施，拨付资金60万元，对博物馆进行了提档升级，同时，县编委会又新核增管理人员12名，现在在职职工28人。

现在的郧阳博物馆展厅面积1600平方米，现有馆藏文物3万余件，展出文物近400件。其中已经鉴定的一级文物8件，二级文物24件，三级文物149件（等级文物数量不包括南水北调工程中出土的文物）。展览分8个陈列展示区：郧阳历史沿革区、恐龙区、郧县人区、历史文物区、仿李泰墓室、杨献珍区、奇石字画摄影区、绿松宝石区。

郧阳博物馆隶属于郧县文物局，下设综合办公室、考古业务部、展览接待部、安全保卫执法股、人事财务股5个股（部）室。

一、博物馆管理

（一）制度管理　为了进一步加强管理，郧阳博物馆在建馆之初就先后制定了有关的规章制度，以制度管人，以制度管事，使各项管理工作制度化、规范化、这些制度主要包括：

行政管理方面有《郧阳博物馆工作制度》、《郧阳博物馆公文处理办法》、《郧阳博物馆安全紧急预案》；财务方面有《郧阳博物馆财务管理制度》、《郧阳博物馆考古经费管理暂行办法》；安全保卫制度有《郧阳博物馆消防安全责任制度》、《监控室管理制度》、《武当博物馆安全保卫制度》。社教和开放方面，我们制定了《免费参观票领取办法》、《讲解员管理制度》等；文物保管方面制定了《郧阳博物馆文物安全管理办法》、《库房管理制度》、《藏品账目管理方案》等。

（二）观众管理方面　根据郧阳博物馆实际观众容量，每天限量500人，如果单位时间内观众较多，则对观众进行分时控制，每小时不超过100人；设置围栏排队系统；采取身份证实名登记，并发放参观券，一人一证一票。旅行社团队实行提前预约；为避免观众大量拥入同一个展厅的现象，讲解员可灵活调整讲解路线。

（三）参观高峰应对方面　在博物馆开放初期及重大节假日期间，博物馆出现的游客参观高峰现象，对保洁、安全、多媒体设施、工作人员都造成了较大压力。为此，郧阳博物馆按照先急后缓的原则，逐步完善相关的服务设施来最大程度地满足观众对博物馆的参观热情。如：加印郧阳博物馆宣传册、增加休息椅、增加楼层工作人员、开放博物馆后院盆景观赏区、扩大文化产品商务区等服务项目；同时逐步加大一线的服务队伍，提高工作人员的素质等。

（四）场馆管理方面　成立了郧阳博物馆安全检查小分队。定期或不定期由局（馆）长及各部门负责人对博物馆进行一次彻底的大检查，对查出的隐患问题，能立即整改的当场整改，对需要经费的，在馆务会议上一致通过后，迅速安排财务或办公室组织实施；对观众加强管理，杜绝出现损坏博物馆设施设备的行为。

（五）人才培训方面　随时与上级对口单位保持沟通、联系，积极组织干部职工参加上级组织的各类专业培训学习，对博物馆职工加强场馆维护、设施设备保养等方面知识的教育和培训力度，经常组织岗位练兵活动，最大限度地减少器材的损耗。

二、免费开放工作进展情况

郧阳博物馆于2008年8月1日正式对外免费开放，至2010年底月均接待参观人数逾5000人次，年参观总人数逾6万人次，其中中小学生2万余人次。郧阳博物馆免费开放后整体运行情况良好，在不断充实基本陈列的基础上，经常举办临时展览和专题展览，取得了良好的社会效益，成为展示地方文化历史、提升郧县知名度的窗口。郧阳博物馆是十堰市德育教育和爱国主义教育基地，湖北省"十佳文博单位"，郧县反腐倡廉教育基地。

郧阳博物馆2010年全年接待游客8.8万人，其中县政府客人2万人次，国家级领导团队5次，省级领导团队12次，市级领导团队20次。

（一）完善郧阳博物馆免费开放管理办法，明确各岗位人员的工作责任。进行了二次讲解和职业道德培训，一人参加省级、二人参加市级讲解培训，全员到县外参观观摩讲解二次，为接待展览人员配备了统一服装，配置导览设施。

（二）适时调整展览内容。2010年两次调整充实了历史文物陈列。青铜摇钱树、三彩龙首杯、凤角杯、至元通宝钞版的展出，增加了文物的分量，吸引了观众的眼球。

（三）成功举办郧县书画篆刻作品邀请展、特殊教育学校学生十字绣作品展、李勤昌工笔书画作品展，为地方名流才俊提供展示平台，丰富展出内容。

（四）在"5·18国际博物馆日"和"中国文化遗产日"之时举办宣传活动，发放宣传材料1万多份，《文物保护法规汇编》2000余本，制作固定宣传橱窗6期，电视广告字幕120条次，制作展板20余块。

（五）走进街道、社区、学校、部队宣传推介博物馆3次。

三、2010年郧阳博物馆重大接待

3月6日，省政协副主席李宗柏参观，县长胡玖明、政协主席孔凡州陪同。

3月14日，湖北体育学院领导参观，副市长刘学勤、县长胡玖明、县委副书记卢汉国、副县长黄芸陪同。

3月16日，炎龙工业园总裁参观，政协主席孔凡州、统战部长焦宗启陪同。

3月25日，省文物局专家组检查郧县全国第三次文物普查田野调查工作，参观郧阳博物。

4月13日，省人大领导参观，县委书记柳长毅、人大副主任张建生陪同。

4月20日，国家文物局局长单霁翔参观，湖北省副省长张通、省文化厅副厅长沈海宁、郧县县委书记柳长毅、县长胡玖明、副县长黄芸陪同。

4月24日，新疆组织部客人参观，县委组织部陪同。

4月25日，武汉军分区司令部领导参观，县委书记柳长毅陪同。

5月16日，省公安厅领导参观，县委书记柳长毅陪同。

5月17日，省建委领导参观，县长胡玖明陪同。

5月18日，"国际博物馆日"庆典活动在广场举行。

6月13—18日，"郧县人"头骨化石发现20周年国际学术研讨会在郧县天安酒店举行，国内外知名专家学者50多人、各级领导20余人参会。

6月24日，市政府主要领导参观，县长胡玖明陪同。

6月27日，省文物局专家组来郧县参观、检查工地。

7月17日，荆州博物馆贾馆长带队参观。

7月30日至8月6日、8月22日—8月30日博物馆全体人员参观上海世博会。

8月9日，国家粮食局长参观，县委书记柳长毅、副县长张毛字陪同。

8月19日，吉林市博物馆陈馆长一行参观。

8月21日，国家文物局外事司张和清参观。

8月25日省文物局副局长黎朝斌参观、检查。

10月18日，中国非物质文化遗产院专家28人参观。

10月24日，省委办公厅、省政府办公厅领导参观，县长胡玖明陪同。

11月26日，日本专家麻柄一志、松藤和人参观，中国社会科学院李超荣陪同。

12月5日，中纪委领导参观，省市县三级纪委领导陪同。

12月29日，湖北省博物馆馆长包东波参观博物馆、检查在郧发掘工地。

四、文物管理和保护

郧阳博物馆藏品的管理本着“保护为主、抢救第一、合理利用、加强管理”的指导方针开展各项工作，并购置了空调以确保文物藏品24小时的恒温、恒湿；建立了数据库，对藏品账目实现数字化管理，建立了完善的业务档案，完善了各类藏品的管理制度。

五、博物馆建设

配置了较为完善的安防、消防系统。

六、博物馆文化产业、文化产品和经营情况

为满足观众在博物馆的消费和休闲需求，郧阳博物馆在一楼大厅设有文化产品商务区，根据博物馆的特色，充分利用博物馆的文物资源自主开发设计商品，并研制出了青铜壶、三彩龙首杯复制、仿制等系列产品，现已投放市场；《郧县文物邮票精品集》已经出版热销、《郧县文物60年考古报告集》、《郧阳文物精品图录》、《郧县文物志》已经成形，正在审阅过程。以此提升郧阳文化产品的品位。

郧西县博物馆

Yunxi County Museum

馆　　长　屈盛明
地　　址　湖北省郧西县城关镇光明街116号
邮政编码　442600
电　　话　0719-6227308
电子信箱　2412978890@qq.com
隶属关系　郧西县文化体育局
性　　质　国有
建筑性质　现代建筑
建筑面积　1500平方米
展厅面积　1040平方米

馆址环境　位于郧西县城中心地段，东临南正街，西临西街，南临南横街，北临郧西县政府及步行街。

历史沿革　郧西县博物馆是在1993年批准成立的郧西县文物管理所的基础上，于2008年正式更名为郧西县博物馆。2010

年5月，改扩建了博物馆展馆，并于2010年8月正式对外免费开放。

开放时间　9:00—17:00(周一闭馆)

服务设施　停车场、物品寄存等。

概　况

郧西县博物馆位于湖北省郧西县城关镇光明街116号，博物馆是在1993年批准成立的郧西县文物管理所的基础上，于2008年正式更名为郧西县博物馆，是县级综合性博物馆。一直承担着郧西文博事业的重点工作，在文物收藏保护、展览陈列、科学研究、社会教育等方面发挥着重要的作用。自1993年以来，郧西博物馆一直与县文化馆合署办公，无陈列展厅，文物库房狭小，办公设施简陋，无法更好地承担郧西县属综合性博物馆的任务。2010年5月，郧西县委、县政府高度重视，正式批准成立了郧西县博物馆，核定编制为6人，为独立核算的全额预算事业单位。同时，为响应国家博物馆免费开放的指示精神，保护和开发地方文物资源和充分发挥博物馆的宣传教育作用。精心组织，采取切实有效的措施，对博物馆进行了提档升级，改造装修了陈列展厅，筹办了陈列展览，调整了办公用房，添置了必要的设施设备，强化了基础设施建设，博物馆的职能得到充分发挥。2010年8月，郧西博物馆基本陈列正式对公众免费开放。通过机构建设和业务拓展，郧西县博物馆的各项工作已经跃上了新的台阶，实现了里程碑式的跨越。

博物馆是“为社会及其发展服务的、非营利的永久性机构，并向大众开放，它为研究、教育、欣赏之目的征集、保护、研究、传播并展出人类及人类环境的物证”。郧西县博物馆正是本着这一宗旨在队伍及业务建设方面，紧跟博物馆发展的趋势，不断提高文博工作水平，以适应文博事业快速发展的需要。

郧西县博物馆坐落在郧西县城中心地段，其建筑面积1500平方米，藏品库房区240平方米，陈列展览展区1040平方米。博物馆各项工作本着“以人为本，以文物为本，为社会服务”的原则，在满足博物馆保管收藏、展示教育、科学研究三大功能上充分学习和借鉴了当今博物馆建设的先进理念和技术设备，并在这三方面取得了长足发展，使博物馆职能作用得到较好的发挥，博物馆已成为广大民众进行自我教育和自我提高的公共文化活动阵地。

一、机构设置

郧西县博物馆隶属于郧西县文化体育局，为独立核算的全额预算事业单位。2010年机构正式单列，县编委核定编制为6人，设馆长1名，主持全面工作。郧西博物馆有正式在编人员6人，中级职称4人，初级职称2人。郧西博物馆根据其规模和人员结构情况，内部主要设置了办公室、保管部、陈列部、群工部和保卫部，主要工作职责为：承担收集、保存、研究有关人类及其环境见证物的任务，并向社会公众展示，以提供学习、教育、欣赏和休闲的服务。

二、博物馆管理

(一)制度管理　郧西博物馆组建之后，为了进一步加强规范化管理，郧西县博物馆制定了以责任制为核心的各项规章制度，这是博物馆工作人员遵守的工作规范和准则，是博物馆科学管理的保证。这些规章制度主要包括：博物馆工作人员职责、馆长职责、办公室职责、保管部职责、展览陈列部职责；博物馆馆务会议制度、财务管理制度、文物库房管理制度、文物藏品管理制度、消防安全管理制度、“文保”单位及流散文物管理制度以及郧西县文物安全突发事件应急预案等。通过制度建设，实现了以制度管人，以制度管事，从而确保各项管理工作制度化、规范化。

（二）观众管理　博物馆依据日常开放与团体预约参观人员数量情况，采取“控制总量，错峰参观”办法，对观众实施管理。根据博物馆实际观众容量，每天限量500人，如果单位时间内观众较多，则对观众进行分时控制，每小时不超过100人。对在重大节假日期间，博物馆出现的游客参观高峰现象，为避免观众大量拥入同一个展厅，博物馆采取逐步完善相关的服务设施来最大程度地满足观众对博物馆的参观热情。同时逐步加大一线的服务队伍，提高工作人员的素质等措施，确保参观质量和效果。

（三）场馆管理方面　成立了博物馆安全检查小组。每星期五下午定期由各部门负责人对博物馆进行一次彻底的大检查，对查出的隐患问题，能立即整改的当场整改，对需要经费的，在馆务会议上一致通过后，迅速组织实施；每年初拿出所有设施设备的维护保养计划，并根据博物馆的实际情况，逐项落实；对观众加强管理，杜绝出现损坏博物馆设施设备的行为。

（四）人才培训方面　随时与上级对口单位保持沟通、联系，积极组织干部职工参加上级组织的各类专业培训学习，对博物馆职工加强场馆维护、设施设备保养等方面知识的教育、培训力度，最大限度的减少器材的损耗。

三、免费开放工作进展情况

郧西县博物馆自2010年8月正式对外开放以来，已接待观众达6万余人（次），其中中小学生2万余人（次）。郧西博物馆对外开放后整体运行情况良好，在不断充实基本陈列的基础上，经常举办临时展览，取得了良好的社会效益。现已成为展示地方文化历史、提升郧西县知名度的窗口，成为郧西县德育教育和爱国主义教育基地，不仅丰富和满足了广大人民群众的公共文化需求，而且也实现了文物保护利用和促进旅游经济的协调发展。

四、陈列展览

为了保护和开发地方文物、文化资源和充分发挥博物馆文物藏品的宣传教育作用，传承地域文化，服务区域旅游经济，丰富和满足广大人民群众多层次的文化需求。博物馆筹办了“郧西天河历史及民俗文化陈列展”，作为郧西博物馆具有地方特点的基本陈列，对公众免费开放。

郧西天河历史及民俗文化陈列，于2010年5月开始筹办，8月份建成并对外开放。展厅面积达1014平方米，陈列以郧西人文考古发掘、神话传说、天河七夕文化和民风民俗为主体，内容设计由远古文明、神话传说及民风民俗三大部分组成。在内容与艺术设计上，力求内容与形式的完美统一，制作防盗展柜、展架70余台（套），辅助展品60余块以及大型模型沙盘1个，展陈实物包括了从史前文化到各历史时期的文物藏品及民俗标本达300余件（套）。通过实物标本的展示，充分展现了郧西古老悠久的历史文明、独具特色的民间文化和淳朴厚实的民风民俗。

五、展示宣传和社会服务

为了发挥博物馆的有效功能，充分展示文物的宣教作用，郧西博物馆除加强了对民俗博物馆的日常维护管理，不断提高服务水平，认真做好免费开放服务工作以外，同时还通过开展各种形式的博物馆“进校园、进社区”活动，加深公众特别是青少年对民族、地域历史文化和自然环境等的了解、理解和尊重，促进优良历史文化传统的保护与弘扬。

2011年5—6月，郧西博物馆在“国际博物馆日”和“中国文化遗产日”期间，开展了一系列的宣教活动。除利用宣传单、标语横幅和向市文物局选送有关文化遗产宣传的展板资料外，6月11日，还组织实小部分班级师生共300人和社会各界人士参加了文化遗产日的庆祝活动，并参观了博物馆的陈列。通过一系列活动的开展，进一步增进了广大民众对文化遗产的认知，营造了全社会共同参与文化遗产保护的良好氛围，取得了良好的宣传效果。

六、文物征集、管理和保护

郧西县博物馆藏品的管理本着“保护为主、抢救第一、合理利用、加强管理”的指导方针开展各项工作。按照《博物馆藏品管理办法》的要求，改善了库房条件，规范了藏品管理，完成级别文物数据库建设工作。对藏品账目实现数字化管理，建立了完善的业务档案，完善了各类藏品的管理制度。

文物征集方面　郧西博物馆藏品来源主要是考古发掘和依法征集。2007—2010年，郧西博物馆在“南水北调”中线工程考古发掘工作中，配合湖北省考古所、武汉大学，开展了郧西庹家湾遗址、张家坪遗址和归仙河遗址的发掘及室内整理工作，完成了出土的300余件文物的修复，并顺利进行了文物暂存移交工作，使这批文物得到了安全、妥善的保管，2008年10月28日，博物馆依法征集了1件在工程建设过程中出土的汉代铜钫。

七、博物馆建设

郧西县博物馆组建之后，按照《博物馆管理办法》要求设立了相对自成系统的陈列展览区、藏品库房区和办公区。2010年，投资90万元改造装修了展厅，并筹办了陈列展览。同时，完善了安防、消防系统，并对珍贵文物设置了独立展柜。

八、博物馆文化产业、文化产品和经营情况

为满足观众在博物馆的消费和休闲需求，郧西博物馆为社会提供了字画装裱服务项目。目前，根据博物馆的特色，正准备利用博物馆的文物资源自主开发具有文化品味的纪念商品，并适时投放市场。

竹山县博物馆

Zhushan County Museum

馆　　长　李强

地　　址　湖北省十堰市竹山县城关镇体育路1号

邮政编码　442200

电　　话　办公室：0719-4224516
预约参观：0719-4224516

传　　真　0719-4225391

隶属关系　竹山县文化体育局

性　　质　国有

建筑面积　3000平方米

展厅面积　1300平方米

历史沿革　竹山县文物保护工作始于1975年。1990年6月成立竹山县文物管理所，与竹山县文化馆合署办公。在此基础上，2008年8月单独成立竹山县博物馆，馆址位于竹山县城关镇体育路1号。

开放时间　9:00—16:30(周一闭馆)

一、基本情况

竹山县博物馆建筑面积3000平方米，展厅面积1300平方米，设有4个基本陈列，分别是竹山县历史文物陈列、书画陈列、老照片陈列、奇石和民间剪纸陈列。现已登记收藏各类历史文物465件，其中国家一级品2件，二级品18件，三级品56件。现有人员编制2名，实际在岗人员5名。

二、工作概况

竹山县博物馆主要承担全县文物安全管理和县博物馆4个展厅对外免费开放参观服务接待工作。具体在县文化体育局领导下，依据《中华人民共和国文物保护法》等有关文物保护的法律法规，对全县文物的安全保护工作进行管理。宣传执行国家有关文物保护的各项政策法律法规；制定并实施辖区内文物保护工作规划，并向地方人民政府提出文物保护工作意见、建议；负责辖区内可移动文物的征集、收藏、保管、陈列、展示，确保馆藏文物的安全，保障博物馆正常免费对外开放；依法指导和规范民间文物收藏和交流；对辖区内不可移动文物进行调查、建档，并督促相关责任单位落实好各文物点的安全保护措施；依法制止、打击一切破坏文物的违法违规行为。

三、陈列展示

为认真贯彻落实省委省政府关于建设“鄂西生态文化旅游圈”和“竹房城镇带”的部署，实现文化遗产资源全社会共享，2010年，竹山政府投入200多万元新建竹山县博物馆新馆，并在原有竹山县地方历史文物展厅的基础上增加了书画陈列、老照片陈列、奇石和民间剪纸陈列等3个展厅，使博物馆新馆总面积达3000多平方米，长期陈列展出竹山县地方珍贵历史文物、老照片、书画剪纸艺术作品、民间收藏文物精品、堵河奇石精品等，形式多样，内容丰富，成为鄂西生态文化旅游圈和竹房城镇带上一处重要的历史人文景点。

四、对外开放

竹山县博物馆自2008年成立以来一直坚持免费对外开放，年平均接待社会各界群众参观15万人次。开放时间为9：00—16:30(周一闭馆)，每年最后一个周二至来年农历初三为休整期，预约接待团体观众。

竹山县博物馆每年结合“5·18国际博物馆日”、“文化遗产日”、“五一”、“十一”等节庆日组织专题参观活动和文化遗产保护宣传活动10余次，一方面组织广大群众走进博物馆，感知文化遗产，陶冶思想情操；另一方面广泛普及文化遗产保护法律法规和基本知识，宣传政府积极抢救保护地方文化遗产取得的丰硕成果。

五、博物馆行业建设

竹山县位于鄂西北，东临房县，南连竹溪和陕西旬阳、白河，北接郧县，南抵神农架林区和重庆巫溪。全县国土面积3586平方公里，辖17个乡镇254个行政村，总人口46万。

竹山县是神话传说女娲炼石补天的圣地，是古庸国都城所在地，是辛亥首义元勋张振武和“二七”大罢工重要领导者、劳工大律师施洋烈士的故乡……悠久的历史积淀了丰厚的文化遗产。在全县各地至今仍保存着大量形式多样、内容丰富的民俗类文化遗产。据不完全统计，竹山民间散存各类以民俗为主的文物20多万件，其中极为珍贵的有1万多件。

竹山县在20世纪末先后建起了张振武纪念馆、施洋烈士纪念馆、许明清烈士纪念馆,并一直坚持免费对外开放。

竹山县民俗类文物收藏在民间广为盛行。据实地调查走访和不完全统计,全县收藏规模较大的有300余家,累计收藏文物20多万多件,其中极为珍贵的有1万多件。这些珍贵的民俗类文物同国有博物馆的历史文物一样,是竹山县乃至整个秦巴地区悠久历史和灿烂文化的重要见证。

竹山县政府在财政十分困难的情况下,努力建设好国有博物馆的同时,多年来积极扶持、依法规范民间文物收藏,着力引导民间资本参入博物馆行业建设,已在全县形成了国有、民办一起上,齐心协力抢救保护文化遗产的良好态势。其中由县政府和县文化体育局重点培植的竹山县秦巴民俗博物馆和竹山县民俗博物馆已享誉鄂豫川陕。

(一)竹山县秦巴民俗博物馆简介

此馆是以民间收藏家曾和林先生平生收藏的各类民俗文物为主要陈列的地方民俗类博物馆。

曾和林,男,现年49岁,竹山县官渡镇人,现任竹山县收藏协会副会长。其从事民俗类文物收藏近三十年,累计收藏各类文物53000余件,是竹山县民俗类文物收藏的集大成者。在县政府的关怀扶持下,2007年4月28日,曾和林以自己多年积累的藏品为基本陈列的秦巴地区首家民俗博物馆在竹山县的千年古镇——官渡镇隆重开馆。展厅面积1000平方米,分别陈列红色革命文物7千余件,各类牌匾52件,清代各式木器清代杂家具120件(套),明清时期服饰22件,民国服饰100余件,大小铜器50余件,石雕佛像60多尊,石雕构件200余件,民俗类生产生活用品20000余件(含烟标8千多种),各时期票据1万多(份)种,古钱币500多枚,民国纸币3千余张,人民币共5千余张,古代珍贵书籍3000多本,明清瓷器5千余件。其中特别珍贵的文物有1块北宋竹山县铜印牌、2门太平天国铁质火炮、1尊唐代石雕武士石雕像等。该馆自成立正式对外开以来一直坚持免费对外开放,年均接待县内外社会各界群众参观11万人次。

(二)竹山县民俗博物馆简介

此馆是以民间收藏家刘道旺先生平生收藏的各类民俗文物为主要陈列的地方民俗类博物馆。

刘道旺,男,现年49岁,竹山县得胜镇人,现任竹山县收藏协会副会长。其从事民俗类文物收藏二十多年,现收藏有石雕、木雕、陶瓷、古玩、字画等民俗文物和工艺品600多个品种10000多件,是秦巴地区民俗类文物收藏的佼佼者。在县政府的关怀扶持下,2009年10月30日,刘道旺先生将原有在宝丰镇设立"上庸历史文化陈列馆"整体搬迁到竹山县城关镇,重新设计布展成立了"竹山县民俗博物馆"。共陈列展出有石柱、石窗、石门架、石碑、石匾、石版画等碑雕石刻100余件,木质桌、椅、床、香案、木窗、花轿等木雕100余件,代表本地民风民俗的服饰、刺绣、剪纸等各类生产生活用具3000余件,民俗杂件1500余件,反映红色文化的报刊杂志、宣传画、瓷器、徽章、票证等1400余件,古代金银器、玉器、兵器、铜器、钱币等2500余件。特别是该馆收藏的大量民间珍贵石雕、木雕,堪称秦巴地区的精品。该馆自成立以来一直坚持免费对外开放,年均接待县内外社会各界群众参观10万余人次。

房县博物馆

Fangxian County Museum

馆　　长　张爱华
地　　址　湖北省房县城关镇县门街92号
邮政编码　442100
电　　话　0719-3231113
传　　真　0719-3231113
电子邮箱　468901647@qq.com
隶属关系　房县文化体育局
性　　质　国有
建筑性质　现代建筑
建筑面积　1400平方米
展厅面积　400平方米
占地面积　900平方米

馆址环境　房县博物馆位于房县县城文化广场西南侧，东南两面面临县门街，北边是影剧院，西边是居民区。

历史沿革　其前身为房县革命纪念馆，1988年，经县委、政府决定，改名为房县博物馆，2008年4月23日，房县博物馆正式对外免费开放。

开放时间　9:00—17:00（周一闭馆）

服务设施　停车场、物品寄存、休息室、卫生间等。

概　况

（一）建筑设计　房县博物馆建筑为地面四层，高15.3米，总建筑面积1400平方米，其中展厅面积400平方米，长期展览面积400平方米，库房面积40平方米，办公区面积60平方米。外观设计采用了"L"形平面，整个建筑外观为现代建筑配仿古风格装饰，建筑首层为办公区，二、三层为展厅和库房，顶部边缘灰蓝曲瓦装饰一周，安防设施，以达到博物馆文物保护要求。

（二）形式设计　房县的历史源远流长，文物量丰富。西周以前，房县为彭部落方国；春秋战国时为渚；秦改防渚为房陵；唐中宗废为庐陵王迁居房陵筑城于此，定名房州；明洪武八年降房州为县，定名房县至今。

房县博物馆形式设计是在依据《中华人民共和国博物馆陈列设计规范》及相关文物法律法规，充分结合房县文化的精髓和房县馆藏文物的分类、特点所制定。

房县博物馆展厅主要位于博物馆建筑的二层和三层，共设两大展厅。游客从房县文化广场登台阶直接进入博物馆的大门，首先看到的是房县博物馆的院落，然后按照引导牌指示上二楼依次为接待室、房县历史文物陈列展厅；三层为房县革命文物陈列展厅。在展陈设计上，通过留存的文物、文字、图片、模型等多种形式充分展示房县文化的精髓。

（三）机构设置　房县博物馆于1988年9月成立，2005年8月正式对海内外公众免费开放，为全额拨款股级事业单位，隶属房县文化体育局管理，定编4人，设馆长1名，主管全面工作；副馆长1名，负责常务工作。其中在编人员中，中级职称2人，初级职称4人。房县博物馆主要设置了办公室、安保部、综合业务部三个部门，主要工作职责为：收藏展览文物、弘扬民族文化、文物（征集、鉴定、登记、修复、保管）、文物展览、文物复制与修复、文物及相关研究、文物宣传出版、考古发掘、文化产品开发与研究。

一、博物馆管理

(一)制度管理　为了进一步加强管理,房县博物馆在建馆之初就先后制定了有关的规章制度,以制度管人,以制度管事,使各项管理工作制度化、规范化、这些制度主要包括:

行政管理方面有《房县博物馆馆务会议制度》、《房县博物馆公文处理办法》、《房县博物馆办公室规章制度》;财务方面有《财务管理制度》、《房县博物馆专项经费管理实施办法》;安全保卫制度有《房县博物馆消防安全责任制度》、《监控室管理制度》、《房县博物馆安全保卫制度》;社教和开放方面,我们制定了《免费参观票领取办法》、《讲解员管理制度》等;文物保管方面制定了《房县博物馆文物安全管理办法》、《库房管理制度》、《藏品账目管理方案》等。

(二)观众管理方面　根据博物馆实际观众容量,每天限量600人,如果单位时间内观众较多,则对观众进行分时控制,每小时不超过200人;采取身份证实名登记,并发放参观券,一人一证一票。旅行社团队实行提前预约;为避免观众大量拥入同一个展厅的现象,讲解员可灵活调整讲解路线。

(三)参观高峰应对方面　在博物馆开放初期及重大节假日期间,博物馆出现的游客参观高峰现象,对保洁、安全、工作人员都造成了较大压力。为此,房县博物馆按照先急后缓的原则,逐步完善相关的服务设施来最大程度的满足观众对博物馆的参观热情。如:加印房县博物馆宣传册,同时逐步加大一线的服务队伍,提高工作人员的素质等。

(四)场馆管理方面　成立了博物馆安全检查小组。每星期五下午定期由各部门负责人对博物馆进行一次彻底的大检查,对查出的隐患问题,能立即整改的当场整改,对需要经费的,在馆务会议上一致通过后,迅速组织实施;每年初拿出所有设施设备的维护保养计划,并根据博物馆的实际情况,逐项落实;对观众加强管理,杜绝出现损坏博物馆设施设备的行为。

(五)人才培训方面　随时与上级对口单位保持沟通、联系,积极组织干部职工参加上级组织的各类专业培训学习,对博物馆职工加强场馆维护、设施设备保养等方面知识的教育、培训力度,最大限度地减少器材的损耗。

二、免费开放工作进展情况

1.通过七年多的免费开放,房县博物馆现已接待公众28万人,公务接待800余次,受到了社会各界的一致好评。

2.业务建设及文物保护方面　自1988正式开馆以来,已相继完成了房县博物馆文物数据库建设工作。配合湖北省考古研究所做好了桃园古墓群、十房高速田野考古发掘工作,现室外工作已全部结束,出土各类文物共计500件(套),钻探发掘面积2.5万平方米,清理积土1万余方。

三、陈列展览

1995年6月房县博物馆历史文物陈列展览正式对外开放。次年房县革命文物陈列展览对外开放。

四、展示宣传和社会服务

2010年8月,出色地完成了在房县举办的首届“诗经文化艺术节”活动期间的免费开放和各项公务接待工作。

成功举办了“小小讲解员带您看文物”的培训活动以及“博物馆走进校园”、“博物馆走进社区”、“博物馆走进工厂”等宣传教育活动。

五、文物征集、管理和保护

房县博物馆藏品的管理本着“保护为主、抢救第一、合理利用、加强管理”的指导方针开展各项工作，并购置了24小时可视监控系统以确保文物藏品24小时的安全；建立了数据库，对藏品账目实现数字化管理，建立了完善的业务档案，完善了各类藏品的管理制度。

文物征集方面　自1995年以来，房县博物馆累计征集文物200余件。

六、博物馆建设

配置了低压配电柜和较为完善的安防、消防系统，并对珍贵文物设置了独立保险柜。

武当博物馆

Wudang Museum

馆　　长　舒涛
地　　址　武当山旅游经济特区博物馆路14号
邮政编码　442714
电　　话　0719-5667386
传　　真　0719-5667386
网　　址　www.wudangmuseum.com
电子邮箱　wudang museum@163.com
隶属关系　武当山文物宗教局
性　　质　国有
建筑性质　现代建筑
建筑面积　6200平方米
展厅面积　4418.7平方米
占地面积　5820平方米

馆址环境　武当博物馆坐落于“武当文化广场”东侧，剑河南岸，坐东朝西。

历史沿革　其前身为武当山文物珍品陈列馆，2006年9月，武当山特区政府决定成立武当博物馆，2008年4月23日，武当博物馆正式对外免费开放。

开放时间　9:00—17:00(周一闭馆)

服务设施　停车场、文化产品商务区、触摸屏、语音导览机、物品寄存、道茶室、休息椅、婴儿车、轮椅、残疾人专用卫生间等。

概　况

(一)建筑设计　武当博物馆建筑为地面三层，高15.3米，总建筑面积5820平方米，其中展厅面积4418.7平方米，长期展览面积3820平方米，临时展厅598.7平方米，库房面积690.3平方米，办公区面积506.9平方米。外观设计采用了橄榄形平面，建筑两侧角楼造型吸收了武当山御碑亭的体量感，主入口立面以弧形板块烘托柱廊和门楣，上书“武当博物馆”，为中国著名书法家欧阳中石题写。主立面结合卫生间等辅助用房开小洞窗，形成书卷式立面。建筑底层为办公区和文物库房，设备用房隐于大台阶下。二、三层建筑采用中庭式布局，顶部边缘为双层磨砂玻璃天窗，配以中央空调，以达到博物馆文物保护恒温、恒湿之要求。

(二)形式设计　武当文化，华夏魂灵。伟大的文学家鲁迅曾经说过：“中国的根柢全在道教”。道教是中国土生土长的宗教，自汉代产生以来，在历史的长河中，经过两千年的交融、积淀、发展，孕育了深厚、丰富的道教文化。武当山作为中国道教的发源地，中国四大道教名山之一，自古以来，倍受隐居修道之士所青睐，加之武当山在中国特殊的地理位置，东西南北文化相互融合、繁衍，一度被朝廷皇权所重视，最终使武当山成为了中国道教“第一山”。

武当博物馆形式设计依据《中华人民共和国博物馆陈列设计规范》及相关文物法律法规，充分结合武当文化的精髓和武当山馆藏文物的分类、特点。

展厅位于博物馆的二层和三层，共设七大展厅。游客从武当文化广场登台阶直接进入博物馆的第二层，首先看到的是武当博物馆的序厅，然后按照顺时针方向依次为贵宾接待室、武当建筑厅、仙山名人厅；三层依次为武当道教厅、道教造像厅、武当宫观道乐厅、武术与养生厅、武当民俗厅。在展陈设计上，通过文物、文字、图片、模型、声光电、多媒体等多种形式充分展示武当文化的精髓。

（三）机构设置　根据武机编[2006]6号文件精神，武当博物馆于2006年9月成立，2008年4月23日正式对海内外公众免费开放。博物馆为全额拨款正科级事业单位，隶属文物宗教局管理，定编10人，设馆长1名，主管全面工作；副馆长1名，负责常务工作。根据工作需要，博物馆面向社会公开招聘了30名人事代理，10名临时用工。其中，在编人员中级职称3人，初级职称11人。博物馆内设办公室、安保部、综合业务部三个部门，主要工作职责为：收藏展览文物、弘扬民族文化、文物（征集、鉴定、登记、修复、保管）、文物展览、文物复制与修复、文物及相关研究、文物宣传出版、考古发掘、文化产品开发与研究。

一、博物馆管理

（一）制度管理　为了进一步加强管理，建馆之初就先后制定了有关规章制度，以制度管人，以制度管事，使各项管理工作制度化、规范化，这些制度主要包括：《武当博物馆馆务会议制度》、《武当博物馆公文处理办法》、《武当博物馆办公室规章制度》；《财务管理制度》、《武当博物馆专项经费管理实施办法》；《武当博物馆消防安全责任制度》、《监控室管理制度》、《武当博物馆安全保卫制度》；《免费参观票领取办法》、《讲解员管理制度》；《武当博物馆文物安全管理办法》、《库房管理制度》、《藏品账目管理方案》等。

（二）观众管理　根据博物馆实际观众容量，每天限量2500人，如果单位时间内观众较多，则对观众进行分时控制，每小时不超过300人；设置围栏排队系统；采取身份证实名登记，并发放参观券，一人一证一票。旅行社团队实行提前预约；为避免观众大量拥入同一个展厅的现象，讲解员可灵活调整讲解路线。

（三）场馆管理　成立了博物馆安全检查小组。每星期五下午定期由各部门负责人对博物馆进行一次彻底的大检查，对查出的隐患问题，能立即整改的当场整改，对需要经费的，在馆务会议上一致通过后，迅速组织实施；每年初拿出所有设施设备的维护保养计划，并根据博物馆的实际情况，逐项落实；对观众加强管理，杜绝出现损坏博物馆设施设备的行为。

（四）人才培训　随时与上级对口单位保持沟通、联系，积极组织干部职工参加上级组织的各类专业培训学习，对博物馆职工加强场馆维护、设施设备保养等方面知识的教育、培训力度，最大限度地减少器材的损耗。

二、免费开放工作

（一）三年多的免费开放，已接待公众230万人，公务接待1559次，受到了社会各界的一致好评。在博物馆开放初期及重大节假日期间，博物馆出现的游客参观高峰现象，对保洁、安全、多媒体设施、工作人员都造成了较大压力。为此，武当博物馆按照先急后缓的原则，逐步完善相关的服务设施来最大程度的满足观众对博物馆的参观热情。如：加印武当博物馆宣传册，增加休息椅，增设武当道茶室和武当文化产品商务区等服务设施及项目；同时逐步加大一线的服务队伍，提高工作人员的素质等。

（二）进一步加强了安防、展陈设施设备的投入力度，购置了游客智能分析系统、安检门、电子翻书设备、大型LED电子显示屏等，提升了管理水平和展陈档次。

三、陈列展览

2010年6—9月，武当博物馆珍藏的两尊明代铜铸关公立像参加了在台北历史博物馆举办的“大三国特展”，武当文物的对外交流窗口由此打开。

2008年10月，与郧阳师专联合举办了“丹青武当　翰墨飘香”书画展。

2009年5月，由武当博物馆主办了“风雨武当60周年图片展”活动。

四、展示宣传和社会服务

2009年10月，武当博物馆荣获了由国家文物局主办的全国博物馆十大陈列精品展（2007—2008年度）“最佳制作奖”。

2009年10月18日，出色完成在武当山举办的第四届“世界传统武术节”活动期间的免费开放和各项公务接待工作。

成功举办了“小小讲解员带您看文物”的培训活动以及“博物馆走进校园”、“博物馆走进社区”、“博物馆走进工厂”等宣传教育活动。

五、文物管理和保护

本着“保护为主、抢救第一、合理利用、加强管理”的指导方针，开展藏品文物管理工作，购置了中央空调以确保文物藏品24小时的恒温、恒湿；建立了数据库，对藏品账目实现数字化管理，建立了完善的业务档案，完善了各类藏品的管理制度。自2008年4月23日正式开馆以来，已相继完成了武当博物馆网站建设和文物数据库建设工作。配合湖北省考古研究所做好了柳树沟古墓群、遇真宫东宫的田野考古发掘工作，现室外工作已全部结束，出土各类文物共计714件（套），钻探发掘面积6400平方米，清理积土1万余方。出版了武当博物馆系列文化丛书之—《神韵——武当道教造像艺术》。

2010年6月3日，武当博物馆接受了民间捐赠的11件民国家具，填补了家具藏品的空白。

六、博物馆文化产业、文化产品和经营情况

为满足观众在博物馆的消费和休闲需求，武当博物馆于2009年6月成立了文化产品商务区，根据博物馆的特色，充分利用博物馆的文物资源自主开发设计商品，并研制出了老子立像、关公立像、张三丰组像的复制、仿制等系列产品，现已逐步投放市场，提升了文化产品的品位。

孝感

孝感市分述篇

【概况】 孝感的博物馆事业起步于二十世纪五十年代，那个时候仅有个别县级博物馆，文物工作主要由挂靠在图书馆或群众艺术(文化)馆的“文物组”承担。1976年,孝感市(地区)博物馆成立,进入八十年代,各县先后成立博物馆,孝感的博物馆事业逐渐发展壮大。

2005年，全国重点文物保护单位大悟白果树湾新四军第五师司令部旧址群、大悟宣化中原突围旧址群,被国家发改委、中宣部、国家文物局等14部委公布为全国首批红色旅游经典景区之一。随后，在中央和各级党委、政府重视下,大悟先后建起了新四军第五师纪念馆、中原突围纪念馆。

截至2010年底,孝感市各级、各类博物馆、纪念馆已发展为10座,按类型分有综合博物馆7座,即孝感市博物馆、汉川市博物馆、应城市博物馆、云梦县博物馆、安陆市博物馆、孝昌县博物馆;历史博物馆1座,即大悟革命博物馆;纪念馆2座,即大悟县新四军第五师纪念馆、中原突围纪念馆。

【博物馆管理】 长期以来,孝感市各级文物行政部门和各博物馆(纪念馆)，严格执行《中华人民共和国文物保护法》、《博物馆工作条例》、《博物馆管理办法》、《博物馆安全保卫工作规定》等法律规章,孝感博物馆事业从无到有，健康发展。特别是改革开放以来,各博物馆(纪念馆)以湖北省博物馆为楷模,解放思想,锐意进取,扎实工作,规范管理,积极探索公共博物馆在新形势下发展新路子、管理新方法。加强博物馆陈列展览、宣传讲解、藏品管理、安全保卫等全方位研究，并强化基础性设施建设工作,增加陈列展厅,增加保安人员,为博物馆在新形势下的蓬勃发展奠定了基础。

【博物馆免费开放】 2008年，中宣部发出[2008]2号“关于全国博物馆、纪念馆免费开放的通知”。孝感各地积极贯彻落实中宣部通知精神,顾全大局,克服困难,积极筹措资金,加大经费投入,强化免费开放的各项基础性工作,全市博物馆(纪念馆)免费开放工作扎实推进、稳步开展。截至2010年底,孝感10座博物馆(纪念馆)全部实行免费开放,免费开放率达到100%。同时,各博物馆陈列展览、藏品管理、科学研究、安全保卫等工作也有显著提升,博物馆的社会影响力大大增强，博物馆免费开放成为了全市文化惠民的品牌工程，产生了良好的社会效益,更多的公众走进博物馆,加快了博物馆融入社会的步伐，博物馆事业呈现蓬勃发展的良好局面,社会反响强烈。

据2010底统计，孝感全市全年观众量

达到104.62万人次。与免费开放前相比，这些观众中散客数量大幅度增加，与团体观众各占五成；从年龄结构上看，大批青少年观众自觉走进博物馆，老年观众数量也在持续上升。这些数据表明，免费开放激发了广大观众对博物馆文化的热爱之情，越来越多的人主动走进博物馆、纪念馆，重温历史，触摸文化，开阔眼界，丰富内心。"免费开放"这项惠民工程获得了百姓的认可和赞誉。

【陈列展览】 二十世纪六、七十年代，由于没有陈列条件，孝感各地基本没有陈列，仅举办一些小型的临时性展览。如，1963年9月至1964年初，孝感地区文教局在十六个县巡回举办了"重庆'中美合作所'罪证暨殉难烈士遗物图片(复制品)展览"。1975年，孝感地区首次举办文物展览"孝感地区革命文物展览"等。

改革开放以后，随着社会经济的发展和博物馆条件的不断改善，孝感市各博物馆(纪念馆)纷纷结合自身特色，更新理念，推陈出新，不断提高展示宣传和社会服务水平，精心举办展示、服务工作更加贴近实际、贴近生活、贴近群众的各种展览，以更好地满足广大人民群众的精神文化需求，获得社会广泛好评。据统计，仅近五年来，全市博物馆举办陈列展览就达38个，其中，固定陈列21个，临时陈列17个。

具有代表性的重要展览包括：孝感市博物馆"孝感出土文物精品展"、"中国民窑—马口窑"、"孝感出土丝织品展览"、"孝感市第三次全国文物普查重要新发现图片展"、"孝感市首届民间艺术品收藏展"、汉川市博物馆"建国三十周年民间收藏艺术品展览"、应城市博物馆"纪念周恩来总理视察红旗人民公社展览"、云梦县博物馆"睡虎地秦简出土三十周年专题展"、"纪念睡虎地秦简出土三十周年书画展"、大悟县博物馆"大悟县革命斗争史史实陈列"、"徐海东生平陈列"、中原突围纪念馆"周恩来与美蒋谈判"、"中原军区部队十个月战略坚持"、"胜利的中原突围"、新四军第五师纪念馆"新四军第五师发展壮大史实陈列"、孝昌县博物馆"暑期请学生走进博物馆"、"东周兵城"、"烽火岁月"、"红色记忆"等。这些展览内容丰富多彩，群众喜闻乐见，极大地满足了不同层次观众的需要。

【展示宣传和社会服务】 长期以来，孝感市各博物馆一直十分重视展示宣传和社会服务工作。特别是近几年，孝感市各博物馆结合国际博物馆日、中国文化遗产日等活动，多层次、多渠道地向社会宣传展示，做了大量工作。2007年4月，第三次全国文物普查在全国各地轰轰烈烈地展开。2009年底，全国田野调查工作结束。在这次普查中，孝感市成效显著，硕果累累。为此，孝感市各博物馆及时制作文物普查成果流动展览，在博物馆门前、广场、街道、社区、学校、乡镇巡回展出。截至2010年12月，全市共向社会推出宣传普查成果的展览计8个，推出展牌148个，照片658张，展出99场次，收到较好的宣传效果。2009年国际博物馆日，孝感市博物馆还推出文物保护展版、义务鉴宝会、文物保护法律咨询以及文物知识讲座等多项服务活动，引起广大收藏爱好者的关注，收到良好的社会效益。

【藏品管理和保护】 博物馆藏品是国家宝贵的科学、文化财富，是博物馆业务活动的物质基础，对其进行科学管理和利用，是博物馆的重要职能。在长期的藏品管理和保护工作中，孝感各博物馆严格按照《博物馆藏品管理办法》和博物馆其他业务要求，切实把文物藏品管理与保护提高到战略地位，扎扎实实开展藏品清理、鉴定、建档工作，不断完善馆藏文物的规范管理。

2005年，各博物馆又在此基础上稳步

推进“文物调查及数据库管理系统建设”，藏品管理与保护等基础性工作取得重要进展。在湖北省文物局统一部署下，2009年，孝感市馆藏三级以上（含三级）珍贵文物信息采集工作圆满完成，“摸清家底”与“动态管理”两个目标顺利实现，“文物调查及数据库管理系统建设”项目工作顺利实现向基础性常规阶段转变，文物档案管理及信息化建设水平大大提高。据统计，孝感市馆藏文物总量32455件（套），其中，三级以上（含三级）珍贵文物711件（套）。2010年，孝感市又在组织开展馆藏一般文物信息采集工作，各地高度重视“文物调查及数据库管理系统建设”项目工作，按照《湖北省“文物调查及数据库管理系统建设”项目馆藏一般文物信息采集工作方案》要求，开展馆藏一般文物信息采集工作，进一步完善了全市馆藏文物数据库管理，使藏品管理更加规范化，科学化。

对文物藏品实施科技保护，是全面落实科学发展观，推进文化遗产保护事业科学、和谐发展的重要方面。只有不断排除安全隐患，才能为文物事业全面科学发展提供保障。为此，孝感市积极编制文物藏品科技保护方案，先后向湖北省文物局呈报了“孝感市博物馆馆藏丝织品保护修复方案”、“孝感市博物馆馆藏青铜器保护修复方案”、“云梦县博物馆馆藏战国秦汉漆木器保护修复方案”等，争取利用生物、化学等新科技手段对珍贵文物实施科学保护，确保文物安全。

【博物馆建设】 20世纪70年代后期，伴随着我国的改革开放，博物馆事业迎来了第一次春天，孝感各地纷纷开展博物馆基础建设，先后建有孝感市博物馆和七个县（市）博物馆计8座馆舍。虽然这些博物馆规模较小，功能落后，但在改革开放初期承担了当地文物保护和展示宣传工作，为孝感的精神文明、政治文明和物质文明建设发挥了应有作用。进入21世纪，我国社会发展步入快车道，博物馆的基础设施已经不能适应广大公众日益增长的精神文化生活需要，一些县级博物馆濒临关闭。2008年免费开放的实施，博物馆事业迎来了第二次春天，大批县级博物馆重新走上健康发展的轨道。各博物馆纷纷加强硬件建设，一是改（扩）建一批陈列展览厅，二是改（扩）建一批文物库房，三是按照国家文物局、公安部颁布的《文物系统博物馆风险等级和安全防护级别的规定》，建设一批与本馆风险等级相适应的安全和消防系统，孝感博物馆事业发展上了一个新台阶。

与此同时，孝感各博物馆新一轮工程建设也开始启动，一批新馆已经或者即将建成。2009年，大悟县新四军第五师纪念馆建成开放，每年接待全国各地观众达三十余万人次。大悟县中原突围纪念馆和云梦县博物馆，其主题建筑已经竣工。孝感市博物馆33000平方米用地已经划定，即将开工，汉川、应城、大悟、孝昌等新馆正在建设或规划中。

【人才培养】 古往今来，人才从来就是一个国家兴旺发达、民族强盛、事业成功的根本。人才队伍建设是博物馆事业发展的重要基础。孝感市各博物馆始终把人才队伍建设当作一项长期的、艰巨的、系统的基础工作，重点对业务人员进行全方位、多层次培训，以提高服务能力，增强服务意识，规范服务行为，推动博物馆事业可持续发展。

孝感市博物馆，根据业务人员素质情况，结合本馆事业发展需要，进行有计划的培训。如2009年该馆结合开展民主评议行风政风活动，先后进行了讲解员讲解培训、礼仪培训、博物馆学、考古学、文物学、陈列艺术、心理学等专业知识培训，不仅提高了业务人员整体素质，还在全市博物馆系统中发挥了示范引领作用，推动了全市博物馆系统人才队伍的培训工作。

2010年10月，孝感市文化体育新闻出版局举办了“第一届博物馆、纪念馆讲解员培训班”，参加培训学习的16人，通过培训，学员们的博物馆社教服务工作水平迅速提高。

为配合文物局举办的“湖北省博物馆纪念馆讲解大赛”，10月29日，孝感市文化体育新闻出版局举办了“孝感市博物馆、纪念馆第一届讲解员选拔大赛”，各博物馆、纪念馆选派优秀讲解员参加。选拔大赛中，9位参赛选手脱颖而出，代表孝感市参加了湖北省讲解员大赛，荣获团体三等奖。

孝感市博物馆

Xiaogan Municipal Museum

馆　　长　蒋俊春
地　　址　孝感市城站路87号
邮政编码　432000
电　　话　0712-2823004
电子邮箱　xb2823004@163.com
隶属关系　孝感市文化体育新闻出版局
性　　质　国有
建筑性质　现代建筑
建筑面积　2143平方米
展厅面积　1681平方米
占地面积　3000平方米

馆址环境　博物馆坐落于孝感市中心的城站路与文化路交汇处，区位优越，交通便利，对面是街心公园，背靠孝感市文化体育新闻出版局，左侧与孝感市图书馆、新华书店相邻，文化氛围浓郁，右侧为公安派出所，为博物馆安全保卫提供便利。

历史沿革　1976年7月成立孝感地区博物馆，1981年1月正式对社会开放，1993年6月撤地改市，更名为孝感市博物馆。

开放时间　9:00—16:30(周一闭馆)

服务设施　放映厅、交流厅、停车场。

交通状况　乘车：天河机场乘武汉至孝感城际列车至槐荫站转5、6、9路至城站路文化路口；孝感火车站乘1路至文化路口；高铁孝感北站乘长途汽车至孝感长途车站；孝感长途汽车站乘2、4路至北门口转1路至文化路口。自驾车：京珠高速公路孝感出口沿孝汉大道至孝感城区，汉十高速公路孝感北出口沿107国道向北至孝感城区，武荆高速公路东西湖出口沿107国道向南至孝感城区。

概　况

孝感市博物馆是孝感市属的综合性博物馆，一直承担着孝感地区文博事业的工作任务，在文物收藏保护、展览陈列、科学研究、社会教育等方面发挥着重要的作用。1976年7月成立，1981年1月正式开馆。开馆之初，展厅面积十分狭小，很难适应博物馆发展需要。为此，1985年10月1日，博物馆迁入城站路87号的新馆。“博物馆是征集、典藏、陈列和研究代表自然和人类文化遗产的实物的场所。”20多年来，博物馆本着这一宗旨，积极加强硬件建设，改扩建陈列展览厅4个共1681平方米、建设文物展厅300平方米；努力做好博物馆的各项工作，为孝感文博事业作出积极的贡献。

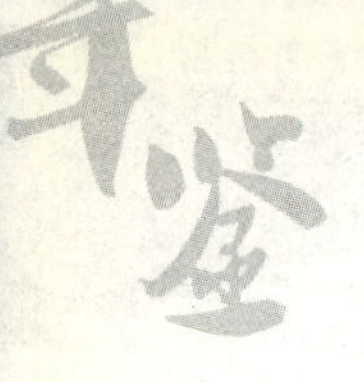

一、机构设置和行政管理工作

孝感市博物馆隶属孝感市文化体育新闻出版局，事业单位编制，事业管理体制。全馆编制人员15人，其中馆长、副馆长各1人，现有专业技术人员12人，其中高级职称3人，中级职称7人，初级职称2人。内设办公室、群工部、文物勘探队、文物保护部等机构。办公室负责管理日常事务，群工部负责陈列展览的对外开放、宣传等群众工作，文物勘探队承担全市不可移动文物的保护工作，文保部负责馆藏文物的收藏管理、库房、展厅的安全。

二、展陈、科研工作

陈列展览是博物馆进行社会教育、传播信息和为科学研究提供参考服务的主要形式，也是博物馆为社会提供的特殊精神文化产品。在经济快速发展和文化多元化发展过程中，孝感市博物馆与时俱进，不断调整服务方式和服务理念，努力提升陈列展览水平，倾力打造陈列展览的文化品牌，先后举办了“孝感出土文物精品展”、“孝感城区出土清代丝绸展览”和“中国民窑马口窑”三个基本陈列。

“孝感出土文物精品展”1981年1月面向大众开放，展出出土文物200余件，陈列面积236平方米，陈列内容为原孝感地区所辖的孝感、大悟、广水、安陆、云梦、应城、汉川、黄陂等8个县、市出土的新石器时代至清代的历史文物。2009年为提高博物馆陈列档次，投资84万元，对已有的基本陈列作了全新布展，对原有陈列从设备到内容形式进行了调整，更换陈列说明牌140多块、公示牌10块。展览形式以立柜与平柜相结合，文物与文字说明、图版相结合，以由早及晚的通史陈列艺术设计为特点，再现了孝感完整的历史文化体系和悠久灿烂的古代文化面貌。

“孝感城区出土清代丝绸展览”展出的是辖区内的胡鹤山大将军墓和五品夫人墓出土的珍贵丝织品。胡鹤山大将军墓位于孝感市孝南区三汊镇，1998年6月为配合京珠高速公路建设时进行发掘。墓内出土清康熙帝钦赐胡鹤山大将军蟒袍玉带、麒麟袍及袄、褂、裙、被、帽、枕、靴、袜等丝织品。五品夫人墓位于孝感城东万山汽车底盘厂严家园，于2001年8月发掘。墓内出土丝织衣物、翡翠、玉石等器物共计53件。其中丝织物衣、裙、被、裤等就达40件，颜色鲜亮，保存较好，反映了清代江南织造技艺的水平。其质地有妆花纱、妆花罗、妆花云锦、妆花缎等。胡鹤山大将军墓和五品夫人墓出土的珍贵丝织品，面料织造和工艺有织锦、刺绣、提花；花纹图案有团花、菊花、万字格、太极图、细枝梅、瑞草、海水、江牙、云气、火焰球、红日、如意云图、龙、麒麟等，织工精细反映出清代丝织技术的高超水平。

湖北是中国近现代陶艺的发源地之一，以汉川马口窑、麻城蔡家山窑、蕲春岚头矶窑三大民窑烧制的陶器最为著名。“中国民窑马口窑”展出的是湖北民窑之首“马口窑”的制陶文化。马口窑因位于湖北省汉川市马口镇而得名。窑址群主要集中在位于市境东南，汉水下游南岸。北距汉川城区7.5公里，东距武汉市城区45公里。马口最早的名字叫洗马口，据说是因为马口的地势宛如一匹躺着的骏马睡在河边，而岭上有一股清泉常年不断地从马口流出，当地百姓即景生情，名之“洗马口”。传说三国时期，关羽从荆州下汉阳，中途经过洗马口，大军在此休息，关羽牵马到河里饮水后，将马系在洗马头口的一块大石上，次日天明才率军离去。关羽走后，这里人以关公在马口头上系马为荣，洗马口从此改成了系马口。在马口镇经常会看到一些房前屋后堆满残损的坛坛罐罐。这也是马口的一大特色。汉川有一句俗语:马口的院墙——烂坛(谈)。这句话的本意,就是指马口民居的院墙是用废弃的坛坛罐罐砌起来的。马口的院墙用烂坛堆砌,说起来和马口的陶瓷业关系密切。《汉川县志》记载,马口的陶瓷业始于明隆庆年间(1567—1573年)。清朝末年,马口以制陶维持生计的有两三千人。民国时,马口窑新集周围的龙窑最多时达到36家。马口陶瓷采用当地的陶土生产,土质细腻密实,产品耐酸耐碱,坚固耐用,很受百姓欢迎。马口陶瓷所产都是坛、壶、钵、罐、缸、盆、烘炉等民间最常用的日用品,属于典型的民间陶瓷。马口陶器以品种多样、做工精细、价廉物美而远近闻名,不仅满足十里八乡的农家需求,而且依托汉江黄金水道,行销湖南、江西、安徽、四川及江浙等地区。1921年,还曾为日本、德国生产过大批坛罐。以八仙坛、空雕龙坛为代表的传统工艺产品以釉下嵌花之长,获得社会青睐;造型古朴的陶桌、陶凳远销日本、美国和东南亚。1964年,"十八学士坛"、"半副銮驾坛"获北京工艺陶瓷展甲等奖;1981年,"空雕龙坛"获省工艺美术造型甲等奖。马口镇出产陶器源远流长。有资料记载起源于北宋。据清同治年间出版《汉川图记徵实》记载:"凡缸、坛、瓮及大小陶器泥作而成者,俗曰'窑货',邑南系镇(系马口)多业之。其器较他处为坚,其法得自前明隆庆年间,有应山老人来镇授之。历经300余年,工日益精,往者岁货远方,归金数万计。藉资生活者二三千人。"距今当有五百多年历史了。马口曾一度窑火兴盛,现今镇周边的窑新、七屋窑、八屋窑、九屋窑、十家窑、杨家窑、喻家窑、梁家窑、黄家窑、徐家窑等许多自然村均系因窑而得名。2008年,马口窑古窑址被湖北省人民政府列入第五批省级文物保护单位。

此外,孝感市博物馆建馆后还先后举办了"李先念同志在大悟山区革命活动展览"、"中华人民共和国第二届农民运动会全国名人书画展"、"故宫博物院帝后生活用品精品展"、"国旗在我心中"、"党旗飘飘"、"中原突围胜利60周年图片展"以及科普展览"蝴蝶标本展"、"航空模型展"等临时性专题陈列近30余次,收到良好的社会效益。

科学研究方面,孝感市博物馆致力于基层文物保护工作,先后编印、出版《孝感文物概况》、《孝感地区文物普查资料汇编》、《江汉考古》(专集)、《鄂东北文物考古》、《鄂东北考古报告集》等。

2005年,孝感市博物馆又稳步推进"文物调查及数据库管理系统建设"。在湖北省文物局统一部署下,2009年,馆藏三级以上(含三级)珍贵文物信息采集工作圆满完成,"文物调查及数据库管理系统建设"项目工作顺利实现向基础性常规阶段转变,文物档案管理及信息化建设水平大大提高。2010年,孝感市博物馆又在组织开展馆藏一般文物信息采集工作,按照《湖北省"文物调查及数据库管理系统建设"项目馆藏一般文物信息采集工作方案》要求,开展馆藏一般文物信息采集工作,进一步完善了全市馆藏文物数据库管理,使藏品管理更加规范化,科学化。

三、免费开放工作

在免费开放工作方面,为响应中宣部、财政部、文化部和国家文物局联合下发的中宣发2008[02]号《关于全国博物馆、纪念馆免费开放的通知》精神和全省文物工作会议精神,孝感市博物馆2008年开始免费开放工作,三年来,围绕免费开放做了大量的工作。一是制定切实可行的管理制度,规范管理运行。对外公布实行免费开放后,博物馆根据规定要求,学习省博物馆经验,结合本馆实际情况，制定了免费开放的规章制度，如工作人员常规性职责，安全责任管理制度，免费开放门票操作规定，观众须知，免费开放时间通知，保安工作规定，保安服务守则，物品寄存须知等一系列制度，并严格按照规定每周二至周日全天开放，开放时间定为每天9:00—17:00，达到每天8小时，每周6天，每年300天的开馆要求，并制作了台账，对每天观众流量进行了登记。在一楼大厅公示了“入馆须知”、“观众须知”、“博物馆展览前言”等，观众在免费开放门票发放口依次排队领票后，“参观请上楼”的温馨提示下参观；二楼设置服务窗口——参观接待处、设立观众留言簿，建立信息反馈制度，自觉接受社会监督。目前共收到免费开放观众意见、合理化建议500余条。二是加大硬件建设，积极改善展陈条件。为向观众展示一个良好的博物馆窗口形象，也为了更好地展示孝感的文化历史，博物馆主动收回原已租出的四间门面200多平方米，在资金十分紧缺的情况下，投资50万元，将其改造成博物馆大门门厅，使博物馆整体形象焕然一新，博物馆人气指数逐日上升；2008年，博物馆又投资84万元，改造三间展厅面积共1000平方米，进一步提升了博物馆陈列档次。三是强化软件建设，全面提升服务标准。利用各种媒体资源，宣传免费开放制度，积极与观众沟通。免费开放实行以来，孝感市博物馆充分利用媒体的力量，通过孝感日报、孝感晚报、孝感电视台、槐荫论坛网站，将免费开放政策、免费开放时间、展陈内容、承诺服务等相关信息，向广大市民公布。为确保陈列展览质量，博物馆采取从外请专家讲课和将讲解员送出去培训的方法，对负责陈列展览和讲解工作的人员进行专业知识的培训，编印了讲解词，提高服务质量，以更好的水平为广大市民服务。自免费开放以后，博物馆游客量猛增，原有的讲解员队伍已经无法满足游客的需要，针对短期内无法增员的实际困难，向孝感学院、孝感职院等大中专院校发出招募书，从百余名应征者中选拔高素质、有敬业精神的志愿者4名，充实博物馆讲解员队伍，大大提高了博物馆宣传质量。

孝感市博物馆围绕免费开放所做的这些努力和实行的这些措施，进一步提高了该馆展示宣传和社会服务水平，展览更加贴近实际、贴近生活、贴近群众，观众流量不断上升。至2010年底，年接待观众量已达10余万人次，与免费开放之前相比提高了45%。这些数据表明，免费开放激发了广大观众对博物馆文化的热爱之情，越来越多的人主动走进博物馆，重温历史，触摸文化，开阔眼界，增长知识。“免费开放”这项惠民工程获得了百姓的认可和赞誉。

四、社教、开放工作

为扩大教育阵地和教育资源，更好地为社会服务，孝感市博物馆积极开展大、中、小学校外教育活动。目前孝感市博物馆已与城区十二所大中小学、职业、技术学校签订“爱国主义教育基地”、“德育教育基地”协议。市文昌中学初中部、市体育艺术学校定期到孝感市博物馆上社会实践课；大悟县四姑镇中学学生与市文昌中学生开展共建，选定孝感市博物馆为“手拉手”活动基地。

近几年来，孝感市博物馆还结合“国际博物馆日”、“中国文化遗产日”等活动，多层次、多渠道地开展社会教育、社会服务、宣传展示，做了大量工作。2007年4月，第三次全国文物普查在全国各地轰轰烈烈地展开。2009年底，全国田野调查工作结束。在这次普查中，孝感市成效显著，硕果累累。为此，孝感市博物馆及时制作文物普查成果流动展览，在博物馆门前、广场、街道、社区、学校、乡镇巡回展出。截至2010年12月，共向社会推出宣传普查成果的展览计3个，推出展牌60块，照片200张，展出12场次，收到较好的宣传效果。2009年国际博物馆日，该馆还推出文物保护展版、义务鉴宝会、文物保护法律咨询以及文物知识讲座等多项服务活动，引起广大收藏爱好者的关注，收到良好的社会效益。

五、文物保管、征集和保护工作

孝感市博物馆本着“保护为主，抢救第一，合理利用，加强管理”的指导方针对藏品实施管理。建馆以来，通过征集、考古发掘、接受捐赠、收购等途径获得文物藏品17056件(套)。其中商代石璋、商代青铜提梁鸮卣、青铜爵、玉璧、玉戈、春秋青铜簠、秦陶量、石砚、南北朝青铜鐎斗、隋开皇十一年青铜佛像、唐三彩马、嵌宝石花形金钗、金发卡、金簪、清康熙五十一年钦赐锦缎龙纹蟒袍等，都是该馆的重要藏品，具有很高的历史价值、科学价值和艺术价值。为有效管理和保护文物藏品，该馆建有专门的文物库房和相应的保护设施，严格按照《藏品管理办法》的各项规定进行管理。凡是具有历史、艺术或科学价值的一、二、三级藏品，经省级文物鉴定委员会专家组的严格鉴定，并建立文物藏品建档备案和电子文本；藏品的保管工作做到制度健全、账目清楚、鉴定确切、编目详明；运用传统方法对一些破损藏品器物进行修复保存；库房内配备必要的温、湿度计、恒温计以及安全防火器材；淘汰陈旧的文物橱柜架和过时落后设施，采用安全可靠的全封闭文物橱柜金属架等。

按照《博物馆安全保卫规定》和二级风险等级安全防护规定要求，博物馆还设立安全保卫科，选配专职保卫干部，建立保安队，重点要害部位安装技术安防设备和安防消防监控系统，坚持人防和技防相结合的24小时安全保卫，确保了文物安全，实现了建馆以来35个文物安全年。

文物征集工作是博物馆重要职能之一。为此，孝感市博物馆积极开展社会流散文物的征集保护工作，完善了文物征集的管理制度，明确了文物征集的系统性和方向性，确定了“系列征集、精品征集、有续征集”的征集原则，加大唐宋以来的青瓷器征集力度，截至2010年底，共征集珍贵青瓷器及其他各类文物400余件，不仅补充了唐宋以来的青瓷器缺环，还丰富了博物馆藏品，保护了流散在社会上的珍贵文物。

孝南区博物馆

Xiaonan District Museum

馆　　长　梁静
地　　址　孝感市交通大道333号
邮政编码　432000
电　　话　0712-2100007
电子邮箱　412109046@qq.com
隶属关系　孝感市孝南区文化体育新闻出版局
性　　质　国有
建筑性质　现代建筑
建筑面积　380平方米
展厅面积　160平方米
占地面积　300平方米

馆址环境　博物馆坐落于孝感市交通大道333号，交通大道与城站路交汇处，交通便利。与孝感市孝南区文化体育新闻出版局、孝感市南区图书馆同在一座大楼办公。博物馆在一楼办公；博物馆展览厅在四楼西侧，孝感市孝南区文化体育新闻出版局在四楼办公。孝感市南区图书馆在二、三、五楼办公。

历史沿革　1985年成立孝感市（原县级市）文物管理所，与孝感市文化馆一个班子两块牌子合署办公。1990年6月改孝感市（原县级市）文管所为孝感市博物馆，独立办公。

开放时间　9:00—16:30　（周一闭馆）

服务设施　交流厅、停车场

交通状况　乘车：孝感火车站乘1路至交通路口；高铁孝感北站乘长途汽车至孝感长途车站；孝感长途汽车站乘3路至电视台转乘6路至交通路口；乘4路至北门口转1路至交通路口。自驾车：京珠高速公路孝感出口沿孝汉大道至孝感城区，汉十高速公路孝感北出口沿107国道向北至孝感城区，武荆高速东西湖出口沿107国道向南至孝感城区。

概　况

孝感市孝南区博物馆是孝感市孝南区的综合性博物馆，一直承担着孝感市孝南区文博事业的工作任务，在文物保护和收藏、展览陈列、科学研究、社会教育等方面发挥着重要的作用。1985年5月成立孝感市（原县级市）文物管理所，由于当时办公面积狭小，文管所成立后一直没有对藏品进行展出。1997年孝南区博物馆从解放街97号迁入交通大道333号四楼。2005年正式开馆。

一、机构设置和行政管理工作

孝感市孝南区博物馆隶属孝感市孝南区文化体育新闻出版局，事业单位编制，事业管理体制。全馆编制人员22人，其中馆长1人、副馆长2人，现有专业技术人员9人，中级职称1人，初级职称8人。内设办公室、陈列部、安全保卫部、文物保护办公室等机构。办公室负责管理日常事务，陈列部负责陈列展览的对外开放、宣传、馆藏文物的收藏管理等工作，文物保护办公室承担全区不可移动文物的巡查和保护工作，安全保卫部负责库房、展厅的安全。

二、展陈、科研工作

博物馆是一个公益性的社会服务机构，把社会服务放在首位。陈列展览是博物馆对公众进行社会教育、传播信息和科学研究提供参考服务的主要形式。在经济快速发展的过程中，孝南区博物馆努力提高社会效益，不断调整服务方式，先后举办了“纪念抗日战争及世界反法西斯战争胜利五十周年图片及录像专题展”、“孝南历史文物展”。

“纪念抗日战争及世界反法西斯战争胜利五十周年图片及录像专题展”于1995年5月至7月，面向孝南区直及部分乡镇的中、小学及高中，在各学校进行了巡回展览。图片及录像均来自湖北省文物局（当时为湖北省文化厅文物处）观众近5万人。受到了良好的社会效益。

“孝南历史文物展”2005年下半年开放。展出出土文物50余件。陈列面积约160平方米，陈列内容多为1986年至1989年抢救性发掘清理的原孝感市花园镇田家岗墓群出土的战国至秦汉时期的历史文物。2006年10月，面向孝南区直中、小学生开展了“知我孝南、爱我孝南”为主题的展览，受到了学生和老师的好评。

三、免费开放工作

为响应中宣部、财政部、文化部和国家文物局联合下发的中宣发2008[02]号文件《关于全国博物馆、纪念馆免费开放的通知》的精神和全省文物工作会议精神，孝感市孝南区博物馆2008年启动免费开放工作。一是制定管理制度，结合本馆实际情况，制定了免费开放制度，如安全责任制度，工作人员职责、为观众服务及礼貌用语等。并严格按照国家规定每天免费开放8小时。每周开放6天，每年开放300天的要求。在四楼展厅入口公布了"入馆须知"、"观众须知"、"展览前言"及"展览结语"等，为更好地展示孝南区的历史文化，孝南区博物馆投资15万元将展厅内墙翻新刷白和展柜更新，并将窗户加固并安装了新窗帘。展厅面貌得到了改善。对陈列展览讲解人员进行专业知识的培训，提升了服务水平，展示了博物馆窗口形象。

四、社教、开放工作

近几年来，孝感市孝南区博物馆还结合国际博物馆日、中国文化遗产日等活动，多方面地开展社会教育、宣传展示等工作。2008年11月，孝南区开始了第三次全国文物普查工作，2009年12月全区田野调查工作结束。在此次文物普查和2004年3月至11月"孝汉"高速公路孝南沿线抢救性考古发掘及2008年3月至9月进行的叶家庙遗址抢救性考古发掘过程中，考古队员和普查队员每到一镇一村，都向当地民众宣传文物保护的相关法规，加大文物保护的宣传力度。在这次普查中，孝南区文物硕果累累。2010年结合博物馆日、中国文化遗产日等活动，孝感市孝南区博物馆制作文物普查成果展牌14块、照片150余张和文物宣传单2000余份等，在孝感市博物馆门前、孝感市孝南区图书馆门前及多个乡镇进行巡回展出，发放文物宣传单，受到市民及村民的一致好评。

五、文物保管、征集和保护工作

建馆以来，通过征集、接受捐赠、收购等途径获得文物藏品30余件。如明代釉陶瓮棺和清代中期的宣德炉，都是孝南区博物馆的重要藏品，填补了孝南区博物馆佛教文物藏品的空白。

孝南区博物馆建有专门的文物库房并配备相应的保护设施，严格按照《藏品管理办法》的各项规定进行管理。凡是具有历史、艺术或科学价值的二、三级藏品，都建立了文物藏品档案；藏品的保管工作做到制度健全，账目清楚，同时运用传统方法对一些破损藏品器物进行修复保存；重要藏品置于密码保险柜中。库房内配备防火器材等消防设施。

按照《博物馆安全保卫规定》，博物馆还设立安全保卫部，选配专职保卫干部，坚持24小时值班安全保卫，确保了文物安全。

应城市博物馆

Yingcheng Municipal Museum

馆　　长　夏丰
地　　址　湖北省应城市杉树南路特1号
邮政编码　432400
电　　话　13971940600

隶属关系 应城市文化体育新闻出版局
性　　质 国有
建筑性质 文物建筑
建筑面积 400平方米
展厅面积 220平方米
占地面积 2600平方米

历史沿革　应城市博物馆是一座综合性博物馆，始建于1957年10月，馆址设在孔庙，是湖北省建国后首批四个县级博物馆之一；1962年4月，应城县文化馆、图书馆、博物馆三馆合并为应城县文化馆；1985年5月，成立应城县博物馆；1986年6月，应城撤县建市改为应城市博物馆，馆址设在市文化馆五楼；2001年1月后，博物馆以“红旗人民公社旧址”为博物馆馆址，2001年5月1日正式对社会免费开放。

应城市博物馆位于湖北省应城市经济开发区，占地面积2600平方米；其主体建筑是一栋五开间砖木结构楼房，建筑面积400平方米，始建于1957年10月。隶属于应城市文化体育新闻出版局。

开放时间　上午8:30—12:00
下午14:00—17:30
（周一闭馆）

交通状况　乘车：至应城长途汽车站，进入杉树南路特1号。

概　况

应城市博物馆是一所综合性博物馆，承担着应城地区文博事业工作。应城市博物馆在文物保护、文物征集、文物收藏、考古发掘、陈列展览和科学研究等方面发挥着重要作用。

应城市博物馆位于应城市经济开发区（应城市杉树南路特1号），占地面积2600平方米，建筑面积400平方米；另有文物库房区面积400平方米。

一、机构设置和博物馆管理工作

应城市博物馆属国家财政全额拨款的事业单位。现有办公室、业务组、安全保卫组、宣传陈列组四个部门：办公室主要负责全馆财物、接待、后勤、女工、计划生育、档案、行政上传下达等工作；业务组主要负责文博考古、文物库房管理和文物档案等工作；安全保卫组主要负责田野文物、馆藏文物和全馆安全保卫工作；宣传陈列组主要负责文物保护宣传、文物陈列展览等工作。

应城市博物馆现有正式在编人员9人，大专学历以上4人，中级职称2人。

为了保障博物馆工作的顺利开展制定了各项规章制度：

《博物馆年度工作目标及工作考核责任制》

《博物馆党风廉政建设目标管理责任制》

《博物馆安全管理、安全检查、消防安全、安全责任分级管理制度》

《博物馆财务管理制度》

《博物馆档案管理制度》

《博物馆文物库房管理制度》

《开放陈列展览岗位责任制度》

二、文物保护、征集、考古发掘和收藏工作

1.文物保护工作

（1）开展文物普查加强文物保护工作

博物馆自建馆以后，经过第二次文物普查，在应城市境内发现古文化遗址45处、古墓葬25处、古建筑5处、革命遗址及革命纪念地13处、名胜景点2处（计90处），并将其确立为应城市文物保护点。

（2）申报文物保护单位做到“有效保护、加强管理”

1986年3月5日，应城县人民政府公布

第一批县级文物保护单位13处，其中古遗址5处、古墓葬1处、革命纪念建筑物和革命烈士墓4处，古建筑3处。

1992年12月16日，湖北省人民政府公布应城市“汤池农村合作干部训练班旧址”、“三椁冢古墓群”为第三批省级文物保护单位。

2001年6月25日，公布“门板湾遗址”为第五批全国重点文物保护单位。

2002年11月，湖北省人民政府公布“陶家湖遗址”和“文峰塔”为第四批省级文物保护单位。

2004年7月29日，应城市人民政府办公室颁发《关于公布我市各级文物保护单位保护范围及建设控制地带的通知》(应政办发(2004)56号)。

2006年6月，公布“陶家湖遗址”为第六批全国重点文物保护单位。

2008年3月，湖北省人民政府公布“应城文庙”、“圣家岭天主教堂”、“红旗人民公社旧址”、“应城石膏矿第一分矿旧址”为省级文物保护单位。

目前应城市境内有全国重点文物保护单位2处；省级文物保护单位7处；市(县)级文物保护单位6处。

(3)修葺文物古建筑做到“保护为主、合理利用”

1992年9月，应城市对孔庙和古城墙东门两处古建筑进行修葺，并设立文物保护标志。

2000年，完成应城市文物保护单位“红旗人民公社旧址”的维修工作，并征集、整理、制作、文物图片，恢复纪念馆陈列展览，作为博物馆基本陈列常年对外开放。

2008年11月26日，应城市对孔庙投资360万元全面修葺，2009年10月10日竣工，竣工后交由应城市文化馆使用管理。

2.文物征集工作

1962年，湖北省博物馆捐赠应城博物馆文物(包括瓷器、铜器和书画)。

1969年7月中旬，应城县城为洪水所淹，由于时处“文革”期间，博物馆馆藏文物除青铜器、陶、瓷器、玉器外，原馆藏革命文物、照片、古书籍(约六万册)及古字画全部被淹毁。

目前博物馆征集文物281件。

3.考古发掘工作

博物馆建馆以来，在应城市境内先后进行抢救性考古发掘：

1973年，应城长江镇砖瓦厂出土战国时期铜戈、铜剑、铜箭簇等27件。

1976年2月，在应城巡检公社彭畈大队刘家河出土商代青铜提梁卣；1984年10月，调北京参加“新中国考古发现珍品展览”。

1984年初，在应城狮子山发现遗址和墓葬，同年由孝感市博物馆进行了清理发掘。

1987年3月，应城市高庙林场，抢救性发掘南朝墓葬一座，清理出土青瓷莲花竹节壶等二十余件文物。

1987年12月，应城市杨岭新四砖瓦厂，抢救性发掘南朝墓葬一座，清理出土青瓷莲花竹节壶等二十余件文物。

1991年8月，在孙堰村砖瓦厂出土西周晚期青铜器等七件。

1997年，应城长江镇余上砖瓦厂发现战国墓葬，进行抢救性清理，出土文物13件。

1998年，配合长荆铁路应城段工程建设，省考古研究所调查发现门板湾新石器时代大型聚落遗址，面积达110万平方米。同年，对该遗址进行了考古发掘。

2000年，省考古研究所对门板湾遗址进行了第二次考古发掘。

2005年7月25日，为配合武荆高速公路应城段建设，由孝感市博物馆和应城市博物馆对黄滩镇王墩墓地及大古坟遗址、临江东周遗址群、赵家坡遗址进行了考古调查、发掘。

4.收藏工作

(1)文物藏品

博物馆馆藏文物主要通过征集、考古发掘、捐赠、收购等途径取得。博物馆现有馆藏文物668件,其中,二级文物17件,三级文物31件。

(2)文物藏品管理

博物馆藏品严格按照《藏品管理办法》的各项规定管理。博物馆建有专门的文物库房区;配备有安全防火器材、电子监控和报警系统等保护设施;按照《博物馆安全保卫规定》和三级风险等级安全防护规定要求,馆内设立安全保卫组,配备专职保卫人员,制定了安全保卫制度。

博物馆藏品保管工作,做到制度健全,账目清楚、编目详明。

三、陈列展览工作

1962年至1963年博物馆筹办有“应城县历史文物展览”、“应城革命斗争史展览”和“古书画展览”。陈列展览面积300平方米,当时中央领导谢觉哉、陈少敏等先后来参观视察。

1973年至1982年,博物馆有固定陈列展览室96平方米,主要陈列展览“应城历史文物展”,常年开放。

1984年10月,应城市巡检群力村出土商代青铜提梁卣,调北京参加“新中国考古发现珍品展览”。

2001年,博物馆设在应城红旗人民公社旧址,有固定陈列展览室200平方米,主办有“纪念周恩来总理视察应城红旗人民公社”和“应城历史文化展览”免费常年对社会开放。

四、博物馆展示宣传和社会服务

1.丰富公益性文化服务内容。2008年,创办“应城历史文化展览”,将应城五千年的历史、文化,编辑成系统的、详细的、生动的的大型图片,常年展出。

2.提高博物馆公共文化服务能力。十多年来,博物馆配合应城市政协文史资料委员会、市旅游局,发挥文物资源的利用价值,发挥博物馆的科学考古研究、宣传、教育功能。共同出版《应城名胜》、《近代应城名人》、《古代应城名人》、《应城膏盐文化荟萃》、《应城膏盐史话》等专著。

3.拉动区域文化经济发展,繁荣应城社会。为了保护应城膏盐工业文化遗产,创建具有地方特色的膏盐文化,博物馆配合应城市政府成功申报“应城膏盐国家矿山公园”项目,为应城文化建设发展、为使应城成为旅游城市作出了贡献。

五、免费开放工作进展情况

博物馆以“红旗人民公社旧址”为阵地,全面向社会免费开放。举办了形式多样的展览活动,内容包括“周总理视察红旗人民公社图片展”、“应城历史文物图片展”、“第三次全国文物普查成果展”等,全年接待参观者万余人次,充分发挥了博物馆的宣传教育阵地作用。

1.将红旗人民公社旧址作为爱国主义教育基地,与学校合作,定期组织学生参观和少先队员宣誓等活动,接待了市蒲阳中学、市实验小学、开发区小学等学校学生。

2.面向社会广泛宣传,积极热情的接待广大观众。利用“文化遗产日”、“国际博物馆日”等大型节日,以拉横幅、张贴海报和在应城网上发帖等形式,向社会广泛宣传文物保护理念和知识,欢迎社会各界人士前来参观。对观众热情接待,主动讲解。接待的观众包括外地来应城的投资商(如海山集团)、厂矿工人、企事业单位工作人员等。

3.全年多次接待上级领导参观指导工

作，先后接待了湖北省农业厅、孝感市政协视察组、孝感市文体局、应城市委等上级组织和部门的领导。特别是湖北省银监局局长韩沂亲临参观指导工作，并特别参观了门板湾遗址。

安陆市博物馆

Anlu Municipal Museum

馆　　长　张浪
地　　址　湖北省安陆市解放大道210号
邮政编码　432600
电　　话　0712-5240027
传　　真　0712-5240018
电子信箱　alsbwg@163.com
隶属关系　安陆市文化体育局
性　　质　国有
建筑性质　仿古建筑
建筑面积　1028平方米
占地面积　13320平方米

历史沿革　中华人民共和国建立初期，安陆县的文物工作由安陆县文化馆代为管理。1979年5月，文化、图书两馆分设，文物考古与保护工作划属图书馆兼管。1981年6月，按省文化厅规定，文物考古与保护工作划属文化馆兼管。1984年5月18日，安陆县人民政府下达安政编[1984]16号《关于设立安陆县博物馆的通知》。从此，安陆境内的文物考古与保护工作职能正式划归安陆县博物馆管理。1986年，安陆县博物馆馆址从粮食局院内的德安府儒学大成殿搬迁至太白公园内。1999年，在安陆市委市政府的高度重视和省文物部门的大力支持下，于河西解放大道南侧征地13000平方米作为博物馆新馆址建设，同时将原粮食局院内的德安府儒学大成殿整体搬迁至新馆址。

布　局　博物馆主体建筑分为原宋代德安府儒学大成殿、博物馆综合办公楼、牌坊门楼三个部分。馆内主体建筑有原宋代德安府儒学大成殿，大成殿东侧20米处是综合办公楼，两建筑之间有一直径5米的蓄水池，池内有假山一座，大成殿现设为文物展厅。综合办公楼共两层，分别作为办公室、文物库房、陈列室、值班室。牌坊门楼属仿古建筑，现有部分用于经营。

大成殿为木质结构古建筑，始建于宋庆历六年(公元1046年)是原德安府儒学主体建筑之一，整体风格为宋代古建筑样式，建筑平面为长方形，占地面积548平方米，建筑面积468平方米，为歇山式重檐结构，室内由24根木柱支撑，室外有1.5米宽的走廊环绕。

综合办公楼建于1999年5月，水泥砖混结构共二层建筑，平面呈长方形，占地面积280平方米，建筑面积560平方米，文物陈列室面积200平方米、文物库房140平方米、办公室面积140平方米、值班室面积80平方米。

牌坊门楼共23间，为仿古砖混建筑，一字排成，高低错落。占地面积840平方米，建筑面积1320平方米，牌坊作为博物馆出入大门，两边分别设有门卫室、值班室，其余21间门面用于经营。

概　况

安陆市博物馆属综合性的地方国有博物馆，承担着安陆境内文物收藏保护、展览陈列、科学研究、社会教育等方面工作任务。博物馆自1984年成立以来，先后以原德安府儒学大成殿古建筑和原太白公园内明伦堂、东、西庑仿古建筑为馆舍，展览面积狭小，设备简陋，无法更好地承担安陆市综合性展览陈列任务。1998年，安陆市委、市政府决定，博物馆迁出太白公园，并将搬迁原德安府儒学大成殿及征地新建博物馆工程列入市六大形象工程之一。1999年4月30日新馆奠基，2000年5月11日，博物馆由原太白公园搬进新馆址。

博物馆是为社会及其发展服务的，非营利的永久性机构，并向大众开放，它为研究、教育、欣赏而征集、保护、传播并展出人类及人类环境的物证。多年来，安陆市博物馆本着立足现状、力求发展的理念在奋斗着。

安陆市博物馆位于府城涢水河西岸解放大道南侧210号，占地面积13320平方米，总建筑面积2028平方米。其建筑形式分为古建筑、仿古建筑两种。是涢水西岸解放大道旁标志性的文化建筑。

一、免费开放、科研工作

新馆建成以来曾开展了多次不同形式的临时文物展览和图片展览。2008年10月，根据中宣发[2008]2号文件《关于全国博物馆、纪念馆免费开放的通知》的要求，安陆市博物馆对综合办公楼建筑面积200平方米的文物展厅及建筑面积468平方米的儒学大成殿进行了全面改造装修，安装了必备的消防、安防设施，并于2008年12月8日举办了以“安陆历史文物及革命文物展览”、“安陆通史文物展览”为主题的两个展区常年对外免费参观。年均接待观众5万人次，收到了良好的社会效益。

为更好地提高博物馆科研水平，完善科研管理制度。建馆以来，博物馆共有10篇论文先后发表在各种刊物上，如：余从新《浅谈安陆文物的作用》、《博物馆宣传教育形式多样化浅议》、《安陆馆藏的商周青铜器》、孙福生、王春燕、刘明德《举办历史文物展览进行爱国主义教育》、孙福生、王春燕、刘明德合编的《安陆文物保护的拓荒者》，黄文新、孙福生、刘明德《安陆黄荆山墓地发掘报告》，蒋俊春、李翠萍《湖北省安陆市余家岗遗址发掘简报》，李端阳、李翠萍《湖北省云梦县李家坟遗址发掘简报》等。

二、文物保管和征集工作

安陆市博物馆本着“保护为主、抢救第一、合理利用、加强管理”的指导方针加强对馆藏品的管理，新馆建成后，对藏品进行了帐、物、卡清理，同时建立了藏品电子档案，完善了馆藏品管理制度。

文物征集也是博物馆的工作任务之一，从2000年以来，确立了“补充缺环、丰富藏品”的征集方向，先后在安陆电视台和各乡镇办事处张贴了征集文物启事，共征集文物40余件。其中铜器15件、陶器6件、瓷器18件、银器1件。

三、社教、开放工作

安陆市博物馆每天都有很多观众前来参观，多年来，博物馆坚持“以人为本”的服务理念，为大众提供优质的人性化服务。为观众提供物品寄存、饮水、入厕、休息座椅等设施。开通了电话和网上预约业务，以方便观众参观，同时向观众免费发放《安陆市博物馆简介》等宣传品。为提高开放服务质量，2010年安陆市博物馆派两名讲解员前往湖北省博物馆培训。其中一名讲解员参加了湖北省和孝感市博物馆举办的讲解员演讲比赛，并荣获第三名和优秀奖。

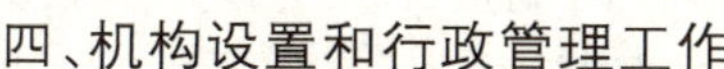

四、机构设置和行政管理工作

安陆市博物馆隶属安陆市文化体育新闻出版局，财政全额拨款的事业单位。现有办公室、财务室、保管室、安防室和文物展览厅，现有在编人员10人，大专学历3人，具备馆员职称5人，助理馆员3人。

在行政管理方面，制定了《财务管理制度》、《安防消防制度》、《藏品管理制度》、《工作人员守则》等。这些制度是针对博物馆实际工作中出现的问题而制定的，是确保博物馆各项工作的顺利进行的保障。

加强党的领导及思想政治工作也是安陆市博物馆实行规范化管理的重要举措之一，在党支部的带领下，博物馆建立健全各项规章制度，实行以制度管人、以制度管事。坚持业务学习，组织党课学习、党章知识竞答、征文、“共产党员献爱心”等系列活动，充分听取群众意见，强化主人翁的责任意识。

五、社会服务活动

多年来，安陆市博物馆根据上级安排，每年抽调1名干部联系驻村，为当地群众排忧解难，密切了党群、干群关系，宣传了党的路线方针政策，主动为所驻村援助资料年均2万元。1997年被湖北省文化厅、人事厅评为先进集体，连续多年被安陆市委宣传部、安陆市文化体育新闻出版局评为红旗单位和先进集体。

汉川市博物馆

Hanchuan Municipal Museum

馆　　长　曾文林
地　　址　汉川市仙女山街道办事处山后三路47号
邮政编码　431600
电　　话　0712-8282750
隶属性质　汉川市文化体育新闻出版局
性　　质　国有
建筑性质　现代建筑
建筑面积　1200平方米
展厅面积　200平方米
占地面积　2000平方米

馆址环境　博物馆位于山后三路和文化路交汇处，交通便利，城市公交2、3、5、6路均可到达。

历史沿革　1986年从汉川县文化馆分出，成立了汉川县文物管理所（之前属于文化馆、图书馆的文物组），1995年经汉川县编委批复同意，成立汉川县博物馆，与汉川县文物管理所实行一套班子两块牌子合署办公。1997汉川撤县建市，汉川县文物管理所、汉川县博物馆改名为汉川市文物管理所、汉川市博物馆。

开放时间　周一至周六8:30—17:00　周日闭馆

概　况

汉川市博物馆现坐落于汉川市仙女山街道办事处文化路与山后三路交汇处，位于仙女山街道办事处山后三路47号，是综合性的博物馆，隶属于汉川市文化体育新闻出版局。其经费来源主要财政拨款；人员编制13人，其中馆长1名、副馆长2名，下设文物库房、文物修复室、陈列室和办公室等机构。现有专业技术人员13人，其中初级7人、中级4人、高级1人。博物馆占地面积2000平方米，为排房式楼房3层，属现代钢筋砖混框架结构，3层共计1200平方米。

汉川市博物馆、汉川市文物管理所负责对全市境内地上、地下文物进行管理和保护。汉川市博物馆从建馆之初，就十分重视文物的征集工作。但由于当时缺乏经验，又受经费条件制约，征集藏品往往良莠不齐。在前几任馆领导的耐心疏导和坚持下，竭力坚持多方寻找、深入搜集、民间咨询、精心收藏，无论是在藏品的征集、整理或在对藏品的研究上，都做了大量卓有成效的工作。特别南河出土新石器时代双孔石铲、火猴山出土的春秋青铜器、马口出土西晋铜弩机、麻河出土唐代真子飞霜镜、民乐丁岗出土的元代特大银锭等文物弥足珍贵，大大提高和丰富了汉川市馆藏文物的数量和质量。

一、展陈、科研工作

汉川市博物馆基本展览“汉川市博物馆出土文物展”自1992年第二届全国农运会在孝感召开之际，正式对外展出，10多年来，先后主办了“汉川市历史文物陈列展”、“汉川市精品文物展”、“抗洪英雄李乐成事迹展”、“海洋生物展”、“珍稀动物展”等各类展览。2008年12月16日，汉川市博物馆主办“汉川市历史文物展”正式对外免费开放。

在对外免费开放工作上，汉川市博物馆的具体作法是：

1.成立领导专班，建立健全各项制度。在市委宣传部、市文体新局等部门领导下，召开了专题会议认真学习文件精神，研究部署免费开放事项及措施。由市文体新局、市财政局、市博物馆组建工作专班，制订了《汉川市博物馆免费开放实施方案》、《文物展厅参观、解说制度》、《文物展厅应急预案》等制度，并在汉川市电视台、孝感晚报等多家媒体发布博物馆免费开放信息，宣传开放展示内容。

2.加强政治学习，提高思想认识。在汉川市委宣传部、市文体新局等有关领导的亲切关怀和指导下，博物馆领导班子加强了全馆职工的思想政治工作，每周五下午为闭馆学习日。多次召开会议，学习贯彻上级文件精神，对博物馆免费开放的问题进行了深入的研究和思考，统一了思想，理清了思路，使大家充分认识到博物馆免费开放的重要意义。

3.创新管理机制，做好安全工作。免费开放是一项新事物，对于管理者和观众都需要一个适应的过程。为了将博物馆建设成具有人文情怀，温馨和谐的家园，一方面博物馆完善了管理制度，严格制定了免费开放的各种相关制度以及应急预案，特别对讲解员、安保、清洁等一级工作人员加强了培训，努力培养讲解员“因人而讲”的能力，让他们提高服务质量，增强服务意识。另一方面设置专职安检人员，保障文物与观众安全，这是最为关键的一点。在安防设施方面，对博物馆一楼的铁门进行了封闭式改装，从一楼院内到三楼展厅按不同角度又增加了6个监控探头。安排了专职安防人员2名，全程引导安全员2名，

4. 加大硬件设施的改造。汉川市博物馆为了搞好免费开放，充分发挥博物馆宣传、教育和展示功能，在免费开放专项经费未到位的情况下，自筹资金13万元，对馆内、馆外重新进行了维修、装饰，并对馆前的空余闲地进行了改造，为前来参观的游客、学生，提供了一个非常好的外部环境，使博物馆具备了免费开放的硬件。成为全省第二批免费开放的县市博物馆。

5.免费开放专项经费，专款专用，不截留、挤占、挪用。汉川市博物馆免费开放专项经费主要由湖北省财政厅和汉川市政府拨付的免费开放专项经费组成。主要用于展厅维修布置、文物征集、安防、宣传、办公费、水电费、物业管理费、人员补助及弥补工资不足等支出。

汉川市博物馆自2008年12月16日实行免费开放工作以来，收到了较好的社会效益，得到了社会各界人士的充分肯定。实行免费开放以来每年的参观人数比原来翻了一番。特别是实行免费开放以来，暑假、寒假期间前来参观的学生络绎不绝。

藏品主要来源为本市出土和馆藏文物，其类别有石、陶、铜、金、银、铁、木、纸、化石等。藏品总数3231件，其中1级文物4件、二级文物8件、三级文物33件、级外文物3186件。

汉川市博物馆建有专门的文物库房和配备相应的保护设施，严格按照《藏品管理办法》的各项规定进行管理，凡是具有历史艺术科学价值的一、二、三级藏品，经省级文物鉴定委员会专家组的严格鉴定，并建立文物藏品建档备案，藏品的保管工作做到了制度健全、账目清楚、鉴定确切、编目详细，淘汰了过时的红外线报警系统，添置了安全可靠的灯光联动报警系统，淘汰落后的文物橱柜和落后设施，按照《博物馆安全保卫规定》相关要求，要害部位安装了报警监控设备。

同时，为了进一步弘扬优秀的民间传统文化，更好地传承马口陶瓷文化遗产，2006年11月至2007年3月，文物部门先后几次对马口窑址群进行了全面调查，围绕马口窑地理位置、历史渊源、相关器具、制品、主要产品类型、传承谱系等方面展开。经过几个月的调查，汉川市博物馆撰写了详细专题调查报告，为湖北省文物考古研究所对马口黄家窑遗址科学的发掘、申报第五批省级重点文物单位、申报第七批全国重点文物单位提供珍贵的参考资料。不仅如此，为了进一步了解马口窑的制作工艺及相关流程，从而很好地保护好这一优秀的民间文化遗产。

2010年，为了进一步对博物馆工作职能进行充分展示，使更多的人了解汉川博物馆以及汉川优秀的历史文明、深厚的文化底蕴，围绕汉川古城三移三徙为主题拍摄的专题片经过为期两个月的拍摄制作后与观众见了面，此专题片共分四辑，时长约45分钟，从汉川首次建城的马鞍甑山到第一次易城的南河汈山、再到第二次易城的刘家隔金鼓城、最后到第三次易城的城关（即长城）的历史形成一条主线，重点揭示了几处古城址悠久的历史文化内涵（包括人文景观、重要文物发现等）。专题片的拍摄和播放很好地展示了文物部门的工作职能，宣传了汉川悠久的历史文化，也是对近年来文物工作的一次巡礼和总结，收到了很好的宣传效果。

汉川市博物馆、文物管理所研究人员历年来撰写专著与专集在全省有一定影响，如《湖北省汉川严家山西晋墓简报》、《汉川市霍城新石器时代遗址试掘》、《汉川市门口山遗址勘探发掘简报》、《光照史册、泽及人民》——介绍王平章烈士、徐宝珊与汉川农协旧址等。

二、文物保管、征集和保护工作

文物征集部承担着文物征集工作，完善了文物征集的管理制度，明确了文物征集的系统性和方向性，确立了“系列征集、精品征集、有序征集”的原则，加大历史文物和马口陶的征集力度。20多年来，博物馆藏品从无到有，到现在的3200多件，极大地丰富了馆藏。

汉川市博物馆建有专门的文物库房和配备相应的保护设施，严格按照《藏品管理办法》的各项规定进行管理，凡是具有历史艺术科学价值的一、二、三级藏品，经省级文物鉴定委员会专家组的严格鉴定，并建立文物藏品建档备案，藏品的保管工作做到了制度健全、账目清楚、鉴定确切、编目详细，淘汰了过时的红外线报警系统，更新安全可靠的灯光联动报警系统，淘汰落后的文物橱柜和落后设施，按照《博物馆安全保卫规定》相关要求，要害部位安装了报警监控设备，落实完善了各项安全保卫制

近年来，为了加强对省、市级文保单位的保护，防范大型基本建设对全市地下不可移动文物破坏，汉川市博物馆先后向市政府写出了关于重新划定霍城遗址、何羽道烈士墓、晒网台遗址、马口窑址四处省级文保单位的保护范围和建设控制地带的建议，汉川市人民政府于2007年8月，对霍城遗址、何羽道烈士墓的保护范围和建设控制地带进行了重新划定、2009年12月对另外两处省级文物保护单位晒网台遗址、马口窑址划定了保护范围及建设控制地带、2009年12月汉川政办发【2009】71号文件“关于加强文物调查勘探管理工作的通知”，至此汉川市文物保护工作有了强有力的法律、法规保障。

三、社教、开放工作

汉川市博物馆现有展厅面积200平方米，长期以来博物馆社教开放部门一贯坚持“以人为本”的服务理念，并以此为宗旨面向广大观众，为大众提供优质的“人性化”、“特色化”服务。同时为了扩大教育阵地和教育资源，建立了全市中小学校德育教育基地的长效机制，二十多年来，全市共有10多所学校将博物馆作为爱国主义教育基地并常年开展活动。据不完全统计，共接待全市中小学及群众共20多万人次参观。

四、机构设置和行政管理工作

汉川市博物馆隶属于汉川市文化体育新闻出版局，国家拨款的事业单位，现设办公室、社教部、业务部、保管部等部门，共有干部职工13人，其中大专以上学历8人，中级以上职称4人，长期以来汉川市博物馆以“抓规范建设，促作用发挥，努力实现文物事业与干部职工综合素质同步发展”为目标，坚持“以人为本、内强素质、外树形象”的业务工作新理念指导文物工作，重点加强了党员干部的政治思想教育及专业知识的提升，培养出了一支“能吃苦、乐于奉献”的干部队伍，先后派出多名党员、干部配合省文物考古研究所、孝感市博物馆开展了对汉川市几处重点遗址的发掘工作，使我市文物考古新发现不断，如霍城遗址试掘、晒网台遗址、马口窑址发掘、罗家咀遗址发掘等，并通过媒体营造了很好的宣传氛围。

为了进一步加强规范化管理，从建馆初到现在的二十多年来，汉川市博物馆就非常注重以制度管人，以制度管事，使各项工作规范化、制度化，这些规章制度涵盖了博物馆的各方面工作。主要包括陈列室管理制度、库房管理制度、安全值班制度、单位封闭管理制度、博物馆免费开放管理制度，防火、防盗、防抢劫应急预案等。

加强党的领导及思想政治工作也是汉川市博物馆实行规范化管理的重要举措之一，汉川市博物馆在新一任领导班子的带领下建立健全党组织及群团组织，坚持进行党风廉政教育及制度建设，以制度管人，以制度管事。坚持上党课、党章知识，学习《中共中央关于加强和改进党的作风建设的决定》，着力解决博物馆物力、财力紧张，人员工资、办公经费短缺的局面。致力于改善工作环境、提高职工工资、福利待遇水

准。保稳定、促发展,使博物馆事业上了一个新台阶。

五、社会服务活动

汉川市博物馆至2008年12月16日正式对全社会免费开放,至今共接待观众5万余人次,观众留言2千余份,得到了社会各界的好评,取得了良好的社会效益。博物馆工作也得到了各级领导部门的认可,2009年汉川市博物馆被汉川市市委、市政府评为"双百"先进单位、2009年汉川市博物馆被汉川市市委宣传部评为先进单位,2010年汉川市博物馆馆长曾文林被汉川市市委、市政府评为先进个人,2011年汉川市文物管理所党支部被汉川市市委评为汉川市先进基层党组织。

孝昌县博物馆

Xiaochang County Museum

馆　　长　王方
地　　址　湖北省孝感市孝昌县花园镇北京路西592号
邮政编码　432900
电　　话　0712-4762408
0712-4766107
隶属关系　孝昌县文化体育新闻出版局
性　　质　国有
建筑面积　516平方米
展厅面积　300平方米
占地面积　8658平方米

馆址环境　馆内有新石器时代文化遗址殷家墩;门前有107国道经过,交通便利。

历史沿革　1993年筹建,1994年10月落成,2003年正式对社会开放,2008年3月10日对社会免费开放。

开放时间　每天8:00—17:00(每周五下午闭馆)

交通状况　位于孝昌城区,紧邻107国道路西,孝昌县客运站向北步行2分钟即可到达。

概　况

孝昌县博物馆是孝昌县属的综合性历史博物馆,一直承担着本县的文博事业工作,在文物收藏保护、展览陈列、社会教育等方面发挥着重要作用。1993年孝昌县成立时,县政府发出的第一号文件就是《加强对殷家墩历史文化遗址的保护》,明确在殷家墩遗址旁建设孝昌县博物馆。1994年县博物馆完成了围院建设,建设了一排仿古门楼门店,建设了一层砖混结构平房,基本上完成了博物馆的建设。2001年在砖混平房上加建一层砖混结构瓦房。孝昌县现有各类文物点1231处,其中有湖北省文物保护单位4处,县级文物保护单位57处,有三处还申报为第七批全国重点文物保护单位。现馆藏文物581件,其中二、三级国家珍贵文物24件。

孝昌县博物馆有文物展厅一个,于2003年建成并对外开放,展厅面积300平方米,现陈列两个主题展和两个临时陈列,分别为"烽火岁月"、"东周兵城"、"文物普查"、"红色记忆"。陈列文物187件,照片、图表、文献资料680张(份)。孝昌县博物馆以大量珍贵的历史文物、图片、图表和文献资料,集中展示了东周时期的军事城堡草店坊城及墓葬区出土文物。展示孝昌县红色革命斗争历程；展示第三次文物普查工作和成果；展示中国共产党成立、成长的历程,展示孝昌县社会经济发展成果。该馆是孝昌县爱国主义教育基地、学生德育基地。孝昌县博物馆展厅经2010年升级改造后,展馆布局更趋合理、地方特色明显,图片、文物、文字说明相得益彰,具有较高的参观和学习价值。

孝昌县博物馆,自2008年3月10日对外免费开放以来,共举办主题展四个,临时展四个,其中有2个临时巡回展览。免费开放累计接待观众42万人次,其中中小学生22万人次,是湖北省2009年枝江免费开放典型经验交流会的与会单位,亦是湖北省文物普查优秀单位。

一、文物保护

孝昌县博物馆承担着全县的文物保护工作任务,每年开展一次保护单位安全巡查工作,对保护单位进行保护管理。1994年县政府公布了第37号文件,公布了57处县级文物保护单位,同时公布了台子湖和草店坊城两处湖北省文物保护单位的保护范围。2001年县政府公布了台子湖、草店坊城、抗大十分校、孙畈革命旧址、殷家墩的保护范围和控制建设地带。1995年至1998年为配合白莲砖厂和武河砖厂的建设,对武家岗墓地进行了抢救性考古发掘,发掘古墓600余座,出土了文物3000余件,从侧面证实了草店坊城军事城堡的历史地位。1998年为配合京珠高速公路建设对该线7个文物点进行了发掘；2002年为配合京广铁路提速工程对3个文物点进行了发掘；2006年为配合三江航天重型试车场对鹞子山进行了文物勘探发掘；2007年为配合“兰、郑、长”成品油管道建设对3个文物点进行了发掘；2009年为配合“西气东输”二线工程对裤子塘墓地进行了发掘；2007年至2010年开展了第三次文物普查,在孝感市博物馆的大力支持下,完成了孝昌县(含双峰山风景区)的文物普查任务；2009年孝感市文物普查经验交流会在孝昌召开,推广孝昌经验,孝昌县获得2009年湖北省第三次文物普查田野调查“优秀单位”的光荣称号；2010年全省文物普查工作验收评比中,成绩名列三甲。2010年县博物馆挑选了47处重要文物点,申报县级保护单位,并在47处中选了10处文物点拟申报为湖北省文物保护单位。将抗大十分校、孙畈革命旧址、草店坊城遗址申报为第七批全国重点文物保护单位。“小河明清一条街”是孝昌县保存较好的明清民居群,也是商业古街,至今仍然商店林立,商贸繁荣,2007年,县博物馆联合小河镇政府将其申报为湖北省历史文化名镇,获得省政府批准公布。2009年又将“小河明清一条街”申报为中国历史文化名镇名村。对抗大十分校进行局部维修,对孙畈革命旧址进行了维修,与省级文物保护单位所在乡镇、村签订了安全责任书。孝昌县博物馆十分重视对文物保护单位的保护工作,多方申请专项资金,改造了重点文物保护单位的电线、电路。在文物展厅安装了8个画面视频监控设施和红外线报警设施,在馆院内安装了消防栓,接通了消防水源,添置了消防灭火器材,完成了库房文物的整理建档工作,并且配合省考古所完成了武家岗墓地出土文物资料校对工作。在白沙镇征集了2件宋代文物,其中一件白瓷执壶较为珍贵,陡山乡一村民捐献文物188件,另有12件文物正达成了捐献意向。

二、免费开放

2008年3月10日，孝昌县博物馆对外免费开放，是湖北省第一批免费开放的博物馆之一，开放时间为每周开放六天半，每天上午8:30开馆，下午5:00闭馆，每周五下午闭馆，节假日照常开放。

为了加强免费开放工作，孝昌县博物馆制定了工作方案，制定了应急处理办法发布告示，在广播电台，网络报刊做了宣传，按照“三贴近”的要求，确定了展陈思想，展示孝昌特有的历史文化，弘扬孝文化和红色文化，把文物展厅建设成为科普教育的窗口和爱国主义教育基地，博物馆展陈由三部分组成：基本陈列、临时展览和巡回展览。基本陈列有“孝昌历史文化展”、“孝昌出土文物精品”、“孝昌红色文物展”、“东周兵城”、“孝昌烽火”；临时展有“暑期请学生走进博物馆”、“三普成果展”；巡回展有“红色记忆”、“辛亥革命记忆”。2010年博物馆接待观众12.5万人次，其中中小学生7.2万人次。为了满足观众参观要求，2010年5月博物馆与武汉龙脉设计公司合作，对文物展厅进行了改造升级，对展厅屋顶和瓦面进行了维修。2010年设有两个专题展“东周兵城”和“孝昌烽火”，一个临时巡回展“三普成果展”。选派了一名讲解员参加全省免费开放学习培训，选派了一名讲解员参加全市讲解员大赛，获得了优秀奖。

三、文物宣传

县博物馆十分注重文物事业的宣传，自2008年起连续四年举办“5·18国际博物馆日”广场宣传活动，举办了两届“中国文化遗产日”广场宣传活动，举办了三场免费开放专题宣传活动，举办了两场文物普查专题宣传推介活动，与中、小学校联合举办爱国主义教育基地和德育基地，教育活动十余场次，在报刊、网络、电视媒介刊发宣传300余次，是全县宣传工作先进单位。2008年举办了“建县十五周年，博物馆促进了社会变化”宣传活动，博物馆用图片和实物展示了孝昌县建县十五周年来的丰硕成果，展示了孝昌先人灿烂的历史文化。2009年举办了“博物馆与旅游”广场宣传活动，重点推介观音湖周边的历史文化，与县政协一起对观音湖的历史遗迹进行了考察，博物馆馆长王方提出了《发展观音湖旅游的建议》提案，从健康游、红色游、山寨遗址游等六个方面作了阐述，形成了一本专著《观音湖风情》。2009年举办了“致力于和谐孝昌”广场活动，用图片、展板展示了孝昌悠久的历史文化和孝文化。在文化遗产日，又与县文化馆一道举办了“非物质文化遗产文化”展览。

县博物馆积极参与省博物馆协会活动，并且以县博物馆为中心，成立了孝昌县收藏协会，吸收社会各界人士参与孝昌的文物保护事业。

四、机构设置和行政管理工作

孝昌县博物馆隶属孝昌县文化体育新闻出版局，国有公益事业单位。全馆编制人员14人，其中馆长1名，副馆长2名，下设办公室、陈列室、考古部和藏品资料室。办公室主要负责日常行政管理、人事管理及后勤保障工作；陈列室主要负责文物的陈列展览、文物参观；考古部主要负责田野文物的调查、勘探和发掘、文物保护单位的管理和保护；藏品资料室主要负责文物藏品管理、文物信息资料收录保管、文物藏品档案、藏品保护。

为了进一步加强管理，县博物馆制定一系列管理制度，有《县博物馆学习制度》、《财务管理制度》、《消防安防制度》、《参观须

知》、《免费开放讲解引导制度》、《工作职责》、《田野考古队员管理办法》等涉及内部管理、免费开放、田野文物保护制度四十余个。

大悟县革命博物馆

Dawu County Revolution Museum

馆　　长　陈冬泉
地　　址　大悟县城关镇礼山路广场后巷2号
邮政编码　432800
电　　话　0712-7222517
电子信箱　253402618@qq.com
隶属关系　大悟县文化体育新闻出版局
性　　质　国有
建筑性质　砖瓦庭院式建筑
建筑面积　总建筑面积4846平方米
展厅面积　1889平方米
占地面积　4790平方米

馆址环境　大悟县革命博物馆位于城关镇礼山路广场后巷2号，北邻鄂豫边区烈士陵园，南邻大悟县人民广场。

历史沿革　大悟县革命博物馆成立于1976年10月1日。1978年6月馆舍破土动工，1980年竣工，1981年陈列展览对外开放。为国家三级博物馆，总建筑面积4846平方米，占地面积4790平方米，砖木结构。

开放时间　8:30—17:00

服务设施　停车场、物品寄存、休息室

概　况

大悟县革命博物馆现有干部职工 35 人，中级职称5人，初级职称16人。县革命博物馆有陈列“大悟县革命斗争史实”、“徐海东大将生平事迹”；馆内文物藏品分为历史文物和革命文物两大类。馆藏文物1600件，其中历史文物1035件，革命文物565件。珍贵文物50件，其中一级文物2件、二级文物17件，三级文物31件。

一、展陈工作

县博物馆1980年竣工后，进行了为期一年的陈列布展工作，陈列内容为大悟县革命斗争史。主要由黑白照片配以手写的文字说明和实物组成。陈列分为序厅和四个展厅，依次为：序厅；第一展室：中国共产党创建和第一次国内革命战争时期；第二展室：第二次国内革命战争时期；第三展室：抗日战争时期；第四展室：第三次国内革命战争时期。

1998年7月，大悟县博物馆重新整修了一个展室，专门陈列徐海东大将生平事迹。陈列布展分为前言和五大部分。依次为：前言；第一部分：“红色窑工　北伐英雄”；第二部分：“创建军队　武装割据”；第三部分：“长征路上　直罗大捷”；第四部分：“抗日劲旅　江北指挥”；第五部分：“高风亮节　垂范千秋”。基本也是照片和实物组成，绝大部分照片和实物由徐海东将军的亲属提供。

二、文物保护、保管和征集工作

大悟县革命博物馆的文物主要是通过征集、考古调查、上交(缴)、捐赠、收购等途径取得。现有的藏品绝大多数是通过征集来的。凡是具有历史、文艺或科学价值的一、二、三级藏品，均经省级文物鉴定委员会专家组的严格鉴定，并建立了文物藏品建档备案和电子文本；藏品的保管工作做到制度健全、账目清楚、鉴定确切、编目详明。按照《博物馆安全保卫规定》和三级风险等级安全防护规定要求，馆内设立了安全保卫部门，选配专职保卫干部。制订了安全保卫制度，配备专职保卫人员坚持24小时执勤。

三、社教、免费开放工作

全国博物馆、纪念馆“免费开放”后，三年来，大悟县革命博物馆累计接待观众127651人次；为切实保障免费开放规范有序，大悟县革命博物馆及时制定了免费开放制度，并采取一系列有效措施解决免费开放带来的实际问题：

1.建立免费开放制度，落实人员措施

建立值班制度，安排专人负责接待散客和团体预约工作。保证优良的参观环境，保证文物及游客的安全。对于老年人、残疾人、体弱、行动不便的特殊参观人员提供特别服务，如安排专人搀扶，引导参观和特别接待等。对于未成年人除了爱国主义教育宣讲外，还注意要求他们自觉维护环境整洁和参观秩序。在一些展厅设专人值班防止文物损坏。要求全馆人员提高服务意识，按照“贴近实际、贴近生活、贴近群众”的原则做好接待工作。

2.开展多种形式宣传，促进文明参观

设置观众留言簿，及时掌握和了解观众的要求。组织调查群众对免费开放的意见和满意程度，及时改进服务。专门培训和招收讲解员，给观众最优质的讲解服务。

3.增加资金投入，增设公共设施，设立便民服务

大悟县革命博物馆面对急剧增多的观众，及时设置了物品储存柜和观众休息室，还在参观现场设立咨询服务，解决观众提出的问题。

四、机构设置和行政管理工作

大悟县革命博物馆是隶属于大悟县文化体育新闻出版局，属于国家全额拨款的股级事业单位。设有馆长室、办公室、文保业务科、安全保卫科。核定人员编制28人，全馆现有专业技术人员24人，其中文博专业技术人员20人。建馆初期，因经济条件制约，科研设施落后，办公条件简陋。自2008年后，随着经济的快速发展，开展博物馆业务工作的必要设施得到更新充实，办公条件不断改善，现已配有电脑5台(包括台式、手提)、复印机等，各型号数码相机2台及其他工作器材等。目前正进行新馆筹建的各项准备工作。

为了进一步加强规范化管理，大悟县革命博物馆在新馆尚未建成之前，就已经开始着手制定出各项规章制度，以制度管人，以制度管事，使各项管理工作制度化、规范化。

行政管理方面，大悟县革命博物馆先后制定了《大悟县革命博物馆干部岗位责任制》、《大悟县革命博物馆考勤奖惩暂行规定》等一系列规章制度。财务方面，先后制定了《大悟县革命博物馆专项经费管理实施办法》、《大悟县革命博物馆报销核算员制度》等一系列规章制度。安全保卫方面，制定了《大悟县革命博物馆消防安全责任制度》、《禁止观众携带的具体物品清单》等一系列规章制度。社教、开放方面，制定了《大悟县革命博物馆免费开放接待方案》、《员工岗位责任制》、《陈列群工部工作规范》等一系列规章制度。文物保管方面，制定了《大悟县革命博物馆文物安全管理制度》、《大悟县革命博物馆文物藏品管理制度》、

《大悟县革命博物馆文物库房管理制度》、《大悟县革命博物馆出入库人员管理制度》等一系列规章制度。

上述规章制度是确保大悟县革命博物馆各项工作顺利进行的基本保障。有了制度的指引，新馆建成以后，大悟县革命博物馆的各项工作将迈上一个新的台阶。

大悟县新四军第五师纪念馆

Hubei Dawu County Memorial Hall of the Fifth Division of New Fourth Army

馆　　长　朱少明
地　　址　大悟县芳畈镇白果树湾20号
电　　话　0712-7429193
电子邮箱　116530557@qq.com
隶属关系　大悟县文化体育新闻出版局
性　　质　国有
建筑性质　①展馆：现代钢筋水泥框架式梯级建筑；②新四军第五师司令部旧址及所属“八大处”旧址等建筑：砖木庭院式建筑。
纪念馆面积　①展馆：1200平方米
②旧址面积：2000平方米
占地总面积　19860平方米

馆址环境　馆址东南面临大悟山仅6公里；北与大悟县新城镇接壤。

历史沿革　1970年成立白果树湾展览馆，隶属于当时的芳畈人民公社；1979年在五师司令部旧址南侧兴建简易展馆；1983年成立大悟县革命博物馆白果树湾分馆，隶属于大悟县革命博物馆；2003年更名为大悟县革命博物馆白果树湾纪念馆，隶属于大悟县革命历史博物馆，并于当年对馆舍及展陈建筑进行了大幅度整修，重新设计陈展内容和方式；2005年拆除原建筑，在原址上兴建新馆；2008年更名为大悟县新四军第五师纪念馆，同时新馆开始试运行；2010年12月，成立大悟县新四军第五师纪念馆，隶属于大悟县文化体育新闻出版局，是国家全额拨款的股级事业单位。

开放时间　8:30—17:30

服务设施　停车场、纪念品销售区、游客休息大厅、镭射影视厅、物品存放处等。

交通状况　“芳畈客运公司”、“悟峰客运有限公司”起点站，日往返大小客运班车四趟；五师纪念馆距京珠高速小河出入口仅24公里。

概　况

大悟县新四军第五师纪念馆陈展的是1939年至1945年李先念等老一辈革命家以大悟山为中心，创建鄂、豫、皖、湘、赣五省抗日根据地的历史，是一处集爱国主义传统教育，革命历史文物收藏与保护、史料搜集、研究于一体的综合性公益服务单位。自1970年至今，大悟县新四军第五师接待了原国家主席李先念等上百位新四军指战员；1996年，新四军第五师司令部旧址被国务院公布为国家重点文物保护单位；2005年，新四军第五师纪念馆被中宣部公布为“全国爱国主义教育示范基地”；2009年被国家旅游局授予“AAA”级景区。新四军第五师纪念馆在大悟县进行革命传统教育和红色旅游方面发挥着重要的作用。

2004年，由大悟县委申报立项，湖北省委宣传部考察论证，确定扩建新四军第五师纪念馆展馆，新展馆于2005年动工兴建，2008年4月竣工并开始试运行，2009年6月27日正式开馆。该展馆分一个序言厅、三个展厅，展厅与展厅与之间呈梯级式过渡，上、中、下三层，行进平缓舒适，便于参观。

新四军第五师纪念馆展馆建筑面积1200平方米，展陈面积800平方米，展出了反映新四军第五师及鄂豫边区人民抗日斗争的历史照片388幅，文献资料229帧，革命文物37件，通过六大部分的展示，生动地反映了新四军第五师及鄂豫边区人民不畏强敌、英勇抗战的历史。

从1970年至2010年，几十年的建设，几代人的努力，新四军第五师纪念馆终于发展为“旧址原貌清晰，史实充分具体，故事脉络分明，服务设施完备”的公众服务场所。

一、陈展、科研工作

大悟县新四军第五师纪念馆展馆的陈展方式特色性强，采用声、光、电等现代化设施，科技含量高，深受观众欢迎。整个展馆分一个序言厅和三个展厅。展出内容分六大部分：“烽火燎原、怒潮喷涌”，“红珠串线、群雄荟萃”，“五师建军、逐鹿中原”，“众志成城，合围武汉”，“历史胜利、巨大贡献”，“巍巍大悟山、绵绵江汉水”，以时间为脉络，再现了李先念、郑位三、朱理治、任质斌、陈少敏等革命前辈以鄂中地区为起点，以160人的队伍为基础，由小到大、由弱到强，逐步实现以大悟山为中心，地跨鄂豫皖湘赣边区抗日民主根据地的史实。

几十年来，新四军第五师纪念馆配合和支持各方面的研究人员，创作了大量的反映新四军第五师及鄂豫边区抗日斗争的专著，著名的有湖北省新四军研究学会编写的《新四军第五师抗日战争史稿》、《鄂豫边区抗日民主根据地史稿》、《鄂中抗日民主根据地史稿》、《侏儒山战役》、《新四军第五师在鄂中》等。新四军第五师孤悬敌后，独立作战的丰功伟绩日月光耀，反映第五师作战和生活的历史永垂史册。

二、文物保管、征集工作

大悟县新四军第五师纪念馆的文物保护工作，始终坚持“安全第一，责任重于泰山”的原则，管护与安全并重，合理利用。新四军第五师纪念馆所辖革命历史旧址群28处，其中新四军第五师司令部旧址为国保单位，仅纪念馆所在地旧址即有9处近2000平方米，2007年，大悟县革命历史博物馆本着“修旧如旧”的原则，对所辖旧址群进行了保护性维修。散布在大悟山下方圆十公里范围内仍有19处旧址亟待修复，新四军第五师纪念馆文物保护工作任重而道远。

三、开放工作

大悟县新四军第五师纪念馆自2008年试运行，每年接待游客近30万人次。五师纪念馆为了做好接待服务工作，设置了游客存放物品柜、茶水机、游客休息大厅、小商品、纪念品销售处等。尽可能地为游客参观提供宽松、祥和的环境。

四、机构设置与行政管理

五师纪念馆是隶属于大悟县文化体育新闻出版局的股级事业单位，全馆有干部员工共8人，设有纪念馆办公室，现有正副馆长各1名，办公室主任1名。

五师纪念馆行政管理方面，制定有《馆长责任制度》、《工作人员职责》、《文物保护岗位职责》、《讲解员职责》等各项制度。通过建章建制，极大地调动了全馆工作人员的热情，有力地促进了纪念馆事业的发展。

大悟县中原突围纪念馆

Hubei Dawu County Memorial Hall for Breaking out from Central Plains

馆　　长　高树波
地　　址　湖北省孝感市大悟县宣化店镇会馆村
邮　　编　432825
电子信箱　434982094@qq.com
隶属关系　大悟县文化体育新闻出版局
电　　话　0712-7623328
性　　质　国有
建筑性质　现代建筑和古建筑
建筑面积　总建筑面积5900平方米
展厅面积　1800平方米
占地面积　2400平方米

馆址环境　中原突围纪念馆位于宣化店镇河西桥头，东为竹竿河，西为河西村。

历史沿革　中原突围纪念馆成立于1976年10月，1979年对外开放，新馆2008年3月破土动工，同年12月竣工，现代建筑面积2400平方米，古建筑面积4900平方米。

开放时间　8:30—17:30

服务设施　停车场、物品寄存、休息室。

概　况

大悟县中原突围纪念馆是展示我中原军区部队突围的专题馆，自1976年建馆以来，一直承担着接待来自全国各地的观众和保护文物的重要工作。

过去，大悟县中原突围纪念馆一直以明清时期古建筑群落（原湖北会馆）为馆舍，展陈面积狭小，陈列版面简陋，无法更好地宣传中原军区这支英雄的人民军队，在解放战争前夕所起到的重要作用和中原突围后建立游击根据地的巨大功绩。2008年，国家发改委拨专款，兴建了新纪念馆，建筑面积2400平方米，展厅面积1800平方米。

大悟县中原突围纪念馆位于湖北省大悟县东北部50公里处的宣化店镇，它是大别山区鄂豫两省边陲的一个山乡重镇，北与河南省罗山县、新县接壤，南与武汉市黄陂区为邻，东与红安县相依，西靠京珠高速公路，开（封）武（汉）公路全线贯通，四周群山环抱，峰峦起伏。

大悟县中原突围纪念馆管理着全国重点文物保护单位——中原军区旧址（周恩来同志1946年与美蒋谈判旧址，即湖北会馆）、中原军区司令部旧址、中原军区大会场旧址和中原军区首长旧居。

这四处旧址位于竹竿河两岸，总建筑面积5900平方米，全部保存为历史原貌，谈判厅按当年原样陈列，供游人参观。

一、展陈工作

在新馆尚未布展的情况下，我们在革命旧址内布展，展陈面积狭小，设备简陋，在周恩来同志1946年与美蒋代表谈判旧址（湖北会馆）和中原军区司令部旧址举办有“中原军区部队十个月战略坚持”、“与美蒋谈判”和“胜利的中原突围”等辅助陈列展览，是鄂豫两省各界人士进行爱国主义教育，弘扬中原突围精神和全国各地各界人士进行传统教育的重要场所，是中宣部公布的第三批全国爱国主义教育示范基地，是全国百个“红色旅游”景点景区之一，与数十个单位、学校建立了共建共育关系。

二、文物保护工作

大悟县中原突围纪念馆本着“保护为主、抢救第一、合理利用、加强管理”的指导方针开展文物保护工作。中原突围纪念馆除新馆2400平方米的现代建筑外，四处国保单位均是明清古建，土木结构，建筑面积5900平方米，有文物藏品95件(套)。保护好中原军区旧址群，是中原突围纪念馆的首要工作，重中之重。因此，中原突围纪念馆采取“保护第一、抢救为主”的指导方针，对旧址群进行严格保护，完善管理制度，定期查看，发现问题，及时整改，确保国保文物的绝对安全。

三、开放工作

大悟县中原突围纪念馆有两处革命旧址馆舍4900平方米是开放区域，每天都有大量的观众参观，建馆以来，中原突围纪念馆的接待开放工作，一贯坚持强调“以人为本”的服务观念，面向广大观众，为大众提供优质的服务，用热情的态度，与观众搭建精神文明的桥梁。

中原突围纪念馆还采取走出去的方式，给不同的群众宣讲中原军区部队，为民族为人民利益，勇于牺牲的爱国主义精神；顾全大局、牺牲小我的崇高奉献精神；同心同德、相互合作的团结协作精神；自力更生、艰苦奋斗的开拓创业精神。是中原突围战役拉开了解放战争的序幕，使广大群众能更多地了解中原军区这支英雄的人民军队，在解放战争中所起的重大作用。

四、机构设置和行政管理工作

大悟县中原突围纪念馆隶属于大悟县文化体育新闻出版局，国家全额拨款的股级事业单位。新纪念馆已建成，设有馆长室、办公室、文保业务科、安全保卫科。现有馆长1人，工作人员1人。

为进一步加强规范化管理，大悟县中原突围纪念馆制定了各项规章制度，以制度管人，以制度管事，使各项管理工作制度化、规范化。

行政管理方面，先后制定了《大悟县中原突围纪念馆干部岗位责任制》、《大悟县中原突围纪念馆考勤奖惩暂行规定》等规章制度。安全保卫方面，制定了《大悟县中原突围纪念馆消防安全责任制度》、《禁止观众携带的具体物品清单》等一系列规章制度。社教、开放方面，制定了《大悟县中原突围纪念馆免费开放接待方案》、《员工岗位责任制》、《陈列群工部工作规范》等一系列规章制度。文物保管方面，制定了《大悟县中原突围纪念馆文物安全管理制度》、《大悟县中原突围纪念馆文物藏品管理制度》、《大悟县中原突围纪念馆文物库房管理制度》、《大悟县中原突围纪念馆出入库人员管理制度》等一系列规章制度。

上述规章制度都是大悟县中原突围纪念馆针对本馆实际工作中出现的问题而制定的，是确保大悟县中原突围纪念馆各项工作顺利进行的基本保障。有了制度的指引，大悟县中原突围纪念馆的各项工作将很快走上正轨。

五、社会交往，经营活动

大悟县中原突围纪念馆既是广大观众参观学习，进行革命传统教育和爱国主义教育的重要作要场所，也是清晨和傍晚当地民众休闲、娱乐的地方。五年来湖北省委党校的每期学员，在党校学习期间，中原突围纪念馆是革命传统教育课中必不可少的一课。2010年10月，中原突围纪念馆圆满地完成接待鄂豫皖三省政协联谊会议在大悟召开，前来中原突围纪念馆参观的与会代表200多人的大型接待活动,收到满意的效果。

目前,中原突围纪念馆准备在新馆布展开放的同时,建立纪念品商店,茶室,土特产销售点等服务项目,以满足观众在纪念馆的消费休闲的需要,使地方特色上档次,有文化品位。

云梦县博物馆

Yunmeng County Museum

馆　　长　杨文清

地　　址　现址:中国湖北云梦县城关文化路文化巷1号;新址:中国湖北云梦县城关龙岗路1号

邮政编码　432500

电　　话　0712-4322651

电子邮箱　ymbwg4322651@163.com.cn

隶属关系　云梦县文化体育新闻出版局

性　　质　国有

建筑性质　现代建筑

建筑面积　现馆约1500平方米;新馆18000余平方米

展厅面积　约150平方米,新馆尚未投入使用

占地面积　现馆约8600平方米;新馆约22700平方米

馆址环境　现馆位于云梦县城关文化路文化巷1号,东距316国道及云梦汽车站800余米,西距云梦火车站1000余米;新馆位于云梦县城关黄香大道与龙岗路交汇处,西距316国道及云梦火车站500余米。

历史沿革　前身为县文化馆文物组,组建于1977年2月,蔡先启任组长,办公地在儒学街原文化馆;1983年8月,文物组撤销,正式成立云梦县博物馆,徐乔华任副馆长,主持全面工作。此后一直隶属县文化局(后称"文体局"、"文体新局")。1988年8月至1994年9月,刘润清任馆长。1994年9月至2000年11月,徐乔华任馆长。2000年11月至2001年1月,副馆长杨文清主持全面工作。2002年10月,博物馆正式对外开放。2010年1月,杨文清任馆长。

开放时间　夏季:9:00—16:30;
冬季:9:00—16:00。
(周一闭馆,展厅检修维护)

概　况

博物馆是历史的记忆,文化的宝库,文明的窗口。它是征集、典藏、陈列和研究代表人类文化遗产实物的场所,是以学习、教育、娱乐为目的,为公众提供知识、教育和欣赏的文化教育机构。

云梦县博物馆属地方综合性博物馆,是收藏珍贵历史文物,举办陈列展览,打造地区文化品牌,进行科学研究的文化事业单位。云梦县博物馆建设一直受到县委、县政府的高度重视。1985年将博物馆从原文化馆迁于现址,并迁建儒学大成殿,作为博物馆展陈、办公的阵地;1999年扩建博物馆,县政府将与博物馆相邻的原图书馆整体划归博物馆,使博物馆设施条件得到较大改善;2005年,县委县政府更将新博物馆建设作为全县文化基础设施建设的重点项目,得到云梦籍民营企业家、深圳美丽集团董事长欧阳祥山的鼎力襄助。2009年，在云梦60万人民的殷切期盼中，一座集东方文化神韵和现代化功能于一体，以建造捐资人名字命名的大型博物馆——云梦祥山博物馆在云梦城东曲阳湖畔拔地而起，成为云梦标志性的文化建筑。云梦县新博物馆的建成标志着云梦县文博事业迈上一个新台阶。

一、展陈、科研工作

云梦县博物馆倡导"以人为本，为民服务"的办馆宗旨，以优质的展览和服务形式接待社会各界观众。1987年以来，云梦博物馆先后推出"云梦历次考古重要发现与成果"、"云梦睡虎地秦代竹简"、"纪念睡虎地秦简出土30周年书画展"等专题陈列、基本陈列和临时展览。

2005年推出的"云梦睡虎地秦代竹简"、"云梦出土文物精品"是云梦县博物馆基本陈列展，展示面积约150平方米，展出文物136件、仿(复制品)12件，辅以发掘现场照片、文物照片、文字简介说明等，重点展示了云梦出土的在国内外有较大影响的精品文物，像睡虎地秦简、秦汉漆木器、西周时期器型硕大的陶制炊具、战国楚墓出土的彩绘陶器、具有考古断代标尺意义的战国秦及秦代陶器、东汉庑殿式红陶楼等。

自2001年后，云梦博物馆开展业务工作必要的设备得到更新充实，配备电脑5台(套)(包括台式、手提)，复印机等，各种型号的数码相机3台(套)及其他工作器材等，为开展科研工作创造了一定的条件。多年来，云梦县博物馆在文物保护和研究方面取得了一定的突破，先后出版专著《漆器图录》，编辑出版《睡虎地秦简出土三十周年纪念文集》，整理编印《云梦考古发掘简报、报告、论文集》等。

二、文物保管、征集工作

云梦县博物馆的文物来源主要依靠考古发掘移交、公安部门缉私移交、废品收购站拣选、个人捐赠、捐献等渠道。藏品种类有历代陶器、铜器、漆木器等。藏品总计5000余件，其中一级藏品25件(套)，二级藏品35件(套)，三级藏品186件(套)。云梦县博物馆藏品丰富，其中重要藏品有战国卧鹿立鸟木雕、网纹漆衣绘彩陶鼎、罍、蟠螭纹漆衣绘彩陶盖豆、秦代夔纹青铜镜、圆卷纹青铜壶、环钮青铜盖鼎、云纹圆彩绘漆盒、鸟鱼纹彩绘漆盂、有"安陆市亭"烙印文字的陶瓮、罐、茧形壶、东汉庑殿式红陶楼、王莽大泉五十铜钱范、元至正元年铜权等。东汉陶楼曾被选送进京参加建国35周年全国文物精品展览，中央新闻电影制片厂的摄像师还专程到云梦为它摄影。云梦秦简、漆器还被《人民日报》、《光明日报》、《人民画报》做过专门介绍。王莽大泉五十铜钱范、元至正元年铜权是文物征集工作取得的成果。

严格按照《藏品管理办法》的各项规定开展文物保护、管理工作。凡是具有历史、艺术或科学价值的一、二、三级藏品，经省级文物鉴定委员会专家组严格鉴定，均建立文物藏品档案和电子文本；藏品的保管工作做到制度健全、账目清楚、鉴定确切、编目详明；运用传统方法对一些破损藏品器物进行修复保存；库房内配备必要的温、湿度计、恒温计以及安全防火器材等。2002年以来，先后两批对馆藏94件保水漆器实施技术脱水修复；近年来还争取国家文物局列支专项资金75万元，对145件青铜器实施除锈修复处理。按照《博物馆安全保卫规定》和三级风险等级安全防护规定要求，馆内设立安全保卫部，配备专、兼职保卫人员，并聘请保安，坚持24小时执勤。

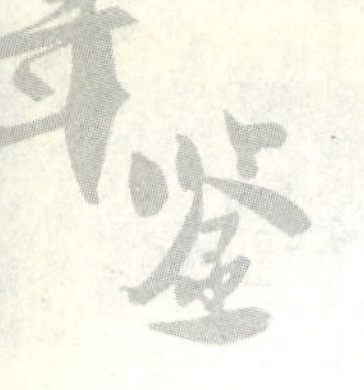

三、社教、开放工作

博物馆是一个服务于社会的文明窗口，开展交流合作是一项基本的业务活动。近年来，陆续与电视媒体开展了一系列合作。2000年9月，接待中央电视台《中华文明》摄制组来馆拍摄文物；2002年1月，接待中央电视台《复活的军团》摄制组拍摄睡虎地及馆藏秦代文物。近年来，还配合本县电视台拍摄制作了24集文献纪录片《云梦史话》。开展与国内外一些知名院校和专家的文化交流合作。2005年8月，举办睡虎地秦简出土三十周年学术交流会，邀请省内知名专家学者入会探讨交流。2006年8月，日本一桥大学水木彪、三重大学山中章、山口大学马彪等学者考察云梦“楚王城”遗址，参观博物馆、睡虎地。2006年11月，中国社会科学院历史研究所刘乐贤、北京师范大学王子京、武汉大学萧圣中、安徽大学徐在国、美国佛罗里达大学来国龙、法国高等实践学院风仪诚、韩国翰林大学金秉骏，日本爱媛大学藤田胜久、学术振兴会广嗽薰雄等一行12人专程参观考察了云梦楚王城、睡虎地、龙岗和博物馆。

云梦县博物馆是孝感市委、市政府命名为“爱国主义教育基地”，是共青团孝感市委、市文明办等5家单位命名为“青少年思想道德教育示范基地”。2008年10月，该馆又被列为湖北省首批免费开放的博物馆。自2005年以来，累计接待各届观众3万余人次，年接待观众约6000人次。在讲解接待工作中，本着“以人为本、热情服务、礼遇待人、优质讲解”的态度对待每一位观众，让观众带着愉悦而来，满载收获而归。

四、机构设置、行政管理工作

云梦县博物馆隶属于云梦县文体新局，属国家全额拨款的事业单位。现设有办公室、田野文物考古部、文物陈列部、库房保管部和安全保卫部等。现有干部职工24人，其中在职20人（含门卫、保安等临聘人员6人），退休（含内退）3人；在职人员中，馆长兼书记1人，副馆长6人；中级专业技术人员4人、初级4人，高级工2人；大专以上学历7人、高中（含中专）学历11人。

云梦县博物馆为了使工作更趋完善，建立完善了一系列制度，并注重发挥党、团、工会的组织作用，不断加强思想教育和培训学习。

荆 门

荆门市分述篇

荆门地处湖北中部，历史悠久，文化底蕴深厚，境内的历史文化遗产众多，是名副其实的文物大市。现有文物单位 3000 余处，其中国家重点文物保护单位 5 处(京山屈家岭遗址、钟祥明显陵元佑宫、文风塔、沙洋纪山楚墓群、马家院城址)，省级文物保护单位 58 处，市级文物保护单位 258 处。其中明显陵于 2000 年 11 月 30 日被联合国教科文组织列入世界文化遗产名录。荆门现有 3 座博物馆，文物藏品丰富，品位很高。共有馆藏文物 7 万余件(套)，其中国家一级文物 100 余件(套)。现有文博工作人员 115 人，其中本科学历 30 人，正高职称 3 人，副高职称 6 人，中级职称 70 余人。全市 3 座博物馆始终坚持"保护为主、抢救第一、合理利用、加强管理"的文物工作方针，全面推进博物馆免费开放工作，认真履行博物馆公益性服务职能。目前，荆门市博物馆建设也有了新的发展。钟祥市博物馆新馆建设主体工程已全面完成，布展工作接近尾声，有望年内对外开放。荆门市博物馆新馆建设也提上了市府议事日程，目前，新馆选址已确定，计划年内动工。两个新馆的开工建设与落成，标志着荆门市博物馆建设将跨上一个新的台阶。

荆门市博物馆

Jingmen Municipal Museum

馆　　长　龙永芳
地　　址　湖北省荆门市象山大道 19 号
邮政编码　448000
电　　话　办公室:0724-2345382
　　　　　预约参观:0724-2345381
　　　　　0724-2345932
传　　真　0724-2345382
网　　址　www.jmmuseum.com
电子信箱　hbjmbwg@yeah.net
隶属关系　湖北省荆门市文化体育新闻出版局
性　　质　国有
建筑性质　仿楚建筑
建筑面积　8512 平方米(含城区文物管理所)

展厅面积　3500平方米

占地面积　22000平方米

馆址环境　荆门市博物馆馆舍坐落于荆门市主干道象山大道上，南端有荆门市水利科学研究所，北接湖北荆门输变电工程有限公司，东临象山大道，西靠荆楚理工学院。内设机构城区文物管理所位于白云大道4号。

历史沿革　1972年县文化馆成立文物工作小组，1984年2月，成立荆门市博物馆，1993年11月正式对外展出。1997年8月，设立市文物事业管理局，与市博物馆两块牌子一套班子。1998年10月，荆门市白云楼管理所（2005年5月更名为城区文物管理所）从市博物馆分离，负责地面文物保护。2001年9月，市文物管理局与市博物馆分设。2005年8月，成立荆门市文物考古研究所，负责地下文物保护，仍为市博物馆内设机构，对外挂牌。2010年8月，荆门市城区文物管理所并入荆门市博物馆，为荆门市博物馆内设机构，对外挂牌。

开放时间　9:00—17:00（周一闭馆）

服务设施　停车场、游客服务中心、物品寄存。

交通状况　公交线1路博物馆站下车，12路中医院站下车往西，6路技术监督局站下往西。

概　况

荆门市博物馆是荆门市属的综合性地市级博物馆，承担着荆门地区文物陈列、收藏、考古、研究等重要工作职能。成立于1984年，馆址在古建筑陆夫子祠，后因考古工作者的辛勤工作，发掘了大量的随葬器物，面积窄小的旧馆无法容纳和对外展出日益增多的藏品，1987年选址象山大道北端，1988年政府投资近300万元建馆，1992年竣工，1993年11月正式对外展出。

位于象山大道的荆门市博物馆占地面积12000平方米，建有陈列楼、珍宝馆、中心文物库房三栋仿古建筑，建筑面积7000余平方米，展览面积3500平方米，现有“包山楚墓出土文物陈列”、“战国女尸及郭店楚简展览”和“精品文物展览”3个基本陈列，每年举办4~5个临时展览，年接待观众量约10万人。

位于白云大道4号的城区文物管理所为古建筑白云楼，占地面积10000平方米，中轴线上依次排列着山门、卧云洞、斯台、白云楼、三皇殿、纯阳殿，南北两侧建配殿、招鹤亭、碑廊、钟鼓楼等建筑。建筑物飞檐凌空，斗拱别致，石雕工艺精细，内涵丰富，是荆楚地区古建筑中不可多得的瑰宝。

荆门市博物馆馆藏文物60725件（套），其中一级文物67件（套），二级文物96件（套），三级文物564件（套）；文物总量和一级文物藏量在地市级博物馆中都排在前列。特别是馆藏的“郭店楚简”、“战国女尸”等多件藏品在全国乃至海内外均有重大影响。“郭店楚简”被海内外学术界公认为“世界最早的原装书”；“战国女尸”比长沙马王堆出土女尸早200年，被称为“中国第一女尸”，经国家文物局鉴定为国宝。

荆门市博物馆成立以来，配合国家建设工程项目和当地生产建设、工程建设完成了多次文物发掘项目，出土了文物数万件，同时也对部分项目进行了抢救性的发掘，挽救了大批珍贵文物。与此同时，荆门市博物馆立足郭店楚简研究中心，以象山文史研究所、荆门市博物馆学术委员会为平台开展文物科研工作，出版发行了研究专著20多部，发表研究文章近百篇，并多次组织各类学术交流等活动，对外宣传荆门、宣传楚文化。

一、机构设置和行政管理工作

荆门市博物馆行政上隶属于荆门市文化体育和新闻出版局，业务上隶属于荆门市文物局，内部机构设有办公室、计划财务科、陈列展览部、群众工作部、藏品保管部、保卫科、产业管理科、郭店楚简研究中心、文物考古研究所和城区文物管理所。现有在编在岗人员70人，聘用人员16人，本科以上学历19人，正高职称2人，副高职称3人，中级职称50人。

为促进博物馆事业发展，荆门市博物馆从两方面加强管理。一是加强队伍建设。建馆初期，博物馆的主要业务工作是文物保护工作，当时的主要工作人员引进大多为长期在湖北省及荆州考古工作上有特长的专业工作人员，1991年以后，博物馆则从考古、讲解、文物修复等方面引进了部分专业人才。2000年开始，为提高干部职工的业务水平，博物馆每年的7—8月组织一次业务培训，并对培训内容进行考试。同时，制定了《市博物馆关于职工再教育工作的意见》、《荆门市博物馆人才引进政策》，提出一系列奖励措施，用于引进人才和鼓励干部职工利用业余时间参加自修、函授学习。

二是加强制度建设。靠制度凝聚人心，靠制度规范工作，靠制度激发各级组织的活力，成为荆门市博物馆领导班子的共识。经过多年来的努力，已经初步建立起比较完善的制度体系。组织管理方面有《荆门市博物馆会议制度》、《荆门市博物馆工作考勤制度》、《荆门市博物馆公物管理制度》、《荆门市博物馆档案管理制度》、《荆门市博物馆小车管理制度》、《荆门市博物馆人才引进管理规定》等一系列规章制度；财务方面，先后制定了《荆门市博物馆财务管理办法》、《荆门市博物馆免费开放专项资金管理办法》等一系列规章制度；安全保卫方面，制定了《市博物馆馆藏文物安全防范的紧急预案》、《市博物馆游客参观期间的安全预案》、《安全保卫工作制度》、《消防演习制度》等一系列规章制度；社教、开放方面，制定了《免费开放管理制度》、《陈列展览部工作人员达标条件》、《讲解员工作制度》、《接待员制度》、《免费开放接待文明用语》等一系列规章制度；文物保管、修复方面，制定了《文物库房管理制度》、《修复处理室工作制度》、《保管人员工作职责》、《非库房人员入库制度》等一系列制度。

通过两方面的管理与建设，荆门市博物馆的业务工作已上了一个新的台阶，拥有勘探、发掘领队资格，能独立完成文物保护、文物考古研究、文物保管和文物陈列等各项工作任务。

二、陈列展览、宣传和社会服务工作

荆门市博物馆1993年11月对外开放时，设有“包山楚墓专题陈列”、“馆藏历史文物陈列”、“郭店楚简与战国女尸专题陈列”3个固定陈列。“包山楚墓专题陈列”向世人展示了当时楚国贵族阶级的礼乐制度及奢华生活，展出的有先秦之最的“迎宾出行图”，中国最早的折叠床，最精致的“龙凤彩棺”以及装饰精美的楚国礼器“错金银铜尊”等楚文化的代表文物。“馆藏历史文物陈列”通过数百件文物、图片、模型等形象地展示了自原始社会以来，荆门这块土地的人们生产、生活、建设的历史长卷。“战国女尸及郭店楚简展览”是采用高科技手段精心设计而制作的精品陈列，陈列着目前我国保存最好的湿尸——郭家岗战国女尸、楚国的又一“丝绸宝库”及改写中国古代思想史的郭店楚简。

2007年，为充分展示荆门市深厚的历史文化，荆门市博物馆调整了“包山楚墓专题陈列”、“郭店楚简与战国女尸专题陈列”

部分文物，将“馆藏历史文物陈列”撤展，挑选出荆门文物中的代表品，采用不同形式的展柜，辅以相应的灯箱及图板，制作出“精品文物展”向观众展示荆门悠久的历史和精美的古代工艺品。

荆门市博物馆拥有3500平方米的展览面积，每天有大量的观众前来参观。长期以来，荆门市博物馆坚持“以人为本”的服务理念，服务于社会，服务于观众，特别是2007年11月免费开放以后，荆门市博物馆尽力打造全新的服务环境，提高服务能力：增设安防设备、地毯、吸尘器、标志和指示牌为观众提供更好的参观环境；聘请专业保洁公司、花卉公司维护场内环境，以保持开放区域内卫生和环境优美，；设立观众休息处，为观众提供物品寄存、公共饮水、休息坐椅等贴心服务；开通电话和网上预约服务，方便观众参观；向观众免费发放《荆门博物馆简介》、《郭店楚简》、《迎宾出行图》等各类宣传彩页，让观众深入了解博物馆。

为更好发挥教育阵地作用，服务于民众，荆门市博物馆每年举办4~5个临时展览免费对外展出，同时，每年借“博物馆日”与“文化遗产日”的契机，制作专题展览，送入社区、送入机关、送入学校，并举办“走进博物馆”系列活动；以荆门纪山镇一年一度的庙会为契机，制作流动展览送展到乡镇；以临时展览为阵地，发挥爱国主义教育基地、国防教育基地作用；以各种节假日为依托，与残联、计生委、学校开展各种联谊活动。

三、文物保管、保护和征集工作

荆门市博物馆现有荆门市城区文物管理所、荆门市文物考古研究所对外挂牌，分别负责荆门市地上、地面文物的保护工作。

多年来，荆门市博物馆有序开展各项地面文物保护工作，进行了第七批全国重点文物保护单位和第五批省级文物保护单位的申报，完成了白云楼古建筑群复原一、二期工程，承担了文笔峰塔、军民合作饭店、象山四泉等10余处地面文物维修方案制定和文物维修的指导工作。

在地下文物保护方面，荆门市博物馆20多年来配合国家建设工程项目和当地生产建设、工程建设完成了市内近百处建设工程开展文物执法工作；先后配合随（州）岳（阳）高速公路、兰杭高速公路、三峡工程二期蓄水工程、子陵葛洲坝水泥厂工程、湖北省荆门220千伏南桥输变电站工程、湖北宝源装饰材料有限公司实木门工程以及南水北调引江济汉工程等国家、地方工程建设开展了50余处大中小型文物考古工作，先后独立完成了刘家山汉墓、向家坪墓群、龙王山墓地、新城遗址、黄湾墓群等10余处大型考古发掘任务，获得了许多珍贵文物资料和标本，其中包括越王州勾剑、铁釜、铜鐏、漆奁、包山楚简、郭店楚简、双龙玉带钩等一大批文物珍品和战国女尸稀世国宝。另外，考古工作者对境内的多处墓葬、遗址进行调查踏勘、试掘，其中马家垸城址、纪山楚墓群，现为全国重点文物保护单位。2006年，对荆门后港城河城址进行了实地调查和试掘，确认其为屈家岭文化至石家河文化时期城址，现正在申报国家重点文物保护单位。

历年来，荆门市博物馆都重视馆藏文物的保管、修复以及文物征集工作。因文物修复技术要求高，荆门市博物馆仅限于陶器修复，主要修复了东周时代的器类鬲、盂、碗、壶、罐、豆、鼎、敦、簠、盘、匜、盉、罍、斗、勺、匕、镇墓兽、器盖、饰件、动物、纺轮、臿形器等约1200件。修复了两汉时期的器类鼎、仓、灶、井、楼、釜、甑、盂、罐、盆、杯、盘、盒、壶、钫、熏炉、磨、狗、鸭等等约260件。修复南北朝时期的器类有盘口壶、碗等5件。为了更好地保护馆藏文物，荆门市博物馆多次聘请专家对馆藏文物进行保护性修复:建馆初期,为了更好地保存征集到的字画、书法作品,特请湖北省博物馆专家帮助对当时馆藏的字画进行了装裱修复;在1993年博物馆对外开放前期,聘请荆州博物馆和省馆专家对包山墓出土的部分漆木器进行了脱水处理,对越王州勾剑等青铜器进行了修复;1994年、2000年、2006年又分别请北京、荆州等地专家对郭店楚简进行了脱水处理;近年,随着文物保护理念的变化,我馆更加重视文物保护工作,与荆州文物保护中心协议正在对郭家岗一号墓中的丝织品、馆藏的部分漆木器进行保护处理、与陕西省文物保护院协议正在对馆藏部分青铜器、严仓车马进行保护处理。

四、科学研究工作

荆门市博物馆成立以来,对荆门市不同时期的遗存,进行了多角度、全方位的研究,并成立荆门市学术委员会对研究工作进行管理。多年来出版《包山楚墓》、《荆门罗坡岗与子陵岗》等文物考古专著4本;出版《包山楚简》、《郭店楚墓竹简》等包山楚简与郭店楚简研究专著11本;出版《荆门历史风貌》、《荆门寻古》等历史文化与文化管理类专著5本;发表专业论文83篇。

其中影响最大的是关于郭店楚简的研究,郭店楚简1993年出土于荆门市郭店一号墓,此次出土的竹简均为先秦典籍,多数已失传。郭店楚简公布后,形成了国际性研究热潮。国际性学术专题研讨会共有四次。为此荆门市博物馆成立了郭店楚简研究中心,主要从事郭店楚简的研究以及国内外有关郭店楚简研究资料的收集。该机构聘请了国内外知名的5位专家做顾问,聘请了20多位高等院校、研究机构的专家学者为研究员,形成了一个庞大的研究群体。该机构成立以来,举办了各种形式的交流活动:2002年4月,邀请中国社会科学院研究员庞朴先生举办了关于"郭店楚简价值"的专题讲座;2003年1月,举办了"郭店楚简高级讲读班";2003年举办第四次郭店楚简国际学术研讨会;2008年举办"郭店楚简出土十五周年暨《郭店楚墓竹简》出版十周年"小型纪念座谈会。同时,该机构还承担了教育部哲学社会科学研究重大攻关项目"楚简综合整理与研究"课题。

为扩大对外交流,荆门市博物馆与荆楚理工学院共同成立了象山文史研究所,以此为依托多次举办、参加各种学术交流活动:2003年7月,邀请中国文化对外交流中心主任乔然教授举办了关于"荆门文化产业发展前景"的专题讲座;2004年5月,邀请复旦大学社会学系教授阮仪三举办了关于"国家历史文化名城保护与利用"的专题讲座;2005年11月,承办了"中国第七届文化管理学会年会暨'前事不忘后事之师'学术研讨会";2006年参加武汉大学"楚简整理与研究"以及"简帛国际学术研讨会",参加鄂、豫、皖、湘四省楚文化学会;2009年参加湘鄂豫皖四省楚文化学会第十一次年会。

五、文化产业工作

为充分利用我市文物资源,发展文物产业,同时利用文物复仿制品宣传荆门悠久的历史文化,突出荆门在楚文化形成中的历史地位,扩大荆门的对外影响,荆门市博物馆自1993年以来,即注重利用丰富的馆藏资料开发文物复仿制品。十几年来已开发出漆木质料的系列产品近70种,年生产量1000件(套),年销售额近20万元。其仿制品"虎座鸟架鼓"、"水晶竹简"、"编排竹简"现已成为荆门文物仿制的代表产品,亦是荆门市外事活动的主要礼品。现已远销(赠)欧美、日本、韩国等国家和地区。

2002年,荆门市博物馆又开发出以文

物为底本的水晶、金箔青铜质料的系列产品作为旅游纪念品，现在共有 4 大系列共 30 余个品种的文物复仿制品批量生产投放市场。

六、文物安全工作

荆门市博物馆 2004 年被国家文物局、公安部公布为一级风险防范单位。多年以来，荆门市博物馆将文物安全工作列为工作重点，采取各种措施强化安全工作。一是健全管理工作机制，不断强化安全责任。为此成立了文物安全工作领导小组，建立起完整严密的安全责任体系，建立健全了各项工作制度，确保安全管理有序进行，同时，加强职工安全教育，不断提高职工的安全防护能力。二是从人防、物防、技防三方面着手，全力加强安全保卫力量。在“人防”方面，主要是针对免费开放后人流量增加的问题，聘请了多名保安，夜间巡逻班实行双人双岗制，监控班 24 小时值班，做到人盯死守，保障馆区的安全；“物防“上，主要是配备了 4 条警犬，加强夜间防护力量。“技防”上，主要是积极筹措资金，更换监控设备，增强安防、消防设施设备。2005 年，博物馆向国家及省里申请安防、消防专项资金更新了安防、消防设施，2006 年 12 月顺利通过国家一级风险单位达标验收。同时，博物馆安防系统与“110”联网，确保紧急情况下与公安部门及时联系，在安全措施上得到了联动和更有力的保障。经多方努力，博物馆通过多次省、市级部门安全检查，保障了建馆以来馆藏文物安全无事故。

钟祥市博物馆

Zhongxiang Municipal Museum

地　　址　湖北省钟祥市郢中街办元佑路7号
邮政编码　431900
电　　话　0724-4222904
传　　真　0724-4239457
隶属关系　隶属于湖北省钟祥市文化体育局
性　　质　国有
占地面积　15000 平方米

历史沿革　建国初期（1950 年至 1953 年），钟祥县的文物工作由钟祥县文化馆代为管理，县文化馆抽调出 3 名工作人员负责管理全县的文物工作，由副馆长潘士良具体负责。主要工作是配合土改复查、民主改革等中心任务，有领导、有组织征集、没收地主财产中的历史文物，通过一定的手续，将有价值的金银器、铜器、玉石器、瓷器、字画、古籍善本等珍贵文物征集到文化馆收藏；1954 年，钟祥县文化馆成立文物室，负责管理全县的文物工作，地址设在钟祥县城山陕会馆（今钟祥市中亚商城副楼）；1959 年，文物室随钟祥县文化馆搬迁到武郡书院（今钟祥市总工会院内）；1961 年，文物室又随钟祥县文化馆搬迁至钟祥县大礼堂办公；1964 年 6 月，文物陈列室各展厅重新整修，调整了文物展品，同年，正式对外开放。1966 年 7 月，文物陈列室由钟祥县革委会红色总部造反派接管。1972 年文物陈列室重新移交钟祥县文化馆管理，并一直开放至 1976 年年底。

1977 年，钟祥县人民政府批准成立钟

祥县图博馆，即图书馆与博物馆的合称，隶属钟祥县文化局。邓传万任馆长，配备了三名专职文物管理人员。1978年7月，钟祥县图博馆对馆藏文物进行了重新整理，共清理出各类文物2000余件（不含古籍善本），实行了一物一卡、专人管理的模式。1979年2月，经钟祥县革命委员会钟革文[023]号文件批准，钟祥县图博馆的图书与博物分开，成立钟祥县博物馆。隶属钟祥县文化局，属副科级行政单位。内设文物组、陈列宣传组、基建后勤组、办公室和显陵管理所。1980年3月，钟祥县博物馆与图书馆正式分离，馆址迁至明清古建筑群——元佑宫内。其建筑格局中轴对称，红墙周回410米。主殿三进，元佑殿居中，后为降祥殿，最后为三洞阁。其配殿左为宣法殿，右为衍真殿。其前为元佑宫门，东西为储、祉门。钟楼、鼓楼拱侍环列。宫门前为琉璃琼花照壁，左右建保祚、延禧二坊。另外宫内还建有碑亭2座，厢房、配房等58间。建筑特点为坐北朝南，布局中轴对称，是典型的中国传统建筑格局。其风格为明代官式建筑，注重庄严气度，强调主次配置，追求礼仪效果，刻意制造了强烈的等级观念和空间对比变换中产生的意境——崇敬感，处处显露着非同一般的皇家祭祀建筑巍巍超凡气势。

1992年5月，钟祥撤县建市，钟祥县博物馆更名为钟祥市博物馆，隶属钟祥市文化局，属副科级行政单位。内设文管股、群工股、保卫股和办公室。共有干部职工17人，其中设馆长1人，副馆长2人，职工14人。馆址设在元佑宫内。主要职能是负责全县境内文物保护单位的保护与管理，利用文物进行陈列展览开展宣传教育和科学研究。

从2004年开始连续3年市政府将博物馆新馆建设写进《政府工作报告》，列入市委、市政府重点工程建设项目。2006年4月5日市政府召开博物馆新馆建设工作专题会议，新馆建设工作正式启动。2006年12月，省国土厅资源下函（鄂土资函[2006]875号）批准了钟祥市博物馆建设用地，并颁发了“土地使用证”，新馆占地80000平方米，主馆设计建筑面积5150平方米，计划总投资5000万元。2007年，委托清华大学建筑设计研究院对新馆总体规划、主馆建筑施工、围墙施工、景观建设等做出了方案设计。2008年，完成了征地补偿，拆除了建设范围内的部分房屋建筑、平整场地和工程招投标工作。2009年3月22日新博物馆建设工程奠基，目前，新博物馆的主体工程已经基本完工，正在进行展陈和景观工程。

一、业务活动

基本陈列　“国家级历史文化名城——钟祥历史文物陈列”、“字画陈列”、“清代女尸展厅”、“革命文物陈列”。“国家级历史文化名城——钟祥历史文物陈列”于1998年10月正式面向大众开放，展出文物206件，陈列面积628.2平方米。该陈列分为“历史悠久　源远流长”、“荆楚文化　独领风骚”、“大明圣地　祥瑞所钟”、“文物艺术　流光溢彩”四个部分，从不同的视觉反映和展示了钟祥历史文化名城的风貌和内涵。

专题陈列　钟祥市博物馆从1979年2月开始至2005年8月，先后举办过20多次各种临时的专题展览。有的专题展览意义重大，影响深远。如1995年6月11日，钟祥市博物馆成功举办“抗日战争和世界反法西斯战争胜利50周年图片展”活动，全市党员干部、中小学生和社会群众踊跃参观展览，充分发挥了博物馆作为爱国主义教育基地和中小学生德育基地的作用。

藏品管理

【藏品来源】主要通过征集、考古发掘、没收、捐赠、收购等途径取得。现有的文物藏品中，绝大多数为通过考古发掘的出土文物，以陶瓷器为主。

【藏品类别】钟祥市博物馆文物藏品分为传世文物、出土文物和革命文物以及工艺品四大类。其类别有瓷器、陶器、金器、银器、铜器、铁器、锡器、玉器、石器、木器、字画、古籍、革命文物、杂器。

【藏品统计】钟祥市博物馆文物藏品总数3408件(套)。其中一级文物8套15件；二级文物50套137件；三级文物279套444件。

【重要藏品】明代镀金铜龙；春秋邓子蟠虺纹铜盘；清代朱耷行草轴；明代镀金观音铜座像；明代镀金观音铜座像；明代镀金释迦摩尼铜座像；清代毛会建“阳春白雪”石匾；宋代景德镇影青印花人物瓷枕。

【藏品保护】钟祥市博物馆建有专门的文物库房和配备相应的保护设施，严格按照《藏品管理办法》的各项规定进行管理。凡是具有历史、艺术或科学价值的一、二、三级藏品，经省级文物鉴定委员会专家组的严格鉴定，并建立文物藏品建档备案和电子文本；藏品的保管工作做到制度健全、账目清楚、鉴定确切、编目详明；运用传统方法对一些破损藏品器物进行修复保存；库房内配备必要的温、湿度计、恒温计以及安全防火器材；在气候不宜的季节紧闭库房门窗，气候适宜的季节开窗通风降温散温；放置除虫药物，尽量减少病虫对藏品的危害；定期对库房内进行除尘，减少有害灰尘对藏品的危害。按照《博物馆安全保卫规定》和二级风险等级安全防护规定要求，馆内设立安全保卫科，选配专职保卫干部。重点要害部位安装技术安防设备和综合报警监控系统设施，落实完善了各项安全保卫制度，配备专职保卫人员坚持24小时执勤。

【考古发掘】钟祥市博物馆的考古发掘工作起始于20世纪70年代末，从1979年10月配合农村基本建设考古钟祥县皇庄六合村北宋古墓葬一座开始，至2007年底，根据国家有关文物考古发掘的规定，先后配合农田生产建设、城镇基本建设和国家大型水利、交通等建设工程中，通过发现、举报、普查、执法等各种形式，经过30多年百余次的考古发掘入藏了数千件地下文物(其中包括一些文物珍品)，为钟祥市成功申报为国家级历史文化名城和经济社会发展研究提供了不可或缺的实物依据。特别是2001年和2005年抢救发掘的明代梁庄王墓和郢靖王墓，出土精美文物6000余件，是我国继定陵之后又一明代重大发现。其中郢靖王墓出土的一件元代青花四爱图梅瓶被湖北省博物馆作为镇馆之宝收藏。

科学研究

【科研队伍】钟祥市博物馆现有文博馆员19人，助理馆员5人。

【科研设施】钟祥市博物馆因经济条件和馆址为古建筑的制约，科研设施落后，办公条件简陋。自2004年以后，随着经济快速发展和国家对博物馆事业的重视，开展业务工作的必要设施得到更新充实，办公条件不断改善，现配备电脑10台(套)(包括台式、手提电脑等)，各种型号的数码相机5台(套)及其他工作器材等。目前，钟祥市博物馆新馆主体工程已经基本完工，正在建筑展陈和景观工程，计划在2011年7月对公众开放。

【科研成果】近几年来，钟祥市博物馆积极开展文博专业理论研究，多篇论文在国家、省、市级刊物上发表。如《明代藩王综述》(《南京明文化研究》发表)；《明代梁庄王墓发掘报告》(概述部分)(文物出版社出版)；《试析若都之地望》，发表于湖北省社会科学院《社会科学动态》1993年第1期；《左家遗址调查》发表于湖北省文物考古研究所主办的《江汉考古》1996年第4期;《文物殇》被《血魂》收录(人民出版社,1996年4月出版);《古代建筑物内举办文物陈列展览之形势刍议》,发表于中国博物馆学会主办的《中国博物馆通讯》1999年第8期。

【学术交流】2006年12月20日,馆长周代玮随湖北省博物馆赴香港参加"中国晚期金饰"专题展览开幕式和学术交流会议。

二、博物馆管理

奖励表彰

1984年12月,钟祥县博物馆被荆州地区文化局授予"文物普查先进单位"。

1985年12月,钟祥县博物馆被文化部表彰为"全国文物、博物馆系统先进集体",副馆长李登勤被表彰为"先进工作者"。中央书记处书记邓力群、文化部部长朱穆之等领导出席会议,并为先进集体和先进工作者颁发奖牌与奖金。

1986年6月11日,钟祥县博物馆被湖北省文化厅表彰为"湖北省文物博物系统先进集体",副馆长李登勤被表彰为"湖北省文物博物系统先进工作者"。

1987年12月,钟祥县博物馆被钟祥县人民政府授予"治安防范先进单位"。

1987年12月,钟祥县博物馆馆长孟世和被荆州地区行政公署授予"先进工作者"称号。

2000年2月22日,钟祥市博物馆被钟祥市物价局表彰为"物价信得过单位"。

三、免费开放工作进展情况

钟祥市博物馆成立于1979年2月,现有馆藏文物万余件,开办有"国家历史文化名城——钟祥历史文物陈列"、"革命文物陈列"、"古代字画陈列"、"清代女尸陈列"、"兴王府——明世宗嘉靖皇帝纪念馆专题陈列"等展览内容。2008年3月,根据《关于全国博物馆、纪念馆免费开放的通知》(中宣发[2008]2号)文件精神,钟祥市博物馆开始对公众实施免费开放,截至2010年12月30日,共计接待20余万人。

钟祥市博物馆自免费开放以来,工作稳步推进,取得了良好的社会效益。

1.为了适应免费开放的需要,钟祥市博物馆按照事先编制的《钟祥市博物馆免费开放工作实施方案》,对馆内设施进行了维修改造:一是粉刷建筑外墙2000余平方米;二是维修改造陈列室200平方米、接待大厅50余平方米;三是平整场地、铺墁草坪3000余平方米;四是增设休闲椅2把、垃圾桶8个;五是对原有陈列从设施设备到内容到形式进行了调整,调整更换陈列说明牌40余块、公示牌5块;六是强化讲解员岗位培训,规范编印了讲解词;七是印制博物馆简介20000份;八是统一制作工作服25套;九是添置办公电脑3台;十是将免费开放的相关信息,包括免费开放的政策和时间、承诺服务内容等,通过网络、电视等媒体公布。

2.按照规定,结合博物馆实际,狠抓了规范运行。一是及时调整了开放时间。改过去每周开放5天为6天,周六、周日不闭馆,节假日不闭馆;改过去日开放时间六个半小时为早9点至下午5点八个小时,中午不闭馆。二是进一步强化安全措施,确保正常运行。重新修订了《钟祥市博物馆安全、消防应急实施方案》,组织了消防安全演练;更换了老化电线线路,添置、更换了消防器材,安装了110联网报警系统。三是建立信息反馈制度,自觉接受社会监督。在馆大厅公示了"讲解员岗位形象牌"、"参观须知"、"参观线路分布图"、"元佑宫简介"(中英文对照),设置服务窗口、设立意见簿,随时接受社会监督;四是高起点、高标准地在应届大学毕业生中招聘了3名优秀讲解员;五是加强讲解员和安保人员的岗位培训，年内开展讲解、博物馆知识等培训5次，先后数次派人到省博物馆及外省学习、参观。2009年初，博物馆在对“兴王府——明世宗嘉靖皇帝纪念馆专题陈列”进行改造调整后，于2009年2月对公众实施免费开放。

3. 利用“5·18国际博物馆日”和“世界文化遗产日”在阳春广场隆重举办了“文化遗产在我身边”为主题的大型图片展览活动和文物鉴定及法律法规的咨询活动，向广大市民发放宣传册10000余份，现场接待参观咨询的市民3000余人次，收到了良好的社会效益。

4. 新馆建设是钟祥市城市建设中的一项民心工程，钟祥市博物馆按照建设领导小组的要求，一是抽调专人配合文体局办理新馆建设筹建中的日常事务。二是积极参与博物馆建筑设计、景观设计和展陈构思，尽力融入了博物馆人的理念，发挥了应有作用。目前，新博物馆的主体工程已经基本完工，正在进行展陈和景观工程。

四、陈列展览

1979年5月，湖北省文化厅文物处先后拨款18万元，修复了元佑宫门、钟鼓二楼、元佑殿、宣法、衍真二配殿及东西厢房。并利用元佑殿布展了“钟祥通史”陈列，年底对外开放。

1985年4月，筹备布展“革命文物陈列室”，7月1日正式对外开放。陈列文物55件，介绍21位先烈生平、事迹。同年8月，充实完善元佑殿陈列室，新增大立柜8口，陈列文物511件；调整衍真殿陈列室，将原来的瓷器陈列，调整为“历代碑拓片”陈列，新增大立柜3口，展出汉至明清碑拓片19幅；调整充实宣法殿古代书画陈列，展出古代书法23件。

1989年1月，将元佑宫三洞阁革命文物陈列室改建成“清代女尸陈列”，并对外开放。

1992年7月28日，钟祥市博物馆利用改造、翻新的东厢房开设了铜器馆、瓷器馆，展出馆藏精品文物160余件；新增近现代字画陈列室，展出现代字画50余幅。

1994年5月，钟祥市博物馆收藏的清代女尸到随州博物馆交流展出，展出时间15天。

1994年8月，市博物馆元佑殿一期工程改造竣工，瓷器展室布展完成并对外开放。

1997年11月，钟祥市博物馆聘请湖北省博物馆的专家精心制作了“国家历史文化名城——钟祥历史文物陈列”专题展览。年底，对外试开放。

2009年，“兴王府——明世宗嘉靖皇帝纪念馆专题陈列”专题展览对外开放。

五、展示宣传和社会服务

1988年1月18日至2月1日，钟祥县博物馆成功引进北京故宫博物院“清代帝后生活用品巡回展”，接待参观游客2万余人次。

1993年2月20日，钟祥市博物馆将清代女尸及出土文物运至柴湖镇试展，展出时间15天。

1995年6月11日，钟祥市博物馆举办“抗日战争和世界反法西斯战争胜利50周年图片展”活动，历时1个月，接待观众2万余人次。

1997年1月，钟祥市博物馆举办了“香港回归图片展”，随后该展览到胡集、双河、磷矿、旧口、罗集等乡镇巡回展出。

1997年9月，钟祥市博物馆举办了“一代伟人、千秋风范——纪念周恩来诞辰一百周年”图片展览活动。

2004年4月16日，钟祥市博物馆引进“河南野生动物展览”。

2005年4月，钟祥市博物馆“引进恐龙

标本展”。

2006年5月,钟祥市博物馆推出了《救救孩子——法制教育图片展》。

六、藏品征集、管理和保护

1.藏品保管

钟祥市博物馆建有专门的文物库房和设备,严格按照《藏品管理办法》的各项规定进行管理。凡是具有历史、艺术或科学价值的一、二、三级藏品,经省级文物鉴定委员会专家组的严格鉴定,并建立文物藏品建档备案和电子文本;藏品的保管工作做到制度健全、账目清楚、鉴定确切、编目详明;运用传统方法对一些破损藏品器物进行修复保存;库房内配备必要的温、湿度计、恒温计以及安全防火器材;在气候不宜的季节紧闭库房门窗,气候适宜的季节开窗通风降温散温;放置除虫药物,尽量减少病虫对藏品的危害;定期对库房内进行除尘,减少有害灰尘对藏品的危害。按照《博物馆安全保卫规定》和二级风险等级安全防护规定要求,馆内设立安全保卫科,选配专职保卫干部。重点部位安装综合报警监控系统,落实完善了安全保卫制度,配备专职保卫人员坚持24小时执勤。

2.文物修复、复制

1968年,湖北省文物处、省博物馆在全省文化、文物系统范围内征集有一定价值的字画、碑拓,在钟祥县文化馆文物室挑选47幅字画与碑拓进行了装裱。

1979年钟祥县博物馆成立,47幅字画、碑拓全部返还钟祥博物馆。

1980—1985年,在李登勤的指导下,钟祥县博物馆业务人员对馆藏的100余字画、碑拓进行了装裱。

1981年11月,由荆州博物馆、钟祥县博物馆专业技术人员对六合遗址出土的陶器进行整理、修复,部分文物标本留馆珍藏。

1989年12月,请荆州博物馆专家对石门清代女尸墓出土的丝绸及其他文物进行整理、修复。修复墓志1块、丝绸19件及其他文物。

1992年12月,修复阮坪7座战国墓出土的陶器和铜器。

1992年12月,修复长岗岭M1出土的陶器10余件。

1993年7月,请荆州博物馆对重要字画、碑拓进行重新装裱,装裱字画、碑拓4幅。

1994年,修复双河第一砖瓦厂、胡集第三砖瓦厂出土的墓葬文物100余件。

1996年4月,在湖北省博物馆复制西周编钟3件,在荆州博物馆复制西周编钟2件。

七、博物馆建设

1979年2月,钟祥博物馆成立,馆址位于元佑宫内,从此,开始对元佑宫开始进一步保护和维修。维修元佑宫门、元佑殿。

1981年,在三洞阁遗址上建单檐硬山顶建筑,名“三洞阁旧址”。同时对宫中所有建筑进行了整修。

1982年,简修钟楼和鼓楼。

1985年,落架大修延禧坊。

1986年,维修琉璃琼花照壁。

1998年,大修元佑殿。

1997年,揭顶维修元佑殿。

1999年,揭顶维修钟楼和鼓楼。

2000年,大修钟楼、鼓楼。同时,其他建筑也得到了相应的保护维修。

2002年,简修元佑宫西厢房。

2003年,安装元佑宫安全、消防报警系统(一期)。

2004年,抢修元佑宫东侧宫墙。

2009年3月22日,钟祥市新博物馆于上午9点18分奠基,开始了新馆建设。

2010年10月,对元佑宫延禧牌坊进行

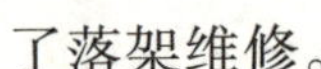

了落架维修。

八、博物馆文化产业、文化产品和经营情况

1988年6月，复制杨廷珍《百寿印谱》画册。

1993年，印制了《元佑宫简介》画册，制作了“阳春白雪”、“三楚巨观——元佑宫”、“钟祥元佑宫”纪念章。

1995年7月，印制了《历史文化名城——钟祥》画册。

2000年9月，印制了《钟祥市旅游观光图》。

2004年1月，印制了《兴王府简介》画册。

2006年7月，印制了《钟祥市旅游图》。

2007年，复制明青花人物高足碗、明青花龙纹高足碗、清青花山水盘，作为礼品和旅游纪念品对外销售。

九、人才培养

人员安置　1979年2月成立钟祥县博物馆以来，人员不断变更，由1979年的5人逐年增加到现在的36人，其中在职34人，离退休人员2人。有26人取得专业技术职务，其中副高2人，中级19人，初级5人。

2001年11月18日，钟祥市博物馆馆长周代玮应荆门市文物局的邀请，参加湖北省沙洋县楚文化学会成立仪式和学术讨论会。

2006年11月18日，钟祥市博物馆馆长周代玮应香港大学文物馆邀请，赴港参加为期一周的“中国晚期金饰”展览活动，期间作了《湖北明代藩王墓考古发掘收获》的学术报告。

京山县博物馆

Jingshan County Museum

馆　　长　邓引平
地　　址　京山县新市镇文峰西路10号
邮政编码　431800
电　　话　0724-7331370
　　　　　　0724-7331038
传　　真　0724-7331038
隶属关系　湖北省京山县文化体育新闻出版局
性　　质　国有
建筑性质　仿古建筑
建筑面积　1840平方米
展厅面积　790平方米
占地面积　1510平方米

历史沿革　为加强全县文物保护工作，1982年7月，京山县人民政府发文成立京山县博物馆，与文化馆合署办公。1983年初与文化馆分离，成为独立的文化二级单位，开始文物征集和文物保护工作。京山博物馆在县文化馆院内一平房办公，征集的文物堆放在一间简陋的平房内。从1984年开始，博物馆开始筹措建馆资金，国家文物局、湖北省人民政府、湖北省文化厅、京山县人民政府先后拨款38万元建设京山博物馆。1986年底在钟鼓楼路县印刷厂住宅区购置6套约420平方米宿舍，用于博物馆办公、文物库房和职工住房。1987年4月，京山县人民政府在烈士公园西门北侧征地1600平方米用于京山博物馆建设。1987年7月博物馆主体工程正式开工建设，1988年

9月京山县博物馆主体工程完工。建成的京山博物馆为三层仿古建筑，总建筑面积1240平方米。主体工程完工后，又筹资对大门、场地、门面进行了配套建设，总投资近52万元。京山博物馆于1992年7月正式开馆。

开放时间　上午8:00—11:30
下午2:30—5:30
（周一闭馆）

概　况

京山博物馆自1982年成立以来，从原与文化馆合署办公到1987年博物馆建成，至今已有近30年历史。京山博物馆成立后，主要承担全县田野文物的保护，对馆藏文物进行科学保护与研究，配合工程建设开展文物调查勘探，利用馆藏文物进行陈列展出。20多年来，博物馆对全县进行了三次大的文物普查和复查工作，发现文物点731处，其中屈家岭遗址1987年被国务院公布为全国重点文物保护单位，三王城遗址等17处被省人民政府公布为省级文物保护单位，67处被县人民政府公布为县文物保护单位。在开展文物保护工作的同时，抢救性地征集和发掘了一批珍贵文物。京山县博物馆建立后，固定陈列有“京山县出土文物展”、“京山县革命斗争史展”、“明代古尸展”、“张文秋生平业绩陈列展”，同时配合县经济建设和社会发展举办了多次陈列展。改革开放后，京山县博物馆从无到有，文博事业不断发展壮大，国家、省文物行政主管部门和地方财政先后投入近350万元新建了博物馆展室，重修了围墙，对文物库房、展室、内部设施、环境及安防设施进行了改造，达到国家三级风险等级标准。经过建设改造，京山博物馆基础设施明显改善，馆容馆貌有了变化，陈列面积有了增加，陈列水平显著提升，展览内容更为丰富，自身特色基本形成，文物保护取得了新的成果，博物馆事业有了新的发展，京山博物馆整体综合水平处于湖北省县级博物馆前列。

一、机构设置和行政管理工作

京山县博物馆行政上隶属于京山县文化体育和新闻出版局，内部设有办公室、陈列部、考古部、保卫科。现有在编在岗人员8人，聘用人员3人，共计11人。其中在编人员中高级职称1人，中级职称2人。为促进博物馆事业发展，京山县博物馆加强内部管理，狠抓队伍建设。实行一系列奖励措施，吸引人才，鼓励干部职工不断提高自身素质。

二、博物馆的建立与建设

1.博物馆主体工程建设

为加强全县文物保护工作，1982年7月京山县人民政府发文成立京山县博物馆，与文化馆合署办公，1983年初与文化馆分离，成为独立的文化二级单位，开始进行文物征集和实施全县文物保护工作。1987年7月博物馆主体工程开工建设，1988年9月京山博物馆主体工程完工。建成的京山博物馆为三层仿古建筑，总建筑面积1240平方米。主体工程完工后，又筹资对大门、场地、门面进行了配套建设，总投资近52万元。京山博物馆于1992年7月正式开馆。2008年，京山县人民政府为解决博物馆展陈面积不足的问题，安排资金100万元在博物馆院内新建陈列楼一栋，主体工程于2008年底开工建设，2009年6月主体工程完工，2009年底完成陈列楼整体装修，使京山博物馆陈列室面积由原来450平方米增加到790平方米。

2.博物馆围墙建设

京山博物馆建馆时,因资金制约,安全围墙采用钢筋水泥镂花垒砌,因易攀越对文物安全构成威胁,1996年,京山县政府投入20万元对博物馆围墙拆除重建。

3.文物库房及博物馆安防设施改造

京山博物馆文物库房狭小,安全防护设施及库房内部设施不能满足文物藏品保护需要,2002年,博物馆争取国家计委40万元文物库房改造资金,按照国家文物局、公安部关于博物馆风险等级规定要求对文物库房进行改造,使京山博物馆库房面积从原来的40平方米增加到80平方米,新添了库房通风除湿设备。为保证库房和展室陈列文物的安全,2003年至2004年在博物馆文物库房、展室安装复合报警监控设备,周边围墙装设电子监控,博物馆的文物收藏、文物展出符合国家规范要求。

4.建立多媒体音像室

为满足京山博物馆对外宣传和"张文秋生平业绩陈列展"需求,2004年,由省委书记俞正声、副省长蒋大国签发意见,省民政厅安排张文秋音像室专项资金14万元,2006年初博物馆多媒体音像室建成,实现了陈列内容、文物资料的全面展示。

5.对展室进行了升级改造

2003年至2006年,博物馆为改善展出环境,提升陈列水平,提高服务质量,由县政府拨款和博物馆自筹资金共25万元,对主楼一、二、三楼展室进行了重新装修,更新展览内容,优化展出环境,使陈列内容更为丰富。

三、文物普查

京山博物馆自1980年至2010年的16次文物普查及复查中,共查出不可移动文物731处,其中古遗址210处,古墓葬402处,古建筑51处,石窟寺及石刻48处,近现代重要史迹20处。新发现不可移动文物522处。

四、文物收藏

自1949年京山县人民文化馆成立,开始由董登贵同志负责收集保管文物。1958年由石龙章接手文物工作,征集到一批新石器时代石器、陶器及《七七》报等。1972年,京山文化馆从外地调范典照专管文物工作,广泛征集收藏了一批文物,并开始进行文物普查。1982年7月博物馆成立后,征集文物并进行系统的文物普查,抢救了一批流散在民间的珍贵文物。

京山博物馆现有馆藏文物1400多件,其中历史文物1300多件,革命文物100余件。2004年6月10日由湖北省文物鉴定委员会孙启康、张少山、刘彦等专家对馆藏6件一级文物进行了最后确认鉴定,并上报了国家文物局。2006年3月11日由孙启康、唐钢卯、朱军等专家从馆藏品中鉴定出二级文物19件(套),21件,三级文物84件(套),90件。

1.曾太师鼎:西周青铜礼器,坪坝镇罗新村苏家垄湾一农民耕地时发现,1973年征集入馆。通高14.2厘米,口径14.7厘米,重1千克。器物形制为两耳立于口沿上,腹较深,圜底。口沿下饰一周重环纹,腹部饰窃曲纹,有3个内平外圆的马蹄足。腹内铸有铭文:"曾太师旁樂與乍鼎。"2004年6月被湖北省文物鉴定委员会鉴定为一级文物。

2.云雷纹觚:商晚期青铜礼器,1973年坪坝镇团山镇一组出土。高23厘米,口径13.5厘米,足径8.1厘米,重0.85千克。器形较大,口外撇呈喇叭形,柄部凸起,并起两道衬棱,柄部和圈足均饰有乳钉纹、云雷纹。2006年3月11日被湖北省文物鉴定委员会鉴定为二级文物。

3.抗日时期新四军第五师布告:抗日战争时期。1988年罗店镇大力村刘港二组刘才高移交县博物馆。布告长54.3厘米，宽33厘米，纸质较薄呈浅黄色。文字为竖形版面，由右向左书写。版首书写“鄂豫皖军区暨新四军第五师佈告。”内容主要记述民国三十四年八月（1945年8月），日本宣布投降后，新四军五师对收复区施行军事管制，特发布告。落款为“司令员兼师长李先念，民国三十四年八月。”2004年6月10日，湖北省文物鉴定委员会鉴定为一级文物。

4. 抗日战争时期豫鄂边区建设银行边币印版。曹武镇龙泉村一组出土，1979年征集入馆。长40.8厘米，宽31.2厘米，厚7.1厘米，整个印版刻有六张边币图案，每张边币面额为100元，图案雕刻精细，字迹清晰，币面上方横刻“豫鄂边区建设银行”，中间有大写直书“壹佰圆”，下方横书“中华民国三十三年印”。该文物是1946年五师突围时，为减轻輜重，将其藏入堰塘。解放初期，当地农民在挖塘泥时挖出，后被征集入馆。该印版目前在我国仅存少量几件，属稀世珍品，它是研究我党抗日战争时期政治、经济的重要实物。2004年6月10日被湖北省文物鉴定委员会鉴定为一级文物。

5.龟钮四鹤镜：唐代青铜器。1980年孙桥镇安心村河湾出土。直径21.8厘米，重1.4千克。呈银白色，至今光亮照人。器形为八瓣葵花形，中有一龟形钮，主题花纹为四鹤，其神态各异，生动逼真。镜沿内侧有一周铭文：“伏龟飞鹤，隐间明照，同物永影，既摘宝奁，出往宫来，宫光洞开，所鉴俱廼，何须五台。”2006年3月11日被湖北省文物鉴定委员会鉴定为二级文物。

6.李清爵：明代青铜礼器。新市镇城区出土。通高18.6厘米，重0.65千克。双柱立于流尾之间，圆流尾，圜底，三个三角形足，足下外撇，兽头柄，流下铸有铭文：成化四年孟春吉日，京山县知县李清造。2006年3月11日被湖北省文物鉴定委员会鉴定为二级文物。

7.补服、披领：1993年新市镇文峰村二组柏林坟头墓葬出土，补服为圆领，对襟，袖子由袖身、综袖组成，袖子宽大，胸部有一方形补子图案，扣子五对。腋下处最窄，下摆最宽。左、右、后开裾。衣料为紫色团龙花丝绸，补子图案主体花纹为一展翅欲飞的孔雀图案，相间有万福、八宝图案。孔雀下饰平水江牙纹和立水江牙纹，补子图案边缘绣一窄条花卉图案。披领形似菱角，中部前端有一用于套入颈部的圆孔，宽边为白色织物，里边为两条金线所绣，间有蝙蝠法轮等八宝图案，主体纹饰为两条立龙纹，相间有平水江牙八宝纹图案，均用金钱所绣，面料为紫色绢织物，里料为白色织物。2006年3月11日被湖北省文物鉴定委员会鉴定为二级文物。

五、博物馆陈列

博物馆建成后，固定陈列有京山县历史文物展、京山县革命斗争史展、明代古尸展、张文秋生平业绩陈列展，至今已接待观众近15万人次。

京山县革命斗争史展：展出内容有大革命时期袁传鑑、张文秋、刘素珍、吕醇边在京山开展农民革命运动，使京山成为当时湖北地区农民运动发展最快的七个先进县之一；土地革命时期，贺龙领导红三军在京山开辟了襄北根据地，“打土豪、分田地”运动，成立了京山苏维埃政府；抗日战争时期，李先念、陶铸、陈少敏等同志在这里领导了豫鄂边区的抗日斗争，创建了新四军五师。展览图文并茂，实物丰富，有农民协会会员证、锚刀、梭标、鬼头刀、豫鄂边区建设银行钱币印版、边币、李先念签署的新四军五师布告、抗战标语、日军轰炸京山县城的炸弹、新四军使用的发报机零件、公文包以及七七报社的铅字、绑腿等。

张文秋生平业绩陈列展:张文秋同志是中国共产党的优秀党员，久经考验的忠诚的共产主义战士，中国妇女运动的先锋战士,是毛泽东主席的双儿女亲家,是从京山大地走出去的巾帼英雄。张文秋老人2002年7月11日逝世后,中共京山县委、京山县人民政府为缅怀老人的丰功伟绩，于2003年拨款18万元在京山博物馆建立“张文秋生平业绩陈列展”,展览共搜集183幅珍贵照片,制作展牌34块,展线共计长108米,展出遗物近百件,陈列于2003年底对外开放。为展示张文秋同志生前珍贵音像资料,2005年,省委书记俞正声、副省长蒋大国批转省民政厅安排资金14万元在京山博物馆建立张文秋生平业绩陈列展多媒体音像室,音像室于2006年初建成并接待观众。

京山县历史文物展主要展示京山悠久的文明史,陈列有屈家岭遗址出土的石器、陶器,西周青铜器,汉、唐、宋时期的铜镜,宋、明、清时期的瓷器等。

明代古尸展，展出的内容是1989年4月在石龙镇石龙村一组篡峰寺出土的一具完整的男尸及其精美的丝绸服饰、棺木、棺液和配制奇特的中草药等。

在办好基本陈列的同时,京山县博物馆还围绕经济和社会举办过各类展览，如雷锋事迹展、“两兰”事迹展、周恩来诞辰100周年图片展、禁毒展、建国五十周年成果展、纪念建党八十周年图片展等。京山县委授牌博物馆为“京山县党员教育基地”、京山县政府授牌博物馆为“京山县革命传统教育基地”、“京山县中小学德育教育基地”。

京山博物馆陈列注重充分发掘地方独特的历史文化、红色文化和人文资源,把屈家岭文化、绿林起义和忠诚的共产主义战士张文秋的生平业绩陈列打造成精品陈列,形成自身特色。

六、文物安全工作

京山县博物馆2004年被文物、公安部门公布为三级风险防范单位。多年以来,京山县博物馆将文物安全工作列为工作重点，采取各种措施强化安全工作。一是健全管理工作机制，不断强化安全责任。为此成立了文物安全工作领导小组，建立起完整严密的安全责任体系，建立健全了各项工作制度,确保安全管理有序进行,同时,加强职工安全教育，不断提职工的安全防范能力。二是从人防、技防两方面着手,全力加强安全保卫力量。在“人防”方面,主要是针对免费开放后人流量增加的问题,聘请了多名保安，夜间巡逻班实行双人双岗制,监控班24小时值班,做到严盯死守,保障馆区的安全;“技防”上,主要是积极筹措资金,更换监控设备,增强安防、消防设施。从2003年至今,京山博物馆向省文物局和县人民政府申请安防、消防专项资金更新了安防、消防设施,同时,将博物馆安防系统与“110”联网,确保紧急情况下与公安部门及时联系。经多方努力，京山县博物馆通过多次省、市级部门安全检查,做到了建馆以来馆藏文物安全无事故。

鄂 州

鄂州市博物馆

Ezhou Municipal Museum

馆　　长　胡莎可
地　　址　湖北省鄂州市武昌大道西段公园路7号
邮政编码　436000
电　　话　办公室:0711-3223467
预约参观:3223395
传　　真　0711-3223467
网　　址　www.ezbwg.com
电子邮箱　ezbwg@163.com
隶属关系　鄂州市文化体育局
性　　质　国有
建筑性质　现代建筑
建筑面积　总建筑面积2754平方米
展厅面积　723平方米
占地面积　9214平方米

馆址环境　坐落在西山风景区南麓,风景优美,是鄂州市园林单位,南距武昌大道约百米。

历史沿革

1953年,在西山建文物陈列室。

1959年7月, 在现锻压机床厂内的城隍庙筹建鄂城县地方博物馆。

1961年,博物馆建制被撤销,与图书馆一起并入文化馆, 1962年迁至西山古灵泉寺办公, 1975年古灵泉寺归西山园林管理处管理后, 博物馆搬到大西门广场文化站内办公。

1978年3月, 鄂城县革委会批准恢复鄂城县博物馆的建制。

1982年8月,在西山南麓兴建博物馆。

1983年8月,设立鄂州市(地级)。1984年2月,鄂城县博物馆更名为鄂州市博物馆。

1987年4月15日,陈列楼落成并正式对外开放。1994—2000年,引进日资,在陈列楼西侧修建张裕钊陵园。

2008年10月, 鄂州市博物馆新馆(三国吴都博物馆)在西山东麓(沿江大道与寒溪路交汇处)奠基,预计2011年底竣工。

开放时间　9:00—17:00(周一闭馆)

服务设施　停车场、休息室、文物复仿制品商店等。

交通状况　公交线路1、7、8、16路西山站下车往东,13、3路西山客运站下车往西。

概　况

鄂州市博物馆是国家二级博物馆、国家AA级旅游区(点),是鄂州市唯一的综合性博物馆, 一直承担着鄂州市文博事业的重点工作，在考古发掘、文物保护、文物收藏、展览陈列、科学研究、社会教育和文化产业发展等方面发挥着重要的作用。

自1953年创建西山文物陈列室以来，鄂州的文博事业发展大体上经历了三个阶段：第一阶段是1953—1958年的初创时期，无专人无经费，借用西山古灵泉寺一间约50平方米的厢房，创建西山文物陈列室，文物工作人员由文化馆的一名工作人员兼任；第二阶段是1959—1983年的高潮到低潮到再起步时期，1959年，在城隍庙成立鄂城县地志博物馆，文博事业呈发展之势。但好景不长，受三年自然灾害和十年“文化大革命”的影响，鄂州文博事业又行至低潮期：1961年，博物馆建制被撤销，业务工作并入文化馆（即三馆合一），文物工作又由一名文化馆人员兼管。“文革”后，文博事业才逐步复苏，1978年3月，鄂城县博物馆恢复建制，文博事业再次起步；第三阶段是1984年至今的稳步发展时期，博物馆认真履行职责，无论是在抢救、保护、研究和展示优秀文化遗产，传承和弘扬优秀民族传统以及开发利用我市丰富的文物资源方面，还是在普及科学知识、提高公民素质、发展中国特色社会主义先进文化以及对广大群众特别是青少年进行爱国主义、集体主义、社会主义思想和道德教育等方面，都发挥了独特的作用，取得了可喜的成绩，成为国家二级博物馆、国家AA级旅游区（点），被命名为湖北省爱国主义教育示范基地、湖北省科普基地、湖北省第二批国防教育基地和湖北省政府礼品定点生产单位，成为中国科技大学、北京科技大学和中国钱币学会的青铜范铸实验基地，被命名为鄂州市爱国主义教育基地、鄂州市青少年思想道德教育基地和鄂州市园林单位。

一、陈列展览

（一）基本陈列

现有“鄂州出土文物精品展”、“鄂州铜镜展”和“张裕钊生平及书法艺术展”。“鄂州出土文物精品展”从鄂州境内出土的历史文物中选取最能代表和反映鄂州人文明和智慧的特色精品文物200多件（套），以时间顺序与专题结合的体例，通过文物照片、资料图片、线图等展示手段，客观形象地揭示了鄂州悠久的历史和灿烂的文化。展览分为“时代久远的石器”、“精美别致的铜器”、“弥足珍贵的铁器”、“形态各异的青瓷器”、“独具特色的古铜镜”和“雍容华贵的金银器”等六个部分，突出展现了战国青铜器、六朝青瓷器和古铜镜三大地方特色。特色鲜明、内容丰富。

“鄂州铜镜展”以历代铜镜中的精品百余枚和采用古代工艺复原复制的铜镜以及体现工艺流程的模具等为信息载体，通过照片、资料图片、雕塑等展示手段，较为系统地展现鄂州铜镜的兴衰史以及铜镜传统工艺的传承与发展。

“张裕钊生平及书法艺术展”以编年与专题结合的体例，通过大量图片资料，辅以适当实物资料，配以宫灯、雕塑等艺术表现手段，展现了清末著名书法家张裕钊先生生平及其书法艺术形成、流传、发扬光大的过程，同时突出了中日睦邻友好的主题。

（二）临时展览

自1987年4月开放以来，鄂州市博物馆充分利用有限条件，每年都要举办1~5个临时展览，至2010年已推出各类临时展览87个，举办方式包括室内展出和室外巡展。其中“民族魂——中华传统美德展”、“鄂州人民抗日斗争史实展”、“邓小平与现代中国”、“长征精神永放光芒”、“弘扬延安精神争当时代先锋”、“鄂州市博物馆精粹巡礼”等深受观众欢迎。

（三）外展情况

1994年以来，先后有“明代夫妻古尸特展”、“吴王孙权都城出土文物展”、“三国六朝精品陶瓷展”、“吴王帝都出土文物展”赴省内黄州、随州、荆州博物馆和湖南岳阳君山、广西桂林靖江王陵博物馆、安徽安庆市博物馆、浙江东阳市博物馆、永康市博物馆展出。参加过国家博物馆“中国古代科技文物展”和“全国考古新发现精品展”，参与湖北省博物馆在法国举办的“龙之声——中国钟铃艺术展”，参加在武汉市博物馆举办的“8+1武汉城市圈文物精品展”和赴日本并在国内巡展的“大三国志展”等展览。

二、免费开放和社会服务

2004年5月1日，鄂州市博物馆对未成年人、现役军人等特殊群体实施免费开放。2008年，又对社会公众全面免费开放。为切实做好免费开放工作，鄂州市博物馆注重调研，认真学习借鉴湖北省博物馆等先期免费开放的成功经验，加强管理，强化服务，先后制定了《免费开放工作方案》及《免费参观须知》、《展室安全制度》、《突发事件应急预案》等规章制度；组织开展安全、接待及后勤人员业务培训。充分利用博物馆网站、报纸、电台、电视台等媒体，开展免费开放的宣传；对展厅进行装修，调整更新两个基本陈列，并丰富展陈内容，先后举办“鄂州文物工作成果展”、“人民总理周恩来”、“张裕钊弟子书法展”、“鄂州市文物普查成果汇报展”、“伟大的祖国　光辉的历程”、“民族魂——中华传统美德展”、“2010上海世博会——相约鄂州”和“鄂州市博物馆精粹巡礼”等8个临时展览；添置空调、电视，设置了休息区，为观众提供物品寄存、饮水、坐椅等服务；向观众免费发放《鄂州市博物馆简介》、《鄂州市博物馆馆藏文物精粹》等各类展览宣传彩页数万份。

为扩大宣传阵地，更好地为广大公众服务，鄂州市博物馆探索了一些丰富多彩的宣教方式，如不定期地将图片展送到广场、社区、学校、文化宫和小游园免费巡展；举办知识讲座、文物鉴赏咨询活动；和学校合作开展文化遗产进校园活动，和鄂州日报社合作开展小记者活动等，还先后主持或参与编撰了《历代名人在鄂州》、《鄂州文物概略》（鄂州文史资料第十五辑）、《鄂州名胜古迹鉴赏》、《鄂州旅游文化丛书——吴王城》、《鄂州旅游文化丛书——葛山》等宣传鄂州文化的书籍。先后协助中央电视台拍摄制作《王者之剑》、《复活的军团》、《孔方春秋》、《鄂州铜镜》、《鄂州秦剑》、《走遍中国》等专题片，配合重庆电视台等地方台拍摄制作《巴人之谜》等专题片，效果都很不错。

经过积极行动，精心实施，鄂州市博物馆免费开放和社会服务工作取得显著成效。据初步统计，2008—2010年室内外接待观众总量突破86万人次。2010年被国家文物局评为“文化遗产日组织奖先进集体”。

三、藏品管理和保护工作

鄂州市博物馆的藏品主要通过考古发掘、征集、捐赠、收购等途径取得，其中绝大多数是配合基本建设通过考古发掘出土的文物，其类别包括陶器、瓷器、铜器、铜镜、铁器、金器、银器、玉器、石器、图书、字画、纸币、玺印、漆木器、纺织品等，以陶瓷器和铜器为主。截至2010年12月，从新石器时代至民国各时期文物藏品总数为76858件，经国家和湖北省文物专家鉴定为国家珍贵文物的有4768件，包括一级文物79件，二级文物661件，三级文物4028件。藏品中以六朝青瓷器和青铜镜为特色，重要藏品有：三国青瓷仓廪院落、三国青瓷薰笼、三国青瓷带盖篮形器、三国青瓷蛙形水注、三国猫头鹰插座、三国釉陶佛像；三国黄武元年铜罐、三国将军孙鄰错金银铜弩机、三国环首铁刀、三国铁戟；三国吴童子史绰木牍；三国金鸳鸯、三国银唾盂；建安六年分段式重列神兽镜、建安十年重列神兽镜、黄初二年重列神兽镜、赤乌五年对置式神兽镜、东汉兽首镜、六朝四叶八凤镜；宋代白釉褐彩瓷梅瓶；中华民国临时大总统黎元洪签署的辛亥革命首功证书；中国工农红军新兵接洽红布标等等。

鄂州市博物馆建有专门的文物库房，配备相应的保护设施，按照《藏品管理办法》的各项规定对藏品管理。藏品按质地分类存放，现有一级库、六朝青瓷库、字画库、明清瓷器库、陶器库、铜器库和标本库。库房内配备了必要的温、湿度计和恒温计。凡是具有历史、艺术或科学价值的一、二、三级藏品，经湖北省级文物鉴定委员会专家组的严格鉴定，建立了珍贵文物藏品信息档案（包括纸质和电子文本），并运用藏品管理软件进行管理。藏品的保管工作做到制度健全、账目清楚、鉴定确切、编目详明。

为做好藏品的修复保护工作，鄂州市博物馆专门培训组建了文物修复队伍，2007年，取得了省文物局核定的可移动文物修复二级资质。通过传统技术和现代科技的综合应用，对一些破损藏品器物特别是青铜器修复保存。

按照《博物馆安全保卫规定》和二级风险等级安全防护规定要求，落实完善安全保卫制度，馆内设立安全保卫科，选配专职保卫干部，坚持24小时执勤。重点要害部位安装消防设备和安全防范电子监控系统。

四、考古发掘和文物保护

鄂州市的考古发掘工作始于1956年，基本上都是配合基本建设工程进行的。据不完全统计，鄂州市博物馆在本地发掘商、东周、汉、三国六朝、唐、宋、元、明等历代墓葬计千余座，其中以东周楚墓和三国六朝墓最具特色。另外还有古井百余口，发掘遗址数百平方米，出土文物6000余件。为鄂州的历史演变和经济社会发展研究提供了不可或缺的实物依据。

鄂州市博物馆分别于1983年、1989年、2001年和2009年参加或主持了四次文物普查和复查工作。编制资料向各级人民政府申报文物保护单位。到目前为止，鄂州市已公布有121处文物保护单位，包括全国重点文物保护单位2处、省级17处、市级102处。同时，还组织了怡亭铭摩崖石刻、观音阁、庾亮楼、四眼井、文星塔等地上文物保护单位的维修、保护、开发和利用工作，目前，鄂州市博物馆直管2处国保单位和2处省保单位。

五、科学研究和产业发展情况

鄂州市博物馆现聘有专业技术人员35人，其中副研究馆员5人，馆员20人。1996年，为弘扬发掘鄂州悠久的青铜传统文化，成立鄂州市博物馆文物复原复制研究所，复原复制古代青铜器，并进行青铜铸造工艺研究。1999年，依托文物复原复制研究所，成立了鄂州市青铜范铸研究会。

鄂州市博物馆认真履行科学研究职责，积极开展文博专业理论研究。先后主持和参加编写了10部专著，现已出版《鄂城汉三国六朝铜镜》、《中国古代铜镜工艺技术研究》、《鄂州铜镜》、《范铸青铜》、《鄂州大学学报增刊》（青铜范铸研究会论文集）等青铜器铸造和铜镜研究专著（集）；参加编写了《鄂州文物志》和《鄂州六朝墓》等。在各类专业报刊上发表学术论文、考古发掘简报（报告）等近200篇。

作为中科大、北科大、中国钱币学会的

青铜范铸实验基地，鄂州市博物馆每年都要接待近百人次国内外专家学者来考察交流，先后多次与中科大、北科大、北京大学、中国钱币博物馆、中国钱币学会、湖北省考古研究所、湖北省钱币学会等科研院所合作，开展有关金属铸造模拟实验和研究项目，取得了显著的成果。先后主办和协办了3次全国性的项目鉴定和学术研讨会，主办了3次青铜范铸研讨会；约有30多人次专业人员参加国际、国内学术研讨会，交流论文30余篇。

20世纪90年代开始，鄂州市博物馆在发展文博产业方面作了积极探索并已取得显著成效。1996年鄂州市博物馆引进人才成立了文物复原复制研究所，开展古代青铜镜、青铜剑等青铜器复制产品研制生产和青铜铸造研究工作，开发了铜镜、礼器、兵器和钱币等四大类近百种青铜复仿制品，其中开发出古铜镜复制产品40多个品种，并获得2项专利。1999年，研究所承担的省级重点科研项目——“青铜镜的范铸技术及其透光技术”。通过技术鉴定，全国范铸和青铜专家鉴定认为，该所研制生产的青铜镜及其透光技术处于国内同行业领先水平。目前，该研究所已发展到职工21人，厂房面积400平方米，年生产铜器复仿制产品1000余件，完成生产产值120万元，实现销售收入100万元，是湖北省人民政府“礼品定点生产单位”，产品在全国、全省旅游商品大赛中屡获大奖，畅销海内外。

六、博物馆建设

1982—1987年，中央、省、市先后拨款60万元，在西山风景区内建成占地面积约7300平方米的馆区；1994—2001年，引进日资1500万日元，由市文化(体)局牵头，市博物馆组织实施修建了张裕钊陵园，将博物馆馆区面积扩展到近一万平方米，同时对馆区环境不断进行优化和美化，使博物馆于2003年被评定为“国家AA级旅游景区(点)”。

鄂州市博物馆的基础设施已远远不能满足现实需要，经多年努力争取，市政府决定在西山东麓兴建新博物馆（三国吴都博物馆）。目前，新博物馆的建设工作正在紧锣密鼓地进行中，预计2011年底竣工。正在建设的鄂州市博物馆新馆（三国吴都博物馆）位于沿江大道与寒溪路交汇处，总占地面积30000平方米，总建筑面积2万平方米，主体建筑包括主陈列楼和综合楼。其中展厅面积约8000平方米，计划设置五个基本陈列馆和一个临时陈列馆，即“鄂楚文化馆”、“三国吴都文化馆”、“民俗文化馆”、“铜镜文化馆”、“历代名人与鄂州”、“书画艺术馆”(临时馆)。库房面积约2600平方米。总投资约1.2亿元。

七、机构设置和行政管理工作

鄂州市博物馆隶属于鄂州市文体局，是全额拨款事业单位。现有办公室、保卫科、文物考古队、陈列保管修复部、地上文物保护部、怡亭铭观音阁庾亮楼管理处、文物复原复制研究所、吴都古肆文博物业管理中心等10个部门。鄂州市博物馆有党支部、工会等基层组织。

现有在职在岗员工52人，其中正式在编人员22人(暂空5个编制)，编外职工30人。大专以上学历30人，副研究馆员5人，中级职称22人。在队伍建设方面，加强对在岗职工的培训，提高员工的素质，以适应现代化博物馆发展的要求。

为进一步加强规范化管理，2002年，鄂州市博物馆，先后制定出各项规章制度数十项，以制度管人，以制度管事，使各项管理工作制度化、规范化，为确保各项工作的顺利进行提供了基本保障。

行政管理方面，先后制定了《鄂州市博物馆各部门工作职责》、《鄂州市博物馆工作制度》、《鄂州市博物馆学习制度》、《鄂州市博物馆会议制度》、《鄂州市博物馆考勤制度》、《鄂州市博物馆请假制度》、《鄂州市博物馆休假制度》、《鄂州市博物馆计划生育制度》、《鄂州市博物馆紧急或重要任务下达督办检查验收制度》等。

财务方面，先后制定了《鄂州市博物馆财务管理制度》、《鄂州市博物馆汽车管理制度》、《鄂州市博物馆用电管理制度》、《鄂州市博物馆工资奖金分配制度》、《鄂州市博物馆公物管理制度》、《鄂州市博物馆奖惩制度》等。

安全保卫方面，制定了《鄂州市博物馆值班制度》、《鄂州市博物馆安全保卫制度》、《鄂州市博物馆门卫制度》、《鄂州市博物馆文物库房安全制度》、《鄂州市博物馆展室安全制度》、《鄂州市博物馆安定团结制度》、《鄂州市博物馆盗情应急方案》、《鄂州市博物馆火情应急方案》等。

社教、开放和文物保管方面，制定了《鄂州市博物馆免费开放工作方案》、《观众参观须知》、《鄂州市博物馆免费开放工作制度》、《鄂州市博物馆文物库房管理制度》等。

黄冈

黄冈市分述篇

黄冈市的博物馆事业起步于20世纪50年代，文物工作主要由挂靠的“文物组”承担。1958年，浠水县博物馆成立。同年，红安县革命博物馆成立。1976年11月，黄冈地区文史组更名为黄冈地区博物馆。进入80年代后，黄冈市各县相继成立博物馆（文管所），博物馆事业逐渐发展壮大。

截至2010年底，黄冈市各级、各类博物馆、纪念馆已达24座，分别为：黄冈市博物馆、黄冈市民俗博物馆、团风县革命烈士纪念馆、黄州区博物馆、黄州区李四光纪念馆、陈潭秋故居纪念馆、浠水县博物馆、浠水县闻一多纪念馆、浠水县大别山民俗博物馆、罗田县博物馆、英山县博物馆、蕲春县博物馆、蕲春县李时珍纪念馆、黄梅县博物馆、武穴市博物馆、红安县革命博物馆、红安黄麻起义和鄂豫皖苏区革命历史纪念馆、黄麻起义和鄂豫皖苏区革命烈士纪念馆、李先念纪念馆、黄麻起义博物馆、七里坪革命博物馆、董必武故居纪念馆、麻城市博物馆、麻城市乘马会馆纪念馆。

【博物馆管理】 长期以来，黄冈市各级文物行政部门和各博物馆（纪念馆），严格执行《中华人民共和国文物保护法》、《博物馆工作条例》、《博物馆管理办法》、《博物馆安全保卫工作规定》等法律规章，博物馆事业从无到有，健康发展。特别是改革开放以来，各博物馆（纪念馆）解放思想，锐意进取，扎实工作，规范管理，积极探索公共博物馆在新形势下发展的新路子和管理的新方法。加强博物馆陈列展览、宣传讲解、藏品管理、安全保卫等全方位研究，并强化基础性设施建设工作，增加陈列展厅，增加保安人员，为博物馆在新形势下的蓬勃发展奠定了基础。

【博物馆免费开放】 2008年，中宣部发出[2008]2号“关于全国博物馆、纪念馆免费开放的通知”。黄冈各地积极贯彻落实中宣部通知精神，顾全大局，克服困难，强化免费开放的各项基础性工作，全市博物馆（纪念馆）免费开放工作扎实推进、稳步开展。截至2010年底，黄冈23座博物馆（纪念馆）全部实行免费开放，开放率达到100%。同时，各博物馆陈列展览、藏品管理、科学研究、安全保卫等工作也有显著提升，博物馆的社会影响力大大增强，博物馆免费开放成为了全市文化惠民的品牌工程，产生了良好的社会效益，更多的公众走进博物馆，博物馆事业呈现蓬勃发展的良好局面，社会反响强烈。

据2010底统计，黄冈全市博物馆全年观众量达到221.54万人次。与免费开放前相比，这些观众中散客数量大幅度增加，与团体观众各占五成；从年龄结构上看，大批青少年观众自觉走进博物馆，老年观众数量也在持续上升。数据表明，免费开放激发了广大观众对博物馆文化的热爱之情，越来越多的人主动走进博物馆、纪念馆，重温历史，触摸文化，开阔眼界，丰富内心。"免费开放"这项惠民工程获得了百姓的认可和赞誉。

【陈列展览】 陈列展览是博物馆进行社会教育、传播信息和为科学研究提供参考服务的主要形式，也是博物馆为社会提供的特殊精神文化产品。黄冈市各地博物馆与时俱进，努力提升陈列展览水平，倾力打造陈列展览的文化品牌。近几年，全市各地博物馆、纪念馆举办陈列展览120余个，其中，基本陈列48个，临时陈列72个。具有代表性的重要展览包括：市博物馆"黄冈市地区出土历史文物展"、"黄冈市革命文物展"、"东坡遗韵"全国知名书画家作品展、"纪念改革开放三十年成果"，市民俗博物馆"黄冈建市十周年成就展"，黄州区"民族魂——公民道德教育图片展"，李四光纪念馆"李四光生平展"，武穴市"爱我中华青少年思想道德专题教育展"，浠水县博物馆"浠水革命史"、"浠水县第三次全国文物普查成果展"，李时珍纪念馆"李时珍珍贵药具图片展"，蕲春县博物馆"皇族遗风——荆王府出土文物专题陈列"，黄梅县博物馆"黄梅挑花文化展"，罗田博物馆"刘邓大军挺进大别山展"，麻城市博物馆"麻城革命斗争史陈列"、"麻城籍将军事迹展"，闻一多纪念馆"闻一多生平事迹简史"等，这些展览内容丰富、形式多样，满足了不同层次观众的需要。

【展示宣传和社会服务】 黄冈市各地博物馆一直重视展示宣传和社会服务工作。近几年，各地博物馆结合"国际博物馆日"、"中国文化遗产日"等活动，多层次、多渠道地向社会宣传展示，做了大量工作。2009年底刚结束的第三次全国文物普查田野调查工作中，黄冈市各地成效显著，硕果累累。为此，黄冈市各地博物馆及时制作文物普查成果流动展览，在博物馆、广场、街道、社区、学校、乡镇巡回展出。截至2010年12月，全市共向社会推出宣传普查成果的展览计10个，推出展牌246个，照片968张，展出100余场次，收到较好的宣传效果。

【藏品管理和保护】 博物馆藏品是国家宝贵的科学、文化财富，是博物馆业务活动的物质基础，对其进行科学管理和利用，是博物馆的重要职能。黄冈市各地博物馆的文物来源主要依靠考古发掘、征集、上缴(交)、捐赠、收购等途径取得。现有的文物藏品中，绝大多数为考古发掘的出土文物。总体上可分为为传世文物、出土文物和革命文物以及工艺品四大类，其类别有石器、陶瓷器、铜器、铁器、木雕、石雕、石刻、金银器、玉器、字画、古书、钱币等，总计14万余件，其中三级以上珍贵文物1747件(套)。

2005年，黄冈市博物馆在湖北省文物局统一部署下，开展"文物调查及数据库管理系统建设"工作。2006年，黄冈市博物馆作为湖北省的试点市，在全省率先完成了馆藏三级以上(含三级)珍贵文物信息采集工作，文物档案管理及信息化建设水平得到较大提升。2010年，黄冈市博物馆开展馆藏一般文物信息采集工作，按照《湖北省"文物调查及数据库管理系统建设"项目馆藏一般文物信息采集工作方案》要求，开展馆藏一般文物信息采集工作，以进一步完善全市馆藏文物数据库管理，使藏品管理更加规范化、科学化。

对文物藏品实施科技保护，是全面落实科学发展观，推进文化遗产保护事业科学、和谐发展的重要方面。为此，黄冈市各地积极编制文物藏品科技保护方案，先后向湖北省文物局呈报了《黄冈市博物馆纸质革命文物保护修复方案》、《黄冈市博物馆馆藏青铜器保护修复方案》、《武穴市博物馆馆藏青铜器保护修复方案》、《浠水县博物馆馆藏古籍保护方案》等，争取利用生物、化学等新科技手段对珍贵文物实施科学保护，确保文物安全。

黄冈市各地博物馆均建有专门的文物库房和配备相应的保护设施，严格按照《藏品管理办法》的各项规定进行管理。每件文物均建立文物藏品建档备案和电子文本；藏品的保管工作做到制度健全、账目清楚、鉴定确切、编目详明；运用传统方法对一些破损藏品器物进行修复保存；库房内配备必要安全防火器材；严格按照《博物馆安全保卫规定》和二级风险等级安全防护规定要求，馆内设立安全保卫部，选配专职保卫干部，重点要害部位安装技术安防设备和综合报警监控系统设施，配备专职保卫人员坚持24小时值班，落实完善了各项安全保卫制度。

【博物馆建设】 改革开放后，黄冈各地纷纷开展博物馆基础建设，先后建有黄冈市博物馆和十个县（市）博物馆、纪念馆计13座馆舍。虽然这些博物馆大都规模较小，功能落后，但在改革开放初期承担了当地文物保护和展示宣传工作，为黄冈的精神文明、政治文明和物质文明建设发挥了应有作用。

进入21世纪，我国社会发展步入快车道。2008年免费开放的实施，博物馆事业迎来了第二次春天，大批县级博物馆重新走上健康发展的轨道。各博物馆纷纷加强硬件建设，一是改（扩）建一批陈列展览厅，二是改（扩）建一批文物库房，三是按照国家文物局、公安部颁布的《文物系统博物馆风险等级和安全防护级别的规定》，建设一批与本馆风险等级相适应的安全和消防系统，黄冈市各地博物馆事业发展上了一个新台阶。

与此同时，黄冈各地博物馆新一轮工程建设已经启动，一批新馆已经或者即将建成。黄冈市博物馆新馆建设自立项以来，一直受到市委、市政府领导的重视和关注，成为黄冈市“十一五”期间五大社会发展项目之一，目前主体建筑已竣工，进入陈展制作阶段。2008年，麻城市纪念馆、武穴市博物馆、黄州区李四光纪念馆、蕲春县博物馆、红安鄂豫皖革命历史博物馆等一批新馆陆续建成开放，并每年以80余万人次的观众量，接待着全国各地的游客。浠水县博物馆3万平方米用地已经划定，即将开工动土，团风、英山、罗田、陈潭秋故居纪念馆等新馆正在建设或规划中。

【人才培养、学术研究】 人才队伍建设是博物馆事业发展的重要基础。黄冈市各地博物馆始终把人才队伍建设当作一项长期的、艰巨的、系统的基础工作，重点对业务人员进行全方位、多层次培训，以提高服务能力，增强服务意识，规范服务行为，以推动博物馆事业可持续发展。

黄冈市博物馆根据业务人员素质情况，结合本馆事业发展需要，进行有计划的培训。2009年，先后进行了讲解员讲解培训、礼仪培训、博物馆学、考古学、文物学、陈列艺术、心理学等专业知识培训，不仅提高了业务人员整体素质，还在全市博物馆系统中发挥了示范引领作用，推动了全市博物馆系统人才队伍的培训工作。

近年来，全市各地博物馆积极参加黄冈市文化局举办的“文物调查及数据库管理系统建设培训班”、“第三次全国文物普查培训班”、“博物馆、纪念馆讲解员培训班”，工作水平和人员素质迅速提高。

科学研究是文博单位的重要职能之一，

科研水平的高低，是衡量一座博物馆或纪念馆综合素质的重要标准。

黄冈市文博系统干部考古调查、发掘，为学术研究提供了实物资料。1998年以来，黄冈市博物馆出版了《鄂东考古发现与研究》、《罗州城与汉墓》、《蕲春罗州城》和《探究与发现》等四部考古专著与论文集。罗田县博物馆编写了《罗田县志·文物篇》、《中国博物馆年鉴·罗田县博物馆》、《黄冈抗日史料·罗田篇》。浠水县博物馆出版了《元明清名人书画选——浠水县博物馆收藏》、《浠水考古发现与研究》等。

黄冈市博物馆

Huanggang Municipal Museum

馆　　长　肖德梅
地　　址　湖北省黄冈市公园路7号
邮政编码　438000
联系电话　0713-8354810
电子信箱　hgbwg@163.com
隶属关系　黄冈市文化局
性　　质　国有
建筑性质　现代仿古建筑
建筑面积　2900平方米
展厅面积　1100平方米
占地面积　14000平方米

馆址环境　坐落在黄冈市公园路，西临东坡赤壁风景区，东南接黄冈市公安局黄州分局。

历史沿革　1953年，湖北省在黄冈专署设立文史工作组，受湖北省文史组和黄冈专署双重领导。1957年，湖北省文史组黄冈工作组改名为黄冈专署文物工作组。1976年11月，黄冈地区博物馆正式成立，同时撤消黄冈地区文史组。1982年，与原黄冈地区农业展览馆合并，搬迁到原黄冈地区农业展览馆。同年，博物馆正式开放。1996年5月，黄冈改地为市，黄冈地区博物馆更名为黄冈市博物馆。

开放时间　8:00—17:00(周一闭馆)

服务设施　停车场、物品寄存、休息区、无障碍参观服务设施等。

交通状况　黄冈市内公交线路1、8路到黄州商场附一超市下车往北500米。

概　况

黄冈市博物馆是一座综合性博物馆，一直承担着黄冈地区境内的文博业务指导工作，在文物收藏保护、展览陈列、科学研究、社会教育等方面发挥着重要的作用。

其前身为“黄冈专区农业展览馆”，于1957年兴建，占地面积14000平方米，建筑面积2900平方米；馆藏文物18540余件，其中一级文物19件，二级文物19件，三级文物144件；设有办公室、考古部、陈列部、安全保卫部、文物征集办，核定人员编制数22人。现馆址为四合院结构，对外开放的为东、西两个展厅，2008年正式对外免费开放。

在国家文物局、湖北省文物局及黄冈市委、市政府的关心与支持下，黄冈市博物馆新馆于2009年正式动工，新馆位于黄冈市东方广场西侧，占地面积2.6万平方米，投资概算7000万元，已于2010年11月28日完成主体建筑工程，目前进入陈列制展阶段。

一、机构设置与人员情况

黄冈市博物馆隶属于黄冈市文化局，属国家全额拨款的事业单位。现设有办公室、考古部、陈列部、安全保卫部、文物征集办，核定人员编制数22人。

全馆现有专业技术人员20人，具有正高职称1人，副高职称5人，中级职称8人，初级职称4人，技术工2人；其中馆长1名、副馆长2名，办公室7人（含资料室1人），考古部2人，陈列部4人，文保部2人，新馆建设办公室2人。其中大学本科2人，大专学历13人。年龄结构分布为50岁以上4人，40岁至50岁9人，30岁至40岁6人，20岁至30岁1人。

二、展览陈列

基本陈列

1982年至2000年，黄冈市博物馆的基本陈列有“黄冈市地区出土历史文物展”、“黄冈市革命文物展”、“古今名人字画展”和“‘东坡遗韵’全国知名书画家作品展”等。

2008年，为贯彻国家文物局国有博物馆、纪念馆免费开放的精神，黄冈市博物馆利用免费开放专项经费，对展厅进行了重修装修与布展，现有“黄冈市市历史出土文物展”和“纪念改革开放三十年成果展”两个基本陈列，每年接待观众12万余人次。

“黄冈市历史出土文物展”展出了从旧石器时代至民国时期的化石、石器、青铜器、陶器、瓷器等类别的藏品，共计80余件，反映了“吴头楚尾”的文化面貌和特征。

“纪念改革开放三十年成果展”共分为“全面准确学习领会党的十七大精神”、“改革开放30年的光辉历程　宝贵经验”、“伟大成就　丰硕成果”、“黄冈市市改革开放成果”等四大部分。

专题陈列

2000年后，因馆舍年久失修，屋面漏雨日趋严重，石膏天花板脱落，室内潮湿，继续陈列不利于文物和人员安全，阵地陈列被迫停办。阵地展览停止后，陈列部结合每年工作举办各种流动展览，在黄冈市城乡巡回展出，如“一代伟人毛泽东”、“楚天风云百年”、“北京故宫·清代帝后生活用品展览”、“纪念建党八十周年”、“拒绝邪教　崇尚科学”、“纪念邓小平诞辰一百周年”、“雷锋精神永恒”、“远离网吧”、“第二次国共合作图片展”、“纪念抗日战争胜利六十周年”、“远离毒品”和“百年奥运图片展”等。

三、科学研究

黄冈市博物馆的考古工作者除了及时完成调查、发掘报告外，还在国家、省级专业刊物上发表各类学术论文。1998年以来，黄冈市博物馆出版了《鄂东考古发现与研究》、《罗州城与汉墓》、《蕲春罗州城》和《探究与发现》等四部考古专著与论文集。

四、社教、开放工作

黄冈市博物馆于2008年启动免费开放工作。围绕免费开放，做了大量的工作。制定切实可行的管理制度，如工作人员常规性职责，安全责任管理制度，免费开放门票操作规定，观众须知，免费开放时间通知，保安工作规定，保安服务守则，并严格按照规定每周二至周日全天开放，达到每天9小时，每周六天，每年300天的开馆要求，并制作了台账，对每天观众流量进行了登记。

免费开放后，观众流量不断上升，至2010年底，年接待观众量近十万余人次，与免费开放之前相比提高了70%。

为更好地为社会服务，黄冈市博物馆积极开展大、中、小学校外教育活动，目前已与城区30所大、中、小学及职业、技术学校签订“爱国主义教育基地”协议。

黄冈市博物馆还结合“国际博物馆日”、“中国文化遗产日”等活动，多层次、多渠道地开展社会教育、社会服务、宣传展示。2009年底，全国田野调查工作结束。在这次普查中，黄冈市成效显著。为此，黄冈市博物馆及时制作文物普查成果流动展览，在博物馆广场、街道、社区、学校、乡镇巡回展出。截至2010年12月，共向社会推出宣传普查成果的展览3个，推出展牌60块，照片400张，展出20余场次，收到较好的宣传效果。

五、文物保护保管工作

黄冈市博物馆的文物来源主要依靠考古发掘、征集、上缴（交）、捐赠、收购等途径取得。现有的文物藏品中，绝大多数为考古发掘的出土文物。黄冈市博物馆文物藏品分为传世文物、出土文物和革命文物以及工艺品四大类。其类别有石器、陶瓷器、铜器、铁器、木雕、石雕、石刻、金银器、玉器、字画、古书、钱币等。

黄冈市博物馆藏品丰富，其中重要藏品有考古研究价值极高的出土文物，也有工艺精湛的传世珍品。青铜器中，东汉三翼龙座柄铜九连灯出土于黄州禹王城内，明嘉靖款娇黄釉波涛隐纹盖罐、春秋许公买铜簠、东汉鸟钮盖“五铢”铭三足园石砚等都是研究古代黄州城市历史发展的重要实物资料。

2005年，黄冈市博物馆在湖北省文物局统一部署下，开展“文物调查及数据库管理系统建设”工作。2006年，黄冈市博物馆作为湖北省的试点市，在全省率先完成了馆藏三级以上（含三级）珍贵文物信息采集工作，文物档案管理及信息化建设水平得到较大提升。2010年，黄冈市博物馆开展馆藏一般文物信息采集工作，按照《湖北省“文物调查及数据库管理系统建设”项目馆藏一般文物信息采集工作方案》要求，开展馆藏一般文物信息采集工作，以进一步完善全市馆藏文物数据库管理，使藏品管理更加规范化、科学化。

黄冈市博物馆建有专门的文物库房和配备相应的保护设施，建立文物藏品建档备案和电子文本；藏品的保管工作做到制度健全、账目清楚、鉴定确切、编目详明；运用传统方法对一些破损藏品器物进行修复保存；库房内配备必要安全防火器材；馆内设立安全保卫部，选配专职保卫干部，落实各项安全保卫制度。

六、博物馆建设

黄冈市博物馆新馆建设是黄冈市“十一五”期间五大社会发展项目之一。自立项以来，一直受到市委、市政府领导的重视和关注。

黄冈市博物馆新馆位于黄冈市东方广场西侧，建设用地26700平方米。总投资概算7000万元。主楼面积1.2万平方米。主楼为四层，层高3.2米，由陈列展区、藏品库区、技术和学术研究区、办公区及观众服务区等组成。基本格局一层为文物库房、办公区及设备控制室等；二层为正厅，主要展示内容为黄冈通史；三层主要展示内容为红色革命史；四层为综合陈列展示。新馆计划建设期为三年，2009年8月28日奠基，2010年11月28日封顶，目前已进入装修陈列布展阶段。建成后，区域服务人口达300万。

加强人才队伍建设，黄冈市博物馆采取“走出去、请进来”的方法，从外请专家来馆讲课培训，进行普通话培训和专业知识培训，规范讲解词，并积极参加省文物局组织的各类讲解员培训班和比赛，提高服务质量，以更好服务于广大市民；并从黄冈师范学院、鄂东职院等大中专院的百余名应征者中聘请高素质、有敬业精神的志愿者3名，充实博物馆讲解员队伍。

黄州区博物馆

Huangzhou District Museum

馆　　长　孙在本
地　　址　湖北省黄冈市体育路21号
邮政编码　438000
联系电话　0713-8357540
电子信箱　bwg8888@sina.com
隶属关系　黄冈区文化局
性　　质　国有
建筑性质　现代建筑
建筑面积　3700平方米
展厅面积　1100平方米
占地面积　7700平方米

馆址环境　黄州区博物馆位于黄州历史文化名城、驰名中外的东坡赤壁风景区东侧,风景优美的龙王山南麓,北依龙王山庄,南临黄州体育馆。

历史沿革　建制之初,黄冈县文物工作由黄冈县文物管理所管理。1985年，经黄冈县人民政府批复将“黄冈县文物管理所”改名为“黄冈县博物馆”,隶属黄冈县文化局。1990年,撤黄冈县,改为黄州市。1997年黄冈县博物馆更名为黄州区博物馆。1995年,经国务院批准,撤销黄冈地区和黄州市,设立地级黄冈市。1997年经黄冈市黄州区机构编制委员会批准，黄州市博物馆改名为黄冈市黄州区博物馆。

开放时间　8:00—17:00(周一闭馆)

服务设施　停车场、物品寄存、休息区、无障碍参观服务设施等。

交通状况　黄冈市内公交线路2、6路到涵晖路黄冈市检察院下车往西500米。

概　况

由于历史原因,黄州区博物馆、黄冈市李四光博物馆合署办公。黄州区博物馆是一座综合性博物馆，承担着黄州区域内的文物保护和陈列宣传工作,在文物保护、展览陈列、社会教育等方面发挥着重要的作用。黄州区博物馆于1985年建馆,占地7700平方米,建筑面积3700平方米。建馆20余年来,博物馆先后举办、引进、各类展览120余次,接待观众达150万余人次。2006年,黄州区博物馆(黄冈市李四光纪念馆)全面实施了馆舍维修改造和展览更新工程。黄州区博物馆的展出的藏品主要通过征集、考古发掘、上缴(交)、捐赠、收购等途径取得。现有的文物藏品中，绝大多数为考古发掘的出土文物，以东周时期的铜器和陶器为主。藏品分为传世文物、出土文物和革命文物三大类,有石器、陶瓷品、铜器、铁器、木雕、石雕、石刻、金银器、玉器、字画、古书、钱币等。截至目前,从新石器时代至现代各时期文物藏品总数为2766件,其中国家一级文物2件,二级文物6件,三级文物72件。重要的藏品有:明代官窑黄釉瓷罐,东周铭文铜钢,战国彩绘漆盒等。

馆址为现代建筑,馆舍一楼、二楼为纪念李四光先生专题展览区域，三楼为黄州区博物馆展览区域。2008年正式对外免费开放。

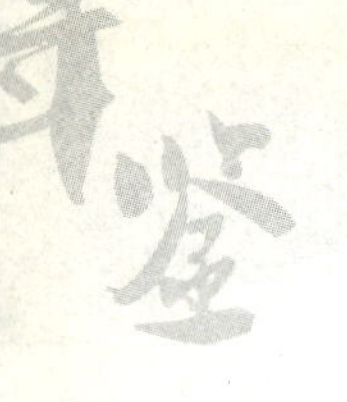

一、机构设置与人员情况

黄州区博物馆隶属于黄冈区文化局，属国家全额拨款的事业单位。现设有办公室、考古部、陈列部、安全保卫部，核定人员编制数29人。

全馆现有文博专业技术人员24人。具副高职称1人，中级职称5人，初级职称15人，技术工3人；馆长1名、副馆长2名，办公室7人，考古部3人，陈列部6人，文保部3人。大学本科2人，大专学历18人。年龄结构分布为50岁以上2人，40岁至50岁6人，30岁至40岁14人。

二、展览陈列

基本陈列

黄州区博物馆于1990年起，在馆内设有“黄州龙王山出土战国墓展览”。陈列展出文物包括战国时期的青铜器、铜剑、棺、椁等百余件，内容以黄州龙王山出土战国文物为主。陈列以黄州本地出土的珍贵棺、椁实物为信息载体，较为系统地展现了战国时期黄州墓葬情况。展陈采用全开放落地式展出，安装了报警器，配有专职讲解员。该展览共展出10年，后因安全隐患撤展。

1994年，引进固定陈列“恐龙展”。陈列一副完整的白垩纪食草恐龙骨架化石。该骨架高5米，长7米，再现了食草恐龙的完整形态。

2003年，制作展出“历史文化名城黄州展”、“黄冈名人图片展”。“历史文化名城黄州展”展出黄州出土的各种文物，包括旧、新石器的器具、战国时期的青铜器、修复文物等近200余件文物、图片，以历史发展为线索，真实再现了古黄州灿烂的历史文明。后因保障文物安全等原因关闭撤展。“黄冈名人图片展”以黄州历代名人生存的年代为主线，采取大量的图片、文字说明，生动再现了黄州作为文化历史名城的光辉历史。陈列以围绕馆内二楼墙面悬挂图片为展陈形式。

2004年制作并展出“鄂东将军展”。鄂东地区在大革命时期涌现出了百名将军，黄冈市红安县、麻城县是有名的将军县。“鄂东将军展”以照片、文字的形式，展出了近百名黄冈籍将军的生平事迹。陈列以围绕馆内三楼墙面悬挂图片为展陈形式。

专题陈列

从1985年建馆至今，先后举办过近百次各种临时的专题展览。1989年，“黄冈县四十年建设成就展览”，1990年“江苏省江阴市明代古尸展览”，1991年“林则徐禁烟与鸦片战争展览”，1994年“中国古代科技成就与中国近代史”，2002年“民族魂——公民道德教育图片展”等。2008年，纪念“5·18”国际博物馆日举办的大型文物图片展，在黄州各中小学校、企事业单位、部队等进行巡回展出，5000多人次参观展览。

三、科学研究

黄州区博物馆馆长董子儒（已退休）撰写的论文《赤壁之战与黄冈地理、文物》被省人事厅、科委、科协三家联合评为“优秀论文奖”。

四、社教、开放工作

黄州区博物馆于2008年启动免费开放工作。围绕免费开放，制定切实可行的管理制度，规范管理运行。结合本馆实际情况，制订了免费开放的各项规章制度，如工作人员工作职责，安全责任管理制度，免费开放参观须知，讲解员工作流程，保安工作条例等规定，并严格按照规定每周二至周日全天开放，每天9小时，每周6天，每年312天的开馆要求，并制作台账，对每天观众流量进行了登记。

2006年，经国务院温家宝总理亲自批示，黄州区博物馆（黄冈市李四光纪念馆）共投入近百万元，全面实施了馆舍维修改造和展览更新工程。改造后的博物馆整体形象焕然一新。结合文物保护、文物知识普及的宣传工作重点，制作了符合广大人民群众的文化需求、符合青少年审美水平的专题展览，提升了博物馆的陈列档次。

加强人才队伍建设。黄州区博物馆采取“走出去”的方法，积极参加各种专业培训活动，规范讲解词，积极参加省、市文化部门组织的各类讲解员培训班和比赛，提高服务质量，以更好服务于广大市民；并从黄冈师范学院、鄂东职院等大中专院的应征者中聘请高素质、有敬业精神的志愿者2名，充实黄州区博物馆讲解员队伍。

黄州区博物馆免费开放后，观众流量不断上升，至2010年底，年接待观众量近30余万人次，与免费开放之前相比提高了85%。

为了更好地服务于广大人民群众，黄州区博物馆积极开展各种宣传活动，如结合“国际博物馆日”、“中国文化遗产日”等节日大力开展主办、协办多种专题展览和各种文化活动，深入部队、学校、社区、企事业单位开展各项专题宣传等活动，取得了良好的社会效益。

五、文物保护保管工作

黄州区博物馆的展出的藏品主要通过征集、考古发掘、上缴（交）、捐赠、收购等途径取得。现有的文物藏品中，绝大多数为考古发掘的出土文物，以东周时期的铜器和陶器为主。藏品分为传世文物、出土文物和革命文物三大类，有石器、陶瓷品、铜器、铁器、木雕、石雕、石刻、金银器、玉器、字画、古书、钱币等。

为较好地保护藏品安全，黄州区博物馆专门制定了《安全保卫制度》，明确规范安全工作；建立文物藏品建档备案和电子文本；藏品的保管工作做到制度健全、账目清楚、鉴定确切、编目详明；淘汰陈旧的橱柜展架和落后设施，更新为安全可靠的全封闭文物橱柜金属架等；馆内设立安全保卫科，选配专职保卫干部，24小时专人职守；安装技术安防设备和综合报警监控系统设施。

六、考古发掘

黄州区博物馆设有文物调查勘探工作队，在区域内履行文物保护的工作职责。起始于90年初，经过20多年的工作进程，通过发现、举报（报告）、勘探等各种形式，共有200余次的考古发掘和出土了数千件文物（其中包括一些珍贵的历史文物），丰富了博物馆馆藏。

黄冈市李四光纪念馆

Huanggang Li Siguang Memorial Hall

馆　　长　孙在本
地　　址　湖北省黄冈市体育路21号
邮政编码　438000
联系电话　0713-8357540
电子信箱　bwg8888@sina.com
隶属关系　黄冈区文化局

性　　质　国有
建筑性质　现代建筑
建筑面积　3700平方米
展厅面积　2200平方米
占地面积　7700平方米

馆址环境　李四光纪念馆位于黄州历史文化名城、驰名中外的东坡赤壁风景区东侧,风景优美的龙王山南麓,北依龙王山庄,南临黄州体育馆。

历史沿革　建制之初,黄冈县文物工作由黄冈县文物管理所管理,1985年,经黄冈县人民政府同意将"黄冈县文物管理所"改名为"黄冈县博物馆"。1990年,撤黄冈县,改为黄州市,1997年黄冈县博物馆更名为黄州区博物馆。1989年,经黄州市编制办同意成立黄州市李四光纪念馆,与黄冈县博物馆合署办公,实行一套班子两块牌子。1995年,经国务院批准,撤销黄冈地区和黄州市,设立地级黄冈市。1997年经黄冈市黄州区机构编制委员会批准,黄州市李四光纪念馆改名为黄冈市李四光纪念馆。

开放时间　8:00—17:00(周一闭馆)

服务设施　停车场、物品寄存、休息区、无障碍参观服务设施等。

交通状况　黄冈市内公交线路2、6路到涵晖路黄冈市检察院下车往西500米。

概　况

黄冈市李四光纪念馆一直承担着黄冈区域内的爱国主义教育和科普宣传工作,在展览陈列、社会教育等方面发挥着重要的作用。

李四光纪念馆于1989年10月竣工落成并开馆。原中共中央总书记胡耀邦同志为"李四光纪念馆"题写了馆名。纪念馆占地7700平方米,建筑面积3700平方米,馆内设展厅12个。建馆20余年来,纪念馆先后举办、引进、各类展览120余次,接待观众达150万余人次。1995年、1998年先后被命名为湖北省首批"爱国主义教育基地"、"爱国主义教育示范基地",2005年被中国科协命名为"全国科普教育基地",被国家地震局命名为"全国防震减灾科普教育基地。"

2006年,经国务院温家宝总理亲自批示,李四光纪念馆全面实施了馆舍维修改造和展览更新工程。维修改造后的李四光纪念馆由馆舍和李四光纪念广场组成。纪念馆内设8个展厅,分别为序厅、李四光生平展厅、李四光与能源展厅、李四光与冰川展厅、李四光与地震展厅、李四光与古生物展厅、李四光与地质力学展厅、李四光青少年科普展厅。李四光纪念馆的展出的藏品主要由照片、图片、书籍、实物等构成,共有藏品190余件,其中李四光生前使用的教学仪器——地球仪已由专家鉴定为一级文物。

馆舍为现代建筑,一楼、二楼为对外开放区域,三楼为临时展览区域。2008年正式对外免费开放。

一、机构设置与人员情况

黄冈市李四光纪念馆馆隶属于黄州区文化局,属国家全额拨款的事业单位。现设有办公室、考古部、陈列部、安全保卫部,核定人员编制数29人。

全馆现有文博专业技术人员24人。其中,副高职称1人,中级职称5人,初级职称15人,技术工3人;纪念馆设馆长1名、副馆长2名,办公室7人,考古部3人,陈列部6人,文保部3人。全馆人员学历为大学本科2人,大专学历18人。年龄结构分布为50岁以上2人,40岁至50岁6人,30岁至40岁14人。

二、展览陈列

基本陈列

李四光纪念馆于1989年建立之时，馆内设展厅12个。其中设有“李四光生平展”、“地质矿产标本展”、“地震展厅”、“青少年科普活动展厅”等，以百余幅图片、实物、文字介绍了李四光先生的丰功伟绩。自维修改造工程后，馆舍内设有李四光生平展厅、李四光与能源展厅、李四光与冰川展厅、李四光与地震展厅、李四光与古生物展厅、李四光与地质力学展厅等八个展厅。陈列面积2200平方米，展出藏品190余件，内容以李四光生平事迹和科学研究为主线，其中以李四光生平展厅为重要组成部分。

李四光生平展厅位于李四光纪念馆一层，全厅由序厅、中厅和展厅三部分构成，总建筑面积达536平方米。全厅共有幕墙14面，陈列生前原照200多张，图片300多张，照相机、马扎凳、衣服、书籍、著作等实物40多件，大中小型玻璃展柜10多个，真实再现了这位科学家光辉的一生。

李四光与冰川展厅、李四光与地震展厅、李四光与古生物展厅、李四光与地质力学展厅等展厅以李四光学术研究学科为分类，分门别类地展现了冰川、地质、地震、古生物等学科的基础知识、基本特征，李四光在这些学科中取得的成就，对我国经济建设事业起到的重要作用，着力体现了李四光学以致用，报效祖国的爱国情怀。

专题陈列

李四光纪念馆建馆20余年来，特别是贯彻落实《爱国主义教育实施纲要》以来，纪念馆充分利用人文资源、文物资料图片，采取各种生动活泼的形式，广泛开展以爱祖国、爱科学为主要内容的爱国主义教育活动，先后举办、引进、制作了“李四光生平展”、“崇尚科学文明，反对封建愚昧——揭批法轮功大型图片展”、“抗击非典图片展”、“地热石油展”、“第四纪冰川展”等陈列、流动展览120余次，接待观众达150万余人次。

三、科学研究

2009年，李四光纪念馆展陈设计参加武汉城市圈博物馆纪念馆优秀陈列展览展示评选活动，获得优胜奖。

四、社教、开放工作

黄冈市李四光纪念馆于2008年启动免费开放工作。围绕免费开放，制定切实可行的管理制度，规范管理运行。结合本馆实际情况，制定了免费开放的各项规章制度，如工作人员工作职责，安全责任管理制度，免费开放参观须知，讲解员工作流程，保安工作条例等规定，并严格按照规定每周二至周日全天开放，每天9小时，每周6天，每年312天的开馆要求，并制作台账，对每天观众流量进行了登记。

2006年，经国务院温家宝总理亲自批示，李四光纪念馆共投入近百万元，全面实施了馆舍维修改造和展览更新工程。现主体建设分为李四光铜像广场和李四光纪念馆馆舍两个部分。

李四光纪念广场于2009年元月正式落成，在广场上设有李四光铜像、励志石等人文景观，休闲绿化带、大门、车行道、人行阶梯等公益设施。广场总面积4200平方米，其中硬化面积2200平方米，绿化面积1200平方米。现该广场已成为城区内人民群众自发组织健身、娱乐、文化等活动的主要场所之一。

改造后的纪念馆整体形象焕然一新。结合爱国主义和科普教育的宣传工作重点，制作了符合广大人民群众的文化需求、符合青少年审美水平的精品展览，提升了纪念馆的陈列档次。

加强人才队伍建设。黄冈市李四光纪念馆采取“走出去”的方法，积极参加各种专业培训活动，规范讲解词，积极参加省、市文化部门组织的各类讲解员培训班和比赛，提高服务质量，以更好服务于广大市民；并从黄冈师范学院、鄂东职院等大中专院的应征者中聘请高素质、有敬业精神的志愿者2名，充实黄冈市李四光纪念馆馆讲解员队伍。

黄冈市李四光纪念馆免费开放后，观众流量不断上升，至2010年底，年接待观众量近30余万人次，与免费开放之前相比提高了85%。这表明，免费开放激发了广大观众对文化事业的热爱之情，爱国主义情绪高涨，科普意识得到有效的提高。

为了更好地服务于广大人民群众，黄冈市李四光纪念馆积极开展大、中、小学校外教育活动，目前已与城区、城郊近20余所大中小学、职业技术学校、部队、企业签订“爱国主义教育基地”协议。

近年来，黄冈市李四光纪念馆致力于开展各种宣传活动，如结合“国际博物馆日”、“中国文化遗产日”、六一儿童节等节日大力开展主办、协办多种专题展览和各种文化活动，深入部队、学校、社区、企事业单位开展爱国主义教育、科普宣传等活动，取得了良好的社会效益。

五、文物保护、保管工作

黄冈市李四光纪念馆的藏品来源主要通过征集、捐赠、收购等途径获得。现有藏品中，以照片为主。其中分为实物、仿真品、照片、石器等。现共有藏品190余件，其中李四光生前使用过的地球仪，已被国家鉴定为一级文物。

为较好的保护藏品安全，专门制定了《安全保卫制度》，明确规范安全工作；建立文物藏品建档备案和电子文本；藏品的保管工作做到制度健全、账目清楚、鉴定确切、编目详明；淘汰陈旧的橱柜展架和落后设施，更新为安全可靠的全封闭文物橱柜金属架等；馆内设立安全保卫科，选配专职保卫干部；安装技术安防设备和综合报警监控系统设施。

黄冈市民俗博物馆

Huanggang Folk Customs Museum

馆　　长　张晓林
地　　址　湖北省黄冈市东门路151号
电　　话　0713-8812705
电子邮箱　hgqyg09@163.com
隶属关系　黄冈市文化局
性　　质　国有
建筑性质　现代建筑
建筑面积　5000平方米
展厅面积　3500平方米
占地面积　25300平方米

馆址环境　位于发展中的市中心地段，东望京九铁路黄州站，西与老城区紧密相连，南接鄂黄长江大桥，北通天河机场。

历史沿革　2005年筹建，2006年对外免费开放，2009年正式成立。

开放时间　9:00—17:00(周一闭馆)

服务设施　停车场、休息区、物品寄存、无障碍通道等。

交通状况　公交线路乘5、9、18到黄冈市民俗博物馆(东方广场)下即可。

概　况

黄冈市民俗博物馆属专业性博物馆，承担着收集、整理、展示、保护和传承黄冈民俗文化的社会职责。

黄石市民俗博物馆于2005年筹建，建筑面积5000平方米，其中展厅3500平方米，库房和技术场所330平方米，办公和卫生场所1170平方米，群众休闲场所共12000平方米（含门前广场10000平方米）。2010年列入免费开放单位，已成为传承和弘扬黄冈民俗文化的重要基地。

一、机构设置与人员情况

黄冈市民俗博物馆属公益性文化事业单位。现设3部3室，即宣传策划部、征集部、安保部、办公室、研究室、修复室。全馆有馆长1人、书记1人、副馆长2人、工作人员12人。其中专业技术人员占70%，高级职称8人，中级职称7人，初级职称1人。

二、展览陈列

基本陈列

"黄冈名人文化展"以图文并茂的形式集中展现了黄冈的历史名人；"黄冈民间艺术暨民俗文化展"以实物为主体，图文辅助的形式，生动地展示了黄冈丰富多彩的民俗文化；"黄冈美术书法摄影名家精品展"以原创作品为主，文字说明的形式，呈现了黄冈美术、书法、摄影三大门类的名家、名作。

专题展览

黄冈市民俗博物馆先后举办各种专题展览20场次。如"黄冈建市十周年成就展"、"2008这场雪……"、"四川大地震赈灾救灾展"、"黄冈首届民俗展"、"黄冈庆祝建党九十周年美术书法摄影展"等，该馆自对外免费开放以来，受到了各级领导和广大群众的一致好评，该馆已被列为黄冈市青少年爱国主义教育基地，部分大中专院校、中小学教育基地。

三、科研工作

近几年来，黄冈市民俗博物馆在普查、发掘、整理民俗文化的同时，开展了一些学术研究活动，如成立"黄冈民俗研究会"，开展民俗研究活动。在省级以上报刊发表各种学术论文10多篇。编辑出版《黄冈名人》画册（由湖北美术出版社出版发行）。

四、社教、开放工作

黄冈市民俗博物馆为更好地服务社会、服务群众，每年都举办了一系列的服务活动。一是利用"中国文化遗产日"，利用各种媒介，如电视、报纸、广播大力宣传文化遗产，让广大群众了解文化遗产、重视文化遗产、保护文化遗产。二是举办各种专题展览，如"四川汶川大地震赈灾救灾展"、"建党九十周年美术书法摄影展"等，制成可移动展板，送到街头巷尾，送到社区，送到学校，送到军营，服务上门，让社会各个阶层的人们了解形势、知晓要事。三是与大中院校、中小学签订"教育基地"协议。目前已与6个大中专院校、中小学签订了"教育基地"协议。如黄冈师范学院、黄冈理工学院等。该馆2006年已被列为"黄冈市青少年爱国主义教育基地"。

黄冈市民俗博物馆自2006年对外免费开放以来，每年参观人数达20多万人次，受到了各级领导和广大群众的一致好评，已成为彰显黄冈民俗文化的一个重要基地，为做好免费开放工作，黄冈市民俗博物馆采取如下一系列措施：第一，争取当地政府支持，改善美化博物馆观众休闲环境。2009年黄冈市政府投入300多万元对黄冈市民俗博物馆门前10000多平方米的广场，进行了全面改造和绿化，现已成为一道亮丽的风景。第二，完善免费开放管理制度：(1)利用各种媒体向社会公示免费开放信息；(2)公示免费开放观众须知；(3)增加醒目的警示标志；(4)公示参观展览图；(5)提供观众休息场所、添置空调、桌椅、饮水机等；(6)加强讲解员队伍建设。2009年，该馆向社会公开招聘了几名素质较高的讲解员。2010年，两名讲解员参加全市博物馆、纪念馆讲解员大赛，进入前4名，代表黄冈市参加全省博物馆、纪念馆讲解员大赛，取得了较好成绩。

五、文物征集、保管工作

黄冈市民俗博物馆文物来源有两个途径：一是社会各界捐赠；二是到民间征集。现有民俗文物5000件，共分民间绘画、民间工艺、民间戏曲、民间武术、民风民俗等五大类，集中地体现了黄冈的岁时节日、生产生活、生养婚娶、丧葬祭祀等风土人情、习俗信仰。黄冈市民俗博物馆按照《博物馆藏品保存环境标准试行规范》、《藏品管理办法》、《博物馆安全保卫规定》等要求，对民俗文物建立了科学有效的保护保管体系。贯彻执行“保护为主、抢救第一、合理利用、加强管理”的方针，坚持保护文物的真实性和完整性，坚持文物管理的规范性和科学性，正确处理文物保护和利用的关系。

麻城市革命博物馆

Macheng Revolution Museum

馆　　长　刘继芬
地　　址　湖北省麻城市陵园路陵园广场南侧
邮政编码　438300
联系电话　0713-2912827
电子信箱　mcsbwg@163.com
隶属关系　麻城市文化局
类　　型　地方综合性博物馆
性　　质　国有
建筑性质　现代仿古建筑
建筑面积　4200平方米
展厅面积　3000平方米
占地面积　5000平方米

馆址环境　坐落在麻城市陵园路陵园广场南侧，西临烈士陵园，与中共麻城县委旧址——麻城孔庙相望。

布　　局　主体建筑坐南朝北，共四层。集办公区、文物库房、展厅和文物修复整理室于一体，相互之间可以贯通。第一层为办公室、阅览室、档案室和文物库房，二、三层为基本陈列和专题陈列展厅。四层为移民文物史料陈列展厅。观众接待中心和监控室分别置于展厅大门东、西两侧。

建筑特点　2004年9月—2005年12月，麻城市实施博物馆迁建工程，在将军广场南侧建成了四层钢混框架结构仿汉城楼风格的博物馆大楼。新馆大楼占地面积5000平方米，建筑面积4200平方米，其中展厅面积3000余平方米，文物库房面积400平方米，余为办公室、经营店和通用场所等。平面呈长方形，正面设台阶和回廊，台阶和回廊周边镶嵌有花岗岩浮雕栏杆。方顶，中间设券顶钢架弧形玻璃天井，四周坡面覆海蓝色玻纤瓦。入馆大门便是长方形大厅，正面墙壁为《麻秋筑城》巨幅汉白玉浮雕。展厅平面作"凹"字形，第三、四层展厅外沿天井边缘四周设有内廊与左右楼梯相连。

历史沿革　建国初期，麻城县成立了文物管理委员会，文物工作由县文化馆具体负责。1975年3月，麻城县成立革命历史文物征集办公室。1977年春，该办公室迁至麻城师范学校办公，更名为麻城县革命历史文物纪念馆。1979年12月，湖北省人民政府批准成立麻城县革命博物馆。1980年在麻城烈士陵园内兴建馆舍。1982年11月13日，麻城县革命博物馆正式落成对观众开放。1984年1月，原国家主席李先念题写馆名。1986年，麻城撤县建市，该馆改为麻城市革命博物馆。

2003年5月，麻城市革命博物馆迁建至麻城将军广场南侧。迁建工程于2004年9月16日启动，2005年底竣工。

开放时间　8:00—17:00(周一闭馆)

服务设施　停车场、休息区、游客接待中心等服务设施。

交通状况　交通方便。

概　况

麻城市革命博物馆是一座综合性博物馆，承担着麻城市境内的文博业务指导工作，在文物收藏保护、展览陈列、科学研究、社会教育等方面发挥着重要的作用。

麻城市革命博物馆现有馆藏文物10200件(近现代文物3200件，历史文物7000件)，其中一级文物9件、二级文物67件、三级文物215件。设有办公室、考古部、群工部、安全保卫科、资料档案室，在职人员32人。目前，已有65个单位(学校)挂牌将麻城市革命博物馆定为爱国主义教育基地，2009年12月被公布为国家级AAA旅游景点；2011年4月，被共青团黄冈市委、黄冈市青年联合会授予黄冈市青少年革命传统教育基地。

一、机构设置与人员情况

麻城市革命博物馆隶属于麻城市文化局，属国家全额拨款的事业单位。下设有柏子塔、学生军指挥部旧址——乘马会馆、麻城孔庙和城区六乡农协旧址——甘露庵等4个文物管理所。内部机构健全，分工明确。全馆现有专业技术人员23人，副高职称2人，中级职称5人，初级职称16人；文物局局长(馆长)1名、副馆长4名；年龄结构为50岁以上5人，40岁至50岁16人，30岁至40岁11人。

二、展览陈列

基本陈列

"黄麻起义文物陈列"于1979年面向广大观众开放，展出文物80余件，展陈面积200平方米。

"麻城革命斗争史陈列"于1982年11月13日在原馆舍落成开馆展出，展出文物200余件，展陈面积500平方米。由于该陈列展出多年，展板陈旧形式落后，1997年10月又投资20多万元对其进行提升改造，至2003年7月，因迁建馆舍关闭撤展。

2003年5月，市委、市政府决定将革命博物馆迁建于将军广场南侧。迁建工程于2004年9月动工，2005年12月底竣工，总投资近850万元。主体建筑共分四层，面积约4200平方米。第一层为办公区和库房。第二层为陈列展览大厅，主题展览为"追寻历史　探索文化——麻城历史与文物陈列"。展览分为五个单元：一、"地下遗存、尘封瑰宝"；二、"建置麻城、人杰地灵"；三、"传世遗珍、馆藏撷英"；四、"移民千里、绿叶思根"；五、"书翰丹青、浓墨稠情"。第三层为麻城革命史与文物陈列，主题为“峥嵘岁月、大别忠魂”和“家园更新、迈向复新”两个单元。另设有丁氏红军三兄弟文物陈列展览。第四层准备布置新的展览。

以上陈列展览，全面展示麻城的人文环境、历史价值、红色文化等精神风貌。总共展出文物标本1600余件，年接待观众25万人次。

专题陈列

1975年12月至2002年5月，先后举办了“周恩来总理视察麻城”、“黄麻起义”、“麻城籍将军事迹展”、“馆藏古字画”、“毛泽东在湖北”、“麻城楚墓出土文物”、“胜利属于人民”、“人民公仆——孔繁森”和“香港百年”等各种临时和专题展览30多个。2000年至2001年为配合做好全市未成年人的教育工作，举办“校园警示录”和“麻城革命史”流动展览送到全市各乡镇中、小学巡回展出，为期一年，接待观众10多万人次。

“我们的红军”——丁氏红军三兄弟文物陈列，展出文物106件，展陈面积90平方米。于2009年9月28日庆祝中华人民共和国六十华诞暨纪念麻城籍开国将军丁先国少将诞辰百年之际对观众展出。

三、科学研究

麻城市革命博物馆始终注重地方历史、馆藏文物和文博专业理论的探讨和研究。主要成果有：《麻城革命斗争史》（1975年与武汉大学历史系合编）、《麻城文物普查资料汇编》（1986年）、《麻城籍将军名录》（1990年3月）、《中国文物地图集·麻城部分》（2002年国家文物局主编）。除此，在《文物》、《考古》、《文物工作》、《江汉考古》和《中国文物报》等国家和省级刊物上发表了《麻城市博物馆馆藏青铜镜》、《京九铁路沿线几处新石器时代遗址》、《麻城胡家畈北宋墓》、《麻城吴益山出土的青铜器》、《曾衍东诗画条屏赏析》、《麻城北宋钱窑》、《谈博物馆的市场意识》、《陈列讲解的美育渗透》、《革命歌谣保护利用的实践与思考》等论文简报30多篇。2007年编写的馆藏珍贵文物档案资料，得到了上级主管部门肯定和推广。

四、社教、开放工作

麻城市革命博物馆于2008年4月免费对外开放。围绕免费开放，做了大量的工作。制定切实可行的管理制度，严格按照免费开放规定，确保每年300天的开馆时间。建立台账，对每天观众流量进行了登记；每月向市财政局报送免费开放情况统计表。

加强人才队伍建设，采取“走出去”请进来的方法，请专家和本馆资深老师讲课培训，积极参加各类讲解员培训班和比赛，专业人员业务水平有了较大提高。

免费开放以来，加上红色旅游和两届杜鹃节，观众流量不断上升，年接待观众量近25万人次，与免费开放之前相比提高了80%。

充分发挥博物馆服务于社会的职能作用，广泛开展交流合作业务活动。配合市委、市政府中心工作参与重大活动的陈列内容设计，提供相关照片史料或举办专题展览，每年的文化活动周和国际博物馆日都要开展相关业务活动；积极开展与国内外一些知名院校的交流合作。2002年3月，日本法政大学社会系教授谢荔与武汉大学教授梅莉对麻城民俗民风作专题考察，进行学术交流。2007年7月，配合华中科技大学建筑系谭刚毅、万谦、雷祖康等教授带领04级学生对麻城木子店镇民居、古村镇开展了为期一个月考察活动，分别列专题进行研究。2008年至2009年期间，配合武汉大学、湖北大学和有关专家学者赴麻城进行学术考察交流活动；到市内中、小学和市直机关单位作革命传统教育报告，开展文化交流活动。

五、文物保护保管工作

麻城市革命博物馆的文物来源主要依靠考古发掘、征集、上缴(交)、捐赠、收购等途径取得。现有的文物藏品中，有考古发掘的出土文物、传世文物和革命文物及工艺品四大类。有石器、陶瓷器、铜器、铁器、木雕、石雕、石刻、金银器、玉器、字画、古书、钱币等，总计10200余件，其中一级藏品9件(套)，二级藏品67件(套)，三级藏品215件(套)。

多年来，博物馆专业人员配合中国社会科学院考古研究所和湖北省考古研究所、北京大学、武汉大学等有关单位和大专院校开展学术研究，在农田、水利基本建设和老城区改造以及国家重大建设项目中进行了大量考古调查和发掘，出土文物3000余件，丰富了博物馆的馆藏。

武穴市博物馆

Wuxue Municipal Museum

馆　　长　刘凯
地　　址　武穴市玉湖路239号
邮政编码　435400
电　　话　0713-6275488
传　　真　0713-6220638
电子邮箱　hbwxbwg@163.com
性　　质　国有
类　　型　地方综合性博物馆
隶属关系　武穴市文化广电新闻出版局
所在位置　武穴市玉湖路中段
面　　积　占地面积4005平方米

布　局　主体建筑为博物馆大楼，坐南朝北。楼外西侧为主入口大门，四周连以围墙，主楼前为花园、凉亭，四周为花坛。

博物馆的主楼建于1992年至2004年，为框架式钢筋混凝土结构的四层文物大楼。它是一座集办公、陈列展览、文物库房于一体的综合大楼，占地面积500余平方米，建筑面积2000平方米，大门主入口为一三开间的代花厅，左右两侧为展厅，二楼设为展厅，三楼东侧为电子教学厅，西侧为办公场所，四楼设为文物库房。其中展厅面积1200平方米，文物库房面积200平方米。

历史沿革　1985年元月以前，武穴市的文物工作由武穴市文化馆文物工作组管理。1985年元月，武穴市人民政府批准建立武穴市博物馆，由于当时条件的限制，暂在文化馆办公楼内办公。1992年市政府决定新建市博物馆，并于2005年正式迁入新博物馆大楼。

开放时间　9:00—16:00(周一闭馆)

一、展陈工作

基本陈列

“武穴市精品文物陈列展”2009年正式面向大众开放，展出藏品47件，陈列面积300平方米，“武穴鼓山遗址出土文物展”展出出土文物100余件，陈列面积300平方米。这两个展厅以馆藏文物和出土文物为实物，配以图片，模具等辅助展品，充分地展示了武穴地区在中国各个历史发展阶段的发展轨迹，展现了新石器时期劳动人民的生产、生活情景。“吴楚民间文化图片展”

于2006年面向大众陈列，陈列面积300平方米，以图文并茂的形式展现了武穴地区建筑风格和手工艺制作、民俗风情、民间艺人活动的多个场景。展陈采用了大通柜，配置了灯光，安装了报警器，配有讲解员。

专题陈列

该馆从1985年开始，先后举办过20多次各种临时的专题展览，如“纪念抗日战争胜利六十周年书画摄影展”、“爱我中华青少年思想道德专题教育展”、“迎奥运书画摄影展”等，特别是有的专题展览意义重大，影响深远，如“魅力武穴——知名企事业单位成就展”，为纪念武穴60周年成果展，全市党员干部、学校及群众轮流参观。有些展览制作成活动版面，深入到学校、乡镇巡回展出。

二、文物保管、保护工作

藏品管理

【藏品来源】 主要通过征集、考古发掘、上缴（交）、捐赠、收购等途径取得。

【藏品类别】 武穴市博物馆文物藏品分为出土文物、传世文物和革命文物以及工艺品四大类。其类别有石器、陶瓷器、铜器、铁器、角木器、石刻、金银器、玉器、字画、古书、古钱币等。

【藏品统计】 截至2010年底，从新石器时代至民国各时期文物藏品总数为14964件。国家一级文物3件，二级文物37件，三级文物133件。

【重要藏品】 明青花缠枝莲纹执壶，明万历青花缠枝莲龙纹碗，宋影青双狮笔架，宋青白釉盘口梅瓶，宋印花缠枝菊花纹斗笠碗，宋绿釉如意瓷枕，清夔龙纹玉簋，春秋青铜编钟。

【藏品保护】 该馆建有专门的文物库房和配备相应的保护设施，严格按照《藏品管理的办法》的各项规定进行管理。凡是具有历史、艺术或科学价值的一、二、三级藏品，经省级文物鉴定委员会专家组的严格鉴定，并建立文物藏品建档备案和电子文本；藏品的保管工作做到制度健全，账目清楚、鉴定确切、编目详明；运用传统方法对一些破损藏品器物进行修复保存；库房内配备必要的温、湿度计、恒温计以及安全防火器材；淘汰陈旧的文物橱柜架和落后设施，更新安全可靠的全封闭文物橱柜金属架等。按照《博物馆安全保卫规定》和三级风险等级安全防护规定要求，馆内设立安全保卫科，选配专职保卫干部。重点部位安装技术安防设备和综合报警监控系统设施，落实完善了备项安全保卫制度，配备专职保卫人员坚持24小时执勤。

考古发掘

1982年，我馆积极配合湖北省考古研究所对武穴下关挂玉山张懋明墓进行了发掘，出土文物60余件，其中梵文佛画《法被图》在国内罕见。随后1987年、1993年及1996年为配合“京九”铁路和“黄黄高速公路”建设，分别在武穴挂玉山遗址、四望鼓山遗址、大金天山遗址进行了抢救性的考古发掘，出土了大量的陶器、石器、玉器。此外，在农业（农田）改造、基建、水利、交通等设施建设工程中，通过发现、举报、勘探等各种形式，经过20多年的考古发掘和出土、收缴（交）了数千件地下文物，为武穴市区域的历史演变和历史文化及其经济社会发展研究提供了不可或缺的实物依据。

三、科学研究工作

【科研队伍】 武穴市博物馆有馆员2人，初级助理2人。

【科研设施】 过去，武穴市博物馆因经济条件制约，科研设施落后，办公条件简陋。自2006年后，随着经济的快速发展，开展博物馆业务工作的必要设施得到更新充实，办公条件不断改善，现已配备电脑3台（台式、手提），复印机一台，扫描仪1台，数码相机1台及其他工作器材。

【科研成果】 多年来，武穴市博物馆干部职工认真钻研业务，积极开展文博专业理论研究，参与了《中国文物地图集——湖北分卷》的编写工作，并完成了《武穴市文物普查资料汇编》。1995年6月，配合中央电视台拍摄武穴鼓山出土文物、武穴横岗山、郑公塔等名胜古迹，并在中央电视台二套节目午间新闻中播出，该台于1996年5月再次重播了《武穴发掘新石器时代遗址》的专题新闻片。馆内职工撰写的《湖北武穴市从政村发现一座北宋墓》、《武穴市新石器及商周遗址调查》、《京九铁路文物调查》、《由馆藏文物数据库创建工作带来的启示》等多篇论文分别在《考古》、《江汉考古》、《探索与发现》等专业杂志上发表。并参与湖北省京九考古队，湖北省文物考古研究所编著的《武穴鼓山——新石器时代墓地发掘报告》一书，由科学出版社出版发行。

四、经营管理

【机构设置】 全馆设有办公室、近现代史研究部、保管部、信息服务部、文物保护部、安全保卫科、财务室。共六个部门。

【人员编制组成】 核定人员编制数16人（现实际在编人员16人），全馆现有专业技术人员9人，其中文博专业技术人员4人。

【观众接待】 平均年观众人数约39726人次。

红安县革命博物馆

Hong'an County Revolution Museum

馆　　长　夏红胜
地　　址　湖北省黄冈市红安县城关镇小北街6号
邮政编码　438400
联系电话　0713-5245692
电子信箱　hbhgha5245692@163.com
隶属关系　红安县文物局
性　　质　国有
建筑性质　古建筑
建筑面积　1312平方米
展厅面积　559平方米
占地面积　935平方米

馆址环境　坐落在红安县政府大楼东侧，北临红安县花园宾馆。

开放时间　8:00—17:00（周一闭馆）

服务设施　停车场、物品寄存、休息区、无障碍参观等。

交通状况　红安县内公交线路1、2、3路到县政府门口下车往北500米。

历史沿革　1956年，董必武第一次回红安时，指示在修建烈士祠的同时，还要修建革命博物馆。1957年，县人委组织文物普查工作组在全县开展了第一次文物普查工作，征集到革命文物200余件。10月，在县文化馆首次主办了“红安县革命文物展览”。1958年3月，董老第二次回乡，参观了展览并评价说：“内容丰富有余，就是气魄不足。”董老在烈士祠工地视察时，再次指示修建博物馆作为烈士祠的配套工程，并亲自选定了馆址。1959年10月，在董老亲自选定烈士祠的东侧50米处奠基修建博物馆。由于当时处于三年困难时期，博物馆因资金不足停建。1960年，县委再次研究，决定压缩其他建设项目，恢复博物馆建设。1960年11月13日，博物馆建成并对外开放。1962年5月，董必武在武汉东湖宾馆挥毫题写馆名“红安县革命博物馆”。

2005年，省委、省政府提出了“把红安建设成为全省最重要的爱国主义教育基地”，决定对红安烈士陵园进行重新规划和全面改造。按建设规划要求，已成危房的红安县革命博物馆要迁出陵园，另行择址新建并更名为“红安县博物馆”，由于馆舍建设尚未进行，暂时借用“红安县苏维埃政府”旧址举办陈列展览，主要展出红安民俗文物和历史文物。

概　况

红安县博物馆是一座综合性博物馆，一直承担着红安境内的文博业务指导工作，在文物收藏保护、展览陈列、科学研究、社会教育等方面发挥着重要的作用。

1959年10月，红安县博物馆开始动工兴建，1960年11月13日正式对外开放。文物藏品共18968件，其中，一级文物14件，二级文物39件，三级文物123件。

博物馆设有办公室，业务组、宣教组、安保组、环卫组，全馆共有14人，核定编制10人。全馆共有专业技术人员11人，具有中级职称10人、技师1人；设馆长1名、副馆长1名，业务组2人，宣教组4人，安保组3人，环卫组3人。其中大学本科学历5人，大专学历5人。年龄结构分布为50岁以上2人，40岁至50岁3人，30岁至40岁6人。

红安县革命博物馆是全国建立较早的县级博物馆之一。50多年来，红安县革命博物馆坚持以社会效益为主，共接待国内外观众达250万人次。曾接待了党和国家领导人董必武、李先念、李鹏、乔石、温家宝、吴邦国、刘华清、任建新、杨汝岱等。1960年，被国家授予“全国文博系统先进集体”称号；1976年，全国革命文物工作现场会在红安召开。1995年，江泽民总书记为红安县革命博物馆题词：“全国青少年教育基地”。[1996年，红安县革命博物馆被国家教委等六部委联合命名为“全国中小学爱国主义教育基地”；1998年，被中宣部等六部委联名授予“全国百家爱国主义教育示范基地”；1998年，被国家人事部、国家文物局联合授予“全国文博系统先进集体”；1994年，被国家文物局授予“全国优秀社会教育基地”称号；1997年，被湖北省文化厅、人事厅联合授予“全省文化先进集体”称号。]

红安县委、县政府已经将博物馆选址新建列为“十二五”期间重点项目。新址选在红安县城南迎宾大道东侧，新规划的文化产业园区内。中南建筑设计院已完成外观效果图。

一、展览陈列

基本陈列

1960年至2006年，红安县革命博物馆保持着1200平方米的基本陈列，主要反映红安县新民主主义革命时期、土地革命战争时期、三年游击战争时期和抗日战争时期的内容。

临时展览

1987年9月，红安县博物馆和董必武纪念馆组成革命博物馆传统教育小分队，组织红安县革命历史图片、董必武同志革命功绩和革命风范图片(共12块版面)及反映红安革命历史和现代风貌的两部电视录像片《巍巍丰碑》、《红安人》，到武汉地区华中师大、湖北大学、华中农大、武汉钢院、同济医大、华中理工大学等10所高校巡回展出，共展出252场，观众达3万余人次；放映电视片112场，观众达34万人次。召开各种类型的座谈会13次，征集历史资料、照片21件，收录留言文章和题词310余篇。其时，湖北人民广播电台、湖北电视台、红安广播站、《湖北日报》、《中国教育日报》、《长江日报》、《武汉青年报》、《黄冈报》、《红安报》等相继做了报道。

1992年9月，在县城圣庙举办“红安县历史和民俗文物展”。

1995年，为纪念抗日战争和世界反法西斯战争胜利50周年，引进大型图片展览“胜利属于人民”，在圣庙展出，观众达5万人次。

1997年，应国家文物局之邀，在北京举办“将军的摇篮——红安”图片展，观众达数10万人次；在县城举办“将军故里迎香港，万人签名颂回归”百米长卷万人签名活动，签名者达5万人次。

专题陈列

1999年5月，在武汉市青少年宫举办“血染的丰碑——两百个将军同一个故乡”红安革命史迹展，武汉市民、机关干部、企业职工、大专院校和中小学学生共20万人次参观。

二、科学研究工作

红安县革命博物馆工作者除了及时完成文物调查及发掘报告外，还在省级专业刊物发表各类学术论文。该馆工作人员彭希林出版了《两百将领传》、《黄安战役》、《李先念与故乡红安》、《戴克敏烈士与他的一家》；江河主编了《董必武、李先念珍闻轶事》；王绍华、黄树生合编了《红安将军谱》；夏红胜与人合编了《红安为什么这样红》，编印了《文博工作基础知识问答》、编辑印刷《黄麻起义和鄂豫皖苏区人物传略(一)》等书籍。2011年，配合文物局出版了《红安文博》创刊号和纪念建党90周年特刊两期，社会反响良好。

三、社会教育、开放工作

红安县革命博物馆坚持常年开放，接待了董必武、李先念、吴邦国、李鹏、李瑞环等党和国家领导人以及省部军级以上领导人100多位以及40多个国家和地区的国际友人，接待观众250余万人次。此外，与武汉等地50个大专院校和单位、部门建立了共建“爱国主义教育基地”的关系。

四、文物保护保管工作

红安县博物馆的文物来源主要依靠考古发掘、征集、上缴(交)、捐赠、收购等途径取得。现有文物藏品中，大多数为通过上缴(交)、捐赠、收购等途径取得的革命文物。文物藏品18968件，其中一级文物12个号14件，二级文物36个号39件(套)，三级文物69个号123件。其中纸质、丝绸和布织品达2000余件(套)。

2005年，红安县博物馆开展了“文物调查及数据库管理系统建设”工作，按时完成了采集任务。按照《湖北省“文物调查及数据库管理系统建设”项目馆藏一般文物信息采集工作方案》要求，开展馆藏一般文物信息采集工作，以进一步完善全市馆藏文物数据库管理，使藏品管理更加规范化、科学化。

红安县博物馆建有专门的文物库房，配备相应的保护设施，严格按照《藏品管理办法》的各项规定进行管理。1994年11月6日，由国家文物局组织的专家组一行8人，来红安进行革命文物鉴定工作，确认9件一级革命文物，居全国县级馆藏文物之最。凡是具有历史、艺术或科学价值的一、二、三级藏品，建立文物藏品建档备案和电子文本；藏品的保管工作做到制度健全、账目清楚、鉴定确切、编目详明；运用传统方法对一些破损藏品器物进行修复保存；库房内配备必要安全防火器材；按照《博物馆安全保卫规定》和二级风险等级安全防护规定要求，设立安全保卫部，选配专职保卫干部，重点要害部位安装技术安防设备和综合报警监控系统设施，落实完善了各项安全保卫制度，配备专职保卫人员，坚持24小时值班。

五、博物馆建设

2006年10月8日，红安县革命博物馆拆除。由于地方财力所限，一直未重建。近期，红安县委、县政府已将红安县博物馆新馆建设列入“十二五”重点工程。

罗田县博物馆

Luotian County Museum

馆　　长　郑常玉

地　　址　湖北省罗田县凤山镇人民路23号

邮政编码　438600

联系电话　0713-5059723

隶属关系　罗田县文化局

性　　质　国有

建筑性质　砖混结构楼房；古建筑（文庙）

建筑面积　800平方米

展厅面积　450平方米

占地面积　900平方米

馆址环境　坐落在凤山镇人民广场旁，与县委、县政府毗邻。

历史沿革　1981年，成立罗田县文物管理所；1994年，合并成立罗田县博物馆。

开放时间　8:00—17:00（周一闭馆）

服务设施　停车场、物品寄存、休息区、无障碍参观通道等。

交通状况　市内公汽停靠点（罗田饭店）往北200米。

概　况

罗田县博物馆是一座综合性博物馆，承担文物收藏保护、展览陈列、科学研究、社会教育等工作。

前身是1981年成立的罗田县文物管理所，1994年合并成立罗田县博物馆。

现有馆藏文物1万余件（套），其中，一、二、三级藏品509件（套）；另收藏有陶器瓷器标本万余枚。

一、机构设置与人员情况

罗田县博物馆隶属于罗田县文化局，属国家全额拨款的事业单位。核定人员编制4人，共有干部职工9人（含退休2人）。专业技术人员5人，具有副高职称1人，中级职称2人，初级职称2人；设馆长1名、副馆长2名。年龄结构分布为50岁以上1人，40岁至50岁2人，30岁至40岁2人。

二、科学研究

近年来，罗田县博物馆在《文物》、《江汉考古》等刊物上发表学术论文10余篇，先后出版了《万密斋医学全书》、《罗田名人名事》、《罗田红色之旅·革命烈士的事迹·革命斗争史迹》等专著。

三、展览陈列及社会教育

自1997年以来，罗田县博物馆先后举办了“罗田出土文物展”、“周恩来诞辰100周年图片展”、“建国五十周年展”、“刘邓大军挺进大别山展”、“纪念抗日胜利五十周年展”、“科普展”等。为扩大教育阵地和教育资源，罗田县博物馆积极开展中、小学校外教育活动，已与全县16所中、小学签订“爱国主义教育基地”协议。同时，结合“国际博物馆日”、“文化遗产日”和重要节日，开展丰富多彩的社会教育、宣传展示活动。

四、文物保护保管工作

罗田博物馆有馆藏文物万余件，进行了全面清理登记，建账建卡，建立了文物藏品档案，实行账物科学管理。严格执行文物库房安全保卫管理制度，在经费极为困难的情况下，添置了安保设施，坚持24小时值班制，确保了库房的文物安全。

英山县博物馆

Yingshan County Museum

馆　　长　胡义斌
地　　址　湖北省黄冈市英山县毕昇森林公园
邮政编码　438700
联系电话　0713-7015005
　　　　　　0713-7015705
电子信箱　ysbwg@163.com
隶属关系　英山县文化局
性　　质　国有
建筑性质　现代仿古建筑
建筑面积　1600平方米
展厅面积　800平方米
占地面积　7800平方米

馆址环境　英山县博物馆坐落在毕昇森林公园内，依山势而建，主体建筑居中，由办公室、接待室、展览厅组成，绿化与建筑同步。清净雅致，风景优美，是毕昇森林公园的园中之园。

历史沿革　1986年3月21日，英山县博物馆成立；1999年10月，毕昇纪念馆建成；2009年5月12日英山县文物管理所成立，现形成英山县博物馆、毕昇纪念馆、英山县文物管理所“三块牌子一个班子”合署办公。

开放时间　8:00—17:00(周一闭馆)

服务设施　停车场、休息区、无障碍参观服务等。

交通状况　顺毕昇森林公园游园公路直接到达英山县博物馆(毕昇纪念馆)。

概　况

英山县博物馆、毕昇纪念馆、英山县文物管理所，展区建筑为仿古建筑格式，内设四个展厅，办公区位于展区右侧，为砖混结构两层办公楼，文物库房建筑面积100平方米，位于办公区内。公众服务区为广场，实施了园林绿化，占地面积600平方米，主要供参观游客停车、休息。

一、机构设置与人员情况

英山县博物馆隶属于英山县文化局，属国家全额拨款的事业单位。现设有办公室、业务部、宣教陈列部，核定人员编制数6人。

全馆现有人员11人，其中专业技术人员6人，中级职称2人，初级职称4人；博物馆设馆长1名、书记1名，副馆长1名，办公室3人（含安全保卫2人），业务部2人，陈列部3人。其中大学本科学历2人，大专学历4人。年龄结构分布为50岁以上3人，40岁至50岁2人，30岁至40岁2人，20岁至30岁1人。

二、展览陈列

基本陈列

英山县博物馆（毕昇纪念馆）的毕昇文物及相关图片的展览，主要对毕昇文化及毕昇发明创新精神，中国古代四大发明之一的活字印刷术进行宣传，教育广大青少年；激发他们的爱国主义精神，创新精神。

2009年1月1日，展览正式对外免费开放，至2010年6月30日月均接待参观人数6800人次，参观总人数88854人次，其中中小学生4万人次，整体运行情况良好，取得了很好的社会效益。

三、科学研究

英山县博物馆十几年来，在国家级专业杂志《中国文物报》、《中国印刷》、《中国印刷史》、《出版科学》、《中国科技史料》和省级专业杂志《江汉考古》上发表学术论文50余篇，并先后编辑出版了《毕昇纪念册》、《毕昇和毕昇故里的印刷事业》、《毕昇研究》、《毕昇·英山》、《来自北京的报告——毕昇研究续集》等专著。

四、社会教育

为响应中宣部、财政部、文化部和国家文物局联合下发的中宣发2008[02]号《关于全国博物馆、纪念馆免费开放的通知》精神和全省文物工作会议精神，英山县博物馆于2009年1月1日免费开放。

近年来，围绕免费开放做了大量的工作。一是制定切实可行的管理制度，规范管理运行。免费开放后，英山县博物馆根据要求，学习省博物馆经验，结合本馆实际情况，制定了免费开放的规章制度，如工作人员常规性职责，安全责任管理制度，免费开放门票操作规定，观众须知，免费开放时间通知，保安工作规定，保安服务守则，并严格按照规定每周二至周日全天开放，开放时间为每天8:00至17:00，达到每天9小时，每周六天，每年300天的开馆要求，并制作了台账，对每天观众流量进行了登记。

为向观众展示一个良好的博物馆窗口形象，更好地展示英山县的文化历史，英山县博物馆在资金十分紧缺的情况下，对博物馆的馆舍等环境进行了改造，使博物馆整体形象焕然一新；并结合每年宣传工作重点，制作了符合时代要求的精品展览，进一步提升了博物馆陈列档次。

加强人才队伍建设，英山县博物馆采取“走出去，请进来”的方法，从外请专家来馆讲课，进行普通话培训和专业知识培训，规范讲解词，并积极参加市文化局组织的各类讲解员培训班和比赛，提高服务质量，以更好服务于广大观众。

加强未成年人教育，实施馆校合作共建爱国主义教育基地，博物馆与全县重点中小学共同建立爱国主义第二课堂，采取“走出去，请进来”的办法，普及中华民族优秀传统文化和文物知识，进校举办临时展览，春秋两季组织学生进馆参观，从小接受爱国主义和优秀传统文化的教育。

五、社教、开放工作

为扩大教育阵地和教育资源，更好地为社会服务，英山县博物馆积极开展中、小学校外教育活动，目前已与县内中小学、职业、技术学校签订“爱国主义教育基地”协议。

近年来，英山县博物馆还结合“国际博物馆日”、“中国文化遗产日”等活动，多层次、多渠道地开展社会教育、社会服务、宣传展示。2010年，全国第三次文物普查田野调查工作结束后，英山县博物馆及时制作文物普查成果展，展示英山地方文化特色。

六、文物保护、保管工作

英山县博物馆的文物来源主要依靠考古发掘、征集、上缴(交)、捐赠、收购等途径取得。现有的文物藏品中，绝大多数为考古发掘的出土文物。英山县博物馆文物藏品分为传世文物、出土文物和革命文物以及工艺品四大类。其类别有石器、陶瓷器、铜器、铁器、木雕、石雕、石刻、金银器、玉器、字画、古书、钱币等，总计4159件，其中一级藏品6件(套)，二级藏品7件(套)，三级藏品31件(套)。

英山县博物馆建有专门的文物库房和配备相应的保护设施，严格按照《藏品管理办法》的各项规定进行管理。凡是具有历史、艺术或科学价值的一、二、三级藏品，经省级文物鉴定委员会专家组的严格鉴定，并建立文物藏品建档备案和电子文本；藏品的保管工作做到制度健全、账目清楚、鉴定确切、编目详明；运用传统方法对一些破损藏品器物进行修复保存；库房内配备必要安全防火器材；严格按照《博物馆安全保卫规定》和二级风险等级安全防护规定要求，馆内设立安全保卫部，选配专职保卫干部，重点部位安装技术安防设备和综合报警监控系统设施，落实完善了各项安全保卫制度，配备专职保卫人员坚持24小时双人值守。

七、博物馆建设

筹建中国英山毕昇活字印刷博物馆，建筑面积4268平方米，建设内容包括展陈区、藏品库技术区、纪念区三个功能部分，同时进行停车场、道路硬化、活字广场、毕昇牌坊、毕昇湖和园林绿化建设及设备购置等，主要建筑工程情况如下：

(一)展陈区(综合陈列馆，文史资料馆)

现英山县博物馆拥有毕昇相关藏品328件，本工程考虑到日常陈列布展，结合展柜和安防等设施的布局，每件展品平均占有面积不少于5平方米，毕昇研究珍贵图片有1200张，珍贵图片占有面积不少于0.5平方米。因此，综合陈列馆建筑面积为2000平方米，综合陈列馆共设6个展厅，其中固定展厅5个，临时展厅1个。固定陈列包括“毕昇生平生活简介”、“活字印刷术的发明”、“毕昇的发现、研究和确认”、“毕昇活字作坊，观众互动区、音像播放”、“毕昇墓、毕昇故居、毕宰相府还原场馆”、“英山宋代文物展”。

(二)文物库房(藏品库及技术区)

本项目的藏品库房共设计为两层，一层主要对珍贵文物以及对温湿度，有害生物敏感的文物、漆器、陶器为主，二层存放超重，超大藏品(如大型青铜器、石碑等)以及保存条件对温湿度要求不是很苛刻的藏品(如玉器、瓷器等)，同时按规定和要求设保管装备安置储藏室和安全监控室、文物复制、修复室等技术功能室，整个项目藏品区及技术区(文物库房)总建筑面积642平方米。

(三)科技楼

根据项目建筑单位的机构设置，中国英山毕昇活字印刷博物设置保管部（文物修复)、研究部、宣教陈列部、保卫部、开发部5个部门负责博物馆毕昇文化研究工作的运作与管理，其中保管部、研究部负责毕昇文化的研究、文物保护等，宣教陈列部职责是结合文物特点，开展各种专题讲解、展览；

开发部的职责是收集观众的各项建议，有针对性的开发相关产品；保卫部通过先进的监控技术，保卫人员和保安犬要确保馆藏文物及其他设施设备安全。

（四）配套服务设施

根据专题馆的要求，设立中国英山毕昇活字印刷术纪念馆一整套设施，供人民群众瞻仰和缅怀，建设内容有毕昇休闲园林、活字广场、毕昇铜像、人工湖（洗泥湖）、妙音桥、亭台、诗文碑刻长廊等。

浠水县博物馆

Xishui County Museum

馆　　长　岑东明
地　　址　湖北省浠水县清泉镇新华正街349号
邮政编码　438200
联系电话　0713-4232721
网　　址　www.xsbwg.com.cn
隶属关系　浠水县文化局
性　　质　国有
建筑面积　600平方米
展厅面积　600平方米
占地面积　4500平方米

馆址环境　坐落在浠水文庙内，南临浠水河，背靠儒学巷，西临新华正街。

历史沿革　1952年，浠水人民政府设立文物保管室。1954年，文物保管室更名为县文物保管处，办公地点迁入浠水文庙。1958年，浠水县博物馆正式成立并对外开放。“文革”期间，浠水县博物馆并入县文化馆。1978年，博物馆从文化馆分离，恢复为独立的博物馆。

开放时间　8:00—17:00（周一闭馆）

服务设施　停车场、休息区等。

交通状况　浠水县内公交线路3路到南门口下车向南行50米。

概　况

浠水县博物馆是一座综合性博物馆，1958年正式成立并依托文庙而设。博物馆现占地面积4500平方米，其中古建筑文庙占地1700平方米，建筑面积1100平方米，现代建筑（库房兼办公）面积600平方米。文庙又名儒学，始建于宋，清同治八年（1869）重修，保存至今有大成殿、崇圣祠、尊经阁、棂星门、东西庑。

博物馆馆藏文物51021件，其中古籍线装书43000余册，善本3096册；珍贵文物中一级文物17件（套）、二级文物104件（套）、三级文物404件（套）。现有三个展厅和一个石刻碑廊，展陈面积600平方米。

2008年正式对外免费开放。

一、机构设置与人员情况

浠水县博物馆隶属于浠水县文化局，属国家全额拨款的事业单位。设有办公室、考古部、陈列部、安全保卫部、文物保管部，核定人员编制数9人。

全馆现有专业技术人员15人，具有中级职称8人，初级职称5人，技术工2人；设馆长1人、副馆长2人，办公室2人，考古部2人，陈列部4人，安全保卫部2人，文物保管部2人。职工中大学本科学历2人，大专学历6人；年龄结构分布为50岁以上2人，40岁至50岁6人，30岁至40岁6人，20岁至30岁1人。

二、展览陈列

基本陈列

2008年，为贯彻国家文物局国有博物馆、纪念馆免费开放的精神，浠水县博物馆先后设计制作了“浠水革命史”、“精品书画”、“浠水历史名人”三个基本陈列，每年接待观众10余万人次。

“浠水革命史”以时间为线，分别介绍了大革命时期、土地革命时期、抗日战争时期、解放战争时期浠水县的革命斗争历程，以主要革命事件和重点革命人物突出表现了党对革命斗争的领导以及不同时期浠水党组织的发展情况。展览以图片为主，辅以场景设置和革命文物，图文并茂。

“浠水历史名人”遴选了从宋至近代各个时期56位浠水名人进行介绍，其他名人则以列表形式进行体现。在充分尊重历史的条件下，通过文字、图片、实物相结合的方式对浠水名人介绍，展览在设计上采用传统风格布局与环境谐调而统一，体现了浠水人文历史。

“精品书画”从馆藏书画中选取了近40幅字画进行展出，大部分字画为清至民国时期本籍人士所创作并保留下来的精品，如苏钟贞书法、蔡夔龙的蝴蝶画等。

专题陈列

自20世纪80年代至今，先后举办了“一代伟人——邓小平”、“97香港回归”、“浠水文庙及儒家文化”、“浠水县文物普查成果展”、“浠水党史”、“郑宇书法作品展”、“徐扶亚个人画作展”等。

三、科学研究

浠水县博物馆专业工作人员立足馆藏及野外考古展开相关研究工作，在国家、省级专业刊物上发表各类学术论文，出版了《陈沆状元诗文选》、《元明清名人书画选——浠水县博物馆收藏》、《浠水考古发现与研究》等著作。

四、社教、开放工作

免费开放以来，博物馆坚持每周二至周日开放，达到每天9小时、每周6天、每年300天的开馆要求。先后组织工作人员外出学习，进行普通话培训和专业知识培训，积极参加各类讲解员培训班和比赛。年接待观众10余万人次。

博物馆还积极开展中、小学校外教育活动，与城区近20所中、小学校签订“爱国主义教育基地”协议，和10余家企事业单位签订了”德育基地”协议。

结合“国际博物馆日”、“中国文化遗产日”等活动，广泛开展社会教育、社会服务、宣传展示活动。多次举办流动展览深入学校、社区、乡镇巡回展出。

五、文物保护保管工作

浠水县博物馆藏品主要来源于建国初期在土改工作中的收集，一部分来自公安、工商部门的移交及历年来考古发掘出土的文物。藏品分为传世文物、出土文物和革命文物以及工艺品四大类。有古籍、陶瓷器、铜器、铁器、木雕、石雕、石刻、玉器、字画、钱币、印章、丝织等，总计51021件，其中一级藏品17件（套），二级藏品104件（套），三级藏品404件（套）。重要藏品有西周铭铜盘、宋代青瓷执壶、宋代龙泉窑水盂、曾国藩对印、琦善田黄石印、1927年湖北省第一次农民代表大会证章等。

2005年，浠水县博物馆开展了"文物调查及数据库管理系统建设"工作。2007年，完成馆藏三级以上(含三级)珍贵文物信息采集工作，文物档案管理及信息化建设水平得到较大提升。2010年，建成了恒温恒湿的善本书库。

博物馆建有专门的文物库房，按照《博物馆安全保卫规定》和一级风险等级安全防护规定要求，重点要害部位安装技术安防设备和综合报警监控系统。设立安全保卫部，落实完善各项安全保卫制度，配备专职保卫人员值班。

浠水县闻一多纪念馆

Xishui Wen Yiduo Memorial Hall

馆　　长　王锦华
地　　址　浠水县清泉镇红烛路1号
邮政编码　438200
电　　话　0713-4215603
　　　　　　0713-4215581
传　　真　0713-4215601
网　　址　http://www.wenyiduo.net/
电子邮箱　757889846@qq.com
隶属关系　浠水县文化局
性　　质　国有
建筑性质　庭院式仿古建筑
建筑面积　2500平方米
展厅面积　1100平方米
占地面积　10000平方米

馆址环境　位于浠水县清泉镇红烛路1号，坐落在浠水县城千年古刹"清泉寺"遗址上，农民起义领袖徐寿辉曾在此建都，国号"天完"。距京九铁路浠水站5公里、大广北高速公路5公里、黄黄高速公路25公里。

开放时间　8:00—17:00(每周一为闭馆时间，法定节假日或周一恰遇法定节假日照常对外开放)

服务设施　停车场、物品寄存、休息区、音响扩音器材等。

交通状况　浠水县内乘公交线路3路、8路到闻一多纪念馆门楼下往行350米即到。

概　况

闻一多纪念馆是1984年5月浠水县委、县政府向中共中央宣传部请示兴建，1984年7月得到批示同意兴建。1988年1月奠基，1991年7月底主体工程竣工，1993年5月18日建成并对外开放。闻一多纪念馆是社会科学类名人专题纪念馆，承载着科学研究和对社会进行历史文化宣传和教育，对观众进行爱国主义思想教育、革命传统教育的责任。

原中共中央总书记胡耀邦、江泽民，民盟中央主席楚图南分别为闻一多纪念馆题写了馆名。闻一多纪念馆是"全国爱国主义教育示范基地"，"国家三级博物馆"，"国家AA级旅游景区"。

闻一多纪念馆于2008年5月1日对社会免费开放，免费开放后年接待观众超过10万人次。在弘扬爱国主义精神，培育观众爱国情操，促进精神文明建设发挥着重要作用。

一、机构设置与人员情况

闻一多纪念馆隶属浠水县文化局，国有

全额拨款事业性单位，县编办核定编制 7 人。机构设置为：办公室、保卫部、陈列宣传部、财务部、服务部。

现有专业技术人员 18 人，副高职称 2 人，中级职称 5 人，初级职称 3 人，技术工 2 人；1 人职前本科学历，3 人职后本科学历，6 人大专学历，4 人中专学历。其中办公室 4 人，保卫部 2 人，陈列宣传部 3 人，财务部 2 人，服务部 2 人，馆长主持全馆日常工作。年龄结构分布为 50 岁以上 5 人，40 岁至 50 岁 5 人，30 岁至 40 岁 8 人。

二、展陈工作

基本陈列

闻一多纪念馆基本陈列是“闻一多生平事迹简史”。其内容为：闻一多铜像、“红烛序曲”、“闻一多生平事迹简史”。闻一多铜像通高 3.9 米，其中像高 2.5 米，基座高 1.4 米，像全身为青铜铸造，基座为钢筋混凝土立方体结构，朴素大方，肃穆典雅。外表镶嵌墨玉花岗岩，黑里透亮，正面镌刻着原民盟中央主席楚图南书写的“闻一多”三个金字，熠熠生辉，赫然夺目。进入序厅，迎面是通高 4 米、全长 14 米的巨幅壁画《红烛序曲》。黑红金为主的色调，立刻把观众带人一种庄严、悲怆、激越的气氛之中。布满墙面的、默默燃烧着的红烛群落，以闪烁的光芒，引发出悲壮奔腾的烈焰，又渐渐变为昂首回旋、隐约可见的凤鸟，寓意凤凰涅槃的崇高精神境界。

“闻一多生平事迹简史”分六章介绍闻一多生平事迹。1.“风华少年，佼佼学子”介绍闻一多青少年时期学习、生活历程；2.“华夏红烛，一代诗骄”介绍闻一多在美留学期间和归国最初几年的新诗成就和新诗理论；3.“博古通今，学贯中西”介绍闻一多潜心古籍、研究古代文学的造诣；4.“拍案而起，血洒千秋”介绍闻一多走出书斋，投身民主运动，为寻找“咱们的中国”而献身的历程；5.“精笔书画，游心佳冻”精选闻一多的 2 幅绘画，23 帧书刊设计，38 幅书法和 62 方篆刻作品，从而展示他的艺术成就；6.“人民英烈，永垂不朽”介绍全国人民以各种形式缅怀烈士的活动以及海内外研究闻一多学术思想的成果。展墙的设计，采用碑林式，一碑一烛，独到新颖，寓意红烛精神贯穿始终。

专题陈列

1.“诗人、学者、爱国民主战士闻一多图片展”是为社区、大中小学校及边远山区流动巡回展览服务的长期专题陈列。它曾先后在武汉六中、水果湖中学，黄石市、浠水县境内、周边地区的中小学、社区巡回展览，受到了一致好评。

2.“闻一多先生生平事迹展”。2004 年 12 月 11 日，在澳门南光大厦二楼展览厅陈列。澳门行政长官何厚铧，全国人大前副委员长彭佩云、王汉斌，中联办副主任徐泽，澳门基金会行政委员会主席吴荣恪，闻一多先生家属代表闻立雕等参观了展览，并给予了高度评价。

三、科研工作

为加深对闻一多思想学术的研究和宣传，闻一多纪念馆成立了“闻一多思想学术宣传研究小组”。研究小组人员结构合理，除本单位专业技术人员、业务骨干参与外，还外聘有专家。其中有副研究馆员 2 人，馆员 2 人，中学高级教师 2 人。

“闻一多思想学术宣传研究小组”分别于 1998 年、2002 年、2006 年向“闻一多国际学术研讨会”提供《试论闻一多人格的根源特质——“真”》、《关于改“文”为“闻”的考证》、《闻一多精神的教育资源作用》三篇学术论文，并分别在闻一多研究集刊发表。通过其他媒体发表了《关于改“文”为“闻”说》、

《闻一多是文天祥的后裔吗？》、《闻一多与文天祥同根共祖》、《闻一多精神是爱国主义教育的典范》等17篇学术研究论文。创建了“闻一多纪念碑廊”、出版了《红烛书画选萃》、主办了“千古文章未尽才——闻一多先生生平事迹展”、“诗人、学者、爱国民主战士闻一多”、“闻一多先生生平图片展”、“人格完美形象永立——闻一多生平事迹图片展”巡回展览。

四、社教、开放工作

闻一多纪念馆始终以弘扬闻一多爱国主义精神为主题，充分利用群众活动这一良好的载体对人们进行爱国主义思想教育，抓住重要节日、纪念日等契机，举办社会性的庆典和纪念活动。不定期举办画展、菊展、盆景展和接待或组织夏令营、“手拉手”、“新长征”、“湖北文化之旅——泰国华裔青少年冬令营”、“川鄂百名书画家进警营”等活动；举行免费开放启动仪式，在繁华街道处设立横幅，在县电视台、人民广场电子屏打出滚动字幕进行免费开放宣传并制作了免费开放宣传专题片。

成功举办了闻一多先生殉难50周年、闻一多先生诞辰100周年、闻一多先生诞辰110周年、“迎澳门回归，告慰闻一多先生”、“纪念闻一多先生诞辰 110 周年名家书画展”等系列纪念或庆典活动。组织了“闻一多杯硬笔书法大奖赛”、“首届闻一多杯全国诗书画大赛”、“闻一多杯中小学生作文比赛”和“当代书画名家作品征集”等全国性的活动。在闻一多先生诞辰100周年纪念活动中，开展了爱国主义教育活动周，组织了千余人的大型凭吊活动，召开了纪念大会，举办了专场文艺演出。圆满组织了中国民主同盟中央委员会、中共湖北省委主办的“闻一多故乡行”活动；举行了民盟中央授予闻一多纪念馆“中国民主同盟中央委员会盟员教育基地”授匾仪式；邀请专家学者主讲了“闻一多的红烛精神”，“闻一多与爱国主义”等讲座。

闻一多纪念馆还与学校建立课堂教学与博物馆活动相结合的机制，与共青团湖北省委、湖北电视台妇女少儿频道共同主办的“不灭的红烛——少年儿童闻一多故乡行”大型爱国主义直播活动等。

闻一多纪念馆编写出版了《闻一多的故事》、《纪念闻一多诞辰100周年专辑》等书，编印了《红烛导读》、《闻一多纪念馆简介画册》、《红烛纪念邮册》、《碑廊简介》，《红烛书画选萃》，制作了以“七子之歌”为主题的纪念牌匾等。经常性协助中央电视台、中国旅游卫视、湖北电视台、湖北卫视、武汉电视台、上海电视台、黄石电视台等多家电视台拍摄了《爱我中华》、《闻一多纪念馆》、《人民英模——闻一多》、《快乐中国行》、《8+1城市圈，走进名人故里》、《大师——闻一多》、《闻一多》、《最后一次演讲》等宣传闻一多及闻一多纪念馆的电视专题片。

闻一多纪念馆还把请观众进来和送展览出去作为传播知识和进行爱国主义教育的重要手段之一。上山下乡，深入基层走进社区，组织观众，邀请中小学生来馆接受爱国教育。推出流动展览，走进边远山区和邻近县市巡回展出，使闻一多“走进校园，走近观众”。首批加盟海派（湖北）旅游景点，积极参加各地举办的旅游推介会。与机关事业单位进行爱国主义教育基地共建，实行基地共建、资源共享，先后有60多个学校、机关事业单位、社会团体及部队在闻一多纪念馆挂牌建立爱国主义教育基地、德育基地或国防教育基地。

2008年，闻一多纪念馆对全社会免费开放后，年接待观众超过10万人次。在免费开放服务工作方面，认真做好免费为学校集体、社会团体提供音响、扩音器及《七子之歌》等爱国歌曲；为学生集体活动制作横幅、标语和入党、入团、入队宣誓词牌；免费为观众供应开水；协助学校、旅行团体等观众联系食宿交通；为各学校、团体举行爱国主义教育活动提供免费宣传资料；在展厅内设置休息椅；为观众提供物品免费寄存等；高质量，高标准为观众提供有偿讲解服务等。

闻一多纪念馆充分利用馆藏品、科学研究成果及爱国主义教育资源对社会进行历史文化宣传和教育，对公众进行爱国主义思想教育、革命传统教育，促进精神文明建设发挥着积极作用。

五、文物保护保管工作

闻一多纪念馆文物藏品均系近现代文物，分别是闻一多亲属，闻一多的学生、朋友，闻氏族人及社会人士捐赠或通过征集所得。其中部分珍贵的字画、图书、报刊资料、照片、音像资料等文物藏品都是自开馆至今通过购置、收集、社会宣传机构的捐赠和重要领导人、艺术家、学者、文化名人为闻一多纪念馆或闻一多先生题写所得。现有藏品4200件，其中一级文物9件、二级文物12件、三级文物10件，其他珍贵藏品2000件。馆藏品类别有金属、石质、木质、皮质、毛料质、棉质、纸质、陶瓷。其中金属、石质、木质、陶瓷类60件；皮质、毛料质、棉质50件；纸质4100件。

依据《中华人民共和国文物保护法》、《博物馆藏品管理办法》等法规，闻一多纪念馆坚持以“保护为主、抢救第一、合理运用、加强管理”的方针加强馆藏文物保护。馆藏品均在自然条件下保存，在加强对文物库房基本建设的同时，对藏品进行了分类，配有专门的存放柜存放。专职藏品保管员经常性利用自然通风或调湿材料控制库房温湿环境，定期对藏品进行检查并协助专家对纸质文物进行脱酸保护、熏蒸灭霉、褶皱展平、字迹恢复及纸张加固保护；对木质类文物进行熏蒸灭霉、复原修复保护；对皮革类文物进行熏蒸灭霉、复原修复保护；对纺织类文物进行清洗、防霉防虫、修复加固保护；对金属类文物进行除锈、修复保护。在人防和技防的措施下，馆藏文物得到有效防护，极大阻止或延缓藏品自然毁坏过程。

蕲春县博物馆

Qichun County Museum

馆　　长　段涛涛
地　　址　湖北省蕲春县漕河镇文化广场
邮政编码　435300
联系电话　0713-7217281　7228945
电子信箱　qcbwg@126.com
隶属关系　蕲春县文化体育局
性　　质　国有
建筑性质　现代仿古建筑
建筑面积　1000平方米
展厅面积　500平方米
占地面积　10000平方米

馆址环境　坐落在蕲春县漕河镇齐昌大道西文化广场人工湖畔，东临人工湖，南隔蕲漕大道与县会展中心、城东工业园相望。

历史沿革　1950年，蕲春县文化馆成

立，兼负全县文物工作。1980年，蕲春县李时珍墓文物保管所在李时珍墓地成立，专职负责全县文物工作。1991年，蕲春县博物馆成立。同时，成立蕲春县教授名人馆、黄侃纪念馆（筹），在蕲春县博物馆挂牌。1996年，蕲春县博物馆购买同院蕲春县文化局老三层楼作为办公楼。2006年，蕲春县博物馆整体迁至漕河镇人工湖畔。

开放时间　8:00—17:00（周一闭馆）

服务设施　停车场、物品寄存、休息区、无障碍参观服务等。

交通状况　蕲春县内公交线路：文化广场——清水河、漕河——蕲州文化广场往西300米。

概　况

蕲春县博物馆是一座综合性博物馆，承担着蕲春县境内的文博业务指导工作，在文物收藏保护、展览陈列、科学研究、社会教育等方面发挥着重要的作用。

蕲春县博物馆于1991年正式成立。1992年在蕲州镇南门建设蕲春县教授名人馆和黄侃纪念馆，1995年，蕲春教授名人展对外开放。2006年，博物馆办公楼迁至漕河镇文化广场，占地面积1万平方米，建筑面积1000平方米；馆藏文物5000余件，其中，一级藏品18件（套），二级藏品35件（套），三级藏品100件（套）。

现馆舍为仿古结构，对外开放的为一期工程南楼上下两个展厅，面积近500平方米，2008年正式对外免费开放。

一、机构设置与人员情况

蕲春县博物馆隶属于蕲春县文体局，属全额拨款事业单位。设有办公室、业务室、陈列部、安全保卫部、装裱室，核定人员编制数12人。

全馆现有专业技术人员10人，具有中级职称4人，初级职称4人，技术工2人；设馆长1名、书记1名、副馆长2名、工会主席1名，办公室2人（含资料室1人），业务室4人（3人为班子成员兼职），陈列部2人，安全保卫部2人。其中大专学历5人。年龄结构分布为50岁以上4人，40岁至50岁4人，30岁至40岁3人，20岁至30岁1人。

二、展览陈列

基本陈列

1995年至2007年，蕲春县博物馆保持着500平方米的基本陈列——“蕲春县教授名人展”。

2008年，利用免费开放专项经费，对馆舍进行了装修与布展，现有“皇族遗风——荆王府出土文物专题陈列”基本陈列，每年接待观众12.5万人次。

“皇族遗风——荆王府出土文物专题陈列”展出金、银、铜、瓷、木雕等类别荆王府相关文物藏品共计70余件。展览分三个部分：第一部分为“迁府蕲州　世袭十代”，通过荆王府世系、建筑、人物、社会交往、张献忠部队火烧荆王府等板块，全面展示了荆王府从建府到兴盛、从兴盛到衰落的过程；第二部分为“出土文物　皇家风范”，通过荆王、郡王、镇国将军、辅国将军等各等级王室成员墓葬出土文物，全面展示了荆王府富足奢华、随葬品艺术卓绝的皇家风范；第三部分为“流徙民间　回归平淡”，通过荆王后裔在清朝时期的流徙分布、朱氏宗谱、建筑遗存、代表人物等板块，全面展示了荆王后裔的生存、生活情况。

专题陈列

自2008年蕲春县博物馆新馆免费对外开放后，利用南楼临时展厅，相继举办了“馆藏古字画精品展”（复制品）、“蕲春历史名人展”、“墓碑石刻展”等专题展览，广受群众欢迎。

2011年6月28日，蕲春县博物馆馆藏100余件精品文物参加了“荆楚英华——全省博物馆馆藏文物精品联展”，受到社会各界的广泛关注和好评。

三、科学研究

蕲春县博物馆工作者先后在各类专业刊物上发表多篇学术论文:《论良金铜钱牌的货币文化特征》、《蕲春近年来出土的墓碑解析》、《从鄂东古民居的格局看先民们的文化理念》、《湖北蕲春出土的元代银锭》、《“朱常言”墓所葬荆王考》、《蕲春县博物馆馆藏宋代金器》、《荆王府与昭化寺》、《蒋山摩崖石刻考》等。

四、社会教育

近年来，博物馆围绕免费开放做了大量的工作。结合本馆实际，制定了做好免费开放的一系列规章制度，如工作人员常规性职责，安全责任管理制度，免费开放门票操作规定，观众须知，免费开放时间通知，保安工作规定，保安服务守则。坚持按照规定实行全天开放，确保每年300天的开馆要求。

采取“走出去，请进来”的方法，请专家来馆讲课培训，进行普通话培训和专业知识培训，规范讲解词，积极参加省文物局组织的各类讲解员培训班和比赛；从黄冈二技校、蕲春一中等学校的应征者中聘请高素质、有敬业精神的志愿者，充实博物馆讲解员队伍。

蕲春县博物馆免费开放后，观众流量不断上升，至2010年底，年接待观众量近10万人次，与免费开放之前相比提高了70%。

积极开展大、中、小学校外教育活动，目前已成为数十所大、中、小学和职业、技术学校的校外教育基地、爱国主义教育基地。

结合“国际博物馆日”、“中国文化遗产日”等活动，积极开展社会教育、社会服务、宣传展示活动。在全国第三次文物普查中，蕲春县博物馆在田间地头发现并入藏一批石碑石刻，举办了“墓碑石刻展”。

五、文物保护保管工作

蕲春县博物馆的文物来源主要依靠考古发掘、征集、上缴(交)、捐赠、收购等途径取得。现有的文物藏品中，绝大多数为考古发掘的出土文物。蕲春县博物馆文物藏品分为传世文物、出土文物和革命文物以及工艺品四大类。有石器、陶瓷器、铜器、铁器、木雕、石雕、石刻、金银器、玉器、字画、古书、钱币等，总计5000余件，其中一级藏品18件(套)，二级藏品35件(套)，三级藏品100件套。

重要藏品有毛家咀西周遗址出土的一批青铜器窖藏；战国时期窖藏良金系列钱币，尤其良金二铢为孤品；宋代罗州城遗址出土的窖藏29件金器在国内罕见；明朝荆王府王室成员墓葬出土的文物在全国享有盛名，可以与南京博物院、湖北省博物馆等馆藏的明藩王出土文物相媲美。

2005年，蕲春县博物馆开展“文物调查及数据库管理系统建设”工作，完成馆藏珍贵文物的数据库登录。

蕲春县博物馆建有专门的文物库房和配备相应的保护设施，按照《藏品管理办法》的各项规定进行管理。2010年，将省博物馆淘汰的文物储藏柜利用，并购买了部分保险柜，改善了库房文物的存放保管条件；建立文物藏品建档备案和电子文本；藏的保管工作做到制度健全、账目清楚；库房内配备必要安全防火器材；按照《博物馆安全保卫规定》和二级风险等级安全防护规定要求，设立安全保卫部，选配专职保卫干部，重点要害部位安装技术安防设备和综合报警监控系统设施，落实完善各项安全保卫制度,配备专职保卫人员值班。

六、博物馆建设

蕲春县博物馆新馆建设列入蕲春县“十一五”期间社会发展重要项目。

2006年2月，蕲春县博物馆新馆一期工程开工建设,同年12月18日完工。新馆总占地面积1万平方米，建筑面积1000平方米,投资120万元,仿明清建筑风格。2007年至2009年，蕲春县博物馆筹资100万元对新馆一期工程进行装修、布展对外免费开放。

蕲春县博物馆建设二期工程已经列入县政府“十二五”规划。

黄梅县博物馆

Huangmei County Museum

馆　　长　聂习国
地　　址　湖北省黄梅县黄梅镇五祖大道134号
邮政编码　435500
联系电话　0713-3339608
电子信箱　1372288217@qq.com
隶属关系　黄梅县文化局
性　　质　国有
建筑性质　现代仿古建筑
建筑面积　1720平方米
展厅面积　1120平方米
占地面积　6600平方米

馆址环境　坐落在黄梅县城五祖大道，北临县文化局,东与县人民医院隔路相望。

历史沿革　1979年前，县文物工作由县文化馆代管。1980年，成立黄梅县五祖寺文物管理所。1984年12月,更名为黄梅县博物馆。

开放时间　8.30—17:00(双休闭馆)

服务设施　停车场、休息区、无障碍参观服务等。

交通状况　黄梅县内公交2路车到县人民医院下车往西20米。

概　况

黄梅县博物馆是一座综合性博物馆,承担着黄梅县境内的文博保护工作，在文物收藏保护、展览陈列、科学研究、社会教育等方面发挥着重要的作用。

黄梅县博物馆其前身为“五祖寺文物管理所”，原设在五祖寺寺院内。1984年12月,更名为黄梅县博物馆,馆址移至黄梅镇五祖大道134号。占地面积6700平方米，建筑面积3210平方米;馆藏文物10016件，其中一级文物5件、三级以上文物129件(套)。现馆址为院落式结构，主体大楼建在院内中心部位,对外开放的为一、二楼南北四个展厅,面积近1120平方米,2008年7月,正式对外免费开放。

一、机构设置与人员情况

黄梅县博物馆隶属于黄梅县文化局,属国家全额拨款的事业单位。现设有办公室、业务部、陈列部、文保卫部，核定人员编制数23人。

全馆现有专业技术人员23人。其中，

副高职称1人,中级职称13人,初级职称4人,技术工5人;其中馆长1名、副馆长4名,办公室6人(含资料室1人),业务部4人,陈列部4人,文保部4人。大专学历6人。年龄结构分布为50岁以上6人,40岁至50岁9人,30岁至40岁7人,20岁至30岁1人。

二、展览陈列

基本陈列

1986年至2007年,黄梅县博物馆保持着400平方米的基本陈列,有“黄梅焦墩卵石摆塑龙展”、“黄梅历史文物展”、“黄梅古今名人字画展”等。

2008年,黄梅县博物馆利用免费开放专项经费,对馆舍和展厅进行了重修装修与布展,现有“黄梅挑花文化展”、“黄梅历代进士展”、“黄梅焦墩卵石摆塑龙展”和“黄梅戏文化展”等4个基本陈列,举办了“广州黄梅籍吴玉成先生捐赠收藏品展”、“黄梅人书画展”等两个专题展。每年接待观众4.5万余人次。

“黄梅挑花文化展”通过展示国家级挑花传承人、省级挑花传承人及历代传承人的作品并利用现代展览手法,展示黄梅挑花的形成、发展和艺术特色。作品主要来源于黄梅蔡山、新开、孔垅、分路、刘佐、小池等地,通过展示充分反映了挑花姑娘们美好心灵,劳动智慧。展览共分为“起源、文化特色”、“种类、艺术成就”、“名家、优秀作品”、“传承、发展创新”等四大部分。

“黄梅戏文化展”运用120多幅照片制作出展牌20余幅,展示黄梅戏形成和发展的过程,从畈腔、小调、歌舞、说唱文学等民间艺术的黄梅采茶戏,发展为一种质朴清新、甜丽流畅,带有黄梅泥土芬芳的地方戏。展览共分为“起源与孕育”、“流播与形成”、“发展与传承”、“成就与辉煌”等四大部分。

专题陈列

2000年以来,先后举办了“楚天风云百年”、“北京故宫·清代帝后生活用品展览”、“纪念建党八十周年”、“纪念邓小平诞辰一百周年”、“纪念抗日战争胜利六十周年”和“百年奥运图片展”、“海洋动物展”、“庆七一、迎港归黄梅摄影作品展”、“广州黄梅籍吴玉成先生捐赠收藏品展”、“黄梅人书画展”十多个展览。

三、科学研究

黄梅县物馆的业务工作人员除了及时做好野外调查工作外,在国家、省级专业刊物上发表各类文章。2000年,配合中国社会科学院考古研究所长江考古队共同编制《黄梅塞墩》一书。

四、社会教育、开放工作

近年来,博物馆围绕免费开放,制定切实可行的管理制度,规范管理运行。如工作人员常规性职责,安全责任管理制度,免费开放门票操作规定,观众须知,免费开放时间通知,保安工作规定,保安服务守则。严格按照规定,达到每年300天的开馆要求,制作了台账,对每天观众流量进行了登记。

黄梅县博物馆免费开放后,观众流量不断上升,至2010年底,年接待观众量近4.5万人次,与免费开放之前相比提高了70%。

为更好地为社会服务,黄梅县博物馆积极开展中、小学校外教育活动,已与县城四所中、小学学校签订“爱国主义教育基地”协议。

结合“国际博物馆日”、“中国文化遗产日”等活动,多层次、多渠道地开展社会教育、社会服务、宣传展示工作。

五、文物保护保管工作

黄梅县博物馆的文物来源，主要是70年代末县文化馆移交的文物和80年代初至2010年，县文物部们通过发掘、征集、捐赠、收购等途径获得。现有的文物藏品中，绝大多数为移交文物。藏品分为传世文物、出土文物和革命文物以民俗文物四大类。有石器、陶瓷器、铜器、铁器、木雕、石雕、石刻、金银器、玉器、字画、古书、钱币等，总计10016件，其中一级藏品5件（套），二级藏品28件（套），三级藏品92件（套）。

重要藏品有元花牡丹塔盖瓶、元青花玉壶春瓶、唐绞胎瓷枕、辽代统军万户之印，是研究古代黄梅历史发展的重要实物资料。

2005年，开展"文物调查及数据库管理系统建设"工作。2006年，黄梅县博物馆作为全市的试点县，在全市率先完成馆藏三级以上（含三级）珍贵文物信息采集工作，文物档案管理及信息化建设水平得到较大提升。2010年，黄梅县博物馆启动了馆藏一般文物的信息采集工作。

黄梅县博物馆设有专门的文物库房，配备相应的保护设施，按照《藏品管理办法》的各项规定进行管理。建立文物藏品建档备案和电子文本；藏品的保管工作做到制度健全、账目清楚；库房内配备必要的安全防火器材；按照《博物馆安全保卫规定》和二级风险等级安全防护规定要求，设立安全保卫部，选配专职保卫干部，重点要害部位安装技术安防设备和综合报警监控系统设施，落实完善了各项安全保卫制度。

六、博物馆建设

黄梅县博物馆新馆建设是黄梅县"十二五"期间十大建设项目之一。自立项以来，一直受到县委、县政府领导的重视和关注。黄梅县博物馆新馆位于黄梅县北二环市民广场东侧，建设用地23000平方米。总投资概算6000万元，主楼面积5000平方米。主楼为三层，由陈列展区、藏品库区、技术和学术研究区、办公区及观众服务区等组成。新馆计划建设期为三年，2010年前奠基，2012年封顶，2014年建成对外开放。

咸　宁

咸宁市分述篇

咸宁市位于湖北省东南部，地处湘鄂赣三省交界的幕阜山北麓，长江中游南岸。下辖咸安区、通山县、崇阳县、通城县、赤壁市及嘉鱼县等六县（市、区）。全市有7个公共博物馆，3个文管所（李自成陵墓文管所、赤壁古战场遗址文管所、北伐汀泗桥战役遗址文管所）。国保单位2处，省保单位23处，县市级文物保护单位176处，全市境内分布各类文物点2300余处，馆藏文物30000余件。博物馆与文物管理所均属公办性质、隶属于咸宁市及县（市、区）文化体育局下属的全额拨款事业单位。咸宁市列入国家免费开放的博物馆现有4个。全市现有文博工作人员66人，其中副研究员3人，馆员11人；馆藏文物3万余件（套），其中经湖北省文物鉴定委员会鉴定一、二、三级文物千余件（套）。30多年来，全市博物馆坚持“保护为主、抢救第一、加强管理、合理利用”的文物工作方针，认真履行收藏、研究、展示、保护等职能，免费开放工作稳步推进，陈列展览得到提升，对外宣传力度进一步加大，基础设施与人员素质进一步加强，博物馆社会教育职能正日益凸显，公共文化服务功能逐步提升，博物馆作为公益性文化机构的社会价值正逐步实现。通山、崇阳、通城三县的新馆正在建设中，预计2012年底将陆续建成。

咸宁市博物馆

Xianning Municipal Museum

馆　　长　黄大建
地　　址　咸宁市温泉潜山路23号
邮政编码　437100
电　　话　0715-8256759
传　　真　0715-8256759
电子信箱　good1306263512@163.com

隶属关系　咸宁市文化体育新闻出版局
性　　质　国有
建筑性质　现代建筑
建筑面积　2300平方米（新馆建筑面积：10000平方米）
展厅面积　暂无展厅（新馆展厅面积：3500

平方米）

占地面积 2000平方米（新馆占地面积：20000平方米）

馆址环境 坐落在咸宁市温泉潜山路上，东临著名的解放军一九五医院及温泉香吾山公园，西临温泉淦水河，北临咸宁天地小区。

历史沿革 50至60年代无博物馆建制，依托咸宁地区文化局办公，1976年正式成立咸宁地区博物馆，1994年兴建了文物陈列及文物库房综合楼，即为现在的馆址，1998年撤区改市，更名为咸宁市博物馆，由于条件限制，一直未对外开放。2008年9月在咸宁市政府的统一规划下，咸宁市博物馆新馆奠基兴建，2011年年底竣工并将投入使用。

交通状况 公交线路6、7、9路在一九五医院门口下车即到。

概 况

咸宁市博物馆目前位于咸宁市温泉潜山路23号，1976年正式成立咸宁地区博物馆，办公条件简陋，无独立馆舍，1994年在文化部和省文化厅的大力支持下兴建了文物陈列及文物库房综合楼，有了正规的办公地点，其占地面积2000平方米，建筑面积2300平方米。1998年咸宁地区撤区改市，博物馆更名为咸宁市博物馆，由于条件限制，一直没有进行文物陈列展览，也未对外开放。只进行文物收藏保护、科学研究、考古发掘、人才培养、博物馆建设以及全市文博工作的统筹指导。随着咸宁市社会经济的不断发展，在各级领导和社会各界的重视和关怀下，咸宁市博物馆在各方面都取得了很大的进步，2008年9月，咸宁市博物馆新馆正式奠基兴建，计划2011年年底竣工并将投入使用。博物馆新馆建成后，将更好地承担全市文博事业发展的重任，在文物收藏保护、陈列展览、科学研究、社会教育等方面发挥重要作用。

咸宁市博物馆是咸宁市市属综合性博物馆，属财政全额拨款的事业单位，全馆编制人员9人，现有干部职工10人。本科学历2人、大专学历4人、中专学历3人。目前副高职称3人，中级职称3人，助理职称4人。实行馆长负责制，馆长1名、副馆长2名。下设办公室、考古部、财务室、图书室。各科室各司其职，严格按照规章制度，工作计划，认真完成年度工作任务。

咸宁市博物馆自1976年成立已来，一直承担着全市文博事业的重点工作，全市辖区内原有7个县市博物馆，分别为：咸安区博物馆（原为咸宁市）、通山县博物馆、崇阳县博物馆、通城县博物馆、赤壁市博物馆、嘉鱼县博物馆、阳新县博物馆（后阳新县划归黄石市管辖）。各县市博物馆多年来在条件艰苦，工作环境简陋，经济来源不充足的情况下，为保护国家文物，传承历史文化，发展博物馆事业等方面，做了大量的工作。各县市博物馆业务能力参差不齐，但并没有影响全市文博事业的发展。多年来，在省、市业务部门的尽心指导和大力支持下，在各级领导的重视和关怀下，各项业务工作和博物馆建设取得了长足的发展，并取得了可喜的成绩。1998年，赤壁市博物馆新馆正式奠基兴建，2002年元月正式对外开放，2008年5月对外免费开放。通山县博物馆于2008年1月1日正式对外免费开放。2006年咸安区博物馆在汀泗桥镇107国道边，兴建北伐汀泗桥战役纪念馆，占地面积4000平方米，建筑面积1600平方米，总投资480万元，于2008年10月1日正式对外免费开放，同时，咸安区博物馆馆址也迁至纪念馆内。其他县馆在原有基础上经过修缮均已进行了免费开放，并在积极筹建新馆。2010年，全市三个已对外开放博物馆共接待观众75.6万人次。

多年来咸宁市博物馆虽未对外开放，但在文物收藏保护、考古发掘、科学研究、人才培养、文物保护法律宣传、社会服务活动、博物馆建设等方面均做了大量工作，并取得了较好的成绩。

一、文物收藏安全保护

咸宁市博物馆现有馆藏文物近万件，其中一、二、三级文物1000余件。文物库房面积800平方米。在多年的考古发掘工作中，已修复各类文物上千件。目前征集各类民俗文物400多件。安全工作是博物馆工作中的重中之重，本着“保护为主、抢救第一、合理利用、加强管理”的指导方针开展工作，建立了完善的业务档案，完善了各种类藏品管理制度，严格文物库房安全管理责任制，消防安全责任制，文物安全24小时值班制度，做到制度上墙，责任到人，随时巡查，定期检查，认真排除安全隐患。文物按类别归档上架，一、二、三级文物设立保险柜单独保管，库房由2人管理，文物库房全面安装铁门窗及防盗报警器装置。节假日领导带头值班，带队巡查，做到“安全第一，预防为主”。安全消防方面，文物库房及每层楼面均安装了灭火栓、灭火器，并定时检查和更换。自建馆以来，博物馆没有发生任何安全责任事故。

二、考古发掘

1976年成立博物馆之初，博物馆业务力量较薄弱，但这并没有制约博物馆业务工作的开展，在省业务部门的大力支持下，开展了多项考古发掘工作。1982年进行了第二次全国文物普查工作。1983年对通城和尚垴新石器遗址进行了考古发掘。1984年7月由湖北省考古所及咸宁地区博物馆组成联合工作队对崇阳沙坪镇太平冲春秋战国时期古墓葬群进行了发掘，共发掘春秋至汉代墓葬26座，出土文物60余件；1985年6月由湖北省博物馆研究员陈贤一为领队对白泉商周至春秋时期古文化遗址进行科学考古发掘；1992年又进行了全区的文物复查工作。对经济建设中发现的古遗址、古墓葬进行了抢救性发掘，保护了大量国家珍贵文物。1998至2011十多年期间，咸宁市博物馆参加了几十项文物考古发掘工作，均为国家大型基本建设中文物保护工程。考古发掘工作较多，其中较大型的有：京珠高速公路、武广高速铁路、西气东输管道工程、变电站工程、三峡工程库区文物抢救工程（其中在巴东、秭归、兴山进行了文物发掘工作）、咸宁通山核电工程、河南淅川南水北调工程、杭瑞高速公路、大广南高速公路、湖北荆州南水北调工程、湖北郧县南水北调工程、武咸通高速公路白等文物调查、勘探、文物考古发掘工作。2009—2011年完成了全市第三次全国文物普查工作，普查成果显著，其后期资料工作即将完成。在多项考古发掘工作中，抢救出了大批珍贵文物，为研究咸宁市历史及部分区域历史积累了丰富的第一手资料。在工作中博物馆业务人员提高了业务水平，学到了很多的专业知识，并很好地完成了各项考古发掘任务，得到了上级领导和专家的好评。为博物馆各项业务的开展及博物馆事业的发展打下了坚实的基础。

近年来，博物馆的业务工作较多，在博物馆领导班子的带领下，各项工作都得到了很大发展，得到了上级领导的充分肯定。在2003至2010年期间，6次获得“先进单位”的荣誉称号。

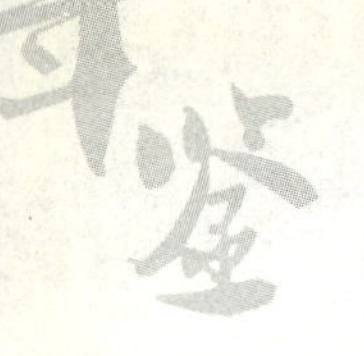

三、科学研究

咸宁市博物馆的科研工作虽然起步较晚，但在大量的考古发掘工作中，积累了丰富的第一手资料。目前在国家级相关学术刊物及考古发掘报告上发表的论文、简报、报告等有数十篇，如《赤壁土城》、《秭归陶家坡》两本专题报告，20余篇论文、简报相继发表在《化石》、《考古》、《三峡考古论文集》、《江汉考古》等刊物上，还有多篇简报、报告仍在整理和编辑中。馆内专业技术人员多次参加相关的学术研讨会。

四、人才培养

早在博物馆成立初期，第一任馆长就十分注重考古专业技术人员的培养，20世纪70至80年代，中国的考古事业才刚刚起步，在条件艰苦，经济状况不好的情况下，博物馆仍然拿出资金鼓励年轻人到大学学习考古专业技术，参加各种文博培训班，全市培训文博专业人员15人。到现在的第三任馆长仍十分注重考古专业人才的培养，积极鼓励业务人员加强业务学习，不断提高业务技能，多出成果，向更高的业务层次发展。博物馆现有职工已大部分达到初、中级专业技术水平，高级专业技术人员3人。除注重专业技术人员的培养外，还注重吸纳各类贤才，以适应现代博物馆发展的要求。博物馆领导班子不但注重本馆专业人员的培养，而且高度重视对各县市博物馆专业人员的培养，不断加强同县市博物馆的业务交流，每到一个发掘工地，都会带上几个县市博物馆的年轻人员到工地学习，给予技术指导，帮助他们提高业务水平。经过多年的努力，各县市博物馆的业务能力都得到了很大提高，为县市博物馆的发展，培养了后备力量。

五、文物保护法律宣传、社会服务活动

咸宁市博物馆在注重业务工作的同时，不断加强文物保护法的宣传力度。虽然没有陈列展览，但仍积极开展各种文物及文物保护的法律宣传活动。积极组织和参与社会服务活动。1994年，全馆职工在馆领导的带领下，在市中心花坛举办文物保护法的宣传，与观众互动，进行有奖问答活动，取得了较好的社会效果。1995年，为配合纪念抗日战争暨世界反法西斯战争胜利50周年，在咸宁地委宣传部、组织部、文化局的组织领导下，在咸宁市艺术学校举办了大型图片展览活动，参观人数达一万余人次，极大地鼓舞了人们的爱国热情。1998年5月，举办“纪念周总理诞辰一百周年大型图片展”，展出珍贵图片180多张，并在各县市及大中院校巡回展出，历时一个多月，在群众中起到很好的宣传教育作用。积极响应“世界文化遗产日”，大力开展文物保护的宣传活动。2006年4月，选调馆藏精品文物多件参加“‘8+1’武汉城市圈文物精品展”，并收录于《“8+1”武汉城市圈文物精品图录》。2009年，在“世界文化遗产日”期间，市博物馆和市群艺馆在咸宁市温泉购物街联合举办了物质文化遗产和非物质文化遗产的大型图片展览活动，吸引了大批市民观展。此次图片展览介绍了咸宁的物质文化遗产和非物质文化遗产的精品，对展示咸宁、介绍咸宁、宣传咸宁的文化特色，对保护咸宁的文化遗产起到了较好的作用。在考古发掘工地适时的对群众宣传文物保护法，在乡镇、村落适当张贴文物保护法的宣传单。鼓励群众举报文物犯罪活动，打击盗掘古墓，破坏文物的犯罪行为。2010年5月，派人参加了国家文物局在湖南举办的全国文物执法培训班学习。

六、博物馆建设

在湖北省文化厅及咸宁市委、市政府的大力支持和关怀下，2008年，咸宁市博物馆新馆建设工程启动，其坐落在咸宁市金桂路旁，南面与咸宁市新建的中心医院相对应，新馆建筑现代气息浓厚，交通方便，环境优美，2011年8月，新馆建设已近收尾阶段，新馆目前正在按设计要求进行装修，设有咸宁出土文物、咸宁民俗文物、咸宁历史名人、咸宁重大历史事件、咸宁改革开放成就展、咸宁市美术书画展等六个展厅，2011年10月20日试运行，2011年12月正式对外开放。新馆落成后，将成为咸宁市标志性建筑之一。

咸安区博物馆

Xian’an District Museum

馆　　长　施智华
地　　址　湖北省咸宁市咸安区长安大道82号
邮政编码　437000
电　　话　0715-8319680
0715-8611038
传　　真　0715-8322393
电子信箱　117727659@qq.com
隶属关系　咸宁市咸安区文化体育局
性　　质　国有
建筑性质　仿古明清建筑
建筑面积　1600平方米
展厅面积　1200平方米
占地面积　4000平方米

馆址环境　坐落在咸宁市咸安区汀泗桥镇107国道旁。

历史沿革　1986年成立文物管理处，1989年成立博物馆，原馆坐落在大尖山南门铁路桥洞旁。2001年1月，咸安区博物馆整体搬迁至咸安区长安大道82号，占地面积1998平方米，建筑面积2228平方米。为提高北伐汀泗桥战役遗址知名度，扩大其影响，2006年在汀泗桥镇107国道边，兴建北伐汀泗战役纪念馆，占地面积4000平方米，建筑面积1600平方米，总投资480万元，于2008年10月1日正式对外免费开放，同时，咸安区博物馆也由咸安区长安大道搬迁至汀泗桥镇107国道边。

开放时间　9:00—17:00(周一闭馆)

服务设施　停车场、纪念品商店、厕所等。

交通状况　市内公交线路4、咸宁至赤壁汀泗站下车。

一、博物馆机构

咸安区博物馆隶属咸安区文化体育局，下辖北伐汀泗桥战役纪念馆、向阳湖文化名人旧址管理所、办公室、保卫科、陈列处。在职职工10人，主管全区的文物保护、收集、勘探和发掘工作。

辖区内重点文物保护单位有，全国重点文物保护单位一处：“北伐汀泗桥战役遗址”；湖北省重点文物保护单位九处：“向阳湖文化名人旧址”、“钱亦石故居”、“何功伟烈士故居”、“咸安三一八惨案丛葬坑”、“咸安古桥”、“刘家桥民居”、“孙郭胡城址”、“庙山遗址”、“沈鸿宾故居”；市保单位17处。

二、馆藏文物

咸安区博物馆现有馆藏文物 1408 件，其中，一级文物 1 件、二级文物 9 件、三级文物 36 件，不同时期器物种类有铜器、陶器及纺织品等。

藏品来源：征集、收购、发掘

藏品类别：有铁器、铜器、陶器、瓷器、书画、丝织品、玉器、竹器、木器、胶片、石器、革命文物等。

三、基本建设

1988 年，博物馆地处南门桥洞铁路旁，条件差，文物安全系数低。

2001 年 1 月，咸安区投资 30 余万元，将博物馆整体搬迁至咸宁长安大道 82 号。博物馆占地面积 2228 平方米，建筑面积为 1998 平方米，内设有职工宿舍、办公用地、库房、办公室、展厅、会议室等。

2004 年，北伐汀泗桥战役遗址维修方案申报国家文物局立项。

2005 年 6 月，“北伐汀泗桥战役遗址”修缮工程第一期完工，在塔垴山修复炮台 2 座、猫耳洞 2 个、碉堡 1 座、战壕 174 米、大理石台阶 302 台、青砖道路 195 米、鹅卵石道路 275 米、说明牌 6 块、栽桂花树 1200 棵，共计投资 35 万元。

2006 年在汀泗桥镇 107 国道边，兴建北伐汀泗桥战役纪念馆，占地面积 4000 平方米，建筑面积 1600 平方米，总投资 480 万元。

2009 年 2 月，投资 70 余万元完成了北伐汀泗桥战役遗址纪念馆的广场硬化和配套工程。

2009 年 7 月投资 48 万元完成了北伐汀泗桥战役纪念馆安防、消防工程。

四、业务发展

1986 年，成立文物管理处，开展全国第二次文物普查。并且公布原咸宁市文物保护单位 17 处。

1987 年，在公安机关的协助下，查获外地在咸宁市境内的三起文物走私案，收缴文物 60 余件。

1988 年，在咸宁火车站截获文物 1 件。

“北伐汀泗桥战役遗址”被国务院公布为第三批全国重点文物保护单位。

1989 年，共征集馆藏文物 13 件。

1990 年，共征集馆藏文物 3 件。

1991 年，共征集馆藏文物 8 件。

1991 年“七一”前夕，博物馆会同党史办举办了“咸宁市革命文物和党史资料展览”。市委、市政府、人大、政协和四大家领导亲自组织各战线党员干部前来参观，参观人数约两万人，博物馆盛况空前，时任市委书记夏汉生同志观后挥墨题字：“光荣的历史，现实的教材”。

1992 年，共征集馆藏文物 8 件。

1993 年，共征集馆藏文物 2 件，设立湖北省流散文物收购点，收购文物 1 万余件，上交省文物商店，同时被评为“湖北省流动文物收购先进单位”。

1995 年“北伐汀泗桥战役遗址”被省人民政府命名为“湖北省爱国主义教育基地”。

1997 年，在“北伐汀泗桥战役遗址”举办了“继承革命先烈遗志、弘扬爱国主义精神”为主题的老干部书画展，此次书画展共有参赛作品 160 余件，其中绘画作品 50 余件、书法作品 110 余件。评选出一、二等奖共 48 名，地区主要领导出席画展，各级领导主动参赛。

1998 年 5 月 7 日，原咸宁市博物馆同咸宁地区博物馆在原咸宁市博物馆二楼展览厅共同举办“纪念周总理诞辰一百周年大型图片展”，展出珍贵图片180多张。咸宁地委宣传部、咸宁地区文化局和市委四大家领导都参加了首展式，当天就接待观众2400余人次，随后又在各个学校巡回展览。

2001年10月11—15日，由咸安区区委、区政府和中国社会科学院近代史研究所、中国文物学会、华中师范大学、湖北省水利厅等单位联合举办、咸安区文体局承办了“北伐战争暨汀泗桥、贺胜桥大捷75周年学术研讨会”。研讨会围绕北伐战争汀泗桥、贺胜桥大捷的历史意义及有关问题进行了认真的讨论，取得了一批学术成果，参加的全国专家和领导共54人，作品有学术报告、题词、墨画、论文、回忆录和文献资料等30篇。

2002年，清明节期间，由咸安区文体局、咸安区教育局举办、咸安区博物馆承办“革命传统和爱国主义教育”活动，组织咸宁市城区中小学生到北伐汀泗桥战役遗址参观，此次活动持续一个星期，接待中小学生18000多人。

钱亦石故居、何功伟烈士故居、向阳湖文化名人旧址”公布为咸安区重点文物保护单位，同年被省人民政府公布为湖北省重点文物保护单位。

2008年3月，“咸安三一八惨案丛葬坑”、“咸安古桥”、“刘家桥民居”、“孙郭胡城址”、“庙山遗址”、“沈鸿宾故居”被湖北省人民政府公布为湖北省重点文物保护单位。

2009年3月至9月，咸安区博物馆开展第三次全国文物普查，共登记文物点563处，其中新发现文物点495处、复查文物点68处、消失文物点5处，完成了566处已登记文物点的资料收集与电子档案制作。

五、受表彰情况

1993年，咸安区博物馆被评为“全省流散文物收购工作先进单位”。

2005年，咸安区博物馆被评为《经典中国咸宁篇》集中宣传报道活动先进单位。

嘉鱼县博物馆

Jiayu County Museum

馆　　长　朱强
地　　址　湖北省咸宁市嘉鱼县湖滨路
邮政编码　437200
电　　话　0715-6363970
传　　真　0715-6363968
电子信箱　jyxbwg@126.com
隶属关系　嘉鱼县文化体育新闻出版局
性　　质　国有
建筑性质　框架
建筑面积　500平方米
展厅面积　300平方米
占地面积　2000平方米

馆址环境　博物馆设在嘉鱼县文化体育中心五楼，地处嘉鱼县鱼岳镇茶庵开发区工业园边缘，湖滨路与大道交汇处，交通便利。邻近三湖连江风景区和牛头山森林公园。

历史沿革　解放后，嘉鱼县的文物工作由县文化馆代为管理。1988年7月，县编制办公室批准设立嘉鱼县博物馆，为县文化局直属二级单位，编制2人，馆址借用县图书馆4楼一间办公室。1998年在文体局办公大楼上修建博物馆，总建筑面积247平方米，设有文物库房、陈列室和办公室。2008年县文体中心修建，博物馆设在5楼，2010年12月，迁新馆办公，建筑面积500平方米，设有办公室、公众接待处、文物库房及文物整理室，展厅面积300平方米。“簰洲湾九八抗洪纪念馆”筹备中。

服务设施　停车场、公共厕所、物品寄存等。

交通状况　公交线路3路至文体中心前下车。

概　况

嘉鱼县博物馆是咸宁市属的综合性博物馆。自1988年成立开始，承担着嘉鱼县文物收藏保护、展览、陈列、社会教育等方面的工作。1998年在文化局屋顶加盖一层，修建了247平方米的嘉鱼县博物馆。2008—2010年经过土地置换，在鱼岳镇茶庵开发区修建了嘉鱼县文化体育中心大楼，博物馆设在5楼。为保证博物馆的安全，修建了消防报警、喷淋和人员疏散广播系统等安防工程，做到了消防无死角。为保障残疾人员享有同等受教育的权利，开辟有直达博物馆的电梯。现有博物馆因设计、建设周期长达5年，原来的设想已不能适应现代布展的要求。2010年9月，嘉鱼县委县政府决定以土地换面积的方式，在新城区筹建文体会展中心，是一个集文物、文化、民俗、体育场馆和群众性健身运动的综合性建筑群，博物馆的建筑面积达到3500平方米以上。

一、陈列工作

1995年8月底至9月初，为庆祝抗日战争暨世界反法西斯战争胜利五十周年，县博物馆以发生在嘉鱼县的抗日战争史实资料、图片，制作了“以史为镜，爱我中华，振兴嘉鱼”大型史料图片展，展板共有5大块（2米×4米），由“日寇入侵罪行滔天”、“嘉鱼军民奋起抗战”和“和平友好共创明天”等三大主题组成。9月10—17日，在嘉鱼县工人俱乐部广场、鱼岳镇、新街镇和官桥镇进行了巡回展览，接待观众3500余人次。9月19至29日，参加了咸宁地区地委组织部、地委宣传部和文化局联合举办的“咸宁地区纪念中国人民抗日战争暨世界反法西斯战争胜利五十周年史料图片展览”，观众近万人次。县博物馆送展的展板，以其精美的板面编排，精湛的制作工艺，翔实、全面的史料图片，独具特色的内容展示，获得参观展览的地委领导和观众的一致好评，荣获“特等制作奖”和“组织奖”。

1998年5月，借用县图书馆三楼综合阅览室，与咸宁地区博物馆联合举办了“一代伟人，千秋风范——纪念周恩来诞辰一百周年大型图片展览”。县委、县政府、人大、政协及各大办领导出席了开幕式。为期10天的展出，共接待社会各界观众及城区范围8所中小学生5000余人次。

“肖烈炎个人书画展”。2001年2月，在博物馆陈列室举办了“肖烈炎个人书画展”，共展出画作100余幅，其中，国画三国历史长卷的创作是其画展的特色之一（展出部分长约100米，宽0.66米），接待观众2000余人次。

目前，新馆筹备的专题展览“簰洲湾九八抗洪纪念馆”已启动，文物征集工作正在进行中。

二、文物保管、征集和保护工作

嘉鱼县博物馆在藏品的管理中，坚决按照《博物馆藏品管理工作条例》执行，藏品由专人管理，分类上架，建卡造册，库房钥匙实行隔手制。一、二、三级藏品、保密性藏品、经济价值贵重的藏品，存放于保险柜重点保管。藏品出入库房严格办理出库、归库手续。

博物馆除完成本职工作外，还担负全县文物保护管理工作。1989年，进行了嘉鱼县第二次全国文物普查补查，共调查登录文物点51处，1991年12月完成普查资料的整理工作，向咸宁地区博物馆的申报了普查成果：《嘉鱼县文物普查资料汇编》和《嘉鱼县文物单位简介》，2002年12月出版的《中国文物地图册·湖北省分册》收录了嘉鱼县29处不可移动文物。1992年6月，在全县文物普查的基础上，嘉鱼县公布了第一批县级文物保护单位9处（10点）。2002年11月，嘉鱼县有三处文物保护单位被省人民政府列入第四批保护名单。2004年3月，起草了《嘉鱼县文物保护项目及经费需求"十一五"规划文件》，2007年启动嘉鱼县第三次全国文物文物普查准备工作，2009年完成了嘉鱼县第三次全国文物普查田野调查，2010年对实地调查资料进行了初步整理，并通过了省文物局的检查验收，转入资料整理阶段。嘉鱼县第三次全国文物普查共登录不可移动文物116处，是第二次普查的三倍。

三、社教、开放工作

自博物馆成立之初，我馆始终将博物馆的社会教育职能放在首位，克服各种困难，制作和举办了"庆祝抗日战争暨世界反法西斯战争胜利五十周年'以史为镜，爱我中华，振兴嘉鱼'"大型史料、图片展、"一代伟人，千秋风范"纪念周恩来诞辰一百周年大型图片展览和乡土画家"肖烈炎个人书画展"等一系列的免费展览，目前正在紧锣密鼓筹备"簰洲湾九八抗洪纪念馆"的布展工作。

四、机构设置和行政管理工作

嘉鱼县博物馆现有正式在编人员2人，其中馆员1人。设立有办公室、业务、保管部等部门。制定了《嘉鱼县博物馆安全保卫工作制度》、《消防安全制度》、《嘉鱼县博物馆文物安全保卫消防应急预案》、《库房管理及入库出库制度》、《藏品登记、编目、建档细则》、《文物库房进库登记簿》、《嘉鱼县博物馆重点部位安防、消防巡查记录》，使博物馆各项工作制度化、规范化。

赤壁市博物馆

Chibi Municipal Musenm

馆　　长　马勇利

地　　址　赤壁市陆水湖大道229号

邮政编码　437300

电　　话　办公室：0715-5355322

预约参观：0715-5355322

传　　真　0715-5354078

电子邮箱　hbcb5355322@126.com

隶属关系　赤壁市文物局

性　　质　国有

建筑性质　现代建筑

建筑面积　总建筑面积5000平方米

展厅面积　2800平方米

占地面积　8200平方米

馆址环境　坐落在陆水湖大道南延长线上，北邻众城国际大厦，南邻市民政局大楼，西临阳光小区，东临北干渠。

历史沿革　1950—1958年，赤壁文物工作由蒲圻县文化馆管理，1958年9月18日，成立文物管理委员会，由副县长童伯谦兼任管委会主任。1958年12月8日，成立蒲圻县博物馆；1973年5月成立赤壁文物管理处，由文化馆代管；1977—1978年，由县图书馆代管；1979年8月，蒲圻县革命委员会批准成立赤壁文物管理处。1995年4月，原蒲圻市机构编制委员会于批准成立博物馆（蒲机编[1995]5号），机构规格定为正股级，定编4人，属财政差额拨款事业单位。1997年初，赤壁市委市政府决定建设赤壁市博物馆新馆。1998年，赤壁市博物馆新馆正式奠基兴建。2001年11月，赤壁市博物馆试运行，2002年元月正式对外开放，2008年5月对外免费开放。

开放时间　8:30—16:30

服务设施　停车场、物品寄存柜、休息室、语音导览、触摸屏导览、数字影视等。

交通状况　公交线路6、9路博物馆站下车。

概　况

赤壁市博物馆是一个政府设立的地方基层博物馆，它不仅履行着文物征集、保管、陈列展示、宣传教育等重要职能，同时也是宣传贯彻落实《文物保护法》及相关法律法规的基本力量。

赤壁市博物馆成立于1958年10月，原名蒲圻县博物馆，只有60平方米的办公室带库房。由于原博物馆面积狭小、设备设施落后，存大重大安全隐患，馆藏文物不能完全向社会公众开放，导致博物馆自身功能不能得到应有的发挥，1998年10月，市委市政府决定异地新建赤壁市博物馆。建筑风格为仿汉代城堡式，占地面积8204平方米，建筑面积3800平方米，展厅面积2800平方米，主楼三楼为文物库房，面积600平方米，其余用作办公用房。经过近3年的努力，赤壁市通过市民捐助、地方财政拨款和上级文物主管部门资金支持建成了砖混框架式结构的文物大楼落成，2002年元月1日赤壁市博物馆建成并正式对外开放，2008年5月对外免费开放。

赤壁市博物馆坐落在陆水湖大道南延长线上（赤壁市陆水湖大道229号），北邻众城国际大厦，南邻市民政局大楼，西临阳光小区，东临北干渠。总建筑面积5000平方米，展厅面积2800平方米，主楼三层，附楼二层，主楼第三层为文物库房，面积600平方米。建筑平面呈“凹”字形，整体建筑仿汉代城堡风格，突出了博物馆的宏伟大气的博古通今理念，成为赤壁市城市文化标志性建筑。中国书法家协会主席沈鹏先生为其题写了馆名。

博展三国烽火，物藏五千春秋。馆内设三大基本陈列：“赤壁鏖战”浮雕展、“千古风流——赤壁之战历史展”、“历史文物精品展”。共展出文物珍品200多件、根雕作品500多件，以赤壁之战遗址出土文物独领风骚。

该馆馆藏文物万余件，藏品特色以青铜器、陶器、瓷器、铁器为主，辅之以石器、金银器、玉器、纸质文物等。主要是赤壁南屏山、芦林畈等地出土的战国、汉晋时期文物，如：鎏金神兽镜、弩机、箭簇等。1999年，配合京珠高速公路建设对位于赤壁市新店镇土城村的东周古城进行了发掘，并在该城址周边清理发掘130多座东周时期古墓葬，出土文物1000余件，有青铜剑、青铜弋、铜墩及大批仿铜陶礼器等，把赤壁的历史推进至2500多年左右，专家确认是楚国设立在江南的一座重要城址。

滚滚长江东逝水，瑰宝生辉励后人。赤壁市博物馆成为该市对外开放的精神文明窗口、青少年爱国主义教育基地。已出版专著《赤壁土城》，并在《中国文物报》、《湖北文化》等报刊发表了多篇文章。该馆将以春秋楚文化和三国文化的风姿，敞开襟怀迎接中外观众的光临。

一、免费开放工作进展情况

赤壁市博物馆自被列入国家免费开放博物馆行列以来，为确保博物馆按时向公众免费开放，让广大群众充分了解全市历史文化，市委市政府高度重视，精心准备，扎扎实实地做好免费开放前的各项工作，于2008年“5·18国际博物馆日”到来时向公众免费开放。免费开放后，我们坚持以人为本，探索发展新思路，取得了一定的社会效益，进一步推动了赤壁文博事业的发展。

免费开放以来，已经接待观众达10万人次，日均接待观众达100人，高峰期日接待人数达400人，创下赤壁市博物馆建馆以来参观人数的历史记录。2008年7月1日至2009年6月30日，先后接待观众达4万人次。

精心规划设计。为突出地方特色，提高博物馆免费开放品位，充分展示全市文物水平，使免费开放工作更加贴近群众需求，专门邀请省、市专家对布展进行科学设计和规划，开展了以弘扬三国文化特色为主题的“千古风流——赤壁之战历史展”专题陈列展览工作。采取以“赤壁之战”陈列为龙头、分步实施的办法合理利用声、光、电、多媒体等现代化科技和艺术手段，增强展览陈列的趣味性、互动性、知识性和观赏性，以展示文物的历史科学艺术价值和文化内涵，充分发挥教育公众、传播文化等博物馆社会功能。把赤壁市博物馆建成一座集历史、艺术、民俗为一体，体现赤壁文化特色、反映赤壁深厚历史文化底蕴的综合性博物馆。

扎实组织准备。通过广播、电视、网络等媒体进行广泛宣传，并在博物馆显著位置公示免费开放的管理办法、政策措施、服务项目、开放时间、观众须知等制度措施。同时，努力改善文物安全保护和观众服务设施条件，加强安全、保洁、讲解咨询等服务力量，增强服务意识，规范服务行为。我们重新制定了《博物馆突发事件应急预案》并上墙公示，重新检修防盗报警系统和消防报警系统，聘用4名公安消防队消防员为博物馆全体干职进行系统的消防知识培训，增加展厅管理人员。实施日参观人数控制量，分时段发放免费参观券，对团队、游客团体采取提前预约的方式来控制观众流量。同时，加强硬件建设，通过馆区、展厅环境改造等，努力改善服务条件。安装12.6米×0.65米电子显示屏1块和自动升降门2套，重新涂刷展厅墙面、展柜、浮雕近3000平方米，清洗外墙达1000平方米，购置观众免费指纹寄存柜2套，开辟观众休息区、增加指示标志牌。同时还加强了馆外环境整治，馆外场地绿化面积达2600平方米。另外进行了公共厕所达标建设，对博物馆屋顶进行了防水处理工程，安装了馆外场地电动伸缩门30米，对博物馆安防报警系统进行了全面升级改造，启动了自开馆以来一直未予启动的消防报警系统，文物安全保护设施条件也得到了加强。并加强软件建设，主要是通过讲解队伍建设，派员参加了1周的全省博物馆免费开放讲解员培训，单位还自筹经费选派2名管理人员参加了为期15天的茶艺展演培训学习。

二、陈列展览

赤壁市博物馆新馆建成以来，经过广泛

的调研，反复的认证，缜密的思考，确立了赤壁市博物馆展览的构成：基本陈列、精品陈列和临时展览。

基本陈列为“赤壁鏖战浮雕展”和“历史文物精品展”。

“赤壁鏖战浮雕展”设在博物馆一楼大厅正墙，选用湖北省知名画家许明康先生作品，采用东北松木制作而成，面积60平方米。主要讲述赤壁之战前孙、刘联军共谋抗曹的历史片断。大厅两侧为仿汉代竹简，面积共70平方米，分别引用北宋司马光《论赤壁之战》和《三国志·吴志·周瑜传》中的“孙将军论拒曹操”的原文。

“历史文物精品展”陈列面积280平方米，展出藏品95件。陈列分战国、三国两晋、唐宋、元、明清、解放时期等六个主要历史时期，以大量珍贵实物为信息载体，采用陈列通柜、独立柜，结合文字图版、实物，系统展示赤壁展示了赤壁悠久的历史文明。该展览是从由“综合文物展”和“战国土城出土文物展”合并完善而成。

精品陈列为“千古风流——赤壁之战历史展”。2009年9月28日，在与武汉市博物馆友情合作的基础上，武汉市博物馆承担了“千古风流——赤壁之战历史展”的陈列设计及监督制作。“千古风流——赤壁之战历史展”于12月20日隆重开展。

“千古风流——赤壁之战历史展”汇聚了赤壁市历年来考古发掘的汉末三国文物及相关史料文献，专题展示汉末波澜壮阔的赤壁大战。陈列展出最有代表性的文物64件，陈列面积420平方米。该展览分“汉末风云”、“赤壁鏖战”、“三国鼎立”、“赤壁文化”，展陈采用大通柜和独立柜，结合文字、图版、多媒体，充分运用声、光、电等现代科技手段，向公众全方位展示赤壁三国文化，彰显、传承赤壁精神，弘扬中华民族优秀文化。该展览是在原“三国汉晋文物展”的基础上，为配合全国县级博物馆展览提升工程改造完成，于12月20日正式开展。

为了提高人民的科学水平，丰富群众的精神生活，该馆积极开展馆际交流，经常组织馆际交流活动。配合不同的社会主题，积极引进各种临时展览。1986年4月26日，选调三国时期文物共24件至中国军事博物馆，包括铁斧1件、铁戈1件、铁刀1件、铁船钉2件、陶罐2件、钱币2件及各种形制箭镞15件。2006年4月28日，选调馆藏精品文物4件参加“‘8+1’武汉城市圈文物精品展”，并收录于《“8+1”武汉城市圈文物精品图录》。2008年3月，选调馆藏文物铁箭镞20枚参加中国文物交流中心与日本东京富士美术馆联合举办的为纪念“中日和平友好条约”缔结30周年和庆祝北京奥运会的举行的中日友好文化交流展览“大三国志展”。该展览深受日本观众感动，认识到中国历史与文化的深奥。该展览于2009年4月15日起在全国各大城市举行“大三国志归国汇报展”。2010年5月，该馆选调两件精品文物“沙羡”铭文鼎、凤纹弩机赴台开始了为期6个月的交流展览。自2002年元月1日博物馆建成后先后举办临时展览50余次。成功与天津市自然博物馆合作主办了“恐龙·人体艺术展”，与武汉市博物馆合作主办了“长江印象摄影展”。

三、展示宣传和社会服务

近年来，博物馆的陈列展览和社会服务工作得到了进一步的加强，配备了先进的安全防范设施、多功能陈列展示，提供优质服务。博物馆人以不断收藏展品，不断更新展览内容，不断变化陈列形式，对游客观众进行多层次、全方位的宣传、服务来展示博物馆文化的特质，运用实物资料和相关文字、图片、声像、模型等辅助资料来展示陈列内容。我们在注重博物馆硬件设施建设的同时，也不断改善观众服务设施，加强宣传推广，提高服务水准，增强博物馆的观赏性和参与性，充分凸现博物馆的极大魅力。

（一）观众服务设施建设

近年来，我们结合观众的意见，根据实际情况，不断改进服务设施，在重要交通路口树立指示牌2块，开辟面积达300平方米的观众休息室，购置休息桌椅50套，饮水机一套，放录设备1套，场馆绿化、辟用停车场1000平方米，并进行公用厕所达标建设，为观众提供舒适的环境和优质服务。

（二）宣传推广

为充分宣传赤壁历史文化、树立博物馆形象，我们与全市九大旅行社联合制作博物馆专题网页，并将其作为旅游景点向全国推介，印制发放宣传资料，运用报刊、电视台、广播等新闻媒介宣传博物馆文化，贴近实际，贴近群众，送展下乡，进基层，进社区。注重讲解，配备3人专职讲解员，使观众通过看文物，听讲解，将1700多年前烽火硝烟、金戈铁马、火烧曹营等壮观场面呈现在观众面前。全年印制宣传资料 3000 余份，送展下乡，进基层、进社区5次，大大提高群众的文物保护意识，增强文物保护观念。

（三）对外开放

近年来，随着经济的不断发展，人民群众文化需求的不断提高，参观博物馆的观众络绎不绝，博物馆实行全天候对外开放。一方面提升了博物馆形象，另一方面也提高了博物馆的社会效益。

四、藏品征集、管理和保护（含博物馆藏品保存环境达标、保管业务管理，以及文物修复复制等）

赤壁市博物馆藏品的管理本着“保护为主、抢救第一、合理利用、加强管理”的指导方针开展各项工作。充分发挥馆藏文物的作用，通过举办展览、科学研究等活动，加强对中华民族优秀的历史文化和革命传统的宣传教育。该馆严格按照国家文物局1993年编发的《博物馆藏品保管手册》，从硬件和软件建设两方面，包括藏品收集、接收、鉴选、登记、定级、分类、编目建档、库房管理、藏品信息数据库建设等各方面加强博物馆藏品保护。新馆建成后，建立了完善的文物藏品档案。

截至2006年底，各类藏品数为1074件（套），革命文物23件（套），工艺品38件（套）其中国家一级文物1件，二级文物11件（套），三级文物68件（套）。重要藏品主要包括东汉凤纹错银铭文弩机、东汉“上大将军吕侯都尉陈文和弩一张”铭文弩机、东汉鎏金神兽镜、战国青铜淳于、东汉铜仙鹤、东汉铁箭镞、东汉青龙白虎青铜杖头、东汉沙羡铭文鼎、宋莲花瓣碗、西汉铭文丹阳镜、虎子。

加强制度建设，建立了《博物馆突发事件应急预案》，完善了博物馆各项安全保卫制度，严格值班管理制度，实行24小时值班制。完成了博物馆一、二、三级文物信息数据库建设。按照三级风险等级安全防护要求，设置文物安全保卫股，配备专职干部，并安装先进了防盗和消防报警系统和设施。购置了必要的温湿度调节和监测设备，增加文物保管柜架、囊匣，改善藏品保管环境。

2009年，在制作“千古风流—赤壁之战历史展”展览的同时，为使展出的文物更加美观，我们先后选取了近百件馆藏文物到省博物馆文物修复保护中心进行修复。在一件赤壁古战场遗址出土的、保存完整的铜弩机上，发现了错银的飞凤图案，并有铭文（铭文部分可辨，正在考释中）。在另一件铜鼎的腹部和底部也发现了“沙羡　一斗一斤　宿寺御　六斤十二两”铭文。这些为研究赤壁之战提供了重要的实物资料。

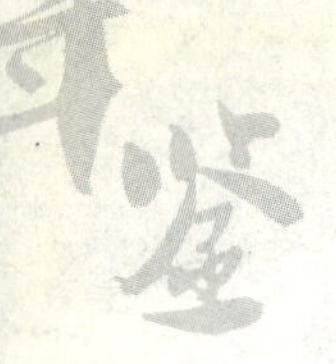

通城县博物馆

Tongcheng County Museum

馆　　长　周向明
地　　址　湖北省咸宁市通城县民主路12号
邮政编码　437400
电　　话　0715-4327664
传　　真　0715-2395168
电子信箱　327474181@qq.com
隶属关系　通城县文化体育局
性　　质　国有
建筑性质　现代建筑
建筑面积　600平方米
展厅面积　300平方米
占地面积　700平方米

馆址环境　位于隽水镇民主路，东临隽水河，南依隽水大道。

历史沿革　解放后，通城县的文物工作由通城县文化馆代为管理。1985年1月，通城县政府批准成立通城县博物馆，隶属于通城县文化局，同时，批准文化馆三楼为博物馆馆址。2010年，县文体局将原体委大楼定为新博物馆馆址，同年装修迁入，新博物馆共四层，展厅分文物陈列厅和革命历史图片展厅对外开放。

开放时间　9:00—17:00

服务设施　停车场、公共厕所、物品寄存等。

交通状况　公交线1路到体育馆下车即到。

概　况

通城博物馆是咸宁市属的综合性博物馆。自1985年成立通城县博物馆开始，依托原体委大楼建馆承担着通城县文物收藏保护、展览陈列、社会教育等方面的工作。2010年体委大楼装修完成，同年8月迁入，正式对外展出。

一、陈列工作

基本陈列有“历史文物陈列”、“民俗文物陈列”、“抗战史实陈列”。“历史文物陈列”展出通山出土或收集的自新石器时代到清代、民国时期的石器、瓷器、陶器、铜器、木器、书画等，反映了通城各个历史时期的进程，展示了古代劳动人民的创造，对研究通城历史提供了鲜活的实物资料。“民俗文物陈列”展出征集到的明清、民国时期的室内陈设、家具、婚嫁、耕作等民俗文物。形象地展示了通城民俗，保护了民族文化遗产，受到观众的欢迎。“抗战史实陈列”展出了通城抗日战争时期的图片资料105份，抗战时期的兵器、衣物10件，反映了通城军民英勇抗日的史迹和日冠侵略的罪行。

二、文物保管、征集和保护工作

通城县博物馆藏品的管理本着“保护为主、抢救第一、合理利用、加强管理”的指导方针开展各项工作。坚决执行《博物馆藏品管理管理工作条例》，藏品有固定、专用的库房，专人管理，库房钥匙由二人分别保管。藏品分类上架，定位到橱、格。一级藏品、保密性藏品、经济价值贵重的藏品，设立保险柜重点保管。藏品出入库房严格办理出库、归库手续。对藏品的数量和现状，认真核对，点交清楚。建立了《库房日记》。非库房管理人员未经馆领导许可，不得进入库房。经许可者由库房管理人员陪同入库并登记。

2002年至2009年征集文物356件。在征集文物的同时，对通城县流散文物进行了统一造册登记管理，对于本县范围内民间收藏的出土文物及传世文物鼓励收藏者上交和捐献，同时给予相应的精神和物质奖励。

三、社教、开放工作

自2010年起，两个展厅总面积350平方米，免费向观众开放。县委宣传部发文与电视、报纸、户外广告宣传，并组织学生参观，配备讲解员深入浅出地解说。

为了方便群众参观，免费开放区域保持卫生环境清洁、设备运转正常、服务及时到位，工作秩序井然。

四、机构设置和行政管理工作

通城县博物馆现有正式在编人员4人，其中馆员1人，助理馆员1人。制定了《博物馆日常工作制度》、《博物馆财务管理制度》、《博物馆应急方案》、《博物馆文明卫生制度》、《博物馆值班制度》、《博物馆库房管理制度》，以制度管人，以制度管事，使各项管理工作制度化、规范化。

崇阳县博物馆
Chongyang County Museum

馆　　长　徐春芳
地　　址　湖北省咸宁市崇阳县天城镇民主路43号
邮政编码　437500
电　　话　0715-3395418
传　　真　0715-3395418
电子信箱　1019369480@qq.com
隶属关系　崇阳县文化体育和广播电影电视局
性　　质　国有
建筑性质　现代
建筑面积　32平方米

馆址环境　位于县城南北大街商业中心的闹市之中。北邻县实验小学，南邻天都商贸大厦，东距县教育局约100米，西紧邻家家旺超市。

历史沿革　1958年崇阳县文物保护委员会成立，同时在县文化馆配有一名兼职文物干部，1976年县文化馆内设文物组，配专职文博干部。1979年湖北省革命委员会下发“关于同意修建崇阳县革命历史展览馆的批复”，1985年全国人大常委会副委员长王任重来我县视察时，题写：“崇阳县革命历史展览馆”。1986年经县编制委员会批准，正式成立了崇阳县博物馆，隶属于崇阳县文化局，2010年隶属于崇阳县文化体育和广播电影电视局。办公地点设在县文化馆三楼，面积为16平方米的办公室和文物库房各一间。1987年博物馆由1人增加至2人,1989年增至3人,2002年至今4人。

交通状况　公交线路1路至天都商贸大厦即到。

概　况

崇阳县博物馆是咸宁市属的综合性博物馆。自1986年成立崇阳县博物馆以来，担负着全县文物征集、收藏、保护、管理、研究及宣传教育工作。我县共有馆藏文物2750余件,其中国家一级文物2件,二级文物7件，三级文物37件。各类文物点410余处,其中省级文物保护单位5处,县级文物保护单位39处。历年来配合完成了多次考古发掘工作。1984年7月由湖北省考古所及咸宁市博物馆组成联合工作队对崇阳沙坪镇太平冲春秋战国时期古墓葬群进行发掘,共发掘春秋至汉代墓葬26座,出土文物60余件;1985年6月由湖北省博物馆研究员陈贤一为领队对白泉商周至春秋时期古文化遗址进行科学发掘；2000年由湖北省考古所副研究员付楚平为领队对团头嘴商周遗址进行试掘；2004年配合咸宁市博物馆对崇阳县鹿门22万伏变电站用地进行考古发掘；2007年配合咸宁市博物馆对杭瑞高速公路进行考古发掘；2008年配合湖北省考古所、天门市博物馆对崇阳县沙坪镇代家窝周代遗址进行科学发掘。由于多种原因,崇阳县博物馆一直未能建成,影响制约了我县文物事业的发展。2011年县委县政府将博物馆建设纳入了工作计划，拟以土地置换的方式在新城区修建新博物馆。

一、陈列工作

因无馆舍无法举办基本陈列。1977年至2005年采取借用文化馆展厅或举办流动性专题展览共达20多次,取得了较好的社会效益。如1977年举办的“出土商代铜鼓展”、“革命传统教育展”,1981年举办的“纪念建党六十周年革命文物展”,1985年举办的“崇阳县部分出土文物精品展”,1987年举办的“纪念建军六十周年文物展”,1992年举办的“崇阳县部分革命文物展”,1995年举办的“纪念抗日胜利五十周年展”,1998年纪念香港、澳门回归“神州百年展”,2005年举办的“崇阳县书画、摄影展”等等。

二、文物保管、征集和保护工作

崇阳县博物馆建有专门的文物库房和配备相应的保护设施,严格按照《藏品管理办法》的各项规定进行管理。经湖北省文物鉴定委员会专家组鉴定的一、二、三级藏品,建立了文物藏品纸质档案和电子文本,并存放在专门的保险柜中。藏品的保管工作做到制度健全、账目清楚、鉴定确切、编目详明；运用传统方法对一些破损的藏品器物进行修复保存;库房安装有报警器、红外线摄像头及消防器材等安防设备，并安排人员坚持24小时轮流值班。

2000年至2010年征集各类文物260件(套)。在征集的同时，对崇阳县流散文物进行了统一造册登记管理，对于本县范围内民间收藏的出土文物及传世文物鼓励收藏者上交和捐献，同时给予相应的精神和物质奖励。配合相关职能部门对文物犯罪行为进行查处打击。

三、社教、开放工作

每年“世界博物馆日”上街进行专题文物宣传,采取电视报导、发送宣传品,制作图片展板等多种形式，生动直观地进行宣教活动。走进社区、学校、农村进行《文物法》的宣传。

四、机构设置和行政管理工作

崇阳县博物馆现有正式在编人员4人，

其中馆员2人，助理馆员1人。设有办公室、财务室、业务部等部门。制定了《博物馆安全值班制度》、《博物馆财务管理制度》、《博物馆安全应急预案》、《博物馆消防安全制度》、《文物库房安全管理制度》等，以制度管人，以制度管事，使各项工作制度化、规范化。

通山县博物馆

Tongshan County Museum

馆　　长　陈迪锋
地　　址　湖北省咸宁市通山县南门社区圣庙小区6号
邮政编码　437600
电　　话　0715-2395580
传　　真　0715-2395168
电子信箱　56985450@qq.com
隶属关系　通山县文化体育局
性　　质　国有
建筑性质　古建
建筑面积　2430平方米
展厅面积　522平方米
占地面积　6400平方米

馆址环境　圣庙坐落于龟山北侧山脚，南临通羊河，东距通羊三小约50米，西距东城派出所约20米。

历史沿革　解放后，通山县的文物工作由通山县文化馆代为管理。1959年建立县博物馆，后取消，文博工作仍由文化馆承担。1985年1月，通山县政府批准成立通山县博物馆，隶属于通山县文化局，同时批准将圣庙作为博物馆馆址。1985年，县政府组织专班，对占用圣庙的单位和个人搬迁。1996年，对占用圣庙门前场地建的三栋房屋拆迁，使圣庙纳入保护维护范围。2000年，省文化厅对口帮扶，将圣庙大成殿辟为文物陈列厅，正式对外展出。

开放时间　9:00—17:00

服务设施　停车场、公共厕所、物品寄存等。

交通状况　公交线路3、4路至圣庙前下车即到。

概　况

通山县博物馆是咸宁市属的综合性博物馆。自1985年成立通山县博物馆开始，以通山县圣庙为馆址，承担着通山县文物收藏保护、展览陈列、社会教育等方面的工作。1985年，县政府组织专班，对占用圣庙的单位或个人搬迁。1996年，对占用圣庙门前场地建的三栋房屋拆迁，使圣庙纳入保护维护范围。2001年、2003年经省文物局批准分别对大成殿、东西庑、大成门、崇圣祠等进行全面维修或落架维修。2000年，省文化厅对口帮扶，将圣庙大成殿辟为文物陈列厅，正式对外展出。

通山县博物馆（圣庙）坐落于龟山北侧山脚（通山县南门社区圣庙小区6号），占地面积6400平方米，总建筑面积2430平方米（棂星门、大成门两侧为乡贤祠、名宦祠、东西庑、大成殿、崇圣祠）。所有建筑均为灰墙黛瓦。棂星门是2003年仿原门样式复建，石质，为四柱三门冲天式牌坊。大成门为四柱三门硬山顶开敞式建筑。大成殿为五开间硬山顶建筑。崇圣祠为五开间硬山顶建筑。大成殿、东西庑现辟为展室，大成殿东侧改建为文物库房。整个建筑为抬梁穿斗结构，迎面墙均为木制格扇。大成殿前台地为青石墁地，石质台明、散水，极具南方民居院落式特色。

通山县政府以土地置换的方式，拟在新城区筹建一座新型的博物馆，集文物、、民俗、手工艺为一体的综合性文化博览园，工程已进行到土地平整阶段，预计2011年9月主体工程完工。

一、陈列工作

基本陈列有“历史文物陈列”、“民俗文物陈列”、“抗战史实陈列”。“历史文物陈列”展出通山出土或收集的自新石器时代到清代、民国时期的石器、瓷器、陶器、铜器、木器、书画等，反映了通山各个历史时期的进程，展示了古代劳动人民的创造，对研究通山历史提供了鲜活的实物资料。“民俗文物陈列”展出征集到的明清、民国时期的室内陈设、家具、婚嫁、耕作等民俗文物。形象地展示了通山民俗，保护了民族文化遗产，受到观众的欢迎。省文物专家称：“在湖北省开了先河”。“抗战史实陈列”展出了通山抗日战争时期的图片资料83份、抗战时期的兵器、衣物18件。反映了通山抗军民英勇抗日的史迹和日冠侵略的罪行。

二、文物保管、征集和保护工作

通山县博物馆藏品的管理本着“保护为主、抢救第一、合理利用、加强管理”的指导方针开展各项工作。坚决执行《博物馆藏品管理管理工作条例》，藏品有固定、专用的库房，专人管理，库房钥匙由二人分别保管。藏品分类上架，定位到橱、格。一级藏品、保密性藏品、经济价值贵重的藏品，设立保险柜重点保管。藏品出入库房严格办理出库、归库手续。对藏品的数量和现状，认真核对，点交清楚。建立了《库房日记》。非库房管理人员未经馆领导许可，不得进入库房。经许可者由库房管理人员陪同入库并登记。

2002年至2009年征集文物526件(套)。在征集文物的同时，对通山县流散文物进行了统一造册登记管理，对于本县范围内民间收藏的出土文物及传世文物鼓励收藏者上交和捐献，同时给予相应的精神和物质奖励。

三、社教、开放工作

自2008年起，3个展厅总面积522平方米均免费向观众开放。修厕所两个，开水供应处一处，留言处一处。县委宣传部发文与电视、报纸、户外广告宣传，并组织学生参观，配备讲解员解说。

2010年10月，派出讲解员参加湖北省讲解员大赛，并获优秀奖。

为了方便群众参观，免费开放区域保持卫生环境清洁、设备运转正常、服务及时到位，工作秩序井然。

四、机构设置和行政管理工作

通山县博物馆现有正式在编人员12人，其中馆员1人，助理馆员1人。设立有办公室、财务部、业务部、陈列部、保管部等部门。制定了《博物馆日常工作制度》、《博物馆财务管理制度》、《博物馆应急方案》、《博物馆文明卫生制度》、《博物馆值班制度》、《博物馆库房管理制度》，以制度管人，以制度管事，使各项管理工作制度化、规范化。

随 州

随州市分述篇

随州市位于湖北省北部，地处鄂豫江淮间，北与河南桐北、信阳相连，南与湖北京山、钟祥接壤。辖随县、广水市、曾都区。全市有3座公共博物馆、1座纪念馆。全国重点文物保护单位1处，省级文物保护单位24处，市级文物保护单位143处，全市境内分布各类文物点1996处，馆藏文物18843件(套)，一、二、三级文物832件(套)。博物馆与纪念馆均属公办性质，隶属于随州市及县(市、区)文化体育新闻出版局的财政全额拨款行政事业单位。随州市被列入国家免费开放的博物馆有2座、纪念馆1座，其中馆舍占地面积80758平方米、建筑面积13378平方米、展览面积6160平方米。截至2010年底，全市文博工作人员150人，其中副研究馆员4人、馆员47人。30多年来，全市博物馆坚持“保护为主，抢救第一，加强管理，合理利用”的文物工作方针，博物馆事业发展从无到有、从小到大，认真履行收藏、研究、宣传、教育、保护等职能，科学规范化管理水平和公共文化服务功能显著提高，免费开放工作稳步推进，陈列展览得到提升，基础设施投入逐年加大，人员素质进一步增强，博物馆社会教育职能正日益彰显，公益性文化机构的社会价值正逐步实现，博物馆、纪念馆知名度越来越高。

随州市博物馆

Suizhou Municipal Museum

馆　　长　黄建勋
地　　址　随州市擂鼓墩大道98号
邮政编码　441300
电　　话　办公室0722-3810518
　　　　　　预约参观0722-3810518转8222
传　　真　0722-3810518
网　　址　http:www.szbwg.net
电子信箱　szbwg.good@163.com
隶属关系　随州市文化体育新闻出版局
性　　质　国有
建筑性质　现代建筑
建筑面积　11000平方米
展厅面积　5000平方米
占地面积　78706平方米

馆址环境　坐落在擂鼓墩大道北段,东临㵐水,西依擂鼓墩,南临白云湖,北与烈山遥相呼应。

历史沿革　1978年10月14日,成立随县博物馆,馆址位于城区南郊两河口。1980年5月,更名为随州市博物馆。1983年1月正式对外开放。1991年6月,迁至㵐水东畔冷家湾沿河大道113号。2000年6月,设地级随州市博物馆。2008年7月,对外免费开放。2008年12月8日,迁至现址擂鼓墩大道98号。

开放时间　9:00—17:00(16:00停止入馆),星期一闭馆(国家法定节假日除外)。

服务设施　停车场、纪念品商店、触摸屏、语音广播、茶座、书店、编钟演奏厅、公用电话、LED电子显示屏、物品寄存处、无障碍参观服务等。

交通状况　随州境内高速公路:随岳、汉十、麻竹高速公路,公交线路5、8、10、13路博物馆广场下车即到。

概　况

历史文化名城随州,是炎帝神农故里,编钟古乐之乡。1978年10月,因曾侯乙墓的发现发掘成立随县博物馆。2008年12月8日,地级随州市博物馆新馆落成并对外免费开放,是一座集文物收藏、科学研究、宣传教育、文物考古及编钟演奏于一体的地方综合性博物馆。现馆藏文物6538件(套),尤以商周青铜器为最,被文物专家誉为“青铜器王国”,其中西周鄂国铜器群,两周曾国铜器群为镇馆之宝。2009年5月,随州市博物馆被国家文物局评为国家“二级博物馆”,12月,随州被中国音乐家协会授予“中国编钟之乡”称号,成为提升随州知名度、美誉度和展示编钟文化的重要文明窗口,鄂西生态文化旅游圈上的璀璨明珠。

一、博物馆管理

科学内设机构。随州市博物馆隶属随州市文化体育新闻出版局,现有在册在编人员73人,其中核定编制30人,大专以上学历49人,干部专业技术职务正、副研究馆员2人、馆员29人,工人技术等级技师4人、高级工7人、中级工3人。内设办公室、财务科、保卫科、保管部、考古队、游客服务中心、宣教部、曾侯乙编钟乐团、文化产业部、后勤部共10个科室。

稳步推进人事制度改革。为了又好又快地发展随州市博物馆事业,在内设机构的基础上,积极转换单位用人机制,定岗、定人、定酬,公开、公平、公正竞争上岗。建立充满生机和活力的人员聘用制度,明确聘用制度的基本原则和实施范围,全面推行公开招聘制度,严格人员聘用的程序,规范解聘辞聘制度,认真做好人事争议的处理工作,积极稳妥地做好未聘人员安置工作,加强对人员聘用工作的组织领导,不断完善职工工资福利待遇制度。

建立健全各项规章制度。随州市博物馆免费开放后,为了进一步加强规范化管理,以制度管人管事,使各项管理工作制度化、规范化,先后制定了《行政管理制度》、《社会治安综合治理管理制度》、《计划生育管理制度》、《博物馆聘用人员管理办法》、《办公室管理制度》、《公务车辆管理制度》、《文书打印、复印管理制度》、《档案图书管理制度》、《财务科管理制度》、《博物馆免费开放专项资金管理办法》、《游客服务中心管理制度》、《宣教部管理制度》、《水电管理制度》、《文物工作人员守则》、《文物考古管理制度》、《保管部管理制度》、《文物库房管理细则》、《编钟乐团演员守则》、《编钟乐团灯光音响控制室工作制度》、《编钟乐团公共财产管理制度》、《保洁管理制度》、《保卫科管理制度》、《保卫安全管理制度》、《消防安全管理制度》等。

队伍建设。高度重视干部职工队伍建设，加强党的领导及思想政治工作，外树形象，内强素质。长期坚持干部职工专业理论和实践知识的学习，注重培养年轻专业人才，尤其是文物考古研究、绘图、照相、修复、陈列布展设计、文博讲解、编钟乐团舞蹈编导、演员、乐器演奏员等方面的专业人才。充分发挥工会及职工代表大会的民主监督和管理的作用，群策群力，集思广益，提高干部职工整体素质。

博物馆表彰。1993年3月，随州市博物馆被随州市委、市人民政府授予1992年度"先进单位"。1998年7月，随州市委宣传部授予随州市博物馆党支部"先进党支部"称号。2000年12月，随州市委宣传部、随州市文化体育局授予随州市博物馆迎接新世纪"随州之春"演唱会演出一等奖。2000—2001年，随州市博物馆被随州市委、市人民政府评为"文明单位"。2005年12月，湖北省文物事业管理局、湖北省公安厅授予随州市博物馆"全省文物安全工作先进集体"称号。2009年6月，随州市博物馆被随州市委、市政府评为"首届世界华人炎帝故里寻根节筹备工作先进单位"。2009年12月，湖北省文物事业管理局、湖北省公安厅授予随州市博物馆"全省文物安全工作先进集体"称号。

二、博物馆免费开放

自2008年7月1日免费开放以来，截至2010年底，共接待中外游客180万人，其中2008年30万人、2009年90万人、2010年60万人，接待政要及名人名家186人，成功举办各类有影响的活动18次。

规范参观行为，完善服务设施。为确保博物馆免费开放工作平稳、安全、规范、有序、顺利实施，及时向社会公众公示了服务项目、开放时间、参观须知及温馨提示。例如，为保证实现年、周、日免费开放时间分别达到300天、6天、8小时的标准，博物馆每周星期二至星期日9:00至17:00为免费开放时间，星期一闭馆(国家法定节假日除外)。完善各类免费开放游客服务标志。例如，参观出入口、残疾人通道、卫生间、导游处、游客服务中心、物品寄存处、停车场、安全通道、应急电话等标志。

统一工作服装，挂牌上岗服务。为树立免费开放窗口接待人员良好外在形象，博物馆免费给每位在岗工作人员购买6套工作服，统一着装。同时要求工作人员挂牌上岗服务，严格遵守免费开放规定，并自觉接受来馆参观游客的监督，为中外游客提供文明热情、周到细致的参观服务。

认真做好安保、保洁工作。博物馆免费开放后，安全保卫工作环境复杂，保洁工作任务繁重。为了免费开放工作在安全有序、整洁卫生的环境中正常开展，经主管部门同意，按市场化运作方式，由具备执业资质且信誉度高的公司来承担博物馆安保、保洁工作。经实际运行，2家公司均圆满完成各自工作任务，实现人员、文物、财产绝对安全，环境卫生整齐清洁的目标，赢得了社会公众对博物馆免费开放的良好赞誉。

三、陈列展览

1983年1月，举办"随州出土文物陈列展览"，并正式对外开放。1991年6月8日，举办"随州出土文物展览"、"擂鼓墩二号墓出土文物专题展览"、"名人名家咏编钟书画展览"、"现代天文知识展览"。1994年8月1日举办"纪念中国人民抗日战争和世界人民反法西斯战争胜利50周年——胜利属于人民"大型展览、1997年4月20日举办"迎接1997香港回归暨香港历史文化展览"、

1998年举办“曾侯乙墓发掘20周年科研成果与利用展览”、2001年4月5日举办“为了明天——预防青少年违法犯罪展览”、2002年5月17日举办“随州市公安局追缴文物成果展览”。2008年12月8日，位于随州市擂鼓墩大道98号的随州市博物馆新馆落成，并正式对外免费开放，展览主题为“汉东大国”，分“炎帝神农故里”、“曾国迷踪”、“曾侯乙墓”、“擂鼓墩二号墓”、“汉风唐韵”5个基本陈列。2009年举办“随州科学发展成就展览”、“中国·万和兰花节展览”、“反腐倡廉全国书画作品展览”、“海峡两岸百位国画家彩瓷作品展览”。2010年8月15日举办“湖北省廉政文化教育展览”、2010年11月3日举办“我本楚狂人——随州·鄂州首届书法展览”。

四、展示宣传和社会服务

自建馆以来，充分利用丰富的馆藏文物资源，展示宣传随州灿烂悠久的历史文化，为社会服务。1981年7月，擂鼓墩2号墓36件编钟发掘出土后，以擂鼓墩2号墓编钟为代表的馆藏精品文物，曾先后赴香港、北京故宫博物院、德国埃森、慕尼黑、英国伦敦、瑞士苏黎世、丹麦哥本哈根、法国巴黎、美国华盛顿、日本大阪、青岛市博物馆、东莞市博物馆、深圳市博物馆、惠州市博物馆、广东省博物馆、上海市闵行博物馆、中国科技馆、湖南省博物馆、北京大钟寺古钟博物馆等参加国内、国际文化交流展览，弘扬优秀历史文化。自1988年随州市博物馆曾侯乙编钟乐团成立以来，常年活跃在祖国长城内外、大江南北，分别到北京、上海、广州、香港、昆明、成都、武汉、太原、海口、中山、杭州、南京、桂林、九江、宜昌、襄樊、岳阳、武当山、武夷山、茂名、青岛、东莞、长春、丽江等20多个大中城市和风景名胜区展演，行程30余万公里，接待中外游客达350万人。曾先后参加“襄樊市建城2800周年庆典活动”、“1990三峡艺术节”、“武汉黄鹤楼金秋赏月活动”、“1993上海第六届民俗文化庙会”、“河南洛阳牡丹艺术节”、“1995上海南汇桃花节”、“1997北京八达岭长城文化艺术节”、“1998广东茂名首届中外文化艺术节”、“1999上海豫园建园440周年纪念”、“1998首届曾侯乙编钟艺术节”、“2000北京长城第五届消夏避暑节”、“2004首届武汉国际文化交流洽谈会”、“2005湖北省文化旅游周推介会”、“2006武汉中南六省博洽会”、“2008上海之春国际音乐节”、“中国·随州2009首届世界华人炎帝故里寻根节”、“2010湖北省文化产业招商博览会”、“中国·随州2010世界华人炎帝故里寻根节文化旅游产品推介会”。为节庆增光添彩，为经贸牵线搭桥，为风景名胜区增加了丰富的文化内涵，取得了良好的社会效益和经济效益。

五、藏品管理和保护

逐步健全完善藏品管理制度，严格遵守执行《文物工作人员守则》、《博物馆藏品管理办法》和《随州市博物馆库房管理细则》。认真做好藏品征集、鉴定、定名、定级、登记、编目和管理工作，实现文物家底清楚与动态科学规范管理的目标。截至2010年底，馆藏文物6538件(套)，其中一级文物37件(套)、二级文物218件(套)、三级文物365件(套)。分青铜器1138件(套)、陶器2560件、骨器1826件、漆木器30件、玉器76件、金银器51件、木牍2件，竹简518件、石器96件、恐龙蛋化石75枚、书画166幅。“文物调查及数据库管理系统建设”项目工作，已由任务性试点阶段顺利实现向基础性常规阶段转变。与此同时，先后将馆藏文物送到湖北省文物保护中心、南京博物院、襄樊博物馆和鄂州博物馆进行保护性修复，其中修复青铜器480件、陶器856件、漆木器脱水30件、木牍2件、竹简脱水518支，及时、科学、有效地保护好馆藏文物。

六、博物馆建设

随州市博物馆原址，位于两河口原随县城郊公社粮站，砖混结构，占地面积6667平方米，建筑面积1200平方米，展览面积800平方米。1991年6月，迁至㵐水东畔冷家湾沿河大道113号，仿古型两层四合院式砖石结构，建筑面积2400平方米，展览面积1200平方米。2008年12月，占地78706平方米、建筑面积11000平方米、展览面积5000平方米的新馆落成，并正式对外免费开放。新馆开馆后，进一步完善馆舍主体工程配套设施和免费开放游客服务设施，兴建游客服务中心、职工食堂和车库，养花种草植树，美化博物馆内外参观环境。

七、文化产业

随州市博物馆文化产业发展，经历从无到有，不断壮大的过程。例如，曾侯乙编钟乐团，现在不仅能在大型剧院进行集歌、舞、乐于一体的演出，而且还能根据市场需求进行专场展演，演奏古今中外曲目达百余首。博物馆游客休闲购物中心，不断完善游客服务功能，书店为来馆参观的游客，提供介绍随州悠久历史文化的书籍及音响资料；纪念品商店创新研发具有浓厚随州地方文化特色的旅游产品，其中编钟、鹿鹤等青铜工艺品深受中外游客喜爱；各类丰富多彩的随州农副土特产畅销海内外。

八、人才培养

随州市博物馆高度重视、多措并举培养人才。每年邀请知名专家学者来馆给工作人员讲授文博专业知识；不定期举办“庆5·18国际博物馆日，展随州文博风采演讲竞赛”活动，培养锻炼博物馆专业人才，鼓励工作人员自学成才。博物馆委派工作人员积极参加各类业务培训学习和比赛活动，努力创造良好的人才培养环境和成才机会。如2008年，组织考古专业人员赴丹江库区参加为期3个月的全省南水北调考古培训班学习。2009年，派宣教部工作人员参加湖北省文物事业管理局在武汉举办的2期全省讲解员培训班学习。2010年6月，博物馆考古队队长被国务院第三次全国文物普查领导小组办公室授予“第三次全国文物普查实地调查阶段突出贡献个人奖”。2010年7月26日，宣教部派人参加“全省博物馆、纪念馆讲解员大赛暨随州选拔赛”，分别以第一、三名的好成绩入围全省博物馆、纪念馆讲解员大赛，荣获三等奖和优秀奖。2010年11月，宣教部派人参加“随州市争当干事创业型好班子、争做勤奋奉献型好干部演讲比赛”，荣获二等奖。

九、博物馆行业组织建设

2009年5月，随州市博物馆被国家文物局评为国家“二级博物馆”。2010年10月，随州市博物馆馆长黄建勋参加湖北省博物馆协会成立大会，并当选为常务理事。11月，黄建勋馆长应邀参加“2010上海国际博物馆协会第22届代表大会”，随州市博物馆被推选为理事单位。

广水市博物馆

Guangshui Municipal Museum

馆　　长　张国红
地　　址　湖北省广水市应办文昌街1号
电　　话　0722-6232245、6236343
隶属关系　广水市文化体育新闻出版局
性　　质　国有
建筑性质　现代仿古建筑
建筑面积　1100平方米
展厅面积　360平方米
占地面积　600平方米

馆址环境　坐落在市中心印台山公园内印台山上，前临印台广场，背靠印台山。

历史沿革　广水市博物馆正式成立于1988年3月，成立之前的文物工作由应山县文化馆代管。1977年7月，应山县图书馆成立后文物工作由应山县图书馆代管。1982年又由应山县文化馆兼管，1987年10月在应山县文化馆内设“文物组”。1988年3月19日，由应山县编制委员会批准正式成立“应山县博物馆”（应编[1988]5号），定编4人，隶属应山县文化局。1989年1月国家民政部批复将原应山县更名为广水市，原应山县博物馆随之更名为广水市博物馆。

开放时间　上午8:00—12:00
下午2:30—5:30
（周六、周日闭馆）

交通状况　市内乘3、5路公共汽车至印台广场下车即可到达。

概　况

广水市博物馆是广水市内唯一的综合性地方博物馆，承担着广水市文博事业的重点工作，在文物收藏保护、展览陈列、科学研究、社会教育方面发挥着重要作用。1993年，在市中心印台山上修建了博物馆综合大楼，迁建魁星楼，1993年8月12日，博物馆新馆开始破土动工兴建，1997年1月8日，广水市博物馆新馆大楼竣工。

广水市博物馆新馆位于印台山公园内印台山上（广水市应山办事处文昌街1号），占地面积600平方米，建筑面积1100平方米，行政办公、文物展厅、文物库房为720平方米，11间两层，框架结构，仿古建筑，魁星楼人文纪念馆380平方米，3层，仿古楼阁建筑，内部陈设广水籍或客住广水的十三位名人、名臣、名将的简历和头像，各层大门、立柱、堂柱之上悬挂木刻楹联，2006年，被湖北省楹联学会授予“湖北省优秀楹联文化景点”。截至2010年底，广水市博物馆馆藏文物共计11766件，其中：国家一级文物6件，国家二级文物28件，国家三级文物178件。

一、博物馆管理

广水市博物馆隶属于广水市文化体育新闻出版局，国家全额事业拨款单位，现有办公室（资料财务统计室）、考古队（业务部）、保卫部（保管部）、展览部等部门，正式在编人员14人，其中大学文化程度1人，大专文化程度5人，其余全部为高中（或中专）以上文化程度，其中中级职称3人，初级职称7人。为进一步加强管理，逐步建立和完善了财务管理制度、安全保卫制度、应对突发事件应急预案、人事管理制度、观展须知、安保人员职责、讲解员职责、展厅工作人员职责等规章制度，确保了各项工作的顺利进行。

二、陈列展览

广水市博物馆历年来都是以短期的专题陈列展览为主。1991年下半年至1992年上半年，在全市各乡、镇、办事处以文化站为依托进行《文物保护法》的巡回宣传展览，观展人数达5万余人次。

1991年12月，市博物馆与江苏省淮安市博物馆联合举办“明代王伯安古尸体及随葬品展览”，参观人数达1万余人次。

1995年春节，市博物馆与中国人民银行广水市支行联合举办“历代货币展览”，展出货币从战国时期楚国的“郢爰”至现代的人民币，再现了货币的发展史。其中以楚国的“郢爰”、“金饼”、“蚁鼻钱”，魏国的布币，秦国的“半两”，汉代的“五珠”，王莽的布币“货布”、“大黄布千”，隋、唐的圆钱，明、清的银锭，民国的“开国纪念币”等尤其引人注目，吸引了近2万人观展。

1995年12月至1996年12月，为配合纪念抗日战争胜利50周年，在全市城乡举办“胜利属于人民”大型图片巡回展。主要内容是法西斯屠杀和摧残各国人民的大量罪证及各国军民英勇抗击法西斯的动人事迹。共展出图片460余张，展出150余场，并送到农村32所学校进行展出，观展人数达10万余人次。

1996年春节，在魁星楼举办了“新石器时代石器展”，主要代表石器有石斧、石锄、石凿等，参观人数5千余人。

三、免费开放情况

2009年，广水市文体局投资20余万元在市博物馆开办了一个面积360平方米的文物展厅。展览于2010年“五一”正式对外免费开放，开放第一天，观众人数就突破1000人，以后数天，平均每天达300人次，由于组织有序，确保了无安全事故，无文物、公共设施损坏现象的发生。

1.主题鲜明，内容全面新颖。为充分展示广水的历史面貌，激发广大市民知我广水、爱我广水、建我广水的热情，贯彻落实免费开放、文化惠民政策，广泛征求社会各届人士的建议和意见，制定了较为科学的布展方案，突出一个主题、三项原则。主题就是：“鄂北重镇——广水”；三项原则即：大众化原则、免费原则、突出地域特色的原则。根据广水是中原文化和楚文化两种文化的交汇之地、兵家必争之地、南北交通要道这一十分鲜明的地域特色，按照展厅的实际布局，将展厅划分为五个展区，分别是“史前文明”、“金戈铁马”、“南北交融”、“人杰地灵”、“红色热土”，以现代科学技术为基础，以文物展出为平台，通过物、像、图、文的有机结合，使观众感受到广水悠久的历史和灿烂的文化。

2.建立健全各项制度，确保人员文物安全。根据文物展览的特殊要求，建立了值班制度、安全保卫制度、文物展厅内部管理制度、卫生制度等一系列制度以及值班人员工作守则、安全保卫人员工作守则、讲解员工作守则等规定，用制度来规范展厅工作人员的言行举止，做到有制度、有检查、有奖惩，确保工作人员通力合作、各负其责，有效地保证了展览工作的有序进行。特别是在文物安全方面加大力度，一是安装了比较先进的监控设备，可对展厅内部和外围进行全方位的监控，并与市公安局110报警系统进行了联网；二是选调思想素质过硬、身体健康、责任心强的同志负责展厅的安全保卫工作，全天24小时值班；三是按照有关要求，配置了灭火器、消防栓、消防水龙头、应急灯等消防安全器材。

3.加大宣传力度，争取上级支持。市博物馆免费开放是一项投资大、无经济效益的项目。为搞好这项工作，按照年度工作部署，从2011年1月份开始，我们将中宣部等四部门《关于全国博物馆、纪念馆免费开放的通知》精神向市委、市政府主要领导作了汇报，市委、市政府领导高度重视，三次召集市委宣传部、市公安局等部门，专题研究部署免费开放方案，分管文物的副市长多次亲临施工现场指导工作，反复要求我们一定要把这项惠民工作做好，并在经费上给予支持。我们遵照市委、市政府领导的指示，组织博物馆及相关人员到周边县市和随州市博物馆参观取经，广泛征集社会各届人士的意见，对展览和免费开放方案进行了五次修改；同时，我们带着上级文件和方案走进机关、企业、学校、社区、部队，积极宣传免费开放的意义，争取广大市民的认知和支持。

四、文物收集与保护

广水市博物馆担负着全市地面和地下文物的保护工作任务。在工作中征集和收集了一批文物藏品，先后参加了全国一、二、三次文物普查工作。特别是通过第三次全国文物普查，使全市不可移动文物点达到513处，各个文物点的标本已收为馆藏品。

九口堰纪念馆

Jiukouyan Memorial hall

馆　　长　史明贵

地　　址　湖北省随州市曾都区洛阳镇九口堰村四组

邮政编码　441333

电　　话　0722-4807569

传　　真　4802108

电子信箱　350454670@qq.com

隶属关系　曾都区文物局

性　　质　国有

建筑性质　清代民居建筑

建筑面积　1278平方米

展览面积　800平方米

占地面积　1452平方米

馆址环境　位于随州市曾都区洛阳镇九口堰村，属大洪山余脉，坐落在罗山寺（白云古寺）主峰西侧，与镇区毗邻。始建于清雍正十一年（1733年），原为当地大地主孙少楚的庄园。主体采用明清徽派建筑风格修建，整个大院坐西朝东，左右对称格局。馆内由四合院和庭院组成，为两进院落四合院式布局，硬山式砖木结构，穿斗式梁架，虎皮门窗。分前堂、中厅、正房及左右偏房，共有房屋56间。李先念全身铜像坐落在纪念馆正前方的文化广场上。

历史沿革　洛阳九口堰革命旧址纪念馆，1978年筹建，1982年10月1日开馆。1983年更名为九口堰文物管理处。1984年5月1日正式对社会开放。1987年12月更名为随州市洛阳店九口堰新四军五师旧址纪念馆。1992年12月更名为九口堰革命旧址，1992年12月16日经省政府批准，列入省级重点文物保护单位。1995年，市政府命名为随州市爱国主义教育基地。2000年6月更名为随州市曾都区九口堰五师旧址纪念馆。2004年4月随州市厉山中学将纪念馆列为德育教育基地。2005年4月随州市曾都高级中学将纪念馆列为德育教育基地。2006年3月，武警随州市支队将纪念馆列为传统教育基地。2010年12月批准为省国防教育基地。

开放时间 9:00—17:00(周一闭馆)

服务设施 无障碍参观。

交通情况 汉十高速洛阳店出口乘车往西约15分钟到达。

概 况

【工作宗旨】 保护和开发、利用革命旧址群，从事相关文物的收藏整理、展览宣传。

【机构设置】 随州市曾都区九口堰新五师旧址纪念馆，编制3人，隶属随州市曾都区文物局。下设文物陈列工作室、公众教育与接待中心、办公室、保卫室4个部门。主要从事文物管理、宣传教育、展览展示、举办文化活动。

【建筑特点】 九口堰纪念馆(新四军五师司令部政治部旧址)，主体采用明清徽派建筑风格修建，坐西朝东，原为当地大地主孙少楚的庄园，为两进院落四合院式布局，硬山式砖木结构，穿斗式梁架。分前堂、中厅、正房及左右偏房。前、中、后三层均为阔面一间，进深三间，通面阔25米，单进深5.8米，左右各开一门。前堂门框内收1米，墙封檐，中厅、正房前各有一宽1.2米走廊。偏房共六间，其中前部各二间，后院左右各一间，开间3.1米，进深4.3米，前有1米的走廊。该建筑始建于公元1733年(清雍正十一年)，共有房屋56间，占地面积1452平方米，建筑面积1278平方米。

新五师战地医院旧址，坐西朝东，有房屋两栋，前后排列，面阔三间，进深两间。开间4.5米，进深6.8米。为一般民房，硬山式砖瓦结构。医院原为随军医疗所，初始仅十余人，至随南后划归医务处管辖，成为纵队野战医院，编制扩大为35人，分内、外及护理三科，有行政领导3人，主治医生8人，余皆为护理人员。

新五师印刷厂旧址，坐东朝西，呈四合院式布局，两院并列。前砌围墙，中开门，两侧厢房面阔三间10米，进深3.2米，正屋面阔三间12米，进深5.6米，为硬山式砖瓦结构，现有房屋10间。

新五师被服厂旧址，坐西朝东，为前后两排瓦房，泥砖砌筑。原有房屋十五间，现仅有八间，开间3.4米，进深6.8米。

随南县政府旧址，1941年3月至1942年6月及1945年3月至1946年8月，随南县政府设于此地。其坐落在桥湾自然村，主要为机要办公处。旧址座东朝西，原为二层瓦房，共有房屋十五间，现仅有八间，亦分上下层，开间4米，进深58米。

【藏品管理和保护业务】 九口堰新四军五师旧址纪念馆藏品主要包括新四军第五师首长李先念办公和生活的日常用具、生产用具、武器装备件、书画、图片、李先念铜像等文物。这些文物是九口堰纪念馆藏品的精髓。九口堰革命旧址包括新四军第五师司令部政治部、随南军政联合办事处、抗大十分校、十三旅部、边区建设银行、挺进报社、印刷厂、兵工厂、战地医院、被服厂等九处革命旧址，且都较好地保存了历史原貌，在九口堰一带形成了一处不可多得的革命旧址群，真实地反映了以李先念为代表的新五师抗战时期的生活和战斗历程，价值重大。

为了加强对藏品的管理和保护，九口堰纪念馆从2005年起在完善原有的相关规章制度的基础上不断细化出新的条款，同时根据藏品的不同类别制定具体的防护措施。九口堰纪念馆专业人员积极参加文物系统组织的培训班和交流研讨会以开拓新思路，提高自身的专业水平。1978年以来，纪念馆通过社会收集、上交捐赠、社会收购，并得到主席李先念、原新四军第五师代政委兼政治部主任任质斌、原抗日军政大学第十分校校长郑绍文、原挺进报社社长齐光、原新五师十三旅政委方正平、原新五师参谋长刘少卿、兄弟博物馆及国内外友人的支持，征得老一辈无产阶级革命家的题词和照片40余张、李先念主席亲笔为九口堰革命旧址题写了“国民革命军陆军新编第四军第五师司令部、政治部旧址”的匾额等。除完善文物征集的管理制度外，纪念馆还开展展厅、库房的文物保护环境监测工作，对展现的文物的巡视检查、定时定人，展厅室内空气状况进行监测并作详细记录，确保文物不受损坏。

一、展陈工作

1.基本陈列

九口堰文物处现共有四个展览区:革命旧址纪念馆、李先念铜像、革命英雄纪念碑、黄春庭烈士墓。

革命旧址纪念馆历史文物于2005年重新进行布展后，又划分为司令部会议室、两个展厅、沙盘厅、油盘(战斗)厅、书画厅和实物厅六个部分。

(1)司令部会议室，展示的是当年纵队和五师的部分诗词和歌曲，正厅悬挂着一块书写为“一切为了战胜帝国主义”的毛泽东题词，有音响设备，可自动播放新五师当年吟唱的部分歌曲。

(2)展厅2个，布置有展板，展示着征集到的一些珍贵的历史图片，分别列有开辟随南北兆山、保卫随南白兆山、凯旋随南白兆山、情系随南白兆山四大版块，展厅内还陈列着锈迹斑斑的手榴弹、手枪、大刀等战斗实物，配有自动解说功能。

(3)沙盘厅(即政治部会议室)，正厅悬挂着李先念主席的题词，侧壁悬挂着任质斌、齐光等原五师领导的部分题词。厅中央放置有随南白兆山根据地抗战形势要略图的沙盘，配有自动解说音响设备。

(4)战斗厅有《开辟随南北兆山战役》环型壁画，配以声、光、电音响效果，重现当年新五师官兵英勇作战的历史场景。

(5)书画厅为文人墨客即兴发挥为新五师旧址创作的作品，有音响设备，可播放古典音乐，能增强精神文化的观赏性、趣味性，使纪念馆的陈列更富感染力。

(6)实物厅陈列着石磨、摇子、马灯、纺车、水桶、木床、桌椅、织布机等生活用品。

李先念铜像　2005年征地修建广场，广场前树立李先念36岁时的铜像，铜像高2.5米，台基2米，造价15万元。

革命英雄纪念碑，因交通不便等原因，2005年从纪念馆后山(罗什寺)迁至黄春庭烈士墓处，纪念碑造价20万元，墓碑采用大理石石料，镶汉白玉栏杆。

黄春庭烈士墓　由李先念亲自题词。

九口堰纪念馆5公里以内还有抗大十分校、十三旅部、边区建设银行、挺进报社及印刷厂、边区被服厂、毛巾厂、战地医院、兵工厂、机械厂等十几处革命遗址，这十几处革命遗址是发展革命传统教育开辟红色旅游的宝贵资源。

2.专题陈列

2008年至2010年期间九口堰纪念馆利用世界华人炎帝故里寻根节、随州市银杏文化节、随州市兰花节、随州市桃花节等活动，先后推出各类临时展览百余项。为配合临时展览的展出，纪念馆印刷出版各类图书、印制各种宣传品等十余种。

二、社教、开放工作

制定了《随州市洛阳镇九口堰纪念馆免费开放管理规定》、《九口堰纪念馆陈列展览提升情况》、《随州市洛阳镇九口堰纪念馆免费开放管理办法》、《九口堰纪念馆免费开放须知》、《九口堰纪念馆员工提升服务标准》、《九口堰纪念馆文物安全管理制度》等一系列规章制度。九口堰革命旧址作为红色教育基地,共接待各级领导、五师老首长、社会各界人士达100余万人次。2008年5月1日,纪念馆对外免费开放,来馆参观人数渐涨。2010年接待参观人数25万人次,其中青少年15万人次,外国观众2万人次,团体观众人数8万余人次。为加强对广大青少年的革命传统教育和爱国主义教育,2005—2010年,纪念馆在每年的4月份都会与随州市各院校共同举办"追寻名人光辉足迹,弘扬爱国主义精神"主题活动。

三、科研工作

随着国家对红色爱国主义教育基地的进一步重视,纪念馆的科研条件得到了逐步改善。为更好地提高纪念馆科研水平,我馆主要围绕新四军第五师抗日根据地历史资料进行科研工作。充分利用新四军第五师研究会所集中的学术力量和学术资源,以各种合作方式开展研究工作、学术资料收集整理工作,进行对外学术交流。纪念馆曾多次邀请部分新四军老战士后代、新四军史研究人员及附近村民举行座谈,积极追忆和探索新四军老前辈的丰功伟绩和革命精神,为弘扬当代的爱国主意精神发挥了很好的宣传和带动作用。自1978年来,纪念馆一直积极配合和参与新四军研究会的工作,为《铁军》、《铁军纵横》、《新四军第五师抗日战争史稿》、《新四军第五师抗日战争大事记》、《鄂豫边区党的建设大事记》、《鄂豫边区抗日根据地历史资料》、《鄂豫边区第二次各县代表大会通过的重要提案》、《随州革命史》、《中国共产党随州历史大事记》、《随州日报》等报刊杂志提供了丰富的研究成果和实例实证。同时,九口堰纪念馆还主动与兄弟纪念馆进行了多次交流活动,并与武汉大学和武汉理工大学结对共建、深入合作,共同为九口堰纪念馆的建设和发展出谋划策。

四、馆舍建设、扩建、维修和设施改造

为纪念抗日战争胜利60周年,2005年5月,新四军五师旧址在市老促会和各级政府的支持下向社会募集资金80万元,对纪念馆进行了一次彻底整修。硬化纪念馆门前的公路,征地修建了广场,广场前竖立李先念铜像一尊,重建大理石底座、汉白玉栏杆高规格的革命英雄纪念碑,对馆内房屋进行全面修整,利用声、光、电技术重新布展,并将纪念馆划分为司令部会议室、两个展厅、沙盘厅、油盘(战斗)厅、书画厅和实物厅六个部分。展览档次的提高,收到良好的社会效益。

2008年11月,投资20万元对紧邻纪念馆的居民房屋进行了仿古改造,保持了明清古建筑特色。

2009年11月九口堰纪念馆二期扩建工程动工(由省政府批准的纪念馆接待中心系列工程),投资205万元。目前纪念馆接待中心和九口堰原貌修复两项工程已完工,其中接待中心共建仿古式房屋12间;九口堰原貌修复含塘中亭阁、花坛、亲水平台、观瞻护栏、石碑标志、排灌水工程等。

恩 施

恩施土家族苗族自治州分述篇

恩施土家族苗族自治州(以下简称“恩施州”)位于湖北省西南部,地处湘鄂渝黔四省市交界的武陵山区,是全国最年轻的少数民族自治州,也是湖北省唯一被列入西部开发的少数民族地区。恩施州现有博物馆6座、文物管理所2座,博物馆与文物管理所均属公办性质,隶属于恩施州及县(市)文化体育局下属的全额拨款事业单位。恩施州列入国家免费开放的博物馆现有3座,纪念馆1座;全州现有在职在编的文博工作人员61人,其中研究馆员1人,副研究馆员3人,馆员22人;现有文物藏品131997件(套),其中经湖北省文物鉴定委员会鉴定的一级文物70件,二级文物158件,三级文物357件(套),全州一、二、三级文物合计585件(套)。30多年来,恩施全州博物馆坚持“保护为主,抢救第一,加强管理,合理利用”的文物工作方针,认真履行收藏、研究、展示、保护等职能,免费开放工作稳步推进,陈列展览不断提升,对外宣传力度加大,基础设施与人员素质进一步加强,博物馆社会教育职能日益凸显,公共文化服务功能逐步完善,博物馆作为公益性文化机构的社会价值正逐步实现。

恩施土家族苗族自治州博物馆

The Museum of Enshi Autonomous Prefecture of Tujia & Miao Nationalities

馆　　长　胡家豪

地　　址　湖北省恩施市舞阳大道博物馆路2号

邮政编码　445000

电　　话　办公室:0718-8222329

预约参观:0718-8231412

传　　真　0718-8222329

网　　址　www.bwg.org.cn

电子信箱　office@bwg.org.cn

隶属关系　恩施州文体局

性　　质　国有

建筑性质　现代建筑

建筑面积　5297平方米

展厅面积　2000平方米

占地面积　33350平方米

馆址环境　坐落于恩施市城区凤凰山东麓,依山傍水,环境优美,博物馆主体建筑具有浓郁的民族风格。东南有龙洞河环绕,西临恩施州林业科学研究所,北为凤凰山森林公园。

历史沿革　1975年10月,成立恩施地区文物工作队。1976年9月,改名成立"恩施地区博物馆"。1981年8月,恩施地区行署将8000平方米山地划给博物馆作为建馆基地。1983年12月随着恩施地区改为"鄂西土家族苗族自治州",博物馆更名为"鄂西土家族苗族自治州博物馆"。1993年4月,鄂西土家族苗族自治州更名为"恩施土家族苗族自治州",博物馆随之更名为"恩施土家族苗族自治州博物馆",沿用至今。1996年12月1日,恩施州博物馆陈列展览综合大楼落成。2008年恩施州委、州政府决定将州博物馆整体搬迁至湖北民院附近的金桂大道,纳入新建的"恩施州文化中心",博物馆属文化中心的重要组成部分。2009年至2010年,中心建设前期准备工作就绪,拟于2011年5月奠基动工。

开放时间　9:00—16:00(周一闭馆)

服务设施　停车场、纪念品商店、物品寄存、语音导览等。

交通状况　公共汽车乘2路、8路、11路、25路、23路、21路、15路、13路,在州公路局、州卫生局朝凤凰山方向沿石梯而上到达;在州中心医院下,从市一中外、武商量贩旁森林公园消防通道约1公里可到;乘22路在州公路局下,朝凤凰山方向沿石梯而上到达。

概　况

恩施州博物馆同时挂"恩施州文物调查勘探工作队"牌子,是恩施州文体局下属的一个全额拨款事业单位,集文物保管、陈列、研究、调查、勘探、考古发掘为一体。恩施州博物馆属国家三级博物馆、国家一级风险等级单位,也是国家首批免费开放的博物馆之一。该馆1976年9月成立,原名"恩施地区博物馆",前身是"恩施地区文物工作队"。1981年8月,恩施地区行署将8000平方米山地划给博物馆作为建馆基地。1982年职工宿舍全部竣工并投入使用,其中一部分作为办公室、图书资料室和文物库房。1983年12月,博物馆更名为"鄂西土家族苗族自治州博物馆"。1993年4月,博物馆更名为"恩施土家族苗族自治州博物馆",沿用至今。1996年12月1日恩施州博物馆陈列展览综合大楼落成并正式对外开放。

恩施州博物馆位于恩施市城区凤凰山东麓(恩施市舞阳大道博物馆路2号),占地面积33350平方米,总建筑面积5297平方米,展厅面积2000平方米。该馆主体建筑具有浓郁的民族特色,共四层,最上层的三个亭子采用土家吊脚楼的房顶设计,四角檐牙高啄,上翘鱼尾,下吊金瓜。整个建筑依山傍水,环境优美,成为恩施城区舞阳大道一道亮丽的风景。

一、展陈、科研工作

恩施州博物馆坚持"以人为本,内强素质,外树形象,优质服务"的宗旨,竭诚为广大观众服务。1996年12月,恩施州博物馆陈列展览综合大楼落成暨"民族民俗、民族历史"基本陈列对外开放,至此,恩施州博物馆才结束了没有陈列阵地的日子,各项工作开始步入正常运行的轨道。由于经费紧张,前期的陈列布展都是单位职工群策群力,自己动手设计制作。2002年,州委、州政府决定将州博物馆的展览进行改造升级,将其打造成建州20周年大庆精品工程,于2003年恩施建州20周年之际开放。2002年7月18日,为更好地完成州委、州政府布置的“恩施建州20周年大型文物展”改造方案，恩施州博物馆在馆长胡家豪领导下积极投入各项工作，邀请中央民族大学博士李宏复、中南民族大学历史文化学院教授董珞、湖北民院教授田万振、雷翔，副教授陈湘锋、周江茂、州民委副研究员田发刚、州委党校教授萧洪恩等专家在恩施州文体局参加改造方案座谈会，为办好“恩施建州20周年文物展”提出许多宝贵意见。同年9月12日，州长郭大孝、常务副州长任振鹤、副州长陈亚平亲自到恩施州博物馆现场办公，针对博物馆陈列展览综合大楼欠款缺口和“恩施建州20周年大型文物展”召开专题会议，准备投入资金100万元，调用全州文物精品，改造州博物馆陈列展览。这次展览改造的展陈设计，经过广泛的调研，反复的论证，缜密的思考，吸收周边地区以及相同类别博物馆的优势，取长补短，最后确定基本陈列的指导思想：以恩施民族文化“巴风土韵”为主题，以恩施民族发展史为主线，以声、光、电为辅助手段。2003年12月“巴风土韵”大型文物陈列在“恩施建州20周年”之际对外开放。此次展览展厅面积1200平方米，利用声、光、电等现代手段，从“民族历史篇”和“民族民俗篇”两大块予以展示。“民族历史篇”从200万年前的远古人类——建始直立人到元明清土司文化，展示了在恩施这块土地上人类诞生、发展、壮大的历程；“民族民俗篇”从土家族、苗族的吃、穿、用、行、住等方面反映了该地区浓郁的民族文化特色。此次陈列改造升级使恩施州博物馆一跃成为武陵地区较有影响的博物馆，时至八年后的现在仍反响较好。

恩施州博物馆的临时展览主要根据广大中小学生、普通市民等观众定位，坚持科学性、知识性和普及性原则，采取“走出去，请进来”等多种方式，先后举办“香港回归”、“澳门回归”、“光辉的历程——建国50周年恩施州成就展”、“人民不会忘记——共和国的建设者”、“红岩精神永存”、“改革开放20年”、“孔繁森生平事迹”、“珍爱生命、拒绝毒品”、“周恩来诞辰100周年”、“为了明天——预防青少年犯罪”、“建党80周年”、“大山脊梁——周国知事迹展”、“红色土地”、“性从远古走来——出土文物展”、“楚文化与郭店竹简”、“晷运时成——古代钟表展”、“恩施记忆”等贴近时代生活和观众需求的各种临展和交流展30余个，配合临展印发各种宣传资料10余种，充分发挥爱国主义教育基地和国民教育职能。

恩施州博物馆深入科学研究，丰硕成果喜人。1983年7月，为庆祝成立“鄂西土家族苗族自治州”，恩施地区博物馆编写了宣传资料《鄂西名胜》和《鄂西革命斗争纪略》。1999年10月，恩施州博物馆馆长、副研究馆员邓辉著《土家族区域的考古文化》一书由中央民族大学出版社出版发行。该书是恩施州博物馆第一次正式出版的考古专著，它的出版揭开了恩施州考古文化的新篇章。2004年9月，由州博物馆副馆长、副研究馆员王晓宁编著《恩施自治州碑刻大观》和副研究馆员朱世学著《鄂西古建筑文化研究》（《恩施州民族研究丛书》第三批专著之一）两部专著由新华出版社正式出版。2009年12月，州博物馆研究馆员朱世学著《三峡考古与巴文化研究》课题报告由科学出版社正式出版。2010年8月，朱世学研究馆员承担的长江三峡工程文物保护项目——《三峡湖北库区墓葬初步研究》课题报告付梓问世。30多年来，恩施州博物馆正式出版专著5部，撰写研究文章200余篇，主办《文博之友》内部刊物4期，1999年至今一直参与撰写《恩施州年鉴》（恩施州人民政府主办）文物博物版块。此外，州博物馆还参加中国博物馆学会民族博物馆专业委员会、湖北省博物馆协会、湖北民族学院、恩施职业技术学院巴文化研究所等单位主办的学术研讨会数十次，交流文章数十篇。

二、保管、征集工作

恩施州博物馆以全面落实科学发展观为指导，坚持贯彻执行“保护为主、抢救第一、合理利用、加强管理”的文物工作方针，逐步建立和完善科学有效的文物保护和管理体系，正确处理文物保护和利用的关系。积极参与落实财政部和国家文物局联合启动的“文物调查及数据库管理系统建设项目”，主要完成恩施州馆藏一、二、三级文物的鉴定、现状描述、测量制表登记等数据采集工作，初步建立馆藏一、二、三级文物信息数据库。

恩施州博物馆的文物藏品主要来源于民间征集、考古发掘移交、收购、接受捐赠等渠道，现有藏品绝大多数是通过征集、收购、考古发掘而获得。分历史文物、革命文物、民族民俗文物、货币、自然标本、文献资料六大类。藏品种类有青铜器、瓷器、金银器、竹木器、古生物化石、书画及杂项等。藏品总数80268件，其中一级藏品45件(套)，二级藏品76件(套)，三级藏品106件(套)。重要藏品有1975年冬扩建恩施机场挖房基发现的“1368年施南万户府镇抚司印”、建始征集的“大夏开熙元年屯田万户府铜印”、咸丰征集的“明金峒安抚司印”和“明唐崖长官司秦关克印”、建始征集的“元末清江施南道总管军万户府铜印”和宣恩猫儿堡土司墓葬出土的金凤冠饰件等，为研究恩施历史尤其是土司文化提供了珍贵的实物资料；三峡流域巴东东壤口、西壤口出土的战国青铜斤、青铜钺、青铜剑、青铜戈等为巴文化的典型器物；恩施州境内战国至汉代青铜单虎钮錞于、战国青铜编钟、战国青铜钲等窖藏军乐器的出土，为土家族区域的民族历史、音乐研究提供了佐证，特别是1977年3月建始县景阳革担村二台子农田基本建设时发现征集的东汉青铜双虎钮錞于，具有准确的出土时间和地点且保存完好，在全国仅此一件，实属珍品；1927年湖北省农民协会告示和康熙圣旨均属书画作品中的精品。

三、社教、开放工作

恩施州博物馆自1996年陈列展览综合大楼落成以来，社会教育活动内容丰富，形式多样，先后被恩施州人民政府确定为“恩施州首批爱国主义教育基地”、被共青团中央授予“全国民族地区青少年爱国主义教育工作先进单位”、被国家民委评为“全国民族团结进步示范基地”。这些社会教育活动主要是以“5·18国际博物馆日”、“文化遗产日”为契机，制作宣传展板，发放宣传资料，开展文化遗产街头宣传活动；组织“保护文物，热爱家乡”万人签字活动；联系社区在城区广场播放“巴风土韵”文物展露天幻灯片，举办文物保护电影宣传月活动。利用文物陈列这个特殊资源对广大观众特别是青少年进行爱国主义和革命传统教育，组织中小学生“走进博物馆”有奖征文活动；为恩施市一中、恩施高中、湖北民院等学校提供学生假期社会实践活动场所；为恩施州直行政事业单位提供条件过党、团组织生活；对社区老党员开展“爱家乡，学历史”免费参观讲解活动。利用单位网站资源，通过文物精品、学术研究、动态宣传等栏目，集中反映恩施州博物馆30多年来取得的重要成果，展示文博工作风采。恩施州博物馆自1996年开放以来，共有30余个单位和学校在博物馆挂牌，共建爱国主义教育基地和社会实践基地。这些活动的开展，使博物馆充满生机与活力，搭建了博物馆与观众互动平台，充分发挥了博物馆的社会教育职能。

根据中宣部、财政部、文化部、国家文物局2008年联合下发的《关于全国博物馆、纪念馆免费开放的通知》精神，恩施州博物馆属于国家首批免费开放的博物馆之一，于当年10月1日正式对社会免费开放。为深入贯彻落实博物馆“贴近实际、贴近生活、贴近群众”的三贴近工作方针，恩施州博物馆全体职工内强素质，外树形象，增强接待能力，加大安全人防力度；增设免费开放领票亭、服务咨询台、观众休息座椅、文物保护护栏等服务设施，改造公共厕所，努力提升服务水平。另一方面，注重把握免费开放后观众需求呈现出多层次、多方面、多样式的特点，加强交流，整合资源，重点做好展陈工作，2008年以来先后举办“恩施记忆”革命文物展、引进荆州“性从远古走来——出土文物展”、引进荆门“楚文化与郭店楚简”展、引进南京“晷运时代——古代钟表展”等临展；将历史文物、革命文物制作成易于运输的展板，形成“流动博物馆”，让“流动博物馆”走进乡村，走进社区，走进学校；与湖北省文物总店、恩施州文物局联合举办“恩施州首届民间文物藏品免费鉴定”活动，以此满足人民群众日益增长的精神文化需求。博物馆免费开放三年来，累计接待观众15万人次，接待全国博物馆兄弟单位考察学习20余家，受到博物馆同行和社会各界的好评。同时，注重提高职工素质，树立窗口形象。恩施州博物馆每年举办两次以上的业务培训，多次选送讲解员到省里培训、参赛。2010年，为配合湖北省讲解员大赛，恩施州文物局于9月3日组织恩施州讲解员大赛初赛，全州共有5支代表队，9名讲解员参赛，选拔出4人代表恩施州参加全省复赛，恩施州博物馆周晓金、谭薇、李玲3名讲解员全部入围。12月9日，在全省讲解员大赛激烈的竞争中，恩施州博物馆讲解员谭薇脱颖而出，进入决赛，获个人三等奖，恩施州获集体三等奖。

四、机构设置、行政管理

恩施州博物馆与“恩施州文物调查勘探工作队”是两块牌子、一套班子，隶属于恩施州文化体育局。单位内设机构有：办公室、社教部、陈列部、业务部、保管部、保卫部和文物勘探办公室7个部门。恩施州博物馆现有在职在编人员16人，其中本科学历8人，专科学历5人；研究馆员1人，副研究馆员2人，馆员6人；2009年根据事业单位人事制度改革要求，进行岗位设置，全员聘用。设置管理岗位4人，其中七级1人，八级3人；设置专业技术岗位12人，其中副高七级1人，中级4人（八级1人，九级2人，十级1人），助理级7人（十一级4人，十二级3人）。所有人员根据岗位设置条件及岗位职责，竞争上岗，优绩优酬，于2009年11月全员聘用到位。此外，为适应免费开放后观众增量的新需求，恩施州博物馆还在社会上招聘陈列设计、文物保管、社会教育及安全保卫等人员14人，其中专科以上3人。

为使恩施州博物馆各项工作顺利开展，做到有章可循，有据可依，2010年恩施州博物馆在事业单位岗位设置的基础上，制定完善了《恩施州博物馆行政管理制度》、《财务制度》、《财务岗位责任制》、《专项资金使用管理办法》、《免费开放管理与提升服务标准》、《库房文物安全制度》等制度，其中《恩施州博物馆行政管理制度》内容包括学习制度、考勤制度、安全制度、考核制度、卫生制度，该制度多次征求各部门意见，反复修改，是州博物馆全体干部职工工作学习的行动指南，也为博物馆试行绩效管理奠定了基础。目前，恩施州博物馆内部管理井然有序，职工面貌昂扬向上，各项工作形成了科学化、规范化、制度化的运行机制。

恩施州博物馆自成立以来，不断加强硬

件和软件建设。一是干部队伍逐步扩大，人员素质得到加强，特别是1996年陈列展览综合大楼落成以来，在职职工的培训成了提高人员素质的基本途径。1996年至2008年期间，恩施州博物馆先后选送职工参加湖北省艺术学校主办的“讲解员培训”、湖北省文物局在武汉大学举办的“市、州博物馆馆长培训班”、在武汉举办的“文物鉴定培训班”、在西安举办的“三峡湖北库区文物档案管理人员培训班”、在武汉主办的“湖北省博物馆学会社会教育专业委员会成立暨研讨会”等15次业务培训。2008年，恩施州博物馆被列入国家首批免费开放的博物馆以来，先后招考、招聘工作人员16人，总人数由建馆初期的3人增加到30人，领导职数也增加到一正三副。二是基础设施逐步完善，综合实力不断加强。1976年10月恩施地区博物馆成立时，与文化馆，图书馆合署办公；1982年职工宿舍全部竣工并投入使用，其中一部分作为办公室、图书资料室和文物库房；1994年底由国家计委与恩施州人民政府共同投入320多万元修建恩施州博物馆陈列展览综合大楼，1996年12月文物陈列对外开放；2003年，恩施州委、州政府投入100万元对原有展览进行改造升级，举办“巴风土韵”大型文物陈列，使恩施州博物馆一跃成为武陵地区较有实力的博物馆；2005年至2006年国家文物局先后投入90万元完成恩施州博物馆维修及文物安全防范监控系统，达到国家一级风险等级要求。风雨三十年，旧貌换新颜。

恩施州博物馆成立30多年来，经过几代文博工作者的不懈努力，文博事业飞速发展。1997年被州人民政府命名为“州级爱国主义教育基地”，2001年被共青团中央命名为“全国民族地区青少年爱国主义教育工作先进单位”，2003年5月，经国家文物局、公安部批准为第三批“国家一级风险单位”，2004年4月被国家文物局、财政部确定为“国家重点博物馆”，2005年被湖北省人事厅、公安厅评为“全省文物安全工作先进集体”，2006年受湖北省人事厅、文化厅联合表彰为“全省文化工作先进集体”，2007年6月被国家文物局表彰为“全国文化遗产保护工作先进集体”，同年12月被国家民委评为第二批“全国民族团结进步教育基地”，2008年被确定为“全国首批免费开放的博物馆”之一，2009年5月被国家文物局评为“国家三级博物馆”。

恩施市博物馆（叶挺将军囚居旧址纪念馆）

Enshi Municipal Museum (Memorial Hall of Former Imprisonment Site of General Ye Ting)

馆　长　牟来新
地　址　湖北省恩施市解放路111号
邮政编码　445000
电　话　办公室：0718-8282662
预约参观：0718-8282662
15826681666
传　真　0718-8283060
电子信箱　865962231@qq.com
隶属关系　恩施市文物事业管理局
类　型　地方性综合博物馆
创建时间　1984年4月8日
建筑面积　8874平方米
展厅面积　330平方米
面　积　1.5万平方米

所在位置　博物馆：位于湖北省恩施市解放路111号，六角亭鳌脊山上；叶挺将军囚居旧址纪念馆：湖北省恩施市后山湾叶挺路226号。

历史沿革　恩施市博物馆原系恩施市文化馆文史资料室，1984年经市人民政府批准从市文化馆分离出来，成立恩施市文物管理所，1989年经市人事编制委员会批准，加挂“恩施市博物馆”牌子。

开放时间　叶挺将军囚居旧址纪念馆：上午9：00—下午5：00；连珠塔：上午7：00—晚上10：00。

门票价格　叶挺将军囚居旧址纪念馆从2008年1月实行免费开放；连珠塔：10元/人；文昌祠古建筑故群暂时没有对外收取门票。

交通状况　3路、11路、公交车到叶挺路叶挺纪念馆；4路、9路、12路公车可到六角亭文昌祠；10路、16路公车可到大十街文昌祠；23路公车可到五峰山连珠塔。

概　况

恩施市博物馆原系恩施市文化馆文史资料室，1984年经市人民政府批准从市文化馆分离出来，成立恩施市文物管理所。1989年经市人事编制委员会批准，加挂“恩施市博物馆”牌子，下辖文昌祠、连珠塔、叶挺将军囚居旧址纪念馆三个文物保护单位，总占地面2.4万平方米，建筑面积8874平方米。

恩施市叶挺将军囚居旧址纪念馆位于恩施市叶挺路（后山湾）226号，占地总面积3000平方米。1983年，经湖北省人民政府批准，由恩施市筹资21万元，于原址处按原样修复叶挺将军囚居旧址，并增建了纪念馆，于同年12月1日正式对外开放。1992年12月和1995年3月，先后由湖北省人民政府公布为省级文物保护单位和爱国主义教育基地。

一、博物馆管理和保护

恩施市博物馆现有在职职工12名（其中，馆员5名、助理馆员4名、保安人员3名），承担着全市30余处文物保护单位的文物保护监管职能。单位内设：馆长办公室、办公室、业务部、安全部、接待部、档案室。安全工作列入工作的重中之重，成立了安全工作领导小组。按照统一指挥，条块结合，以块为主，分组、分部门负责的原则，层层签订安全责任制，成立义务消防队，并严格按照安全预案执行，确保文物安全。贯彻落实“预防为主、防消结合”的方针，制订和完善一系列安全保卫制度。加大安全经费的投入更新安防设备。在文昌祠古建筑群、叶挺将军囚居旧址纪念馆、连珠塔安装了红外监控报警系统，采用人防、物防、技防三位一体的防卫体系，确保文物库房和文物藏品的安全。

二、免费开放工作进展情况

叶挺将军囚居旧址纪念馆作为“湖北省十佳爱国主义教育示范基地”和“湖北省十大国防教育基地”，已接待各级领导和社会各界人士100万余次。1998年以来，湖北民族学院、共青团恩施州委、共青团恩施市委、恩施军分区、武警消防支队等州、市30多个单位在叶挺将军纪念馆挂牌作为本单位爱国主义教育和革命传统教育活动基地。2008年至2010年，纪念馆共接待参观人次63627人，其中学生28617人，叶挺将军囚居旧址纪念馆为州、市人民、党员干部开展爱国主义教育活动提供了很好的平台。

三、陈列展览、展示宣传和社会服务

陈列展览　“叶挺将军生平事迹图片

展”以图片展的形式，展示叶挺将军生平事迹，分为“广州克敌，雄才初示”、“挥戈北伐，屡建奇功”、“南昌广州，高举义旗”、“挺进敌后，怒杀日寇”、“激战皖南，身陷囹圄”、“囚居恩施，坚持斗争”、“英名长存，不幸遇难”七个部分，共展出110余幅珍贵历史照片，以再现叶挺将军追求革命真理，对党对人民无限忠诚，与国民党反动势力作坚决斗争的光辉一生。“叶挺将军摄影作品展”展示叶挺任新四军军长期间在皖南拍摄的一百余幅珍贵的历史照片。

展示宣传和社会服务　该馆从1984年，先后举办10多次临时专题展览，如1997年“香港回归图片展”先后在全市学校及各乡镇巡回展出。为庆祝中国人民抗日战争60周年，由市政府主办，恩施市博物馆承办的“恩施革命斗争史”图片展览，用珍贵的文物史料图片70余幅，以恩施为重点，再现中国共产党团结抗日、英勇斗争的史实。2010年，临时展厅改造成为“叶挺将军在恩施”图片展多功能厅，为到纪念馆开展爱国主义教育活动的集体，提供了会议学习的场所，纪念馆的功能得到了进一步的提升。

四、藏品征集、管理和保护

1.藏品征集

恩施市博物馆文物藏品主要通过移交、征集、收购等途径取得。现有藏品中以青铜器、陶瓷器为主。分为传世文物、出土文物、革命文物以及工艺品四大类。截至2009年底，文物藏品总数1839件(套)，其中国家一级文物8件(套)，二级文物12件(套)，三级文物23件(套)。重要藏品有虎钮錞于、大日如来佛铜像、大吉铭铜壶、双流壶等。

2.藏品管理和保护

建有专门的文物库房和配备相应的保护设施，建立健全了完整的电子档案，馆内设立了安全保卫科，选配专职保卫干部。重要部位安装技术安防设备和综合报警监控系统。部分珍贵文物保管在恩施州文物中心库房。

五、博物馆建设

馆舍建设、办公设施等得到较大的改善。从解放初期与县文化馆合署办公，到80年代的简易办公用房，发展到现在拥有占地面积24258平方米，建筑面积8874平方米，设有行政办公室、业务办公室、安全办公室、档案室等。2010年初，完成了纪念馆一楼展厅的布展，安装了监控系统。6月，完成了展厅二楼多功能展厅工程，添置了相关设备。

六、组织建设和人才培养

1951年，县文化馆仅有一名兼职文博干部。1984年4月，成立恩施市文物管理所，3个人，1989年经市人事编制委员会批准，加挂恩施市博物馆牌子，寥寥几人，发展到如今12人。现拥有5名具有文博中级专业技术职称、4名文博初级专业技术职称、3名保安人员的文博队伍。调查、征集、保管、陈列、研究、宣传讲解等各项基础业务工作的人员齐全。这些人员，通过学习和培训，业务水平、文物行政执法水平有了较大提高，在文物保护工作中与公安、土地、城建等部门紧密配合，发挥了文物工作者应有的作用。

鹤峰县博物馆

Hefeng County Museum

馆　　长　戴德明
地　　址　湖北省鹤峰县容美镇段德昌路7号
邮政编码　445800
电　　话　办公室:0718-5263516
预约参观:0718-5263516
0718-5261526　18971885909
传　　真　0718-5261526
电子信箱　hfxbwg@sina.com
hfxbwg@163.com
隶属关系　湖北省鹤峰县文物局
性　　质　国有
建筑性质　现代建筑
建筑面积　1420平方米
展厅面积　800平方米
占地面积　总占地面积5000余平方米

馆址环境　坐落于鹤峰县容美镇段德昌路满山红革命烈士陵园风景区内。东临陵园管理处综合楼,西临县科技局,北临陵园星火广场,南临容美村居民区。

历史沿革　1979年,湖北省革命委员会批复,成立鹤峰县湘鄂边苏区革命文物陈列馆。1980年,开始逐年拨款兴建湘鄂边苏区革命文物陈列大楼。1980年4月,鹤峰县革命委员会批复(鹤革文[1980]008号文件)将湘鄂边苏区革命文物陈列馆更名为鹤峰县博物馆。1989年5月28日,以"湘鄂边苏区革命文物陈列"为基本陈列的鹤峰县博物馆正式向公众开放。1991年,鹤峰县人民政府批准成立了鹤峰县文物管理所,与鹤峰县博物馆合署办公,两块牌子一套班子。

开放时间　9:00—17:00(周一闭馆)

服务设施　停车场

交通状况　城内有公交车可抵达。

概　况

鹤峰县博物馆坐落于湖北省鹤峰县容美镇段德昌路满山红革命烈士纪念园风景区内(湖北省鹤峰县容美镇段德昌路7号),占地面积5000余平方米,两层砖混结构的文物陈列大楼建筑面积1420平方米,陈列厅面积800平方米,文物库房面积60平方米,环绕陈列大楼南侧和西侧的砖木结构民族碑林长廊占地面积260平方米,西侧具有典型土家民居吊脚楼建筑的红四军第五路指挥部旧址占地面积204平方米。整体建筑古朴、典雅。土家特色的建筑与现代砖混结构的建筑相映成趣,体现出"传统与现代、人与自然、过去与未来"的和谐统一,成为满山红革命烈士陵园风景区内重要的标志性建筑和文化宝库。

鹤峰县博物馆是恩施土家族苗族自治州鹤峰县属的地方综合性博物馆,它承担着鹤峰地域文博事业的重点工作和湘鄂边苏区革命文物的研究工作。在文物收藏保护、陈列展览、社会教育和科学研究等方面起着重要的作用。自1979年湖北省革命委员会批准正式成立湘鄂边苏区革命文物陈列馆以来,陈列馆克服人员少、经费少、陈展面积小、设施简陋等困难,一直承担着文物的征集、收藏、陈列、科研的重任。1980

年4月,由湖北省文化局拨款修建的湘鄂边苏区革命文物陈列大楼在鹤峰县城满山红革命烈士陵园风景区破土动工。同月，鹤峰县革命委员会行文成立鹤峰县博物馆。1989年5月28日，博物馆“湘鄂边苏区革命文物陈列”正式向公众开放。1991年,鹤峰县人民政府批准成立鹤峰县文物管理所，与鹤峰县博物馆合署办公，不增编制不增经费。1995年8月，在陈列大楼西侧兴建土司文化碑林。2003年10月,县博物馆在陈列大楼南侧动工兴建民族碑林，陈列反映土司时期文化的石刻28通。新建的民族碑林将与陈列大楼西侧原土司文化碑林(18通)连成整体。2004年7月22日,“民族碑林”落成,同月“民族文物陈列”正式对外开放。通过25年的努力,鹤峰县博物馆已拥有三大基本陈列。1997年被恩施州人民政府公布为首批爱国主义教育基地。2009年5月,由原全国人大常委会副委员长廖汉生题写馆标的湘鄂边苏区革命文物陈列馆作为“湘鄂边苏区鹤峰革命烈士陵园”纪念建筑的重要组成部分被中共中央宣传部公布为第四批全国爱国主义教育示范基地。

一、现有的三大展区概况

鹤峰县博物馆现有“湘鄂边苏区革命文物陈列”、“民族文物陈列”和“民族碑林”三个专题陈列长期对外开放：

“湘鄂边苏区革命文物陈列”位于一楼西展厅,陈列面积400平方米,展出革命文物藏品167件。陈列以时间为主线,以珍贵实物为信息载体，把鹤峰重大革命历史事件串联起来，较为系统地展现了鹤峰苏区发展的历史兴衰。

“民族文物陈列”位于一楼东展厅,主要陈列本县区域内发现的各种古生物化石；溇水流域考古发掘、出土的商周魏晋南北朝时期的部分典型器物；容美土司时期的相关文物；近、现代民族民俗文物等。从土家族的衣、食、住、行、用等方面,展出藏品277件。陈列面积400平方米,整个陈列以珍贵实物、图表为信息载体,较为系统地展现了鹤峰民族历史、土司文化发展的兴衰。

“民族碑林”位于陈列大楼南侧和西侧,主要陈列以明清时期容美土司宗教信仰、制度公约、学校教育、疆域版图、诰封加爵、著名战例、农业经济、文化交流、进京朝贡等为主要内容的碑刻46通。陈列面积260平方米,整个陈列采用亭廊结合,曲径造型设计,把容美土司相关的石刻进行组合排列。

二、博物馆建设情况

1980年，博物馆陈列大楼在县城满山红革命烈士陵园风景区破土动工。

1989年5月28日,由全国人大常委会副委员长廖汉生题写馆标的“湘鄂边苏区革命文物陈列馆”举行开馆仪式。

2001年9月，县博物馆对陈列大厅展柜进行了升级改造。

2002年4月5日,经过全面改造的“湘鄂边苏区革命文物陈列”举行开馆仪式,再次对外开放。

2004年5月7月,县博物馆在陈列大楼东展厅筹备民族文物陈列展览。

2004年7月22日,县博物馆民族碑林、民族文物陈列正式对外开放,至此,鹤峰县博物馆形成“湘鄂边苏区革命文物陈列”、“民族文物陈列”、“民族碑林”三大展区的阵容。

2007年5月7月,博物馆为配合巴东水布垭水电工程，将位于淹没区的鹤峰县邬阳乡金鸡口村的县级文物保护单位“巴建鹤游击司令部暨红四军五路指挥部旧址”土家吊脚楼建筑搬迁博物馆院内复建。

2008年8月，县博物馆完成对陈列大楼楼前场地的整治绿化工作。

2009年3月，县博物馆完成陈列大楼二楼陈列室、办公室、库房的维修工程。

三、博物馆的展览陈列科研工作

1.博物馆的展陈工作

除三大基本陈列对外开放以外，鹤峰县博物馆还先后推出各类临时展览20余次，为配合各项临时展览的展出，鹤峰县博物馆印制各种宣传品2500余份，先后举办了大型图片展览“红色的见证”——鹤峰苏区革命文物图片展、“民族文物精品展”、“香港百年”大型图片展览、“考古发现与古代科技”、“光辉的历程”大型图片展览、“辉煌历程”大型图片展、“鹤峰县民俗演艺陈列”、“鹤峰文物”大型图片展、“文化遗产在我身边”、“文物保护法图解”等。

2.博物馆的科研工作

为更好地提高博物馆的科研水平，博物馆在学习和借鉴其他单位的科研工作模式的同时，不断自主创新，开展了主编本地区苏区红色歌谣，自编自导、自己制作的专题片等工作，形成了具有鹤峰地方特色的科研成果。

1998年，鹤峰县博物馆整理编印成《鹤峰苏区歌谣》，作为向本县乡镇及学校推荐的乡土教材发放300余册。

1999年1月，由鹤峰县博物馆自己编导、摄像、剪辑制作的专题电视片《溇水文明之光》完成，该片重点反映了鹤峰博物馆为配合国家重点工程建设，在溇水流域进行考古发掘，揭示溇水早期文明的相关内容。该电视片先后在鹤峰县电视台、恩施自治州电视台播放。

同时，博物馆的工作人员在图片、文字方面也取得了收获。2003年由湖北人民出版社出版的画册《中国恩施》采用了鹤峰博物馆提供的照片十余张；2004年9月，由山西人民出版社出版，宋兆麟、高可主编的《中国民族民俗文物词典》收录了鹤峰县博物馆工作人员撰写的“挑花手帕”、“土家童帽”、“雕花洗脸架”、“茶篓”、“嵌丝铜镜”等词条近20条；2005年，由鹤峰县博物馆职工罗建峰撰写的论文《保护利用“红色遗产”促进文化大州建设浅谈鹤峰五里坪革命旧址群保护与利用》在《恩施州党校学报》2005年第3期发表；2009年12月，由湖北人民出版社出版的画册《精彩恩施——恩施非物质文化遗产名录》也采用了博物馆提供的照片10余张。

鹤峰县博物馆积极参与鹤峰县举办大型活动的筹划，为县直相关单位提供对外宣传资料和展览设计制作；邀请湖南省考古研究所、湖北省考古研究所的一批文物专家先后来鹤峰参与或指导文物工作，提升鹤峰县文博工作水平；与恩施自治州博物馆进行藏品交流合作，相互充实文物陈列所需；选派工作人员参加省内外各种文物业务培训学习，提高博物馆业务能力。其中，1999年鹤峰县博物馆职工向宏理赴江西南昌参加中国民俗文化讨论会；2004年5月鹤峰县博物馆参与了在鹤峰县召开的中日韩民俗演艺保护与研究学术研讨会等大小学术交流会数十次（包括多次参加鹤峰县文博系统组织的以及与其他单位合作举办的学术研讨会）。配合展览、活动组织系列学术讲座数十次。

四、藏品征集、管理和保护工作

鹤峰县博物馆藏品的管理本着“保护为主、抢救第一、合理利用、加强管理”的指导方针，坚持可持续发展的原则开展各项工作。藏品信息逐步实现数字化管理，已完成馆藏一、二、三级文物信息数据库的建设，各类藏品管理规章制度日趋完善。

鹤峰县博物馆现有的文物藏品中，绝大多数为通过征集、收购、考古发掘而获得。

其中，接受捐赠的文物包括：1996年3月22日，前往桑植参加贺龙元帅诞辰一百周年纪念活动的薛明，委托鹤峰县代表团向鹤峰县博物馆捐赠贺龙元帅生前穿过的中山服一套；前全国人大副委员长廖汉生也向博物馆捐赠书籍《贺龙年谱》、《贺龙文选》，电视专题片《长征纪事》等文献资料；博物馆离休馆长危祖华将自己在天门等地征集、收购的流散文物百余件无偿捐赠给博物馆。鹤峰县博物馆馆藏文物中，有国家一级文物7件（套），国家二级文物7件（套），国家三级文物81件（套），文物藏品分为传世文物、出土文物、革命文物、货币、自然标本、文献资料六大类。其类别有石器、陶器、瓷器、铜器、金银器、牙角器、竹木器、石刻、字画、古书、玉器、字画、钱币、古生物化石、其他金属器等。

截至2010年底，鹤峰县博物馆文物藏品总数为15026件（套）。其中传世文物665件（套），出土文物199件（套），革命文物290件套，文献资料218件（套），钱币文物13648件，自然标本6件（套）。

1994年5月，鹤峰县博物馆7件馆藏文物送往宜昌博物馆，经国家文物鉴定委员会专家组鉴定，其中4件被确认为国家珍贵文物，2件为国家一级文物；1995年4月，鹤峰县博物馆8件馆藏文物送往宜昌博物馆，经国家文物鉴定委员会专家组鉴定，其中2件被确认为国家一级文物；2005年11月，湖北省文物鉴定专家组来到鹤峰县博物馆，鉴定确认了一批国家珍贵文物，其中国家一级文物3件。

2007年，鹤峰县博物馆对馆藏一、二、三级文物信息资料录入与照片信息资料的合成，首次完成了馆藏一、二、三级文物信息数据库的建设。

五、社会教育和博物馆的开放工作

鹤峰县博物馆现有1264平方米的开放区域，每天都有大量的观众前来参观。长期以来，鹤峰县博物馆的社会教育和博物馆的开放工作坚持“以人为本、服务群众”的服务理念，并以“全心全意为人民服务”为宗旨面向广大参观观众，为广大观众提供人性化的服务：为观众提供休息处，设置有沙发、饮水机、水杯等，博物馆陈列楼前建有大型停车场，方便自驾游观众参观。2008年3月，根据中宣部、财政部、文化部、国家文物局《关于全国博物馆、纪念馆免费开放的通知》精神，鹤峰县博物馆三大基本陈列正式免费对外开放。

为了更好地为社会大众服务，鹤峰县博物馆社会教育和博物馆的开放工作结合本馆的实际和特色，举办了以鹤峰县全县中小学生为对象的“城乡学生走进博物馆活动”、“‘文化遗产在我身边’有奖征文活动”等活动。

六、博物馆的机构设置和管理情况

鹤峰县博物馆是隶属于鹤峰县文物局，系县财政全额拨款的社会公益性质的事业单位。现有办公室、文物保护部、保管部、陈列宣传部、安全保卫科等内设机构。1991年成立的鹤峰县文物管理所与鹤峰县博物馆合署办公，两块牌子一套班子。

1988年10月，鹤峰县机构编制委员会核定鹤峰县博物馆人员编制为8人，现实际在编人员7人，其中，具备大专以上学历5人；从职称看有馆员3人，助理馆员1人，中级工1人。

为了进一步加强规范化管理，鹤峰县博物馆先后制定了各项规章制度，以制度管人和以制度管事的形式，使得博物馆的各项工作规范化、制度化，这些制度主要包括：

安全保卫方面，制定《鹤峰县博物馆、文物管理所消防安全制度》、《鹤峰县博物馆、文物管理所考核及安全责任追究制度》、《鹤峰县博物馆、文物管理所安全保卫科职责》、《鹤峰县博物馆、文物管理所安全保卫工作规定》、《鹤峰县博物馆、文物管理所事故信息报告制度》等一系列规章制度。

行政管理方面，制定《鹤峰县博物馆、文物管理所办公室制度》、《鹤峰县博物馆、文物管理所工作制度》、《鹤峰县博物馆馆务会议制度》、《鹤峰县博物馆、文物管理所职工管理制度》等一系列规章制度。

财务方面，制定《鹤峰县博物馆会计岗位职责》、《鹤峰县博物馆、文物管理所专项经费管理实施办法》等一系列规章制度。

社会教育和博物馆的开放方面，制定《鹤峰县博物馆免费开放接待方案》、《鹤峰县博物馆志愿者管理办法》、《鹤峰县博物馆免费开放参观预约办法》、《鹤峰县博物馆展厅工作人员岗位职责和工作任务》、《公民道德规范》等一系列规章制度。

文物保管方面，制定《鹤峰县博物馆库房管理制度》、《鹤峰县博物馆藏品管理制度》、《鹤峰县博物馆档案管理制度》、《鹤峰县博物馆文物陈列部位安全管理工作制度》等一系列规章制度。

文物征集方面，制定《鹤峰县博物馆文物征集工作管理办法》、《鹤峰县博物馆近现代文物征集标准》等一系列规章制度。

鹤峰县博物馆通过努力，克服困难，把一个简陋的陈列馆发展成为现在湘鄂边地区较具规模和影响的综合性博物馆，博物馆集体和个人先后获得国家、省、州级的各种荣誉：1997 年，鹤峰县博物馆被湖北省文化厅、湖北省人事厅授予“全省文化先进集体”称号；2001 年 2 月，鹤峰县博物馆被湖北省文化厅授予“全省十佳文博单位”称号；2001 年 5 月，鹤峰县博物馆被湖北省文化厅、湖北省公安厅授予“全省文物安全保卫工作先进集体”称号；2001 年 12 月，鹤峰县博物馆被湖北省文化厅、湖北省人事厅授予“全省文化工作先进集体”称号；2001 年 12 月，鹤峰县博物馆被恩施土家族苗族自治州人民政府公布为全州首批爱国主义教育基地；1997 年至 2005 年，鹤峰县博物馆在恩施土家族苗族自治州文物工作评比中，6 次荣获第一名；2010 年 9 月，鹤峰县博物馆志愿者戴薇参加“2010 年恩施州博物馆、纪念馆讲解员比赛”荣获三等奖；2010 年 10 月，鹤峰县博物馆馆长戴德明获得国家文物局“文化遗产组织特别奖”荣誉。

巴东县博物馆

Badong County Museum

馆　　长　向勇

地　　址　湖北省巴东县信陵镇营沱社区沿江大道

邮政编码　444300

电　　话　办公室：0718-4335435
预约参观：0718-4335435
0718-4336938
0718-4336920

传　　真　0718-4335435

电子信箱　bdbwg1988@163.com

隶属关系　湖北省巴东县文化体育局

性　　质　国有

建筑性质 现代建筑
建筑面积 1500平方米
展厅面积 1000平方米
占地面积 总占地面积30000余平方米

馆址环境　坐落于巴东县信陵镇营沱社区沿江大道。东临狮子包可开发空地(正扩建寇准文化公园),西临县消防队,南靠营沱社区,北临沿江大道和长江。

历史沿革　1988年11月,巴东县人民政府批准正式成立巴东县博物馆。县编委定编3人。1992年开始全馆投入到参与配合三峡工程文物抢救工作,到2007年结束。2001年开始逐年筹款兴建县博物馆大楼。2007年争取到省级相关部门经费和县政府部分投入,复工建设,2008年底竣工。2009年4月18日正式向公众开放。

开放时间　8:30—17:30(周一闭馆)

服务设施　停车场

交通状况　城内有公交车可抵达。

概　况

巴东县博物馆是恩施土家族苗族自治州巴东县属的地方综合性博物馆,它承担着巴东地域文博事业的重点工作和文物研究工作。在文物收藏保护、陈列展览、社会教育和科学研究等方面起着重要的作用。2001年开始逐年筹款兴建1500平方米的县博物馆大楼。2003年11月县博物馆因缺资金停工于基础工程阶段。2007年争取到省级相关部门经费和县政府部分投入,复工建设,2008年底竣工。2009年4月18日以“三峡巴东历史文物陈列”、“巴东县旧县坪宋代县城遗址出土文物”、“民族民俗文物”、“各少数民族早期文字”、“革命文物”、“旧县坪宋代县城幻影成像”专题为基本陈列的巴东县博物馆正式向公众开放。同时开放的还有以占地33000平方米的三峡工程文物抢救保护集中搬迁复原的古建筑群为基础的民族文化公园。

通过多年的努力,县博物馆已拥有六大基本陈列,成为恩施州陈列内容最丰富、地方特色最浓郁的县级博物馆。

巴东县博物馆坐落于湖北省巴东县信陵镇营沱社区沿江大道,包括馆辖的民族文化公园,占地面积3万多平方米。博物馆两层框架结构的仿古建筑面积1500平方米,陈列厅面积1000平方米,文物库房面积200平方米,余为办公场地与学术报告厅等,整体建筑古朴、典雅,成为长江三峡地区重要的标志性建筑和文化宝库。

一、现有的展陈概况

巴东县博物馆现有综合展厅、历史文物一展厅,历史文物二展厅、民族民俗文物展厅、革命文物展厅和专题陈列展厅的幻影成像“宋代场景复原”等6个展厅进行陈列展开放。基本陈列有:综合展厅展陈“早期各民族文字类字画”专题;历史文物一展厅展陈以“三峡巴东历史文化”为主题的历史文物;历史文物二展厅展陈“巴东旧县坪遗址出土文物”专题;民族民俗文物展厅“巴东土家族民族民俗文物”;革命文物展厅展陈“巴东革命斗争史和贺龙率领红三军在我县的革命斗争史”;专题陈列展厅的幻影成像“宋代县城场景复原”。

与此同时,巴东县三峡淹没区地面文物集中搬迁复原的11栋(座)古建筑、省级重点文物保护单位狮子包古建筑群,也扩建为民族文化公园一并开园对外开放。其中有承载着寇准文化的文物建筑秋风亭、复原仿古建筑寇公祠、仿建寇准任巴东县令时的宋代风格县衙与相关文物;具有土家族特色的传统民居吊脚楼、天井屋等;反映三峡航运史的宗教建筑;具有民族特点的传统工艺作坊；精巧的古代单拱石桥等。在这批古建筑中，将按照当地的民族民俗特色和职业特点陈列成为纤夫特色民居、渔夫特色民居、农户特色民居、传统中药铺、传统工艺豆制品作坊、原始水动力水磨坊。

二、博物馆建设情况

2001年4月，县博物馆大楼建设启动，完成基础工程，因经费问题停工。

2003年7月，县博物馆宿舍建设启动，完成基础和二层后因经费问题停工。

2008年5月，争取到省相关部门等项目资金600万元，重新启动县博物馆大楼建设。

2009年3—4月，县博物馆大楼完工，同时开始装修、布展，完成办公室、库房的维修工程和展厅、库房的安全技术防范系统恒温系统，4月18日正式开馆。

2009年6—12月，将民族文化公园打造申报审批为国家AAA级旅游景区。

2010年12月，重新启动县博物馆宿舍建设，2011年7月竣工完成。

在人员编制上，1988年11月建馆时核定编制仅3人。现在增编为10人，其中在职人员8人，离退休2人，在职人员中大学本科1人，大专4人，中专3人，中级职称2人，初级5人，中级工1人。平均年龄为38岁。

三、博物馆的展陈科研工作

（一）博物馆的展陈工作

巴东县博物馆除六大基本陈列外，民族文化公园开园以来，先后推出各类临时展览、游园、演艺活动20余次，为配合各项临时展览的展出，巴东县博物馆印制各种宣传品3000余份，部分活动主题意义深远，影响较大。两年来共接待各级领导、专家学者、观众游客近20万人次。

（二）博物馆的科研工作

参与和配合了三峡、清江、高速公路、铁路等大型工程建设的文物抢救保护工作，从田野文物保护转向为陈列展示和科学研究。

1. 三峡文物保护等专业学术研究

巴东县博物馆成立以来，积极参与巴东县举办大型活动的筹划，为县直相关单位提供对外宣传资料；选派工作人员参加省内外各种文物业务培训学习，提高博物馆业务能力。

在三峡、清江、高速公路、铁路等大型工程建设的十余年文物抢救保护工作中，参与学术研究工作取得了众多的成果，考古报告专集5本，考古掘简报和研究论文60余篇。2009年，巴东县博物馆馆长向勇赴宁夏银川参加“贺兰山岩画国际学术研讨会”；2010年赴河南、内蒙古参加“具茨山岩画国际学术研讨会”、“巴丹吉林岩画国际学术研讨会”、“阴山岩画申遗国际学术研讨会”；2010年10月，向勇为武汉大学宫哲兵教授组织的科考队进行了“巴文化与土家族文化发展与研究”专题学术讲座。

2. 天子山岩画保护工作

2009年11月，巴东县第三次全国文物普查在长江三峡巫峡天子岩发现了手印岩画。博物馆展开了对岩画的研究工作，取得了很好的成果。2010年9月，巴东县人民政府与三峡大学在宜昌联合召开了“2010中国宜昌‘岩画与史前文明·国际岩画学术研讨会’国际岩画学术研讨会”，联合国教科文组织岩画委员会执行主席和执委阿拉蒂、陈兆复参加。“中国岩画研究中心”主任、留意岩画学博士杨超先生等国内外岩画学、考古学、人类学、民族学专家70余人到会并提交了学术论文，出版有《岩画与史前文明》论文集，巴东县博物馆馆长向勇撰写的论文《三峡天子岩手印岩画的系统划分与年代研究》收录其中。会议期间，专家们提出希望：迅速建设巴东岩画馆、成立“三峡岩画研究中心”，加强对被誉为“世界手印岩画之最”的天子山岩画进行宣传、保护、研究和开发利用的力度。

3.廪君故里和早期巴文化研究。

巴东学者郑国晋发表《巴东水布垭三里城即是武落钟离山》后，博物馆展开了研究工作，配合组织了各类专家的考察、研讨工作。通过2010年组织的专家现场考察和学术交流会，“水布垭三里城即是武落钟离山”的学术观点被学术界高度关注，后续工作规划也基本出台。一是要充分利用成果，继续依靠国内外专家和学术研讨会的声音扩大宣传、深入开展课题研究，多出成果，取得学术界的认可；二是尽快成立领导小组和县巴文化研究学会，以促进该项工作；三是开发利用，加快水布垭景区廪君文化和早期巴人文化内涵的打造，使其极早以形象化形式占领清江文化旅游阵地，为清江画廊提供真实的人文景观；四是继续促进“巴人源”博物馆建设，支持出版相关宣传、研究等内容的书籍。同时利用广播、电视、报刊、网络等媒体进行广泛宣传，提高其知名度。

4.为更好地提高博物馆的科研水平，博物馆不断开展本地域历史文化、文物的研究与宣传工作，编导制作了《巴东三峡文物保护成果》、《掀起你的盖头来——神秘的三峡传统古建筑》、《千古回音，巴楚神韵》等专题片，有效推介了具有巴东地方特色的科研成果。

四、藏品征集、管理和保护工作

巴东县博物馆藏品的管理本着“保护为主、抢救第一、合理利用、加强管理”的指导方针，藏品信息逐步实现数字化管理，已完成馆藏一、二、三级文物信息数据库的建设，各类藏品管理规章制度日趋完善。

巴东县博物馆现有文物藏品中，绝大多数为通过征集、收购、考古发掘而获得。其中，接受捐赠的文物包括曾在巴东工作过的广东省司法厅退休干部王景1998年无偿捐赠的中国各少数民族早期文字28幅。文物藏品分为传世文物、出土文物、革命文物、货币、自然标本、文献资料六大类。其类别有石器、陶器、瓷器、铜器、金银器、牙角器、竹木器、石刻、字画、古书、玉器、字画、钱币、古生物化石、其他金属器等。

2004年5月，省文物鉴定委员会专家组来巴东，对极少部分文物进行了鉴定，其中1件被确认为国家一级文物、11件为国家二级文物、14件为国家三级文物。

2007年，巴东县博物馆对馆藏一、二、三级文物信息资料录入与照片信息资料的合成，首次完成了馆藏一、二、三级文物信息数据库的建设。

五、社会教育和博物馆的开放工作

巴东县博物馆现有1000平方米的开放区域，坚持“以人为本、服务群众”的服务理念，为观众提供休息处，设置有沙发、饮水器、水杯等，博物馆陈列楼前建有大型停车场，方便自驾游观众参观。2008年3月，巴东县博物馆基本陈列正式免费对外开放。

巴东县博物馆结合本馆实际和特色，举办了以巴东县全县中小学生为对象的“城乡学生走进博物馆活动”、“‘文化遗产在我身边’有奖征文活动”等活动。

六、博物馆的机构设置和管理情况

巴东县博物馆是隶属于巴东县文体局，系县财政全额拨款的社会公益性质的事业单位。现有办公室、业务部、保管部、陈列部、群工部、安全保卫部、民族文化公园管理办公室等内设机构。

为了进一步加强规范化管理,巴东县博物馆先后制定了各项规章制度,以制度管人和以制度管事的形式,使得博物馆的各项工作规范化、制度化,这些制度主要包括:

安全保卫方面,制定《巴东县博物馆消防安全制度》、《巴东县博物馆考核及安全责任追究制度》、《巴东县博物馆安全保卫科职责》、《巴东县博物馆安全保卫工作规定》、《巴东县博物馆事故信息报告制度》等一系列规章制度。

行政管理方面,制定《巴东县博物馆办公室制度》、《巴东县博物馆工作制度》、《巴东县博物馆馆务会议制度》、《巴东县博物馆职工管理制度》等一系列规章制度。

财务方面,制定《巴东县博物馆会计岗位职责》、《巴东县博物馆专项经费管理实施办法》等一系列规章制度。

社会教育和博物馆的开放方面,制定《巴东县博物馆免费开放接待方案》、《巴东县博物馆志愿者管理办法》、《巴东县博物馆免费开放参观预约办法》、《巴东县博物馆展厅工作人员岗位职责和工作任务》、《公民道德规范》等一系列规章制度。

文物保管方面,制定《巴东县博物馆库房管理制度》、《巴东县博物馆藏品管理制度》、《巴东县博物馆档案管理制度》、《巴东县博物馆文物陈列部位安全管理工作制度》等一系列规章制度。

文物征集方面,制定《巴东县博物馆文物征集工作管理办法》、《巴东县博物馆近现代文物征集标准》等一系列规章制度。

宣恩县民族博物馆

Museum of Ethnography in Xuan'en County

馆　　长　段绪光
地　　址　湖北省宣恩县珠山镇民族路211号
邮政编码　445500
电　　话　0718-5835978
传　　真　0718-5835978
隶属关系　湖北省宣恩县文物局
性　　质　国有
建筑性质　现代建筑
建筑面积　400平方米
展厅面积　120平方米
占地面积　总占地面积300平方米

馆址环境　坐落于宣恩县珠山镇民族路。东临居民区,西临居民区,北临县民族医院,南临县建设银行。

历史沿革　建国初期,宣恩县的文物工作由县文化馆代为管理。1985年6月,宣恩县革命委员会批准成立宣恩县文物管理所,与县文化局合署办公。1990年2月,宣恩县编制委员会批复更名为“宣恩县民族博物馆”,从文化局单列出来,由文化局主管。

交通状况　5路车至县财政局站下,沿宣恩县中医院方向50米即到。

概　况

宣恩县民族博物馆主体建筑为两层水泥砖粉房,建成于1994年。展厅设于底层,二层为业务办公场所及文物库房。为框架式钢筋混凝土结构,平面是长方形,两层,每层200平方米,平顶。展厅面积120余平方米，文物库房面积120平方米，其余为办公等用房。

一、展览情况

由于宣恩县民族博物馆建筑不具备展览条件，只能以其他方式举办专题展。2004年4月，在宣恩县椿木营乡举办“周国知遗物展”。宣恩人民养育的“为民模范”周国知同志是新时期的楷模，他用年仅四十二岁的生命谱写一曲奉献的壮歌。为宣传周国知精神，搞好典型教育，在周国知工作生活之地椿木营乡，布置“周国知纪念室”。经过为期17天的工作，制作3块展板、2个展柜，征集遗物49件、文献资料50件。观众有中央领导干部和当地普通群众，取得良好的效果。

2005年8月，在宣恩县李家河乡利福田村举办“板栗园大捷七十周年文物展”。展出文物200余件，展厅面积200平方米，老红军、烈士后代及当地军民约5000余人参观了展览。

二、博物馆建设情况

宣恩县民族博物馆因经济条件制约，科研设施落后，办公条件简陋。自2001年后，随着经济的快速发展，开展博物馆业务工作的必要条件得到更新充实。目前宣恩县博物馆正进行新馆选址筹建的各项准备工作。

三、博物馆的科研工作

出版专著《宣恩民间建筑》，并获恩施州第四届科学技术成果三等奖。在省、州刊物上发表《从宣恩建筑看民族心理特征》、《土家丧仪——冥路》、《野椒园侗寨》等文章20余篇。

四、藏品征集、管理和保护工作

宣恩县民族博物馆藏品信息已实现数字化管理，完成馆藏一、二、三级文物信息数据库的建设，逐渐完善各类藏品管理制度。

宣恩县博物馆文物藏品分为历史文物、革命文物和民族文物三大类，其类别有陶瓷器、铜器、铁器、木雕、石刻、金银器、字画、钱币等。现有的文物藏品中，绝大多数为征集的传世文物，以民族文物为主，主要通过征集、考古发掘、上缴(交)、捐赠、收购等途径取得。

截至2009年底，有馆藏文物526件，其中一级文物1件，二级3件，三级19件。重要藏品有战国甬钟、红二军团团徽、朝笏、金头饰、八十五师证章、建修县府二堂记碑等。

协助管理文物保护单位41处，其中省级10处，州级5处，县级26处。

配备相应的保护设施建立文物藏品建档备案和电子文本。

库房内配备必要的温、湿度计、恒温计以及安全防火器材。按照《博物馆安全保卫规定》和风险等级安全防护规定要求，设立安全保卫科。重点要害部位安装综合报警监控系统设施，落实完善各项安全保卫制度。

五、社会教育和博物馆的开放工作

为更好地宣传宣恩文物工作，举办宣传图片展。在每年的“国际博物馆日”和“文化遗产日”期间，举办图片展。

六、博物馆的机构设置和管理情况

宣恩县民族博物馆隶属于宣恩县县文化体育局，宣恩县财政全额拨款的社会公益性质的事业单位。现有办公室、安全保卫科等内设机构。

1990年2月，宣恩县机构编制委员会核定宣恩县民族博物馆人员编制为3人，现实际在编人员3人，大专以上学历1人，中级职称2人，专业技术人员2人，其中文博专业技术人员2人。

为进一步加强规范化管理，宣恩县民族博物馆先后制定各项规章制度，以制度管人和以制度管事的形式，使得博物馆的各项工作规范化、制度化。制定《消防安全制度》、《安全保卫制度》、《安全保卫科职责》、《事故信息报告制度》等安全保卫制度；设置岗位职责，制定工作制度等。

来凤县民族博物馆

Laifeng County County Museum

馆　　长　李作林

地　　址　湖北省来凤翔凤镇和平路3号

邮政编码　445700

电　　话　0718-6282942

传　　真　0718-6282942

电子信箱　hblfwgs@163.com

隶属关系　湖北省来凤县文体局

性　　质　国有

馆址环境　博物馆和文管所两个单位都无房屋，暂借用县文化馆一套宿舍约140平方米作为库房、资料室及办公用。

历史沿革　1988年设立来凤县文物管理所，1989年3月23日，设立来凤县民族博物馆，与县文管所合署办公，一套班子两块牌子。属全额拨款全民所有制事业单位。

概　况

1989年3月23日设立来凤县民族博物馆，1989年核定博物馆人员编制为3人，2010年核定博物馆人员编制为5人；在人员结构上，博物馆现有5名在职人员中，具备大专以上学历5人；技术职称上有馆员3人，助理馆员2人。

目前，来凤县民族博物馆还没有固定的陈列场所。县人民政府拟修建来凤县民族博物馆，规划建设面积3000平方米。内设民族文物展厅、历史文物展厅、革命文物展厅、多功能展厅以及文物修复室、保管室、监控室、办公室等。

一、展览科研工作

1990年，来凤县民族博物馆举办了全州的美术书法展览，展出了近100幅作品，获得了各界的好评。

1990年，对来凤县酉水流域进行了文物补查，查出了商周以来的古文化遗址、古墓葬、古窑址20余处，取得大量的石器、陶器、铁器标本，同时还在新峡车大坪征集了出土文物青铜器编钟和汗洗，丰富了博物馆馆藏。

1991年，举办了“来凤县革命文物图片展览”。

1997年，来凤县民族博物馆举办了“香港百年”大型图片展。

1998举办了“真爱生命，拒绝毒品”大型图片展览和“为了明天”图片展览。

2001年，组织来凤县的收藏古钱币爱好者举办了“古钱币”展览。

自2006年起，在每年的“博物馆日”和“中国文化遗产日”都举行各种形式的街头宣传和图片展出。

二、藏品征集、管理和保护工作

来凤县民族博物馆现有的文物藏品中，

绝大多数为通过征集、收购、考古发掘而获得。截至2010年底，来凤县民族博物馆有馆藏文物1054件。其类别有石器、陶器、瓷器、铜器、金银器、牙角器、竹木器、石刻、字画、古书、玉器、字画、钱币、古生物化石、其他金属器等。

2005年11月，湖北省文物鉴定专家组来到来凤县博物馆，鉴定了一批珍贵文物，其中一级文物2件，二文物级2件，三级文物4件。

三、博物馆的机构设置和管理情况

来凤县民族博物馆是隶属于来凤县文体局，系县财政全额拨款的社会公益性质的事业单位。1988年成立的来凤县文物管理所与来凤县民族博物馆合署办公，两块牌子一套班子。

1988年10月，来凤县机构编制委员会核定来凤县博物馆人员编制为3人，现实际在编人员5人，具备大专以上学历5人；技术职称上有馆员3人，助理馆员2人。

为了进一步加强规范化管理，来凤县民族博物馆先后制定了各项规章制度，以制度管人和以制度管事的形式，使得博物馆的各项工作规范化、制度化，这些制度主要包括：

安全保卫方面，制定《来凤县民族博物馆、文物管理所消防安全制度》、《来凤县民族博物馆、文物管理所考核及安全责任追究制度》、《来凤县民族博物馆、文物管理所安全保卫科职责》、《来凤县民族博物馆、文物管理所安全保卫工作规定》等一系列规章制度。

财务方面，制定《来凤县民族博物馆会计岗位职责》、《来凤县民族博物馆、文物管理所专项经费管理实施办法》等一系列规章制度。

文物保管方面，制定《来凤县民族博物馆库房管理制度》、《来凤县民族博物馆藏品管理制度》、《来凤县民族博物馆档案管理制度》等一系列规章制度。

建始县文物管理所

Cultural Relics Administrative Office of Jianshi County

所　　长　杨年友
地　　址　湖北省建始县奎星楼路3号
邮政编码　445300
电　　话　办公室：0718-3231578
　　　　　　值班室：0718-3223809
传　　真　0718-3231578
电子信箱　jsww118@163.com
隶属关系　建始县文化体育局
性　　质　国有
建筑性质　清代建筑（湖北省重点文物保护单位：五阳书院）
展厅面积　暂无展厅。五阳书院东、西号舍和讲堂，经过修缮整改后可用作展厅
库房面积　176平方米
建筑面积　总建筑面积1760平方米
占地面积　2530平方米

馆址环境　坐落在建始县城业州镇中心城区，东临建始县老政府，西临建始实验小学，北临北环路，南临业州大道。

历史沿革　未成立文物管理所以前，文

物藏品收藏管理工作由县文化馆负责，1953年成立文物组，确定1名文物保管专职人员。1987年1月，建始县文物管理所成立，文物藏品移交文物管理所收藏管理。暂未设立博物馆，无条件进行陈列展览，现有文物库房两间，使用面积176平方米。

概　况

建始县文物管理所是基层文物保护管理单位，同时负责文物藏品保护管理，系县财政全额拨款的社会公益性质的事业单位，行政隶属建始县文化体育局。自从1987年1月成立以来，博物馆尚未建立，仍担负着藏品征集、保护管理的责任。全馆现收藏文物藏品1630件（套），经过湖北省文物鉴定委员会鉴定一级文物1件，二级文物40件，三级文物59件；收藏有古生物化石标本及石制品1万余件；同时收藏有五阳书院古籍藏书1815部（套），7427册，其中13部为恩施自治州第一批公布的珍贵古籍。

人员编制方面，1987年单位成立时核定人员编制4人，1992年增加1人，2000年增加1人，2004年增加1人，人员编制7人；现有7名在职人员中，本科学历2人，专科学历2人；专业技术职务上，有文博馆员2人，助理馆员2人，管理员1人，技术工人2人。

1987年，单位成立之初，借用文化馆办公室三间，一间用作文物库房，两间为办公室。2002年，县文化、体育合并，县文化体育局将原文化局办公楼划给文物管理所使用。2008年，建始县人民政府将省级文物保护单位五阳书院划归文物管理所管理使用，书院占地2530平方米，建筑面积1760平方米，使筹建博物馆成为可能。以建始文物藏品和五阳书院藏书为内容，拟于近期向省文物行政部门申请成立博物馆。

咸丰县文物管理所

Cultural Relics Administrative Office of Xianfeng County

所　　长　何继明
地　　址　湖北省咸丰县文化路4号
邮政编码　445600
电　　话　0718-6821588
传　　真　0718-6821588
电子信箱　hjm1969@qq.com
隶属关系　咸丰县文化体育局
性　　质　国有
建筑性质　钢筋水泥结构
建筑面积　480平方米
展厅面积　暂无展厅
库房面积　200平方米
占地面积　560平方米

馆址环境　坐落在咸丰县高乐山镇徐家坝菜市场内。

历史沿革　咸丰县文物管理工作原由咸丰县文化馆文物资料室负责，办理涉及文物方面的工作，1987年经咸丰县人民政府批准与文化馆分离出来，成立了“咸丰县文物管理所”，将文化馆办公三楼划拨给文物管理所作为办公场所。暂未设立博物馆，无条件进行陈列展览，现有文物库房一间，使用面积200平方米。

概　况

咸丰县文物事业管理局是基层文物保护管理单位,同时负责文物藏品保护管理,系县财政全额拨款的社会公益性质的事业单位，行政隶属咸丰县文化体育局。自从1987年1月成立以来，一直担负着文物藏品征集、保护管理的责任。收藏文物藏品1654件(套),其中国家一级文物3件,二级文物6件,三级文物12件。人员编制情况,咸丰县文物事业管理局现有人员编制5人;现有5名在职人员中,本科学历1人,专科学历3人;专业技术职务上,有文博馆员1人,助理馆员2人,技术工人2人。

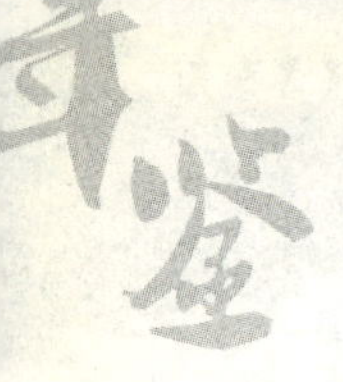

仙 桃

仙桃市博物馆

Xiantao Municipal Museum

馆　　长 郑军
地　　址 湖北省仙桃市仙桃大道60号
邮政编码 433000
电　　话 0728-3310050
传　　真 0728-3600505
电子信箱 474114540@qq.com
隶属关系 仙桃市文化广播电视新闻出版局
性　　质 国有
建筑性质 现代建筑
建筑面积 总建筑面积981平方米
展厅面积 210平方米
占地面积 1730平方米

馆址环境　坐落在仙桃大道中段南侧，东临中国农业发展银行仙桃市支行，西临仙桃市教育考试中心，北临中国工商银行仙桃市支行及市政广场，南临芭蒌湾社区。

历史沿革　1984年4月，成立沔阳县革命历史博物馆。1986年10月，撤销沔阳县建立仙桃市后更名为仙桃市博物馆。1995年3月在仙桃市流潭公园内建成仿古式馆舍，2002年9月迁入仙桃市图书馆一楼并对外开放，2008年2月免费对外开放。2010年8月，仙桃市委市政府决定建设仙桃市博物馆新馆。同年9月，成立新馆项目筹建领导小组，年底已完成规划选址、用地预审、立项、办理规划许可证、征地、主便道修筑、涵管埋设、场地平整、排灌沟及围墙砌筑等前期工作。

开放时间　9:00—17:00(周一、除夕闭馆)

服务设施　停车场、物品寄存、无障碍参观服务设施等。

交通状况　公交线路5、8、9路市政广场下车即到。

概　况

从建国初起，文物工作由沔阳县文化馆代管，1973年文化馆配备文物专业干部，1982年文化馆设立文物组。1984年4月，成立沔阳县革命历史博物馆、沔阳县文物保护管理所。1986年10月，撤销沔阳县建立仙桃市后更名为仙桃市博物馆。1995年4月成立仙桃市文物管理所，与仙桃市博物馆合署办公，实行一套班子两块牌子。主要职能有：负责市域内文物调查、勘探、稽查、考古发掘、收藏保管、保护、陈列展览、文物市场管理等业务。1995年3月，仙桃市博物馆在仙桃市流潭公园内建成仿古式馆舍。2002年2月，仙桃市博物馆迁至仙桃市图书馆一楼，2002年9月对外开放，

2008年2月免费开放。26年来，市博物馆以物载史，以古鉴今，加强文物收藏，履行教育职能，在弘扬民族精神、传播科学文化知识、加强思想道德建设、丰富群众生活等方面，都发挥了不可替代的重要作用，成为展示仙桃市文明形象的重要窗口，加强对外文化交流的重要桥梁和广大市民终身教育的崇高殿堂。发展到现在拥有近500平方米的办公展览场地，馆藏文物10500件，以越舟湖遗址和排湖沿岸出土的新石器时代磨制石器及三国至隋朝的青瓷器最具代表性。成立以来共举办展览活动数十个，接待观众近百万人次。现常年举办“仙桃历史五千年”陈列，免费对外开放，使仙桃市博物馆真正成为广大市民和青少年参观学习的第二课堂。

一、博物馆管理

仙桃市博物馆隶属仙桃市文化广播电视新闻出版局。内设办公室、财务科、业务科、保卫科、文物勘探稽查队等部门。在册人员13人，其中正式编制10人。仙桃市博物馆紧紧围绕贯彻落实科学发展观，切实加强文物法制建设，认真贯彻落实《文物保护法》及其实施条例、《湖北省实施〈文物保护法〉办法》、《博物馆管理办法》等文物法律法规，制定了《仙桃市博物馆免费开放制度》、《文明服务规范》、《突发事件(故)应急预案》、《文物安全保卫制度》、《劳动纪律考勤制度》、《文物保管责任制度》、《矛盾纠纷排查调处制度》、《财务管理制度》等，不断加强规范化管理，认真落实以制度管人，以制度管事。在经费紧张的情况下，争取上级部门的重视和支持，投入专项资金加固了防盗网、防盗门，安装了与公安局110联网的防盗报警系统、视频监控装置，购置了干粉灭火器，从硬件上保证文物安全。在强化技防的同时，我们严格落实安全保卫责任制度，加强人防措施，配备专职的保卫人员负责安全工作，确保不发生任何安全责任事故。

二、免费开放工作进展情况

2008年1月，建立和完善了管理与服务方面的规章制度，为免费开放，做好相关准备工作。2008年2月，在博物馆显著位置公示告知了免费开放对象、开放范围、开放方式、开放时间及监督投诉方式、文明参观须知，正式向社会免费开放。现每年免费开放天数在310天以上，年均参观人数近4万人次。

三、陈列展览

1995年举办了数场特别(临时)展览，如“迎’97香港回归祖国图片展”、“庆祝建国五十周年暨迎澳门回归大型图片展”、“蝴蝶标本展”、“大型海洋生物标本展”等。2002年9月在市图书馆一楼推出固定陈列“仙桃历史五千年”，同时对外开放的还有两个临时展览：“中国历代钱币展”、“精美根雕展”，后又举办过“微型木雕展”、“野生鸟类科普展”、“天潜仙书画联展”、“仙桃市迎奥运美术作品展”、“仙桃市建国六十周年成就展”、“上海世博会图片展”等展览。2006年5月，仙桃市博物馆选送25件珍贵文物参加了武汉市博物馆承办的为期50天的“‘8+1’武汉城市圈首届文物特展”。

现有展厅面积210平方米，展出文物120件，比较重要的展品有一级文物2件(东汉青釉四耳网纹瓮、隋四神铭文镜)，二级文物4件(南朝青铜鐎斗、隋青釉四系盘口壶、明浅刻兰亭序纹石砚、明龙泉盘)，三级文物73件(战国七字铭文戈、明仿汉盘龙石砚、清脱胎嵌花漆奁、清光绪白釉葵口瓶等)。

四、藏品征集、管理和保护

贯彻“保护为主，抢救第一，合理利用，

加强管理”的文物工作方针。

征集方式主要是有偿收购。藏品来源：征集、发掘出土、采集、接受捐赠。藏品类别包括石器、铜器、陶瓷器、玉器、砚台、砖刻、字画等。藏品特色：新石器时代石器、六朝青瓷器、铜镜系列。重要藏品有石锄、石铲、石锛、石凿、战国七字铭文戈、战国青铜斧、东汉青釉四耳网纹瓮、东汉初平元年镜、南朝青铜鐎斗、隋四神铭文镜、隋青釉四系盘口壶、唐莲珠花卉镜、明浅刻兰亭序纹石砚、明浅刻兰亭序纹石砚、明仿汉盘龙石砚、明龙泉盘、明天启青花折枝花卉盖罐、清脱胎嵌花漆奁、清末蓝釉紫砂刻纹碗等。藏品保存主要以传统的保护技术为主。

五、博物馆建设

2010年2月25日市政府将新的馆舍建设列入了《政府工作报告》。8月25日，市委常委会议纪要明确提出要“迅速启动市博物馆建设”，“争取年底开工”。9月26日，新馆建设项目筹建领导小组成立。新馆位于仙桃市南城新区仙南大道南侧、广场西侧、八纵渠东侧，是未来市政广场公共建筑群的重要组成部分，规划总用地面积33000平方米，建筑面积6000平方米，绿地率将达40%，总投资约4430万元。包括陈列区、学术研究室、配套设施、藏品库区、办公区等。2010年年底前完成了规划选址、用地预审、立项、办理规划许可证、征地、主便道修筑、涵管埋设、场地平整、排灌沟及围墙砌筑等前期工作。

六、人才培养

理论、法律、专业知识的学习是做好文博工作的需要，是培养造就一支德才兼备、堪当重任的文博专业队伍的需要。组织全馆干部职工逐章逐条地学习新修订的《中华人民共和国文物保护法》、《文物保护法实施条例》。不定期地学习文博专业知识。为了提高讲解员的讲解水平，专门派讲解员到省博物馆参加培训，还派相关专业人员参加省文物局组织的库房保管员培训班、保卫干部培训、普查员培训、文物安全技术规范培训班、馆藏文物电子信息采集培训班、文物影像拍摄培训班、文物鉴定培训、文物行政执法人员轮训、考古发掘实地培训，加强人才培训力度，着重抓好青年后备业务人才培养，不断提高业务水平。

华芳名酒博物馆

Huafang Wine Museum

馆　　长　刘千忠

地　　址　湖北省仙桃市何李路20号

邮政编码　433000

电　　话　0728-3247801

传　　真　0728-3247801

电子信箱　DF8818@126.com

主管部门　仙桃市文化广播电视新闻出版局

性　　质　民办

建筑性质　现代建筑

建筑面积　总建筑面积300平方米

展厅面积　120平方米

馆址环境　坐落在何李路西侧，仙桃市第二自来水厂宿舍区。

历史沿革　2010年5月，经湖北省文

物局批准成立。

开放时间 9:00—17:00(周一、除夕闭馆)

服务设施 停车场、物品寄存、无障碍参观服务设施等。

交通状况 公交线路5、8路龙华山办事处下车,沿何李路往北走300米即到。

概 况

华芳名酒博物馆由刘千忠创办。刘千忠,中国收藏家协会会员,从小爱好收藏,年轻时立志收藏中国名酒。自1967年便踏上了中国名酒收藏之路,历时44年。现已收藏中国名酒2514种,其中40年前的中国老十大名酒收藏齐全。2007年由中央电视台和湖北电视台联合拍摄了系列专题片《民间收藏》,对其酒类收藏进行了全面报道。目前,我国已有收藏酒瓶、酒标、酒板和各类名酒包装的,但收藏原装名酒且品种多样化并达到一定数量的,刘千忠是国内第一人。2008年10月上海大世界基尼斯总部特派人来仙桃,确认其原装白酒收藏为"大世界基尼斯之最"(中国之最)。同年10月16日为其颁发了证书,认定为"中国名优名酒收藏第一人"。

该馆原址位于仙桃市油榨湾菜市场闹市区,交通不畅通,如出现火灾等事故,消防车辆不能进入。考虑到藏品及观众安全,该馆于2010年8月搬迁至何李路市第二自来水厂宿舍,展出原装名酒约600种。还有大部分藏品存放在地下室仓库。

为了让名酒收藏更好地服务于社会,该馆将进一步拓展收藏面,以原装名酒为主,集酒瓶、酒标、酒包装盒、酒礼品袋、酒广告画册、酒书法题词、酒名企名人的纪念照片于一体。为中国的白酒制造工业提供历史性样酒,为研究、发展、弘扬中国酒文化,提供有关历史依据。

一、博物馆管理

华芳名酒博物馆切实贯彻《博物馆管理办法》、《民办非企业单位登记管理暂行条例》、《华芳名酒博物馆章程》,认真做好博物馆日常工作的管理和开放工作。该馆重视安全工作,千方百计筹措资金安装了基本的消防及防盗设施,确保藏品及观众的安全。

二、免费开放

华芳名酒博物馆自成立之日起,就开始对外免费开放,确保全年免费开放时间不少于280天。2010年观众达一千余人次。

三、陈列展览

现常年举办中国名酒展览,展出品种约600种。

四、展示宣传和社会服务

注重发挥社会教育功能,传播有益社会进步的思想道德、科学技术和文化知识,宏扬国酒文化。

五、藏品征集、管理和保护

华芳名酒博物馆的藏品来源主要有亲朋好友赠送、购买,除了原装白酒,馆藏品还有关于酒类的文物资料、名人字画等。该馆建立藏品台账、分类账及每件藏品的档案,并办理备案手续。在展厅和库房安装必要的安全设施,确保藏品安全。

六、博物馆建设

华芳名酒博物馆计划征地6700平方米,其中建馆用地3300平方米,另3300平方米作场地和景观带,规划建筑面积6000平方米。将茅台、五粮液、汾酒、西凤、泸州老窖、剑南春等中国名酒分为17个专题展厅,其他分为13个综合展厅,努力将华芳名酒博物馆建成中国原装名酒第一馆。

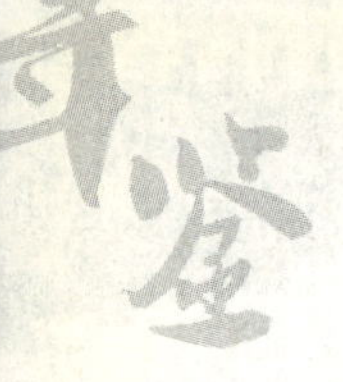

天 门

天门市博物馆(陆羽纪念馆)

Tianmen Municipal Museum(Luyu Memorial Hall)

馆　　长　邓千武
地　　址　湖北省天门市竟陵办事处西寺路14号
邮政编码　431700
电　　话　0728-5223537
传　　真　0728-5232705
电子信箱　873701026@qq.com
隶属关系　天门市文化广电新闻出版局
性　　质　国有
建筑性质　仿古建筑
建筑面积　总建筑面积3000平方米
展厅面积　804平方米
占地面积　10000平方米

馆址环境　坐落在天门市西湖公园内，东临西寺路。

历史沿革　建国初期,天门文博工作由文化馆管理。1982年,由文化馆分离出来,组建天门市博物馆。1985年，天门市人民政府决定建设天门市博物馆(陆羽纪念馆)。1986年1月,在竟陵西湖以北划拨土地10000平方米,通过向上争取资金、民间集资、捐赠等方式,筹集资金80多万元,3月动工建设。1988年10月,博物馆(陆羽纪念馆)竣工开馆。2003年,为纪念陆羽诞辰1270周年暨首届湖北国际茶文化节，天门市人民政府拨款75万元，对市博物馆(陆羽纪念馆)进行了维修,重修了文学泉、陆羽亭、涵碧堂、曲桥。1998年天门市博物馆(陆羽纪念馆)被湖北省人民政府授予全省爱国主义教育示范基地；2009年被中宣部授予全国爱国主义教育基地。

开放时间　上午8:30—11:30
　　　　　下午14:00—17:00

服务设施　无障碍参观,有石凳、凉亭休息。

交通状况　由天门南站下车，乘2路(中循环线)公交车到陆羽纪念馆(西湖“陆羽公园”)下车即到。

概　况

天门市博物馆(陆羽纪念馆)成立于1982年，于1988年正式对外开放，馆舍占地面积10000平方米，建筑面积3000平方米。主体建筑由“古雁桥”、“山门”、“陆公祠”(前殿)、“鸿渐楼”(后殿)、“文学泉”,回廊及配套设施等仿唐建筑群组成。规模宏大,是一座以湖北历史文化名人之一的“茶圣”陆羽为主题内容,具有江南水乡园林特色的综合性博物馆。

博物馆（纪念馆）现有展厅面积为804平方米（不含露天遗存），共分五个展区，其中室内3个，室外2处。室内一为陆公祠内“陆羽生平简介”，二为鸿渐楼一层“陆羽纪念展厅”，三为鸿渐楼二层“茶艺展演”；室外一为纪念馆山门前“陆羽遗弃桥址”，二为竟陵北门官池“文学泉景点”。

陆公祠展厅面积为204平方米，主要陈列大型木刻浮雕画“陆羽生平简介”；《陆子茶经》；还有《唐处士陆鸿渐小像碑》及中外茶学专家撰写的书稿、评论文章、画册，日本、韩国、港澳台等国家和地区馈赠的精美茶书、茶具、器皿等珍贵物品。

“鸿渐楼”面积为600平方米（含上下两层楼），主要陈列茶事活动纪事、纪念性文物。大厅中央是一尊陆羽鎏金铜塑座像，此像依据陆羽完成“茶经”后的相貌设计塑造，像高2.5米，宽1.45米（不含底座）。头系披巾，身着褶袍，右手扶膝，左手托茶杯，饱经风霜的中年面容微笑含思绪，一副精心品茶的神情动态，让游客敬重不已。不失为茶学爱好者和游客瞻仰祭拜的理想场所。祭坛两侧陈列有我国云南地区近年赠送的直径约1米左右的潽耳饼茶，清香四溢的两块饼茶为整个展厅平添了几分茶文化的博大精深与凝重感。

布置在‘鸿渐楼’二楼的“陆羽茶艺展演厅”面积为260平方米，正中面南为茶艺表演台，台下清一色藤篾茶几、茶椅，面向舞台呈环形摆放，可供近百人入座品饮。出楼门，外檐下是四周回廊，游客凭栏远眺“陆羽公园”，湖光美景一览无余，尽收眼底。

现博物馆（纪念馆）“山门”前“古雁桥”，原位于竟陵城西门外，因城建改道于1990年迁至于此。相传，后人为纪念陆羽，在陆羽遗弃处建石桥一座，取名曰“雁桥”。清康熙知县吴钱永主持重建此桥。这座桥为条石单孔拱形，桥身全长14.2米，宽5.93米，高4.2米，桥孔东西向，桥面南北向，与整个纪念馆山门、前后殿中轴线对称。从拱背桥面分别砌上下石阶，成八字扇形延伸至地面，如翼覆湖畔；桥边左右立有石质栏杆，桥额上效仿原书法家胡增德墨法，刻隶体“雁桥”二字；桥右侧碑上，镌刻陆羽《六羡歌》诗文；桥拱圈顶东西两侧嵌刻龙头、龙尾样，龙头朝东，口含一颗石珠，尾在西，呈摇摆状，从湖畔远距离看去，首尾相连，活灵活现，似一条蛟龙穿桥而过，欲腾空而起，现为游客进馆参观的主要通道。

文学泉，俗称“三眼井”，“品字泉”。位于纪念馆以东城北官池，据传，陆羽少年时于此汲水煮茗。因陆羽曾被拜为太子文学（未就职），故世称“文学泉”，后因年久失修，湖水冲袭，除井水清冽外，井台、纪念亭、纪念碑刻等遗迹均破损风化。2003年为迎接“纪念茶圣陆羽诞辰1270周年暨首届中国湖北国际茶文化节”，省、市两级政府斥资，以文学泉为中心，整修了“文学泉”。即扩面积、砌泊岸、井台；修陆羽亭、涵碧堂、九曲桥；植树栽花等，使之与文学泉路仿古一条街融为一体，交相辉映，成为古城竟陵又一道亮丽的茶文化风景。

开馆以来，天门市博物馆（陆羽纪念馆）共接待国内外参观团体1300多个，中外游客及中小学生100万人次（含临时各类重要展览活动）。1998年被湖北省人民政府授予“省级爱国主义教育示范基地”。2009年被中宣部授予“全国爱国主义教育基地”。

一、博物馆管理

天门市博物馆（陆羽纪念馆）实行两块牌子，一套班子。属财政全额拨款副科级事业单位，是全市唯一的文物保护和展览机构，行政主管部门为天门市文化广电新闻出版局。博物馆（陆羽纪念馆）主要社会功能，收藏、展览、保护文物；宣传文物法；弘扬民族文化；并兼有文物保护管理委员会的业务职能。现有在职工作人员22人，其中管理人员2人，专业技术人员19人，工勤技能人员1人。岗位设置领导班子4人，内设机构5个，分别是：办公室4人；财务部2人；保管（卫）部2人；陈列部5人；考古部5人。

建章建制情况　自建馆以来，博物馆（陆羽纪念馆）严格制度管理，制定了各项规章制度，主要有《博物馆干部职工集中学习制度》、《博物馆干部工作责任制》、《博物馆馆风馆纪建设制度》、《博物馆党风廉政建设制度》、《博物馆民主生活会制度》、《博物馆精神文明规范》、《信息调研工作奖励细则》、《考勤管理细则》、《有关补助及责任奖惩细则》、《义务劳动管理细则》、《上班和开会管理细则》、《图章管理细则》、《文秘工作管理细则》、《财务管理制度》、《招待费管理细则》、《公费慰问住院病人及去世人员管理细则》。每年与文广新局签订各种责任状，如党风廉政建设、计划生育、机关效能建设、社会治安综合治理、信访稳定工作、安全生产、“门前四包”和义务劳动、调研信息工作目标责任书、责任状，年终奖惩兑现。

综合治理情况　博物馆（陆羽纪念馆）高度认识综合治理工作的重要性，始终坚持把综合治理工作列入重要议事日程，纳入年度工作计划。设立了办公室，安排专人负责。与各部室负责人签订了内部治安责任合同，坚持定期和不定期召开综治工作会议，研究解决综治工作中出现的困难和问题，贯彻落实市综治委和有关部门的指示精神。历年来，坚持把综治工作与干部奖惩、经济待遇直接挂钩，认真执行“一票否决”和重大案（事）件领导责任追究制度，确保了博物馆全年无盗案、无伤害案、无安全事故的“三无”好形势。

二、博物馆免费开放

自免费开放以来，天门市博物馆（陆羽纪念馆）共接待中外旅游团体300余个，接待参观游客20万余人次，其中中小学生12万余人次，切实发挥了全国爱国主义教育基地的作用。

1.落实免费开放政策，举办各类临时展览，扩大社会宣传效果。2008年以来先后举办了“改革开放30周年成果展览”、“文物法宣传图片展览”、“学习实践科学发展观成果展览”、“‘三普’田野调查阶段成果展览”、“天门民俗文化展”、“陆羽书画展”、“国庆60周年书画展”。

2.完善管理制度，使免费开放科学化、制度化、规范化。博物馆作为全市的窗口单位，为了更好地为观光旅游者提供优质服务，2009年，博物馆完善了展区各类安全管理制度，如《交接班制度》、《展室安全制度》、《景区车辆管理制度》、《文明礼貌公约》等等。

3.加大投资，完善馆区配套设施建设。2009年博物馆投资20万元完善了展室后殿的装修以及道路标志，水电改造，庭院美化，制作展牌等多项工程。

三、陈列展览

天门市博物馆（陆羽纪念馆）主要陈列内容为以弘扬茶文化为主题的“陆羽生平”木刻组雕及陆羽遗迹遗物。大型木雕壁画“陆羽生平”共分为两幅，每幅1.6米×10米。西墙画名为《西江之水》，表现陆羽传奇的身世，以及少年博学和献身茶道的远大抱负，西墙画由八个故事画面组成，即“鸿渐于陆”、“古井汲水”、“牛背读书”、“伶艺初露”、“火门拜师”、“忘年之交”、“峡江考察”、“东岗结庐”；东墙画为《茶学之路》，反映茶圣人生后半个世纪游历江南三十余州郡的浪漫生涯与丰硕的文化成果。画面的八个经典故事为“江南品茗”、“御前煮茶”、“南伶评水”、“赠经季兰”、“三癸聚会”、“游子乡情”、“苕溪著书”和“茶道远播”。

自1995年以来，博物馆除常年办好陆羽生平展外，每年配合地方党委、政府的中心工作，坚持常年举办巡回展览，先后举办了“抗日战争胜利50周年展”、“迎香港回归展”、“改革开放20年成果展”、“建国50周年和澳门回归展”、“海洋生物标本展”、“建党80周年图片展”、“改革开放30周年成果展览”、“文物法宣传图片展览”、“学习实践科学发展观成果展览”、““三普”田野调查阶段成果展览”、“天门民俗文化展”、“陆羽书画展”、“国庆60周年书画展”等。同时，为发挥教育基地的辐射作用，跨区域到周边县市进行展出，收到了良好的社会效益。

2006年4月，为促进“中部崛起”，落实中共湖北省委、省人民政府全力打造地“1+8”武汉城市圈发展策略，由武汉市文化局倡议，湖北省文物局批准，武汉城市圈9城市文化局共同组织主办了“武汉城市圈文物精品展”，天门市作为全省的文物大市，本着优势互补、资源共享的原则，为这次精品展出共选送馆藏文物36件，其中一级文物3件，二级文物5件，三级文物28件，展出中受到了来自全国各地及海外参观人士的交口称赞。

2007年3月，为响应中华全国妇女联合会的号召，全国妇联等六部委（妇联、共青团、教育厅、民宗委、文化厅、文物局）《关于征集中国妇女儿童文物的通知》，天门市博物馆（陆羽纪念馆）为中国妇女儿童博物馆选送馆藏文物15件（陶鸟、陶龟、陶狗、木梳、玉磬等）。

四、展示宣传和社会服务

2006年以来，天门市博物馆（陆羽纪念馆），全面贯彻和落实科学发展观，加大文化遗产保护力度。每年的“5·18国际博物馆日”、“文化遗产日”等重要节日，博物馆都开展了系列宣传活动，在天门市城区、中心闹市区建立宣传咨询点。对前来博物馆参观的人员发放宣传册、报纸，并对其进行讲解，宣传《文物保护法》，普及文化遗产保护意识；宣传我们文化遗产事业的发展成果，使文化遗产事业为广大群众所感知、所认同、所接受，从而转化为人们的自觉行动，在保护中共享，在共享中保护，营造全社会参与文化遗产保护的良好氛围。各乡镇由文化站长负责，在街道醒目处悬挂横幅，张贴宣传画，各街道、村文化中心户负责发放专刊报纸、小画册。在市级以上报刊、电视台、网站等媒体发表刊登宣传活动信息稿件30余篇，上报信息30余条。2010年4月，天门市博物馆（陆羽纪念馆）配合湖北省电视台拍摄了第四批全国爱国主义教育基地——“陆羽纪念馆”。

五、藏品管理和保护

解放以来，通过发掘和征集，天门市博物馆（陆羽纪念馆）现有馆藏文物13000余件，其中，古线装书10000余册；经省级文物部门鉴定，一级文物3件，二级文物9件，三级文物152件。

2009年根据省文物局“文物调查及数据库管理系统建设”项目的要求，完成了一、二、三级文物的信息采集工作，藏品管理和保护基础性工作取得重要进展。一般文物信息采集工作正在筹措进行中。

为抓好馆藏文物的安全工作，博物馆（陆羽纪念馆）始终坚持把文物安全工作放在首位，对库房内的文物做到常防患、勤检查，坚持24小时值班巡查制、文物出入库登记制、交接班签字制。主要领导和分管领导不定期进行巡查，每年组织内保干部进行系统培训，不断提高他们的思想素质、安全防范意识，人人掌握“三防知识”。对文物进行定期查看、保管，保证文物不受潮，不虫蛀，避免自然损害，达到了科学管理的要求，确保了馆藏文物的安全。到2010年，博物馆迎来了第十五个馆藏文物安全年。

六、博物馆建设

天门市博物馆(陆羽纪念馆)的建成，结束了千百余年以来茶圣陆羽无家可归的历史。依据纪念馆的性质和任务，利用文物标本，组织形象化的陈列展览，开展宣传教育活动是建馆后的当务之急。当时，在省、地文博专家指导下，利用馆藏现有资源，采取边展出、边征集、边完善的办法，做到了在较短时间内向游客开放展出。通过10多年的不懈努力，终于从一本油印《茶经》本，陶瓷半身陆羽小像等几件屈指可数的文物，发展到今天这样的陈列规模，如筑巢引凤带来了意想不到的名人效应：除收回漂洋过海达46年之久的《陆子茶经》原版本外，还搜集到陆羽《茶经》各时期版本达20多种；大型陆羽铜像、石像各一尊；微型半身像5尊；陆羽遗物400余件(套)；陆羽史料1000余件(册)；中外研究陆羽文集、诗集500余套(册)；日、韩、港、澳、台等国家和地区茶人馈赠珍品、茶具器皿100余件(套)；名茶产地馈赠可永久存放的饼茶约30公斤；可移动碑刻石器10多件；反映陆羽生平传略大型木刻浮雕画16幅计28.8平方米；海内外名人名家题词、题匾计80余幅；编印《天门历史文化名人》、《陆羽和茶经》、《陆羽》乡土教材一万余册；在广播电台、电视台、中小学校演讲陆羽事迹290场次；组建茶艺表演队一支等。赢得了各级政府高度重视及社会的广泛关注，在软硬件投入上力度加大，不少社团、企业解囊资助，场馆建设、陈列内容日益完善。

天门市博物馆（陆羽纪念馆）建设自1985年选址、1986年动工、1988年开馆至今。历经26年，形成初具规模的市(县)级博物馆开放功能。市委市政府原以建博物馆为主，囊括陆羽纪念馆内容，随着改革开放的进程和深入，以及“茶圣”陆羽声誉的远播，市委、市政府2011年加大了改造“陆羽公园”力度，现有博物馆(陆羽纪念馆)馆舍将由“陆羽纪念馆”所代替，但行政建制不变，开放功能不变。2011年4月，市委市政府已批复新址新建“天门市博物馆”，规划馆址面积33000平方米，总建筑面积12000平方米，先期投入2000万元，不久，一座具有现代化城市的重要标志性建筑将展示在世人面前。

七、文化产业

发展第三产业，增强博物馆在市场经济条件下的生存能力。2010年初，天门市博物馆(陆羽纪念馆)通过招租方式与“羽圣”茶业有限公司共同创建了“陆羽茶庄”，经营内容集陆羽品牌宣传、茶产品销售、休闲娱乐为一体。通过这次与企业的结合，拓展了博物馆对外服务项目。

八、人才培养

建馆以来，天门市博物馆(陆羽纪念馆)先后派出两名业务人员到武汉大学进行脱产学习，截至2010年底，具有专业技术职称人员达到19人，其中，副研究馆员1人，馆员18人，大专学历15人。免费开放以来，先后举办礼仪、普通话培训12次，组织演讲比赛8次，讲解员外地参观学习2次。

潜　江

潜江市博物馆

Qianjiang Municipal Museum

馆　　长　郑爱平
地　　址　潜江市城区章华南路27号
邮政编码　433100
电　　话　总机:0728-6955661
　　　　　　办公室转81
传　　真　0728-6955661转81
电子信箱　wjktwy@qq.com
隶属关系　潜江市文物局
性　　质　国有
建筑性质　现代建筑
建筑面积　总建筑面积4000平方米
展厅面积　2000平方米
占地面积　7300平方米

馆址环境　坐落在章华南路上。

历史沿革　潜江市文物博物馆工作是1956年起由县文化馆社会教育股兼管。1984年春,在县文化馆设立文物管理股,设专人管理。1984年7月,县委常委会议研究决定成立潜江县博物馆,配备专业人员4名,与文化馆合署办公。1986年春,县政府划拨土地6600平方米,建简易平房8间,博物馆从文化馆分离出来。1988年,潜江撤县建市,潜江县博物馆更名为潜江市博物馆。1989年10月,展览大楼破土动工,1990年7月落成。1991年6月开馆,举办有潜江历史文物展和潜江革命历史展。1999年职工住宅楼动工,2000年10月落成。2004年5月办公楼动工,10月落成。庭院、展览大楼亦同期进行了改造和装修,展览进行了重新设计和布置,博物馆以全新的面貌开始接待观众。2002年12月潜江市博物馆被国家人事部、国家文物局评为全国文物系统先进集体。

开放时间　8:30—17:00(周一闭馆)

交通状况　公交线路2、6路博物馆站下车即到。

概　况

潜江市博物馆是地方历史性博物馆,坐落在中国明星市——潜江城区的章华南路繁华之地。占地面积7000平方米,建筑面积4000平方米。馆藏文物12500余件,其中国家一、二、三级文物300余件。举办有“龙湾遗址展览”、“书画珍藏展”、“明清文物精品展”、“走向现代——潜江近现代革命历史陈列展”等固定展览。年接待观众4万余人次。现有干部职工33人,其中副研馆员3人,馆员18人。在文物保护和业务研究方面取得了较大成绩。龙湾遗址放鹰台I号宫殿基址的考古发掘工作获2000年全国十大考古新发现，整理、编写出版了60余万字的《潜江龙湾》考古发掘报告。建馆24年来，年年文物安全无事故。

一、陈列展览

博物馆常年举办的展览有“潜江龙湾遗址专题展”、“书画珍藏”、“明清文物精粹”、“走向现代——潜江近现代革命历史陈列展”、“民俗文物筹备展”。

“潜江龙湾遗址专展”展览面积620平方米。序厅是以龙湾遗址为背景创作的50平方米的大型壁画《故国神游》，展出文物154件，向观众展示了龙湾遗址的地理位置、历史演变、出土遗迹和遗物、科研成果、专家论证、远景规划等内容。龙湾遗址展览属楚宫殿基址展，根据发掘放鹰台I号基址揭露的方形柱洞，将展板、展台设计成方柱，穿山架结构，让观众步入展厅就感受到古代建筑基址展览的鲜明主题。

“书画珍藏”展览面积120平方米，展示了明清至现代书画作品32幅。展品有明代书画家文徵明手书，清代八仙图等珍贵文物。

“走向现代——潜江近现代革命历史陈列展”展览面积400平方米，展出文物139件，历史图片165张，展览分：“人杰地灵”、“星火燎原”、“抗日烽火”、“解放战争”、“建国初期”、“建设年代”、“撤县建市”七个部分，展示了潜江人民在各个历史时期为中国革命和建设所作出巨大贡献。

“明清文物精粹”展览面积120平方米，展出文物67件，有明代丝绸、官鞋、明清瓷器、石雕、佛像、印章等文物精品。

“民俗文物筹备展”展览面积200平方米，展出文物43件，展览分：“洞房花烛”、“生产工具”、“生活用品”、“民间文化”四个部分，展示近代潜江人淳朴的民风民俗和生产、劳动的场景。

潜江市博物馆肩负着全市地上、地下文物的保护任务，建馆以来配合工农业生产建设组织和参加了多次考古勘探和重大考古工作，发掘出土了大批珍贵的历史文物，极大地丰富了馆藏文物。积极开展了藏品的科学研究工作，出版了一批在全国有影响的文物与考古专著和论文。

二、博物馆管理

馆藏一、二、三级文物共200余件，全部按全国文物局的信息采集要求做完了数据录入和照相工作。并将地下室存放多年的1000余件陶器文物重新清理登记入账，定期维护，排除重大文物险情。

制定了一套藏品档案保管制度，逐级落实责任制，杜绝文物藏品的流失和损坏。建立文物藏品档案，为文物及其档案编号，对文物摆放位置、研究进展等情况跟踪记录，以切实有效地进行管理。实行纸质档案和电子档案“双套制”科学管理模式，以电子格式和纸质档案归档的“双套制”管理。对文物藏品电子档案采用标准化保管，环境温度、相对湿度、存放的档案箱(柜、架)及库房应达到的相关标准要求；载体应直立排放，不得擦、划、触摸记录涂层，远离强磁场和有害气体等。对电子档案载体进行定期有效的检测与维护，以确保电子档案信息的完整性和可靠性。电子档案管理平台配置防病毒卡等技术设施，杜绝非法人员进入系统。文物安全防范设施建设逐步加强，设置了全天候电视监控室，24小时有专人负责监控。加大了文物部门安全防范工作的日常管理力度，对出现的安全隐患及时整改。

另加强对我市民间流散文物的管理和保护工作，组织人力在全市开展抢救性征集民俗文物300余件。

三、免费开放工作

从2006年底开始，全面向社会免费开放。免费开放是党中央着眼于满足人民群众日益增长的文化需求，更多保障人民群众的基本文化权益而作出的一项惠民决定，是为人民群众办实事、办好事的具体举措。日常接待工作主要由陈列部的五位同志负责，其他部门配合工作。一方面提高了参观质量，另一方面也保证了观众的有序流动。为了方便观众参观，增设有指示牌，标明了参观路线、展览主题。设置了休息坐椅、饮用水等，为每一位观众提供贴心服务。利用潜江丰富的历史人文资源，开辟了“走向现代——近现代革命历史”专题展览，对广大青少年进行爱国主义和革命传统教育，利用国庆、党的生日等重大纪念日，推出革命历史专题展。利用熊口红军街生动形象的革命旧址开辟红色景点，在红二团部举办了熊口红军斗争史展，常年对外免费开放。

四、机构设置和行政管理工作

潜江市博物馆是隶属于潜江市文物局、地方全额财政拨款的事业单位。现有办公室、陈列室、考古部、文物稽查大队、保卫部。

在编人员33人，其中专业技术人员25人占76%，具有高级职称4人占12%，中级职称18人占54%，具有大专以上学历的22人占67%。为满足社会发展的需要，潜江市博物馆在队伍建设方面，除注重传统专业人才的选拔外，在人员聘用、管理等方面突破以往的用人机制，广泛接受、吸纳各类贤才，共图博物馆的现代化发展大业。

为了进一步加强规范化管理，博物馆先后制定出各项规章制度，以制度管人，以制度管事，使各项管理工作制度化、规范化，这些规章制度囊括了潜江市博物馆的各方面工作，主要包括：

行政管理方面，先后制定了《工作会议制度》、《劳动考勤管理制度》、《奖惩管理规定》等一系列规章制度。

财务方面，制定了《财务管理制度》等一系列规章制度。

安全保卫方面，制定了《博物馆安全制度》等一系列规章制度。

社教、开放方面制定了《潜江市博物馆免费开放管理制度》、《潜江市博物馆免费开放接待管理制度》等一系列规章制度。

文物保管方面，制定了《文物库房管理制度入库须知》、《文物出入库管理制度》、《文物库房管理制度》、《仓库用电管理制度》等一系列规章制度。

上述规章制度都是潜江市博物馆针对本馆实际工作中出现的问题而制定的，是确保市博物馆各项工作顺利进行的基本保障。

五、社会服务活动

在2010年曹禺文化周期间，潜江市博物馆承担了曹禺陵的拜谒活动，得到了曹禺亲属、来宾、各级领导的好评。

2010年开展了由市博物馆和创奇股份有限公司联合举办的大型海洋生物科普展。展览展出海螺、海贝500多种、海鱼虾100多种，还有近百种活体生物，向观众呈现出神秘的海底世界。

神农架

神农架自然博物馆

Shennongjia Museum of Natural History

馆　　长　乔健
地　　址　神农架林区松柏镇博物馆路19号
邮　　编　442400
电　　话　0719-3332235
传　　真　0719-3332700
隶属关系　神农架林区文化体育局
性　　质　国有
建筑性质　现代建筑
建筑面积　建筑总面积4000平方米
展厅面积　2800平方米
占地面积　7000平方米

馆址环境　位于神农架林区松柏镇博物馆路19号,东临林区高级中学,西邻环保局。

历史沿革　1988年3月成立“神农架动植物标本馆”,并对外开放;1992年12月神农架科技委员会决定建设“神农架自然博物馆”,1996年5月新馆建成正式开馆,2010年4月,“神农架自然博物馆”由原神农架林区科技局归口为神农架林区文化体育局管理,作为文化部门公益文化事业二级单位,免费对外开放。

开放时间　上午8:00—11:30
下午2:30—5:00

服务设施　无障碍参观。

交通状况　神农大道往西行,上博物馆路往西行至19号即到,镇内5分钟车程。

概　况

神农架自然博物馆是华中地区唯一的区域性自然博物馆，由原国家主席李先念题写馆名。主要从事古生物、动物、植物领域的标本和文物的收藏，科学研究和科学普及工作。占地7000平方米,其中建筑面积4000平方米,1992年12月开始筹建,1996年5月22日新馆落成开馆,并更名为“神农架自然博物馆”。

全馆共分为地方发展史、动物、植物、文物四部分,13个陈列厅,包括综合厅,动物厅、植物厅、化石文物厅、奇石厅、根艺厅、报告厅和科普仪器厅。第一层主要展出地方发展史,介绍了神农架的区情、地貌和中央各级领导视察神农架的照片和题词。第二层动物馆内陈列着兽类标本41种98号，鸟类标本207种402号，蝴蝶标本178种289号,鱼类标本17种27号,两栖类标本8种11号;其中国家一级保护动物7种,国家二级保护动物 47 种，占林区动物种类的 65%,最惹人注目的是国家重点保护的白化动物和金丝猴标本。第三层主要陈列着化石、植物标本和历史，其中化石与文物 207 号，植物标本 2018 种，12000 号，这些植物标本主要是 1976 至 1979 年中美联合植物考察团，在神农架海拔 400 米至 3000 米的山区采集制作的。第四层主要陈列科普仪器和报告厅。

神农架博物馆是全面了解神农架的窗口，被誉名“神农架的缩影”，这些保存完好的动植物标本化石，充分显现了神农架动植物物种的丰富多样性。神农架自然博物馆本着“为社会服务，非盈利的公益性机构，并向大众开放”这一立馆理念，在满足博物馆保管收藏展示教育的基础上努力把神农架自然博物馆建设成天然生态的博物馆。

一、展陈、科研工作

自然博物馆建馆以来，一方面发挥着宣传教育展示功能，充当自然标本的收藏所，另一方面，又抓住科研这个关键，把标本采集、科普工作带动起来，在科研的基础上搞陈列。神农架自然博物馆的馆藏标本有国家一、二类保护的动植物标本，现有 13 个陈列厅，这 13 个陈列厅的展览构筑起了神农架由古至今发生发展以生物进化为主线，以生物多样性为主要展示内容，向群众普及生命科学知识。

奇石根艺厅向观众展示了各类图案精美的景观石，造型各异的象形石，还有反映地质变迁的各类化石，这些化石让观众了解到神农架由沧海变良田式的重大地质变化过程。源于自然、高于自然的根艺品备受社会各界人士的青睐。

4 个动物陈列厅展示了神农架脊椎动物与蝴蝶标本，其中国家一级重点保护动物有金丝猴、华南虎、梅花鹿、林麝、金雕、白鹳。其中金丝猴的标本改变了早期动物学家认为神农架没有金丝猴的结论，并为动物学家研究金丝猴提供了强有力的科学保障。

化石与文物展厅展出的化石和文物共计 207 件，主要分化石和文物两部分。化石是 1995 年 12 月 10 日，在神农架红坪镇田家山乡海拔 1800 米处发现，1996 年 11 月，经国家文物局批准，湖北省文物考古研究所，神农架林区文物管理所共同组成考古队，历时半年，发掘出土的。经统计种属达 42 种，主要属我国南方大熊猫——剑齿象动物群。展出的化石飞禽中有留鸟、候鸟；兽类有草食、杂食和肉食动物；还出土了石制工具，其种类有砍石器、刮削器、尖状器、雕刻器、石锥、手镐；还有石片和石核。这些化石经测定距今是十万年，证明十万年前后，神农架地区具备了为人类与动物生存相适应的植被、气象、水文、地质环境。发掘出土的这些化石也是我国目前处西藏之外海拔最高的旧石器发掘地点之一，它对与我们开拓高山地区旧石器文化考古，研究古人类的生存能力与生活范围有重要的意义。展出的文物有 53 件，出土年代包括唐代，汉代、明朝和清代。

植物陈列厅展示了神农架苔藓植物、蕨类植物、种子植物、裸子植物、被子植物的神奇之美，这些植物大多属药用植物。

“野人”陈列厅主要展示了神农架历年来“野人”考察发现的相关资料和模拟的图片与模型，以及科研收获与新闻报道。

二、社教、开放工作

神农架自然博物馆自免费开馆以来，坚持强调“以人为本”的服务理念，并以此为宗旨面向广大参观者提供优质的“人性化”、“特色化”服务，为游客提供物品寄存，公共饮水，休息坐椅等服务。开通了电话预约业务，方便游客前来咨询参观。为扩大教育阵地教育资源，更好的宣传神农架，不定期地组织学生前来参观并做演讲汇报一系列的主题活动，并对讲解员进行专业知识、行业规范、服务标准的培训，以确保开放性工作运转正常，服务及时到位，工作秩序井然。

三、馆舍建设，维修和设施改造

2008年实施了自然博物馆维修改造工程。经过三个多月的维修施工，对自然博物馆2800平方米的屋顶进行了整体防水治理，解决了屋顶漏水问题；新建了280米的排水沟，解决了馆内湿度过大影响标本安全贮藏展示的问题；先后分三次对馆藏的动物标本进行了集中抢救性养护，延长了馆藏珍稀动物标本的贮藏时间；对馆内老化的电路进行了整体改造，消除了安全隐患；对馆内的13个展厅进行了维修改造，提升了整体展示效果。

大事记

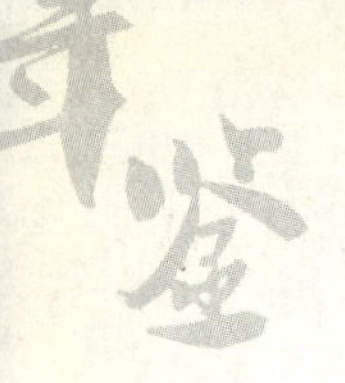

大事记
（1949—2010年）

1949—1978年

1949年

1949秋，中国人民解放军代表韩克华、郭力文和知名人士李振凡奉命接管旧省立科学实验馆，改名省人民科学馆（即省博物馆前身）。

1951年

5月22日，“湖北省文物管理委员会襄阳分会”成立，即为襄阳市博物馆前身。

1952年

12月，董必武为东湖九女墩题词。

12月上旬，武汉市人民政府文物管理委员会成立。主任巴南冈。

1953年

3月16日，经省政府批准，在省人民科学馆的基础上成立省博物馆（筹备处），配备工作人员11人。领导人为李振凡、陈国钊。

12月，宋庆龄为东湖九女墩题词，由何香凝代书。

1954年

1954年，省博物馆接收文物及文献共12213件，同时开展了文物的征集工作。举办全省文化馆长培训班，组织学习文物政策法规。

1955年

1955年，省博物馆在黄石、天门、京山、武昌等地巡回举办“出土文物展览”和“革命文物展览”，观众超过10万人（次）。

10月，中南少数民族文物陈列馆（中南民族大学民族学博物馆前身）正式开展，该馆收藏文物13000件，设六大陈列室。

1956年

1956年春，武汉市文物管理委员会并入湖北省文物管理委员会。市文管会的工作人员及所藏文物、资料均移交给省文管会。武汉市的文物工作由省文管会直接管理。

1956年，经省政府批准，省博物馆（筹备处）迁到武昌东湖（即东湖路160号现址）。全省第一所自然科学类博物馆——地质博物馆（后定名为省地质博物馆）开馆。同年，长阳大堰钟家湾出土“长阳人”化石文物标本入藏博物馆。

4月14日至16日，最高人民法院院长董必武到红安县视察。视察期间，董必武建议中共红安县委、县人民政府兴建烈士祠及革命博物馆。

1957年

1957年,省地质博物馆正式开馆,属自然科学类行业博物馆。

1958年

1958年,省人民委员会批准省文化局关于建立“中央农民运动讲习所纪念馆”和“湖北省总工会纪念馆”的请求,并确定由武汉市负责筹备农讲所纪念馆。

12月,周恩来题写“毛泽东同志主办的中央农民运动讲习所旧址”馆名。同年,武昌东湖的屈原纪念馆建成开放。

1959年

1959年,省博物馆动工兴建陈列展览大楼;国家副主席董必武视察省博物馆。

1960年

1960年,省博物馆陈列展览大楼落成;董必武第二次视察省博物馆,并亲笔题写馆名。

2月7日,武汉“二七”革命纪念馆建成开放。

1961年

1961年春节期间,武汉东湖屈原纪念馆展出的国家珍贵文物周珣《九歌图》中的屈原像被盗,查无下落。

5月30日,喀麦隆人民联盟开罗支部书记奥山地夫妇参观红安县博物馆。

10月,陈毅视察省博物馆,并题词“前事不忘,后事之师”。

1962年

1962年,国家精简机构,全省有19所博物馆、纪念馆被撤销。

5月12至14日,董必武三度回乡,13日视察了红安县革命博物馆,为该馆写了馆名。

11月,董必武为纪念黄麻起义三十五周年题诗:“廿二年间起伏多,黄麻革命涌洪波。大山三座终移去,党引工农奏凯歌。燎然烈火起星星,烧却江淮腐恶根。英勇斗争成绩夥,山区到处见新村。”

1963年

1963年,省博物馆(筹备处)撤销,省博物馆正式成立。

1963年,谢觉哉、陈少敏等先后视察应城县文化馆文物组举办的“应城县历史文物展览”、“应城革命斗争史展览”、“应城古书画展览”。

4月4日,武昌农民运动讲习所旧址纪念馆正式建成。

5月1日,由省总工会负责筹建的中华全国总工会暨湖北省总工会旧址纪念馆建成。

1964年

1964年,董必武第三次视察省博物馆。

1965年

3月21日,中学生江忠衡向武昌农讲所旧址纪念馆捐献43件革命文物,其中有1926年至1927年出版的《向导》周报、《中国青年》、《楚光日报》、《群众周刊》等。

10月25日,东湖屈原纪念馆改为东湖展览馆。同日,郭沫若为秭归县题序“屈原故里”、“屈原庙”。

1966年

3月,董必武为武昌农讲所题词:“革命

声威动地惊，工农须得结同盟，广州讲习垂洪范，更向华中建赤族。”

1972年

5月，中南少数民族文物陈列馆收藏的9907件少数民族文物藏品移交中央民族学院（北京）保管。

12月4日，国家文物事业管理局局长王冶秋、省革委会副主任潘振武、孝感地区革委会主任王德清等到云梦观看了大坟头一号汉墓出土文物；出土的159件珍贵文物由云梦县博物馆收藏。

12月18日至29日，云梦睡虎地十一号墓出土秦代竹简1100余枚，后入藏省博物馆。

1973年

全省举办文物培训班两期，为全省博物馆培训专业干部30余人。

6月，省博物馆首次参加国家文物事业管理局组织的大型文物外展活动。

1974年

1974—1976年，湖北省博物馆与北京大学历史系考古专业合作，进行过两次较大规模的发掘。经过多年的工作，基本上搞清盘龙城遗址的分布情况。城内仅有宫殿、居民区，手工业区和墓葬则分布在城外。

1975年

4月，国家文物事业管理局在红安召开全国部分省（市、自治区）革命文物工作座谈会。

1975年，成立了以省委书记韩宁夫为组长、国家文物局和各级党政负责人及专家学者参加的湖北省纪南城文物保护和考古发掘工作领导小组，邀请北京大学、吉林大学、南京大学、四川大学等七所高校历史系考古专业师生和北京、天津、湖南、河南等七个省市文博单位的考古工作者和文物考古短训班的学员一起开展了大规模的考古工作，对纪南城遗址进行了全面的考古勘探，并先后发掘了西垣北门、松柏30号台基、新桥陈家台遗址、东垣外毛家山遗址等，发掘面积7000多平方米，同时，清理了春秋战国至秦汉时期的墓葬600多座，取得了重大收获。

1976年

5月，咸宁地区博物馆成立。

7月，孝感地区博物馆成立。

10月，国家文物事业管理局在武汉、阳新召开全国革命文物工作座谈会。

1977年

1月，郭沫若为秭归县屈原纪念馆题写馆名“屈原纪念馆”。

1978年

1月，省博物馆“古代竹简脱水变形的防护与加固”、“古代漆器的脱水变形变色的防护加固”两项科研成果获全国科学大会奖。

3月14日，邓垦传达邓小平对复原“八七会议”会址的意见。

8月7日，位于武汉市汉口鄱阳街139号的八七会议纪念馆对外开放。

1979—1999 年

1979 年

3月5日，坐落在汉口长春街57号的八路军武汉办事处旧址纪念馆建成开放。叶剑英题写馆名。

同月，宋庆龄为辛亥革命武昌起义纪念馆题写馆名。

4月7日，叶剑英视察省博物馆，并题词："认真做好文博工作，为提高全民族科学文化水平而贡献力量"。

5月12日，王任重视察省博物馆，并题词："我国劳动人民的智慧的确是伟大的，我国四化的前途无限美好"；同日，谷牧视察省博物馆。

5月13日，李先念视察省博物馆，省委第一书记陈丕显、水利部部长钱正英、省委副书记王群等陪同。

5月16日，李先念由省委第一书记陈丕显等陪同视察董必武旧居、黄麻起义和鄂豫皖苏区革命烈士纪念碑，视察红安县文化馆和红安革命博物馆。

10月1日，为庆祝建国三十周年，省博物馆与中国历史博物馆在京联合举办"湖北随县曾侯乙墓出土文物展览"，为期半年。

1980 年

3月22日，李维汉视察"八七会议"会址纪念馆。25日，为纪念馆题词。

4月，宜昌地区行署下文成立宜昌地区博物馆，馆址设在乐善堂天主堂内(自立路1号)，共有工作人员16人。

5月，随县博物馆更名为"随州市博物馆"。

7月15日，邓小平视察"八七会议"会址纪念馆，回忆了"八七会议"的历史情况，校正了已复原的会场位置。

1981 年

10月，冶金史专家、美国麻省理工学院教授史密斯等出席北京古代冶金技术国际学术讨论会的国内外近50名冶金、考古、科学技术史界的学者，参观考察黄石铜绿山古铜矿遗址博物馆。

10月7日，隆重纪念辛亥革命70周年之际，依托首批全国重点文物保护单位武昌起义军政府旧址建立的辛亥革命武昌起义纪念馆正式对外开放，由国家名誉主席宋庆龄亲笔题写馆名。

1982 年

7月，全国政协副主席、民革中央副主席屈武视察辛亥革命武昌起义纪念馆。

秋，中央顾问委员会委员王首道为辛亥革命武昌起义纪念馆题字："中山遗志划一规，两岸同饮长江水。协力振兴我中华，团圆时节酒方醉"。

1983 年

廖汉生视察瞿家湾革命纪念馆。

王震为洪湖革命历史博物馆瞿家湾分馆题写馆名"洪湖瞿家湾革命纪念馆"。

2月22日，胡耀邦在省委书记关广富等陪同下，视察黄石市博物馆。

8月，襄阳地区与襄樊市合并，"襄阳地区博物馆"改称"襄樊市博物馆"。

9月27日，位于武昌都府堤的陈潭秋烈士纪念馆和中共五大会址举行开馆典礼。叶剑英、陈云、伍修权等分别为纪念馆题字题词。

10月24日，李先念为洪湖革命历史博物馆亲笔题写馆名。

1984年

1月，李先念为麻城县革命博物馆题写馆名。

3月，国家文物事业管理局局长任质彬到辛亥革命武昌起义纪念馆指导工作。

3月3日，“中南少数民族文物陈列馆”改名为“中南民族学院民族学博物馆”。

4月4日，胡耀邦视察恩施州博物馆。

5月，考古学家夏鼐为铜绿山古铜矿遗址博物馆亲笔题写“铜绿山古铜矿遗址”八个字。

6月24日，省委顾问委员会副主任李尔重视察兴山，为王昭君纪念馆题字1幅。

7月21日，中共中央宣传部批复同意兴建闻一多纪念馆。

12月至1985年5月，省博物馆赴香港举办“湖北随州擂鼓墩出土文物展览”、“江陵出土越王勾践剑与吴王夫差矛展览”。

1985年

国家文物局三峡考古队工作人员对秭归朝天嘴遗址进行考古发掘，出土文物入藏宜昌博物馆。

1月，省编制委员会下文，同意辛亥革命武昌起义纪念馆与省博物馆正式分设办公。同月，武昌县人民政府批准成立武昌县博物馆。

2月11日，武汉市博物馆筹建处设立于武昌农讲所旧址内。

5月，省博物馆学会在武昌举行成立大会，省文化厅副厅长胡美洲当选为理事长；国家副主席乌兰夫视察随州市博物馆。

8月15日，屈原铜像在屈原纪念馆落成揭幕。

11月3日，全国政协副主席刘澜涛视察王昭君纪念馆。

11月19日，胡耀邦为武汉“二七”纪念馆题写馆名。20日，李先念为黄梅县博物馆题写了馆名。

1986年

春，潜江博物馆从县文化馆分离出来。

3月，乌兰夫题写“中南民族学院民族学博物馆”馆名。

4月22日，赵紫阳视察兴山王昭君纪念馆、秭归屈原纪念馆。23日，王任重为屈原纪念馆题写了“中华诗魂”。

5月27日，沔阳县撤县建市，沔阳县革命历史博物馆更名为仙桃市博物馆。

6月31日，荆州博物馆举行新馆开馆典礼。

9月，国务院副总理万里、国务委员谷牧、中央书记处书记郝建秀、中国人民银行行长陈慕华视察荆州博物馆。

1987年

4月，文化部副部长高占祥、省文化厅副厅长胡美洲考察宜昌博物馆建馆地址。

6月20日，省政协副主席、统战部部长穆常生、省政协副秘书长尹宇平参观兴山王昭君纪念馆。

7月24日，全国政协副主席杨静仁视察辛亥革命武昌起义纪念馆并题写“统一祖国，振兴中华”。

11月18日，中宣部常务副部长徐惟成在省委常委、宣传部部长王重农、宜昌地委副书记李文钊的陪同下，参观兴山王昭君纪念馆。

1988年

1988年，省博物馆“乙二醛脱水加固定型古代饱水漆木器”研究成果获文化部科技进步一等奖。

3月，国家文物局正式批准省文化厅申请打捞中山舰的报告；神农架动植物标本馆成立。

4月18日，李先念视察新四军第五师司令部旧址；26日，李先念视察荆州博物馆；29日，李先念在省委书记关广富、省长郭振乾、副书记钱运录的陪同下，视察董必武纪念馆和七里坪镇文管所。

5月，李先念视察宜昌，亲笔题写了“宜昌地区博物馆”馆名。

7月17日，副省长韩南鹏参观兴山王昭君纪念馆。

10月8日，天门市博物馆（陆羽纪念馆）建成开馆。

10月23日，文化部副部长陈荒煤、著名作家张光年考察兴山王昭君纪念馆。

11月，原山东省军区顾问童邱龙将数十年收藏的古今名人字画计100件捐献给武汉市博物馆。其中有董其昌、米万钟、谢时臣、李苦禅、黄胄等名家的作品，还有董必武、郭沫若、老舍等人的墨宝。武汉市政府奖励童邱龙15万元。

11月15日，全国政协副主席王恩茂、国务院副秘书长叶云、副省长韩宏树到荆州博物馆视察。

11月26日，乔石视察兴山王昭君纪念馆，省委书记关广富等陪同。

11月28日，乔石到荆州博物馆视察。

1989年

1989年，省博物馆“乙二醛脱水加固定型古代饱水漆木器”研究成果获国家科技进步三等奖；武汉国民政府旧址纪念馆正式对外开放；李时珍纪念馆药物馆2层4个展厅及配套的“百草药园”建成对外开放。

5月17日，全国政协副主席杨静仁视察随州市博物馆。

11月至1990年1月，省博物馆在香港中文大学文物馆举办“湖北出土战国秦汉漆器展”。

12月，由鄂州市博物馆方智志自行研制的报警器获国家科技进步三等奖。

1990年

李瑞环、李铁映、纺织工业部部长吴文英、省委书记关广富到荆州博物馆视察。

3月31日至4月8日，中南民族学博物馆应邀参加“90’上海中国民间艺术展览”，并获收藏大奖。

5月20日，省委副书记赵富林在宜昌地委书记艾光忠、兴山县委书记易行运的陪同下，视察兴山王昭君纪念馆。

8月，擂鼓墩2号墓编钟赴北京故宫博物院参加“中国文物精华展览”，为亚运会添彩。

9月，省委副书记钱运录参观恩施市叶挺囚居纪念馆。

9月至10月，省博物馆在日本东京国立博物馆举办“杨守敬及其交友书法作品展”。

9月21日，全国政协副主席王光英视察辛亥革命武昌起义纪念馆。

10月，李瑞环视察随州市博物馆。

10月10日至11月30日，为纪念武汉市与日本大分市缔结友好城市十周年，“中国武汉文物展”在日本大分市博物馆展出。参展文物70件（套）。这是武汉市文物展览首次走出国门。

10月12日，乔石视察红安县革命博物馆、董必武纪念馆，省委书记关广富等陪同。

10月17日，李瑞环在省委书记关广富、省文化厅厅长徐春林等陪同下视察辛亥革命武昌起义纪念馆。

10月31日，国家文物局副局长沈竹、省文化厅副厅长胡美洲到鄂州市博物馆参观。

11月12日，李瑞环到秭归视察屈原纪念馆；13日，视察兴山王昭君纪念馆。

11月27日，全国古代服饰研讨会在荆州博物馆召开。

1991年

朱镕基和钱伟长视察荆州博物馆。

5月16日，宋平在省委书记关广富和黄石市委书记袁照臣、市长徐子伦陪同下，视察铜绿山古铜矿遗址博物馆。

5月17日，钱伟长视察随州市博物馆，并题词“随州博物馆”；21日至25日，钱伟长在省政协副主席韩文卿、宜昌地区行署副专员刘木添的陪同下，先后视察兴山王昭君纪念馆、秭归屈原纪念馆。

6月，省委书记关广富视察孝感地区博物馆。

9月至10月，为纪念辛亥革命80周年，辛亥革命武昌起义纪念馆独立举办的“黄兴生平事迹展览”、与北京宋庆龄故居联合举办的“宋庆龄生平事迹展览”、与湖北省民革联合举办的“纪念辛亥革命八十周年画展”、与鸦片战争博物馆联合举办的“虎门销烟与鸦片战争史资料陈列”在辛亥革命武昌起义纪念馆展出。

10月27日，全国政协副主席王光美视察秭归屈原纪念馆。

11月11日，全国人大副委员长费孝通视察恩施市叶挺囚居纪念馆。

11月14日，全国政协副主席钱正英视察恩施市叶挺囚居纪念馆。

1992年

1月24日，国务委员、财政部部长王丙乾在省长郭树言的陪同下，视察兴山王昭君纪念馆。

2至11月，国家文物局局长张德勤、中华全国美学学会会长王朝闻等到鄂州博物馆参观考察。

2月13日，李铁映视察秭归屈原纪念馆。

2月22日，国家文物局局长张德勤视察辛亥革命武昌起义纪念馆。

3月，为庆祝中日邦交正常化20周年，省博物馆曾侯乙编钟复制件赴日本东京展演，并在日本东京国立博物馆举办“曾侯乙墓特别展”。

9月18日，江泽民为闻一多纪念馆题写馆名。

11月15日，李鹏视察秭归屈原纪念馆；25日，副省长张怀念陪同62个国家的87名驻华使节参观秭归屈原纪念馆。

12月6日，国家文物局副局长黄景略到枝江检查文物博物馆工作，就馆舍新建问题提出指导意见。

1993年

1993年，省博物馆在新加坡文物馆举办“荆楚雄风——楚文物展”。

4月7日，全国人大副委员长廖汉生视察鹤峰县博物馆。

4月26日，詹天佑故居陈列馆正式对外开放。故居复原了詹天佑的书房，并开辟了“杰出的爱国工程师詹天佑”辅助际列。

5月18日，闻一多纪念馆举行开馆暨铜像揭幕仪式，费孝通、赵朴初、冰心等发来贺词。

6月18日，孝感地区撤地建市，“孝感地区博物馆”改为“孝感市博物馆”。

8月，钱伟长视察宜昌博物馆。

8月4日，省委副书记回良玉视察王昭君纪念馆。

9月5日，副省长陈水文视察王昭君纪念馆。

10月2日至3日，钱伟长到秭归考察库区文物保护工作并视察秭归屈原纪念馆；13日，杨尚昆视察秭归屈原纪念馆；30日，为纪念毛泽东诞辰100周年,武汉市博物馆在武昌农讲所旧址举办“毛泽东与武汉”展览。

11月,国务委员、国家民委主任司马义·艾买提在副省长苏晓云陪同下视察恩施州博物馆,题词“团结奋斗书写历史新篇章”。

1994年

2月4日,李铁映视察辛亥革命武昌起义纪念馆并题写“中华第一枪”。

5月7日,国家文物局组织的文物鉴定专家一行20人,对随州市博物馆文物精品进行鉴定,其中60件青铜器被鉴定为国家一级文物;13日,到宜昌博物馆鉴定馆藏文物,95件鉴定为一级文物。

8至10月,鄂州市博物馆修建张裕钊纪念馆一期工程(张裕钊墓、张裕钊与宫岛咏士师生纪念碑)。

9月23日,香港北山堂基金主席利荣森,香港中文大学教授、著名文字学家饶宗颐在省博物馆馆长舒之梅陪同下,考察当阳市博物馆和关陵。

10月15日,江泽民、温家宝一行视察秭归屈原纪念馆,要求做好三峡库区的文物保护工作。

11月1日,朱镕基视察秭归屈原纪念馆。

12月16日至19日,副省长王利滨及闻一多纪念馆负责人应邀出席了在北京召开的“纪念闻一多诞辰95周年暨’94国际闻一多学术研讨会”。

1995年

1995年,省博物馆参加欧洲文化节,在卢森堡维可多·雨果大厅举办“中国周代艺术珍品展”。

2月20日,国务院三峡建设委员会副主任郭树言视察兴山王昭君纪念馆。

3月,李瑞环视察湘鄂西革命根据地旧址纪念馆。

3月31日,全国政协副主席胡绳视察八七会议旧址纪念馆,并题写了“党的历史告诉我们,要不怕困难,战胜困难。”同月,国家文物局发文正式同意湖北省上报的《中山舰整体打捞和修复保护方案》。

9月5日,省长蒋祝平、副省长张洪祥视察兴山王昭君纪念馆。

10月13日,全国政协副主席丁光训、中国道教协会会长谢宗信、中国佛教协会会长演觉视察秭归屈原纪念馆。

11月1日,国务院副总理姜春云视察秭归屈原纪念馆。

1996年

3月29日,全国政协副主席杨汝岱在省政协副主席王启刚、宜昌市委书记田震亚的陪同下视察王昭君纪念馆。

5月13日,全国政协副主席胡绳视察兴山王昭君纪念馆。

6月5日,全国政协副主席马万祺,在省政协副主席程运铁的陪同下,视察兴山王昭君纪念馆。

10月,全国政协副主席胡绳视察“国民政府第五战区李宗仁司令长官部旧址”,并为老河口市博物馆题写馆名。

10月24日,国家文物局副局长马自树率领十四省文物局局长,在省文化厅副厅长胡美洲的陪同下参观宜昌博物馆。

12月1日,恩施州博物馆新陈列大楼落成,“民族民俗、民族历史”大型文物陈列正式对外开放。

1997年

1月28日,省委、省政府在江夏金口举行“中山舰整体打捞出水仪式”,李铁映、何鲁丽应邀出席。

2月12日,宜昌博物馆选送的17件三

峡库区出土文物送至中国历史博物馆参加“两会”(全国人大和政协的八届五次会议)展览。

7月1日,省博物馆曾侯乙编钟复制件赴香港参加政权交接仪式庆典音乐会,参与演奏“交响曲1997天·地·人”。

10月17日,全国政协副主席胡绳视察随州市博物馆,并题词“万古留音,世界奇迹”。

10月21日,省政协主席沈因洛等到枝江县博物馆参观。

11月,省博物馆首次赴台在台湾鸿禧美术馆及台南艺术馆举办“湖北省博物馆藏品精华展”;曾侯乙编钟复制件赴台北国父纪念馆展演。

11月10日,国家文物局局长张文彬率领三峡库区文物考察组一行到秭归县检查文物迁建工作情况,并视察屈原纪念馆。

12月,省博物馆研制的“五度双音编磬”获得1997年度国家技术发明三等奖。

1998年

温家宝到荆州博物馆视察。

3月5日,武汉市博物馆与八路军武汉办事处旧址纪念馆联合举办的“伟大的公仆不朽的丰碑——周恩来诞辰100周年纪念展”开展。

5月5日,“孙中山、宋庆龄文物图片展”在武汉国民政府旧址纪念馆正式开展,何鲁丽出席开幕式并剪彩。

5月11日,全国政协副主席杨汝岱视察随州市博物馆,并题词“精器神韵”。

6月,省博物馆在日本东京、名古屋举办“漆器描绘的神的世界——湖北出土漆器展”。

6月30日,省长蒋祝平,副省长王少阶、邓道坤等在省博物馆召开现场办公会,专题研究解决编钟馆开馆有关问题。

10月1日,全国政协原政协副主席胡绳视察咸安区博物馆。

11月2日,国家文物局副局长马自树到咸安区博物馆指导工作。

1999年

尉健行、吴仪视察荆州博物馆。

1月25日,省博物馆编钟馆对外开放。

5月29日,江泽民视察省博物馆,吴邦国、曾庆红以及湖北省委、省政府领导陪同。

5月,省博物馆首次在美国圣地亚哥艺术馆举办“龙凤共舞——湖北出土文物展”。

6月19日,中宣部副部长贺敬之参观宜昌博物馆并题词。

7月,鄂州市博物馆文物复原复制所承担的“青铜镜的范铸技术及其透光技术”省级重点科研项目顺利通过技术鉴定。

7月9日,副省长王少阶到枝江市博物馆参观。

7月15日,张思卿视察随州市博物馆,并题词“中华民族的骄傲,世界文化之瑰宝”。

9月28日,荆州博物馆“江汉平原原始文化展”、“江汉平原楚汉文化展”、“传世文物展”正式对外开展。其中,“江汉平原楚汉文化展”获“全国十大陈列精品奖”。

11月12日,国家文物局副局长张柏参观“八七会议”会址纪念馆、詹天佑故居纪念馆。

2000—2011年

2000年

3月,省计委、省文化厅、省文物局组织召开专家论证会,论证通过省博物馆扩建工程设计方案。

4月至9月,省博物馆在美国华盛顿沙可乐美术馆举办"孔子时代的音乐"。

5月3日,全国政协副主席张思卿视察兴山王昭君纪念馆。

9月15日,乔石第二次视察兴山王昭君纪念馆。全国人大常委贾志杰、省人大常委会主任关广富及宜昌市、秭归县领导陪同视察;22日,乔石视察随州市博物馆,并题词"比耳悦目,美仑美奂"。

10月18日,邹家华视察兴山王昭君纪念馆,并题词"昭君和亲千年颂,今日民族更团结"。

11月至2001年2月,省博物馆与北京大钟寺古钟博物馆在法国巴黎音乐城联合举办"龙之声——中国钟铃艺术展"。

11月至2001年9月,辛亥革命武昌起义纪念馆(武昌起义军政府旧址)进行大规模维修和周边环境整治。

2001年

省文物局向全省印发《关于切实加强博物馆纪念馆)藏品管理工作的通知》,要求切实加强对馆藏文物的管理。

确定并完善省博物馆楚文化馆扩建工程总体规划,组织编定《省博物馆楚文化馆工程初步设计》、《省博物馆扩建工程项目建议书》、《省博物馆扩建工程可行性研究报告》并上报省计委、国家计委。

4月5日,中央政治局委员、全国人大副委员长姜春云视察兴山王昭君纪念馆。

5月18日前后,省文物局首次组织开展了全省范围声势浩大的"5·18国际博物馆日"宣传活动,制作博物馆宣传展板共300余块,利用各类媒体发表有关文章、图片80余篇(张),散发资料近2万份,还组织电视专场演出、讲话等电视节目多场。

7月20日,副省长王少阶到鹤峰县博物馆参观"湘鄂边苏区革命文物陈列"。

8月22至26日,省文物局组织全省部分优秀讲解员赴陕西延安参加纪念中国共产党成立八十周年全国革命纪念馆"延安杯"讲解邀请赛,获团体二等奖、组织奖、个人三等奖(1人)、个人优秀奖(3人)。

9月26日,全省第一家民办博物馆——宜昌车溪农家博物馆经省文物局批准成立并对外开放。

9月30日,武汉市博物馆举行隆重的开馆典礼,市委书记罗清泉、市人大主任李岩、市长王守海、市政协主席刘善璧等出席。

9月,辛亥革命武昌起义纪念馆完成了主楼维修、环境整治和两个基本陈列"鄂军都督府旧址复原陈列"、"辛亥革命武昌起义史迹陈列"布展工作,并于9月28日隆重举行竣工开馆仪式,副省长王少阶,省文化厅厅长蒋昌忠,省文化厅副厅长、省文物局局长沈海宁等出席。

10月11日,全国政协副主席叶选平在省委书记蒋祝平陪同下视察辛亥革命武昌起义纪念馆。

2002年

2002年,由辛亥革命武昌起义纪念馆编纂的《辛亥革命大写真》获第十三届中国图书奖、湖北省2002年最有影响的10本书。

1月至4月,武汉市中山舰博物馆举办

的“中山舰出水文物精品展览”，先后在广州大元帅府纪念馆和孙中山故居纪念馆举行。

1月，赤壁市博物馆正式对外开放。

4月，省博物馆楚文化馆开工建设。

4月21日，台湾“行政院院长”李焕参观辛亥革命武昌起义纪念馆。

5月，省文物局组织全省开展“5·18国际博物馆日”宣传活动。

5月2日，钱其琛在国家旅游局局长何光日韦陪同下视察兴山王昭君纪念馆。

6月22日，国家文物局古建筑专家组组长、中国文物学会会长罗哲文到赤壁市博物馆考察。

9月25日，辛亥革命武昌起义纪念馆举行“辛亥革命博物馆”揭牌仪式，省政协常务副主席王重农，省文化厅厅长蒋昌忠，省文化厅副厅长、省文物局局长沈海宁等出席。

10月，省博物馆和省文物考古研究所合并。

11月，省博物馆扩建工程举行开工典礼；国家文物局在荆州举办全国漆木器脱水培训班相关工作。

省文物局向全省印发《关于加强博物馆藏品管理工作的通知》（鄂文物综[2002]50号），要求各级文化文物行政管理部门加强对博物馆文物库房及藏品管理工作的指导和监督。

2003年

3月，三峡工程湖北库区文物保护项目巴东旧县坪遗址被评为“200年全国十大考古新发现”。出土的文物分别入藏省博物馆和巴东县博物馆；27日，应台北“国父纪念馆”邀请，武汉国民政府旧址纪念馆“追寻伟人的足迹——青少年书画摄影展”赴台展出。

5月，武汉博物馆“武汉古代历史陈列”荣获第五届“全国博物馆十大陈列精品奖”。

5月3日，全国政协副主席张思卿视察兴山王昭君纪念馆。

5月17日，李长春在中央政治局委员、省委书记俞正声陪同下视察辛亥革命武昌起义纪念馆。

7月，中央政治局委员、省委书记俞正声视察九口堰纪念馆；省文物局在武汉组织召开全省行业博物馆工作座谈会，来自高校、科学院、企业（包括民营企业）、军队等系统的20余所博物馆、纪念馆负责人参加会议。

10月，省文物局在武汉举办全省博物馆保管员培训班，全省各县市博物馆50余名库房保管员参加培训。

11月20日，省委副书记、省政协主席杨永良视察叶挺囚居纪念馆。

12月28日，省博物馆扩建工程主体部分——综合陈列楼正式开工。

2004年

2004年，出土木器漆保护国家文物局重点科研基地在省博物馆、荆州博物馆挂牌。

3月，全省文物藏品清理鉴定建档工作全面启动。

5月14日，中央政治局委员、广东省委书记张德江在省长罗清泉等陪同下，参观武昌农民运动讲习所旧址纪念馆、辛亥革命武昌起义纪念馆。26日，全国人大常委会副委员长司马义·艾买提在国家民委副主任吴仕民、全国人大常委会调研室主任肖世茂、副省长蒋大国等领导陪同下，视察中南民族大学民族学博物馆。

6月，举办全省博物馆讲解员培训班，省文化厅副厅长、文物局局长沈海宁出席开班典礼。

6月至7月，省文物局副局长吴宏堂率

文物专家组，对全省各市州和省直文博单位馆藏一级文物进行巡回鉴定。

9月，由4名博物馆讲解员组成的湖北代表队赴辽宁抚顺参加全国博物馆“雷锋杯”讲解大赛，荣获团体一等奖及个人二等奖、三等奖各两项。

9月，湖北省博物馆组织的“荆楚辉煌——湖北省楚文物精品展”在广东省博物馆展出，中央政治局委员、广东省委书记张德江参观展览。

9月9日，全国政协常务副主席王忠禹在省政协主席王生铁、宜昌市政协主席李泉的陪同下视察兴山王昭君纪念馆。

10月5日，全国政协副主席陈锦华视察兴山王昭君纪念馆。

10月8日，全国政协副主席、民革中央常务副主席周铁农视察汉口宋庆龄故居。

10月9日，台湾“国父”纪念馆“孙中山先生史迹书画”展与“武汉国民政府史料”展在武汉国民政府旧址纪念馆开展。全国政协副主席、民革中央常务副主席周铁农、全国政协常委、民革中央副主席李赣骝出席展览开幕式。

10月9日，全国人大常委、教科文卫委员会副主任蒋祝平考察兴山王昭君纪念馆。

2005年

2月，省文物局下发《关于报送全省二、三级文物藏品登记表和统计表的通知》，全省馆藏二、三级文物的清理、鉴定和建档工作全面展开。

2月2日至3日，中央政治局委员，省委书记俞正声视察武昌农民运动讲习所旧址纪念馆及“八七会议”会址纪念馆。

4月15日，省委常委、宣传部部长张昌尔在恩施州州委书记汤涛、鹤峰县委书记朱惠民陪同下参观鹤峰县博物馆。

5月，省博物馆赴香港参加“香港湖北周”活动，举办“楚文物精品展”的展出。

5月2日，中共中央政治局委员、书记处书记、中组部部长贺国强在省委组织部部长宋育英的陪同下视察兴山王昭君纪念馆。

8月10日，国家文物局局长单霁翔、司长宋新潮、副司长黄元到宜昌博物馆检查调研，省文物局副局长吴宏堂等陪同。

8月14日，全国政协副主席成思危视察兴山王昭君纪念馆。

9月，省文物局组织召开李四光纪念馆陈列展览设计方案专家座谈会。

9月14日，省委常委、宣传部部长张昌尔在宜昌市委宣传部部长赵举海的陪同下参观兴山王昭君纪念馆。

9月21日，省委常委、宣传部部长张昌尔出席湖北明代藩王博物馆开工奠基典礼。

9月底，省文物局印发《关于落实老年人参观博物馆、纪念馆及已开放文物景点优惠政策的通知》，要求落实老年人参观博物馆、纪念馆及已开放文物景点的优惠政策，切实保障老年人合法权益，做好敬老优待工作。

10月2日，全国政协副主席王文元视察兴山王昭君纪念馆，并题词“发展民族团结，昭君万世流芳”。

12月20日，内蒙古自治区党委书记、人大常委会主任储波，自治区党委副书记、自治区副主席岳福洪，自治区党委秘书长任亚平等，在省长罗清泉、省委常委、秘书长孙志刚及宜昌市领导的陪同下，考察兴山王昭君纪念馆。

12月25日，省文物局向全国馆藏一级文物建档备案工作项目实施小组正式报送《全国馆藏一级文物分省目录（湖北省）》等材料，全省博物馆馆藏一级文物建档备案工作全面完成。经统计，报送馆藏一级文物传统计量共计2166件（套），实际数量

16665件。

12月27日，省博物馆楚文化馆开馆仪式隆重举行。仪式由副省长韩忠学主持。中央政治局委员、省委书记俞正声发来贺信。省委常委、宣传部部长张昌尔，省文化厅厅长蒋昌忠分别致辞。

省博物馆“郑和时代的瑰宝”在广东省博物馆展出。

2006年

1月，鄂州市博物馆与中国钱币博物馆、北京科技大学、中国科技大学等单位合作开展的“中国古代范铸法铸钱工艺模拟实验研究”项目获2005年度全国“银行科技发展奖”二等奖。

1月4日，省文物局组织召开全省部分博物馆（纪念馆）社会教育工作座谈会。

3月，黄石大冶铁矿博物馆开馆。

4月，省文物局组织文物鉴定专家对中山舰博物馆首批征集的38件社会流散文物进行了鉴定。经鉴定确认一级文物1件、二级文物4件、三级文物29件。

5月13日，全国政协副主席张思卿视察兴山王昭君纪念馆。

5月14日，省文物局、武汉市文化局联合举办的湖北地区百家博物馆“5·18国际博物馆日”大型宣传活动开幕式在武汉市汉口江滩隆重举行，省人大副主任韩忠学，省政协副主席王少阶，省委宣传部副部长孙永平，省文化厅厅长杜建国出席，省文化厅副厅长、省文物局局长沈海宁主持。

5月25日，全国人大副委员长乌云齐木格视察兴山王昭君纪念馆。

6月9日，首个中国文化遗产日（湖北）活动开幕式在省博物馆广场隆重举行。省政协主席王生铁，省委常委、常务副省长周坚卫，省人大副主任韩忠学等出席。

9月10日，省人大副主任韩忠学在省旅游局局长郭玉吉的陪同下参观兴山王昭君纪念馆。

9月26日，省政协副主席张荣国到辛亥革命武昌起义纪念馆调研。

11月22日，“北京·湖北文化周”期间，省博物馆“湖北出土文物精粹展”在国家博物馆展出。国家文物局副局长张柏，省委常委、宣传部长张昌尔等出席展览开幕式。

11月28日，三峡工程文物保护项目秭归屈原纪念馆的屈原祠搬迁保护工程奠基仪式在秭归凤凰山举行。国务院三峡办副主任高金榜、宋元生，副省长李春明、国家文物局文物保护司司长关强，重庆市副市长谭栖伟、省文化厅厅长杜建国、省移民局局长汪元良、副局长彭承波，省文化厅原巡视员胡美洲、副巡视员吴宏堂及宜昌市、秭归县领导出席了开工典礼并为工程奠基。

12月，省博物馆学会社会教育专业委员会成立大会暨研讨会在武汉召开。

12月28日，武汉市中山舰旅游区开工暨中山舰博物馆奠基仪式在江夏区金口举行，省、市领导苗圩、王守海、王少阶、李宪生等出席。

2007年

1月4日，中央政治局委员、省委书记俞正声到恩施市叶挺囚居纪念馆调研。

6月7日，省政府以鄂政函[2007]95号批复同意十堰市博物馆加挂“湖北南水北调博物馆”的牌子。

7月，省文物局在十堰组织召开全省中等城市博物馆建设工作座谈会，省文化厅副厅长、省文物局局长沈海宁等出席；十堰市博物馆新馆开馆。

8月，举办全省县级博物馆文物信息管理系统软件操作技术培训班。

9月8日，国家文物局副局长童明康到荆州调研荆州博物馆建设。

10月18日，省博物馆实施免费开放试运行。

11月，北伐汀泗桥战役遗址纪念馆正式动工兴建，2008年10月1日对外免费开放。同时，咸安区博物馆由长安大道搬迁至汀泗桥镇107国道旁。

11月6日，配合第八届中国艺术节活动，省博物馆综合陈列馆开馆，文化部、国家文物局领导及湖北省领导出席开馆典礼，常务副省长周坚卫宣布省博物馆正式对社会免费开放。同日，文化部副部长周和平参观武昌农民运动讲习所旧址纪念馆。

经国家文物局批准，省博物馆获可移动文物修复一级资质，武汉市博物馆、襄樊市博物馆、鄂州市博物馆获可移动文物修复二级资质，省博物馆获可移动文物技术保护设计甲级资质。

11月28日，中共五大会址纪念馆落成并正式对外开放。

11月30日，国家文物局局长单霁翔、副局长张柏等到省博物馆调研免费开放工作。省文化厅厅长杜建国，省文化厅副厅长、文物局局长沈海宁，省文物局副局长黎朝斌、方学富等陪同。

12月，完成《全省数据库项目阶段性成果资料汇编》的编辑印刷；全省文物收藏单位所有已采集的文物信息进入机房实现动态管理。

12月14日，国家文物局副局长张柏参观武昌农民运动讲习所旧址纪念馆。

2008年

2月，按照中宣部等四部局《关于全国博物馆、纪念馆免费开放的通知》要求，全省首批64座博物馆、纪念馆免费开放。

3月，成立全省博物馆评估委员会，筹备召开湖北省一级博物馆评估专家评审会，启动一级博物馆评估定级工作。

3月6日，伍修权遗物捐赠仪式在中共五大会会址纪念馆举行。

4月，武当博物馆开馆。

4月8日，南水北调工程湖北库区郧县辽瓦店子遗址被评为“2007年全国十大考古新发现”。出土文物分别入藏十堰市博物馆和郧县博物馆。

4月24日，省委常委、常务副省长李宪生视察辛亥革命武昌起义纪念馆。

5月，省博物馆举办“‘5·18国际博物馆日’暨省博物馆‘七彩霓裳——云贵高原民族服饰’展览”开幕式。

5月4日，国民党名誉主席连战参观辛亥革命武昌起义纪念馆并题字“武昌一呼天下应”。

5月18日，国家文物局批准湖北省博物馆、武汉博物馆、荆州博物馆为国家一级博物馆。

5月20日，全国人大副委员长司马义·铁力瓦尔地视察辛亥革命武昌起义纪念馆并题字。

7月，省文物局组织协调省博物馆等单位馆藏近30件国宝文物，参加奥运会期间在北京举办的“奇迹天工——中国古代发明创造文物展”、“5000年文明瑰宝展”等四大展览。

8月14日，省人大副主任周洪宇到张之洞与汉阳铁厂博物馆考察。

9月，国家文物局调研组来鄂考察调研博物馆免费开放工作情况；组织召开全省博物馆、纪念馆免费开放工作座谈会。

9月13日，武钢博物馆正式对外开放。

10月，省文物局组织开展全省二、三级博物馆评估验收工作。

10月10日，蕲春李时珍纪念馆承办第一届“海峡两岸论坛”祭拜医圣李时珍活动。

10月22日，省长李鸿忠参观中南财经政法大学货币金融历史博物馆。

11月，省文物局下发《关于进一步加强领导扎实推进全省博物馆免费开放工作的通知》。

12月8日，随州市博物馆新馆落成免费开放。

12月9日，“全省博物馆免费开放暨第二次中等城市博物馆建设座谈会”在随州召开。省文化厅副厅长、文物局局长沈海宁，副巡视员吴宏堂出席会议。

12月29日，黄石市博物馆新馆在建馆五十周年之际落成并对外开放。省文化厅副厅长、省文物局局长沈海宁、省文物局副巡视员吴宏堂，黄石市市长王建鸣出席开馆仪式。

2009年

2月3日，省委书记、省人大主任罗清泉到随州市博物馆调研。省委常委、省委秘书长李明波，副省长段轮一等陪同。

2月9日，省文物局印发《关于开展2009年度博物馆免费开放专项督察工作的通知》（鄂文物综[2009]17号），对全省博物馆免费开放专项督察工作的范围、内容、方式等作全面部署和要求。

2月16日，省文物局在武汉组织召开全省博物馆文化产品开发经营工作座谈会。

3月至12月，湖北佳和艺术博物馆、竹山县民俗博物馆、宜都市正国民俗博物馆、宜都市潘家湾土家族民俗文化博物馆、黄冈市民俗博物馆、枝江市步步升布鞋博物馆等先后成立。

3月23至27日，省文物局在武汉举办2009年全省博物馆讲解员培训班（第一期），对全省部分市县级博物馆50余名讲解员进行培训。省文化厅副厅长、省文物局局长沈海宁，省文物局副局长方学富出席开班典礼。

3月24日，经中央纪委、中央党史研究室批准，设在中共五大会址纪念馆纪念馆内的“中国共产党反腐倡廉历程展”开幕，依托此展设立的“湖北省反腐倡廉历史教育基地”同时揭牌。中央纪委副书记李玉赋和省委书记罗清泉为展览和基地揭牌，省委副书记、武汉市委书记杨松致辞。

4月，省博物馆研发选送的商品“四爱图梅瓶”及“青铜天兽御尊”荣获第四届中国旅游商品博览交易会“推荐旅游商品”称号。

4月16日，省长李鸿忠视察巴东县博物馆。

4月21日，全国政协副主席、中共中央统战部部长杜青林视察省博物馆，省政协主席宋育英，省委常委、统战部部长苏晓云等陪同。

4月21日，全国政协副主席、台盟中央主席林文漪视察省博物馆，省政协主席宋育英等陪同。

4月26日，全国政协副主席郑万通视察省博物馆，省政协主席宋育英，省委常委、常务副省长李宪生等陪同。

5月15日，省文物局在枝江召开全省县市级博物馆陈列展览工作座谈会。省文化厅副厅长、省文物局局长沈海宁，省文物局副局长方学富等出席会议。

5月18日，国际博物馆日“5·18”前后，省文物局组织全省博物馆围绕“博物馆与旅游”的主题，积极开展形式多样、丰富多彩的宣传活动。

5月20日，台湾新党主席郁慕明参观随州博物馆；随州市博物馆曾侯乙编钟乐团圆满完成“首届世界华人炎帝故里寻根节”开幕式编钟展演活动。

5月28日，“千古英雄——大三国志归国汇报展”在省博物馆开幕。展览期间，省博物馆邀请著名学者易中天、熊召正、冯天瑜、刘玉堂等作学术讲座，并举办“志愿者讲三国”、“小小讲解员讲三国”、“老外讲三国”等社会教育活动。

5月31日，全国人大副委员长、民革中央主席周铁农，全国政协副主席厉无畏等到武汉市中山舰博物馆视察。武汉市政协主席叶金生等陪同。

6月4日，全国人大副委员长华建敏视察省博物馆及辛亥革命武昌起义纪念馆。省委书记、省人大主任罗清泉，省委副书记、武汉市委书记杨松，省人大副主任周坚卫，省文化厅副厅长、省文物局局长沈海宁，省文物局副局长黎朝斌等陪同。

6月27日，纪念李先念同志诞辰100周年暨新四军第五师纪念馆开馆仪式在大悟县芳畈镇白果树湾举行。原中共中央政治局常委、中央军委副主席刘华清，全国政协副主席兼秘书长钱运录发来贺电，省委副书记杨松作重要讲话。省委常委、宣传部长李春明主持开馆仪式。

6月30日，为纪念武汉解放六十周年，由英国国家图书馆、中国国家图书馆、中共武汉市委宣传部、武汉市政协文史委员会、长江日报报业集团、武汉市文化局等单位联合主办的“1871—1949武汉珍稀图像——英国国家图书馆藏照片暨哲夫先生捐赠文物展”在武汉博物馆开展。

7月3日，省长李鸿忠视察随州市博物馆。

7月3日，中国先秦史学会理事长李学勤参观随州市博物馆。

7月7日至8日，省委副书记、省长李鸿忠和省委常委、宣传部长李春明，副省长田承忠、段轮一等到随州洛阳九口堰纪念馆视察。

7月8日，省人大副主任朱纯宣参观巴东县博物馆。

7月10日，省人大副主任张洪祥参观新四军第五师纪念馆和中原突围纪念馆。

7月19日，武汉市中山舰博物馆在上海举行文物捐赠新闻发布会。会上，83岁的知名收藏家杜继华向中山舰博物馆捐赠两只刻有“中山舰”铭文和编号的罕见珍品瓷碗。

7月22日，省文物局向国家文物局、中国文物信息咨询中心报送《湖北省“文物调查及数据库管理系统建设”项目结项报告》（鄂文物发[2009]73号），对全省“文物调查及数据库管理系统建设”项目试点阶段工作做了详细汇报。

8月12日，省博物馆与辽宁省博物馆、台北历史博物馆联合举办的“南张北溥——台北历史博物馆藏张大千、溥心畬书画精品展”，及与台湾著名画家刘国松联合举办的“宇宙心印——刘国松绘画展”在省博物馆开幕。省政协副主席陈春林，省委宣传部副部长陈连生，省文化厅厅长杜建国等出席开幕式。省文物局副巡视员吴宏堂主持。开幕式上，省文物局副局长黎朝斌、台北历史博物馆馆长黄永川分别代表省博物馆、台北历史博物馆签署姊妹馆合作协议。

8月15日，香港特别行政区行政长官曾荫权参观省博物馆及随州市博物馆，副省长田承忠，省文化厅副厅长、省文物局局长沈海宁等陪同。

9月3日，中央政治局委员、全国人大副委员长、中华全国总工会主席王兆国视察省博物馆。省委副书记、武汉市委书记杨松，省人大副主任周坚卫、蒋大国，省文化厅副厅长、省文物局局长沈海宁等陪同。同日，省文物局与《书法报》杂志社、秭归县人民政府联合举办首届“屈原杯”国际书法大赛，共收到海内外作品一万二千余幅，丰富了秭归屈原纪念馆的藏品。

9月14日，全国人大原副委员长姜春云参观随州博物馆。

9月16日，武汉市市长阮成发，副市长

刘顺妮到湖北明代藩王博物馆考察调研。

9月19日至24日,省文物局在武汉举办2009年全省博物馆讲解员培训班(第二期)暨博物馆社教服务与管理研讨班。

10月16日,省委常委、省纪委书记黄先耀参观新四军第五师纪念馆和中原突围纪念馆。

10月18日,省博物馆“曾侯乙墓”陈列荣获第8届(2007—2008年度)全国博物馆十大陈列展览“最佳服务奖”和“最佳新技术、新材料应用奖”,武当博物馆“武当道教文化展”荣获“最佳制作奖”。

10月23日,省文物局在武汉举办“庆祝新中国成立60周年全国文化遗产保护宣传讲解大赛”;“聚焦中国文化遗产摄影展暨第三次全国文物普查摄影图片展”开幕式在武当博物馆举行;省博物馆被财政部、国家文物局宣布确定为全国8座中央与地方共建国家级重点博物馆之一。

10至12月,省文物局组织开展武汉城市圈博物馆纪念馆优秀陈列展览展示评选活动。

11月,为纪念辛亥革命武昌首义百年,武汉市政府启动辛亥革命博物馆新馆建设工程。

11月1日,全国政协副主席阿不来·提阿不都热西提视察省博物馆。省委书记、省人大主任罗清泉,省委常委张昌尔,省文化厅厅长杜建国等陪同。

11月2日,全国人大副委员长陈至立视察省博物馆。省委书记、省人大主任罗清泉,省委常委张昌尔,省文化厅厅长杜建国等陪同。

11月19日,中央政治局委员、国务委员刘延东视察省博物馆。省委书记、省人大主任罗清泉,省长李鸿忠,省委常委张昌尔,副省长郭生练,以及省文化厅厅长杜建国,省文化厅副厅长、省文物局局长沈海宁,省文物局副局长黎朝斌等陪同。

11月21日,“第四届全国毛泽东纪念馆联谊会学术研讨会”在中共五大会址纪念馆举行。

12月1日,省委常委、常务副省长李宪生,省委常委、省委宣传部部长李春明,副省长张岱梨到省博物馆调研,重点考察了省博物馆的改扩建项目、发展建设用地及周边环境。

12月,在2008年全省首批免费开放的65座博物馆、纪念馆基础上,湖北省又增加确定第二批免费开放博物馆、纪念馆14座,全省实行免费开放博物馆共达79座。

12月5日“国际志愿者日”当天,省博物馆隆重推出以“争做志愿者,创造新生活”为主题的“五个一”系列活动。

12月10至13日,由来自省博物馆、武汉博物馆、荆州博物馆及武汉市革命博物馆的6名讲解员组成的湖北省代表队参加“帅府杯”庆祝新中国成立60周年全国文化遗产保护宣传讲解大赛,1人获中文专业组二等奖,2人获英文专业组三等奖,3人获优秀奖。

12月11日,总投资2.33亿元的省博物馆扩建工程荣获由武汉市委、市政府颁发的“辉煌60年武汉十大经典工程”称号。

12月16日,省博物馆镇馆之宝——曾侯乙编钟获由省委宣传部和湖北日报传媒集团联合颁发的“辉煌荆楚60名片”称号。

12月25日,省文物局印发了《关于开展馆藏一般文物信息采集工作的通知》,全面展开馆藏一般文物信息采集工作。

2010年

1月16日,屈原纪念馆的屈原祠建设工程竣工。国家文物局文物保护司司长关强,国务院三峡办规划处处长倪莉,国家文物局古建专家组组长罗哲文,省文化厅厅长杜建国，副厅长、文物局局长沈海宁，副巡视员吴宏堂，省移民局副局长杨德菊和秭归县领导出席。

1月22日，中央政治局常委、国家副主席习近平视察辛亥革命武昌起义纪念馆、武昌农讲所旧址纪念馆。省委书记罗清泉，省长李鸿忠，省委副书记、武汉市委书记杨松，市长阮成发等陪同。

1月23日，中央政治局常委、国家副主席习近平视察“八七会议”会址纪念馆。

2月4日，国家文物局副局长童明康到中共五大会址纪念馆视察指导免费开放和红色旅游相关工作，省文化厅副厅长、文物局局长沈海宁、武汉市文化局局长和晓曦、副局长郑自来等陪同。

3月，省博物馆总体规划和建筑设计方案国际征集活动启动。

3月4日，省人大副主任刘友凡到辛亥革命武昌起义纪念馆调研纪念辛亥革命100周年筹备工作。

3月29日，全国政协副主席孙家正、国家文物局局长单霁翔视察秭归屈原纪念馆。

4月13日，东帝汶总理古斯芒参观省博物馆。

4月14日，中央政治局常委、全国政协主席贾庆林视察武昌农讲所旧址纪念馆、和中共五大会址纪念馆。全国政协副主席钱运录，省委书记罗清泉，省委副书记、武汉市委书记杨松，武汉市长阮成发陪同。

4月22日，副省长张通、国家文物局局长单霁翔到湖北明代藩王博物馆视察，省文化厅厅长杜建国，副厅长、文物局局长沈海宁等陪同。

5月，财政部、国家文物局联合组成的调研组到湖北调研博物馆纪念馆免费开放工作，并组织召开全国博物馆、纪念馆（湖北）免费开放调研工作座谈会。

5月，省博物馆曾侯乙建鼓座等4件文物赴上海世博会中国国家馆、城市足迹馆展出。

5月，省文物局组织全省文博单位开展“5·18国际博物馆日”宣传活动。

5月21日，全国政协副主席张榕明视察省博物馆。

5月28日，省政协主席宋育英到黄石市博物馆调研。

6月，“意大利乌菲齐博物馆珍藏展”在省博物馆开幕，省人大副主任周洪宇，副省长张通，省政协副主席陈春林及省文化厅厅长杜建国等出席。

6月28日，省委常委、宣传部部长张昌尔、省新四军历史研究会会长王群等考察新四军第五师纪念馆和中原突围纪念馆。

7月7日，副省长田承忠视察巴东县博物馆。

8月，省博物馆（含扩建工程）荣获新中国成立60周年建筑创作大奖。

8月25日，利比里亚副总统博阿凯参观省博物馆。同日，全国政协副主席兼秘书长钱运录视察随州市博物馆。

9月，利比里亚副总统博阿凯参观武钢博物馆。

9月15日，中央政治局委员、重庆市委书记薄熙来视察武昌农讲所旧址纪念馆及辛亥革命武昌起义纪念馆。省委书记罗清泉，省长李鸿忠，省委副书记、武汉市委书记杨松等陪同。

9月21日，为纪念辛亥革命100周年，“辛亥首义武汉文化周”在台湾举行。“中山舰出水文物展”和“辛亥革命与武汉图片展”在台北孙中山纪念馆展出。

9月28日，国家文物局局长单霁翔参观随州市博物馆，省文化厅厅长杜建国，副厅长、文物局局长沈海宁和随州市领导陪同。

10月22日，全国政协副主席徐匡迪视察辛亥革命武昌起义纪念馆。

10月28日，李时珍纪念馆举行黄冈大别山旅游节千医祭拜医圣李时珍仪式。

10月30日，省博物馆协会在武昌举行成立大会，国家文物局发贺电祝贺，中国博物馆协会副理事长张春雨出席，国家博物馆副馆长、中国博物馆协会副理事长董琦和省文化厅厅长杜建国致辞，吴宏堂当选为协会理事长。

11月5日，由国家文物局、英国驻华大使馆教育处及省文物局共同主办的中英连线“博物馆馆藏的教育功能”研讨会在省博物馆召开，英国博物馆代表团及湖北、云南、内蒙古等省（区）博物馆参加。

11月15日，外交部长杨洁篪参观省博物馆，省外办主任马黎、省文化厅副厅长严荣利陪同参观。

11月19日，省博物馆“剑舞楚天——越王勾践剑暨楚国出土文物展”在台湾博物馆开幕。

12月，省文物局组织举办全省博物馆、纪念馆讲解员大赛，副省长张通，省政协副主席陈春林，省委宣传部副部长陈连生，省文化厅厅长杜建国，省文化厅副厅长、文物局局长沈海宁出席大赛颁奖典礼。

12月，省文物局在宜都组织召开全省民办博物馆座谈会。

12月22日，武汉大禹文化博物馆揭牌仪式在晴川阁举行，武汉市委常委、市委宣传部部长朱毅出席。

附　录

李长春在河南博物院考察时的讲话

（2009年11月14日）

河南博物院是一个有着82年历史的国家重点博物馆，在全国具有特殊地位和广泛影响。我上次来这里考察是在2003年10月，当时提出博物院要在贴近实际、贴近生活、贴近群众上下功夫，把专业性、学术性和知识性、趣味性、观赏性有机结合起来，改进展陈手段，特别要充分利用现代科技手段，进一步提高展览的震撼力和互动性。这次来考察，看到河南博物院变化很大，展陈方式、展陈内容、展陈手段等方面都上了一个大台阶。展览内容十分丰富，既见物又见人还见精神，文物活灵活现地展现在观众面前，各个历史时期的代表性人物都得到了体现，充分坚持了历史是人民群众创造的这一马克思主义唯物史观。展陈手段改进很大，注重展示的背景资料、复原陈列等应用，充分运用了多媒体技术，把一些文物的形成过程、发掘过程都充分展示出来，背景故事介绍得很清楚，对一些文物从各个不同角度进行了展示。采取了很多落实"三贴近"原则的实际举措，如"天地经纬展"以多媒体技术展示观星台、地动仪，激发了观众的想象力，使人们感觉身临其境，从文化鉴赏提升到文化体验。同时，在延伸博物馆的服务功能方面作了有益的尝试，如主动与有关方面紧密结合、更好地服务社会，加强文物研究开发和科学知识普及，为热爱文物的群众提供服务。特别是实行了免费开放，参观人数增加了3倍，更好地发挥了公共文化服务功能。总的来看，河南博物院"三贴近"工作实践富有成效，取得了比较好的社会效益，是全国文博事业快速发展攀上新台阶的缩影，看了以后感到非常高兴。结合考察情况，就博物馆事业发展，我有以下几点思考：

一、当前我国博物馆事业正处于发展的好时期

博物馆是社会主义文化事业的重要组成部分，是文化基础设施建设的重要方面，是公共文化服务体系建设的重要内容，是保障人民群众基本文化权益的重要阵地。加快博物馆事业发展，充分发挥博物馆的功能作用，有利于加强文物的保护、发掘、管理、研究和利用，大力弘扬优秀传统文化，积极传播社会主义先进文化，推动社会主义文化大发展大繁荣，提高我国文化软实力；有利于为人民群众提供更好的文化鉴赏、文化体验等服务，不断丰富群众精神文化生活，满足人民群众日益增长的精神文化需求；有利于充分宣传展示中华民族的辉煌历史和伟大创造，让人民群众更好地学习掌握历史文化知识，增长知识、愉悦身心、陶冶情操、升华情怀，增强民族自豪感和爱国热情，提高全民族思想道德素质和科学文化素质。

当前,我国文化建设正处于历史上最好的时期之一。党的十六大以来,以胡锦涛同志为总书记的党中央高度重视文化建设,把文化建设纳入中国特色社会主义事业“四位一体”总体布局,提出了兴起社会主义文化建设新高潮、推动文化大发展大繁荣的战略任务,进一步明确了社会主义市场经济条件下我国文化发展的基本思路,这就是坚持社会主义先进文化前进方向,一手抓公益性文化事业,构建覆盖全社会的公共文化服务体系,更好地保障人民群众读书看报、听广播看电视、进行公共文化鉴赏、参与大众文化活动等基本文化权益;一手抓经营性文化产业,繁荣文化市场,更好地满足人民群众多层次、多方面、多样化的精神文化需求。近年来,通过认真贯彻落实中央关于文化建设和文化体制改革的一系列的决策部署,我国文化事业出现了蓬勃发展的良好局面,博物馆事业发展也进入了一个新时期,面临着极好的发展机遇。一方面,党中央、国务院从贯彻落实科学发展观、促进经济社会协调发展和人的全面发展出发,高度重视公共文化服务体系建设,财政投入力度不断加大,鼓励社会力量积极参与,着力提高公共文化产品供给能力,努力保障人民群众的基本文化权益。作为公益性文化事业一个重要方面的博物馆事业,迎来了新的发展机遇。各地按照中央要求,纷纷加大投入力度,新建、改扩建博物馆,不断改善文物藏品保护、陈列展览和社会服务条件。另一方面,人民群众精神文化需求日益旺盛,为博物馆事业发展提供了内在动力。随着经济发展和社会进步,人民群众对精神文化生活的要求越来越迫切、越来越高。国际经验表明,当人均GDP超过3000美元的时候,文化消费会快速增长。近年来,我国经济社会持续快速发展,2008年人均GDP超过3000美元,广大群众物质生活条件不断改善,对精神文化生活的需求快速提高,越来越多地走进博物馆,渴望在这里得到文化享受和精神愉悦,对博物馆事业发展寄予了殷切期望。特别是近年来,为了更好地发挥博物馆的社会效益,我们采取了一条政策,就是推动公共博物馆、纪念馆向社会免费开放,受到了全社会的普遍欢迎,进一步激发了公众参观的兴趣,参观人数普遍比免费开放前增长数倍,有的甚至增长10倍之多。这也充分表明,面对人民群众日益增长的精神文化需求,我们的文化供给还很不够,还不能很好地满足人民群众的需求。这是我们发展博物馆事业的重要推动力。我们要站在深入贯彻落实科学发展观、推动社会主义文化大发展大繁荣的战略和全局高度,把博物馆事业发展摆上重要位置,正确认识博物馆事业发展面临的形势,抓住难得机遇,用好有利条件,加快发展步伐,提高服务水平,努力开创博物馆事业发展新局面。

二、进一步明确博物馆建设的方向和目标

博物馆建设要坚持以政府为主导,以公共财政为支撑,始终把社会效益放在首位,着力体现公益性、教育性、服务性的要求,不断完善服务功能,使博物馆在服务人民群众、服务经济社会发展中发挥更大作用。

第一,要把博物馆建设成为群众爱国主义教育的重要阵地。加强爱国主义教育,是构建社会主义核心价值体系的一个基本途径,是实现中华民族伟大复兴的强大精神动力。鸦片战争以来,中国长期处于半殖民半封建社会,西方列强纷纷入侵,统治者丧权辱国,社会战乱不断,国家积贫积弱,极大地伤害了广大人民群众的民族自尊心。在迈向中华民族伟大复兴的征程上,加强群众爱国主义教育,不断增强民族自信心

和自豪感，十分必要和迫切。博物馆承载着中华民族的辉煌历史，铭刻着中华民族的伟大创造，是群众接受爱国主义教育的重要阵地。要坚持面向群众、服务群众，改善服务设施，创新服务方式，充分利用博物馆所拥有的丰富历史文化资源，突出思想内涵，通过举办形式多样的主题展览，生动展示中华民族丰富的历史文化遗产和灿烂的文明进步成就，生动展示中国人民在中国共产党领导下创造美好生活、实现中华民族伟大复兴的艰巨历程和辉煌成就，大力弘扬以爱国主义为核心的民族精神和以改革创新为核心的时代精神，吸引更多群众走进博物馆，使群众通过耳听、眼看、心想，赞叹祖国的辉煌历史，感怀民族的伟大精神，使人们发自内心、发自肺腑热爱祖国，不断增强民族自尊心、自信心、自豪感。

第二，要把博物馆建设成为传播先进文化、愉悦群众身心的精神家园。博物馆不仅是一个国家、一个民族文化遗产的重要载体，也是加强社会教育、丰富公众文化生活的重要场所。要充分发挥博物馆的公共文化服务功能，让更多的人走进博物馆，通过参观博物馆，鉴赏祖先创造出的灿烂文化，掌握历史知识，领略先进文化，提高综合素质。要通过丰富的展品、高品位的展览、完善的服务，使人们沉浸在历史文化的长河中，愉悦身心、陶冶情操，得到各类富有趣味性、激励性、参与性的精神享受，把博物馆真正办成群众学习知识的文化殿堂，办成满足人们群众文化生活需要的精神家园。

第三，要把博物馆建设成为广大青少年接受教育的第二课堂。在21世纪人才竞争日趋激烈的形势下，推动大学、中学、小学由应试教育转向素质教育的要求越来越紧迫。博物馆作为国民教育的重要组成部分，是一部立体的“百科全书”，具有美育教育、思想教育、实践教育等特点，应当成为广大青少年提升思想道德、培养创新精神、增强审美情趣、提高实践能力的第二课堂。据统计，在美国有88%的博物馆提供从幼儿到少年的教育项目，70%的博物馆在过去五年中增加了面向教师和学生的服务，经常可以看到老师和学生在博物馆里感知历史、探索自然奥秘。要把公共博物馆的建设和各项工作的开展与青少年教育紧密结合起来，与学校的课外活动和社会实践紧密结合起来，积极探索校外活动与学校教育有效衔接的工作机制，使博物馆成为青少年提高各方面素质的实践基地和重要课堂。要根据青少年群体的认知特点，结合学校的课程安排，制定有针对性的工作计划，组织形式多样的陈展活动。增加一些让青少年自己动手参与的内容，进一步增强参与性、互动性、体验性和趣味性，达到寓教于乐、寓教于游的目的。要针对不同年龄、不同阶段孩子的特点和需要，对基本陈列设计不同形式的讲解和说明，认真解决好“因人施讲”的问题，力求达到最佳教育功效。要积极完善博物馆服务，有条件的地方可采取接送学生、接受预约和开展“博物馆进校园”活动，为孩子学习参观提供便利。

第四，要把博物馆建设成为旅游业发展的新兴景点。历史文化是吸引公众的瑰宝，博物馆是不可或缺的旅游资源。世界著名的博物馆，如巴黎卢浮宫、纽约大都会博物馆等，以及我国的故宫博物院、西安兵马俑博物馆等，都是旅游业的靓丽名片。我国推动博物馆免费开放，为旅游业发展提供了一种可以无偿使用的优质旅游资源，调动了旅行社组织旅客到博物馆参观的积极性，激发了游客到博物馆参观的热情，使博物馆追求的社会效益最大化与旅行社追求的经济效益最大化有机统一起来，形成了一种公共文化建设与旅游经济发展相互促进、互利共赢的可喜局面。要进一步推动博物馆与旅游机构开展多渠道、多形式的合作，加强为旅游配套的硬件建设和软件服务，加大推介力度，扩大社会影响，打造旅游品牌，吸引更多国内外游客前来参观，使博物馆成为每个旅游目的地的一项重要文化体验、成为旅游线上的兴奋点。近年来，河南在促进博物馆建设与旅游业融合发展方面探索了一些好的做法，下一步要在实践中继续创新，努力从旅游“温线”变成旅游“热线”，创造更多新鲜经验。

第五，要把博物馆建设成为对外文化交流的重要窗口。对外文物展览交流是传播历史文化的重要途径，是展示国家形象、提高文化软实力的有效手段。要加强与国外博物馆的交流合作，坚持走出去与请进来相结合，不断扩大对外文物展览交流，真正把博物馆打造成为“中国走向世界、中国了解世界”的重要窗口。要有计划、有目的、有针对性地组织好对外文物展览工作，与国外著名的博物馆合作，组织专题文物巡展，向世界人民展示我国辉煌灿烂的文明成就与和平和谐的文化理念，进一步增进世界各国人民对中华文化的了解和认同。要加大我国公共博物馆的国外宣传推介力度，进一步扩大我国博物馆的国际影响力，特别是要加强与港、澳、台的文物交流，使港澳台同胞在参观文物、回望历史中增加民族自豪感和对祖国的认同归属感，为民族团结、国家统一作出积极贡献。要有计划地组织举办国际文物展览，使群众在家门口领略到世界各国人民创造的灿烂历史和先进文化。

第六，要把博物馆建设成为学术研究和科普教育的重要平台。博物馆既是文物收藏、陈列展览、教育服务的重要机构，也是开展科学研究、普及历史文化的重要力量。要充分发挥专业人才集中的优势，积极开展对古代文化、科技等方面的研究，积极参与重大学术课题研究，深入挖掘文物所蕴含的文化内涵和科学价值，不断向深度、广度拓展，把破碎的、间断的、表面的实物概念还原成连贯的、完整的、厚重的历史文化，成为历史文化学术研究的重要基地。要积极承担历史文化科普教育的社会责任，坚持走出去宣传和请进来学习相结合，创新科普教育思路、途径和手段，推进历史文化知识的科普化、生动化、大众化、现代化，不断提升博物馆的形象，更好地满足人民群众的精神文化需求。

三、在开拓创新中加快博物馆事业发展

新中国成立以来特别是改革开放以来，我国博物馆事业取得了很大的成就，积累了许多好的经验。但同时也要看到，经济社会的新变化，科学技术的新进步，人民群众的新需求，对发展博物馆事业提出了新的更高的要求。要认真贯彻中央关于深化文化体制改革、加快公共文化服务体系建设的一系列决策部署，在继承和发扬优良传统的基础上，进一步解放思想，深化改革，创新服务运行机制，激发内在活力，提高服务水平，最大限度地发挥博物馆的社会效益。

第一，要创新发展观念。适应新要求、新任务，推进博物馆事业创新发展，首先要创新发展观念。要牢固树立群众观念，积极探索贴近实际、贴近生活、贴近群众的新思路、新办法，把观众满意不满意作为博物馆全部工作的出发点和落脚点，把学术性、专业性、知识性、趣味性、观赏性有机统一起来，切实增强为群众服务的意识。要牢固树立时代意识，紧紧把握时代脉搏，紧跟现代科技和现代展览技术的发展步伐，把先进的管理理念、运作方式、体制机制、科技手段等融入博物馆的建设与发展中，充分体现先进性、时代性、科学性。要牢固树

立实践观点，经常深入实际，针对群众需求确定博物馆社会教育的主题，把博物馆工作融入经济社会发展大局，融入人民群众的实际生活。

第二，要创新体制机制。增强博物馆发展的生机与活力，关键在于建立健全体制机制。要根据实际需要，进一步建立和完善具有我国特点的博物馆体系。我们不赞成“县县建博物馆”，但有条件的地方可以根据本地的资源优势，结合重大的考古发现和文物保护需求，建设遗址博物馆。地市级中心城市要把建设特色性博物馆作为重点，省一级要重点建设综合性博物馆，省会城市博物馆和省级博物馆要统筹规划、各有侧重，形成特色鲜明、布局合理的博物馆体系，防止简单雷同，避免重复建设。同时，要调动社会各方面的积极性，支持民营博物馆健康发展，逐步形成以公立博物馆为主体、各种类型的民营博物馆为补充，相互促进、共同繁荣的博物馆事业发展格局。要抓住当前正在进行的文化体制改革的机遇，结合博物馆事业的特点和本单位的实际，坚持把社会效益摆在首位，把为社会服务的好坏作为考核的根本标准。要积极探索完善法人治理结构，深化内部劳动人事和分配制度改革。要通过优化博物馆组织结构，合理配置内部资源，完善配套激励机制，不断提高运行效率。要最大限度地争取社会力量支持、参与博物馆建设，实现发展模式由封闭型向开放型的转变，逐步建立政府主导、法律规范、社会参与的博物馆管理体系，建立以展示教育、开放服务为核心的评价体系和政府、公众代表相结合的监督体系。

第三，要创新展陈内容。陈列展览是博物馆直接面向社会和公众、展示博物馆水准的重要窗口，是博物馆实现宣传教育职能和展示学术成果的基本途径。要增强展陈内容的整体性，系统反映中华民族5000年文明史，反映重要历史发展阶段，反映古代政治、经济、文化、军事、科技、教育等各个方面具有标志性的重要内容。要增强展陈内容的比较性，通过中外文物、中外历史的对比，古今演变的对比，不同类型文物的对比等多种方式，更好地揭示文物蕴含的历史文化价值。要增强展陈内容的生动性，通过介绍文物发现、发掘的过程，文物的历史背景，与文物有关的历史人物的故事等多方面的信息，让静止的展品活起来、动起来，让高深的专业知识生动化、形象化，引导人们在参观中增加历史知识和文物知识，提高观赏兴趣。特别是要注重介绍文物的古代工艺，展示我国古代的发明创造和工艺成果，再现古代技术和工艺流程，增强观众的民族自豪感和创新意识。

第四，要创新展示方式。新颖的展示方式，是博物馆增强吸引力和震撼力的重要方面。要注重创意设计，善于运用声光电等现代科技手段增强博物馆文化的表现力，给观众营造身临其境的氛围，增强展览的震撼力和视觉效果，增强展览的生动性、直观性和趣味性，帮助人们深入了解和亲身体验中华文明的丰富内涵和独特魅力。要重视观众心理需求，以观众的感受为依据，使陈展方式和服务手段更趋人性化，让观众在轻松愉悦的氛围中感受到展览的魅力与趣味。要探索把电影、电视、幻灯、录音、激光动画等声、光、电的辅助设备和新型工艺材料科学地运用于陈列展览，增强展览的文化表现力，丰富观众的信息量。要增强展览的参与性、互动性，通过模拟场景、多媒体背景介绍、动手制作等多种方式，让观众参与其中，把文物鉴赏提升为文化体验，给观众留下深刻印象。

第五，要创新传播手段。现代科技的日新月异，为传播手段的创新提供了条件，人民群众的需求变化为传播手段的创新提出了要求。要适应数字技术快速发展的形势，认真组织实施“数字博物馆计划”，大力推动网上博物馆建设，特别是借助全国文化信息资源共享工程和远程教育网络，使博物馆文化辐射广大城镇、农村和边远地区，不断延伸博物馆的传播和服务功能，提升信息传播、教育推广和知识普及的能力和水平。要依托文物藏品、陈列展览，积极开发多层次的博物馆纪念品和博物馆文化产品，让观众把博物馆文化带回家，满足群众爱好，使历史文化传播得更深入更持久。

第六，要创新人才培养。人才是推动博物馆事业发展繁荣的强大支撑，要适应博物馆建设和“三贴近”的需要，把人才培养、队伍建设作为博物馆改革和发展的大事来抓，着力培养多层次、多元化人才。要不断充实研究型人才和各种专业人才，特别是要重视培养一批善于运用现代科技手段保护和利用文物的高技术人才，一批熟悉和掌握古代科技知识和传统工艺的专门人才，一批兼通文物研究和博物馆管理的复合型人才，一批文博知识较为丰富、外语水平较高的外向型人才。要加强博物馆讲解队伍建设，将具有丰富的历史文化知识、深厚的专业造诣的人员充实到讲解队伍中去，通过丰富的专业知识和流畅的语言表达能力，使博物馆宣传教育工作水平得以全面提升。

各级党委政府要高度重视文博事业的发展，自觉肩负起保障人民群众基本文化权益的职责，把文博事业作为向人民群众提供公共文化服务的重要途径，纳入地方经济社会发展总体规划，摆上重要议事日程，坚持政府主导，社会参与，保护、发掘、管理、展示、利用有机结合的原则，推动文博事业健康协调可持续发展。要认真贯彻中央决策部署，进一步建立和完善公立博物馆免费开放的财政经费保障机制。全社会都要认真贯彻落实《文物保护法》，自觉遵守法律法规。要加强宣传普及工作，增强全社会的文物保护意识，营造有利于文物保护、发掘、管理、展示和利用的良好氛围。

刘延东在第22届国际博协大会上的讲话

（2010年11月7日）

今天，国际博物馆协会第22届大会在刚刚成功举办世博会的上海隆重开幕。我谨代表中国政府和中国人民，向会议的召开表示热烈的祝贺！

在漫长的人类文明史中，世界各国人民创造了光辉灿烂的历史文化，留下了灿若星河、各具特色的文化遗产。博物馆作为收藏传承人类文化遗产的殿堂，真实地记录着人类文明发展进步的足迹，在保护、研究、展示文化遗产方面发挥了不可替代的作用，为人类文明的薪火相传、持续发展做出了重要的贡献。借此机会，向在座的各位、并通过你们，向世界各国的博物馆工作者表示诚挚敬意和衷心感谢！

中国是历史悠久的文明古国，历来重视对文化遗产的保护、传承、运用和发展。进入21世纪以来，中国政府从实现科学发展和促进人的全面发展的战略高度，大力推动公共文化服务体系建设，努力保障人民群众基本文化权益，中国的博物馆事业进入了快速发展时期。中国政府积极推动博物馆向社会免费开放，受到了全社会的热烈欢迎，也使博物馆的建设和发展更加贴近实际、贴近生活、贴近群众，博物馆事业的专业化、现代化、社会化的步伐大大加快。

当今世界，正处于大发展、大变革、大调整时期，世界多极化和经济全球化深入发展，国际金融危机的影响仍在显现，全球性问题突出，国际和地区热点问题此起彼伏，推动人类的和平发展与文明进步既面临着前所未有的难得机遇，也面临着前所未有的严峻挑战。世界各国人民，从来没有像今天这样需要相互理解、相互包容、相互合作。尊重与维护文化的多样性，更加重视文明的对话与交流、传承和发展，日益成为各个国家和地区的共识。而博物馆事业则是增进不同文化之间交往合作的重要桥梁和纽带。本届大会以"博物馆致力于社会和谐"为主题，为不同文化背景下的博物馆及其专业人士提供了良好的交流平台。借此机会，我愿提出四点倡议：

第一，进一步保护传承好人类文化遗产，建设世界各国人民多姿多彩的精神家园。世界各国珍贵的文化遗产，是人类社会悠久历史的见证，是人类生命力和创造力的重要体现，是人类智慧的结晶。不同国家和地区的博物馆，应该携起手来，加强对各种具有历史、艺术、科学价值的文化遗产的征集、保护、研究和展示，通过利用和发展这些宝贵的精神财富，来推动人类文明的传承和科学文化知识的传播，培育国民特别是青少年的人文素养，促进经济社会和谐发展，提高人民的精神文化生活水平。

第二，进一步加强沟通合作，架设促进

各国人民沟通对话的桥梁。世界各国博物馆的交流合作，是相互借鉴、相互促进、取长补短、共同发展的重要基础，也是促进世界各国文化深入沟通、相互尊重，促进世界人民加深了解，增强友谊的重要途径。应该采取更加多样和有效的方式，扩大合作，丰富人文交流的途径，使博物馆事业在建设持久和平、共同繁荣的和谐世界中，发挥更加积极的作用。

第三，进一步加强科技创新与应用，不断提高博物馆事业的科学化水平。当今世界，高新技术特别是信息技术的发展日新月异，为博物馆增强表现力、感染力，最大限度地发挥文化展示的社会效益提供了广阔的空间，要以创新精神，加强高新技术手段的运用，提高文物保护水平，丰富博物馆展陈方式，增强博物馆传播能力。发达国家应该通过技术支援和人员培训等方式，积极帮助发展中国家提高博物馆事业发展的科学化水平，在相互交流借鉴中，促进世界博物馆事业的发展。

第四，进一步加大人才培养和交流的力度，为博物馆事业的可持续发展提供有力的人才支撑。人才是博物馆事业实现可持续发展的重要保证，要适应世界博物馆事业发展的新要求，加快培养知识渊博、敬业奉献、热心公益、具有全球视野的博物馆专业人才和新型管理人才。各国也应该积极拓宽人才交流的渠道，分享人才培养的成功经验。

博物馆已经成为代表当今社会文明程度的重要的文化标志，博物馆事业的发展体现着一个国家和民族对文化传统的珍视。中国愿和世界各国一道，积极推动博物馆事业的繁荣发展。

我相信，在各国代表共同努力下，这次会议一定会取得圆满成功，为加深各国人民的友谊和文化之间的相互了解，为建设持久和平、共同繁荣的和谐世界作出应有的贡献。同时，我也真诚地希望，中国悠久的历史文化和热情好客的人民能给各位朋友们留下美好而难忘的记忆。

中华人民共和国文物保护法
中华人民共和国主席令
第76号

《中华人民共和国文物保护法》已由中华人民共和国第九届全国人民代表大会常委委员会第三十次会议于2002年10月28日修订通过，现将修订后的《中华人民共和国文物保护法》公布，自公布之日起施行。

中华人民共和国主席　江泽民

2002年10月28日

中华人民共和国文物保护法

（2002年10月28日第九届全国人民代表大会常务委员会第三十次会议通过，国家主席江泽民签署第76号主席令公布）

第一章　总　则

第一条　为了加强对文物的保护，继承中华民族优秀的历史文化遗产，促进科学研究工作，进行爱国主义革命传统教育，建设社会主义精神文明和物质文明，根据宪法，制定本法。

第二条　在中华人民共和国境内，下列文物受国家保护：

（一）具有历史、艺术、科学价值的古文化遗址、古墓葬、古建筑、石窟寺和石刻、壁画；

（二）与重大历史事件、革命运动或者著名人物有关的以及具有重要纪念意义、教育意义或者史料价值的近代现代重要史迹、实物、代表性建筑；

（三）历史上各时代珍贵的艺术品、工艺美术品；

（四）历史上各时代重要的文献资料以及具有历史、艺术、科学价值的手稿和图书资料等；

（五）反映历史上各时代、各民族社会制度、社会生产、社会生活的代表性实物。

文物认定的标准和办法由国务院文物行政部门制定，并报国务院批准。

具有科学价值的古脊椎动物化石和古人类化石同文物一样受国家保护。

第三条　古文化遗址、古墓葬、古建筑、石窟寺、石刻、壁画、近代现代重要史迹和代表性建筑等不可移动文物，根据它们的历史、艺术、科学价值，可以分别确定为全国重点文物保护单位，省级文物保护单位，市、县级文物保护单位。

历史上各时代重要实物、艺术品、文献、手稿、图书资料、代表性实物等可移动文物，分为珍贵文物和一般文物；珍贵文物分为一级文物、二级文物、三级文物。

第四条　文物工作贯彻保护为主、抢救第一、合理利用、加强管理的方针。

第五条　中华人民共和国境内地下、内水和领海中遗存的一切文物，属于国家所有。

古文化遗址、古墓葬、石窟寺属于国家所有。国家指定保护的纪念建筑物、古建筑、石刻、壁画、近代现代代表性建筑等不可移动文物，除国家另有规定的以外，属于国家所有。

国有不可移动文物的所有权不因其所依附的土地所有权或者使用权的改变而改变。

下列可移动文物，属于国家所有：

（一）中国境内出土的文物，国家另有规定的除外；

（二）国有文物收藏单位以及其他国家机关、部队和国有企业、事业组织等收藏、保管的文物；

（三）国家征集、购买的文物；

（四）公民、法人和其他组织捐赠给国家的文物；

（五）法律规定属于国家所有的其他文物。

属于国家所有的可移动文物的所有权不因其保管、收藏单位的终止或者变更而改变。

国有文物所有权受法律保护，不容侵犯。

第六条　属于集体所有和私人所有的纪念建筑物、古建筑和祖传文物以及依法取得的其他文物，其所有权受法律保护。文物的所有者必须遵守国家有关文物保护的法律、法规的规定。

第七条　一切机关、组织和个人都有依法保护文物的义务。

第八条　国务院文物行政部门主管全国文物保护工作。

地方各级人民政府负责本行政区域内的文物保护工作。县级以上地方人民政府承担文物保护工作的部门对本行政区域内的文物保护实施监督管理。

县级以上人民政府有关行政部门在各自的职责范围内，负责有关的文物保护工作。

第九条　各级人民政府应当重视文物保护，正确处理经济建设、社会发展与文物保护的关系，确保文物安全。

基本建设、旅游发展必须遵守文物保护工作的方针，其活动不得对文物造成损害。

公安机关、工商行政管理部门、海关、城乡建设规划部门和其他有关国家机关，应当依法认真履行所承担的保护文物的职责，维护文物管理秩序。

第十条　国家发展文物保护事业。县级以上人民政府应当将文物保护事业纳入本级国民经济和社会发展规划，所需经费列入本级财政预算。

国家用于文物保护的财政拨款随着财政收入增长而增加。

国有博物馆、纪念馆、文物保护单位等的事业性收入，专门用于文物保护，任何单位或者个人不得侵占、挪用。

国家鼓励通过捐赠等方式设立文物保护社会基金，专门用于文物保护，任何单位或者个人不得侵占、挪用。

第十一条 文物是不可再生的文化资源。国家加强文物保护的宣传教育，增强全民文物保护的意识，鼓励文物保护的科学研究，提高文物保护的科学技术水平。

第十二条 有下列事迹的单位或者个人，由国家给予精神鼓励或者物质奖励：

（一）认真执行文物保护法律、法规，保护文物成绩显著的；

（二）为保护文物与违法犯罪行为作坚决斗争的；

（三）将个人收藏的重要文物捐献给国家或者为文物保护事业作出捐赠的；

（四）发现文物及时上报或者上交，使文物得到保护的；

（五）在考古发掘工作中作出重大贡献的；

（六）在文物保护科学技术方面有重要发明创造或者其他重要贡献的；

（七）在文物面临破坏危险时，抢救文物有功的；

（八）长期从事文物工作，作出显著成绩的。

第二章 不可移动文物

第十三条 国务院文物行政部门在省级、市、县级文物保护单位中，选择具有重大历史、艺术、科学价值的确定为全国重点文物保护单位，或者直接确定为全国重点文物保护单位，报国务院核定公布。

省级文物保护单位，由省、自治区、直辖市人民政府核定公布，并报国务院备案。

市级和县级文物保护单位，分别由设区的市、自治州和县级人民政府核定公布，并报省、自治区、直辖市人民政府备案。

尚未核定公布为文物保护单位的不可移动文物，由县级人民政府文物行政部门予以登记并公布。

第十四条 保存文物特别丰富并且具有重大历史价值或者革命纪念意义的城市，由国务院核定公布为历史文化名城。

保存文物特别丰富并且具有重大历史价值或者革命纪念意义的城镇、街道、村庄，由省、自治区、直辖市人民政府核定公布为历史文化街区、村镇，并报国务院备案。

历史文化名城和历史文化街区、村镇所在地的县级以上地方人民政府应当组织编制专门的历史文化名城和历史文化街区、村镇保护规划，并纳入城市总体规划。

历史文化名城和历史文化街区、村镇的保护办法，由国务院制定。

第十五条 各级文物保护单位，分别由省、自治区、直辖市人民政府和市、县级人民政府划定必要的保护范围，作出标志说明，建立记录档案，并区别情况分别设置专门机构或者专人负责管理。全国重点文物保护单位的保护范围和记录档案，由省、自治区、直辖市人民政府文物行政部门报国务院文物行政部门备案。

县级以上地方人民政府文物行政部门应当根据不同文物的保护需要，制定文物保护单位和未核定为文物保护单位的不可移动文物的具体保护措施，并公告施行。

第十六条 各级人民政府制定城乡建设规划，应当根据文物保护的需要，事先由城乡建设规划部门会同文物行政部门商定对本行政区域内各级文物保护单位的保护措施，并纳入规划。

第十七条 文物保护单位的保护范围内不得进行其他建设工程或者爆破、钻探、挖掘等作业。但是，因特殊情况需要在文物保护单位的保护范围内进行其他建设工程或者爆破、钻探、挖掘等作业的，必须保证文物保护单位的安全，并经核定公布该文物保护单位的人民政府批准，在批准前应当征得上一级人民政府文物行政部门同意；在全国重点文物保护单位的保护范围内进行其他建设工程或者爆破、钻探、挖掘等作业的，必须经省、自治区、直辖市人民政府批准，在批准前应当征得国务院文物行政部门同意。

第十八条　根据保护文物的实际需要，经省、自治区、直辖市人民政府批准，可以在文物保护单位的周围划出一定的建设控制地带，并予以公布。在文物保护单位的建设控制地带内进行建设工程，不得破坏文物保护单位的历史风貌；工程设计方案应当根据文物保护单位的级别，经相应的文物行政部门同意后，报城乡建设规划部门批准。

第十九条　在文物保护单位的保护范围和建设控制地带内，不得建设污染文物保护单位及其环境的设施，不得进行可能影响文物保护单位安全及其环境的活动。对已有的污染文物保护单位及其环境的设施，应当限期治理。

第二十条　建设工程选址，应当尽可能避开不可移动文物；因特殊情况不能避开的，对文物保护单位应当尽可能实施原址保护。

实施原址保护的，建设单位应当事先确定保护措施，根据文物保护单位的级别报相应的文物行政部门批准，并将保护措施列入可行性研究报告或者设计任务书。

无法实施原址保护，必须迁移异地保护或者拆除的，应当报省、自治区、直辖市人民政府批准；迁移或者拆除省级文物保护单位的，批准前须征得国务院文物行政部门同意。全国重点文物保护单位不得拆除；需要迁移的，须由省、自治区、直辖市人民政府报国务院批准。

依照前款规定拆除的国有不可移动文物中具有收藏价值的壁画、雕塑、建筑构件等，由文物行政部门指定的文物收藏单位收藏。

本条规定的原址保护、迁移、拆除所需费用，由建设单位列入建设工程预算。

第二十一条　国有不可移动文物由使用人负责修缮、保养；非国有不可移动文物由所有人负责修缮、保养。非国有不可移动文物有损毁危险，所有人不具备修缮能力的，当地人民政府应当给予帮助；所有人具备修缮能力而拒不依法履行修缮义务的，县级以上人民政府可以给予抢救修缮，所需费用由所有人负担。

对文物保护单位进行修缮，应当根据文物保护单位的级别报相应的文物行政部门批准；对未核定为文物保护单位的不可移动文物进行修缮，应当报登记的县级人民政府文物行政部门批准。

文物保护单位的修缮、迁移、重建，由取得文物保护工程资质证书的单位承担。

对不可移动文物进行修缮、保养、迁移，必须遵守不改变文物原状的原则。

第二十二条　不可移动文物已经全部毁坏的，应当实施遗址保护，不得在原址重建。但是，因特殊情况需要在原址重建的，由省、自治区、直辖市人民政府文物行政部门征得国务院文物行政部门同意后，报省、自治区、直辖市人民政府批准；全国重点文物保护单位需要在原址重建的，由省、自治区、直辖市人民政府报国务院批准。

第二十三条　核定为文物保护单位的属于国家所有的纪念建筑物或者古建筑，除可以建立博物馆、保管所或者辟为参观游览场所外，如果必须作其他用途的，应当经核定公布该文物保护单位的人民政府文物行政部门征得上一级文物行政部门同意后，报核定公布该文物保护单位的人民政府批准；全国重点文物保护单位作其他用途的，应当由省、自治区、直辖市人民政府报国务院批准。国有未核定为文物保护单位的不可移动文物作其他用途的，应当报告县级人民政府文物行政部门。

第二十四条　国有不可移动文物不得转让、抵押。建立博物馆、保管所或者辟为参观游览场所的国有文物保护单位，不得作为企业资产经营。

第二十五条　非国有不可移动文物不得转让、抵押给外国人。

非国有不可移动文物转让、抵押或者改变用途的，应当根据其级别报相应的文物行政部门备案；由当地人民政府出资帮助修缮的，应当报相应的文物行政部门批准。

第二十六条　使用不可移动文物，必须遵守不改变文物原状的原则，负责保护建筑物及其附属文物的安全，不得损毁、改建、添建或者拆除不可移动文物。

对危害文物保护单位安全、破坏文物保护单位历史风貌的建筑物、构筑物，当地人民政府应当及时调查处理，必要时，对该建筑物、构筑物予以拆迁。

第三章　考古发掘

第二十七条　一切考古发掘工作，必须履行报批手续；从事考古发掘的单位，应当经国务院文物行政部门批准。

地下埋藏的文物，任何单位或者个人都不得私自发掘。

第二十八条　从事考古发掘的单位，为了科学研究进行考古发掘，应当提出发掘计划，报国务院文物行政部门批准；对全国重点文物保护单位的考古发掘计划，应当经国务院文物行政部门审核后报国务院批准。国务院文物行政部门在批准或者审核前，应当征求社会科学研究机构及其他科研机构和有关专家的意见。

第二十九条　进行大型基本建设工程，建设单位应当事先报请省、自治区、直辖市人民政府文物行政部门组织从事考古发掘的单位在工程范围内有可能埋藏文物的地方进行考古调查、勘探。

考古调查、勘探中发现文物的，由省、自治区、直辖市人民政府文物行政部门根据文物保护的要求会同建设单位共同商定保护措施；遇有重要发现的，由省、自治区、直辖市人民政府文物行政部门及时报国务院文物行政部门处理。

第三十条　需要配合建设工程进行的考古发掘工作，应当由省、自治区、直辖市文物行政部门在勘探工作的基础上提出发掘计划，报国务院文物行政部门批准。国务院文物行政部门在批准前，应当征求社会科学研究机构及其他科研机构和有关专家的意见。

确因建设工期紧迫或者有自然破坏危险，对古文化遗址、古墓葬急需进行抢救发掘的，由省、自治区、直辖市人民政府文物行政部门组织发掘，并同时补办审批手续。

第三十一条　凡因进行基本建设和生产建设需要的考古调查、勘探、发掘，所需费用由建设单位列入建设工程预算。

第三十二条　在进行建设工程或者在农业生产中，任何单位或者个人发现文物，应当保护现场，立即报告当地文物行政部门，文物行政部门接到报告后，如无特殊情况，应当在二十四小时内赶赴现场，并在七日内提出处理意见。文物行政部门可以报请当地人民政府通知公安机关协助保护现场；发现重要文物的，应当立即上报国务院文物行政部门，国务院文物行政部门应当在接到报告后十五日内提出处理意见。

依照前款规定发现的文物属于国家所

有，任何单位或者个人不得哄抢、私分、藏匿。

第三十三条　非经国务院文物行政部门报国务院特别许可，任何外国人或者外国团体不得在中华人民共和国境内进行考古调查、勘探、发掘。

第三十四条　考古调查、勘探、发掘的结果，应当报告国务院文物行政部门和省、自治区、直辖市人民政府文物行政部门。

考古发掘的文物，应当登记造册，妥善保管，按照国家有关规定移交给由省、自治区、直辖市人民政府文物行政部门或者国务院文物行政部门指定的国有博物馆、图书馆或者其他国有收藏文物的单位收藏。经省、自治区、直辖市人民政府文物行政部门或者国务院文物行政部门批准，从事考古发掘的单位可以保留少量出土文物作为科研标本。

考古发掘的文物，任何单位或者个人不得侵占。

第三十五条　根据保证文物安全、进行科学研究和充分发挥文物作用的需要，省、自治区、直辖市人民政府文物行政部门经本级人民政府批准，可以调用本行政区域内的出土文物；国务院文物行政部门经国务院批准，可以调用全国的重要出土文物。

第四章　馆藏文物

第三十六条　博物馆、图书馆和其他文物收藏单位对收藏的文物，必须区分文物等级，设置藏品档案，建立严格的管理制度，并报主管的文物行政部门备案。

县级以上地方人民政府文物行政部门应当分别建立本行政区域内的馆藏文物档案；国务院文物行政部门应当建立国家一级文物藏品档案和其主管的国有文物收藏单位馆藏文物档案。

第三十七条　文物收藏单位可以通过下列方式取得文物：

（一）购买；

（二）接受捐赠；

（三）依法交换；

（四）法律、行政法规规定的其他方式。

国有文物收藏单位还可以通过文物行政部门指定保管或者调拨方式取得文物。

第三十八条　文物收藏单位应当根据馆藏文物的保护需要，按照国家有关规定建立、健全管理制度，并报主管的文物行政部门备案。未经批准，任何单位或者个人不得调取馆藏文物。

文物收藏单位的法定代表人对馆藏文物的安全负责。国有文物收藏单位的法定代表人离任时，应当按照馆藏文物档案办理馆藏文物移交手续。

第三十九条　国务院文物行政部门可以调拨全国的国有馆藏文物。省、自治区、直辖市人民政府文物行政部门可以调拨本行政区域内其主管的国有文物收藏单位馆藏文物；调拨国有馆藏一级文物，应当报国务院文物行政部门备案。

国有文物收藏单位可以申请调拨国有馆藏文物。

第四十条　文物收藏单位应当充分发挥馆藏文物的作用，通过举办展览、科学研究等活动，加强对中华民族优秀的历史文化和革命传统的宣传教育。

国有文物收藏单位之间因举办展览、科学研究等需借用馆藏文物的，应当报主管的文物行政部门备案；借用馆藏一级文物，应当经国务院文物行政部门批准。

非国有文物收藏单位和其他单位举办展览需借用国有馆藏文物的，应当报主管的文物行政部门批准；借用国有馆藏一级文物，应当经国务院文物行政部门批准。

文物收藏单位之间借用文物的最长期限不得超过三年。

第四十一条　已经建立馆藏文物档案的国有文物收藏单位，经省、自治区、直辖市人民政府文物行政部门批准，并报国务院文物行政部门备案，其馆藏文物可以在国有文物收藏单位之间交换；交换馆藏一级文物的，必须经国务院文物行政部门批准。

第四十二条　未建立馆藏文物档案的国有文物收藏单位，不得依照本法第四十条、第四十一条的规定处置其馆藏文物。

第四十三条　依法调拨、交换、借用国有馆藏文物，取得文物的文物收藏单位可以对提供文物的文物收藏单位给予合理补偿，具体管理办法由国务院文物行政部门制定。

国有文物收藏单位调拨、交换、出借文物所得的补偿费用，必须用于改善文物的收藏条件和收集新的文物，不得挪作他用；任何单位或者个人不得侵占。

调拨、交换、借用的文物必须严格保管，不得丢失、损毁。

第四十四条　禁止国有文物收藏单位将馆藏文物赠与、出租或者出售给其他单位、个人。

第四十五条　国有文物收藏单位不再收藏的文物的处置办法，由国务院另行制定。

第四十六条　修复馆藏文物，不得改变馆藏文物的原状；复制、拍摄、拓印馆藏文物，不得对馆藏文物造成损害。具体管理办法由国务院制定。

不可移动文物的单体文物的修复、复制、拍摄、拓印，适用前款规定。

第四十七条　博物馆、图书馆和其他收藏文物的单位应当按照国家有关规定配备防火、防盗、防自然损坏的设施，确保馆藏文物的安全。

第四十八条　馆藏一级文物损毁的，应当报国务院文物行政部门核查处理。其他馆藏文物损毁的，应当报省、自治区、直辖市人民政府文物行政部门核查处理；省、自治区、直辖市人民政府文物行政部门应当将核查处理结果报国务院文物行政部门备案。

馆藏文物被盗、被抢或者丢失的，文物收藏单位应当立即向公安机关报案，并同时向主管的文物行政部门报告。

第四十九条　文物行政部门和国有文物收藏单位的工作人员不得借用国有文物，不得非法侵占国有文物。

第五章　民间收藏文物

第五十条　文物收藏单位以外的公民、法人和其他组织可以收藏通过下列方式取得的文物：

（一）依法继承或者接受赠与；

（二）从文物商店购买；

（三）从经营文物拍卖的拍卖企业购买；

（四）公民个人合法所有的文物相互交换或者依法转让；

（五）国家规定的其他合法方式。

文物收藏单位以外的公民、法人和其他组织收藏的前款文物可以依法流通。

第五十一条　公民、法人和其他组织不得买卖下列文物：

（一）国有文物，但是国家允许的除外；

（二）非国有馆藏珍贵文物；

（三）国有不可移动文物中的壁画、雕塑、建筑构件等，但是依法拆除的国有不可移动文物中的壁画、雕塑、建筑构件等不属于本法第二十条第四款规定的应由文物收藏单位收藏的除外；

（四）来源不符合本法第五十条规定的文物。

第五十二条　国家鼓励文物收藏单位以外的公民、法人和其他组织将其收藏的文物捐赠给国有文物收藏单位或者出借给文物收藏单位展览和研究。

国有文物收藏单位应当尊重并按照捐赠人的意愿，对捐赠的文物妥善收藏、保管和展示。

国家禁止出境的文物，不得转让、出租、质押给外国人。

第五十三条　文物商店应当由国务院文物行政部门或者省、自治区、直辖市人民政府文物行政部门批准设立，依法进行管理。

文物商店不得从事文物拍卖经营活动，不得设立经营文物拍卖的拍卖企业。

第五十四条　依法设立的拍卖企业经营文物拍卖的，应当取得国务院文物行政部门颁发的文物拍卖许可证。

经营文物拍卖的拍卖企业不得从事文物购销经营活动，不得设立文物商店。

第五十五条　文物行政部门的工作人员不得举办或者参与举办文物商店或者经营文物拍卖的拍卖企业。

文物收藏单位不得举办或者参与举办文物商店或者经营文物拍卖的拍卖企业。

禁止设立中外合资、中外合作和外商独资的文物商店或者经营文物拍卖的拍卖企业。

除经批准的文物商店、经营文物拍卖的拍卖企业外，其他单位或者个人不得从事文物的商业经营活动。

第五十六条　文物商店销售的文物，在销售前应当经省、自治区、直辖市人民政府文物行政部门审核；对允许销售的，省、自治区、直辖市人民政府文物行政部门应当作出标识。

拍卖企业拍卖的文物，在拍卖前应当经省、自治区、直辖市人民政府文物行政部门审核，并报国务院文物行政部门备案；省、自治区、直辖市人民政府文物行政部门不能确定是否可以拍卖的，应当报国务院文物行政部门审核。

第五十七条　文物商店购买、销售文物，拍卖企业拍卖文物，应当按照国家有关规定作出记录，并报原审核的文物行政部门备案。

拍卖文物时，委托人、买受人要求对其身份保密的，文物行政部门应当为其保密；但是，法律、行政法规另有规定的除外。

第五十八条　文物行政部门在审核拟拍卖的文物时，可以指定国有文物收藏单位优先购买其中的珍贵文物。购买价格由文物收藏单位的代表与文物的委托人协商确定。

第五十九条　银行、冶炼厂、造纸厂以及废旧物资回收单位，应当与当地文物行政部门共同负责拣选掺杂在金银器和废旧物资中的文物。拣选文物除供银行研究所必需的历史货币可以由人民银行留用外，应当移交当地文物行政部门。移交拣选文物，应当给予合理补偿。

第六章　文物出境进境

第六十条　国有文物、非国有文物中的珍贵文物和国家规定禁止出境的其他文物，不得出境；但是依照本法规定出境展览或者因特殊需要经国务院批准出境的除外。

第六十一条　文物出境，应当经国务院文物行政部门指定的文物进出境审核机构审核。经审核允许出境的文物，由国务院文物行政部门发给文物出境许可证，从国务院文物行政部门指定的口岸出境。

任何单位或者个人运送、邮寄、携带文物出境，应当向海关申报；海关凭文物出境许可证放行。

第六十二条　文物出境展览，应当报国务院文物行政部门批准；一级文物超过国务院规定数量的，应当报国务院批准。

一级文物中的孤品和易损品，禁止出境

展览。

出境展览的文物出境，由文物进出境审核机构审核、登记。海关凭国务院文物行政部门或者国务院的批准文件放行。出境展览的文物复进境，由原文物进出境审核机构审核查验。

第六十三条　文物临时进境，应当向海关申报，并报文物进出境审核机构审核、登记。

临时进境的文物复出境，必须经原审核、登记的文物进出境审核机构审核查验；经审核查验无误的，由国务院文物行政部门发给文物出境许可证，海关凭文物出境许可证放行。

第七章　法律责任

第六十四条　违反本法规定，有下列行为之一，构成犯罪的，依法追究刑事责任：

（一）盗掘古文化遗址、古墓葬的；

（二）故意或者过失损毁国家保护的珍贵文物的；

（三）擅自将国有馆藏文物出售或者私自送给非国有单位或者个人的；

（四）将国家禁止出境的珍贵文物私自出售或者送给外国人的；

（五）以牟利为目的倒卖国家禁止经营的文物的；

（六）走私文物的；

（七）盗窃、哄抢、私分或者非法侵占国有文物的；

（八）应当追究刑事责任的其他妨害文物管理行为。

第六十五条　违反本法规定，造成文物灭失、损毁的，依法承担民事责任。

违反本法规定，构成违反治安管理行为的，由公安机关依法给予治安管理处罚。

违反本法规定，构成走私行为，尚不构成犯罪的，由海关依照有关法律、行政法规的规定给予处罚。

第六十六条　有下列行为之一，尚不构成犯罪的，由县级以上人民政府文物主管部门责令改正，造成严重后果的，处五万元以上五十万元以下的罚款；情节严重的，由原发证机关吊销资质证书：

（一）擅自在文物保护单位的保护范围内进行建设工程或者爆破、钻探、挖掘等作业的；

（二）在文物保护单位的建设控制地带内进行建设工程，其工程设计方案未经文物行政部门同意、报城乡建设规划部门批准，对文物保护单位的历史风貌造成破坏的；

（三）擅自迁移、拆除不可移动文物的；

（四）擅自修缮不可移动文物，明显改变文物原状的；

（五）擅自在原址重建已全部毁坏的不可移动文物，造成文物破坏的；

（六）施工单位未取得文物保护工程资质证书，擅自从事文物修缮、迁移、重建的。

刻划、涂污或者损坏文物尚不严重的，或者损毁依照本法第十五条第一款规定设立的文物保护单位标志的，由公安机关或者文物所在单位给予警告，可以并处罚款。

第六十七条　在文物保护单位的保护范围内或者建设控制地带内建设污染文物保护单位及其环境的设施的，或者对已有的污染文物保护单位及其环境的设施未在规定的期限内完成治理的，由环境保护行政部门依照有关法律、法规的规定给予处罚。

第六十八条　有下列行为之一的，由县级以上人民政府文物主管部门责令改正，没收违法所得，违法所得一万元以上的，并处违法所得二倍以上五倍以下的罚款；违法所得不足一万元的，并处五千元以上二万元以下的罚款：

（一）转让或者抵押国有不可移动文物，

或者将国有不可移动文物作为企业资产经营的；

（二）将非国有不可移动文物转让或者抵押给外国人的；

（三）擅自改变国有文物保护单位的用途的。

第六十九条　历史文化名城的布局、环境、历史风貌等遭到严重破坏的，由国务院撤销其历史文化名城称号；历史文化城镇、街道、村庄的布局、环境、历史风貌等遭到严重破坏的，由省、自治区、直辖市人民政府撤销其历史文化街区、村镇称号；对负有责任的主管人员和其他直接责任人员依法给予行政处分。

第七十条　有下列行为之一，尚不构成犯罪的，由县级以上人民政府文物主管部门责令改正，可以并处二万元以下的罚款，有违法所得的，没收违法所得：

（一）文物收藏单位未按照国家有关规定配备防火、防盗、防自然损坏的设施的；

（二）国有文物收藏单位法定代表人离任时未按照馆藏文物档案移交馆藏文物，或者所移交的馆藏文物与馆藏文物档案不符的；

（三）将国有馆藏文物赠与、出租或者出售给其他单位、个人的；

（四）违反本法第四十条、第四十一条、第四十五条规定处置国有馆藏文物的；

（五）违反本法第四十三条规定挪用或者侵占依法调拨、交换、出借文物所得补偿费用的。

第七十一条　买卖国家禁止买卖的文物或者将禁止出境的文物转让、出租、质押给外国人，尚不构成犯罪的，由县级以上人民政府文物主管部门责令改正，没收违法所得，违法经营额一万元以上的，并处违法经营额二倍以上五倍以下的罚款；违法经营额不足一万元的，并处五千元以上二万元以下的罚款。

第七十二条　未经许可，擅自设立文物商店、经营文物拍卖的拍卖企业，或者擅自从事文物的商业经营活动，尚不构成犯罪的，由工商行政管理部门依法予以制止，没收违法所得、非法经营的文物，违法经营额五万元以上的，并处违法经营额二倍以上五倍以下的罚款；违法经营额不足五万元的，并处二万元以上十万元以下的罚款。

第七十三条　有下列情形之一的，由工商行政管理部门没收违法所得、非法经营的文物，违法经营额五万元以上的，并处违法经营额一倍以上三倍以下的罚款；违法经营额不足五万元的，并处五千元以上五万元以下的罚款；情节严重的，由原发证机关吊销许可证书：

（一）文物商店从事文物拍卖经营活动的；

（二）经营文物拍卖的拍卖企业从事文物购销经营活动的；

（三）文物商店销售的文物、拍卖企业拍卖的文物，未经审核的；

（四）文物收藏单位从事文物的商业经营活动的。

第七十四条　有下列行为之一，尚不构成犯罪的，由县级以上人民政府文物主管部门会同公安机关追缴文物；情节严重的，处五千元以上五万元以下的罚款：

（一）发现文物隐匿不报或者拒不上交的；

（二）未按照规定移交拣选文物的。

第七十五条　有下列行为之一的，由县级以上人民政府文物主管部门责令改正：

（一）改变国有未核定为文物保护单位的不可移动文物的用途，未依照本法规定报告的；

（二）转让、抵押非国有不可移动文物或者改变其用途，未依照本法规定备案的；

（三）国有不可移动文物的使用人拒不依法履行修缮义务的；

（四）考古发掘单位未经批准擅自进行考古发掘，或者不如实报告考古发掘结果的；

（五）文物收藏单位未按照国家有关规定建立馆藏文物档案、管理制度，或者未将馆藏文物档案、管理制度备案的；

（六）违反本法第三十八条规定，未经批准擅自调取馆藏文物的；

（七）馆藏文物损毁未报文物行政部门核查处理，或者馆藏文物被盗、被抢或者丢失，文物收藏单位未及时向公安机关或者文物行政部门报告的；

（八）文物商店销售文物或者拍卖企业拍卖文物，未按照国家有关规定作出记录或者未将所作记录报文物行政部门备案的。

第七十六条　文物行政部门、文物收藏单位、文物商店、经营文物拍卖的拍卖企业的工作人员，有下列行为之一的，依法给予行政处分，情节严重的，依法开除公职或者吊销其从业资格；构成犯罪的，依法追究刑事责任：

（一）文物行政部门的工作人员违反本法规定，滥用审批权限、不履行职责或者发现违法行为不予查处，造成严重后果的；

（二）文物行政部门和国有文物收藏单位的工作人员借用或者非法侵占国有文物的；

（三）文物行政部门的工作人员举办或者参与举办文物商店或者经营文物拍卖的拍卖企业的；

（四）因不负责任造成文物保护单位、珍贵文物损毁或者流失的；

（五）贪污、挪用文物保护经费的。

前款被开除公职或者被吊销从业资格的人员，自被开除公职或者被吊销从业资格之日起十年内不得担任文物管理人员或者从事文物经营活动。

第七十七条　有本法第六十六条、第六十八条、第七十条、第七十一条、第七十四条、第七十五条规定所列行为之一的，负有责任的主管人员和其他直接责任人员是国家工作人员的，依法给予行政处分。

第七十八条　公安机关、工商行政管理部门、海关、城乡建设规划部门和其他国家机关，违反本法规定滥用职权、玩忽职守、徇私舞弊，造成国家保护的珍贵文物损毁或者流失的，对负有责任的主管人员和其他直接责任人员依法给予行政处分；构成犯罪的，依法追究刑事责任。

第七十九条　人民法院、人民检察院、公安机关、海关和工商行政管理部门依法没收的文物应当登记造册，妥善保管，结案后无偿移交文物行政部门，由文物行政部门指定的国有文物收藏单位收藏。

第八章　附　则

第八十条　本法自公布之日起施行。

博物馆管理办法
中华人民共和国文化部令
第35号

《博物馆管理办法》已经2005年12月22日文化部部务会议审议通过，现予发布，自2006年1月1日起施行。

部长　孙家正

2005年12月22日

博物馆管理办法

第一章　总则

第一条　为贯彻落实科学发展观，规范博物馆管理工作，促进博物馆事业发展，根据《中华人民共和国文物保护法》、《中华人民共和国文物保护法实施条例》、《公共文化体育设施条例》、《事业单位登记管理暂行条例》和《民办非企业单位登记管理暂行条例》等相关法律法规，制定本办法。

第二条　本办法所称博物馆，是指收藏、保护、研究、展示人类活动和自然环境的见证物，经过文物行政部门审核、相关行政部门批准许可取得法人资格，向公众开放的非营利性社会服务机构。

利用或主要利用国有文物、标本、资料等资产设立的博物馆为国有博物馆。

利用或主要利用非国有文物、标本、资料等资产设立的博物馆为非国有博物馆。

第三条　国家扶持和发展博物馆事业，鼓励个人、法人和其他组织设立博物馆。

县级以上人民政府应当将博物馆事业纳入本级国民经济和社会发展规划，事业经费列入本级财政预算。

博物馆的数量、种类、规模以及布局，应当根据本地区国民经济和社会发展水平、文物等资源条件和公众精神文化需求，统筹兼顾，优化配置。鼓励优先设立填补博物馆门类空白和体现行业特性、区域特点的专题性博物馆。

第四条　国家鼓励博物馆发展相关文化产业，多渠道筹措资金，促进自身发展。

博物馆依法享受税收减免优惠，享有通过依法征集、购买、交换、接受捐赠和调拨等方式取得藏品的权利。

第五条　博物馆应当发挥社会教育功能，传播有益于社会进步的思想道德、科学技术和文化知识。

在博物馆参观或开展其他活动，应当爱护博物馆设施、展品和周边环境，遵守公共秩序。

第六条　国务院文物行政部门主管全国博物馆工作。

县级以上地方文物行政部门对本行政区域内的博物馆实施监督和管理。

第七条　县级以上文物行政部门应当促进博物馆行业组织建设，指导行业组织活动，逐步对博物馆实行分级、分类管理。

第八条　县级以上文物行政部门对发展博物馆事业做出突出贡献的机构、团体或个人，应当给予表彰或奖励。

第二章　博物馆设立、年检与终止

第九条　申请设立博物馆，应当具备下列条件：

（一）具有固定的馆址，设置专用的展厅（室）、库房和文物保护技术场所，展厅（室）面积与展览规模相适应，展览环境适宜对公众开放；

（二）具有必要的办馆资金和保障博物馆运行的经费；

（三）具有与办馆宗旨相符合、一定数量和成系统的藏品及必要的研究资料；

（四）具有与办馆宗旨相符合的专业技术和管理人员；

（五）具有符合国家规定的安全和消防设施；

（六）能够独立承担民事责任。

第十条　省级文物行政部门负责本行政区域内博物馆设立的审核工作。

博物馆名称一般不得冠以“中国”、“中华”、“国家”等字样（简称“中国”等字样）；特殊情况确需冠以“中国”等字样的，应由中央机构编制委员会办公室会同国务院文物行政部门审核同意。

非国有博物馆的名称不得冠以“中国”等字样。

第十一条　申请设立博物馆，应当由馆址所在地市（县）级文物行政部门初审后，向省级文物行政部门提交下列材料：

（一）博物馆设立申请书；

（二）馆舍所有权或使用权证明；

（三）资金来源证明或验资报告；

（四）藏品目录及合法来源说明；

（五）陈列展览大纲；

（六）拟任法定代表人的基本情况及身份证明；

（七）专业技术和管理人员的证明材料。

申请设立非国有博物馆的，应同时提交博物馆章程草案。章程草案应当包括下列主要事项：

（一）办馆宗旨及藏品收藏标准；

（二）博物馆理事会、董事会或其他形式决策机构的产生办法、人员构成、任期、议事规则等；

（三）出资人不要求取得经济回报的约定；

（四）博物馆终止时的藏品处置方式；

（五）章程修改程序。

第十二条　省级文物行政部门应当自收到博物馆设立申请材料之日起30个工作日内出具审核意见。审核同意的，应报国务院文物行政部门备案。审核不同意的，应当书面说明理由。

经审核同意设立博物馆的，申请人应持审核意见及其他申报材料，向相关行政部门申请取得博物馆法人资格。

博物馆应当自取得法人资格之日起6个月内向社会开放。

本办法实施前已批准设立的博物馆,应当在本办法实施之日起6个月内,向省级文物行政部门提交本办法第十一条第一款规定的除(一)项之外的全部材料;非国有博物馆应同时提交博物馆章程。

第十三条　博物馆的建筑设计应当符合国家和行业颁布的有关标准和规范。博物馆建筑应当划分为陈列展览区、藏品库房区、文物保护技术区、公众服务区和办公区等,相对自成系统。

第十四条　国有博物馆建设工程的设计方案,应当报请所在地省级文物行政部门组织论证。

第十五条　博物馆应当于每年3月31日前向所在地市(县)级文物行政部门报送上一年度的工作报告,接受年度检查。工作报告内容应当包括有关法律和其他规定的执行情况,藏品、展览、人员和机构的变动情况以及社会教育、安全、财务管理等情况。

市(县)级文物行政部门应当于每年4月30日前,将上一年度本行政区域内博物馆年度检查的初步意见报送省级文物行政部门。省级文物行政部门应当于每年5月31日前,将上一年度本行政区域内博物馆的年度检查情况进行审核,并汇总报国务院文物行政部门备案。

第十六条　博物馆的名称、馆址、藏品、基本陈列以及非国有博物馆的章程等重要事项发生变更前,应当报省级文物行政部门审核。

博物馆法定代表人发生变更的,应当自变更之日起10日内报省级文物行政部门备案。

第十七条　博物馆终止前,应当向省级文物行政部门提出终止申请及藏品处置方案,接受主管文物行政部门指导,完成博物馆资产清算工作。

省级文物行政部门应当自收到博物馆终止申请和藏品处置方案之日起30个工作日内出具审核意见。藏品处置方案等符合法定要求的,准予终止;藏品处置方案等不符合法定要求的,责令其改正后准予终止。相关行政部门根据省级文物行政部门的审核意见,给予办理博物馆法人资格注销登记手续。

第十八条　国有博物馆终止的,其藏品由所在地省级文物行政部门指定的国有博物馆接收。

非国有博物馆终止的,其藏品属于法律规定可以依法流通的,允许其以法律规定的方式流通;依法不能流通的藏品,应当转让给其他博物馆;接受捐赠的藏品,应当交由其他博物馆收藏,并告知捐赠人。

第三章　藏品管理

第十九条　博物馆藏品的收藏、保护、研究、展示等,应当依法建立、健全相关规章制度,并报所在地市(县)级文物行政部门备案。

博物馆应具有保障藏品安全的设备和设施。馆藏一级文物和其他易损易坏的珍贵文物,应设立专库或专柜并由专人负责保管。

第二十条　博物馆应建立藏品总帐、分类帐及每件藏品的档案,并依法办理备案手续。

博物馆通过依法征集、购买、交换、接受捐赠和调拨等方式取得的藏品,应在30日内登记入藏品总帐。

第二十一条　依法调拨、交换、借用国有博物馆藏品,取得藏品的博物馆可以对提供藏品的博物馆给予实物、技术、培训或资金方面的合理补偿。补偿数额的确定，应当考虑藏品保管、修复、研究、展示等过程中原收藏博物馆发生的实际费用。调拨、交换、借用国有博物馆藏品的申请文件，应当包括合理补偿的方案。

第二十二条　博物馆不够本馆收藏标准，或因腐蚀损毁等原因无法修复并无继续保存价值的藏品，经本馆或受委托的专家委员会评估认定后，可以向省级文物行政部门申请退出馆藏。

退出馆藏申请材料的内容，应当包括拟不再收藏的藏品名称、数量和退出馆藏的原因，并附有关藏品档案复制件。

第二十三条　国有博物馆所在地省级文物行政部门应当在收到退出馆藏申请材料的30个工作日内，组织专家委员会复审。专家委员会复审未通过的，终止该藏品的退出馆藏程序。

专家委员会复审通过的，省级文物行政部门应当将有关材料在国务院文物行政部门和有关省级文物行政部门的官方网站上公示30个工作日。期间如有其他国有文物收藏单位愿意接收有关藏品，则以调拨、交换等方式处理；期间如没有其他国有文物收藏单位愿意接收有关藏品，则由省级文物行政部门统一处置。处置方案报国务院文物行政部门批准后实施，处置所得资金应当用于博物馆事业发展。

国有博物馆应当建立退出馆藏物品专项档案，并报省级文物行政部门备案。专项档案应当保存75年以上。

第二十四条　非国有博物馆申请藏品退出馆藏，申请材料应附理事会、董事会或其他形式决策机构的书面意见。博物馆所在地省级文物行政部门应当在收到申请材料的30个工作日内作出是否允许退出馆藏的决定，并报国务院文物行政部门备案。

第二十五条　博物馆应当以本馆藏品为基础，开展有关专业学科及应用技术的研究，提高业务活动的学术含量，促进专业人才的成长。在确保藏品安全的前提下，博物馆应当为馆外人员研究本馆藏品提供便利。

第四章　展示与服务

第二十六条　博物馆举办陈列展览，应当遵循以下原则：

（一）与本馆性质和任务相适应，突出馆藏品特色、行业特性和区域特点，具有较高的学术和文化含量；

（二）合理运用现代技术、材料、工艺和表现手法，达到形式与内容的和谐统一；

（三）展品应以原件为主，复原陈列应当保持历史原貌，使用复制品、仿制品和辅助展品应予明示；

（四）展厅内具有符合标准的安全技术防范设备和防止展品遭受自然损害的展出设施；

（五）为公众提供文字说明和讲解服务；

（六）陈列展览的对外宣传活动及时、准确，形式新颖。

第二十七条　博物馆应当根据办馆宗旨，结合本馆特点开展形式多样、生动活泼的社会教育和服务活动，积极参与社区文化建设。

鼓励博物馆利用电影、电视、音像制品、出版物和互联网等途径传播藏品知识、陈列展览及研究成果。

第二十八条　博物馆对公众开放，应当遵守以下规定：

（一）公告服务项目和开放时间；变更服务项目和开放时间的，应当提前7日公告；

（二）开放时间应当与公众的工作、学习及休闲时间相协调；法定节假日和学校寒暑假期间，应当适当延长开放时间；

（三）无正当理由，国有博物馆全年开放时间不少于10个月，非国有博物馆全年开放时间不少于8个月。

第二十九条　博物馆应当逐步建立减免费开放制度，并向社会公告。

国有博物馆对未成年人集体参观实行免费制度，对老年人、残疾人、现役军人等特殊社会群体参观实行减免费制度。

第三十条　鼓励博物馆研发相关文化产品，传播科学文化知识，开展专业培训、科技成果转让等形式的有偿服务活动。

第五章　附则

第三十一条　博物馆违反本办法规定，情节严重的，由所在地省级文物行政部门撤销审核同意意见，由相关行政部门撤销博物馆法人资格。

博物馆违反其他法律、法规规定的，依照有关法律、法规的规定处罚。

第三十二条　本办法自2006年1月1日起施行。

文物出境展览管理规定

国家文物局
关于发布《文物出境展览管理规定》的通知

（文物办发[2005]13号　2005年5月27日）

各省、自治区、直辖市文化厅(局)、文物局(文管会)，局机关各司(室)处，局各直属单位：

为规范文物出境展览的管理，根据《中华人民共和国文物保护法》和《中华人民共和国文物保护法实施条例》，制定了《文物出境展览管理规定》，现予以发布实施，请遵照执行。

特此通知。

文物出境展览管理规定

第一章　总　则

第一条　为加强文物出境展览的管理，根据《中华人民共和国文物保护法》和《中华人民共和国文物保护法实施条例》，制定本规定。

第二条　本规定所称文物出境展览，是指下列机构在境外(包括外国及我国香港、澳门特别行政区和台湾地区)举办的各类文物展览：

(一)国家文物局；

(二)国家文物局指定的从事文物出境展览的单位；

(三)省级文物行政部门；

(四)境内各文物收藏单位。

第三条　出境展览的文物应当经过文物收藏单位的登记和定级，并已在国内公开展出。

第四条　国家文物局负责全国文物出境展览的归口管理，其职责是：

(一)审核文物出境展览计划，制定并公布全国文物出境展览计划；

(二)审批文物出境展览项目；

(三)组织或指定专门机构承办大型文物出境展览；

(四)制定并定期公布禁止和限制出境展览文物的目录；

(五)监督和检查文物出境展览的情况；

(六)查处文物出境展览中的违法、违规

行为。

第五条　省级文物行政部门负责本行政区域文物出境展览的归口管理,其职责是:

(一)核报文物出境展览计划;

(二)核报文物出境展览项目;

(三)协调文物出境展览的组织工作;

(四)核报禁止和限制出境展览文物的目录;

(五)核报展览协议书及展览结项有关资料;

(六)监督和检查文物出境展览的情况;

(七)查处文物出境展览中的违法、违规行为。

第六条　文物出境展览应确保文物安全。文物出境展览的承办单位应落实文物安全责任制,并对文物安全负全责。

第七条　举办文物出境展览应适当收取筹展费、文物养护费等有关费用。

第二章　文物出境展览的审批和结项

第八条　文物出境展览,应当报国家文物局批准。其中一级

文物展品超过120件(套),或者一级文物展品超过展品总数的20%的,由国家文物局报国务院审批。

第九条　年度计划的报批程序:

(一)国家文物局指定的从事文物出境展览的单位,各省级文物行政部门以及境内文物收藏单位,应在每年的5月底前向国家文物局书面申报下一年度文物出境展览计划。地方各级文物行政部门所辖的文物收藏单位的出境展览计划,应经省级文物行政部门提出意见后报国家文物局。

(二)国家文物局应于每年的6月底前制定并公布下一年度全国文物出境展览计划。

第十条　文物出境展览项目的报批程序:

(一)国家文物局指定的从事文物出境展览的单位,各省级文物行政部门以及境内文物收藏单位,应在展览项目实施的6个月前提出项目的书面申请报国家文物局审批。地方各级文物行政部门所辖的文物收藏单位举办出境展览,应经省级文物行政部门提出意见后报国家文物局审批。

(二)国家文物局应自收到申请之日起30个工作日内作出批准或者不批准的决定。决定批准的,发给批准文件;决定不批准的,应书面通知当事人并说明理由。

第十一条　文物出境展览项目的书面申请应包括下列内容:

(一)合作各方的有关背景资料、资信证明和境外合作方的邀请信。

(二)经过草签的展览协议书草案,内容包括:

1、举办展览的机构、所在地及国别;

2、展览的名称、时间、出展场地;

3、展品的安全、运输、保险,及赔偿责任和费用;

4、展品的点交方式及地点;

5、展览派出人员的安排及所需费用;

6、展览有关费用和支付方式;

7、有关知识产权问题。

(三)展品目录、文物出境展览展品申报表和展品估价。文物出境展览展品申报表应按国家文物局制定的统一格式填写,并附汇总登记表。

上述书面申请应另附电子文本一份。

第十二条　下列文物禁止出境展览:

(一)古尸;

(二)宗教场所的主尊造像;

(三)一级文物中的孤品和易损品;

(四)列入禁止出境文物目录的;

(五)文物保存状况不宜出境展览的。

第十三条　下列文物限制出境展览:

(一)简牍、帛书;

(二)元代以前的书画、缂丝作品;

(三)宋、元时期有代表性的瓷器孤品;

(四)唐写本、宋刻本古籍;

(五)宋代以前的大幅完整丝织品;

(六)大幅壁画和重要壁画;

(七)唐宋以前的陵墓石刻及泥塑造像;

(八)质地为象牙、犀角等被《濒危野生动植物物种国际贸易公约》列为禁止进出口物品种类的文物。

第十四条　未经批准,任何单位和个人不得对外作出文物出境展览的承诺或签订有关的正式协议书。

第十五条　经批准的文物出境展览协议书草案、展品目录、展品估价等,如需更改应重新履行报批程序。

第十六条　文物出境展览的承办单位应于展览协议书签订之日起1个月内将展览协议书报送国家文物局备案。

第十七条　文物出境展览的承办单位应于展览结束之日起2个月内向国家文物局提交文物出境展览结项备案表、结项报告及展览音像资料。

第三章　出境展览文物的出境及复进境

第十八条　出境展览的文物出境,应持国家文物局的批准文件,向文物进出境审核机构申请,由文物进出境审核机构审核、登记,并从国家文物局指定的口岸出境。海关凭国家文物局的批准文件和文物进出境审核机构出具的证书放行。出境展览的文物复进境,应向海关申报,经原文物进出境审核机构审核查验后,凭原文物进出境审核机构出具的证书办理海关结项手续。

第十九条　文物出境展览的期限不得超过1年。因特殊需要,经原审批机关批准可以延期;但是,延期最长不得超过1年。

第四章　文物出境展览的展品安全

第二十条　文物出境展览的承办单位应对出境展览的文物进行严格的安全检查,现状不能保证安全的文物一律不得申报出境展览。

第二十一条　出境展览的文物应当按照经批准的展品估价保险。出境展览文物保险的险种至少应包括财产一切险和运输一切险。

第二十二条　文物出境展览的点交应当在符合文物保管条件和安全条件的场地进行。点交现场应当采取有针对性的安全保卫措施,严格规定点交流程。点交记录应详尽准确。

第二十三条　出境展览文物的包装工作应严格按照技术规范执行。由包装公司承担文物出境展览的包装工作时,包装公司应具备包装中国文物展品的资信和能力,承办单位负责对包装工作进行监督和指导。

第二十四条　文物出境展览的运输工作应由具备承运中国文物展品的资信和能力的运输公司承担。承办单位负责对运输工作进行监督和指导。

第二十五条　文物出境展览的承办单位应确保境外展览的场地、设施和方式符合中国文物陈列的安全要求。

第二十六条　制作展览图录的照片原则上由出境展览的承办单位提供,不得允许外方合作者自行拍摄。重要文物展览的电视和广告宣传需要摄录展品的,由出境展览的承办单位根据《文物拍摄管理暂行办法》的规定执行。

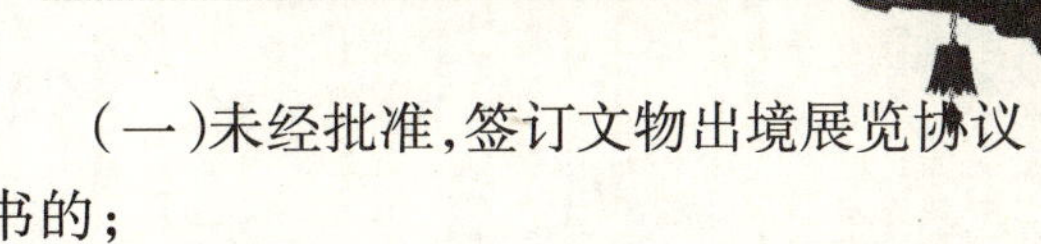

第五章　文物出境展览人员的派出

第二十七条　文物出境应派出代表团参加展览开幕活动，并配备工作组参与展品点交，监督和指导陈列的布置和撤除，监督展览协议书的执行情况。根据展览工作的需要，展览承办单位应派出工作组评估境外展览的场地和设施是否符合中国文物陈列的要求。

第二十八条　文物出境展览工作人员应热爱祖国，维护国家的主权和利益，维护民族尊严，严格遵守外事纪律，熟悉展览及展品情况。工作组应由具有中级以上专业技术职务的人员（或从事文物保管等工作五年以上的人员）参加。大型文物展览工作组组长应由具有高级专业技术职务的人员担任。

第二十九条　出境展览的承办单位应当为文物出境展览工作人员在境外工作期间安排人身安全及紧急医疗保险。

第六章　罚　则

第三十条　违反本规定，有下列行为之一的，由国家文物局根据情节轻重，给予警告、通报批评、暂停文物出境展览等处罚：

(一)未经批准，签订文物出境展览协议书的；

(二)未如实申报文物出境展览项目有关内容的；

(三)工作人员玩忽职守，造成文物灭失、损毁，或其它恶劣影响的；

(四)未经批准，延长文物出境展览时间或在境外停留时间的；

(五)未在规定期限内报送文物出境展览协议书、结项备案表和结项报告，或未如实填写文物出境展览展品申报表及结项备案表的。

暂停文物出境展览的时间视情节轻重确定，最短时间为1年。

第七章　附　则

第三十一条　文物出境展览合同纠纷的解决适用中国法律。

第三十二条　其它收藏文物的单位举办文物出境展览，参照本规定执行。

第三十三条　国家文物局原发布的有关规定凡有与本规定相抵触的内容，以本规定为准。

第三十四条　本规定由国家文物局负责解释。

第三十五条　本规定自颁布之日起施行。

关于加强馆藏文物借用管理工作的通知

文物博发[2008]42号

各省、自治区、直辖市文物局、文管会(文化厅、局),各直属博物馆:

根据《中华人民共和国文物保护法》有关规定,结合当前博物馆免费开放的实际需要,为进一步规范馆藏文物(含标本等藏品)的借用行为,促进馆际文物资源的整合,提升博物馆的社会教育和文化传播功能,现就加强馆藏文物借用管理的有关事项通知如下:

一、馆藏文物借用的许可权限

按照《中华人民共和国文物保护法》第四十条的规定,自本通知发布之日起,国有文物收藏单位之间因举办展览、科学研究等需借用馆藏文物的,应当报主管的文物行政部门备案;借用馆藏一级文物的,应当经省、自治区、直辖市人民政府文物行政部门批准,并报国家文物局备案。

非国有文物收藏单位和其他单位举办展览需借用国有馆藏文物的,应当报主管的文物行政部门批准;借用国有馆藏一级文物,应当经国家文物局批准。

两家或多家文物收藏单位利用本单位文物联合举办展览,应由办展单位报其行政主管部门批准。

二、馆藏一级文物借用许可程序

(一)申请:根据属地管理原则,文物收藏单位之间需借用馆藏一级文物的,应由文物借出单位向所在地的省级文物行政部门提出申请。

(二)审核:省级文物行政部门接到文物借用申请后,应当对其申请材料进行审核。材料不齐全或不符合要求的,应不予受理。若借用的馆藏文物属于后文第四条所列限制范围的,应由借出单位所在地的省级文物行政部门组织3名以上文物科技保护和博物馆方面的专家,对该文物的现状、可否外借进行评估,并出具书面评估意见。

(三)批复:省级文物行政部门根据对相关材料的审核结果,作出是否许可借用的批复,并以书面形式告知申办单位。非国有文物收藏单位和其他单位需借用国有馆藏一级文物,经省级文物行政部门审核后,报国家文物局批准。

(四)备案:省级文物行政部门应将馆藏一级文物借用的批准文件和所受理的全部申请材料,报国家文物局备案。

三、馆藏一级文物借用申请材料

(一)借用国有馆藏一级文物申请书。包括:借出文物的原因、去向、用途、期限、档案(复印件),借用文物的补偿方式;

(二)专家评估意见;

(三)借用合同(样本见附件);

(四)借入单位文物保存条件和保障安全措施说明;

(五)文物目录清单,包括文物名称、质地、年代、级别、来源、尺寸、完残情况,并附文物照片；

（六）借入方单位的性质、基本情况简介等；

（七）借出方行政主管部门审核同意的文件。

四、馆藏文物借用的限制范围

下列材质和范围的馆藏珍贵文物的借用，应严格限制。确需外借的，必须组织3名以上文物科技保护、博物馆方面的专家，进行现场评估。

（一）简牍、帛书；

（二）元代以前的书画、缂丝作品；

（三）孤品；

（四）唐写本、宋刻本古籍；

（五）宋代以前的大幅完整丝织品；

（六）唐以前的泥塑造像；

（七）民族、宗教文物中的敏感文物。

五、境外借用馆藏文物的审批

国内文物收藏单位将文物借予境外文博单位办展，或开展科学研究，应严格按照《中华人民共和国文物保护法》及实施条例、《文物出境展览管理规定》等有关法律法规的规定，办理相关手续。

各地文物行政部门要高度重视馆藏文物的借用工作，认真研究本行政区域内馆际文物借用的特点和发展趋势，立足文物安全，切实加强对文物借用活动的管理和引导，促进博物馆的文物资源整合，创造更多更好的博物馆文化产品，满足公众精神文化需求。

国家文物局

2008年6月13日

湖北省实施《中华人民共和国文物保护法》办法

湖北省人民代表大会常务委员会公告（第五十四号）

《湖北省实施〈中华人民共和国文物保护法〉办法》已由湖北省第十届人民代表大会常务委员会第十八次会议于2005年11月26日通过，现予公布，自2006年2月1日起施行。

湖北省人民代表大会常务委员会

2005年11月26日

第一条　为了加强对文物的保护、利用和管理，促进我省经济社会协调发展，根据《中华人民共和国文物保护法》和有关法律、法规，结合本省实际，制定本办法。

第二条　本省行政区域内属于《中华人民共和国文物保护法》第二条规定的文物和具有科学价值的古脊椎动物化石和古人类化石的保护、利用和管理适用本办法。

第三条　各级人民政府负责本行政区域内的文物保护工作，并将其纳入国民经济和社会发展规划，制定文物保护及文物事业发展的任务、目标和措施。

县级以上人民政府文物行政部门对本行政区域内的文物保护实施监督管理，并对相关部门的文物保护工作予以指导。

公安、工商行政、海关、国土资源、建设规划、交通、旅游、宗教等行政管理部门，应当在各自的职责范围内依法做好文物保护工作。县级以上各级人民政府根据需要，建立协调工作机制，加强对文物保护工作的领导。

第四条　县级以上人民政府应当将文物保护经费列入本级财政预算，并随着财政收入增长而增长。

第五条　各级人民政府及其有关部门应当加强文物保护的宣传教育，增强全民文物保护意识。

鼓励公民、法人和其他组织依法以捐赠、展览、珍藏等形式，支持和参与文物保护事业。对文物保护事业作出突出贡献的单位和个人，由当地人民政府或者文物行政部门和其他有关部门给予表彰或者奖励。

第六条　市、县级文物保护单位由本级人民政府核定公布，并报省人民政府备案；省级文物保护单位，由省人民政府核定公布，并报国务院备案；全国重点文物保护单位，由省人民政府报国务院核定公布。

尚未核定公布为文物保护单位的不可移动文物，由县级文物行政部门组织调查和审核，予以登记并公布。

文物保护单位核定公布后，应当依法划定保护范围和建设控制地带，作出标志说明，建立记录档案，并区别情况设置专门机构或者指定专人负责管理。

文物保护单位保护范围、建设控制地带的划定和保护，应当列为本行政区域城乡建设总体规划和详细规划的内容。

第七条　文物保护单位保护范围和建设控制地带内的下列要素应当予以保护：

（一）组成文物保护单位的各单体建筑物、构筑物、附属建筑、古建筑构件、碑刻、墓葬、遗址、古树名木；

（二）附着于文物保护单位与其同期或者后期添加的、确有保存意义的雕塑、装饰、题记、加固或者改建物；

（三）建设控制地带以内与文物保护单位相关的历史建筑物、纪念建筑物、街区及其他人文和自然环境风貌等。

第八条　国务院核定公布的历史文化名城、省人民政府核定公布的历史文化街区、村镇，其所在地人民政府应当全面规划，采取有效措施，加强管理和保护。

世界文化遗产所在地的县级以上人民政府应当加强对本行政区域内的世界文化遗产的保护，按照世界文化遗产保护国际公约和国家有关规定制定保护规划和保护措施，并公布实施。

第九条　在文物保护单位的保护范围内，除因特殊情况需要按照法定程序报经批准外，不得进行与文物保护无关的建设工程，不得进行爆破、钻探、挖掘等作业。

在文物保护单位的建设控制地带内，不得建设危及文物安全的设施，不得修建与文物保护单位的历史风貌和环境风貌不相协调的建筑物或者构筑物；工程设计方案应当根据文物保护单位的保护级别，经相应的文物行政部门同意后，报建设规划行政部门批准。

对文物保护单位保护范围和建设控制地带内已有的危及文物保护单位安全、污染文物保护单位及其周边环境、影响文物保护单位历史风貌及景观的设施，所在地人民政府应当采取措施限期治理。

第十条　建设工程选址，应当避开文物保护单位；因重大特殊情况不能避开的，应当实施原址保护；无法实施原址保护、必须进行迁移或者拆除的，应当依照有关法律、法规的规定进行。

尚未核定公布为文物保护单位的不可移动文物，需要迁移异地保护或者确需拆除的，应当报省文物行政部门批准。

需要迁移异地保护的不可移动文物的搬迁与复建，应当做好资料记录，制订保护方案，落实复建地址和经费。搬迁与复建工作应当同步进行，并由省文物行政部门组织验收。

第十一条　非国有不可移动文物有损毁危险的，所有人应当采取积极保护措施，不具备修缮能力的，当地人民政府应当给予帮助；所有人具备修缮能力而拒不依法履行修缮义务的，县级以上人民政府可以给予抢救修缮，所需费用由所有人负担。

县级以上人民政府根据文物保护的需要，并与非国有不可移动文物的所有人协商，可以置换或者征购其所有的不可移动文物。

第十二条　文物保护单位的修缮、抢险加固，应当根据文物保护单位的级别报相应的文物行政部门批准；变更修缮、抢险加固方案的，必须经原审批机关批准。

文物保护单位的修缮、迁移、重建，应当由取得文物保护资质证书的单位承担勘察设计、施工、监理。

第十三条　国有不可移动文物不得转让、抵押。建立博物馆、保管所或者辟为参观游览场所的国有文物保护单位，不得作为企业资产经营；其门票收入，应当用于文物保护。

使用不可移动文物，必须遵守不改变文物原状的原则，并依法接受文物行政部门的管理、监督。

第十四条　一切考古发掘，必须经过省文物行政部门报国务院文物行政部门或者国务院批准后方可进行。

除国务院文物行政部门按规定调用重

要出土文物外，本省境内考古发掘的出土文物统一由省文物行政部门指定国有文物收藏单位收藏。

第十五条　进行大型基本建设工程，建设单位应当事先报请省文物行政部门组织从事文物考古发掘的单位在工程范围内有可能埋藏文物的地方进行考古调查、勘探。

在工程建设、生产活动以及房屋拆迁过程中发现文物或者可能属于文物的，施工、生产单位和个人必须及时停止施工、生产，保护现场，并立即报告当地文物行政部门。文物行政部门接到报告后，如无特殊情况，应当在24小时内赶到现场，并在7日内提出处理意见；发现重要文物的，应当立即上报国务院文物行政部门。当地公安机关应当协助做好现场安全保卫工作。

需要考古发掘的，文物行政部门应当依照法定程序迅速组织考古发掘，考古发掘结束后应当立即通知恢复施工、生产。

任何单位和个人不得阻挠文物行政部门和考古发掘单位及其工作人员依法进行调查、勘探和考古发掘工作。

第十六条　因基本建设和生产建设需要而进行的考古调查、勘探、发掘，所需费用列入建设工程预算，由建设单位支付。具体支付标准和办法由省财政、价格主管部门会同文物行政部门制定。

第十七条　古墓葬、古文化遗址保护范围内原已建成的工程设施和建设项目，不得再行增加建设项目和扩大生产规模。因生产活动可能造成对重要文物破坏的，所在地县级以上人民政府及其文物行政部门应当督促该生产单位及其上级主管部门采取措施，确保文物安全。

古墓葬、古文化遗址保护范围内已经开辟有耕地的，在生产、生活活动中应当接受文物行政部门的指导、管理，保护好自然植被，防止水土流失。对文物埋藏较浅的耕地，地方人民政府应当采取措施，实行退耕保护。

第十八条　设立博物馆以及具有博物馆性质的纪念馆、陈列馆等文物收藏单位，应当以收藏、展示文物和进行相关科学研究为主要目的，并具备以下条件：

（一）有固定的场所、库房；

（二）有必要的经费来源；

（三）有一定数量的藏品；

（四）有与文物收藏任务相适应的专业技术人员；

（五）有符合规定的安全、消防设施并达到风险等级防护标准；

（六）法律、法规规定的其他条件。

设立文物收藏单位，应当报省文物行政部门核准。省文物行政部门应当自接到申请书之日起20日内，对符合条件的予以核准，对不符合条件的书面回复并告知理由。

第十九条　博物馆、纪念馆、陈列馆和其他文物收藏单位对收藏的文物，应当按照国家有关规定区分等级，设置藏品档案，并报主管的文物行政部门备案。馆藏文物等级区分不准确、文物藏品档案不完整的，文物行政部门应当责令其改正。

凡不具备收藏珍贵文物条件的国有文物收藏单位，其收藏的珍贵文物，文物行政部门可以指定具备条件的国有文物收藏单位代为收藏。文物收藏单位与代为收藏单位的权利和义务由双方协商确定。

文物收藏单位可以根据其收藏的性质和任务征集藏品。

第二十条　文物收藏单位的法定代表人对馆藏文物的安全负责。国有文物收藏单位应当定期对馆藏文物进行清查盘点。国有文物收藏单位的法定代表人离任时，必须按照馆藏文物档案办理馆藏文物移交手续，并由主管的文物行政部门作出书面检查结论。

未经国务院文物行政部门或者省文物行政部门批准，任何单位或者个人不得调取国有文物收藏单位馆藏文物。

国有文物收藏单位经批准进行文物调拨、交换、出借所得的补偿费用，必须用于改善文物的收藏条件和征集文物，任何单位或者个人不得侵占、挪用。

第二十一条　复制、拓印、修复馆藏一级文物的，应当经省文物行政部门审核后报国务院文物行政部门批准；复制、拓印、修复馆藏二级文物、三级文物的，应当报省文物行政部门批准。

从事文物复制、拓印、修复的，应当报省文物行政部门批准，取得相应等级的资质证书，并由文物行政部门统一管理。文物复制品应当作出复制的标识、说明；不得以文物复制品冒充文物或者以文物仿制品冒充文物复制品，进行销售和宣传。

第二十二条　文物保护单位在条件具备、保障文物安全的前提下，应当辟为参观游览场所，向公众开放。开放内容和接待容量应当根据其总体保护规划确定。

文物收藏单位应当采取多种形式，陈列、展示所收藏的文物。国有文物收藏单位应当对学生、现役军人、老年人、残疾人等特殊社会群体实行门票减免。

文物行政部门应当向社会提供必要的文物资源信息，并对文物利用进行指导和监督。

第二十三条　设立文物商店，应当依照法律、行政法规的规定，报省级以上文物行政部门批准，并办理工商营业执照。

依法设立的拍卖企业经营文物拍卖的，应当经省文物行政部门审核，报国务院文物行政部门取得文物拍卖许可证。

文物商店应当对购买、销售的文物做出记录，并于购买、销售之日起3个月内向原审核的文物行政部门备案；文物拍卖企业应当对拍卖的文物做出记录，并将拍卖的文物记录于拍卖结束之日起3个月内向原审核的文物行政部门备案。

第二十四条　文物收藏单位以外的公民、法人和其他组织可以通过依法继承或者接受赠予、从文物商店购买、文物拍卖企业拍卖、相互交换或者依法转让等合法方式取得文物，其收藏的文物可以依法流通，但法律、法规禁止流通的文物除外。

第二十五条　县级以上人民政府应当将保证文物安全纳入领导责任制，古墓葬、古文化遗址保护任务较重的地方应当建立县、乡、村三级文物保护责任制。文物保护单位和文物收藏单位应当建立健全安全保卫及消防安全责任制。

重要的文物保护单位和文物收藏单位应当设置安全保卫组织或者配备专门人员，负责文物的安全保卫工作，并接受公安机关的业务指导和监督。

古墓葬、古文化遗址保护任务较重地方的县级人民政府，应当聘请适当数量的看护古墓葬、古文化遗址的人员，并给予经费补助。

县级以上文物行政部门应当设立并向社会公布文物保护举报电话，及时受理文物保护、文物管理、文物安全等方面的投诉。

第二十六条　文物保护单位和文物收藏单位的安全消防设施应当达到相应的风险等级防护标准，并做好设备器材的更新和定期维护工作。

文物古建筑内禁止存放易燃、易爆物品。安装电器设备或者设置生产用火的，应当报当地文物行政部门和公安机关审核批准。

在属于文物保护单位的宗教活动场所内焚香、化纸、燃烛、燃灯的，应当在指定地点进行，并设专人管理。

第二十七条　文物出境、入境应当按照

法律、法规规定的程序办理。

海关、公安、工商行政部门和其他机关依法收缴的文物，应当在结案后3个月内无偿移交文物行政部门依法处理。

第二十八条　为制作出版物、音像制品，或者因新闻宣传、科学研究等需要拍摄馆藏文物和文物建筑的，应当按照规定报文物行政部门批准。拍摄单位应当服从文物行政部门监督管理，确保文物安全。

第二十九条　违反本办法，造成文物灭失、损毁的，依法承担赔偿、修复等民事责任；依照有关法律、法规，应当由文物、建设规划、工商行政、公安等行政部门予以处罚的，从其规定；破坏、盗窃、盗掘、走私、非法侵占和出售文物等构成犯罪的，由司法机关依法追究刑事责任。

第三十条　违反本办法第十五条，在工程建设、生产活动以及房屋拆迁过程中发现文物或者可能属于文物，在文物行政部门通知停工后仍强行施工、生产，或者在考古发掘结束前擅自恢复施工、生产的，由文物行政部门予以制止，责令采取补救措施；尚未造成严重后果的，由县级以上文物行政部门处以5000元以上5万元以下罚款；造成严重后果的，处以5万元以上50万元以下罚款。

海关、公安、工商行政部门依法没收的文物，逾期不按规定移交的，由同级人民政府责令其限期移交，并可对负有责任的主管人员和其他直接责任人员给予行政处分。

文物行政部门以及公安、工商行政、海关、建设规划等部门，违反本办法玩忽职守、滥用职权、徇私舞弊，造成珍贵文物损毁或者流失的，对负有责任的主管人员和其他直接责任人员给予行政处分；构成犯罪的，依法追究刑事责任。

第三十一条　本办法自2006年2月1日起施行。1985年12月20日湖北省第六届人民代表大会常务委员会第十八次会议通过、1993年9月20日湖北省第八届人民代表大会常务委员会第三次会议修正的《湖北省文物保护管理实施办法》同时废止。

湖北省人大常委会关于加强文物保护的决议

（2007年5月31日湖北省第十届人民代表
大会常务委员会第二十七次会议通过）

湖北省第十届人民代表大会常务委员会第二十七次会议听取并审议了《湖北省人大常委会执法检查组关于文物保护法律法规执法检查情况的报告》。会议认为，文物是人类文明的物化成果和共同财富，是不可再生的资源；珍惜和保护文物，对于增强民族自信心、自豪感，培育民族精神和爱国主义品格，促进经济、社会、文化的协调发展，构建社会主义和谐社会，具有重要意义。我省是文物大省，为了保障《中华人民共和国文物保护法》和《湖北省实施〈中华人民共和国文物保护法〉办法》的贯彻实施，切实加强文物保护工作，特作如下决议：

一、进一步加强对文物保护工作的领导。各级人民政府必须将文物保护工作列为弘扬中华民族优秀文化和社会主义精神文明建设的重要内容，建立协调工作机制，认真履行职责，将文物保护工作纳入重要议事日程。加大对文物保护法律法规的宣传贯彻力度，着力提高全社会特别是各级领导干部的文物保护法制观念。正确处理文物保护与经济、旅游、宗教的关系，不断加强文物管理机构队伍建设，严格依法行政，使文物保护法律法规的各项规定落到实处。

二、进一步加大文物保护经费投入。各级人民政府要严格按照文物保护法律法规的规定，做到用于文物保护的财政拨款"随着财政收入增长而增加"。要增加全省日常性、基础性文物保护工作经费。同时，省人民政府应出台鼓励社会各界资助支持文物保护的政策措施，以满足我省文物保护工作的实际需要。

三、切实加强基本建设中的文物保护。各级人民政府及有关部门要遵循既有利于经济建设又有利于文物保护的原则，进行大型基本建设工程，建设单位必须事先报请省文物行政部门组织从事文物考古发掘的单位在工程范围内有可能埋藏文物的地方进行考古调查、勘探。省人民政府应依法尽快出台因基本建设和生产建设需要而进行的考古调查、勘探、发掘所需费用的支付标准和办法。文物部门要增强紧迫感，积极配合工程建设部门作好文物抢救工作，使文物保护与基本建设统一进行。

四、切实加强古遗址和古墓葬的保护。针对当前盗掘、破坏古墓葬、古遗址的严峻形势，要采取坚决有效的措施，加大保护力度，严厉打击破坏、盗掘文物的犯罪活动。鉴于大冶铜绿山古铜矿遗址的破坏情况，省人民政府要迅速采取有效措施，关停违反文物保护规定的采矿活动，制止对遗址的破坏，确保铜绿山古铜矿遗址这一珍贵文化遗产的安全。

省文物局关于进一步加强领导扎实推进全省博物馆免费开放工作的通知

鄂文物综[2008]162号

各市、州、直管市(林区)文化(物)局,省直文博单位:

为贯彻落实党的十七大精神,充分发挥博物馆宣传和传播先进文化的重要作用,加强公共文化服务体系建设和公民思想道德建设,中宣部、财政部、文化部和国家文物局于2008年1月联合下发了《关于全国博物馆、纪念馆免费开放的通知》,对博物馆免费开放工作作了全面部署和明确规定。根据《通知》的有关精神,我省65家博物馆实施免费开放。在中央和省级财政的大力支持下,我省免费开放的补贴资金顺利到位。

为进一步做好全省博物馆免费开放工作,结合我省实际,现就有关事宜通知如下:

一、进一步加强领导,提高认识

博物馆是陈列、展示、宣传人类文化和自然遗存的重要场所,是国民教育体系的重要组成部分。博物馆向社会免费开放,是实践党的十七大关于社会主义文化大发展大繁荣的具体行动,是加强社会主义核心价值体系建设的有效手段,也是满足人民群众日益增长的精神文化需求,保障人民群众文化权益,实现文化遗产保护成果由人民共享的重要举措。博物馆实行向社会免费开放,对于进一步推进湖北文化强省建设,提高公共文化服务水平,扩大湖北文化的影响力,促进全省博物馆事业的健康可持续发展有着极为重要的积极作用。各级文化(物)行政主管部门和博物馆要统一思想,提高认识,加强领导,精心组织,切实把有关工作做实、做细、做好,确保博物馆免费开放工作平稳、安全、规范、有序顺利实施。

二、改善服务管理,增强自身活力

各有关博物馆要积极借鉴先期免费开放博物馆的经验,健全开放服务管理制度。要加强媒体宣传,并在博物馆显著位置公示服务项目、开放时间、免费参观须知等制度措施和预约电话,方便公众了解和监督,引导观众有序、文明参观。开放时间是发挥博物馆社会功能、衡量和体现博物馆社会价值的重要指标,也是关系到免费开放质量与成效的重要环节,博物馆开放时间要严格按照《博物馆管理办法》关于开放时间“应当与公众的工作、学习及休闲时间相协调,法定节假日和学校寒暑假期间,应当适当延长开放时间,无正当理由,国有博物馆全年开放时间不少于10个月”的规定,防止和杜绝在免费开放实施中将开放时间任意缩减、调整的做法,要求每馆年总开放天数不少于300天，周开放时间不得少于6天，日开放时间不得少于8小时（一般为9:00—17:00），不得在午休和周六、周日闭馆，同城主要博物馆闭馆时间应协商错开，以方便观众选择参观。各有关博物馆要以免费开放为契机，认真研究和把握博物馆运行规律，优化内部组织结构，整合内部资源，转变运营方式，完善激励机制，提高运行效率，增强自身活力。

三、加强资金管理和人员培训，发挥最大效益

各级文化（物）行政部门和有关博物馆要切实按照省文物局、省财政厅联合印发的《湖北省博物馆免费开放资金管理办法》要求，加强对免费开放专项经费的使用和监管，提高资金使用效益，加大对基本陈列布展和举办临时展览补助、展览改造提升等项目资金投入比例。要做到专款专用，禁止将资金挪作它用。禁止将免费开放工作经费用于发放人员工资及补助。禁止将馆舍建筑内展厅及配套设施出租牟利。要不断增加培训资金投入，采取“请进来、走出去”的方式，对管理人员及业务人员（特别是一线人员）进行全方位、多层次培训，以增强服务意识，规范服务行为，提高业务能力。

要严格控制人员进入，不得以免费开放工作量加大为借口随意增加无关人员和临时人员。要结合实际并在单位人员编制数额内制定人员进入准则，原则上要求新进入人员必须达到大专以上学历，且须满足岗位需要，要逐步实行人员执证上岗制度。

四、合理调控观众人数，加强安全防范

博物馆要充分考虑免费开放后观众量短时间内急剧增加，对博物馆的管理、运行造成的巨大压力，根据展馆面积、安全等因素科学测定每日最大接待观众量，通过观众领票、团体预约等手段合理调控流量，建立每日参观人数总量控制和疏导制度，要巩固和加强安防、消防监控系统，完善安全保卫和重大安全事故管理制度，特别要制订针对展厅文物损毁丢失、观众现场发生伤病、意外灾害等突发事件的应急预案，建立应急处理机制，既要积极预防各种设施的损坏和安全事故的发生，又要切实保证对已发事故的快速妥善处置，确保免费开放的安全、规范和有序。

五、坚持以人为本，提高展览展示水平

各有关博物馆应以“三贴近”作为不懈的追求，准确把握免费开放后观众及其精神文化需求呈现出多层次、多元化的特点，在展示传播的内容和形式上积极探索和大胆创新，使博物馆成为科学文化的教育和传播中心，成为公众流连忘返的文化园地。将专业性、学术性和知识性、趣味性、观赏性有机结合，不断创造新的文化样式，通过题材、品种、风格和载体的极大丰富，使陈列展览更具吸引力、感染力，打造公众喜闻乐见的文化品牌。要充分发挥博物馆社会教育功能，积极推进博物馆进校园、进社区和建设数字博物馆等工作，不断拓展服务领域、方式和手段，提供更加人性化的服务设施和服务项目，不断提升博物馆的感染力和辐射力。

六、加强管理，切实做好博物馆免费开放的检查指导

在各级党委、政府的领导下，各级文化（物）行政部门要指导、督促各地做好免费开放工作，并定期对实施情况进行督促检查和考评，对开放中出现的问题和困难要及时沟通、协调。各级文化（物）行政部门要发挥行业管理作用，建立政府主导、法律

规范、社会参与的博物馆管理体系，建立以展示教育、开放服务为核心的质量评价体系和政府、社会、媒体、公众代表相结合的监督体系。我局将在今后的工作中对各博物馆免费开放实施、资金使用情况及人员培训进行监督检查和指导。同时，制定相关奖惩制度，对免费开放工作做得好的博物馆给予奖励，对于认识不到位、措施不得力及工作不落实，甚至出现事故的博物馆要通报批评，直至会同财政部门核销免费开放补助资金。

博物馆向社会免费开放是我国博物馆事业发展的一个里程碑，意义重大，任务艰巨。希望各级文化(物)部门和博物馆工作者认真贯彻落实党的十七大精神，扎实做好博物馆免费开放工作，努力开创博物馆工作的新局面，为社会主义文化大发展大繁荣，为建设和谐社会、实现小康目标作出更大的贡献。

2008年11月24日